Gästemarketing

Herausgeber:

Prof. Dr. Harald Dettmer
Dipl.-Betriebswirt Thomas Hausmann, MBA
Prof. Dr. Ingomar Kloss

Autoren:

Prof. Dr. Harald Dettmer
Waldemar Berg, Dipl.-Betriebswirt
Paul Degott, Rechtsanwalt
Sabrina Dettmer, Dipl.-Juristin
Heiko Düsterhöft, Tourismuskonsulent
Prof. Dr. Axel Gruner
Thomas Hausmann, Dipl.-Betriebswirt, MBA
Prof. Dr. Ingomar Kloss
Johann Logins, Dipl.-Betriebswirt
Verena Mayer, Dipl.-Handelslehrerin
Matthias Meilwes, Dipl.-Handelslehrer
Annette Schaede-Davidson, Dipl.-Handelslehrerin
Werner Schneid, C. M.
Sandra Warden, Rechtsanwältin
Werner Witt, Dipl.-Ökonom

2., überarbeitete und erweiterte Auflage

Verlag Handwerk und Technik · Hamburg

Umschlaggestaltung: Harro Wolter, Hamburg

Grafiken: Boris Kaip, München

ISBN 978-3-582-0**4984**-1

Verlag Handwerk und Technik G.m.b.H., Lademannbogen 135, 22339 Hamburg; Postfach 63 05 00, 22331 Hamburg · 2008
E-Mail: info@handwerk-technik.de
Internet: www.handwerk-technik.de
Druckvorstufe: Satz, Grafik und Layout: E. Scholz – Redaktionsbüro & Mediendesign, Spitzwegstr. 6, 38442 Wolfsburg
Druck: Stürtz GmbH, 97080 Würzburg

Zum Geleit

To go into the market – um erfolgreich zu sein, muss der Hotelier, Gastronom oder Touristiker in den Markt hineingehen, ihn kennen und analysieren, um daraus sein Angebot marktgerecht zu gestalten. Mit professionellem Marketing ist es auch in Zeiten harten Wettbewerbs möglich, die Gäste auf das betriebliche Angebot neugierig zu machen und sie davon zu überzeugen.

Gerade in der Hotellerie/Gastronomie und Touristik ist es notwendig, die Wünsche der Gäste in den Mittelpunkt aller Überlegungen und Aktivitäten zu stellen. Nur wem es gelingt, sein Unternehmen/seine Region konsequent an den sich stetig ändernden Gästebedürfnissen auszurichten, wird sich am Markt behaupten. Wahre Branchengrößen verstehen es, ihre Gäste nicht einfach zufrieden zu stellen, sondern sie immer wieder positiv zu überraschen und zu begeistern.

Fundiertes Grundlagenwissen und umfassendes Handwerkszeug im strategischen und operativen Marketing, zu Marktforschung, Marketingstrategien und Marketinginstrumenten sind hierfür unentbehrlich.
Im vorliegenden Werk ist es gelungen, Bedeutung und Einsatzmöglichkeiten eines professionellen Gästemarketings branchenspezifisch darzustellen.
Lernenden in Hotellerie/Gastronomie und Touristik kann man dieses Lehr- und Arbeitsbuch nur ans Herz legen.

Berlin, im Winter 2008

Ernst Fischer
Präsident des Deutschen Hotel- und Gaststättenverbandes e. V. (DEHOGA-Bundesverband)

Informationen zum Buch

Zielgruppe
Die methodische und didaktische Konzeption dieses Lehr- und Arbeitsbuches wendet sich an alle, die einen gastgewerblichen Beruf ausüben bzw. eine Funktion im Gastgewerbe innehaben oder sich auf eine solche Tätigkeit vorbereiten, also z. B. Fachschüler/-innen, Fachhochschüler/-innen mit dem Schwerpunkt Tourismus/Gastgewerbe.

Die dargestellten Lernbereiche entsprechen den Lehrplänen an Hotelfachschulen mit dem Abschluss „Staatlich geprüfter Hotelbetriebswirt" und an Berufsfachschulen für Hotelmanagement und Tourismus, ergänzt um weiterführende Informationen für die gesamte Tourismusbranche.

Das Lehr- und Arbeitsbuch stellt nicht nur die prüfungsrelevanten Lerninhalte dar, sondern verbindet Theorie und Praxis miteinander. Damit eignet es sich für alle Aus- und Fortbildungslehrgänge sowie für die im Marketing tätigen Mitarbeiterinnen und Mitarbeiter, besonders für Studierende der Tourismuswirtschaft.

Form
Das Buch gliedert sich in die Teile Gegenstand und *(Branchen-)Interesse des Marketings*, *Strategisches Marketing*, *Operatives Marketing*, *Controlling*, *Recht und Projektmanagement*.

Bei der Suche nach notwendigen Querverbindungen und speziellen Inhalten helfen Verweise im Text und ein ausführliches Sachwortregister.

Bezug nehmend auf das Beispielhotel, das in der Ausgangssituation vorgestellt wird, beginnt jedes Kapitel zweiter Ordnung (im Kapitel 10 zusätzlich jedes Kapitel dritter Ordnung) mit einem Problem/einer Situation aus dem Berufsleben des Tourismus, speziell abgestellt auf diesen Beispielbetrieb.

Inhalt
Aufgrund der spezifischen Besonderheiten in Gastgewerbe und Touristik hat sich ein professionelles Marketing-Management erst verhältnismäßig spät – Anfang der 90er-Jahre – entwickelt. Seither hat insbesondere die Kommunikationspolitik in der Branche ständig an Bedeutung gewonnen. So spiegelt sich der besondere Stellenwert der Werbung in Gastgewerbe und Touristik in diesem Buch wider.

Ein Anliegen der Verfasser ist, dem fachlichen sowie strategischen Nachholbedarf im Gästemarketing-Management zu begegnen; nur durch einen geplanten, abgestimmten Einsatz der Marketinginstrumente in Form einer Marketingstrategie kann ein Touristik-/gastgewerbliches Unternehmen am Markt gastorientiert handeln und damit trotz steigenden Wettbewerbs erfolgreich agieren. Dabei sind Kreativität, Aktualität, Teamfähigkeit und Serviceorientierung Grundvoraussetzungen.

Das Werk „Gästemarketing" stellt problemorientiert die gegenseitigen Abhängigkeiten von Marketing-Theorie und -Praxis dar und verbindet grundsätzliche Marketingstrategien, marketingbezogene Handlungsaktivitäten und fachspezifischen Transfer miteinander.
Die Entwicklung eines eigenständigen Marketings mit spezifischer/n Marketingstrategie/Instrumentarien kann vollständig nur gelingen, wenn sowohl die jeweiligen rechtlichen Rahmenbedingungen und Regelsysteme als auch die Instrumente des Marketingcontrollings berücksichtigt werden.

Darüber hinaus sind die Interdependenzen des Marketing-Managements und des Informationsmanagements ausdrücklich aufgezeigt, um für das Erfordernis einer engen Kooperation dieser Bereiche vor allem die Unternehmen des Gastgewerbes und der Touristik zu sensibilisieren.

Mithilfe von Projektarbeit soll die Verbindung von Theorie und Praxis untermauert und übend angewendet werden.

Lernerfolgssicherung
An jedes Kapitel schließen sich umfangreiche Aufgaben an, die Gelegenheit bieten, Lerninhalte zu festigen bzw. erlerntes Wissen anzuwenden. Dabei wiederholen die Aufgaben in ihrem Lösungsanspruch nicht nur die in den Lerninhalten getroffenen Aussagen, sondern in der Arbeit mit den Aufgaben sollen die im Lehrbuch getroffenen Aussagen natürlich reflektiert und gegebenenfalls ergänzt und vertieft werden.
Die Übungsaufgaben können auch über die gegebenen Situationen hinaus Gegenstand einer problemorientierten Unterrichtseröffnung sein und so der handlungsorientierten Erarbeitung der Lernbereiche dienen.
Den Leserinnen und Lesern wünschen wir eine interessante und erfolgreiche Arbeit mit dem Buch „Gästemarketing"; gleichzeitig bitten wir um Anregungen und konstruktive Kritik.

Bad Harzburg/Stralsund, im Winter 2008

Die Herausgeber

Inhaltsverzeichnis

Ausgangssituation 1

A **Gegenstand und (Branchen-)Interesse des Marketings** 3

1 **Grundlagen des Marketings** 3
1.1 Begriffsbestimmungen 3
1.2 Entwicklungen gestern-heute-morgen . . . 5
1.3 Dienstleistungsmarketing 6

B **Strategisches Marketing** 8

2 **Unternehmensvision** 8
2.1 Entwicklung der Unternehmensvision 8
2.2 Komponenten der Unternehmensvision . 10

3 **Analyse der Rahmenbedingungen** . . . 11
3.1 Tourismus-Marketing 11
3.2 Grundlagen der Marktforschung 14
3.3 Touristische Umfeldanalyse 21
3.4 Standortanalyse 29
3.5 Zielgruppenanalyse 35
3.5.1 Zielgruppenbildung 35
3.5.2 Trendanalyse 39
3.5.3 Analyse der Gästestruktur 42
3.5.4 Marketing-Informationssysteme 47
3.6 Intergeneratives/integratives Marketing . 55
3.6.1 Kinder als Gäste in der Hotellerie und Gastronomie 55
3.6.2 Barrierefreier Tourismus für ältere und behinderte Gäste 57
3.7 Konkurrenzanalyse 61
3.8 Betriebsanalyse 65
3.9 Qualitätsmanagement 73
3.10 Ökomanagement 77

4 **Zielfindung im strategischen Marketing** 81
4.1 Unternehmensziele 81
4.2 Marketingziele 82

5 **Marketingstrategie** 85

6 **Marketing-Mix** 90

7 **Marketingplanung** 92
7.1 Grundfragen der Marketingplanung 92
7.2 Marketingkonzept 94
7.2.1 Aufbau eines Marketingkonzepts 94
7.2.2 Umsetzung des Marketingkonzepts 98
7.2.3 Kontrolle des Marketingkonzepts 98
7.3 Marketing-Budget 98
7.3.1 Budgetplanung 99
7.3.2 Budgetgestaltung 99

C **Operatives Marketing** 101

8 **Leistungspolitik** 103
8.1 Grundsatzstrategien 105
8.1.1 Produktvariation 106
8.1.2 Produktdifferenzierung 106
8.1.3 Produktdiversifikation 106
8.1.4 Produktmodifikation 107
8.2 Leistungsänderung und Sortimentspolitik 107
8.3 Qualitätspolitik 108
8.4 Komfortpolitik 110
8.5 Servicepolitik 112
8.6 Marken- und Positionierungspolitik 113
8.6.1 Markenbildung 113
8.6.2 Markenimage 114
8.6.3 Markenpolitik als Leistungspolitik 114
8.6.4 Markenstrategien 115
8.7 Qualitätszertifizierung 118
8.8 Leistungsspektrum in der Hotellerie . . . 119
8.8.1 Ausstattung des Hotels 120
8.8.2 Nebenleistungen 124
8.8.3 Serviceumfang und -bereitschaft 125
8.8.4 Pauschalangebote 125
8.9 Leistungsspektrum im F&B-Bereich . . . 127
8.10 Leistungsspektrum im Wellness-Bereich 133
8.11 Leistungsspektrum im Tagungsbereich . 134

9 **Preispolitik** 142
9.1 Preisfindung 142
9.1.1 Nachfrageorientierte Preisfindung 142
9.1.2 Kostenorientierte Preisfindung 144
9.1.3 Konkurrenzorientierte Preisfindung 145
9.1.4 Zielorientierte Preisfindung 146
9.2 Preisdifferenzierung 146
9.3 Yield-Management 148

10 **Kommunikationspolitik** 151
10.1 Werbung 151
10.1.1 Werbung als Begriff 151
10.1.2 Werbung im Kommunikationsprozess . 155
10.1.3 Werbeumfeld 156
10.1.4 Positionierung 160
10.1.5 Werbewirkung 165
10.1.6 Werbepsychologie 166
10.1.7 Konzeption der Werbung 169
10.1.8 Internationale Werbung 180
10.1.9 Werbemittel 184
10.1.10 Werbeträger 191
10.1.11 Werbewirkungskontrolle 204
10.2 Gästebindungsmanagement 207
10.2.1 Markeninstrumente eines effizienten Gästebindungsmanagements 208
10.2.2 Instrumente der Gästebindung 210

10.3 Verkaufsförderung . . . 214
10.3.1 In-House-Promotion . . . 214
10.3.2 Out-House-Promotion . . . 215
10.4 Merchandising . . . 216
10.5 Öffentlichkeitsarbeit . . . 218
10.6 Sponsoring . . . 222
10.7 Product-Placement . . . 226
10.8 Event-Marketing . . . 229
10.8.1 Event als Begriff . . . 229
10.8.2 Kommunikationsaufgaben eines Events . . . 230
10.8.3 Event-Marketing als Begriff . . . 230
10.8.4 Anforderungen an das Event-Marketing . . . 231
10.8.5 Perspektiven des Event-Marketings . . . 233
10.9 Kommunikationspolitik mit neuen Medien . . . 234
10.9.1 Electronic Communication Policy . . . 234
10.9.2 Internet als Kommunikationsinstrument 235
10.10 Telefonmarketing . . . 239

11 Distributionspolitik . . . 244
11.1 Distribution als Begriff . . . 244
11.2 Indirekter Vertrieb . . . 245
11.2.1 Reisemittler/Reisebüros . . . 246
11.2.2 Reiseveranstalter . . . 248
11.2.3 Firmenreisedienste . . . 250
11.2.4 Tagungs-, Messe- und Kongressagenturen . . . 250
11.2.5 Fluggesellschaften und andere Verkehrsträger . . . 250
11.2.6 Automobilclubs . . . 251
11.2.7 Tourismusämter oder Tourist-Informationen . . . 251
11.2.8 Tourismusverbände . . . 252
11.2.9 Hotelkooperationen . . . 252
11.2.10 Marketing- und Reservierungsgesellschaften . . . 252
11.2.11 CRS – Computer-Reservation-System und GDS – Global-Distribution-System . . 253
11.2.12 Selbstständige Hotelrepräsentanten . . . 253
11.3 Direkter Vertrieb . . . 254
11.3.1 Internet . . . 254
11.3.2 Außendienst und Verkaufsorganisationen . . . 254

D Controlling – Grundgedanken, Instrumente und Qualitätskontrollen . . . 256

12 Controlling . . . 256
12.1 Grundgedanken des Controllings . . . 256
12.1.1 Controlling als betriebliches Führungssystem . . . 257
12.1.2 Operatives und strategisches Controlling . . . 257
12.1.3 Regelkreis des Controllings . . . 258
12.1.4 System des Marketingcontrollings . . . 259
12.2 Instrumente des Marketingcontrollings . 260
12.2.1 Instrumente des operativen Controllings . . . 261
12.2.2 Instrumente des strategischen Controllings . . . 266
12.3 Qualitätskontrollen . . . 266
12.3.1 Ökonomische Qualitätskontrollen . . . 268
12.3.2 Leistungsbezogene Qualitätskontrollen 270
12.3.3 Beschwerdemanagement . . . 278

E Recht – Grundlagen, Schutz- und Wettbewerbsrecht . . . 284

13 Marketingrecht . . . 284
13.1 Standortbestimmung: Recht im Gästemarketing . . . 284
13.2 Vertriebsverträge – Kooperationen im Vertrieb touristischer Leistungen . . . 287
13.2.1 Vertriebsnetze in der Touristik – Reiseveranstalter und Reisemittler . . . 288
13.2.2 Franchise . . . 290
13.2.3 Kooperation . . . 291
13.2.4 Checkliste für Verträge mit Franchisesystemen und Kooperationen . . . 292
13.3 Schutzrechte . . . 293
13.3.1 Geschmacksmusterrecht . . . 295
13.3.2 Patentrecht . . . 295
13.3.3 Gebrauchsmusterrecht . . . 295
13.3.4 Markenrecht . . . 295
13.3.5 Urheberrecht . . . 298
13.3.6 Bundesdatenschutz . . . 299
13.4 Preis- und Auszeichnungsrecht . . . 302
13.5 Wettbewerbsrecht . . . 303
13.5.1 Gesetz gegen den unlauteren Wettbewerb . . . 304
13.5.2 Gesetz gegen Wettbewerbsbeschränkungen . . . 310

F Projektmanagement . . . 312

14 Marketing-Projektarbeit . . . 312
14.1 Projektarbeit als Methode . . . 312
14.2 Merkmale der Projektarbeit . . . 312
14.3 Projektphasen . . . 313
14.3.1 Projektdefinition . . . 314
14.3.2 Projektplanung . . . 314
14.3.3 Projektdurchführung und Projektkontrolle . . . 316
14.3.4 Projektabschluss . . . 317
14.4 Themenbereiche einer „Marketing-Projektarbeit“ . . . 318
14.5 Pädagogische Zielorientierung im Rahmen der Projektarbeit . . . 319

Bildquellenverzeichnis . . . 321

Quellen und weiterführende Literatur . . . 322

Sachwortverzeichnis . . . 324

Ausgangssituation ...

Seehotel Schloss Sonnenbühl

Seit 1880 der Familientradition verpflichtet

Das ★★★★-Seehotel „Schloss Sonnenbühl" ist ein traditionell geführtes Familienhotel. Das Schloss befindet sich seit 1880 im Besitz der Familie von Bühl und wird bereits in der 4. Generation von Mitgliedern der Familie – seit 1975 als GmbH – geführt.

Das Hotel liegt am Rande einer Kleinstadt (12 000 Einwohner) in einer reizvollen, hügeligen Wald- und Seenlandschaft. Trotz sehr guter Infrastruktur liegt das Hotel absolut ruhig und bietet beste Voraussetzungen für erholungs- und ruhesuchende Gäste. Durch die regionale, traditionelle Küche ist das Hotel auch als Wochenendziel für Ausflugsgäste (Familien, Senioren u. a.), die das dazugehörige Hotelrestaurant als Mittags- und Kaffeegäste besuchen, sehr beliebt.

Sie, liebe Leser/-innen, sind Familienmitglied des ★★★★-Seehotels „Schloss Sonnenbühl" und es wird zukünftig Ihre Aufgabe sein, das Haus entsprechend der Familientradition in der 5. Generation weiterzuführen. Sie betrachten das Vertrauen Ihrer Familie nicht nur als Herausforderung an die eigene Person, sondern vor allem auch als Chance für eine Neuprofilierung der Unternehmensstrategie im Rahmen der sich ständig ergebenden Veränderungen am touristisch-gastgewerblichen Markt.

Seit fünf Jahren verzeichnet das Hotel jährlich einen Umsatzrückgang von ca. 5 %. Dies gilt sowohl für den Beherbergungsbereich als auch für das Restaurantgeschäft (mittags und abends). Mithilfe grundlegend neuer Unternehmens- und Marketingziele sollen deshalb auch andere, neue Zielgruppen für das ★★★★-Seehotel „Schloss Sonnenbühl" gewonnen werden. Der Bau einer neuen Badelandschaft (Schwimmbäder, Bäder und Saunen im Innen- und Außenbereich) steht bereits im Entwurf fest und soll gesundheitsorientierte Gäste ansprechen.

Des Weiteren soll im Hotel in Kooperation mit einem jungen Arzt eine medizinische Abteilung eingerichtet werden. Die Planungen für die neue Badelandschaft waren langwierig und schwierig, weil das ★★★★-Seehotel „Schloss Sonnenbühl" unter Denkmalschutz steht und die Einheit zwischen Schlossgebäude und Gartenanlage durch die geplanten Umbauten nicht zerstört werden darf.

Inzwischen hat die Familie von Bühl die Zusage weiterer finanzieller Mittel zur Sanierung der Garten- und Schlossanlage durch das Denkmalschutzamt bekommen. Deshalb wird es für die Familie möglich sein, umfangreiche Renovierungsarbeiten in den Hotelzimmern, in den Restaurants und im Bankettbereich durchzuführen, um das „verplüschte" Image eines traditionellen Hotels, das seit 1975 keine Renovierung erfahren hat, zu verändern.

Außerdem können durch die Umbaumaßnahmen – unabhängig von den ruhesuchenden Gästen, die das ★★★★-Seehotel „Schloss Sonnenbühl" aus Gründen der Erholung und Gesundheit besuchen – weitere Zielgruppen angesprochen werden (z. B. aufgrund der Großstadtnähe Tagungs- oder Seminargäste). In diesem Zusammenhang ist es von besonderem Vorteil, dass eine weitläufige Parkanlage, angrenzende Ländereien, ein kleines Wäldchen und der Sonnenbühl-See zur Destination ★★★★-Seehotel „Schloss Sonnenbühl" gehören. Überlegungen zur Nutzung dieses Areals für einen sport- und gesundheitsorientierten Tourismus, u. a. Planung eines Golfplatzes, Kooperationsangebote in Verbindung mit den benachbarten Gutshöfen (Reiten, Reithalle und Reitunterricht, Pferdeboxen), möchte die Familie in die Gesamtplanung einfließen lassen.

Basisinformationen:

Ort und Region:	• Kleinstadt (12 000 Einwohner), über eine Nebenstraße zum Hotel (Ortsrand) in ca. 1 km Entfernung • Großstadt (500 000 Einwohner) in 20 km Entfernung • gut ausgebautes Straßennetz • in der Nähe des Flughafens (10 km, keine Lärmbelästigung) • in der Nähe des Bahnhofs (2 km) • traditionelle Ferienregion
Lage des Hotels:	• Wassergrundstück am See • ausgebautes Netz von Fahrrad- und Wanderwegen verbindet die Seen-, Wiesen- und Waldgebiete am Hotel mit der nächsten Kleinstadt und Großstadt • Mitglied im Tourismusverband der Region • keine direkte Geschäftsverbindung zu Touristikunternehmen, Reisemittlern und -agenturen • Nutzung der Seenlandschaft unkonventionell • Nachbarschaft: 3 Gutshöfe mit Beherbergungsleistung (5/9/12 Ferienwohnungen) • nächstes ★★★-Stadthotel (25 EZ, 30 DZ) am Bahnhof der Kleinstadt • mehrere ★★★★-Hotels in der Großstadt (ca. 20 – 25 km Entfernung)

Basisinformationen: ★★★★-Seehotel „Schloss Sonnenbühl"

Beherbergung:	• 70 Doppelzimmer (DZ) • 25 Einzelzimmer (EZ) • 5 Suiten (SUI) • 5 Appartements (bis 5 Personen)
Bewirtung:	• 1 Restaurant à 140 Plätze (traditionelle, regionale Küche) • 1 Weinrestaurant à 40 Plätze (Abendrestaurant) • 1 Seeterrasse à 80 Plätze, Sonnenschirme, nicht überdacht (S/W-Lage zum See) • 2 Bankettträume (Familienfeiern, Konferenzen und Tagungen für 20 – 40 Personen) • 1 Bankettraum (Familienfeiern, Konferenzen und Tagungen für 40 – 80 Personen) • 1 Bankettraum (Familienfeiern, Konferenzen und Tagungen für 80 – 120 Personen)
Spezielle Angebote:	• neuer Wellnessbereich (Bade- und Saunalandschaft, Fitnessgeräte, kosmetische und therapeutische Behandlungsräume) • Bootsverleih (Tret- und Segelboote) • Kinderbetreuung (nur zum Brunchbüffet am Sonntag) • neuer Tagungsbereich (unterschiedliche Arrangements, auch Familienfeiern)
Mitarbeiter:	• 25 Mitarbeiter (Vollzeitkräfte) für alle Bereiche • 8 Auszubildende (Hotelkaufleute, Hotelfachleute, Restaurantfachleute, Köche) • Aushilfen, Saisonkräfte

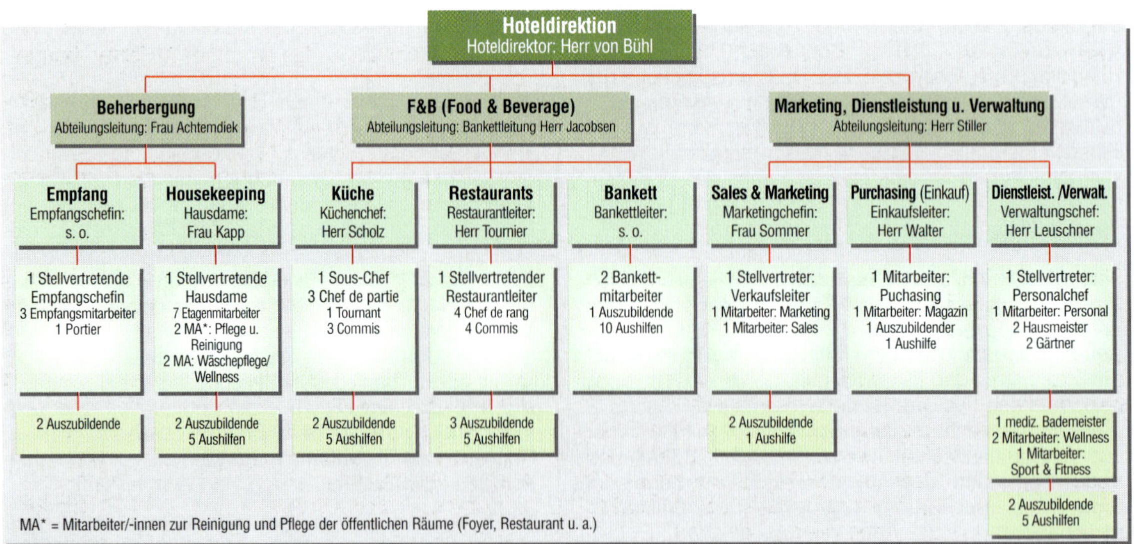

MA* = Mitarbeiter/-innen zur Reinigung und Pflege der öffentlichen Räume (Foyer, Restaurant u. a.)

A Gegenstand und (Branchen-)Interesse des Marketings

„Der Gast steht im Mittelpunkt unseres Tuns." (Klaus Kobjoll, 1991)
Nicht genormtes Denken und angelernte Verhaltensweisen bestimmen den Alltag der Branche, sondern Marketing, das von Herzen kommt.

1 Grundlagen des Marketings

„Die Klage über die Schärfe des Wettbewerbs ist in Wirklichkeit meist nur eine Klage über den Mangel an Einfällen"

(Walther Rathenau)

In Zeiten, in denen sich der Wachstumswettbewerb in einen Verdrängungswettbewerb wandelt, muss ein gastgewerbliches Unternehmen über Instrumente verfügen um jeder Zeit marktgerecht handeln und seine Produkte und Dienstleistungen absetzen zu können.

Man bezeichnet dieses marktgerechte Handeln im betrieblichen Leistungsprozess als Marketing.

„Marketing ist eine Führung des Unternehmens vom Markt her, also eine marktorientierte Führung des gesamten Unternehmens, die sich in Planung, Koordination und Kontrolle aller auf die aktuellen und potenziellen Märkte ausgerichteten Unternehmensaktivitäten niederschlägt".

(Heribert Meffert)

Nach Philip Kotler, der häufig als „Marketingpapst" bezeichnet wird, ist Marketing ein Prozess im Wirtschafts- und Sozialgefüge, durch den Einzelpersonen und Gruppen ihre Bedürfnisse und Wünsche befriedigen, indem sie Produkte oder Dienstleistungen von Wert erzeugen, anbieten und untereinander austauschen.
Marketing ist mehr als eine isolierte betriebliche Funktion. Es kann als Motor zum Unternehmenserfolg angesehen werden. Bezogen auf die Kunden sowie die Mitarbeiter eines Unternehmens lässt sich Marketing im Hotel- und Gastgewerbe wie folgt definieren:

Gästemarketing ist strategisches sowie operatives Reagieren auf Wünsche der Gäste mit dem Ziel, diese durch Leistung im gastgewerblichen Unternehmen zu begeistern und damit langfristig zu binden.

1.1 Begriffsbestimmungen

Situation

„They will forget what you said, but they never forget how you made them feel" (Carl W. Buechner).

Dieser Ausspruch verdeutlicht, in welche Richtung sich das Konsum- und Dienstleistungsmarketing momentan bewegt. Konnten vor Jahren noch stupide Fakten und technische Daten zum Kauf überzeugen, muss man heute, wo so viele Produkte substituierbar sind, mehr als je zuvor auf die individuellen Bedürfnisse der Konsumenten eingehen.

Marketing ist eine Konzeption der Unternehmensführung, bei der alle betrieblichen Aktivitäten auf die gegenwärtigen und zukünftigen Erfordernisse der Märkte unter Einsatz der Marketinginstrumente ausgerichtet werden. Marketing bedeutet darüber hinaus auch oftmals ein gestaltendes Einwirken, d. h. eine systematische Verhaltensbeeinflussung der Nachfrager.

Somit lässt sich Marketing auf folgende Formel bringen:

Marktorientierter Einsatz von Marketinginstrumenten
+ gestaltende Einwirkung (versuchte Meinungs- und Verhaltensbeeinflussung)
+ Ausrichtung aller Unternehmensbereiche auf den Markt.

Die marketingpolitischen Instrumente sind diejenigen, mit denen ein Unternehmen den Absatzmarkt aktiv beeinflussen kann.

Die vier **Marketinginstrumente** oder auch die 4 Ps des Marketings sind:

- Leistungs- bzw. Produktpolitik = **P**roduct
- Preis- bzw. Kontrahierungspolitik = **P**rice
- Distributionspolitik = **P**lace
- Kommunikationspolitik = **P**romotion

Leistungs- und Produktpolitik

Die Leistungs- bzw. Produktpolitik ist das **Herz des modernen Marketings**. Die zentrale Aufgabe des Unternehmens ist es, die Vielzahl an Sach- bzw. Dienstleistungen für den Gast so zu gestalten, dass dieser sich aus der erbrachten Leistung eine Befriedigung seiner Bedürfnisse und einen Nutzen versprechen kann.

Unter Leistungs- bzw. Produktpolitik sind folglich alle mit dem Produkt oder der Leistung zusammenhängenden Maßnahmen zu verstehen, die beim Gast für ein Produkt oder eine Dienstleistung zu einer besseren Beurteilung führen.

Die Leistungs- bzw. Produktpolitik lässt sich in folgende Komponenten zerlegen:

Leistungs- bzw. Produktpolitik (s. S. 103)			
Technische Eigenschaften	**Ästhetische Eigenschaften**	**Symbolische Eigenschaften**	**Zusätzliche Eigenschaften**
Material, Konstruktion, Mobiliar eines Hotelzimmers, technische Funktionalität	Farbgebung und Design eines Zimmers oder eines Restaurants	Image, Marke	Zusatznutzen, z. B. Erholungswert, Erlebniswert eines Produktes oder einer Dienstleistung

Preis- bzw. Kontrahierungspolitik

Zur Preis- bzw. Kontrahierungspolitik gehören alle Maßnahmen, die dazu beitragen, dass der Gast den zu zahlenden Preis durch entsprechende Nachfrage akzeptiert und es zum Kaufabschluss (Kontrakt) kommt.
Zur Preis- bzw. Kontrahierungspolitik gehören:

Preis- bzw. Kontrahierungspolitik (s. S. 142)				
Orientierungskriterien	**Preiselastizität und Preisplastizität**	**Determinanten der Elastizität**	**Preislagen oder preispolitische Strategien**	**Konditionenpolitik**
• Kosten (fix oder variabel) • Nachfrager (privat oder beruflich) • Mitbewerber/Konkurrenz	Relative Nachfrageschwankungen aufgrund von Preisänderungen	• Konkurrenzprodukte, -dienstleistungen • Dringlichkeit der Bedürfnisse • Preis des Produktes/ einer Dienstleistung	• Hochpreis- oder Niedrigpreispolitik • Abschöpfungsstrategie • Penetrationsstrategie	• Rabattpolitik • Geschäftsbedingungen • Absatzkreditpolitik

Distributionspolitik

Distribution bedeutet, das richtige Produkt oder die richtige Dienstleistung in der richtigen Menge und Intensität am richtigen Ort zum richtigen Zeitpunkt mit den geringsten Kosten unter Berücksichtigung der übergeordneten Unternehmensziele (Gewinn, Deckungsbeitrag, Marktanteil, Umsatz) bereit zu stellen.

Der Distributionspolitik zugeordnet sind:

Distributionspolitik (s. S. 244)		
Absatzwege	**Steuerungssysteme des Absatzes**	**Absatzorgane**
• direkter Absatz – über das eigene Unternehmen • indirekter Absatz – über Fremdvertrieb (fremde Vermittler und Händler)	• Vertriebsbindung • Depotsystem • Vertragshändlersystem • Franchise-Systeme	• eigener Fachhandel – siehe direkter Vertrieb • Handelsvertreter – Fremdvertrieb

Kommunikationspolitik

Kommunikationspolitik beschreibt die Mittel und Wege, wie ein Unternehmen mit seinen potenziellen Kunden in Kontakt tritt. Der Kommunikationspolitik zugeordnet werden:

Kommunikationspolitik (s. S. 151)			
Werbung	**Verkaufsförderung**	**Öffentlichkeitsarbeit**	**Persönlicher Verkauf**
• Arten der Werbung • Werbewirkung nach der AIDA-Methode	• direkte Verkaufsförderung • indirekte oder distributive Verkaufsförderung	Medienarbeit, Sponsoring Auftritte auf Messen, Tagungen, Kongressen	• gebietsbezogen • produktbezogen • kundenbezogen

Die **Arten des Marketings** können wie folgt gegliedert werden:

- Konsumgütermarketing (PKW, Waschmaschinen, Nahrungsmittel)
- Dienstleistungsmarketing (Hotellerie, Gastronomie, Finanzdienstleistungen)
- Investitionsgütermarketing (Fuhrpark, Maschinen)

Grundformen des Marketings

Konsumgütermarketing

Merkmale:

- originärer Bedarf
- große Anzahl an Bedarfsträgern
- hoher Anteil an Individualentscheidungen
- mehrstufige, indirekte Distribution
- anonyme Marktkontakte

Dienstleistungsmarketing

Merkmale:

- abstrakte, immaterielle Leistung
- nicht lagerfähige Ware
- nur in Ausnahmefällen transportfähige Leistung
- oft individuelle/einmalige Leistung
- schwer standardisierbare Leistung
- intensive Kundenbeziehungen
- Leistungsbeteiligung des Leistungsempfängers

Investitionsgütermarketing

Merkmale:

- abgeleiteter Bedarf
- kollektiver und formalisierter Kaufentscheidungsprozess
- geringe Zahl und höhere Konzentration von Bedarfsträgern
- direkter Interaktions- oder Verhandlungsprozess
- besonderer Einsatz von Marketinginstrumenten (p. V.)
- höheres Maß an Internationalität

Moderne Formen des Marketings

- Non Business Marketing
- Generic Concept of Marketing
- Human Concept
- Social Marketing

Ferner können die o. g. **Marketingarten** auch nach ihrer Zielsetzung unterschieden werden in:

- Gewinnorientiertes Marketing (Unternehmen)
- Non-Profit Marketing (Kirchen, Verbände, Parteien)

Arten und Zielsetzung des Marketings

Man unterscheidet

- Strategisches Marketing
  - ▷ Festlegung der Ziele und des Leitbildes
- Taktisches Marketing
  - ▷ Planung des Einsatzes der Marketinginstrumente
- Operatives Marketing
  - ▷ Umsetzung und Marketing-Mix

Grundlagen und Inhalte der Marketingplanung

Charakteristische Elemente des Marketings als unternehmerische Grundhaltung:

- Kundenorientierung
- Konkurrenzorientierung
- Umweltorientierung
- aktive Marktbearbeitung

Wichtige **Bewertungssysteme** des Marketings im betrieblichen Planungssystem sind:

- Produkt
- Absatzmenge
- Preis
- Umsatz

Inhalte und formaler Aufbau einer Marketingplanung:

- Zielgruppen, Einzugsgebiete, Produkte, Kosten, Konkurrenz, Umsätze, Finanzen, Image, Leitbild, Absatzwege, Werbung, u. v. m.
- Ist-Analyse
- Marktprognosen und Perspektiven
- Marketingziele und Marketingmaßnahmen

1.2 Entwicklungen gestern – heute – morgen

Situation

„Man kann **Unternehmenskulturen** definieren als ein Muster von Werten, Einstellungen und Verhaltensweisen, die dem Leben im Unternehmen zugrunde liegen. Im gewissen Sinne ist die Unternehmenskultur die Summe aller ungeschriebenen Gesetzmäßigkeiten im Unternehmen.

Welche Verhaltensweisen werden honoriert, welche Verhaltensweisen werden sanktioniert, wie kommuniziert man miteinander bis hin zu solchen sichtbaren Dingen, wie Büros gestaltet sind, wie die einzelnen Mitarbeiter gekleidet sind“ (Christian Homburg).

Die Entwicklung des Marketings geht einher mit dem Wandel vom Verkäufer- zum Käufermarkt. Alle Bestrebungen eines Produzenten von Waren und Dienstleistungen sind in der Vergangenheit absatzorientiert gewesen. Diese Absatzorientierung wandelte sich in eine heutige Marketingorientierung. Mit diesem Wandel geht auch eine Veränderung der Unternehmenskultur und der Unternehmensphilosophie einher.
Im nachfolgenden Kapitel soll sowohl der Wandel von der reinen Absatzorientierung hin zur reinen Marketingorientierung als auch die wesentlichen Spezifika der Unternehmenskultur/Unternehmensphilosophie skizziert werden.

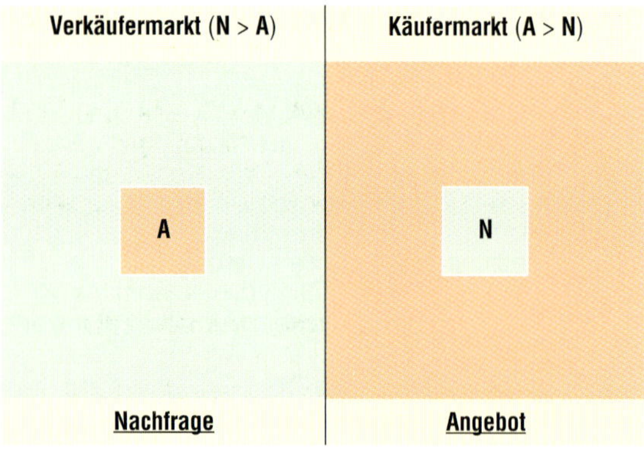

Früher	Absatz	
	Entwicklungsphasen	
Wandel der Führungsspitze	1. Produktionsorientierung	Verkäufermarkt ↓
Führungsgrundsätze	2. Verkaufsorientierung	
	3. Kundenorientierung	Käufermarkt
	4. Wohlfahrtsorientierung	
	5. strategische Marketingorientierung	
Heute	**Marketing**	

(vgl. Kotler, Philipp u. a.: Grundlagen des Marketing, München 2003, S. 52)

Marketing ist die Reaktion auf die verlorene Marktmacht der Produzenten und die gesteigerten und sehr differenzierten Anforderungen durch die Konsumenten. Marketing ist nicht nur ein isoliertes Agieren und Reagieren auf veränderte Marktsituationen, sondern eine komplexe Angelegenheit, welche sich über die Unternehmenskultur und den Wandel der Unternehmen von Produktionsorganisationen hin zu Marketingorganisationen entwickelte.

Die Unternehmensorganisation muss eine Marketingorganisation werden und daraus folgt eine veränderte Unternehmenskultur, die sich an Faktoren orientiert, die zum Erfolg des Unternehmens beitragen.
Dazu zählen:

- Kundenorientierung
  - der Kunde ist Kaiser und nicht Bettler; nicht was machbar, sondern das, was der Kunde wünscht, ist unsere Devise
- Mitarbeiterorientierung
  - ein Unternehmen ist eine Familie, in der sich jeder wohl fühlen soll, wertgeschätzt wird und leistungsgerecht entlohnt werden soll
- Leistungsorientierung
  - die Leistungsbereitschaft der Mitarbeiter muss als Bedürfnis und nicht als lästige Notwendigkeit angesehen werden
- Innovationsorientierung
  - nur wer dauerhaft seine Produkte und Dienstleistungen den Kundenwünschen anpasst, wird im Wettbewerb überleben
- Unternehmensorientierung
  - wenn es dem Unternehmen gut geht, geht es auch den Mitarbeitern gut. Dafür muss es aber den Kunden noch besser gehen!
- Kostenorientierung
  - beste Leistung mit den dafür geringsten Kosten
- Technologieorientierung

1.3 Dienstleistungsmarketing

Situation

„Wir verkaufen Ihnen, lieber Kunde, keine Übernachtung mit Frühstück oder Halbpension, sondern wir ermöglichen Ihnen ein Erlebnis der besonderen Art; bei uns, in unserem wunderschönen Hotel zu entspannen, zu genießen und nach diesem Erlebnis sich möglichst lange daran wohlwollend zu erinnern."

Was ist Dienstleistungsmarketing und worin unterscheidet sich das Dienstleistungsmarketing vom Konsum- oder Investitionsgütermarketing? Im Gegensatz zu einem Produkt, beispielsweise einem Auto oder einer Kaffeemaschine, die der Kunde besichtigen, anfassen, fühlen und begutachten kann, ist eine Dienstleistung zunächst einmal ein immaterielles Gut, welches dem Kunden nur beschrieben werden kann.

Eine Dienstleistung kann erst dann beurteilt werden, wenn sie nachgefragt oder gekauft wurde. Dann muss sie aber den Erwartungen entsprechen. Eine Dienstleistung kann im Vorfeld des Kaufes und von der Nachfrage nur in begrenztem Umfang geprüft werden, oftmals nicht „angefasst" und gefühlt werden.

Der Kunde muss sich ausschließlich auf die Beschreibung und die visuelle Darstellung in Form von Bildern und Texten verlassen.
Dienstleistungen unterscheiden sich von Produkten i. d. R. durch einige wichtige Merkmale:

- Dienstleistungen sind immateriell, also weder lagerfähig noch transportfähig und oftmals nicht auf Vorrat produzierbar.
- Dienstleistungen sind im Gegensatz zu Handelsware nicht wiederverkäuflich (eine Dienstleistung kann man nicht gebraucht kaufen).
- Dienstleistungen müssen kundenbezogen und individuell erbracht werden.
- Dienstleistungen sind orts- und zeitgebunden; sie erfordern, dass der Dienstleister dann zur Verfügung steht, wenn der Kunde die Dienstleistung wünscht. Sie müssen also vielfach zu Zeiten erbracht werden, zu denen andere Beschäftigte Freizeit haben.
- Dienstleistungen erfordern eine extreme Leistungsbereitschaft, ein Eingehen auf besondere Bedürfnisse unterschiedlicher Kundentypen.
- Dienstleistungen sind sehr schwer standardisierbar und sehr personalintensiv.

Typische **Dienstleistungsbranchen** sind:

- Hotellerie und Gastronomie
- Beförderungsunternehmen
- Kunst, Unterhaltung und Sport
- Bildung und Forschung
- Öffentliche Versorgungsunternehmen
- Geld- und Versicherungswesen
- Interessenvertretungen
- Ämter, Rechts- und Wirtschaftsdienste

Um erfolgreiches Dienstleistungsmarketing zu betreiben, sind einige Voraussetzungen notwendig:

- **Sehr gute Personalpolitik**; die Qualität und Güte der von Ihnen erbrachten Dienstleistungen hängt in sehr hohem Maße von der Zufriedenheit und Motivation sowie der Leistungsbereitschaft Ihrer Mitarbeiter ab
- **Sicherstellung der Dienstleistungsqualität**
  - Entwicklung von Ansätzen zur Messung der Dienstleistungsqualität
  - Kundenerwartungen kennen
  - kontinuierliches Qualitätsmanagement
- **Sicherstellung der Kundenzufriedenheit**
  - Entwicklung von Indexsystemen zur Kundenzufriedenheit und Kundenbindung
  - nicht was machbar ist, ist entscheidend, sondern das, was der Kunde braucht
- **Umfänglicher Einsatz der Kommunikationsmittel** und Vermeidung von Abweichungen zwischen Anpreisung und Erbringung

Dienstleistungen benötigen ein Trägermedium, das der Mitarbeiter, der Name des Hotels, die Marke oder eben eine spezifische Leistung sein kann (vgl. Dettmer 2002, S. 157).
In einer Anlage wie dem Seehotel „Schloss Sonnenbühl", sind fast 90 % des investierten Kapitals im Anlagevermögen gebunden. Die für den Gast wesentlichen und bedeutsamen Bestandteile des Leistungsangebotes müssen am Standort des Seehotels und nicht am Standort/Wohnort des Gastes erbracht werden. Alle Marketingstrategien, insbesondere die Kommunikationspolitik, müssen auf diese Besonderheiten Rücksicht nehmen (vgl. Dettmer 2002, S. 157).

Aufgaben

1. Tourismusmarketing (= Marketing in Gastgewerbe und Touristik) ist marktgerichtetes und marktgerechtes Vorgehen touristischer Einheiten.
   Welche Ziele verfolgen die Anwender mit dieser Marktverbundenheit?
2. Auf welche griffige Formel lässt sich Marketing bringen?
3. Nennen Sie die 4 Ps des Marketings.
4. Wozu dient die Marke eines Unternehmens?
5. An welchen Faktoren muss sich eine moderne Unternehmenskultur orientieren?
6. Beschreiben Sie typische und spezifische Merkmale einer Dienstleistung.
7. Nennen Sie Voraussetzungen für ein erfolgreiches Dienstleistungsmarketing.
8. Wer oder was kann ein Trägermedium im Dienstleistungsmarketing sein?

Die Grundstruktur des strategischen Marketings lässt sich am besten vergleichen mit einem Schachspiel. Jeder Zug eines Spielers hat einen Gegenzug des anderen zur Folge. Schach zeichnet sich durch eine außerordentlich große Zahl an Konstellationen aus, in denen eine Vielzahl von Zügen möglich sind. Es besteht die Notwendigkeit, sich in die Situation seines Gegners hineinzuversetzen und somit die wahrscheinliche Reaktion, d. h. seine nächsten Züge vorauszusehen.

2 Unternehmensvision

Die Zeit, in der wir leben, wird immer komplexer. Wir spüren das täglich an unseren Arbeitsplätzen. Oft erkennen wir den Wald vor lauter Bäumen nicht mehr! Unser Blickfeld wird verstellt durch eine Fülle von Aufgaben und Aktivitäten, die wir zu lösen haben. Aufgaben reihen sich aneinander zu schier endlos erscheinenden Problemketten und kein Ende ist abzusehen. In diesem sich stets wiederholenden Prozess ist eine klare Positionierung des Unternehmens für den Erfolg von fundamentaler Bedeutung. Das heißt, die Vision des Unternehmens muss von allen am Unternehmenserfolg Beteiligten getragen und gelebt werden; Projektionen in die Zukunft müssen klar formuliert, attraktiv und realisierbar sein.

2.1 Entwicklung der Unternehmensvision

Situation

Das Seehotel „Schloss Sonnenbühl" steht vor wesentlichen Veränderungen, die, wenn sie greifen sollen, nicht nur Strukturveränderungen des Hauses erforderlich machen, sondern vor allem auch einen Einstellungswandel bei Eigentümern, Führungskräften und Mitarbeitern zu den sich stets ändernden Bedingungen des Marktes voraussetzen. Um sich dieser anspruchsvollen Herausforderung zu stellen, ist es unumgänglich, zunächst die bestehende Unternehmenskultur zu beeinflussen und zu verändern, denn eine Unternehmenskultur gibt es immer, ob positiv oder negativ. Erst dadurch wird es möglich, zu einer klar definierten Unternehmensvision zu gelangen.

Eine Vision kann nur dann zu einer konkreten Unternehmensvision entwickelt werden, wenn ein gemeinsames Wollen von Managern und Mitarbeitern im Betrieb vorhanden ist.
Das heißt:
- Partnerschaft
- Vertrauen
- Wahrhaftigkeit

als Basis menschlicher Zusammenarbeit.

In diesem Zusammenhang ergibt sich im Rahmen der betrieblichen Sinnesforschung eine Reihe von Fragestellungen, die es gilt abzuarbeiten, so zum Beispiel:

- Was ist bzw. kann die **Unternehmenskultur** sein?
- Gibt es bereits oder überhaupt eine Vision, d. h. mittel- oder langfristige Vorstellungen oder Ideen über die Zukunft des Unternehmens?
- Worin besteht oder soll der **Unternehmenszweck** bestehen, wie kann bzw. soll der Unternehmenszweck definiert werden, worin soll bzw. besteht der Auftrag des Unternehmens?
- Welche umfassenden **Unternehmensziele** lassen sich daraus ableiten?

Aus der Beantwortung dieser Fragestellungen lässt sich folgende Vorgehensweise für das Entwickeln der Unternehmensvision ableiten:

Unternehmens-Kultur
▼
Unternehmens-Vision
▼
Unternehmens-Leitbild

Unternehmenskultur

„Standort, Kategorie oder Alter eines Unternehmens sind nicht so entscheidend wie der Geist, mit dem das Unternehmen geführt wird."

(C. Glaus)

Die Unternehmenskultur zeigt sich in der Darstellung von **Wertvorstellungen**, Überzeugungen und dem Verhalten gegenüber der **Ethik** und den Prinzipien eines Unternehmens. Hieraus entwickeln sich **Normen** und **Verhaltensregeln**, durch die das konkrete Verhalten der Mitglieder eines Unternehmens manifestiert wird.

Beispiele von Wertvorstellungen im Unternehmen (vgl. DEHOGA/Schweizer Hotelverein, Marketing der Gastfreundschaft, Bonn 1992, S. 63):

- Gäste- und Qualitätsorientierung
- Mitarbeiterorientierung
- Kostenorientierung
- Renditeorientierung
- Innovationsorientierung
- Risikoorientierung
- Expansionsorientierung
- Orientierung zur Erhaltung des Unternehmens
- Gezielte Vorliebe für einen bestimmten Geschäftstyp

Beispiele für Überzeugungen im Unternehmen:

- Die Mitarbeiter am Geschehen des Unternehmens zu beteiligen, ist unser Führungs- und Arbeitsstil.
- Bei der Auswahl der Führungskräfte hat die Befähigung Vorrang vor den Ansprüchen.
- Die berufliche Nachwuchsentwicklung sehen wir als Verpflichtung gegenüber der Gesellschaft.
- Qualität der Produkte und Leistungen und eine ständige Verbesserung sind wesentlich für unseren Erfolg.
- Unsere Lieferanten sind unsere Partner.
- Unsere Kunden sind unsere Freunde; Freunde enttäuscht man nicht.

Unternehmensvision

„Willst Du ein Schiff bauen,
so rufe nicht Menschen zusammen,
um Pläne zu schmieden,
Arbeit zu verteilen,
Werkzeuge zu holen und Holz zu schlagen,
sondern lehre sie die Sehnsucht
nach dem endlosen Meer."

(A. Saint-Exupéry)

Die **Unternehmensvision** umfasst die grundlegenden, permanenten und strategischen Unternehmensziele auf der Basis des Unternehmenszwecks und ist langfristig ausgelegt. Sie äußert sich in einer prinzipiellen Geschäftsauffassung bzw. dem Typ des Unternehmertums und des Unternehmens, der hinter dem Betrieb steht. Die Unternehmensvision wird somit zu einem wichtigen Element des strategischen Marketings. Sie entsteht als Folge geistiger „Innovationen" und durchläuft bewusst **kreative Prozessstufen**.

Der Weg zur Vision heißt also

- Veränderungen zu begreifen,
- neue Wirklichkeiten zu gestalten,
- Megatrends (Erlebnisverflechtung von Handel, Gastgewerbe, Tourismus, Freizeit, Dienstleistungen, Erlebnisverdichtung wie künstliche Freizeitwelten, Entstehung „virtueller" Unternehmen durch mediale Vernetzung) zu erkennen.

Das bedeutet aber auch, sich diesem Wandel zu stellen und die Flexibilität als neues Machtinstrument zu nutzen.
Für Gäste wird die Unternehmensvision verdeutlicht durch das **Credo:**

- Wir sind ...
- Wir möchten ...
- Wir vertreten ...

Unternehmensleitbild

Das Unternehmen muss sich als ein System mit ganz spezifischen Wertvorstellungen und **Überzeugungen** verstehen, deren Akzeptanz in der Öffentlichkeit und bei seinen eigenen Mitarbeitern eine Voraussetzung für den unternehmerischen Erfolg darstellt.
Das Leitbild ist der so genannte rote Faden und bildet den Rahmen für das Handeln der Personen eines Betriebes. Ein Leitbild besteht aus mehreren Leitsätzen, wobei jeder Leitsatz für sich eine klare und in sich abgeschlossene Aussage zum Ausdruck bringt.

Beispiele für das Formulieren von **Leitsätzen**:

- Die Beteiligung unserer Mitarbeiter an den Entscheidungen des Unternehmens ist oberstes Gebot.
- Eine ständige berufliche Entwicklung unserer Mitarbeiter ist uns wichtig, wir achten hierbei auf Talente und fördern diese.
- Im Mittelpunkt unseres Denkens und Handelns stehen die Bedürfnisse unserer Kunden, wir sind immer für unsere Kunden erreichbar.
- Die Qualität unserer Produkte und Leistungen steht im Mittelpunkt unseres Handelns bei der Realisierung der Kundenbedürfnisse.
- Händler und Lieferanten sind unsere Partner und Freunde.
- Wir arbeiten eng mit der Bevölkerung, Vereinen und Gemeinden zusammen und beteiligen uns an der Erhaltung und dem Ausbau von Traditionen der Destination.
- Unser Unternehmen orientiert sich stets am Wachstum zur Erhaltung der Selbstständigkeit.

2.2 Komponenten der Unternehmensvision

Situation

Seehotel Schloss Sonnenbühl

Die Unternehmensvision des Seehotels „Schloss Sonnenbühl“ könnte lauten:

Tradition
gepaart mit Freude, Lustempfinden und Vergnügen für Körper und Geist.
Ein nie versiegender Quell für Gesundheit und Emotionalität
in der Ruhe einer reizvollen Natur der Lüneburger Heide.

(vgl. DEHOGA/Schweizer Hotelverein u. a., Marketing der Gastfreundschaft, S. 273)

Die Unternehmensvision hat eine ebenso starke **interne** wie **externe Komponente**.

Innerbetriebliche Komponente *(„der Blick nach innen")*

Festlegungen zu grundlegenden obersten Zielen wie
- Börsengang, Börsenwerte
- Cashflow
- Umsatz/Gewinn/Profit
- Erhalt und Wachstum des Unternehmens
- soziale Verantwortlichkeit
- Qualität/Qualitätsstandard

Festlegungen zu innerbetrieblichen Voraussetzungen und Gegebenheiten wie
- Unternehmens-, Betriebsklima
- Führungsstile
- innerbetriebliche Kommunikation
- Mitarbeiterstruktur, -stamm

Externe Komponente *(„der Blick nach außen")*

Beziehungen und Verhältnisse zu
- Zielgruppen
- Kunden
- Vertragspartnern
- Wettbewerbern
- Lieferanten
- ortsansässiger Bevölkerung
- öffentlichen Verwaltungen, Behörden
- Medien usw.

Auftreten am Markt wie
- Innovationsfähigkeit
- Kreativität
- Zuverlässigkeit
- Qualität der Produkte und Leistungen

Auftreten in der Öffentlichkeit wie
- Imagebildung
- Ehrlichkeit, Korrektheit
- Vermittlung von Normen und Werten

Fazit

- Die Unternehmensvision stimmt dann, wenn sie dem Grundsatz der **Ziel-Mittel-Optimierung** genügt und das Unternehmen sich deutlich für das Umfeld und die Mitarbeiter aus der Masse der Mitbewerber heraushebt.
- Die schönste Unternehmensvision bringt keinen Nutzen, wenn sie nicht nach innen und außen kommuniziert wird und stattdessen nur in den Köpfen der Unternehmer und Manager herumspukt. Sie muss zu einem erlebbaren Instrument für alle Mitarbeiter im Unternehmen werden.
- Die Unternehmensvision ist Grundlage für die „**Corporate Identity**“ (s. S. 113), die geplante Darstellung des Unternehmens nach innen und außen. Diese Darstellung muss und wird durch das **Verhalten (Corporate Behavior)**, das **Erscheinungsbild (Corporate Design)** und durch **Kommunikation (Corporate Communications)** gewährleistet.
- Visionen lassen sich nicht erzwingen. Sie entstanden noch nie durch Übertragung irgendwelcher schematischer Gedanken, sondern stets und vor allem durch Toleranz gegenüber so genannten „Querdenkern“.

Aufgaben

1. Stellen Sie dar, wodurch sich die Unternehmenskultur charakterisiert.
2. Worauf beziehen sich innere und äußere Komponenten der Unternehmensvision?
3. Worauf beziehen sich inhaltliche Schwerpunkte eines Unternehmensleitbildes?
4. Überarbeiten oder erstellen Sie für das Seehotel „Schloss Sonnenbühl" eine umsetzbare Unternehmensvision. Gehen Sie dabei von folgenden methodischen und inhaltlichen Überlegungen aus:
   a) Bilden Sie eine Projektgruppe und legen Sie die Stellen fest, die Sie bei der Realisierung der Aufgabenstellung unterstützen.
   b) Erarbeiten Sie eine neue Charakteristik für das Haus als Unternehmenszweck.
   c) Legen Sie die wichtigsten innerbetrieblichen und externen Komponenten als Oberziele fest.
   d) Fassen Sie die Oberziele zusammen und formulieren Sie die Unternehmensvision. Begründen Sie Ihre Entscheidung.
5. Formulieren Sie für das Seehotel „Schloss Sonnenbühl" ein neues Unternehmensleitbild als Handlungsorientierung für die Zukunft.

3 Analyse der Rahmenbedingungen

3.1 Tourismus-Marketing

Situation

Seehotel Schloss Sonnenbühl

*Im Rahmen eines Mitarbeiter-Meetings erläutert die Geschäftsleitung des **Seehotels „Schloss Sonnenbühl“** das neue Unternehmens- und Marketingkonzept:*

„Liebe Mitarbeiter, Sie wissen, dass das Seehotel „Schloss Sonnenbühl" seit fünf Jahren jährlich einen Umsatzrückgang von ca. 5 % verzeichnet. Dies gilt sowohl für den Bereich Beherbergung als auch für das Mittags- und Abendgeschäft im Restaurant. Grund genug, diesen Abwärtstrend schnellstens zu beenden und einen Neuanfang zu wagen!
Wir wollen neue Zielgruppen mit einem differenzierten Dienstleistungsangebot ansprechen. Für die Destination Seehotel „Schloss Sonnenbühl" soll es deshalb zukünftig heißen:

1. gesundheitsorientierte Gäste, die wir mit Gesundheits-, Entspannungs- und Wellness-Packages ansprechen möchten;

2. gesundheitsorientierte Gäste, die bei uns ihren Stress abbauen können und die Wahl haben, sich in Verbindung mit der neuen medizinischen Abteilung einem Gesundheitscheck zu unterziehen;

3. sport- und gesundheitsorientierte Gäste, die nach Fertigstellung des Golfplatzes ihren Golfurlaub bei uns verbringen können;

4. sport- und gesundheitsorientierte Gäste, die in Kooperation mit den Gutshöfen der Nachbarschaft Reiterferien mit/ohne eigenem Pferd planen können;

5. mehr Exklusivität und Leistung für das Produktsegment „Bankett": aufgrund unseres einmaligen Serviceangebotes sowie der Lage und Ausstattung unseres Hauses sollen Feste zu einem unvergesslichen Erlebnis werden.

6. Exklusivität und Leistung in Form von Business-Packages für Tagungen und/oder Konferenzen: Die Nähe zu Großstadt und Flughafen, die gute Verkehrsinfrastruktur, das Ambiente des Hauses, die Ruhe der Anlage und die technische Ausstattung der Räume bieten vielfältige Möglichkeiten – auch für Incentives in Verbindung mit Sportangeboten.

7. Wochenendgäste und Ausflügler (viele Stammgäste), die die Destination als Naherholungsziel nutzen und das Hotelrestaurant bzw. die Seeterrasse als Kaffeegäste besuchen, sollen für uns weiterhin sehr wichtig sein – allerdings werden wir zukünftig keinen traditionellen Mittagstisch als À-la-carte-Küche anbieten, sondern morgens ein Fitness-Frühstücksbüfett, mittags kleine Snacks und Salate im Wintergarten und/oder auf der Seeterrasse, nachmittags werden dort die Kaffeegäste mit Kaffeespezialitäten und Pâtisserie bedient. Für den Abend werden wir à-la-carte-Küche für Restaurantgäste (Passanten und Halbpensionsgäste) und einmal wöchentlich spezielle Themenbüfetts anbieten. Das sonntägliche Brunchbüfett ist ein Highlight, und wird deshalb weiterhin angeboten. Die Cocktail-Lounge werden wir ab 18:00 Uhr besetzen. Die neue Coffeebar auf dem Gelände des Golfplatzes wird mit einem kleinen Speisenangebot (Snacks und Salate), alkoholfreien und alkoholischen Getränken ab 10:00 Uhr öffnen und somit unser F&B-Angebot komplettieren.

Die Planungen für eine Grundsanierung der Destination sind fast abgeschlossen, außerdem sehen Sie es am Modell: jedes Produktsegment des Hauses soll sich an gegenwärtigen und zukünftigen Trends orientieren.

Liebe Mitarbeiter, wir haben uns für die Zukunft viel vorgenommen und deshalb wollen wir die neuen Unternehmensziele als große Chance für die Destination Seehotel „Schloss Sonnenbühl" nutzen und mithilfe einer geeigneten Marketingstrategie unsere neuen Produktsegmente aufbauen bzw. ausbauen.
Unsere Visionen, Planungen und Unternehmensziele werden allerdings nur erfolgreich sein, wenn sie von unseren derzeitigen und zukünftigen Gästen angenommen werden. Wir werden aus diesem Grund zunächst eine Analyse der Rahmenbedingungen (Umfeldanalyse) unseres Hotels vornehmen. Umsatzrückgänge können wir uns nicht mehr leisten – und nur wenn wir unsere Stärken und Schwächen kennen, werden wir langfristig SEP's (Strategische Erfolgspositionen) aufbauen können.
Wir werden uns bei der Umfeldanalyse sowohl der Primärforschung als auch der Sekundärforschung bedienen. Bitte unterstützen Sie uns dabei! Sie wissen, wir haben jetzt die Chance, durch gastorientiertes Handeln:

- neue Gästekreise zu gewinnen,
- neue Produktsegmente unserer Leistungspalette zu profilieren und
- Stammgäste zu binden."

Im Rahmen ihrer **allgemeinen Wertvorstellungen (basic beliefs)** sind die Unternehmensgrundsätze Ausdruck dafür, dass ein Hotel nicht nur einzelwirtschaftlich von Bedeutung ist, sondern als touristische Destination eine gesamtwirtschaftliche Aufgabe übernimmt. Die Unternehmensleitung muss deshalb detailliert analysieren, was die Stärken und Schwächen (bzw. Chancen und Risiken) des Tourismus ausmachen, wie sie sich in den einzelnen Elementen der Unternehmensidentität (CI = corporate identity) niederschlagen und welches Maß an Veränderung ein Hotel verträgt, ohne sich damit selbst „untreu" zu werden.

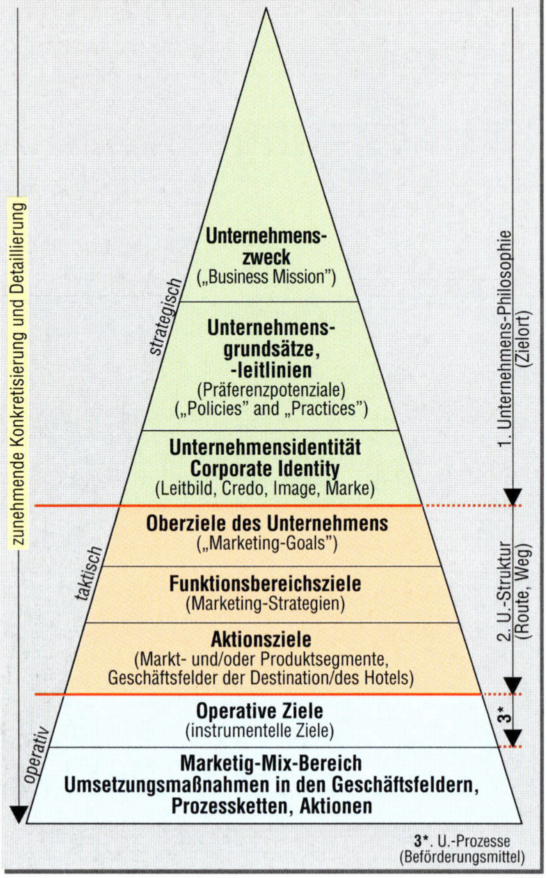

Brüche (Diskontinuitäten) in der Entwicklung der Märkte (neue Zielgruppen, neue Gästewünsche, Marktsättigung, zunehmender Wettbewerb) und der Technologien, führen dazu, dass eine Unternehmensführung auf der Grundlage der kurzfristigen Finanzplanung bzw. der operativen Planung heute nicht mehr möglich ist. Bis in die 70er Jahre wurden die Sollwerte der operativen Unternehmensplanung, d. h. Vergangenheitsdaten lediglich fortgeschrieben und ergaben somit den „Wegweiser" für die langfristige (strategische) Unternehmensplanung.

Durch diese Vorgehensweise ergaben sich „strategischen Probleme" in dem Sinne, dass **Anpassungslücken** zwischen dem **Angebot des Tourismus** und der **Nachfrage** auf den Märkten auftraten. Zeitgleich erfolgte der Wechsel vom **Verkäufermarkt** zum **Käufermarkt**, der letztlich zur Entwicklung des **Marketing-Ansatzes** führte. Die Folge musste zwangsläufig ein ökonomisches Konzept sein, dass alle **Unternehmensaktivitäten** auf die **Befriedigung der Gästebedürfnisse** ausrichtet.

Aufgrund dieser „innovativen, gastorientierten Denkweise" ist es nötig, die Angebote der Hotels an die Nachfrage auf den Märkten anzupassen, d. h. als Bindeglied zwischen dem Unternehmensumfeld (Marktsegmente, Produktsegmente und den internen Potenzialen einen „**externen Fit**" herbeizuführen bzw. sicherzustellen.
Diese Anpassung muss alle Aspekte des **Nachfrageverhaltens der Gäste** beinhalten, z. B.

- **Sachaspekte**: Was? Wie viel? Wo? Wie?
- **Zeitaspekte**: Wann? Wie lange?

Um erfolgreich gast-, zukunfts- und trendorientierte Maßnahmen im Hinblick auf ein

- **Normatives Marketing**: Bestimmung der normativen Werte im Unternehmens- bzw. Marketing-Management wie Unternehmensphilosophie, -ethik, -kultur, -ziele, -leitbilder, Corporate Image usw;
- **Strategisches Marketing**: Bestimmung des langfristigen Entwicklungsrahmens, der Strategien und Konzepte;
- **Instrumentelles oder operatives Marketing**: Maßnahmenplanung, Durchführung und Controlling im Rahmen des Marketing-Mix sowie der operativen Ausgestaltung;

ergreifen zu können, ist es deshalb zwingend notwendig, eine kontinuierliche Untersuchung der Variablen des **Umfelds** und der **Struktur der Gästebedürfnisse** durchzuführen (s. unten stehende Abb.). Dabei gilt es, sämtliche relevanten Informationen über die **nicht kontrollierbaren Bedingungen** des Marktes (Marktpartner und Marktbeziehungen) zusammenzustellen, von denen **langfristig** ein **ausschlaggebender Einfluss** für die Zielerreichung der Hotels erwartet werden kann **(Key-Issues, Schlüsselfaktoren der Entscheidung**).

Arten und Motive des Tourismus als Auslöser touristischer Aktivität

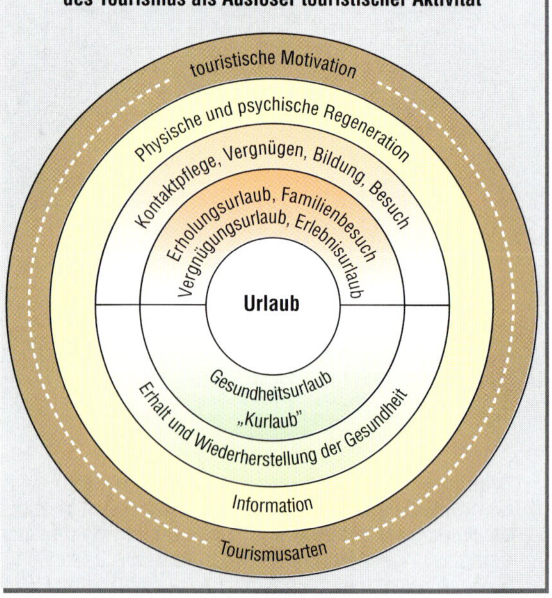

(Dettmer, Harald: Tourismus 1, Tourismuswirtschaft, Köln 1998, S. 27)

Der „Kreislaufgedanke" im Sinne eines innovativen „**Management by Marketing**", d. h. eines permanenten, mehrere Phasen durchlaufenden Kreislaufmodells des Tourismus-Marketings verdeutlicht die Sachzusammenhänge des Marktes im Hinblick auf strategische und operative Planungen.

(Freyer, Walter: Tourismus-Marketing, München/Wien 2001, S. 112)

Voraussetzung für die Umsetzung von strategischen und operativen Überlegungen ist eine permanente Überprüfung der aktuellen Zahlen, Daten und Fakten des Tourismusmarktes.

- ▶ **Reiseausgaben**
  Ausgaben für Übernachtungsreisen (mit mindestens einer Übernachtung): Im Jahr 2006 haben die Deutschen mit 122 Milliarden Euro (unabhängig vom Reiseanlass) 1 % weniger für Reisen im In- und Ausland ausgegeben als im Jahr 2005.

  Ausgaben für **Urlaubsreisen** (mit mindestens vier Übernachtungen): Pro Urlaubsreise (In- und Ausland) wurden im Jahr 2006 durchschnittlich 837 Euro ausgegeben. Das sind 37 Euro mehr als im Vorjahr. Bei Urlaubsreisen mit inländischen Zielen gaben die Deutschen durchschnittlich 516 Euro aus (Reiseanalyse 2005, (F.U.R.), Kiel 2006).

Beschäftigungs- und Umsatzvergleich 2006 mit ausgewählten Branchen

	Beschäftigte
Handwerk	4 784 000
Tourismuswirtschaft	2 800 000
Maschinen- und Anlagenbau	887 000
Land-, Forstwirtschaft und Fischerei	850 000
Elektroindustrie	801 017
ITK-Branche	776 000
Automobilindustrie	750 200
Baugewerbe	710 483
Ernährungsindustrie	519 300
Chemische Industrie	436 004

Quellen: Deutsches Institut für Wirtschaftsforschung (1), Gesellschaft für Wirtschaftliche Strukturforschung (2) verschiedene Fachinstitutionen und -verbände (6)

(vgl. DTV 2006, S. 3)

Wirtschaftliche Bedeutung des Tourismus:

- ▶ **Beschäftigte**
  Die Gesamtzahl der Beschäftigten in den unmittelbar/mittelbar dem Tourismus zuzuordnenden Bereichen (Gastronomie, Einzelhandel, Verkehrsmittel) inklusive Teil- und Saisonarbeitskräften liegt bei rund 2,8 Millionen. Allein 105 000 Auszubildende zählt die Tourismusbranche. Der Anteil der vom Tourismus abhängigen Arbeitsplätze in Deutschland liegt bei 8 % (Deutsches Institut für Wirtschaftsforschung, DIW, Berlin 2006).

- ▶ **Umsatz**
  Für den Tourismus wurde ein Gesamtumsatz in Höhe von 140,6 Milliarden Euro ermittelt. Dies entspricht einem Anteil von rund 8 % am Bruttoinlandsprodukt, hochgerechnet für das gesamte Bundesgebiet (Deutsches Institut für Wirtschaftsforschung, DIW, Berlin 2006).

- ▶ **Steuereinnahmen**
  Durchschnittlich 2 – 3 % des touristischen Nettoumsatzes (ohne Mehrwertsteuer) fließen durch Gewerbesteuer, Grundsteuer und anteiliger Lohn- und Einkommenssteuer an die Kommunen zurück (Dwif, München 2006).

Im Rahmen der **Marktforschung** werden die Schlüsselfaktoren des Marktes folgendermaßen differenziert:

1. **Marktanalyse**
   Die Marktanalyse ermittelt **einmalig** oder **in bestimmten Intervallen** alle einen Markt kennzeichnenden Faktoren (Gäste, Konkurrenten, Marktvolumen), z. B. um ein neues Produkt oder eine neue Dienstleistung einzuführen.

2. **Marktbeobachtung**
   Bei der Marktbeobachtung steht die **laufende Entwicklung** des Marktes im Vordergrund der Untersuchung.

3. **Marktprognose**
   Die Marktprognose wird als **bewusste, systematische und logisch begründete Vorhersage** (Vorausschätzung) **zukünftiger Marktgegebenheiten** (z. B. Markt-, Marktanteil-, Preis- und Umsatzsituationen) verstanden, d. h. sie baut auf der Marktanalyse und Marktbeobachtung auf und dient der Marketingplanung. Obwohl Marktprognosen nur Wahrscheinlichkeitsschlüsse über zukünftige Trends bei Destinationen/Hotels liefern können, reduzieren sie dennoch Unsicherheiten bei der Ziel- und Strategieplanung.

4. Marktdiagnose
Marktdiagnosen haben die Funktion, Hinweise darauf zu geben, **welche Maßnahmen** (Bestimmung des Absatzmarktes, Nachfrage- und Wettbewerbsstruktur, Konkurrenzaktivitäten, Absatzmöglichkeiten, Zielgruppen u. a.) zu ergreifen sind, um der derzeitigen Marktentwicklung gerecht zu werden bzw. diese zu nutzen.

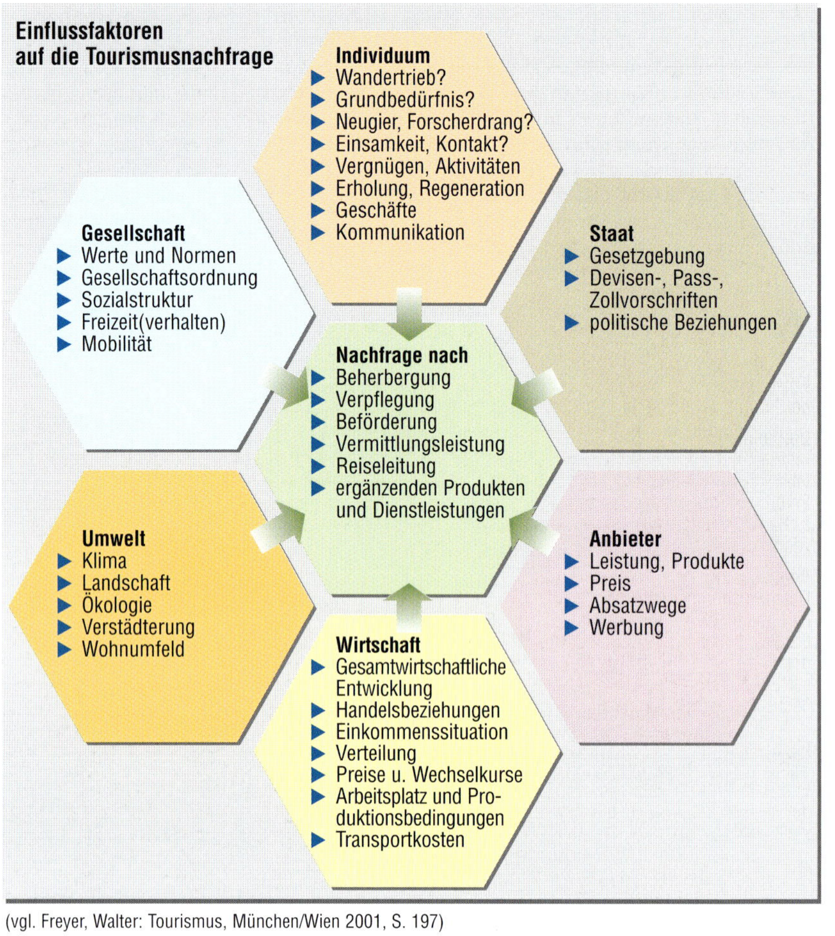

(vgl. Freyer, Walter: Tourismus, München/Wien 2001, S. 197)

3.2 Grundlagen der Marktforschung

Situation

Aufgrund der in nebenstehender Grafik dargestellten vielschichtigen Situation lässt sich ermessen, dass das Produkt Gastgewerbe bzw. Touristik auch besondere Anforderungen an die Informationsgewinnung (Marktforschung) stellt (vgl. Dettmer, Harald [Hrsg]: Tourismus-Marketing-Management, München/Wien 1999, S. 561)

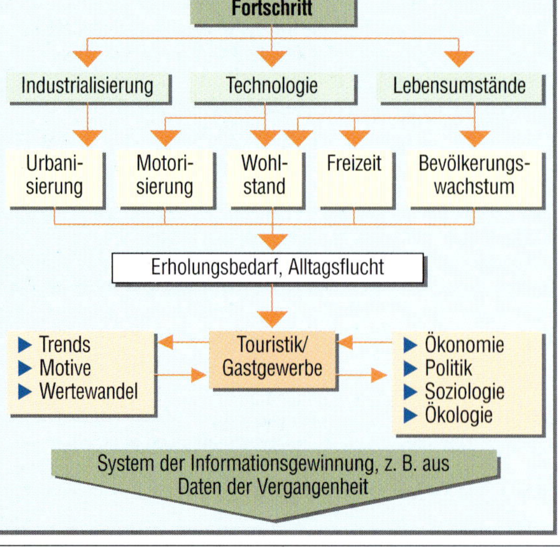

Primärerhebung

In der **Primärforschung** (field research) erhebt man erstmals die für die Lösung eines Problems relevanten Informationen, z. B. durch interne oder externe Befragung oder Beobachtung. Primärerhebungen können von Hotels selbst durchgeführt oder speziellen Marktforschungsinstituten (als demoskopische Untersuchungen) übertragen werden. Ein wesentlicher Vorteil von Primärdaten liegt in den speziell auf den Untersuchungszweck hin ausgerichteten Fragestellungen und der Aktualität der Ergebnisse; als Nachteil wird ein hoher Kosten-, Personal- und Zeitaufwand angeführt.

Sekundärerhebung

In der **Sekundärforschung** (desk research) werden interne und externe Daten herangezogen, die bereits zu einem früheren Zeitpunkt primär für andere/ähnliche Zwecke erhoben wurden (z. B. Angebots- und Nachfragegrößen) und jetzt für das vorliegende Erhebungsproblem aufbereitet, analysiert und interpretiert werden. Die Datenbasis der Sekundärerhebungen bezieht sich auf interne Betriebsdaten, den Betrieb (Hotel) oder die vertretenden Verbände. Beherbergungsstatistiken liefern z. B. Daten über die Anzahl der Ankünfte und Übernachtungen, differenziert nach Herkunftsländern der Gäste (Wohnsitz im In- und Ausland), Gemeinden, Betriebsgrößen usw. Untersuchungen des German Convention Bureaus (GCB) geben Auskunft über Angebot und Nachfrage sowie erkennbare Trends auf dem deutschen Tagungsmarkt und liefern Prognosen über zukünftig zu erwartende Entwicklungen.

<table>
<tr><th colspan="2">Die Informationsbeschaffung erfolgt im Bereich der Marktforschung mithilfe von zwei Erhebungsarten:</th></tr>
<tr><th>Primärerhebung (Field Research)</th><th>Sekundärerhebung (Desk Research)</th></tr>
<tr><td>Erhebung neuer, bisher noch nicht erhobener Marktdaten; Gewinnung der Informationen an ihrem internen und externen Ursprungsort.

Befragung
Interne und externe Erhebungsmethode (z. B. schriftlich, mündlich, telefonisch), bei der man durch die Antworten der zu befragenden Personen Informationen über den Befragungsgegenstand erhalten will, z. B. Gästebefragung, Gästefragebogen. Befragungen gelten als die wichtigste Erhebungsmethode der Primärforschung.

Beobachtung
Datenerhebungsmethode, die auf die Erfassung der sinnlich wahrnehmbaren aktuellen Umwelt ausgerichtet ist, z. B. Beschreibung des Gästeverhaltens. Bewährt haben sich die konsequente Beobachtung der Gäste am Point of Sale (z. B. im Restaurant, am Salat- oder Dessertbüfett, am gedeckten Tisch, an der Rezeption) und die systematische Dokumentation des Verhaltens.

Experiment
Mithilfe eines Befragungs- oder Beobachtungsexperiments soll die Entwicklung nach einer bewusst herbeigeführten Veränderung (z. B. an der Destination, im Leistungsangebot des Hotels, im Service) festgestellt werden.

▶ Laborexperimente unter künstlichen Bedingungen, z. B. Verpackungs- und Werbemitteltests
▶ Feldexperimente unter natürlichen Bedingungen.</td><td>Auswertung von bereits vorhandenen Daten, die aus unterschiedlichen Quellen beschafft wurden. Die Gewinnung der Informationen kann am Schreibtisch erfolgen.

Betriebsinterne Quellen
▶ Umsatz-, Absatz- und Reservierungsstatistiken
▶ Berichte des Außendienstes, Sales Management
▶ Gästeanfragen (Destination, Hotel)
▶ Gästekarteien, Karteien der Sales-Mitarbeiter
▶ Interessenverzeichnisse (u. a. Prospekt- und Angebotsverzeichnisse)
▶ Reklamations- und Beschwerdestatistiken
▶ Rechnungswesen, Controlling u. a.

Externe Quellen
▶ amtliche Statistiken (z. B. Statistisches Bundesamt, statistische Landesämter),
▶ Veröffentlichungen von Verbänden (z. B. DEHOGA, DRV, DHV, DTV, Industrie- und Handelskammern)
▶ Unternehmenshandbücher, Branchenverzeichnisse (z. B. NGZ Branchenbuch)
▶ Fachbücher, Fachzeitungen und Fachzeitschriften (z. B. Top-Hotel, Der Hotelier, Gastronomie, AHGZ, tm-touristik management u. a.),
▶ Veröffentlichungen von Unternehmen (z. B. Geschäftsberichte, Prospekte, Preislisten, Gästezeitschriften)
▶ Untersuchungen vergangener Primärerhebungen
▶ Veröffentlichungen von Werbeträgern (T-Online, Post)</td></tr>
</table>

<table>
<tr><th colspan="2">Marktforschungsstudien im Tourismus</th></tr>
<tr><th>Tourismus-Studien (Name/Institution)</th><th>Inhalt, Kurzcharakteristik</th></tr>
<tr><td>1. Amtliche Untersuchungen</td><td>Überwiegend Statistiken</td></tr>
<tr><td>▶ Statistisches Bundesamt, Wiesbaden</td><td>▶ Tourismus in Zahlen (jährlich neu, seit 1988)
▶ Tourismusstichproben (unregelmäßig, letztmals 1992: 10.000 telefonische/persönliche Haushaltsbefragungen)
▶ verschiedene Fachserien, u. a. Beherbergung, Verkehr
▶ Statistisches Jahrbuch</td></tr>
<tr><td>▶ Statistische Landesämter</td><td>▶ länderbezogene Daten, nur zum Teil tourismusspezifisch
▶ Datenmaterial fließt in die Bundesstatistiken ein</td></tr>
<tr><td>2. Privatwirtschaftliche Untersuchungen</td><td>Regelmäßige Befragungen von Gästen/Reisenden</td></tr>
<tr><td>▶ Urlaub und Reisen (F.U.R. = Forschungsgemeinschaft Urlaub und Reisen: ab 1994)</td><td>▶ Mehrthemenbefragungen zu Ziel, Zeitpunkt, Dauer, Organisationsform, Verkehrsmittel, Unterkunftsart, Stellenwert der Reise u. a.
▶ zum Teil langjährige Zeitreihen, zahlreiche Sonderuntersuchungen</td></tr>
<tr><td>▶ Deutscher Reisemonitor (DRM) (IPK-international-München, EMNID-Bielefeld) ist Teil des ETM (European Travel Monitor)</td><td>▶ seit 1993 monatliche Befragungen zu Urlaubs- und Geschäftsreisen
▶ Stichprobe: 2 000 Westdeutschland (monatlich), 1 000 Ostdeutschland (3-monatlich)</td></tr>
</table>

Fortsetzung nächste Seite ▷

Marktforschungsstudien im Tourismus (Fortsetzung von Seite 15)

Tourismus-Studien (Name/Institution)	Inhalt, Kurzcharakteristik
▶ ETM-European Travel Monitor (ETIC-European Travel Intelligence Center, Luxemburg; dt. Vertreter IPK-München, s.o.)	▶ seit 1988 regelmäßige Analyse touristischer Aktivitäten in 24 europäischen Ländern ▶ untersucht werden: Markt-, Absatz- und Umsatzvolumen, Reiseanlass, Urlaubsinhalte/-benefits, Verkehrsmittel, Unterkunft, zukünftige Reiseabsichten, Dauer, Saison, Zielgruppenmerkmale
▶ TouristScope (Infratest, München)	▶ seit 1986/1987 Befragung von Urlaubsreisenden ▶ repräsentative Stichproben 4 000 Personen ▶ Ergebnisse nur für den Auftraggeber
▶ Mobility (Infratest, München)	▶ Geschäfts- und Privatreisen über 100 km (seit 1991) ▶ Stichproben unterschiedlich je nach Fragestellung: 500 wöchentlich, 1000 3-monatlich, insgesamt ca. 29 000 Personen jährlich
▶ B.A.T.-Freizeit-Forschungsinstitut Hamburg	▶ Tourismusanalysen Deutschland seit 1986/1987; Europa seit 1994 ▶ 5 000 Interviews (4 000 Westdeutschland, 1 000 Ostdeutschland) ▶ zahlreiche Sonderstudien zum Freizeitverhalten (Sport, Shopping u. a.)
3. Studien von Tourismus-Verbänden	**Befragungen von Verbandsmitgliedern/Sonderstudien**
asr, DBV, DEHOGA, DFP, DFV, DRV, DZT	▶ Betriebsvergleiche (DRV, asr, DEHOGA) ▶ Wirtschaftsfaktor Tourismus (DRV 1989) ▶ Deutscher Tourismusbericht (DFP 1994) u. a.
4. Media-Analysen von Verlagen (Auswahl)	**Daten zum Reiseverhalten, z. T. gesonderte Auswertung**
Gruner & Jahr, Hamburg Hubert Burda, München Axel-Springer, Hamburg	▶ Branchenbilder, MARIA (G+J) ▶ Geschäftsreisen 1994 (G+J) ▶ Typologie der Wünsche (Burda)
5. Sonstige Studien und Träger (Auswahl)	**Wichtige Einzelstudien**
▶ Reisebiografen (ETI, Trier)	▶ seit 1993 jährlich; Analyse des lebenslangen Reiseverhaltens ▶ Stichproben: 5 000 Westdeutschland, 1 000 Ostdeutschland
▶ DWIF (München)	▶ zahlreiche bundesweite Einzeluntersuchungen, u. a. ▶ Ausgabenstruktur Fremdenverkehr (mit ÜN) ▶ Ausflugs- und Naherholungsverkehr ▶ touristischer Arbeitsmarkt ▶ Betriebsgrößenvergleiche

Der Umgang mit **sekundärstatistischem** Datenmaterial bedingt einen kritischen Umgang bezogen auf die Datenherkunft:

- Für welchen Zweck wurden die Daten erhoben (Forschungsfrage)?
- Wer gab die Erhebung in Auftrag?
- Ist eine Übertragung auf den eigenen relevanten Markt (Hotel) grundsätzlich möglich?

Bei einer Analyse der Umfeldbedingungen sollte zunächst mit einer **Sekundäranalyse** begonnen werden, denn häufig können die interessierenden Fragen nach einer Auswertung des vorhandenen Sekundärmaterials bereits beantwortet werden. Vorteile der Sekundärforschung sind:

- Der Rückgriff auf Sekundärmaterial bietet eine **kostengünstige Informationsgrundlage**, da sie sich auf bereits vorhandenes Datenmaterial stützt.
- Sekundärinformationen sind **schnell verfügbar**.
- Der Zugriff auf Sekundärdaten (große Daten- und Methodenbanken) wird mithilfe der modernen **Datenverarbeitungssysteme** erleichtert.
- Sekundärmaterial kann von Marketing & Sales-Mitarbeitern intern am **Arbeitsplatz ausgewertet** und analysiert werden.
- Die Ergebnisse der Sekundäranalysen sind i. d. R. **überprüfbar**.

Allerdings sind bezogen auf den Informationsgehalt bei der Verwendung von sekundärstatistischen Daten und der späteren **Ergebnisformulierung** häufig Einschränkungen zu machen. Als mögliche Nachteile gelten:

- Ungenauigkeiten durch **Erhebungs-** bzw. **Auswertungsmängel.**
- **Aussagekraft** der **vergangenheitsbezogenen Daten** muss im Hinblick auf die aktuelle und zukünftige Marktsituation hin überprüft werden.
- Die **Repräsentativität** mancher Statistiken ist **nicht gegeben** bzw. muss überprüft werden, da sich die Erhebungen nicht/nur unzureichend auf touristische Fragestellungen bzw. Fragestellungen im Bereich der Hotellerie beziehen.
- Datenmaterial ist nicht auf dem neuesten Stand, dadurch **Verzerrung der Ergebnisse**.

Stadien des Marktforschungsprozesses

1. Definition des Marktforschungsproblems (Umfeldanalyse)
Welche Informationen sind zu beschaffen?

2. Design der Marktforschungsstudie (Umfeldanalyse)

Bestimmung der Reichweite der Umfeldanalyse (Research Design)

Explorative Studien: Erste Strukturierung des Problemumfelds
Deskriptive Studien: Möglichst genaue Erfassung und Beschreibung problemrelevanter Tatbestände
Kausale Studien: beobachten Phänomene, erklären Zusammenhänge zwischen Ursache und Wirkung

Bestimmung der Träger der Umfeldanalyse

Interne Stellen: Marktforschungsabteilung, Sales & Marketing, Werbeabteilung u. a.
Externe Stellen: Marktforschungsinstitute, Werbeagenturen, Verbände u. a.

Bestimmung der Informationsquellen

Primärforschung: Erstmalige Erhebung des Problems mithilfe interner/externer Quellen (zeitaufwendig, teuer)
Sekundärforschung: Aufbereitung und Analyse vorhandener interner/externer Informationen

Bestimmung der Erhebungsmethoden der Primärforschung

Marktanalyse: Strukturuntersuchung des jeweiligen Marktes zu einem bestimmten Zeitpunkt (Zustandsuntersuchung)
Methoden der Marktanalyse: Befragung, Beobachtung, Experiment
Marktbeobachtung: Kette von Marktanalysen mit dem Ziel, Strukturveränderungen und deren Ursachen zu verfolgen
Methoden der Hotelmarktbeobachtung: Panelforschung

Auswahl und Entwicklung der Erhebungsinstrumente

Operationalisierung der zu erhebenden Marktforschungsprobleme
Auswahl/Entwicklung geeigneter Skalierungsverfahren

Bestimmung der Erhebungseinheiten

Vollerhebung: Analyse/Bestimmung einer (lokalen, regionalen, nationalen, internationalen) Grundgesamtheit
Teilerhebung: Stichprobenerhebung
Analyseschritte – Teilerhebung: Grundgesamtheit > Auswahlbasis > Stichprobenumfang > Ermittlung der Genauigkeit

Pretest und Anpassung des Instrumentariums

Vortest der entwickelten Erhebungsinstrumente an einer aussagekräftigen Anzahl von Probanden, um Verständnisprobleme und Unzulänglichkeiten in der Abfolge der Analyse frühzeitig zu erkennen

Erstellen eines detaillierten Erhebungsplans

Konkrete Angaben zur Vorbereitung und Durchführung der Erhebung
Datenanalyse (Arbeitsplan) über die Terminierung der Aktionen (Zeitplan) und das Projektbudget (Kostenplan)

3. Datengewinnung
Adäquate Auswahl, Schulung und Kontrolle des Erhebungsstabes, um Verzerrungen oder Verfälschungen gering zu halten

4. Datenanalyse (Auswertungsprozess)
Vorbereitung: Überprüfung auf Vollständigkeit, Prüfung der logischen Konsistenz, Codierung der Items, Auswahl der EDV-Software
Wahl des geeigneten Analyseverfahrens: Grundauszählungen bzw. bi- und multivariate Analysen

5. Dokumentation eines Forschungsberichts
Erstellung eines Forschungsberichts, evtl. mündliche Präsentation des determinierten Forschungsziels/der Ergebnisse
Darstellung der Situationsanalyse ist auf die Erkenntnisgewinnung des Entscheidungsproblems auszurichten

Befragung

Die **Befragung** gilt heute als wichtigste Methode der Primärforschung. Sie umfasst gezielte, systematische Fragestellungen, die spezielle Zielgruppen, Gäste, Mitarbeiter u. a. zur Abgabe von Informationen/Aussagen über sozioökonomische Merkmale, Einstellungen, Meinungen und Motive veranlassen sollen. Befragungen können nach bestimmten Befragungsstrategien und deren Kriterien differenziert durchgeführt werden:

Befragungsstrategien	
▶ Kommunikationsart	schriftlich, mündlich, telefonisch, Internet
▶ Umfang	Teilerhebung, Vollerhebung
▶ Inhalt	Einthemenbefragung, Mehrthemenbefragung (Omnibusverfahren)
▶ Häufigkeit	Einmalbefragung, Mehrfachbefragung (Panel)
▶ Auswahl der Zielgruppe	Zufallsauswahl, systematische Selektion
▶ Befragungsstrategie	standardisiert, teilstandardisiert, nicht standardisierte Befragung
▶ Befragungstaktik	direkte bzw. indirekte Befragung
▶ Befragungsumfeld	reale bzw. experimentelle Befragung
▶ Methode	persönliche bzw. apparative Befragung (PC u. a.)

Eine mündliche Befragung wird durch Hotelmitarbeiter oder Interviewer intern/extern durchgeführt. Die korrekte Durchführung steht in Korrelation zur entsprechenden Schulung, zur Fragestellung und zur Dokumentation der statistischen Ergebnisse. Ein standardisiertes Interview wird mithilfe eines voll- oder teilstandardisierten Fragebogens durchgeführt, um Ergebnisverzerrungen weitgehend zu reduzieren. Durch geschlossene Fragen, die durch nur noch anzukreuzende Antworten vorgegeben sind, werden Auswertungsfehler weitgehend vermieden.

Demografische Marktforschungsfragen sind Fragen nach entscheidungsrelevanten Motiven der Gäste (z. B. Motive der Restaurant- bzw. Hotelwahl, Erwartungen, Beurteilung des Preis-/Leistungsverhältnisses, Zufriedenheitsniveau).

Ein freies Interview kann durch qualifizierte Servicemitarbeiter oder Interviewer auf der Basis eines Interviewleitfadens mit selbst formulierten Fragen und jeweils freien Antwortmöglichkeiten oder als freies Gespräch durchgeführt werden. Durch die freie Gesprächsführung sollen psychologisch orientierte Motive erforscht werden, z. B. Prestige, Image oder Geltungsbedürfnis. Da der Interviewer maßgeblichen subjektiven Einfluss auf die Auskunftsperson/den Gast hat, kann es u. U. zu erheblichen Verzerrungen der Antworten kommen. Grundsätzlich sollte der Interviewer um differenzierte Auskünfte zu den einzelnen Angebotsbereichen eines Hotels bemüht sein, da globale Aussagen zur Zufriedenheit oder Unzufriedenheit einen geringen Informationswert haben und nur unzureichend die Stärken und Schwächen erkennen lassen.

Beobachtung

Als **Beobachtung** wird eine planmäßige direkte Erhebung von sinnlich wahrnehmbaren Gegebenheiten und Verhaltensweisen (Gäste, Zielgruppen u. a.) in Abhängigkeit von bestimmten Situationen verstanden, die nicht auf Fragen und Antworten beruht. Durch Feldbeobachtungen können objektive Tatbestände des offenkundigen Verhaltens von Gästen festgestellt werden, ohne auf die oft verzerrten, subjektiven Darstellungen dieser Personen (durch Befragung) angewiesen zu sein. So können beispielsweise Präferenzen im Hinblick auf die Inanspruchnahme der angebotenen Service- und Dienstleistungen (Wochentag oder -ende, Tageszeit, Saison) im Hotel oder Restaurant ermittelt werden.

Anwendungsgebiete für teilnehmende Beobachtungen in Hotelunternehmen sind Testgäste (z. B. Blind Guests, Secret Shopper), unerkannte Beobachter (Undercover Guests) oder telefonische Marktbeobachtungen/-befragungen (s. S. 42 ff.) zu den folgenden Kriterien:

- Beobachtung des Gästeverhaltens
- Beobachtung der Servicequalität, z. B. Speisen- und Getränkeangebot, Preis-Leistungs-Verhältnis
- Beobachtung der Dienstleistungsqualität (Fachkompetenz, Schnelligkeit, Höflichkeit und Freundlichkeit der Mitarbeiter, Hygiene u. a.)
- Beobachtung und zahlenmäßige Erfassung bestimmter Zielgruppen
- Beobachtung des Kaufverhaltens
- Beobachtung der Ausstattungsmerkmale (Mobiliar, Ambiente, Stil, Farben, Lautstärke u. a.)
- Beobachtung des sichtbaren Betriebsinventars (Funktionalität, Alter, Leistung u. a.)

Wesentliche Merkmale der Beobachtung sind:

- Informationsgewinnung erfolgt unabhängig von der Auskunftsbereitschaft der beobachteten Situation und den Personen
- Beobachtung erfolgt gegenwartsbezogen und unmittelbar am Gegenstand der Untersuchung (Gäste-, Mitarbeiter-, Konkurrenzverhalten u. a.)
- Informationen werden seitens des beobachteten Objektes unbewusst gegeben

Formen der Beobachtung	
Kriterien	**Durchführung**
1. Strategie	▶ standardisiert – nicht standardisiert
2. Objekt	▶ ein Objekt – mehrere Objekte
3. Häufigkeit	▶ einmal – wiederholt (Panel)
4. Beobachter	▶ teilnehmend – nicht teilnehmend
5. Beobachtungssituation	▶ Feldbeobachtung – Laborbeobachtung
6. Gestaltung	▶ real – experimentell
7. Erhebungssituation	▶ offen – versteckt
8. Controllingform	▶ manuell – apparativ

Eine zusätzliche, in der Hotellerie übliche Form der Feldbeobachtung ist die **Rechnungs**- oder **Kassenbonanalyse**, die Auskunft über den **Rechnungs**- oder **Kaufzeitpunkt**, die Menge, den Umsatz und die Präferenzen im Hinblick auf das gastgewerbliche touristische Leistungsangebot, z. B. Art der Zimmer, Speisen- und Getränke sowie Zusatzleistungen (z. B. Sport-, Tagungs-, Städte-, Senioren-, Kultur- und Studienreiseangebote) gibt.

Panel

Unter einer **Panelerhebung** versteht man eine über einen bestimmten Zeitraum, in **bestimmten Intervallen** stattfindende **Befragung** zum gleichen Gegenstand bei einem repräsentativen, gleich bleibenden Kreis von Personen (Zielgruppen).
Panelerhebungen werden schriftlich, telefonisch, mündlich und/oder computerunterstützt durchgeführt. Die Panel-Teilnehmer werden aus einer **Grundgesamtheit** nach dem **Zufallsprinzip** und im Hinblick auf die Kriterien des Untersuchungsgegenstandes ausgesucht und i. d. R. für ihre **Auskunftsbereitschaft honoriert**.
Bei der Durchführung von **Panelerhebungen** gilt es, die im zeitlichen Ablauf auftretenden Ausfälle (Panelsterblichkeit, z. B. Umzug, Antwortverweigerung, Tod, Konkurs u. a. sowie **Paneleffekt**, z. B. unbewusste oder bewusste Verhaltensänderung der Teilnehmer) zu berücksichtigen. Verhaltensänderungen im Konsumverhalten finden aus Prestigegründen („**Overreporting**" = Angabenerhöhung oder „**Underreporting**" = Angabenverringerung) statt. Um Verzerrungen der Untersuchungsergebnisse auszuschließen, sollten die Mitglieder in regelmäßigen Abständen durch **Panelrotation** ausgetauscht werden.

Panelarten	
Unternehmens-Panel (Handel, Banken, Industrie)	**Konsumenten-Panel** (Haushalte, Einzelpersonen)
▶ Stichproben aller Unternehmen nach Branchen, z. B. GfK „Gastronomie Leader Panel" umfasst 1 000 Betriebe ab 127 820,00 EUR Umsatz. ▶ Groß- und Einzelhandelspanels, besonders durch Einsatz von elektronischen Scanner-Panels nach dem EAN-Code (europ. Artikelnummerierung)	▶ Stichproben spezifischer Haushalte (Haushaltspanel) oder von Einzelpersonen (Individualpanel), z. B. Individualpanel „Essen außer Haus" der G&I-Forschungsgemeinschaft für Marketing, Nürnberg (Gästedaten und -ausgaben werden mit Strukturmerkmalen der Gäste verknüpft)

Experiment

Mithilfe von **Experimenten** (die eine enge Verbindung zu Tests aufweisen) wird in der Hotellerie/im Tourismus bewusst eine **Abweichung von den Standards** durch **Veränderung einer Größe** (z. B. Speisenmenge, Zimmerausstattung, Umfang eines Pauschalangebotes) oder mehrerer Größen (z. B. Speisenmenge und -auswahl, Umfang und Zeitpunkt eines Pauschalangebotes) herbeigeführt, um die **Auswirkungen** dieser Veränderungen **auf andere Größen** (z. B. Umsatz, Deckungsbeitrag, Wareneinsatz) aufzuzeigen. Weitere Experimente lassen sich als Tests nach unterschiedlichen Kriterien skizzieren.

Test

In der Praxis sollen die verschiedenen Experimente in Form von **Tests** Informationen über das Gästeverhalten und die touristisch-gastgewerbliche Branche, den Handel allgemein oder die gastgewerbliche Konkurrenz mit dem Ziel geben, optimale marketingpolitische Entscheidungen zu treffen.

Markttests	Hotel- und Restauranttests
▶ Die **versuchsweise Einführung von Markt- oder Produktsegmenten in regional begrenzten Teilmärkten** oder in einzelnen Regionen unter Bedingungen, die **repräsentativ** für den Gesamtmarkt sein sollen (Feldexperimente).	▶ Die Produkte (z. B. Speisen oder Getränke) werden **versuchsweise** zu anderen Zeiten (abends anstatt mittags) in **Restaurants oder Hotels** angeboten, um schnell und kostengünstig die Marktchancen zu erforschen. Nachteil: Die Ergebnisse sind **nicht repräsentativ**.

Folgende Tests sind besonders im Hinblick auf die Entwicklung von Qualitätsstandards in der Hotellerie – und damit für den Erfolg von Produkten auf den unterschiedlichen Märkten von Bedeutung:

▶ **Preistests**
Beurteilung der Preiserwartung und des Gästeverhaltens als Reaktion auf ein bestimmtes Preisniveau.

▶ **Produkttests**
Beurteilung des marktreifen Produktes durch Testpersonen, um die Produktwirkung (z. B. Preis, Angebotsform) bzw. das Produkterlebnis (z. B. Akzeptanz, Imagewirkung) auf dem Markt festzustellen.

▶ **Geschmackstests**
Die Beurteilung erfolgt nach einer „hedonic rating scale", mit deren Hilfe die Testteilnehmer ihre positive oder negative Wertschätzung äußern können.

▶ **Anzeigentests**
Die Wirkung von Anzeigen auf das Gästeverhalten kann vor (Pretests) und nach (Posttests) der Werbedurchführung untersucht werden.

▶ **Verpackungstests**
Um die bestmögliche Akzeptanz beim Verbraucher zu erreichen, werden u. a. Marken- und Zielgruppenrepräsentanz, Design, Material, Verpackungsgröße und -einheit sowie andere Gestaltungsmerkmale getestet.

Seehotel Schloss Sonnenbühl

Fragebogen (im Haus) **Datum:** ______________

Möchten Sie an unserer Verlosung teilnehmen? Ja/Nein

Wo können wir Sie erreichen? Anschrift: ______________
Telefon/E-Mail: ______________

1. Würden Sie gerne ein **Wochenende** in einer Stadt wie München verbringen? Termin: ca. ______________
☐ ja
☐ nein

2. Achten Sie auf gesunde Ernährung?
☐ ja
☐ nein

3. Bevorzugen Sie bei Ihren Reisen erlesene Menüs und Verwendung von frischen Produkten?
☐ ja
☐ nein

4. Ist für Sie ein Wochenendtrip „Urlaub vom Alltag"?
☐ ja
☐ nein

5. Welche Attraktivität hat München für Sie?
☐ Museen/Kunstgalerien/Denkmäler
☐ Musikleben: Oper-/Konzert-/Jazz-Gastspiele
☐ Nachtleben
☐ Erholungswert: „Grüne Oase"
☐ Einkaufserlebnis
☐ anderer Grund ______________
in Hannover fehlt: ______________

6. Wie viel geben Sie für einen Hotelaufenthalt/Nacht aus?
☐ maximal 40,00 EUR
☐ 50,00 EUR – 75,00 EUR
☐ 75,00 EUR – 100,00 EUR
☐ über 100,00 EUR

7. Wie viel Gänge nehmen Sie zum Essen ein?
☐ ein Hauptgericht
☐ Suppe und Hauptgericht
☐ Drei-Gang-Menü
☐ keine Festlegung

8. Welches Angebot gefällt Ihnen am besten?
☐ Bayerische Schmankerl mit Musik
☐ Musical- oder Theaterbesuch
☐ Risikosportarten ausprobieren
☐ Fitnessprogramme nutzen

9. Was gehört für Sie zur Entspannung?
☐ Service „rund um die Uhr"
☐ Atmosphäre/exquisites Essen
☐ Sportprogramme
☐ Tanz/Barbesuche
☐ Oper- und Konzertbesuche
☐ Zoobesuche
☐ andere: ______________
☐ keine Festlegung

10. Unternehmen Sie Kurztrips/Wochenendreisen?
☐ ja
☐ nein

11. Warum gehen Sie zum Essen?
☐ um exquisite Küche zu genießen
☐ wegen der angenehmen Atmosphäre
☐ um Freunde zu treffen
☐ um unter Leuten zu sein

12. Lassen Sie sich gern im Hotel verwöhnen?
☐ ja
☐ nein

13. Welche Veranstaltung interessiert Sie?
☐ Boxen, Kampfvorführung
☐ Ballonfahrt
☐ Theaterbesuch
☐ Vortrag/Reisebericht
☐ Modenschau
☐ andere: ______________

14. Wie viel Zeit veranschlagen Sie zum Essen?
☐ weniger als eine Stunde
☐ höchstens 1 1/2 Stunden
☐ zwei und mehr Stunden
☐ keine Festlegung

15. Welchen Sport betreiben Sie?
☐ Schwimmen/Wassersport
☐ Joggen/Laufen/Waldlauf
☐ Tennis/Reiten/Golf
☐ Fallschirmspringen, Bungee-Jumping
☐ keinen
☐ andere: ______________

16. Wo haben Sie bei Städtereisen übernachtet?
☐ in ★★★★★-Sterne-Hotellerie
☐ in ★★★ bis ★★★★-Sterne-Hotellerie
☐ in ★★ bis ★★★-Sterne-Hotellerie
☐ andere: ______________

17. Was ist für Sie im Hotel wichtig?
☐ Service
☐ Zimmerausstattung
☐ Lage/Umgebung
☐ Veranstaltungs- und Tagungsangebote
☐ Schwimmbad, Sauna, Massagen, Fitness
☐ keine Festlegung

18. Treiben Sie Sport?
☐ ja
☐ nein

19. Sie sind:
☐ weiblich
☐ männlich

20. Sie sind wie viel Jahre alt?
☐ 15 – 30 Jahre
☐ 30 – 40 Jahre
☐ 50 – 60 Jahre
☐ über 60 Jahre

21. Welchen Beruf üben Sie aus?
☐ Freiberufler
☐ Unternehmer, Manager
☐ leitender Angestellter
☐ Angestellter
☐ Handelsvertreter
☐ Techniker
☐ andere: ______________

22. Wie viel Geld geben Sie zum Essen aus?
☐ weniger als 10,00 EUR
☐ zwischen 10,00 EUR und 15,00 EUR
☐ zwischen 15,00 EUR und 25,00 EUR
☐ keine Festlegung

23. Sie besuchen ein Restaurant:
☐ mehrmals in der Woche
☐ ø einmal pro Jahr
☐ ø einmal pro Monat
☐ mehrmals im Jahr
☐ eher selten

24. Welche Nationalität haben Sie?
☐ die deutsche
☐ die britische
☐ die französische
☐ die amerikanische
☐ die holländische
☐ die schweizerische
☐ die österreichische
☐ die italienische
☐ die schwedische
☐ die dänische
☐ die belgische
☐ andere: ______________

Wir danken Ihnen für die uns geopferte Zeit!

Seehotel „Schloss Sonnenbühl": Gästebetreuung
MA – Direktion

Verteiler: AL, Marketing, Sales
aufgenommen: ______________
ausgewertet: ______________

3.3 Touristische Umfeldanalyse

Situation

Vergangenheit	Gegenwart	Zukunft

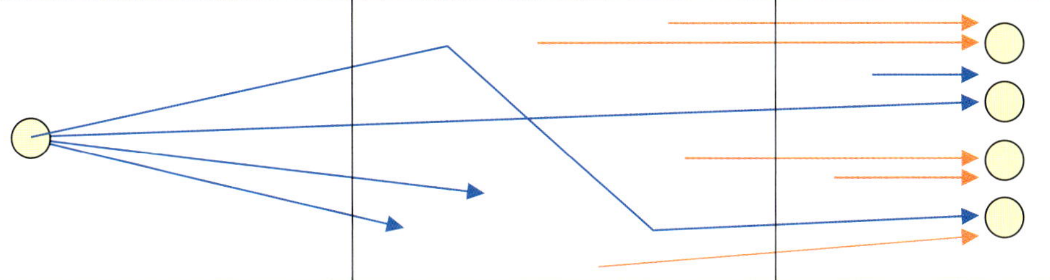

Vergangenheit	Gegenwart	Zukunft
Tourismus Reiseverhalten: „gestern“	Tourismus Reiseverhalten: „heute“	Tourismus Reiseverhalten: „morgen“
Analysen und Erklärungen		
„Boomfaktoren des Reisens“ („Reisewelle“)	„Boom- und Hemmfaktoren des Reisens“ („Stagnation?!“)	Megatrends des Reisens („Reiseszenarien“)
„Massenmarkt“ und Spezialisierung (überwiegend homogen)	„Massenmarkt“ und Spezialisierung Spezialisierung des Reisverhaltens (überwiegend heterogen) Individualisierung des Reiseverhaltens	Zielgruppenorientierte Spezialisierung (überwiegend heterogen) Individualisierung des Reiseverhaltens
Bewertungen und Prognosen		
▶ Einkommen ▶ Wohlstand ▶ Sicherheit ▶ Jahresurlaub ▶ Freizeit ▶ Mobilität ▶ Technik ▶ Verstädterung	▶ Einkommen ▶ Wohlstand ▶ Arbeitszeit ▶ Freizeitverhalten ▶ Wertewandel ▶ Mobilität ▶ Technik ▶ Kommunikation ▶ Umfeld/Umwelt ▶ Bevölkerungsentwicklung ▶ Reiseindustrie	Touristische Veränderungen ▶ Wachstum ▶ Freizeit ▶ Mobilität ▶ Kommunikationsmedien ▶ nachhaltiger Ökotourismus ▶ Standardisierte Dienstleistungen ▶ Spezialisierung und Differenzierung der Märkte

Im Rahmen der Marketing-Analysephase wird mithilfe einer Ist-Analyse versucht, die für den jeweiligen Betrieb relevanten Segmente, das „Umfeld“ oder die „Umfeldbedingungen“, herauszuarbeiten.

Dazu wird die Blickrichtung vom eigenen Hotel auf den Markt und das gesamte touristische Umfeld erweitert (oder umgekehrt):

Das Umfeld wird durch die jeweils vorhandenen **soziokulturellen**, **technologischen**, **politisch-rechtlichen**, **physischen**, **ökologischen** und ökonomischen Faktoren bestimmt, die zugleich die Rahmenbedingungen für den Markt zwischen touristischem Anbieter (Hotellerie) und Nachfrager (Reisender, Gast) darstellen.

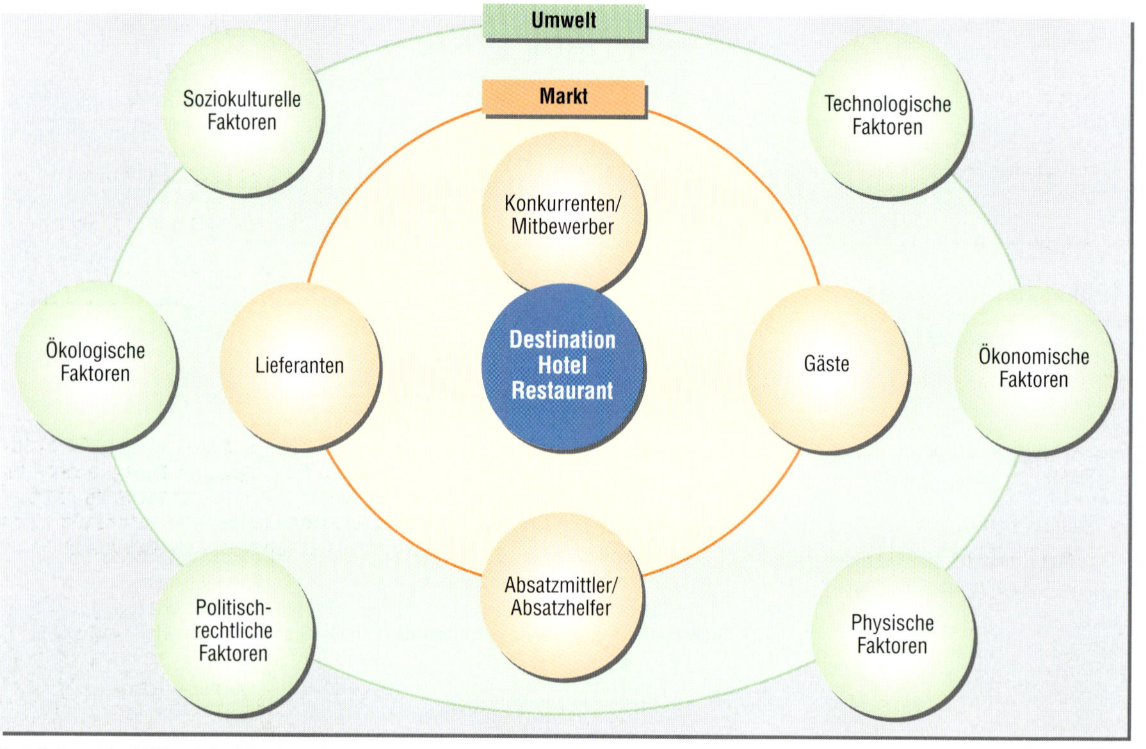

(vgl. Dettmer, Harald [Hrsg.]: Betriebswirtschaftslehre für das Gastgewerbe, Hamburg 2002, S.150)

Folgende Einflussfaktoren sind außerdem für das Nachfrageverhalten der Zielgruppen des relevanten Marktes von Bedeutung:

- **Anzahl der Marktteilnehmer**
  - **Monopolistische Märkte**:
    Ist der Anbieter der einzige am Markt?
  - **Oligopolistische Märkte**:
    Ist der Anbieter einer von mehreren, die eine Leistung anbieten?
  - **Polypolistische Märkte**:
    Ist der Anbieter einer von sehr vielen, die eine Leistung anbieten?
- **Geographischer Raum**
  Lokale, regionale, nationale, internationale Märkte
- **Wachstumssituation**
  expandierende, stagnierende, schrumpfende Märkte
- **Marktgrößen**

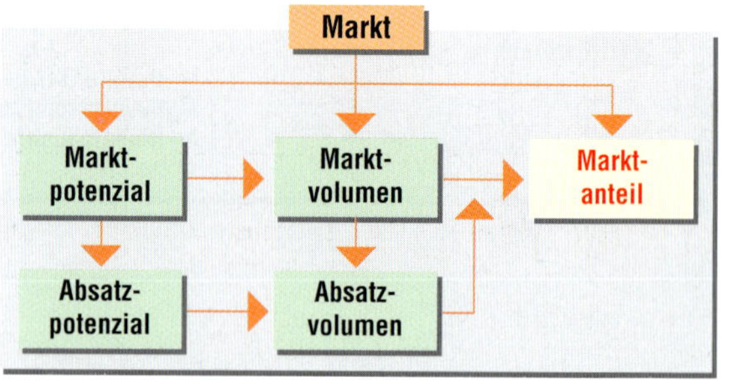

- **Marktpotenzial** (Gesamtmarkt)
  Gibt die optimale Aufnahmemenge eines Marktes (Produkte oder Dienstleistungen) an.
  Die Zielgruppen verfügen über das erforderliche Einkommen und haben ein entsprechendes Kaufbedürfnis entwickelt.
- **Marktvolumen** (Gesamtmarkt)
  Verdeutlicht die prognostizierte und realisierte Absatzmenge einer Produkt- und/oder Dienstleistungsart pro Periode in einem abgegrenzten Markt.

▶ **Absatzpotenzial** (Unternehmen)
Wird unter Berücksichtigung der sozioökonomischen Entwicklung, der touristischen Entwicklung, der Aktivität der Konkurrenz sowie der eigenen Maßnahmen abgeleitet. Erklärt den Anteil am Marktpotenzial, den ein Unternehmen glaubt, für die eigene verkaufsfähige Leistung erreichen zu können.

▶ **Absatzvolumen** (Unternehmen)
Beschreibt die Summe der tatsächlich getätigten Umsätze bzw. die abgesetzten Mengen eines Unternehmens pro Periode auf einem bestimmten Markt.

▶ **Marktanteil** (Unternehmen)

$$\frac{\textbf{Unternehmensumsatz oder -absatz x 100 \%}}{\textbf{Marktvolumen}}$$

Mithilfe der Berechnung des Marktanteils lassen sich feststellen:

▶ die gegenwärtige Position des Unternehmens im Vergleich zur Konkurrenz

▶ zeitliche Veränderungen der Entwicklung (Absatz/Umsatz) im Vergleich zur Konkurrenz

Eine mögliche Formel zur Berechnung des voraussichtlichen Umsatzes lautet:

$$Q = n \times q \times p$$

- **Q** = ausschöpfbares Potenzial des Gesamtmarktes (Unternehmensumsatz in EUR)
- **n** = Anzahl der Gäste angesichts der angenommenen Zielgruppen (Alter, Einkommen, Bildungsstand u. a.)
- **q** = durchschnittliche Absatzmenge pro Gast
- **p** = Durchschnittspreis pro Mengeneinheit

In der zweidimensionalen Sichtweise der **Produkt-Markt-** oder **Produkt-Zielgruppen-Strategie** geht es darum, ob **alle** Markt- und Produktsegmente, **einige** Markt- und Produktsegmente oder nur **ein** Markt- oder Produktsegment strategisch besetzt werden soll.

Seehotel Schloss Sonnenbühl

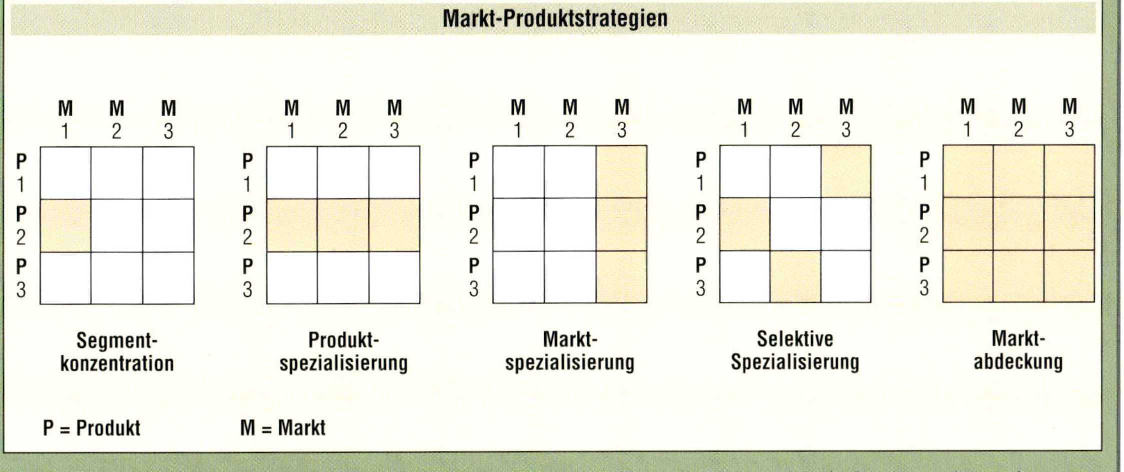

(Dettmer, Harald; Hausmann, Thomas u. a.: Hotellerie und Gastronomie, Köln 2000, S. 53)

Ziel der Umfeldanalyse ist die Standortbestimmung der Hotellerie am Markt zwischen Wettbewerbern und Nachfragern. Dabei bedient sich eine zukunftsorientierte touristische **Umfeldanalyse** der **systematischen (Marktforschung)** und/oder **intuitiven Verfahren (Markterkundung)**, um die ganzheitlichen statischen und dynamischen Rahmenbedingungen des Marktes langfristig erfassen und analysieren zu können. Der Markt selbst ist eingebettet in ein **globales (Makro-) umfeld** (macro environment) aus makroökonomischen-, politisch-rechtlichen-, technischen und soziokulturellen Rahmenbedingungen sowie den Besonderheiten des **Aufgabenumfeldes** von touristischen und gastgewerblichen Leistungen.

Besonderheiten des Leistungsspektrums in Hotellerie und Tourismus

Besonderheiten der Leistungen	Beispiele
▶ **Immaterialität** Touristische/gastgewerbliche Dienstleistungen sind überwiegend immateriell	▶ Reise- und Hotelberatung, Reiseleitung Beherbergungsleistung, Bewirtungsleistung Eigenschaften: nicht transportfähig, nicht lagerfähig
▶ **Uno-actu-Prinzip** Produktion und Konsum fallen zusammen	▶ Während der Reise werden die Transport- und Beherbergungsleistungen gleichzeitig erstellt und – vom Reisenden/Gast – konsumiert
▶ **Integration der externen Faktoren** Zur Leistungserstellung muss der Reisende/der Gast in den Einzugsbereich des Produzenten kommen	▶ Nur bei Anwesenheit der Reisenden/Gäste kann eine Leistung erbracht werden (im Reisebüro, im Hotel u. a.)
▶ **Mitwirkungspflicht** Der Reisende/der Gast hat zum Gelingen der Reise/der gastgewerblichen Leistung mitzuwirken	▶ Im Reisebüro hat der Gast seine Wünsche adäquat mitzuteilen ▶ Kommunikative und aufgeschlossene Reisende/Hotelgäste bewirken zumeist ein besseres Gesamtergebnis „Reise" als nörgelnde und streitsüchtige Touristen bzw. Gäste
▶ **Verbrauch am Ort der Leistungserstellung** Die Reisenden/Gäste müssen zum Produkt kommen, der Verbrauch erfolgt am Ort des Produzenten (d. h. nicht am Heimatort des Konsumenten wie bei den meisten wirtschaftlichen Produkten)	▶ Die Italienreise mit Hotelaufenthalt eines Deutschen wird in Italien „produziert" und „konsumiert" und nicht in Deutschland
▶ **u. a. …**	

Unter Berücksichtigung des globalen Makroumfelds und des Aufgabenumfelds eines Unternehmens betrachten Umfeldanalysen insbesondere die zeitliche Entwicklung des Marktes, weil die Konsequenzen aus den allgemeinen Rahmenbedingungen – insbesondere deren Veränderungen – tief greifende Wirkungen auf die touristische Branchen- und gastgewerbliche Unternehmenssituation haben:

▶ **Lokale Gegebenheiten**
Einzugsgebiet, Bevölkerungsstruktur, Lage, Klima, Infrastruktur der Reise- und Verkehrswege

▶ **Ökonomische Entwicklung**
Konjunkturelle Situation, konjunkturelle Abhängigkeit des eigenen Unternehmens, Einkommen der Privathaushalte, Arbeitslosigkeit, generelles Nachfrageverhalten, Bruttosozialprodukt, Preisniveau, allgemeines Konsumklima, Inflation im In- und Ausland, bei Auslandsreisen auch außenwirtschaftliche Situation

▶ **Allgemeine Reisetrends**
Anstieg/Rückgang des Reisens, verändertes Verhalten in Bezug auf Urlaub, Freizeit, Reisen; neue Urlaubskonzepte (Club-Reisen, gesundheits- und sportorientierte Angebote u. a.)

▶ **Technische Umfeldbedingungen**
Entwicklung des Reiseverhaltens, Abwanderung/Zuwanderung inländischer/ausländischer Nachfrager, technisch adäquate Ausstattung der Konferenzräume eines Hotels, elektronische Reservierungs-, Kassen- und Informationssysteme sowie Telekommunikation insbesondere im Hinblick auf neue Absatzmöglichkeiten/Vertriebswege bei den Nachfragern

▶ **Ressourcenentwicklung**
Veränderte ökologische Ansprüche und Bedingungen, Bevölkerungsentwicklung, Stadt-Land (Region)-Beziehungen, Bevölkerungsentwicklung

▶ **Rechtliche Umfeldbedingungen**
Allgemeine Gesetze und Verordnungen der EU, des Bundes, der Länder und Kommunen, rechtliche Rahmenbedingungen der Hotellerie (bau- und sicherheitsrechtliche Regelungen, Konzessionen, Vertragsbedingungen im Kontakt zu Gästen und Absatzhelfern, Steuerrecht u. a.)

▶ **Soziokulturelle Umfeldbedingungen**
Allgemeine Grundeinstellungen (Änderung der Wertvorstellungen, Trends zur Individualisierung, veränderte Lebensformen u. a.), kulturelle Angebote der Stadt/Region (Theater, Musikfestspiele, Sportveranstaltungen, historische Stadtfeste), allgemeine Gesetze und Verordnungen der EU, des Bundes, der Länder und Kommunen, rechtliche Rahmenbedingungen der Hotellerie (bau- und sicherheitsrechtliche Regelungen, Konzessionen, Vertragsbedingungen im Kontakt zu Gästen und Absatzhelfern, Steuerrecht u. a.), kulturelle Besonderheiten der Gäste (mögliche Diskrepanzen).

Das **Aufgabenumfeld** (Task Environment) des Unternehmens beinhaltet diejenigen Märkte, auf denen das Unternehmen als Nachfrager oder Anbieter auftritt. Auf der **Nachfragerseite** lassen sich Arbeitsmärkte, Kapitalmärkte für Fremd- und Eigenkapital und Beschaffungsmärkte für Gebrauchs- und Verbrauchsgüter unterscheiden; auf der **Anbieterseite** stehen die diversen Absatzmärkte. Auch Wettbewerber und Institutionen (Aufsichtsämter, Behörden u. a.), die unmittelbar die Unternehmensaktivitäten beeinflussen, zählen zum Aufgabenumfeld.

Für eine **Marktabgrenzung** (Makrosegmentierung) der touristisch-gastgewerblichen Märkte werden aus der Fülle der Märkte diejenigen herausgefiltert, die für das entsprechende Leistungsangebot bzw. die Marketingaufgabe in der Hotellerie relevant sind.

Merke:

- Marktabgrenzung oder -eingrenzung bezeichnet ganz allgemein die verschiedenen Kriterien der Marktbestimmung, z. B. Ort, Zeit, Produkt (auch Nachfrager) – es geht vorrangig um „Gemeinsamkeiten".
- Marktsegmentierung oder -aufteilung bezeichnet vor allem die nachfrager- oder zielgruppenbezogene Aufteilung des Gesamtmarktes in verschiedene Teilmärkte (so genannte Segmente) – es geht vorrangig um „Unterschiede".

Unter Berücksichtigung der globalen Umfeldbedingungen und des Aufgabenumfelds eines Unternehmens im Bereich Tourismus/Hotellerie betrachten Umfeldanalysen insbesondere die zeitliche Entwicklung des Marktes zukunftsorientiert. Die Konzequenzen der allgemeinen Rahmenbedingungen sowie ihre durch Umfeldanalysen kontinuierlich ermittelten Veränderungen beeinflussen maßgeblich unternehmerisches Handeln. In Umfeldanalysen werden z. B. untersucht:

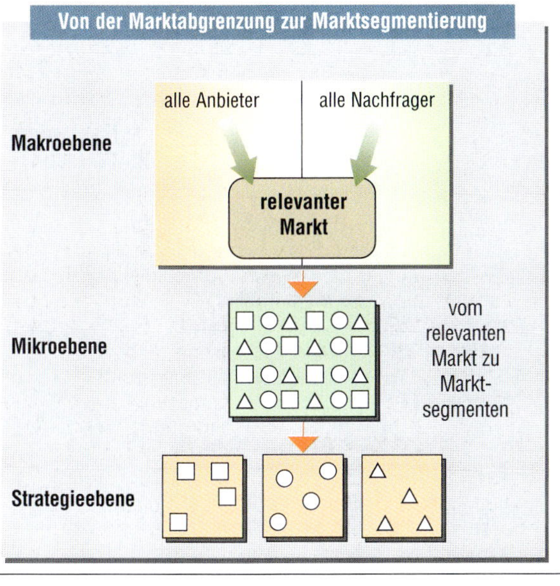

Kriterien der Marktabgrenzung

Der touristische Markt lässt sich differenzieren in

- den Gesamtmarkt (total market)
- den relevanten Markt (served market) und
- die diversen Marktsegmente (segments).

Die Abgrenzung des **relevanten Marktes** vom Gesamtmarkt erfolgt durch das Unternehmen selbst, indem es versucht, eine deckungsgleiche **Kombination** aus **Angebot** bzw. Angebotspalette (Produktdimension) und Nachfrage (Marktdimension) zu bilden.

1. Geografische Marktabgrenzung

Grundsätzlich kann der relevante Markt **lokal, regional, national** oder **international** abgegrenzt werden. Eine eindeutige Abgrenzung des Einzugsgebietes ist deshalb problematisch, weil die verschiedenen Leistungsbereiche eines Hotels (Beherbergung, Restaurant, Bar, Bankett- und Bäderabteilung, Freizeit- und Sporteinrichtungen u. a.) geografisch unterschiedliche Nachfragegruppen bedient. Während der **Restaurantbesucher** überwiegend aus dem **lokalen Einzugsgebiet** erwartet wird, ist das Einzugsgebiet des **Beherbergungsgastes theoretisch unbegrenzt** (lokal, regional, national, international).

Folgende Kriterien können den geografisch definierten Absatzmarkt u. a. mitbestimmen:

- **Standort**: (Land, Stadt, Großstadtnähe)
- **Verkehrsanbindung** (Autobahn-, Bahnhofs- und Flughafennähe)
- **Hotelkategorie** (Sterne-Klassifizierung u. a.)
- **Konzern- oder Kooperationszugehörigkeit** (national, international).

Entsprechend wird die Hotellerie die marketingpolitischen Aktivitäten lokal, regional, national oder international ausrichten.

2. Marktsegmentierung

Voraussetzung zur **Bildung von Marktsegmenten** (Urlaubs-, Sport-, Städte-, Gesundheits-, Tagungshotellerie u. a.) innerhalb des relevanten Marktes ist eine **hohe Identität des angebotenen Produktes** (Angebotssegmentierung, z. B. Serviceleistungen im Restaurant, differenzierte Beherbergungsangebote, Sport- und Freizeitangebote, gesundheitsorientierte Angebote) und der **relevanten Zielgruppen** (Kurz- und Wochenendurlauber, gesundheits- oder sportorientierte Gäste, Tagungsgäste u. a.) einschließlich **dem entsprechenden Vermarktungskonzept**.

Es geht also um die **Auswahl geeigneter Zielgruppen mit einer weitgehend homogenen Bedürfnisstruktur**. An dieser Bedürfnisstruktur orientiert sich die Angebotsgestaltung der Hotellerie. Entscheidend ist, dass **die Zielgruppen für das eigene Unternehmen** attraktiv sind und darüber hinaus die Produktangebote gegenüber den Wettbewerbsprodukten präferieren.

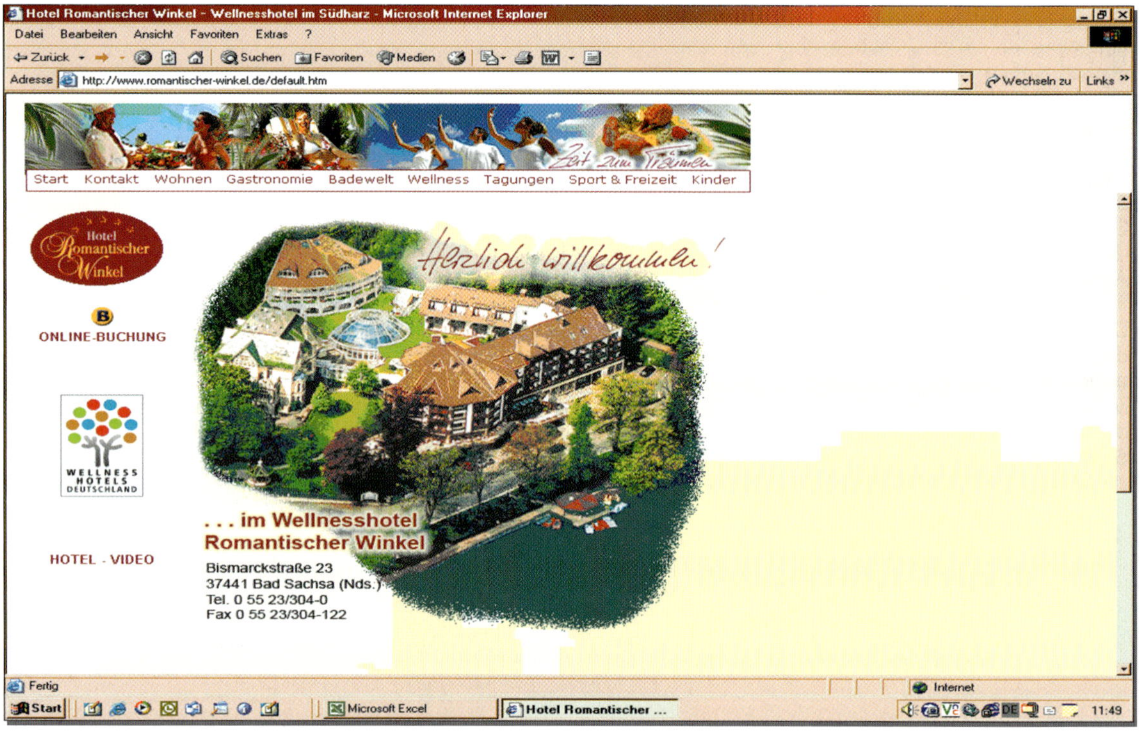

Marktsegment: Familienfreundliches Wellnesshotel

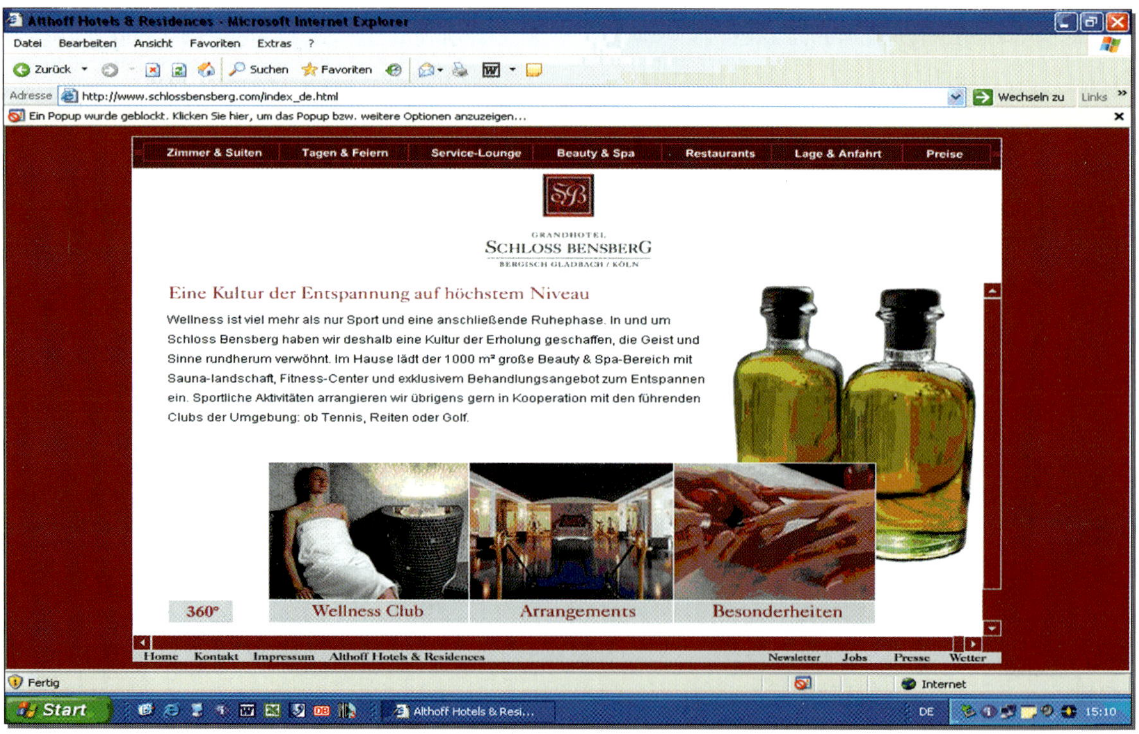

Marktsegment: Luxus-Service-Residenz

3. Angebotssegmentierung

Die Anpassung der **Angebotsgestaltung** (besser: Leistungsgestaltung) an die **Bedürfnisprofile der Zielgruppen** ist aus heutiger Sicht eine große Herausforderung, besonders weil es erhebliche Anpassungsdefizite in der Hotellerie gibt (vgl. Situation S. 11). Ursache dafür ist einerseits die z. T. langsame Anpassungsgeschwindigkeit, „überholte bzw. veraltete“ Hotelleistungen zu verändern und andererseits die sich immer schneller wandelnde Bedürfnisstruktur der Zielgruppen.

Häufigstes Kriterium der Angebotssegmentierung ist eine Klassifizierung nach Ausstattungsqualität und Service. So wird das Qualitätsniveau bestimmt durch die Angebotsbreite der Leistungen, die Qualität der Ausstattung und den Servicegrad (s. S. 118).

Da in den vergangenen Jahren ein **Wandel des Marketing-Paradigmas** (vom „Massenmarkt“ zum **„zielgruppenorientierten Markt“**) stattgefunden hat, ist die Makrosegmentierung eine wichtige Voraussetzung für die **Umfeldanalyse** und die Entwicklung der späteren **Strategiephase**, in der eine so genannte **Mikrosegmentierung** der Märkte vorgenommen wird.

Das beobachtete Reiseverhalten wird u. a. in Form **funktionaler Modelle** (in Abhängigkeit von Variablen der Reisenachfrage) dargestellt, z. B.:

$$t = f\left(m, p, u, c, o\ \frac{1}{sp.\,u.}\right)$$

t = touristische Nachfrage

f = Reiseverhalten

m = mobilitas (Beweglichkeit)

p = pecunia (Kaufkraft)

u = urbanitas (Verstädterung)

c = cumulatio (Ballung, Ballungsräume)

o = otium (Freizeit)

sp. u. = spatium utile (Reziprok der Entfernung zum Heimatort)

Das Modell von Pöschl (1973) soll ausdrücken, dass die touristische Nachfrage in Abhängigkeit von der Beweglichkeit, der Kaufkraft, der Verstädterung, den speziellen Ballungsräumen, der Freizeit und dem Reziprok der Entfernung vom Heimatort steht.

Smeral (1994, S. 135 ff.) hat einen umfassenden Versuch zur Erklärung der touristischen Nachfrage mithilfe der fünf wesentlichen Einflussgrößen unternommen:

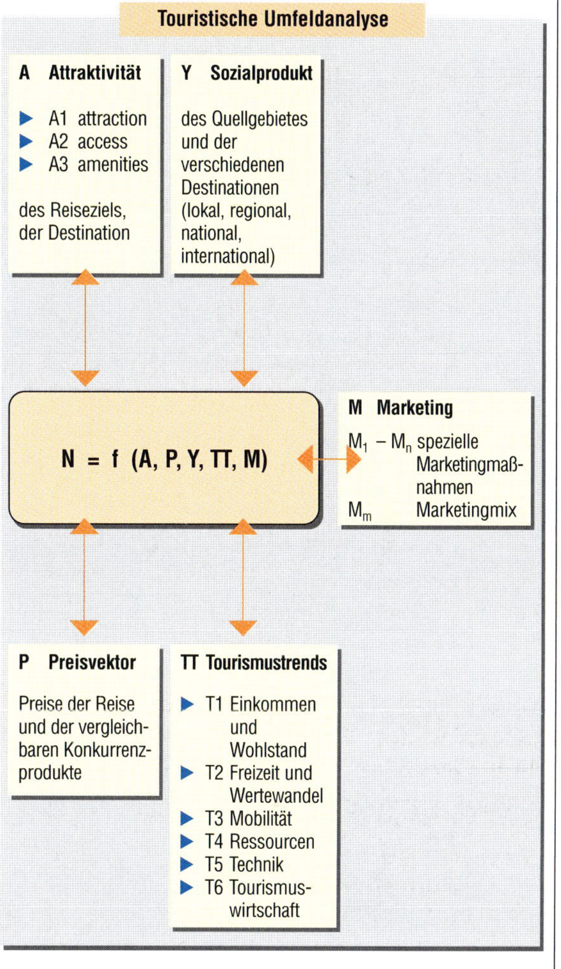

A = Attraktivität der Reisedestination

P = Preisvektor (Reisepreisteile sowie Konkurrenzprodukte – relative Preise)

Y = wirtschaftliche Situation (Sozialprodukt Y) der Länder/Regionen (Quellgebiete/Destination)

TT = touristische Trends, Einkommen und Wohlstand

Um die Anpassung der touristisch-gastgewerblichen Leistungen im Hinblick auf die Bedürfnisprofile der Zielgruppen zu optimieren, soll mithilfe der aktuellen **Zahlen, Daten und Fakten** das touristische Angebot auf dem nationalen Markt überprüft werden:

Übernachtungen 2006 nach Bundesländern in Beherbergungsstätten mit neun und mehr Betten inkl. Touristik-Camping (Vergleich zu 2005)

Bayern	74,7 Mio.	+ 0,2 %
Baden-Württemberg	40,9 Mio.	+ 0,9 %
Nordrhein-Westfalen	39,3 Mio.	+ 2,2 %
Niedersachsen	34,9 Mio.	+ 1,8 %
Hessen	26,0 Mio.	+ 3,2 %
Mecklenburg-Vorpommern	24,8 Mio.	+ 1,1 %
Schleswig-Holstein	23,0 Mio.	+ 3,1 %
Rheinland-Pfalz	19,9 Mio.	+ 0 0 %
Sachsen	16,4 Mio.	+ 6,3 %
Berlin	15,9 Mio.	+ 8,8 %
Brandenburg	9,6 Mio.	+ 1,8 %
Thüringen	8,7 Mio.	– 1,4 %
Hamburg	7,2 Mio.	+ 11,5 %
Sachsen-Anhalt	6,4 Mio.	+ 6,7 %
Saarland	2,2 Mio.	+ 1,9 %
Bremen	1,5 Mio.	+ 6,8 %
Gesamt	**351,2 Mio.**	**+ 2,1 %**

Quelle: Statistisches Bundesamt

(DTV [Hrsg.]: Tourismus in Deutschland, Bonn 2006, S. 9)

▶ **Beherbergung**
Die Zahl der Beherbergungsbetriebe mit neun und mehr Betten ist im Jahr 2006 mit 53 267 im Vergleich zum Vorjahr um 1,0 % gesunken (2005: 53 802), die Zahl der Betten stieg um 0,5 % (2005: 2 617 433).

Im Jahr 2006 gab es 2,5 % mehr Stellplätze für das Urlaubscamping (2005: 203 280).

Beherbergungsangebot Dezember 2006

Gewerbliche Betriebe (mit neun und mehr Betten)		Veränd. zu 2005 in %	Betten/Schlafgelegenheiten	Veränd. zu 2005 in %
Hotels	13 351	– 0,4	1 004 900	+ 0,9
Hotel garnis	8 460	– 1,5	320 082	+ 1,0
Gasthöfe	9 735	– 1,7	232 675	+ 0,5
Pensionen	5 354	– 0,4	131 040	– 0,5
Jugendherbergen, Hütten	1 717	+ 0,6	140 370	+ 1,2
Erholungs-, Ferien- und Schulungsheime	2 733	+ 0,3	217 864	+ 0,8
Boardinghouses	71	+ 24,6	5 016	+ 15,0
Ferienzentren	87	– 1,1	60 890	+ 2,4
Ferienhäuser, -wohnungen	10 764	– 1,3	338 173	– 0,8
Vorsorge- und Reha-Kliniken	995	– 3,0	166 423	– 1,9
	53 267	**- 1.0**	**2 617 433**	**+ 0,5**
	gewerbliche Campingplätze		**Stellplätze für Urlaubscamping**	
Campingplätze	2 619	+ 1,7	208 451	+ 2.5

Quelle: Statistisches Bundesamt

(DTV [Hrsg.]: Tourismus in Deutschland, Bonn 2006, S. 4)

Veränderungen der Übernachtungen in Beherbergungsstätten mit neun und mehr Betten (ab 2006 einschließlich Touristik-Camping) gegenüber dem jeweiligen Vorjahr

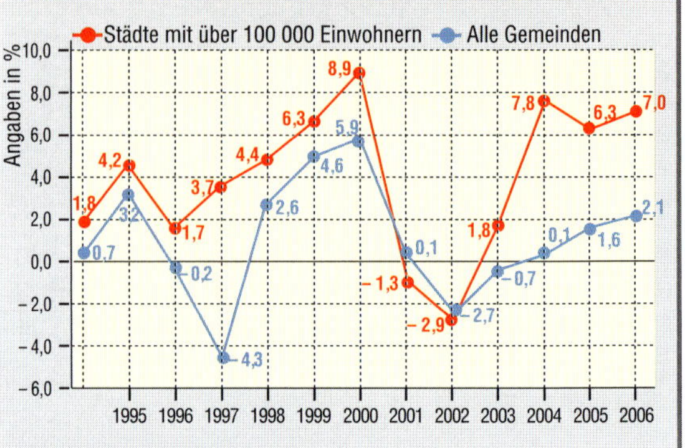

Quelle: Statistisches Bundesamt

(DTV [Hrsg.]: Tourismus in Deutschland, Bonn 2006, S. 13)

Einige Angebotssegmente im Tourismus werden nachstehend exemplarisch dargestellt. Die kennzeichnenden Merkmale der Tourismus-Angebotssegmente können u. a. wie folgt differenziert werden:

▶ **Städtetourismus**
Als Städtetourismus werden Städtekurzreisen, Tagesausflügler, Event-, Einkaufs- und Besuchsreisende definiert.

▶ **Tagungs- und Kongresstourismus**
Tagungstourismus bezieht sich auf internationale und nationale Kongresse, Tagungen, Seminare und Kurse, Produktpräsentationen, Incentive Meetings („Prämienreisen" für Mitarbeiter).

▶ **Geschäftstourismus**
Lokaler, regionaler, nationaler und internationaler Geschäftsreiseverkehr, z. T. ergeben sich Überschneidungen mit dem Tagungs- und Kongresstourismus.

▶ **Kulturtourismus**
Studienreisen, Sprachreisen, Thementourismus, Themenstraßen, Event-Touristen, (Städtereisen).

▶ **Urlaubstourismus**
Ferienreisen, Pauschalangebote, Fernziele u. a.

▶ **Gesundheitstourismus**
Gesundheitstourismus betrifft Wellnessurlaub (hohe Steigerungsraten), ergänzende physikalische Maßnahmen, ergänzende Therapieverfahren, Sportreisen (Golf, Tennis, Wandern, Bergsteigen u. a.) (vgl. Trendanalyse, 2.3.3.1).

▶ **Tagestourismus**
Lokale und regionale Ausflugsfahrten in Naherholungsgebiete, Einkaufsfahrten, Tagesausflüge, Verwandten- und Bekanntenbesuche, Reiseunterbrechungen (Auto-, Motorrad- und Fahrradfahrten).

▶ **Seniorentourismus**
Die neue Kernzielgruppe „Senioren“ steht für längere Auslands- und Inlandsreisen, häufige Kurzreisen, Aktiv- und Erlebnisreisen.

▶ **Jugendtourismus**
Gemeinsamkeiten und Erleben bei Badeurlaub, Abenteuertouren, Sportreisen, Sprachreisen.

▶ **Kindertourismus**
(s. S. 55)

▶ **Frauentourismus**
Auslands- und Inlandsreisen, kreative Kurzreisen, Studien-, Aktiv- und Erlebnisreisen;

▶ **Behindertentourismus**
(s. S. 57)

▶ **Singletourismus**
Gemeinsamkeiten und Events bei Badeurlaub, Kultur- und Studienreisen, Abenteuertouren, Sportreisen, Sprachreisen.

▶ **„Mensch und Tier“-Tourismus**
Akzeptanz, Versorgung und therapeutische Angebote für Haustiere im Rahmen der Urlaubsplanung (Hunde-, Katzen-, Pferdehotels, u. a.).

Eine Umfeldanalyse des relevanten Marktes beinhaltet sowohl die beschriebene geografische Marktabgrenzung, die Markt- und Angebotssegmentierung sowie die folgenden Analysedimensionen: Standort (s. S. 29), Zielgruppen (s. S. 35), Konkurrenz (s. S. 61) sowie Analysen zum eigenen Unternehmen bzw. zur spezifischen Destination (s. S. 65).

3.4 Standortanalyse

Situation

Touristische Infrastruktur 2006 – Eine Auswahl

Städte und Gemeinden (davon rund 4 000 in Tourismusverbänden organisiert)	12 312
Heilbäder und Kurorte	310
Museen	6 500
Öffentliche/private Theater	395
Tennisplätze (Freiluft)	45 051
Tennisplätze (Halle)	4 449
Öffentliche Sauna-Anlagen	2 400
Öffentliche Bäder	6 700
Freizeit- und Erlebnisparks (ab 300 000 Besucher)	26
Reitanlagen	18 000
Golfplätze	835
Nationalparks	14
Naturparks	97
Biosphärenreservate	14
Markierte Wanderwege	200 000 km
Radfernwege	60 000 km
Wasserstraßen (Bund und Land)	10 000 km
Seewasserstraßen an Nord- und Ostsee	23 000 qkm

Quelle: Verschiedene Fachinstitutionen und -verbände (4)

(DTV [Hrsg.]: Tourismus in Deutschland, Bonn 2006, S. 3)

Tourismusformen aus der Sicht der Nachfrage

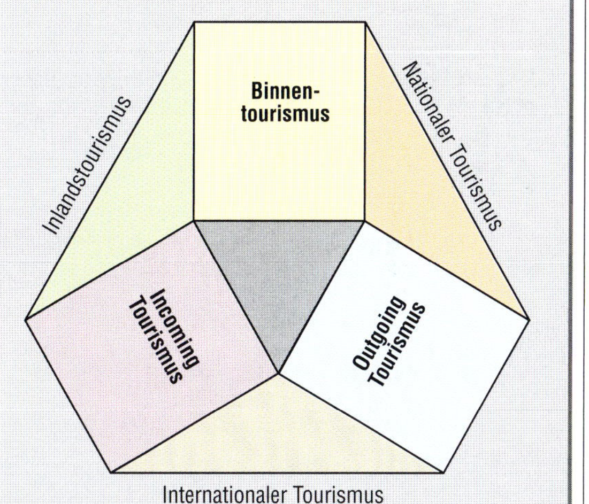

(Dettmer, Harald [Hrsg]: Tourismuswirtschaft, Köln 1998, S. 52)

Die **touristische Standortanalyse** kennzeichnet – oberflächlich betrachtet – **die touristische Infrastruktur**, d. h., sie berücksichtigt die zunehmende Differenzierung und Spezialisierung im Tourismus aufgrund der Gästewünsche (vgl. Situation S. 21).

Segmentierung nach Herkunft touristischer Nachfrager

Bezugsfeld des touristischen Marktes ist hier ein nationaler Verbund – übertragbar ist die Darstellung auf jede regionale/lokale Einheit.

Binnentourismus

▶ Reisen/Aufenthalte von Inländern in inländischen Orten, die weder hauptsächlicher noch dauerhafter Wohn- oder Arbeitsort sind.

Incoming Tourismus

- Reisen/Aufenthalte von Ausländern in inländischen Orten, die weder hauptsächlicher noch dauerhafter Wohn- oder Arbeitsort sind.

Outgoing Tourismus

- Reise/Aufenthalt von Inländern in ausländischen Orten, die weder hauptsächlicher noch dauerhafter Wohn- oder Arbeitsort sind.

Transittourismus

- Reise/Aufenthalt von Ausländern in inländischen Orten ohne Übernachtung (Transittouristen werden nicht registriert), die weder hauptsächlicher noch dauerhafter Wohn- oder Arbeitsort sind.

„Tourismus" ist heute eine mehr als 14-tägige oder 21-tägige Urlaubsreise: Aussagen über die Definition des touristischen Marktes sind deshalb mit größter Vorsicht zu überprüfen. Ganzheitlich betrachtet, umfasst der touristische Markt also weit mehr als Beherbergung und Verpflegung, Transport, Reiseveranstaltung und Reisevermittlung.

Mikroökonomische Ansätze führen die Reiseentscheidung im Tourismus auf zwei Grundarten zurück:

- **Reisen als Konsum**: ein Teil des **Einkommens** wird für Reisen verwendet (konsumtive Reisen)
- **Reisen als Investition**: ein Teil des **betrieblichen Aufwandes** (Kosten, „Zukunftsinvestitionen") wird für Reisen verwendet (investive Reisen).

Es ist jeweils zu hinterfragen, welche aktuelle Markteinschätzung und -berechnung den unterschiedlichen Grundarten des Reisens zugrunde liegt.

Gästezahlen und Übernachtungen in Beherbergungsstätten mit neun und mehr Betten einschließlich Touristik-Camping

	1996 Mio.	2006 Mio.	Veränderungen zu 2005 in %
Gästezahlen			
Gäste aus dem Inland	60,0	101,7	+ 2,6
Gäste aus dem Ausland	15,2	23,6	+ 9,6
	95,2	**125,2**	**+ 3,9**
Übernachtungen			
Übernachtungen von Gästen aus dem Inland	284,9	298,3	+ 0,9
Übernachtungen von Gästen aus dem Ausland	35,3	52,9	+ 9,8
	302,2	**351,2**	**+ 2,1**

Quelle: Statistisches Bundesamt (5)

(DTV [Hrsg.]: Tourismus in Deutschland, Bonn 2007, S. 9)

Die touristische Nachfrage:

- **Übernachtungsreisen**
mit mindestens einer Übernachtung (ÜN): Im Jahr 2004 unternahmen die Deutschen insgesamt rund 287 Millionen Reisen mit mindestens einer Übernachtung (unabhängig vom Reisemotiv). Dabei übernachteten sie 1,4 Milliarden Mal. 74 % (212,5 Millionen) aller Reisen mit mindestens einer Übernachtung hatten inländische Orte zum Ziel, 26 % (74,5 Millionen) führten ins Ausland.

- **Kurzreisen**
Im Jahr 2006 wurden 46,3 Mio. Kurzreisen (2 – 4 Tage) unternommen (48,3 Mio. in 2005).

- **Geschäftsreisen**
Die Deutschen haben im Jahr 2006 39 Mio. Geschäftsreisen (2005: 37 Mio.) mit mindestens einer Übernachtung im In- und Ausland durchgeführt.

- **Meetings und Events**
Im Jahr 2006 nahmen deutschlandweit rund 291,5 Mio. Teilnehmer an 2,6 Mio. Kongressen, Tagungen, Präsentationen, Ausstellungen und Events teil. Sie generierten ein Umsatzvolumen von 29,1 Mrd. Euro. Die Veranstaltungen verteilten sich auf 5 868 Veranstaltungsstätten (mit insgesamt 64 000 Tagungsräumen). Davon befinden sich 3 030 in Tagungshotels, 1 400 in Kongress- und Veranstaltungszentren und 1 438 in Eventlocations.

Urlaubsreisen mit mindestens vier Übernachtungen

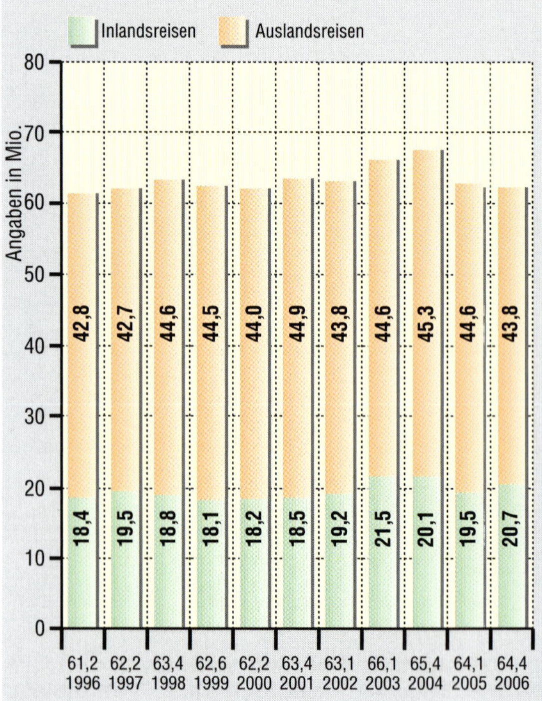

Quelle: Forschungsgemeinschaft Urlaub und Reisen (7), f

(DTV [Hrsg.]: Tourismus in Deutschland, Bonn 2006, S. 6)

- **Urlaubsreisen**
  mit mindestens vier ÜN. Zur **Reiseintensität** liegen die folgenden Werte vor: 48,6 Mio., das sind 74,7 % der Deutschen (ab 14 Jahren), haben im Jahr 2006 mindestens eine Urlaubsreise (mehr als 4 Übernachtungen) unternommen. Damit ist die Reiseintensität gegenüber dem Vorjahr (2005: 47,8 Mio.) leicht gestiegen.

Rangliste der beliebtesten Urlaubsreiseziele 2006 mit mindestens vier Übernachtungen	
Inlandsreisen	20,7 Mio.
Auslandsreisen	43,8 Mio.
Die beliebtesten Destinationen im In- und Ausland im Einzelnen	
Spanien	9,0 %
Italien	4,7 %
Fernreisen	4,3 %
Bayern	4,3 %
Österreich	3,7 %
Türkei	3,7 %
Mecklenburg-Vorpommern	3,3 %
Schleswig-Holstein	3,1 %
Niedersachsen	2,6 %
Griechenland	2,0 %
Baden-Württemberg	1,9 %
Frankreich	1,7 %
Kroatien	1,5 %
Polen	1,3 %
Dänemark	1,1 %
Weitere in- und ausländische Destinationen	24,5 %

Quelle: Forschungsgemeinschaft Urlaub und Reisen (7)

(DTV [Hrsg.]: Tourismus in Deutschland, Bonn 2006, S. 6)

Zu den **Reisezielen** der Urlaubsreisen liegen folgende Zahlen vor: Insgesamt haben die Deutschen im Jahr 2006 64,4 Mio. Urlaubsreisen (mehr als 4 Übernachtungen) unternommen. Davon führten 20,7 Mio. Reisen (32,1 %) zu inländischen und 43,8 Mio. Reisen (67,9 %) zu ausländischen Reisezielen. Die **durchschnittliche Reisedauer** bei Urlaubsreisen ist im Vergleich zu 2005 von 12,5 auf 12,7 Tage leicht gestiegen.

Verkehrsmittel

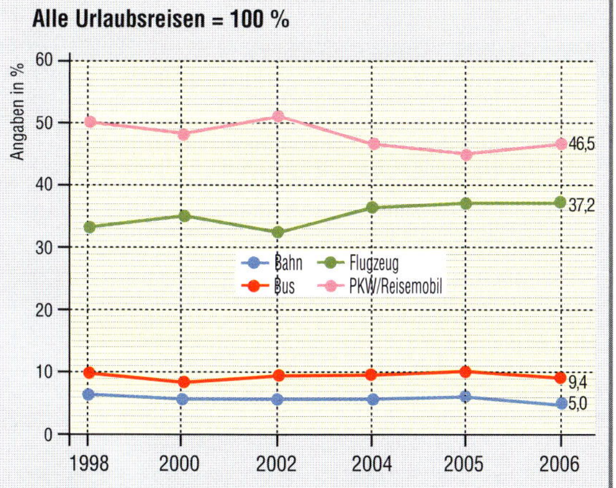

Quelle: Forschungsgemeinschaft Urlaub und Reisen

(DTV [Hrsg.]: Tourismus in Deutschland, Bonn 2006, S. 8)

Zur **Organisation** der **Urlaubsreisen** liegen folgende Fakten vor: 43 % (2005: 44 %) der Urlaubsreisen mit mehr als 4 Übernachtungen im In- und Ausland wurden im Jahr 2006 mithilfe eines Reisebüros gebucht. 23 % (2005: 21 %) der Urlaubsreisen wurden direkt in der Unterkunft, 13 % (2005: 13 %) direkt über den Verkehrsträger und 8 % (2005: 8 %) direkt über den Reiseveranstalter gebucht. Ebenfalls 8 % (2005; 7 %) der Reisen wurden über das Internet organisiert.

Buchungsstellen 2006
Alle Urlaubsreisen mit Vorabbuchung = 100 %

	gesamt in %	Inland in %	Ausland in %
Reisebüro	43	12	55
Unterkunft direkt	23	41	16
Verkehrsträger direkt	13	14	12
Reiseveranstalter direkt	8	9	8
Internet-Portal	8	5	8

Quelle: Forschungsgemeinschaft Urlaub und Reisen (7), d

(DTV [Hrsg.]: Tourismus in Deutschland, Bonn 2006, S. 8)

Durchführung einer Standortanalyse

Eine **Standortanalyse** dient sowohl der **Standortfindung** als auch der **laufenden Standortbeurteilung** für die Hotellerie. Für bereits eingeführte Hotellerie ist der Standort naturgegeben ein unverrückbares Datum, wobei lediglich im Sinne einer langfristigen Standortsicherung Einflussnahmen oder Korrekturen vorgenommen werden können (z. B. rechtliche oder bauliche Veränderungen). Da der Gast die Hotellerie als den **Point of Sales** aufsuchen muss, sollten auch alle Überlegungen zum gegebenen Standort aus der **Sichtweise des Gastes** getroffen werden. Es geht darum, mit entsprechenden Handlungsalternativen mögliche **negative Standortauswirkungen** strategisch/operativ zu verhindern oder zu dämpfen bzw. **positive Auswirkungen** verstärkend auszuschöpfen.

Beispiel 1

Das Seehotel „Schloss Sonnenbühl" bietet eine À-la-carte-Mittagsküche überwiegend für Tagestouristen (Schönwettertouristen) an.
Nachteil: Die Hotelgäste fühlen sich durch die vielen unterschiedlichen Mittags- und Kaffeegäste, die das Hotel „nur kurzfristig oder zum Anschauen" aufsuchen, in ihrer Ruhe gestört.
Hier könnte die Geschäftsleitung überlegen, alternativ ein Brunchbüfett anzubieten, auf die Mittagsküche ganz zu verzichten, dafür das Angebot des Abendrestaurants auszuweiten und das Kaffeegeschäft räumlich von den Hotelgästen zu trennen.

Beispiel 2

Die PKW-Zufahrten zum Seehotel „Schloss Sonnenbühl" sind durch den Anlieferungsverkehr stark behindert. Das Parken der Autos und der Gepäcktransport sind davon betroffen, da die Gäste nicht kurzfristig vor den Eingangsbereich fahren können.
Hier sollte die Geschäftsleitung schnellstens Abhilfe schaffen, denn der erste Eindruck eines Hauses entscheidet oftmals über den gesamten Aufenthalt.

Grundvoraussetzung für eine **erstmalige Standortanalyse** ist eine systematische **Nachfrage- und Bedarfsanalyse** mithilfe der gegebenen Standortfaktoren. Kennt die Hotellerie ihre Zielgruppen und deren spezifische Bedürfnisse und Erwartungen, so sollte – unter Berücksichtigung der neuen Unternehmensidee – der Standort streng **absatzorientiert** überprüft werden. Dabei bestimmen eine **Vielzahl von Standortfaktoren die Qualität des Standortes**, z. B. Bedarf, Infrastruktur, Standortkosten, Konkurrenz, Personalbeschaffung, rechtliche Bestimmungen, wichtige Institutionen, vorgegebene exogene Faktoren (u. a. Klima, Landschaft).

Die **Gewichtung** dieser **Faktoren** steht in Abhängigkeit von der **speziellen Ausrichtung** der Hotellerie (spezielle Leistungsangebote, z. B. in Kurorten, in den Bergen, an der Küste, in Städten, spezielle Leistungsangebote für unterschiedliche Produktsegmente, z. B. Stadthotels, Urlaubshotels, gesundheitsorientierte Hotels, Sporthotels, Designerhotels, Golfhotels, Ferien-Resort- oder Club-Hotels) und kann zur grundsätzlichen Standortentscheidung und zur Überprüfung der vorhandenen Standorte herangezogen werden. Daneben ist zu überprüfen, wie weit sich die **Bedingungen des Standortes** in das **eigene Leistungsangebot einbinden** lassen, zumindest aber für die **Angebotsgestaltung** genutzt werden können.

Standortkriterien vom Hotel Adlon Kempinski Berlin auf der Homepage

Als **vorrangige Standortkriterien** des Mikrostandortes können für die unterschiedlichen Hoteltypen folgende bestimmt werden:

- **Zentralität und Qualität, z. B:**
  - Citylage, Altstadt
  - Nachbarschaft zu öffentlichen, imagestarken Einrichtungen
  - Geschäfte, Cafés, Restaurants
  - Qualität der Nachbarschaft (Wohngegend, Vergnügungsviertel, Lärm- oder Geruchsbelästigung)
  - naturgegebene Prioritäten: Ortsrandlage mit Ruhe und Natur, Strandnähe, Skilift hinter dem Haus
- **Verkehrsanbindung, z. B:**
  - Autobahnanschluss
  - Bahnhofsnähe
  - Flughafenzubringer
  - Schifffahrt (Hafen)
  - Fußgängerzone
  - Parkplatzsituation

Die Anbindung des Hauses an ein oder mehrere Verkehrssysteme ist obligatorisch, da nach dem Residenzprinzip der Gast zum Hotel kommen muss. Es lassen sich auch – im begrenzten Ausmaß – Gästesegmente bestimmen, da gewisse Zielgruppen entsprechenden Verkehrsmitteln zugeordnet werden können.

Standortfaktoren, die z. B. im Bereich der Ferien- und/oder Stadthotellerie als wesentlich angesehen werden können, sind in der folgenden Standortanalyse aufgezeigt:

Seehotel Schloss Sonnenbühl

Standortanalyse: Stärken-Schwächen-Profil **Datum:** ______________

- Wer bewertete? ....
- Wer sprach? .... ● Mit wem? ....

Zielerreichung
- ▶ Eigenes Unternehmen ☐
- ▶ Konkurrenzunternehmen ☐
- ▶ Maßnahmen: .... ☐

Analyse
- ▶ Eigener Standort: ....
- ▶ Konkurrenzunternehmen: Name ....

Sehr schlecht ◀———— ————▶ Sehr gut

▶ Standortfaktoren	Bewertungs-faktor	1	2	3	4	5	6	7	8	9	10	max.
1. Kleinstadt: Ortsrandlage	3											30
2. Großstadtnähe (20 km)	3											30
3. Flughafennähe (10 km)	3											30
4. Bahnhofsnähe (2 km)	2											20
5. Autobahnanbindung (8 km)	3											30
6. Hügel- und Seenlandschaft	3											30
7. Wiesen- und Waldgebiete	2											20
8. Lage der Destination	2											20
9. Fahrrad- und Wanderwege	3											30
10. Wassersportmöglichkeiten	3											30
11. 18-Loch-Golfplatz	3											30
12. 3 Tennisplätze	3											30
13. Reitmöglichkeiten	2											20
14. Ruhe, Gesundheit, Erholung	3											30
15. Intakte Umwelt	3											30
16. Ausflugstourismus	2											20
17. Kulturelle Angebote	2											20
18. Konkurrenzbetriebe	3											30
19. Shoppingmöglichkeiten	2											20
20. Freizeitwert	3											30
▶ Addition: Anzahl	je Spalte											530

▶ Gesamtsumme: Addition	alle Spalten	Eigener Standort	Konkurrenzstandort
▶ Gesamtsumme: Division	: 20	Eigener Standort	Konkurrenzstandort
▶ Analyseergebnis	Punkte, %	Eigener Standort	Konkurrenzstandort

Beispiele für Standortfaktoren aus Sicht der Nachfrager:

- **Standortfaktoren für ein Stadthotel, z. B.:**
  - Größe der Stadt, Infrastruktur der City
  - **Verkehrsinfrastruktur:**
    Flughafen, Eisen- und Straßenbahnnetz, U-Bahn, Autobahnen, Straßennetz, Parkmöglichkeiten
  - **Einzugsgebiet der Stadt:**
    Bevölkerung der Region, Handel, Industrie
  - **Kulturelle Angebote:**
    Sehenswürdigkeiten, Museen, Theater, Oper
  - **Einkaufsmöglichkeiten:**
    zentral-dezentral, exklusiv, Kaufhäuser, kleine Geschäfte
  - **Lage in der Stadt:**
    City oder Quartier, Lärm oder Ruhe, Ruf des Quartiers, Nähe zu Geschäfts- oder Verwaltungsvierteln
  - **Erholungsmöglichkeiten:**
    Parks, Seen

- **Standortfaktoren für ein Ferienhotel, z. B.:**
  - Charakter der Ferienlandschaft (Wald-, Berg-, See-, Hügellandschaft, Siedlungsgebiete)
  - **Natürliche Standortfaktoren:**
    klimatische (gemäßigte Zone, Reizklima u. a.) und topografische Standortbedingungen
  - **Sportmöglichkeiten:**
    Wassersport, Jogging, Wandern, Golf, Tennis, Reiten u. a.
  - **Ferienregion:**
    landschaftliche Vorzüge, Bevölkerungsstruktur und -mentalität, Bekanntheitsgrad als Region
  - **Ferienort:**
    Vorzüge, Sehenswürdigkeiten, Besonderheiten
  - **Lokale Lage:**
    Aussicht, Besonnung, Nachbarschaft, Nähe zu Erholungs- und Sporteinrichtungen, Verkehrs- und Einkaufs-Infrastruktur

Eine **synergetische Standortplatzierung** orientiert sich an einem Geschäftsfeld, das außer dem ursprünglichen Leistungszweck (z. B. Tagungs- und Kongresszentren, langfristige Theater- und Musical-Inszenierungen, Sporthallen, Rennstrecken) auch ergänzend Hotelleistungen beansprucht.

Für die **Konzernhotellerie** wird der Prestigenutzen, der mit der Präsenz an einem Standort verbunden ist, als so hoch eingeschätzt, dass **Bedürfnis- und Kostenkriterien** nur eine **untergeordnete Rolle** spielen. Die Devise lautet, möglichst als erster an einem Standort zu sein. So sind in den südostasiatischen Großstädten und Feriendestinationen fast sämtliche international operierenden Hotelkonzerne vertreten. Dieser Trend lässt sich auf Citylagen – mit **extrem hohen Grundstückspreisen** – in deutschen Großstädten wie Berlin, Köln, Frankfurt projizieren, wo Hotelkonzerne trotz erheblichem Überangebot Prestigeobjekte etablieren. Eine Parallele dazu bietet die Hotelmarktentwicklung in den neuen Bundesländern: Dort wurden z. T. unter Vernachlässigung wesentlicher Standortfaktoren Hotels eröffnet, um am Standort vertreten zu sein.

Da sich Standortfaktoren durch individuelle ökonomische und ökologische Bedingungen, Lebensgewohnheiten oder infrastrukturelle Eingriffe (Region, Destination, Hotel) ändern können, bedürfen sie einer regelmäßigen Neubewertung.

In der angloamerikanischen Literatur werden als besondere Merkmale des Standortes die drei A's hervorgehoben (vgl. Henselik 1999, S. 65):

- **Attractions**
  Vorhandensein von Attraktionen
- **Amenities**
  Annehmlichkeiten des Angebotes
- **Access**
  Zugänglichkeit

Bei der Standortanalyse ist zu beachten, dass die **Nachfrage** nach den entsprechenden **Leistungen** (Produkt- und Dienstleistungen) oftmals eine **derivate (= abgeleitete)** Nachfrage darstellt. Primär verfolgen Gäste andere Ziele mit dem Besuch eines Standortes, z. B.:

- **Innenstadt:**
  Shopping, Arbeitsplatz, Freunde treffen, Besuch von Institutionen bzw. kulturellen Einrichtungen
- **Naherholungsgebiet:**
  Spazieren gehen, Wetter genießen, Wandern, Rad fahren, Reden, Abschalten, gemeinsam Kaffee trinken
- **Golfspielen:**
  Freizeit genießen, gemeinsame Aktivitäten, Wettkampf, Landschaft genießen, Treffen mit Freunden

In diesen Fällen kommt der **Hotel- oder Restaurantwahl** z. T. nur bei **hohem Bekanntheits- und Beliebtheitsgrad** eine **primäre Bedeutung** zu.

Eine Möglichkeit der Standortanalyse ist die Erstellung eines eigenen **Ressourcen-Profils** (s. S. 65) oder eines **Vergleichsprofils** (mit den relevanten bzw. stärksten Konkurrenten, s. S. 61).

3.5 Zielgruppenanalyse

Situation

Seehotel Schloss Sonnenbühl

Das Seehotel „Schloss Sonnenbühl" beabsichtigt, eine Sekundärerhebung zu möglichen Zielgruppen durchzuführen. Der Leiter der Abteilung Sales & Marketing gibt dazu folgende Hinweise im Rahmen eines Mitarbeiter-Meetings:

„Wir wenden uns an ein sport- und gesundheitsorientiertes, anspruchsvolles, einkommensstarkes und hedonistisches (altgriechisch: Hedonismus = Lehre, nach der Lust und Genuss das höchste Gut des Lebens sind) Gästeklientel sowie an Ruhe und Exklusivität suchende Geschäfts- und Tagungsgäste, die sich durch unsere speziell auf die Zielgruppen zugeschnittenen Packages angesprochen fühlen..."

3.5.1 Zielgruppenbildung

Die Kriterien für die Beurteilung von Zielgruppen in der Hotellerie sind heute nicht mehr klassische demographische (sozioökonomische) Segmentierungen wie z. B. Alter, Geschlecht, Schichtzugehörigkeit, Einkommen, Beruf oder Familienlebenszyklus. Da sich bestimmte Gästebedürfnisse und -wünsche nicht mehr so eindeutig wie in der Vergangenheit bestimmten Gästetypen zuordnen lassen, werden ergänzend psychologische Kriterien für die Segmentierung von Zielgruppen verwendet.

Früher wurde stillschweigend von der These ausgegangen: Gleichaltrige Menschen haben ähnliche Bedürfnisse und es besteht daher ungefähr die gleiche Nachfrage nach speziellen Leistungen im Tourismus/in der Hotellerie.

Diese These ist heute nicht mehr haltbar: 50-Jährige von heute ähneln denjenigen von vor 20 Jahren meist nur noch sehr entfernt.

Alte und neue gesellschaftliche Werte

Die „Alten" Jahrgänge 1930-1950 geprägt durch	**Die „Übergangsgeneration"** Jahrgänge 1951-1970 geprägt durch	**Die „Jungen"** Jahrgänge 1971-1990 geprägt durch
▶ Arbeitsethos	◀——▶	▶ Freizeitorientierung
▶ Krisenerfahrung	◀——▶	▶ Wohlstandserfahrung
▶ Sparbereitschaft	◀——▶	▶ Verschuldungsbereitschaft
▶ Zukunftsorientierung	◀——▶	▶ Gegenwarts- /Genussorientierung
▶ Konventionen	◀——▶	▶ Individualisierung
▶ Traditionen	◀——▶	▶ Innovation und Erneuerung
▶ Leben in Großfamilien	◀——▶	▶ Leben in Kleinfamilien (Single)
▶ Bildung als Privileg	◀——▶	▶ Bildung als Selbstverständlichkeit
▶ scheinbar unbegrenzte Ressourcen	◀——▶	▶ Ressourcen-Knappheit

Das Ende des Generationenverhaltens –
oder die Spezialisierung der Bedürfnisse!
Nicht mehr alles für alle,
sondern Bestimmtes für bestimmte Gäste ...

Merkmale der Zielgruppenbildung

Eine verhaltens- und nutzenorientierte Segmentierung berücksichtigt die unterschiedlichen situativen Erwartungen der Gäste. Das bedeutet für die differenzierten Produkte und Dienstleistungen in der Hotellerie: Nicht mehr nur eine Übernachtungsmöglichkeit, ein „anständiger" Preis, „vernünftige Portionsgröße" im À-la-carte-Geschäft und Sauberkeit des Hotels sind entscheidend, sondern Image, Atmosphäre, Ambiente, Zeitgeist, Attraktivität und Individualität der Leistungspalette, komfortable und/oder funktionelle Ausstattung des Hauses sowie bestimmte Gästemerkmale und besonders deren Lifestyle setzen Trends und Akzente.

Merkmale der Zielgruppenbildung			
Geografische Segmentierung	**Demografische (sozioökonomische) Segmentierung**	**Psychografische Segmentierung**	**Verhaltensorientierte Segmentierung (Lifestyle-Konzept)**
▶ Orte ▶ Städte ▶ Regionen ▶ Bundesländer ▶ Ausland ▶ Kontinent (geordnet nach Bevölkerungsdichte, Größe der Städte)	▶ Alter ▶ Geschlecht ▶ Familienstand ▶ Bildungsniveau ▶ Beruf ▶ Einkommen ▶ Nationalität	▶ Persönlichkeitsmerkmale ▶ Lebensstil ▶ soziale Schicht ▶ Milieu ▶ Grundeinstellungen (allgemein)	▶ Einstellungsmuster ▶ Verhaltensmuster ▶ Lebensgewohnheiten ▶ Produktvorlieben und -verwendung ▶ Markentreue
Klassische Segmentierung		**Neue Segmentierung**	
	Personenbezogene Segmentierung		

(Dettmer, Harald; Hausmann, Thomas, u. a.: Hotellerie und Gastronomie, Köln 2000, S. 56)

Für den verhaltens-, nutzen- und anlassbezogenen Gastronomiebesuch gilt z. B.: Derselbe Gast,

- der mittags zum Business-Lunch ein alkoholfreies Bier zu sich nimmt und dabei Standardisierung und schnellen Service bevorzugt,
- der nach dem Sport Softdrinks in bequemen Sesseln präferiert,
- der zum Small Talk mit Geschäftspartnern Coffee-Specials trinkt,
- der zur Happy Hour in einer Cocktail-Lounge mit Freunden plaudert,
- sitzt abends im Spezialitätenrestaurant und betrachtet „Speisen" als Kultur- und Geschmackserlebnis.

Dieses Beispiel lässt sich nahtlos auf spezialisierte Angebote in der Hotellerie übertragen! Soll heißen: Der Gast von heute ist mit seinem spezifischen, individuellen Lebensstil ein ambivalenter Gast mit scheinbar völlig unterschiedlichen Einstellungen, Verhaltensweisen, Werten und Normen. Geprägt durch das eigene Umfeld kommt es zwangsläufig zu einer **Spezialisierung der Bedürfnisse**, die in engem Zusammenhang mit den **ökonomischen Möglichkeiten** und soziokulturellen Einstellungen und Erfahrungen stehen.
Die Hotellerie muss deshalb mit ihren charakteristischen Merkmalen (evtl. Naming), der Corporate Identity sowie den Leistungsangeboten und Events die speziellen Bedürfnisse, den Lifestyle und das „Feeling" der Gäste ansprechen.

Präsentation der Leistungsangebote auf der Internetseite eines Hotels

Dieses richtet sich einerseits nach dem Reise-, Ausgeh- oder Konsumanlass (Tageszeit, Situation mit viel/wenig Zeit, privat oder geschäftlich, Leistungspalette des Hotels, des Ortes u. a.). Es richtet sich andererseits genauso stark nach dem Arbeits- und Freizeitverhalten der individuellen Zielgruppen oder dem Feeling seines Lebensstils (oder dem seiner aktuellen Gruppe/Clique: Was generell „in" ist, wo „man" hingeht, wo „die Clique" ist, die zu einem passt, – und – was dem Geldbeutel entspricht ...).

Die Merkmale der personenbezogenen Segmentierung erklären nur unzureichend das **Motiv** (= **Beweggrund**) für ein bestimmtes Konsumverhalten oder -bedürfnis (vgl. Meffert 1998, S. 150).

Motive sind individuelle Persönlichkeitsmerkmale, d. h., es können zwei Gäste, die die gleiche Kaufentscheidung in einem Restaurant treffen, durchaus unterschiedliche affektive (gefühlsmäßige) oder kognitive (verstandgeprägte) Motive dafür haben. Die bekannteste **Motivtheorie** ist die **Bedürfnishierarchie von Maslow**. Sie geht davon aus, dass je nach „Entwicklungsstufe" eines Menschen immer neue Verhaltensweisen „aktiviert" werden. Da in Wohlstandsgesellschaften die physiologischen Bedürfnisse und die Sicherheitsbedürfnisse im Allgemeinen abgedeckt sind, werden die oberen Schichten der Bedürfnishierarchie besonders verhaltensrelevant. Deshalb wird im Naming-Marketing häufig der **Prestige- und Statuswert** der Produkte herausgestellt.

Maslowsche Bedürfnispyramide

	Gastgewerbliche Beispiele
Bedürfnis nach Selbstverwirklichung Entfaltung der Persönlichkeit, Lifestyle	▶ Hotel- oder Restaurantbesuch als individueller Selbstzweck, Vergnügen, Freude
Bedürfnis nach Wertschätzung Anerkennung, Status	▶ Hotel- oder Restaurantbesuch als Prestige- oder Machtfaktor im Hinblick auf gesellschaftliche Anerkennung
Soziale Bedürfnisse Liebe, Freundschaft, Solidarität, Kontakte, Kommunikation, Geselligkeit	▶ Private, individuelle Hotel-, oder Restaurantbesuche mit geselligem Charakter
Sicherheitsbedürfnisse Geborgenheit, Gesetze, Versicherungen, Vorsorge für die Zukunft, Alterssicherung	▶ Hotel- oder Restaurant aus Vernunftgründen, z. B. Regeneration der Arbeitskraft
Physiologische Bedürfnisse Grundbedürfnisse: Essen, Trinken, Schlafen, Wohnen, Sexualität	▶ Hotel- oder Restaurantbesuch zur unmittelbaren Deckung der Grundbedürfnisse: Hunger, Durst, Schlafen

Bestandteil einer **verhaltens- und nutzenorientierten Segmentierung von Zielgruppen** ist auch die zeitliche Nachfrageverteilung im Hinblick auf die Dienstleistung. Eine **systematische Erfassung** sollte die bevorzugten Wochentage, Uhrzeiten, Jahreszeiten usw. berücksichtigen.

Die Kenntnis über zeitliche **Präferenzen** einzelner Gästegruppen ermöglicht ein optimales Timing für spezielle, aufeinander abgestimmte Angebotsleistungen (Specials, Packages) in der Hotellerie, die dadurch die Hotelfrequenz erhöhen, z. B.

- ▶ 5-tägige Wellnesswoche (MO-FR)
- ▶ 1-wöchige Gesundheitswoche (SA-SA)
- ▶ 3-tägiges Sport- und Fitnesswochenende (FR-SO)
- ▶ 2-tägige Incentives für Geschäftsreisende (MO-DI)
- ▶ täglich Business-Packages
- ▶ 3-tägiger Reiterurlaub (FR-SO)

Urlaubertypologie

Im Folgenden soll mithilfe einer **Lifestyle-Segmentierung** versucht werden, wichtige Nachfragegruppen im Tourismus zu differenzieren:

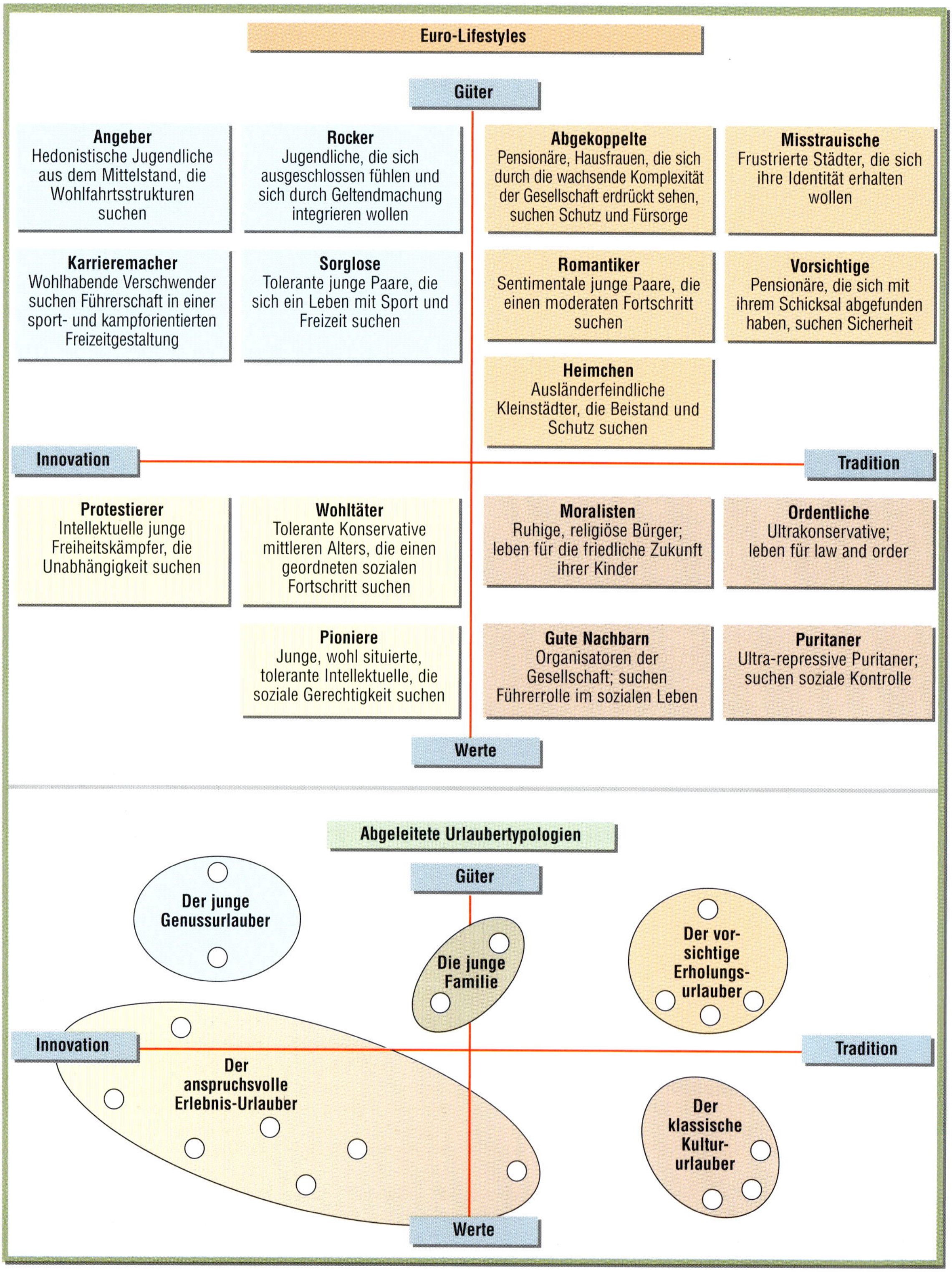

(Freyer, Walter: Tourismus, München/Wien 2001, S. 190)

3.5.2 Trendanalyse

Zum Teil wird mithilfe zukunftsorientierter **Trendanalysen** versucht, möglichst eindeutige Beziehungen mit hoher Prognosesicherheit (Eintrittswahrscheinlichkeit) zwischen der Ausgangssituation sowie den strategischen und taktischen Marketingzielen herzustellen (u. a. mithilfe von Szenarien).

Eintrittswahrscheinlichkeiten von Prognosen und Szenarien

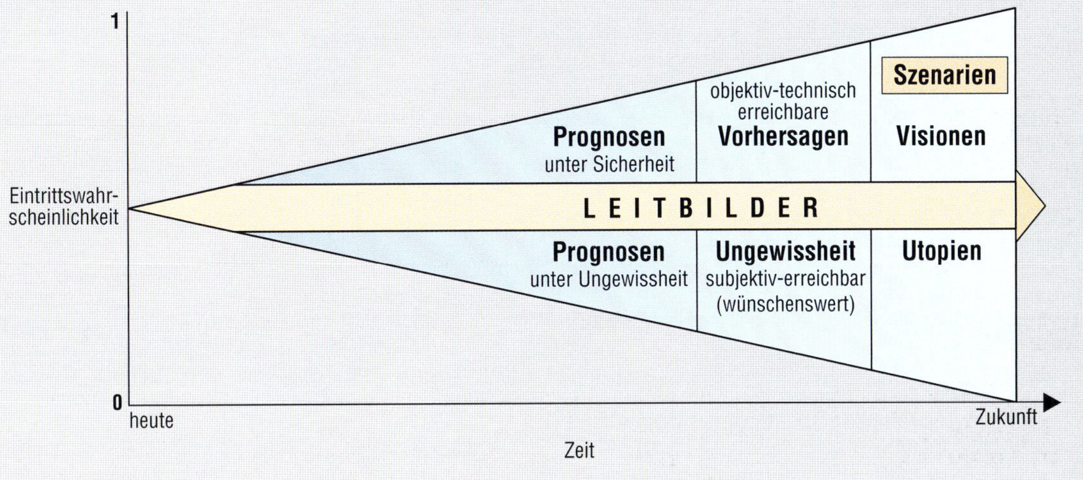

(Freyer, Walter: Tourismus, München/Wien 2001, S. 121)

Trendforschung bezieht sich im Tourismus/in der Hotellerie einerseits auf die Beschreibung und Vorhersagen bezüglich der Zielgruppen und zu deren Verhalten (s. S. 35), andererseits auf die Anforderungen der Zukunft durch **Megatrends** in Bezug auf die Hotellerie-Infrastruktur. Während bestimmte Modeerscheinungen (In-Diskotheken, Szene-Restaurants u. a.) nur einen relativ **kurzen Lebenszyklus** besitzen, erwirtschaften trendorientierte touristisch-gastgewerbliche Unternehmen (z. B. mit den Segmenten Gesundheit, Business, Sport, Kultur u. a.) meist über lange Zeiträume Erträge.

Beispiel

Bei einem Abteilungsleitermeeting des ★★★★-Seehotels „Schloss Sonnenbühl" erklärt die Hoteldirektion das neue Identifikations- und Informationssystem des Hotels:

„Die größten Chancen für die Sicherheit unserer Gäste und unseres Hauses stecken in den „Smartcards". Eine Smartcard funktioniert wie ein Schlüssel, der die Identifikation des Berechtigten und Informationen über sein Benutzerprofil gespeichert hat. Alle Funktionen werden dabei vereinigt. Benötigt z. B. das Hotel eine E-Cash-Funktion für alle Gebäudekomplexe (Outlets, z. B. Golfplatz, Motorboote, Reithalle, Tennishalle) oder einzelne Zugangskontrollen für das Hotelgebäude (Garage, Schwimmbad, Sauna, Fitnessraum, Tagungsräume, u. a.), werden diese auf der Karte gespeichert. Smartcards kommunizieren auf zwei verschiedene Arten mit der Umwelt: Contact-Smartcards müssen in einen Kartenleser eingeführt werden, der mit dem PC verbunden ist. Contactless-Smartcards müssen lediglich einen bestimmten Mindestabstand zu einer Antenne einhalten, dann können sie über ein Radiosignal kommunizieren. Für höchstmögliche Sicherheit sorgt schließlich ein Co-Prozessor, der die Daten verschlüsselt."

Relevante Trends können häufig aufgrund **ökonomischer** und/oder **politisch-gesellschaftlicher Veränderungen** vorausgesagt werden. Für die Hotellerie sind dabei folgende Fragen von Bedeutung:

- Welche Schlüsseltrends beeinflussen den Tourismus/die Hotellerie?
- Inwieweit werden diese Schlüsseltrends die zukünftigen Unternehmensaktivitäten beeinflussen?
- Hat die Unternehmensführung grundsätzliche Pläne, um auf die Veränderungen durch Trends zu reagieren?

1. Trend: Changing Customer Profiles
Sich verändernde Gästeprofile

- Das Phänomen der **jungen Alten**: Fortschritte der Medizin und Gesundheitsvorsorge ermöglichen es älteren Menschen, ein längeres, aktiveres Leben zu führen, geprägt von Arbeitsethos, Familien-, Freizeit- und Zukunftsorientierung, Bildung als Privileg, u. a.
- Immer weniger Geschäftsreisende sind immer häufiger national/international unterwegs (Phänomen des ewigen Jetlags).

2. Trend: Intensifying competition
Intensivierung des Wettbewerbs

3. Trend: Continuing consolidation
Unternehmenszusammenschlüsse/Fusionen

Die weltweite Zunahme von Unternehmenszusammenschlüssen, -fusionen und -kooperationen hat ihre Ursache in den folgenden drei ökonomischen Bedingungen:

- International weitgehende Marktsättigung
- Entstehung eines strategischen Patts, d. h. Know-How- und Innovationsvorsprünge sind kaum noch zu realisieren. Die Faktorkosten sind für alle Wettbewerber ungefähr gleich hoch. Innovationen sind im Tourismus/in der Hotellerie nicht zu schützen und werden kopiert.
- Erkenntnis, von kooperativen Partnern profitieren zu können

Für die europäische Gastronomie werden folgende zukunftsweisende Konsumententypologien beschrieben (Hoyler/Kegele, S. 36):

Business Nomads
... „die neuen Nomaden": oft Selbstständige, wohnen an mehreren Orten, leben im Transit, Einkommen überwiegend sehr hoch.

Hypersmart Shoppers
... „die Einkaufsvirtuosen": Cleverness im Einkaufsverhalten, nutzen www.-Portale um Einkaufsvorteile auch bei Gebrauchs- und Luxusgütern zu erlangen.

Master Customer
... „die neuen Senioren": Ab Mitte 50, wohlhabende Generation, empfänglich für Gesundheits- und Sportdienstleistungen, Erlebnis und Luxusgüter, hohe Kaufkraft

Affluent Kids
... „kaufbewusste Kinder": Alter zwischen 8 bis 14 Jahren, verstehen sich als kompetente Konsumenten, prägen Moderichtungen und Stile – und das Konsumverhalten ihrer Eltern.

Lessnesspriests
... „neue Luxus-Asketen": Generelles Understatement, Abkehr vom Luxus, Sorge um Gesundheit, Stressvermeidung, schätzen hochwertige dauerhafte Konsumgüter, hohes Einkommen

Im Hinblick auf gesellschaftliche **Megatrends** werden ähnliche Phänomene wie bisher der „Boom- oder Hemmfaktor" beschrieben (s. S. 21). Da sich die **gegenwärtigen Trends** grundsätzlich in der Zukunft **verstärken**, **abschwächen** oder **gleich fortsetzen** können, werden komplexe **Szenarien** entwickelt.

Grundgedanke ist die **Entwicklung** von Zukunftsbildern oder -**visionen** aufgrund der vergangenen, gegenwärtigen und zukünftig zu erwartenden Trends. Der übliche Vorhersagehorizont für Szenarien liegt zwischen 10 und 20 bis 30 Jahren. Für den Bereich des Tourismus/der Hotellerie können drei **unterschiedliche Szenario-Tableaus** differenziert werden:

- Das **Optimismus-Mega-Szenario** geht von
  - steigendem Einkommen,
  - vermehrter Freizeit,
  - neuen Wertigkeiten,
  - steigender Mobilität,
  - neuen Kommunikationstechnologien,
  - neuen ökologischen Technologien aus.
- Das **Pessimismus-Mega-Szenario** betont
  - nationale/weltweite Wirtschaftskrisen,
  - Freizeitaktivität: „Zuhause-Bleiben",
  - überlastete Verkehrswege,
  - eingeschränkte Mobilität,
  - Kommunikationstechnologien ändern Verzehrgewohnheiten,
  - Gastronomie zerstört sich selbst.
- **Realismus-Mega-Szenarien** berücksichtigen
  - Fortschreiben momentaner Trends,
  - Veränderung der Mikro-Trends,
  - Spezialisierung der Tourismusangebote,
  - Individualisierung der Bedürfnisse,
  - Schaffung neuer gastronomischer Märkte,
  - Spezialisierung durch neue Technologien,
  - Dienstleistungsdifferenzierung,
  - konservative Prognosen.

Seehotel Schloss Sonnenbühl

Von der traditionellen Prognose zu ganzheitlichen Szenarien im Tourismus

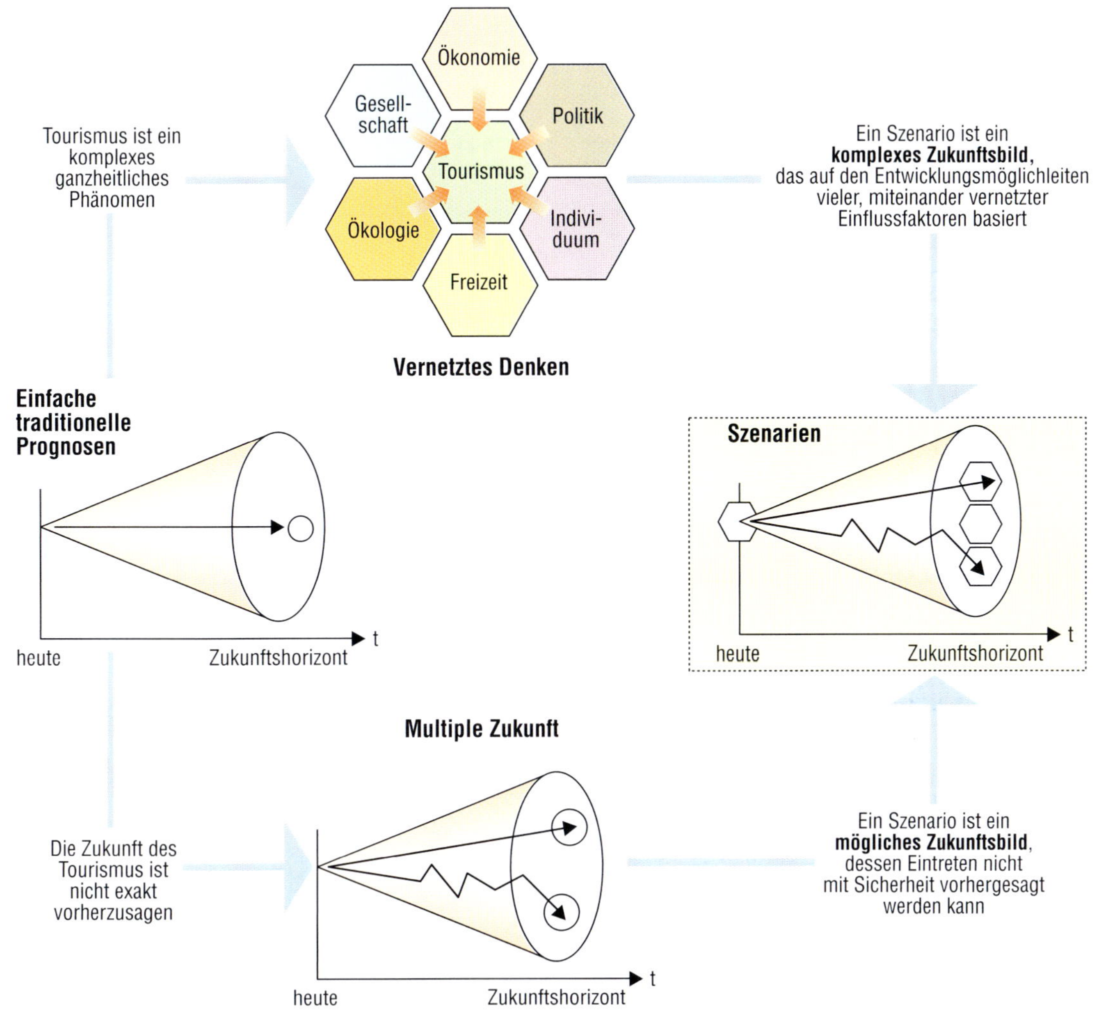

(vgl. Freyer, Walter: Tourismus, München/Wien 2001, S. 141)

Als zukünftige Megatrends werden nach Opaschowski angesehen.

1. **Zukunftstrend: Globalisierung**
   Handeln mit Produkten auf weltweiten Märkten; ökonomische Formel für den Tourismus/die Hotellerie: „**Global Denken und lokal Handeln**“.

2. **Zukunftstrend: Dienstleistung**
   Abschied vom Industriezeitalter – die Zukunft gehört der Dienstleistung;
   ökonomische Formel für den Tourismus/die Hotellerie: „**Gastorientierung und Leistungsqualität**“.

3. **Zukunftstrend: Leistungsorientierung**
   Genuss allein verhindert Leistungsfähigkeit; Leben nach der Prämisse: Arbeiten und Freizeit mit Lust und Leistung, ökonomische Formel für den Tourismus/die Hotellerie:
   „**Leistungsorientierung und Mitarbeitermotivation**“.

4. **Zukunftstrend: Mediatisierung**
E-Commerce, Internet führt im Informationszeitalter zur Bildungskluft, spaltet Gesellschaft durch hohe/geringe Zugangschancen;
ökonomische Formel für den Tourismus/die Hotellerie: „**Emotionen, Erlebnis, aktiver Gastro-Konsum und E-Commerce**".

5. **Zukunftstrend: Hohes Lebensalter**
Master-Customer sind Autokäufer, Theaterbesucher, Buchleser und Golfer, Kur- und Kurzurlauber, Kirch- und Kneipengänger gleichermaßen;
ökonomische Formel für den Tourismus/die Hotellerie: „**Emotionen, Erlebnis, Fernweh und aktiver Gastro-Konsum**".

6. **Zukunftstrend: Vereinzelung**
Soziale Aufwertung des Single-Lebens, Aufschub der Familiengründungen durch verlängerte Ausbildungszeiten, Mobilitätsanforderungen;
ökonomische Formel für den Tourismus/die Hotellerie: „**Singlegesellschaft auf abgehobenem Konsumtrip**".

7. **Zukunftstrend: Individualisierung**
Ich bin ich? Jedem das Seine? Jeder sein eigener Unternehmer? Unterentwickeltes „soziales Volontariat", kleine Mitarbeiter als selbstlose, freiwillige Samariter;
ökonomische Formel für den Tourismus/die Hotellerie: Oftmals „**Individualität anstatt Solidarität**".

8. **Zukunftstrend: Mobilisierung**
„Heute hier – und morgen fort", nichts verpassen, nomadisieren, „Kalifornien-Syndrom": Geld und Zeit; aus jedem Tag, aus jeder Stunde so viel wie möglich herausholen;
ökonomische Formel für den Tourismus/die Hotellerie: „**Globale Selbsterfahrung/Esskultur für Trendsetter**".

3.5.3 Analyse der Gästestruktur

Gästekarteien (Adressenkarteien) bieten als besondere Form der **Sekundäranalyse** wichtige Hinweise und Informationen über die speziellen **Zielgruppen**, das **Gästeverhalten** (z. B. Aufenthaltsdauer, Umsatz, Reservierungshäufigkeit) und die **Gästekategorien**. Dabei sollte ein möglichst breites Spektrum relevanter Daten über **bestimmte Merkmale** und **Gästewünsche** (gesplittet nach Privat- und Geschäftsreisende, Reisemittler u. a.) erhoben werden.

Beispiel

Seehotel Schloss Sonnenbühl

Zeitungsnotiz „Ein Hotel setzt Maßstäbe ..."

Bei einem Abteilungsleitermeeting des ★★★★-Seehotels „Schloss Sonnenbühl" werden die Mitarbeiter von dem Sales & Marketingmanager um Mithilfe bei folgender Problemstellung gebeten:

„Um verlässliche Hinweise zur Gästestruktur unseres Hauses zu erhalten, bitte ich darum, die systematisch geführten Gästekarteien zu analysieren und die Ergebnisse zu dokumentieren."

Die speziellen Gästemerkmale werden heute üblicherweise mithilfe von Hotelreservierungssystemen erfasst. Die Erhebungsmerkmale betreffen zum einen die persönlichen Daten und Fakten des Gastes, zum anderen seine individuelle Bedürfnisstruktur.
Die Hotellerie/der Tourismus ist bestrebt, neben Angaben über Alter, Geschlecht, Beruf, Herkunft, Nationalität, Besuchszweck, Reservierungsweg, An- und Abreisetermin im Hotel, **Durchschnittsumsatz bzw. -bon** Informationen über besondere Interessen und Vorlieben der speziellen Gästekreise zu erfahren. Die **Gästekartei** (Adressenkartei) gilt als kostengünstige Basis einer marktorientierten Informationspolitik im Gastgewerbe. Von **besonderem Vorteil** ist die Möglichkeit, eine differenzierte statistische Erfassung (Reservierungsprogramme, Excel, Access u. a.) und Auswertung der Gästekarteien nach unterschiedlichen Kriterien (z. B. Zielgruppen) vornehmen zu können.

Allerdings reicht eine nur statistische Erfassung der Gäste mithilfe von Gästekarteien nicht aus: Um die **Einzigartigkeit eines Hotels** für gezielte Marketingmaßnahmen begründen zu können, sollten **Gästebefragungen** und/oder **-beobachtungen** durchgeführt werden, die Informationen über die anwesenden Gäste sowie ihre individuellen Gewohnheiten und Vorlieben liefern. Nur dadurch ist es möglich, ein **spezifisches Profil** der Gäste eines Hotels zu erfassen. Ein nachfrageorientiertes **Chancen-Risiken-Profil** ist kurz- bis mittelfristig eine wichtige Informationsquelle zu den angebotenen gastgewerblichen Leistungen und gibt Aufschluss über das Leistungsangebot der Konkurrenz.

Seehotel Schloss Sonnenbühl

Interne Informationsquellen: Gästebetreuung

▶ **Vernetzung:**	▶ **Marketingkonzept**, Marktforschung, Fragebogen, Produktgestaltung, Statistik, Analyse, ▶ **Verteiler**: GL, Marketing, Sales, F&B, Hausdame, Restaurant, Ablage, MA
▶ **Manual:**	▶ **Gästebetreuung, CI, Imagepflege, Verbesserung der Dienstleistung**

Seehotel Schloss Sonnenbühl
30111 Hannover, Innerer Ring 5
Telefon/Fax: 0111 1333333

Datum: ______________________

Abteilung Restaurant

Abteilung Rezeption

Gästekartei **Name**: ______________________ **Datenschutz beachten!**

- ▶ Vorname: ▶ ______________________
- ▶ Anschrift 1: ▶ ______________________
- ▶ Anschrift 2: ▶ ______________________
- ▶ Telefon/Fax: ▶ ______________________
- ▶ E-Mail: ▶ ______________________
- ▶ Geburtsdatum: ▶ ______________________
- ▶ Nationalität: ▶ Sprache: ______________________
- ▶ Familienstand: ▶ __________ Kinder: __________
- ▶ Persönliche Anrede: ▶ ______________________
- ▶ Titel: ▶ ______________________
- ▶ Firma: ▶ ______________________
- ▶ Sekretärin (Name): ▶ ______________________

Visitenkarte

- ▶ Position: ______________________
- ▶ Mitglied: ______________________
- ▶ VIP-Typ: ______________________

Bevorzugtes Logis

- ▶ Arrangement: ▶ ______________________
- ▶ Zimmer/Suite-Nr.: ▶ ______________________
- ▶ Raucher/Nichtraucher: ▶ ______________________
- ▶ Einrichtung: ▶ ______________________
- ▶ ______________________

Spezielle Hinweise

- ☐ bei Anreise Info an: ______________________
- ☐ kontaktfreudig ______________________
- ☐ spontan ______________________
- ☐ sportlich ______________________
- ☐ kritisch ______________________
- ☐ Hobbys: ______________________
- ☐ Incentives: ______________________

Bevorzugte Bewirtung **Tisch-Nr**: ______________________

- ▶ Speisen: ▶ ______________________
- ▶ Getränke: ▶ ______________________
- ▶ Frühstück: ▶ ______________________
- ▶ ______________________ ▶ ______________________

Zahlung:

- ☐ Rabatt (Logis): ______________________
- ☐ Rabatt (F&B): ______________________
- ☐ Rabatt (insgesamt): ______________________
- ☐ Rechnung an: ______________________
- ☐ Zahlungsart: ______________________
- ☐ Bankverbindung: ______________________
- ☐ Kreditkartennummer: ______________________
- ☐ ______________________

Besondere Wünsche

- ☐ Zeitung: ▶ ______________________
- ☐ Obstkorb: ▶ ______________________
- ☐ Minibar-Bestückung: ▶ ______________________
- ☐ Blumen: ▶ ______________________
- ☐ Zahncreme: ▶ ______________________
- ☐ ______________________ ▶ ______________________

	Anreise	Abreise	Anlass	Personen	Zimmer	Garage	Preis	Umsatz	No Show, Storno u. a.
2004									
2005									
2005									
2006									

▶ **Bemerkungen**: ____

▶ **Gästekartei erstellt**: (Datum/Kürzel) ______________ ▶ **Gästekartei überprüft**: (Datum/Kürzel): ______________

Seehotel Schloss Sonnenbühl

Analyse der Gästestruktur: Chancen-Risiken-Profil

	Beurteilungskriterien	**Negativ ←**	**1**	**2**	**3**	**4**	**5**	**→ Positiv**
Nachfrage: Beherbergung	Hotelfrequenz (Anzahl der Logisnächte)	tief						hoch
	Durchschnittliche Aufenthaltsdauer	kurz						lang
	Zimmer-Betten Belegung	tief						hoch
	Saisonale Schwankungen im Hotel	stark						schwach
	Hotel-Auslastung nach Monaten	schwankend						gleichmäßig
	Hotel-Auslastung nach Wochentagen	schwankend						gleichmäßig
	Verteilung der Hotelfrequenz nach Buchungsquellen (gesamt)	schlecht						sehr Gut
	▶ Touristik-Agenturen, Reisemittler	schlecht						sehr Gut
	▶ Direktmarketing (Stammgäste, Gästekartei...)	schlecht						sehr Gut
	▶ Anteil an „No Show“	hoch						niedrig
	▶ Cancellations	viele						wenige
	Struktur der Gästefrequenz (pauschal)	schlecht						ideal
	▶ nach Herkunftsgebiet	einseitig						gut verteilt
	▶ nach Marktsegmenten	einseitig						gut verteilt
	▶ nach Altersstruktur	einseitig						gut verteilt
	▶ nach Kaufkraft	tief						hoch
	▶ Anteil Stammgäste	niedrig						hoch
	Image des Hotels	gering						sehr gut
Nachfrage: Restauration								
	Nachfrage der Restaurationen	schwach						stark
	Saisonale Schwankungen in den Restaurants	stark						schwach
	Auslastung der Restaurationen nach Monaten	schwankend						gleichmäßig
	Auslastung der Restaurationen nach Wochentagen	schwankend						gleichmäßig
	Struktur der Restaurantgäste (pauschal)	schlecht						ideal
	▶ nach Herkunft	einseitig						gut verteilt
	▶ nach Marktsegmenten	schlecht						gut
	▶ nach Altersstruktur	einseitig						gut verteilt
	▶ nach Kaufkraftklassen	tief						hoch
	Image der Restaurationen	schlecht						gut
Nebenleistungen								
	Nachfrage nach Nebenleistungen (pauschal)	schwach						stark
	▶ Unterhaltungsangebot: Tag (pauschal)	gering						sehr gut
	▶ Unterhaltungsangebot: Abend (pauschal)	gering						sehr gut
	Gästestruktur der Nebenleistungen	schlecht						ideal
	Nachfrage nach Einkaufsmöglichkeiten (pauschal)	schwach						stark
	▶ Gehobenes Leistungsangebot (Schmuck, Mode)	schwach						stark
Konkurrenz								
	Konkurrenz am Ort (pauschal)	stark						schwach
	▶ Konkurrenz des Hotels	stark						schwach
	▶ Konkurrenz der Restaurationen	stark						schwach
	Regionale/überregionale Konkurrenz	stark						schwach
	Leistungsstruktur der Konkurrenten	überlegen						unterlegen
	Angebotsqualität der Konkurrenten	besser						schlechter
	Mitarbeiterstruktur bei den Konkurrenten	besser						schlechter
	Gäste-Nachfrage der Konkurrenten	stärker						schwächer
	▶ Gäste-Nachfrage im Hotel	stärker						schwächer
	▶ Gäste-Nachfrage in den Restaurationen	stärker						schwächer
	▶ Gäste-Nachfrage nach den Nebenleistungen	stärker						schwächer
	Marktbearbeitung durch die Konkurrenz (pauschal)	besser						schlechter
	Marktbearbeitung durch die Konkurrenz (Direktmarketing)	besser						schlechter
	Image der Konkurrenten	besser						schlechter

Angaben über **Reisezweck** und **Reservierungsweg** lassen erkennen, welche Reservierungsmethode bevorzugt wird: Dieses Wissen ist bei der weiteren **Ausgestaltung der Absatzwege**, zur Erhöhung des **akquisitorischen Potenzials** und zur **Verbesserung des Leistungsangebots** von entscheidender Bedeutung.

- Eine genaue Kenntnis über Altersstruktur und Bildungsniveau der Gäste liefert Informationen über die weitere Angebotsgestaltung.
- Die systematische Erfassung der zeitlichen Präferenzen einzelner Gästegruppen einschließlich bevorzugter Wochentage ermöglicht ein besseres Timing von bestimmten Leistungen und somit eine bessere Kapazitätsauslastung.
- Mithilfe der Hauptankunfts- und -abreisezeiten kann eine gezielte Personaleinsatzplanung ohne Überlastung des Empfangs erfolgen; die damit verbundenen langen Wartezeiten für die Gäste werden vermieden.
- Es kann erfasst werden, welche Gästegruppen besondere Präferenzen für bestimmte Leistungsangebote aufweisen (z. B. ob Geschäftsreisende die Fitnesseinrichtungen nutzen, welches Restaurant zu welcher Zeit von Familien mit Kindern, welches von Alleinreisenden bevorzugt wird).

Sind die Ausmaße der individuellen (saisonalen, wöchentlichen) Belegungsschwankungen bekannt, so können die durch die betrieblichen Überkapazitäten entstehenden Leerkosten durch besondere Arrangements, Pauschalangebote, Preisdifferenzierung oder -reduzierung verringert werden.

Gästezufriedenheitsanalyse

Jeder Gast geht mit ganz speziellen Erwartungen in ein Hotel oder in ein Restaurant. Dabei sind die Erwartungen des gesundheitsbewussten Gastes an ein Salatbüfett zum Mittag nicht identisch mit den Erwartungen desselben Gastes, der am Abend mit Freunden in einem Gourmetrestaurant einen schönen Abend verbringen möchte. Soll bedeuten: Gäste messen an ihren (positiven) Erwartungen, was sie konsumieren – beide Restauranttypen haben den Erwartungen entsprochen, der Gast war in beiden Fällen zufrieden.

Ein theoretischer Ansatz zur Messung der Gästezufriedenheit ist die Integration des **Kano-Modells der Gästezufriedenheit** in die Marktforschungskonzeption des gastgewerblichen Unternehmens. Dem Kano-Modell (Messverfahren) ist zunächst eine **Faktorenanalyse** vorgelagert, mit deren Hilfe mögliche **relevante Leistungsattribute** der Gästezufriedenheit **klassifiziert** und **kategorisiert** werden. Kano geht davon aus, dass die Erfüllung bzw. Nichterfüllung unterschiedlicher Gästeanforderungen divergierenden (auseinander gehenden, entgegengesetzten) **Einfluss auf das Zufriedenheitsempfinden** der Gäste ausübt: Deshalb werden im Kano-Modell **Basisanforderungen** (**Musskriterien**), **Leistungsanforderungen** (**Sollkriterien**) und **Begeisterungsanforderungen** (**Nicht-Erwartete-Kriterien**) differenziert. Mithilfe von unterschiedlichen Analysen (und gezielten Fragestellungen) zur Gästezufriedenheit ist es möglich, das Zufriedenheitsniveau der eigenen touristisch-gastgewerblichen Leistung (oder die der speziellen Markt- und Produktsegmente) zu ermitteln.

Die folgende Grafik veranschaulicht die potenziellen Zufriedenheitsniveaus in Abhängigkeit vom Grad der Erfüllung der Gästeanforderungen und -erwartungen.

Kano's Modell der Gästezufriedenheit

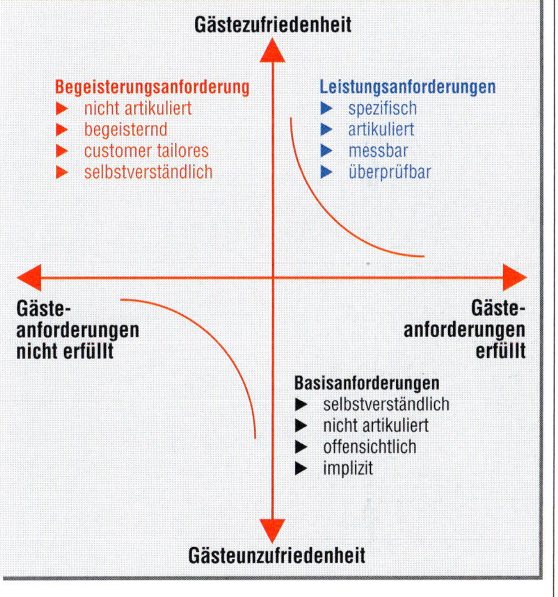

Schriftliche Befragung

Die interne und externe **schriftliche Befragung** ist die in der modernen Marktforschung am häufigsten praktizierte Art der Informationsgewinnung. Die Streuung erfolgt auf postalischem Weg, durch Medien (Zeitungen, Beilagen u. a.) und durch Auslage bzw. Ausgabe im Hotelzimmer, an der Rezeption oder im Restaurant. Der **direkte Kontakt** zum Gast wird **vermieden**; die Teilnahme an der Befragung wird dadurch **unverbindlicher**. Den **Vorteilen** der kostengünstigen, schnellen und großzahligen Erhebung stehen **Nachteile** wie **geringe Rücklaufquoten** und/oder **mangelnde Akzeptanz** der Gäste gegenüber. Häufig lässt sich die Teilnahmebereitschaft der Gäste in Verbindung mit einem Preisausschreiben (einer anderen Leistung, Bonussystem) erhöhen.

Seehotel Schloss Sonnenbühl

Manual (AIDA-Effekt): Aufbau eines Fragebogens - Gästebefragung

Attention (Bild, Logo)

Aufmerksamkeit

Interest (Motivation)

Interessse

- **Wettbewerb/Verlosung:** ________________________
  Preis für Verbesserungsvorschläge, z. B. Champagner, Reisen
- **Aufforderung**: Sie sollen sich **wohl fühlen**
  (Bedürfnisbefriedigung) – Geben Sie unserem Top-Team einen Tipp!

Einleitung (Aufwärmphase)

- Ist dies Ihr **erster Besuch** in unserem Haus? — ja/nein
  Welche Leistungen unseres Hauses haben Sie erwartet? — Bewirtung / Beherbergung / Unterhaltung / oder: __________
- Aus welchem **Grund** haben Sie sich zu einem Besuch in unserem Haus entschlossen? — Werbung / Empfehlung / oder: __________
- Aus welchem **Anlass** sind Sie in unser Haus gekommen? — Feier / Passant/Zufall / oder: __________
- Welche **Kategorie** von Restaurant bevorzugen Sie? — Fast-Food / Trend-Restaurant
- Welche **Kategorie** von Hotel … ? — Hotelkette / Familienhotel

Sachfragen – Hauptteil

- **Wie gefällt Ihnen unser/e … (Bitte unterstreichen)**

Desire

Wertung: Bitte eintragen!

Objekt	Positiv	Negativ	Anmerkungen
● Restaurant	✔ einladend	☛	→
● Bar	✔ gemütlich	☛ *Musik zu laut*	→
● Atmosphäre	✔ behaglich	☛	→
● Speisenkarte	✔ reichhaltig	☛	→ *teuer*
● Gerichte/Snacks	✔ schmackhaft	☛	→
● Getränkekarte	✔ ausgewogen	☛	→
● Kaffee	✔ Qualität	☛	→ *kalt*
● Frühstück	✔ reichhaltig	☛	→
● Service	✔ schnell	☛	→
● Beratung	✔ kompetent	☛	→
● Personal	✔ freundlich	☛	→
● Benehmen	✔ höflich, korrekt	☛	→
● Zimmer/Bad	✔ sauber	☛	→
● Ausstattung	✔ modern	☛	→
● Empfang	✔ freundlich	☛	→
● Begrüßung	✔ herzlich	☛	→
● Unterhaltung	✔ höflich	☛	→
● Tagungstechnik	✔ vollständig	☛	→
● Preis/Leistung	✔ angemessen	☛	→

Schluss, Ausklang:

- Wie lange werden/haben Sie sich in unserem Haus aufgehalten? __________
- Sind Ihre Erwartungen erfüllt worden? — ja/nein
- Machen Sie uns den wichtigen Vorschlag zur Veränderung unseres Angebotes, von dem Sie glauben, dass Sie damit den Wettbewerb/die Verlosung gewinnen:

____

Action

Wo können wir Sie erreichen? ____________________

Abschluss

Alter: _____ **männl./weibl.:** _____ **Beruf:** __________ **Nationalität:** __________

Hotel-Restaurant Seehotel „Schloss Sonnenbühl“
MA – Direktion

Verteiler: AL, Restaurant, Rezeption, Marketing, Sales,
aufgenommen:

3.5.4 Marketing-Informationssysteme

„Ein Mitarbeiter, der nicht alle Informationen hat, kann keine Verantwortung übernehmen. Ein Mitarbeiter aber, der alle Informationen hat, kommt nicht drum herum, die volle Verantwortung zu übernehmen." (Jan Carlzon, ehemaliger Präsident SAS)
Diese Äußerung des langjährigen Präsidenten der skandinavischen Fluglinie SAS, die als ein äußerst service- und dienstleistungsorientiertes Unternehmen gilt, umschreibt in zwei Sätzen das Grundproblem vieler Unternehmen.
Mangelnde Informationen und Kenntnisse über das eigene Unternehmen und über die der Mitbewerber. Sobald man dann über umfangreiche Informationen und Kenntnisse verfügt, ist dies jedoch noch kein Garant für ein erfolgreiches Agieren. Vielmehr müssen die Informationen auch kommuniziert werden, sie müssen „fließen", allgegenwärtig und jedem Mitarbeiter ständig und dauerhaft zur Verfügung stehen.

Beispiel

Seehotel „Schloss Sonnenbühl", ein sonniger Tag im März, an der Rezeption ist es gerade sehr ruhig, irgendwann am späten Vormittag läutet das Telefon.
Mitarbeiter Schulze (erst seit vier Wochen im Seehotel als Rezeptionsfachkraft angestellt): Seehotel „Schloss Sonnenbühl", guten Tag, mein Name ist Schulze, was kann ich für Sie tun?

Gast Maier: **Hallo, Maier, ich benötige eine Reservierung für 15 Personen, 7 Einzelzimmer und 4 Doppelzimmer vom 8. bis 14. des Monats für eine Tagung mit Tagungsraum, Vollpension und na ja, Sie wissen schon, alles wie gehabt.**

Mitarbeiter Schulze: Äh, können Sie mir nochmals die Namen der Gäste faxen und noch mal genau sagen was Sie alles wünschen?

Gast Maier: **Habe es gerade eilig, fragen Sie einfach in Ihrem Hause nach, die kennen mich, war ja schon oft genug Gast bei Ihnen. Alles wie üblich.**

Mitarbeiter Schulze: Schreibt man Maier mit „a" oder mit „e"?

Gast Maier: **Mit „a" und mein Vorname ist Wigbert. Also, ich kann mich darauf verlassen, dass alles glatt geht?**

Mitarbeiter Schulze: Äh, ja, ich würde......

Gast Maier: **Also, bis dann, auf Wiedersehen.**

Sie ahnen, was nun in Mitarbeiter Schulze vorgeht? Außer dem Namen des Gastes und der Information darüber, dass der Gast schon des Öfteren im Hause war und dass Maier sich mit „a" schreibt und der Vorname Wigbert ist, weiß der Mitarbeiter gar nichts. Außer, dass wenn er jetzt nicht schnell alle Informationen zusammen bekommt, der Übernachtungs-, Verpflegungs- und Speisenumsatz von 15 Personen für sechs Nächte nicht realisiert werden kann. Und das in der Probezeit. Schulze denkt sich, wie schön es wäre, auf ein System Zugriff zu haben, wo alle diese wertvollen Informationen und noch einiges mehr abgespeichert und abrufbar wären, statt einen Rundgang durch das Hotel zu starten und jeden Kollegen nach dem Gast Maier mit „a" geschrieben und Wigbert mit Vornamen zu befragen.

Mitarbeiter eines Hotels oder eines gastronomischen Betriebs vermögen nur dann die Anweisungen und Handlungsweisen der Geschäftsleitung zu verstehen, wenn sie die Informationen besitzen, die die Entscheidungsgrundlage für die jeweilige Anweisung oder Handlung waren.

Gerade in der heutigen Zeit, die sehr stark von Arbeitsteilung geprägt ist, werden dem Mitarbeiter oftmals nur die Informationen und das Wissen an die Hand gegeben, die für seinen beschränkten Arbeitsbereich nötig sind. Die Arbeitsschritte werden isoliert von anderen Arbeitsschritten erledigt und der Mitarbeiter (ohne auf die personaltypischen Auswirkungen einer solchen Situation einzugehen) wird nie beurteilen können, ob er die ihm übertragenen Aufgaben nicht noch besser machen könnte. Im Dienstleistungssektor ist eine derartige Arbeitsweise widersinnig und führt keinesfalls zu einer optimalen Zufriedenstellung des Gastes und zu einem erfolgreichen Unternehmen.

„Um Stierkämpfer zu werden,
muss man erst lernen, Stier zu sein."
(Spanisches Sprichwort)

Im eingangs dargestellten Beispielhotel, dem Seehotel „Schloss Sonnenbühl", handelt es sich um einen Familienbetrieb mit einer überschaubaren Anzahl von Angestellten und Auszubildenden. Insbesondere Familienunternehmen, aber auch die Kettenhotellerie und -gastronomie neigen dazu, Informationen aller Art als „Herrschaftswissen" zu behandeln und zu behalten. Diese Handlungsweise ist für alle am Dienstleistungsprozess Mitwirkenden schädlich und führt in der Regel zu keiner optimalen Dienstleistungskette.

Jedes Hotel und jeder gastronomische Betrieb sollte in der Lage sein, jederzeit über den Abwicklungszyklus seiner Dienstleistungen und allen dazugehörigen Prozessen sowie über alle betriebs- und entscheidungsrelevanten Informationen zu verfügen. Dazu eignen sich Marketing-Informationssysteme.

Marketing-Informationssysteme, auch **MAIS** genannt, sind Expertensysteme (**DSS – Decision-Support-System**), wobei die Akteure eines Marketing-Informationssystems Personen sind, die sich mittels technischer Einrichtungen und Verfahren zur Gewinnung, Zuordnung, Analyse, Bewertung und Weitergabe zeitnaher und zutreffender Informationen gegenseitig bei der Entscheidungsfindung und Erledigung der Tätigkeiten unterstützen.

Die Aufgabe von Marketing-Informationssystemen ist die Bereitstellung notwendiger Informationen für Marketingentscheidungen im Unternehmen.

In Unternehmen können sowohl reine Berichtssysteme (Reporting Systems), die periodisch im Offline-Betrieb Informationen bereitstellen, als auch Online arbeitende Auskunfts- und Abfragesysteme eingesetzt werden.

Neben vergangenheitsorientierten Daten sind vielfach auch Hochrechnungen (Prognosen) für zukunftsorientierte Aussagen verfügbar.

Nachfolgend werden die **wichtigsten Schritte** beim Aufbau eines Marketing-Informationssystems dargestellt und nach und nach abgehandelt:

1. Grundüberlegungen zum Marketing-Informationssystem; Nutzen und Gefahren
2. Grundlegende Fragen zur Beschaffung und Verarbeitung von Daten und Informationen
3. Relevante Informationen
4. Methoden der Informationsbeschaffung
5. Checkliste über mögliche Informationsquellen
6. Haupteinsatzgebiet der Marketing-Informationssysteme
7. Anwendungsbeispiele und täglicher Einsatz von Marketing-Informationssystemen

1. **Grundüberlegungen für ein Marketing-Informationssystem** zur Befriedigung des Informationsbedarfes sind:

   - Bestimmung der Träger informatorischer Aufgaben
   - Festlegung der Informationswege zwischen den Mitarbeitern
   - Vergabe von Informationsrechten und Informationspflichten
   - Festschreibung der Methode der Informationsbearbeitung.

Im Vorfeld empfiehlt sich die Abwägung bzw. Gegenüberstellung von Vor- und Nachteilen sowie von Nutzen und Gefahren bei der Initiierung eines Marketing-Informationssystems alleine aus der Überlegung heraus, dass die Anforderungen von Hotel- und Gaststättenbetrieben untereinander oftmals trotz der Branchenzugehörigkeit sehr unterschiedlich sein können. Nachfolgend einige wichtige Vorteile/Nutzen sowie Nachteile/Gefahren von Marketing-Informationssystemen.

Vorteile und Nutzen von Marketing-Informationssystemen:

- Die relevanten Informationen sind schneller verfügbar.
- Die relevanten Informationen sind für die Entscheidungsfindung besser aufgearbeitet.
- Die relevanten Informationen werden systematisch erfasst.
- Die relevanten Informationen werden innerhalb einer Unternehmenseinheit einer Abteilung zentral für die Zugriffsberechtigten oder für alle Mitarbeiter gespeichert und sind zentral abrufbar.
- Durch die systematische Erfassung und Aufbereitung sowie die Entscheidungshilfen entsteht mehr Sicherheit beim Entscheiden.
- Höhere Qualität der Entscheidungen.
- Schnellere Entscheidungsfindung.

Nachteile und Gefahren von Marketing-Informationssystemen:

- Hoher Zeit- und Kostenaufwand
- Gefahr der Erfassung und Verarbeitung von unwichtigen Informationen
- Gefahr der Nichtbenutzung durch eine nicht benutzerfreundliche Gestaltung
- Gefahr der einseitigen Entscheidungsfindung, welche nur auf dem Marketing-Informationssystem beruht
- Falsches Gefühl der vollkommenen Sicherheit
- Gefahr einer mangelnden Flexibilität der Systeme

2. **Grundlegende Fragen zur Beschaffung und Verarbeitung von Daten und Informationen:**

- Wie ist die Ausgangslage? Welches Ereignis gibt den Anstoß?
- Welche Zielsetzung und Aufgabenstellung liegt vor?
- Wie soll das Informationsproblem eingegrenzt werden?
- Welche Informationen sind wirklich erforderlich? (Nach dem Nutzen, den die Information bringt, soll gefragt werden)
- Wie wichtig und dringlich sind die Informationen? (Wertigkeit und Priorität)
- Woher kann ich diese Daten bekommen? (Verfügbarkeit, Informationsquellen und Methoden)
- Was kosten die Informationen? (Wirtschaftlichkeit)
- Wer ist im Unternehmen für die Beschaffung der Daten verantwortlich?
- Bis wann sollen die Daten vorliegen?
- Wie sollen die Daten aufbereitet und ausgewertet werden?
- Wie sollen die Ergebnisse und Schlussfolgerungen präsentiert werden?

3. **Relevanz der Information**
Zunächst einmal soll definiert werden, welche Informationen als relevant für den jeweiligen Betrieb gelten. Bezogen auf das Seehotel „Schloss Sonnenbühl" können relevante Informationen sein:
alle personenbezogenen Daten von Speise- und Übernachtungsgästen, die für die Förderung des Geschäftes und des Umsatzes wichtig sind. Diese Informationen können über ein Kundenprofil (Customer Profile) erfasst werden.

4. **Methoden der Informationsbeschaffung**
   - Primärforschung (field research (s. S. 14 ff.))
   - Sekundärforschung (desk research (s. S. 15))

5. **Checkliste über mögliche Informationsquellen**
Im diesem Schritt sollte eine Checkliste über die möglichen Informationsquellen der Sekundärerhebung für ein Marketing-Informationssystem erstellt werden.

   Innerbetriebliche Quellen, z. B.:
   - Informationen des Rechnungswesens
   - Informationen des Verkaufs
   - Informationen aus den verschiedenen Unternehmensbereichen/Abteilungen
   - Erfahrungswerte resultierend aus dem Umgang mit den Kunden/Gästen und Lieferanten
   - Ideen/Verbesserungsvorschläge der Mitarbeiter und Kunden
   - Marketinginformationen (durch die eigene Marketingabteilung)

   Außerbetriebliche Quellen, z. B.:
   - bestehende Studien von Marktforschungsinstituten (IPK – Institut für Planungskybernetik, GfK – Gesellschaft für Konsumforschung, Prognose – Trendforschung, u. v. m.)
   - bestehende Studien von Verbänden und Wirtschaftsorganisationen (DeHoGa, VDR-Verband deutscher Reisestellen, DTV – Deutscher Tourismus Verband, DHK – Deutscher Kur- und Heilbäderverband, u. v. m.)

6. **Haupteinsatzgebiete der Marketing-Informationssysteme**
Ganz allgemein haben die Marketing-Informationssysteme mit der Informationsbetrachtung und Gewinnung ihren Haupteinsatz in folgenden Bereichen:
   - Abwicklungszyklus aller Aufträge des Betriebes (Auftragsgewinnung, Durchführung und Abrechnung/Kontrolle)
   - Marketing-Forschungssystem (systematische Durchführung und Erhebung von Daten sowie die Auswertung bereits vorhandener Daten)
   - Analyse der Mitbewerber (jeder Betrieb sollte, um erfolgreich zu sein, seine Produkte, Dienstleistungen, Preise, Absatzwege und alle verkaufsfördernden Maßnahmen ständig mit denen der Mitbewerber vergleichen)
   - Produkt- und Angebotsanalyse
   - Verkaufs- und Vertriebserfolgsanalyse
   - Preisgestaltung
   - Qualitätsüberprüfung

Marketing-Informationssysteme werden angesichts zunehmender Komplexität in vielen wirtschaftlichen und gesellschaftlichen Bereichen immer bedeutender, um die Informationsflut zu kanalisieren und die Aktualität der Informationsversorgung gegenüber dem Nutzen der Informationen in einer problem- und organisationsgerechten Aufarbeitung zu fördern.

7. **Anwendungsbeispiele und täglicher Einsatz von Marketing-Informationssystemen**
Kundendatenbanken und Kundenprofile (Customer Profile) sind elektronische Formulare, die Informationen über jeden Kunden/Gast enthalten z. B.:
   - Name, Vorname
   - private und ggf. dienstliche Anschrift mit Telefon-, Faxnummer sowie E-Mail-Adresse
   - berufliche Stellung/Position und ggf. akademische Grade
   - Präferenzen bezüglich der Unterkunft

Hilfsmittel für die Erstellung und Vervollständigung von Marketing-Informationssystemen
Im täglichen Arbeits- und Berufsleben bleibt wenig Zeit, sich mit wissenschaftlichen Modellen und Methoden auseinander zu setzen. Viel sinnvoller sind deshalb einfache und handhabbare Hilfsmittel, um Informationen zu gewinnen, sich diese dauerhaft zu visualisieren, fortzuschreiben und die gewonnenen Informationen in das Marketing-Informationssystem zu implementieren.
Nachfolgend werden beispielhaft einige dieser Hilfsmittel aufgezeigt.

Hilfsmittel für die Erstellung und Vervollständigung von Marketing-Informationssystemen können sein:

1. Markt- und Zielgruppensegmentierung
2. Sichtweisen der Qualitätsbeurteilung

3. Verfahren der Qualitätsmessung bei Dienstleistungen
4. Darstellungen formaler Qualitätsdimensionen
5. Qualitätsdimensionen und Leistungsindikatoren des Beschwerdemanagements
6. Vergleiche im Qualitätsmanagement von Waren und Dienstleistungen
7. Matrix zur Markenpositionierung
8. Darstellung und Visualisierung der prozessorientierten Marken- und Qualitätspolitik
9. Visualisierung produktpolitischer Maßnahmen zum Aufbau einer Marke
10. FRAP-Analyse (Frequenz-Relevanz-Analyse von Problemen)

1. Markt- und Zielgruppensegmentierung

Markt- und Zielgruppensegmentierung ist die Zerlegung des Gesamtmarktes eines Unternehmens in Segmente nach bestimmten Kriterien als Grundlage für eine differenzierte Marktbearbeitung.

2. Sichtweisen der Qualitätsbeurteilung

Die Sichtweise der Qualitätsbeurteilung aus Kunden- und aus Unternehmersicht ist wichtig für das Definieren der eigenen Produkte und Dienstleistungen. Nicht alle Erfüllungsgrade, die dem Hotel bei einer Dienstleistung relevant erscheinen, werden von den Kunden auch so wahrgenommen. Durchaus möglich, dass das Hotel eine Leistung erbringt, die einen Erfüllungsgrad von 120 % hat, der Kunde jedoch diese Erfüllung nicht zu würdigen weiß, da er sich in diesem Produkt oder der Dienstleistung nicht wieder findet. Die Identifikation mit dem Produkt oder/und der Dienstleistung ist nicht gegeben.

3. Verfahren der Qualitätsmessung bei Dienstleistungen

Auch die Verfahren zur Messung der angebotenen Qualität sind sehr unterschiedlich, einmal aus Sicht des Anbieters und einmal aus Sicht des Nachfragers. Das nachfolgende Schaubild (S. 52) soll bewusst machen, das Qualitätsmessungen in den verschiedenen Bereichen des Hotels und den dazugehörigen gastronomischen Einrichtungen sehr differenziert aber auch sehr undifferenziert sein können.

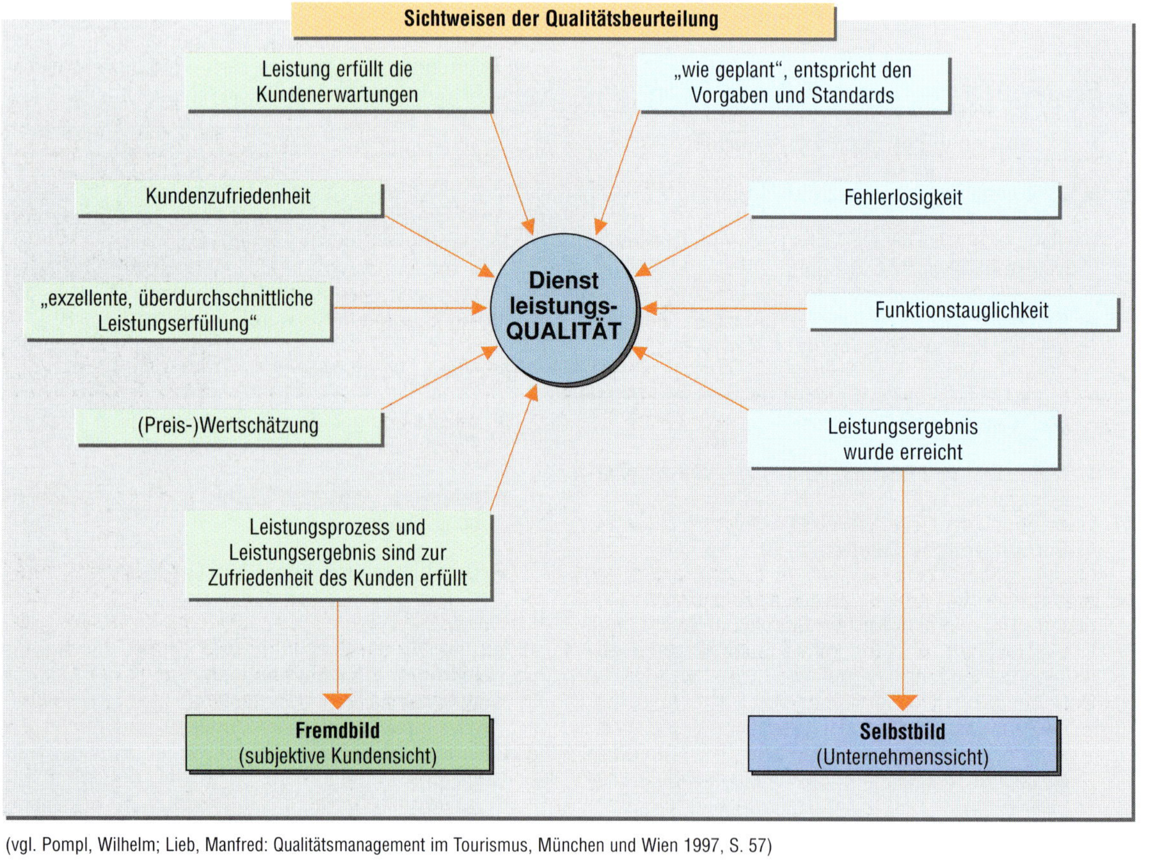

(vgl. Pompl, Wilhelm; Lieb, Manfred: Qualitätsmanagement im Tourismus, München und Wien 1997, S. 57)

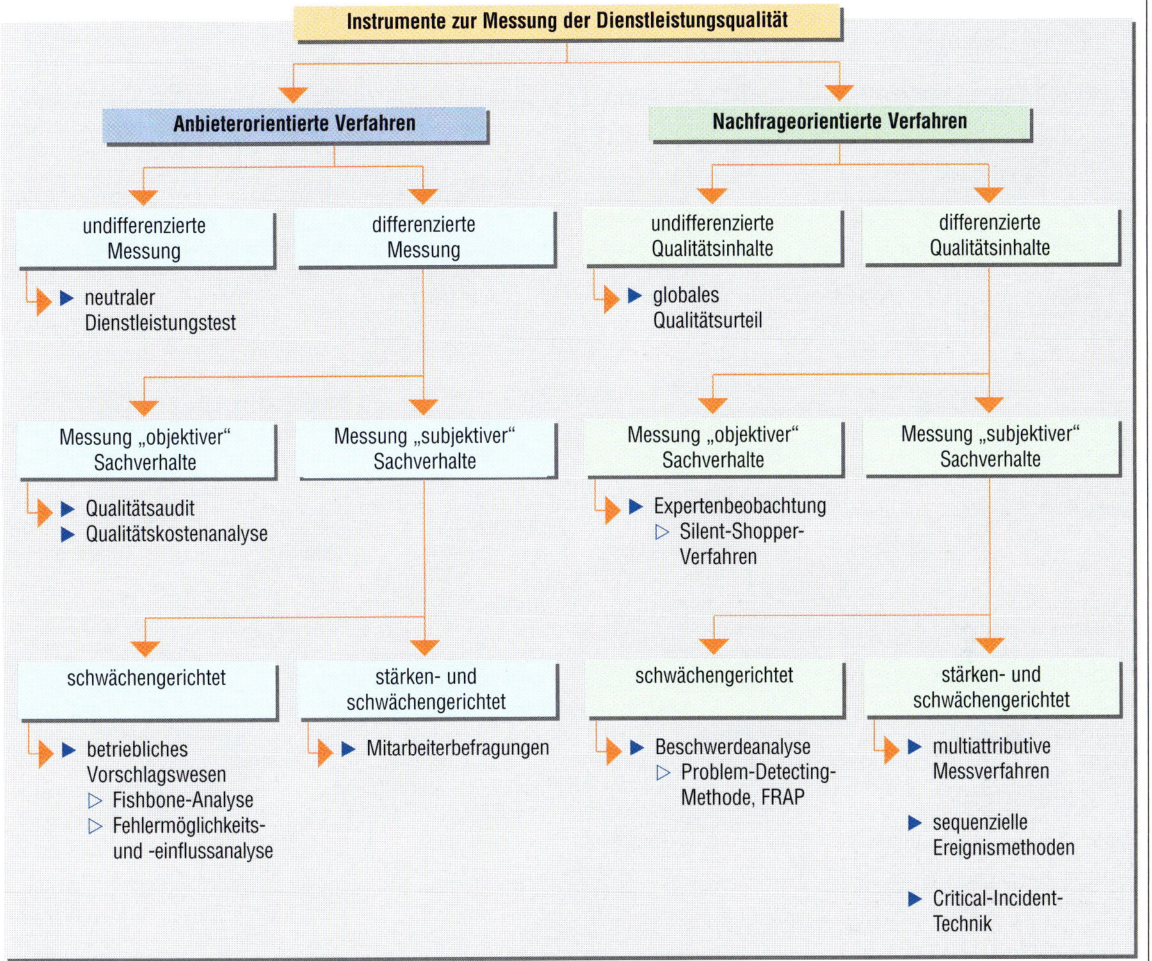

(vgl. Pompl, Wilhelm; Lieb, Manfred: Qualitätsmanagement im Tourismus, München/Wien 1997, S. 63)

4. Darstellungen formaler Qualitätsdimensionen

Qualitätsdimensionen können wahrgenommen, gemessen und beurteilt werden. Hier ist genau zu definieren, wie, also mit welchen Sinnen ein Kunde Qualität wahrnimmt und wie diese Qualität gemessen werden kann (Fragebogen, Interviews, persönliche Befragungen, Panelbefragungen). Für eine solche Beurteilung ist wichtig, dass sich der Mitarbeiter in den Gast und Kunden hineinversetzen kann, um nachzuvollziehen, was für die Zufriedenstellung des Gastes von entscheidender Bedeutung ist.
Nachfolgende Grafik gibt Ansätze und Strukturen für derartige Feststellungen wieder.

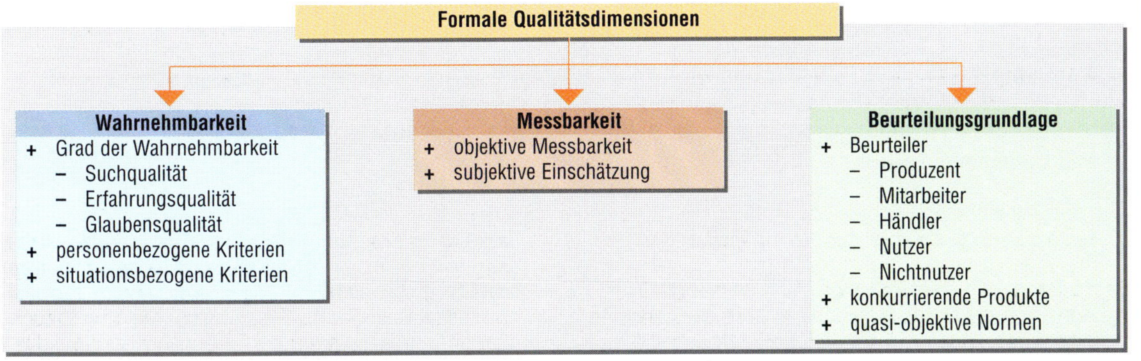

(vgl. Pompl, Wilhelm; Lieb, Manfred: Qualitätsmanagement im Tourismus, München/Wien 1997, S. 21)

5. Qualitätsdimensionen und Leistungsindikatoren des Beschwerdemanagements

Beschwerdemanagement, Qualitätsdimensionen und die dazugehörigen **Leistungsindikatoren** aus Kundensicht sind für ein strukturiertes Management von Beschwerden von entscheidender Bedeutung. Insbesondere im Hinblick darauf, dass sich beschwerende Kunden und Gäste die preisgünstigste Form der Marktforschung darstellen.
Die Informationen und das Feedback von Kunden ist deswegen von eminenter Bedeutung, da es sich um Informationen handelt, die von einer Person gegeben werden, die das Produkt erfahren und erfühlt hat und somit von unschätzbarem Wert für das Hotel sind.

Darüber hinaus gibt es diese Information kostenlos. Im nachfolgenden Schaubild werden die einzelnen Schritte, die zur Informationsgelangung führen, dargestellt und angezeigt, was diese im Wesentlichen beinhalten.

Aufgaben	Qualitätsdimensionen	Leistungsindikatoren aus Kundensicht
Beschwerdestimulierung	▶ Beschwerdeartikulation unzufriedener Kunden	▶ Zufriedenheit mit der Zugänglichkeit
	▶ Richtige Adressierung der Kundenbeschwerden	
	▶ Nutzung eingerichteter Beschwerdegänge	
	▶ Leichte Zugänglichkeit	
Beschwerdeannahme	▶ Kundenorientierte Gestaltung des Erstkontaktes	▶ Zufriedenheit mit der Freundlichkeit
	▶ Zügige Weiterleitung der Beschwerdefälle	▶ Verständnis
	▶ Richtige Weiterleitung der Beschwerdefälle	▶ Hilfsbereitschaft
	▶ Vollständige Erfassung der Beschwerdeinformationen	
	▶ Richtige Erfassung der Beschwerdeinformationen	
Beschwerdebearbeitung und Beschwerdereaktion	▶ Schnelligkeit der Beschwerdebearbeitung	▶ Zufriedenheit mit der Schnelligkeit der Beschwerdebearbeitung
	▶ Einhaltung von Zusagen	▶ Zufriedenheit mit der Verlässlichkeit
	▶ Termingerechte Bearbeitung	
	▶ Aktive Kontaktaufnahme mit dem Kunden	▶ Zufriedenheit mit der Kontaktaufnahme
	▶ Individuelle Behandlung des Falles	▶ Zufriedenheit mit der individuellen Behandlung des Falles
	▶ Ersterledigung	▶ Zufriedenheit mit der Problemlösung
	▶ Vollständige Problemlösung	
	▶ Faire Problemlösung	
Beschwerdeauswertung	▶ Zielgruppengerechte Informationsbereitstellung	
	▶ Zeitgerechte Informationsbereitstellung	
	▶ Nutzungsgerechte Informationsbereitstellung	
	▶ Zeitgerechtes Reporting	

(vgl. Strauss, B., Seidel, W.: Beschwerdemanagement, München 2002, S. 224)

6. Vergleiche im Qualitätsmanagement von Waren und Dienstleistungen

Von bedeutsamer Aussagekraft ist auch die Abgrenzung von Waren/Produkten (z. B. gastronomische Produkte) und der Dienstleistung (z. B. Übernachtung und Aufenthalt im Hotel).
Nachfolgende Grafik soll verdeutlichen, dass es sehr wohl Unterschiede in der Prüfung, Überwachung, Sicherstellung der Leistungsstandards und der Kontrolle der gesamten Warenkette bei Waren und bei Dienstleistungen gibt. Der Erstellungsprozess von Waren/Produkten und Dienstleistungen folgt jeweils einer anderen Logik und einem anderen Prozessablauf. Sie sind somit nicht direkt vergleichbar und müssen getrennt und nach anderen Gesichtspunkten bewertet werden.

Problem im Qualitätsmanagement von Waren und Dienstleistungen im Vergleich

	Warenproduktion	Dienstleistungserstellung
Konkrete Prüfung der Produktteile	vor Produktionsbeginn	während des Erstellungsprozesses
Überwachung des Produktionsprozesses	vollständig vom Hersteller der Gesamtleistung	vom Hersteller der Teilleistung
Sicherstellung der Qualitätsstandards	Kontrolle vor der Warenpräsentation gegenüber dem Kunden	nur durch Planung und laufende Kontrollen möglich
Qualität der Kooperationspartner	Prüfung der Leistung vor Weiterverarbeitung	Verpflichtung aufgrund von Planvorgaben
Interkulturelle Unterschiede	durch Prüfung nicht relevant	verstärkte Beachtung nötig
Kontrolle der gesamten Warenkette	zum größten Teil möglich	nur mit hohem Aufwand realisierbar

(vgl. Pompl, Wilhelm; Lieb, Manfred: Qualitätsmanagement im Tourismus, München/Wien 1997, S. 132)

7. Matrix zur Markenpositionierung

Die Markenpositionierung dient der Feststellung, wo sich das Hotel im Vergleich zum Gesamtmarkt oder im regionalen Umfeld positioniert hat. Diese Feststellung ist bedeutsam, weil sich daraus einerseits die Erwartungshaltung der Kunden ableiten lässt, und andererseits die strategische Ausrichtung, Preislage und alle konkreten Werbemaßnahmen daraus abzuleiten sind.

Das nachfolgende Fadenkreuz zeigt auf, nach welchen Parametern ein Hotel seine Position bestimmen kann und welche Positionen angestrebt werden können.

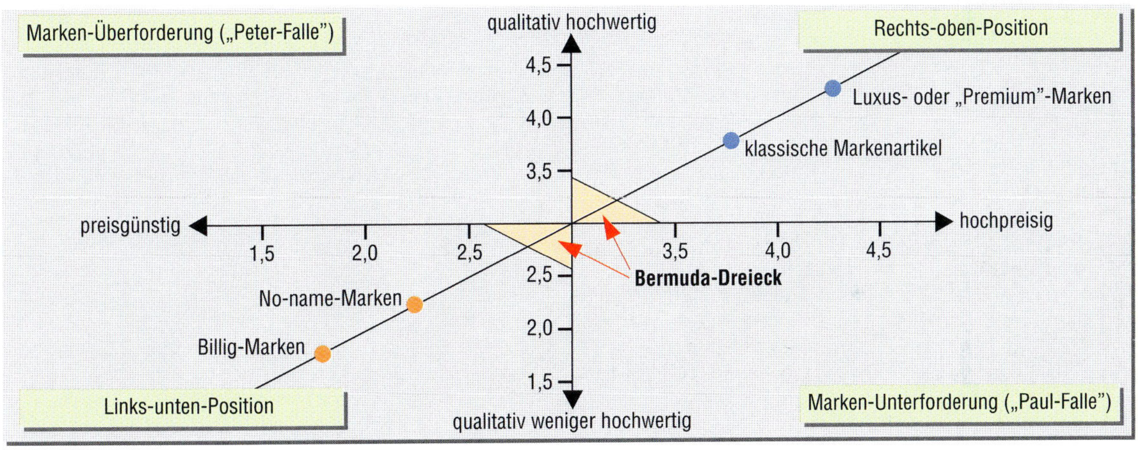

(vgl. Pompl, Wilhelm; Lieb, Manfred: Qualitätsmanagement im Tourismus, München/Wien 1997, S. 172)

8. Darstellung und Visualisierung der prozessorientierten Marken- und Qualitätspolitik

Jeder Prozessschritt muss in seine einzelnen Schritte/Bausteine zerlegt werden, um sicherzustellen, dass auf jeder Stufe das Produkt und die Dienstleistung berücksichtigt werden. Das folgende Schaubild gibt einen Überblick über die einzelnen Erstellungsphasen und deren jeweilige Komponenten.

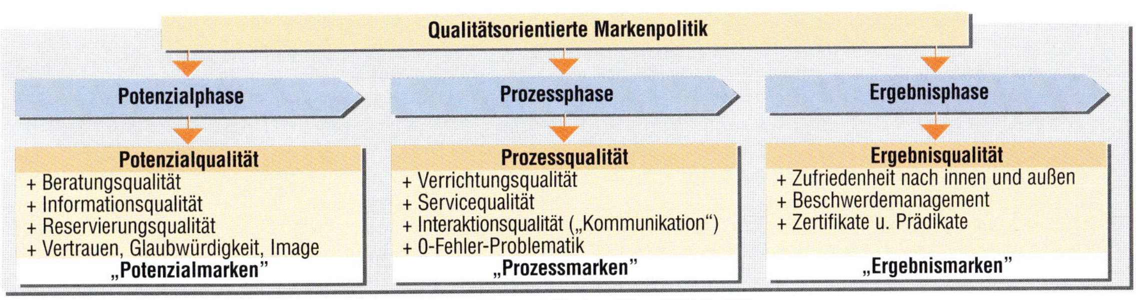

(vgl. Pompl, Wilhelm; Lieb, Manfred: Qualitätsmanagement im Tourismus, München/Wien 1997, S. 162)

9. Visualisierung produktpolitischer Maßnahmen zum Aufbau einer Marke

Die Visualisierung dient der genauen Definition des Produktes oder der Dienstleistung im Hinblick auf die Vermarktung nach innen und nach außen.

Die zentrale Frage ist: „Was macht mein Produkt aus?“

Informationen, die benötigt werden, um das Produkt zu definieren, ergeben sich aus folgender Übersicht der produktpolitischen Maßnahmen zum Aufbau einer Marke.

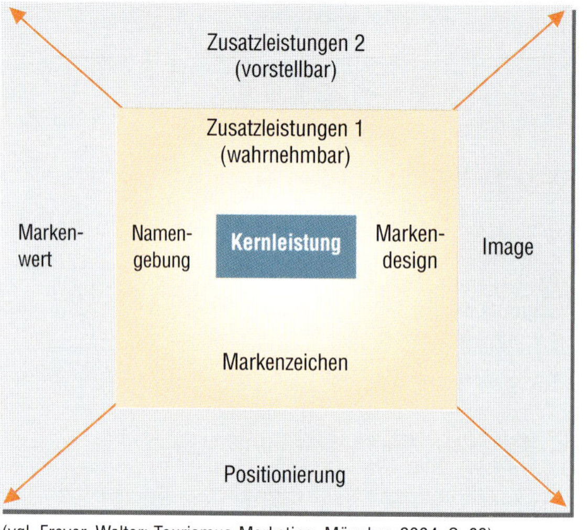

(vgl. Freyer, Walter; Tourismus-Marketing, München 2004, S. 88)

10. FRAP-Analyse (Frequenz-Relevanz-Analyse von Problemen)

Die FRAP-Analyse eignet sich insbesondere dafür, direkte Auswirkungen von bestimmten Dissonanzen auf künftiges Nachfrageverhalten zu überprüfen. Bestimmte Probleme zwischen dem Gast und der Dienstleistung können sehr unterschiedliche Auswirkungen haben. Probleme treten überall auf.

Jedoch werden bestimmte Dissonanzen als sehr relevant, sehr schwerwiegend eingestuft, die bei nur einmaligem Vorkommen bereits zum Verlust der Nachfrage durch den Gast führen. Andere, häufig auftretende Probleme werden in den Augen des Gastes als wenig problematisch angesehen.

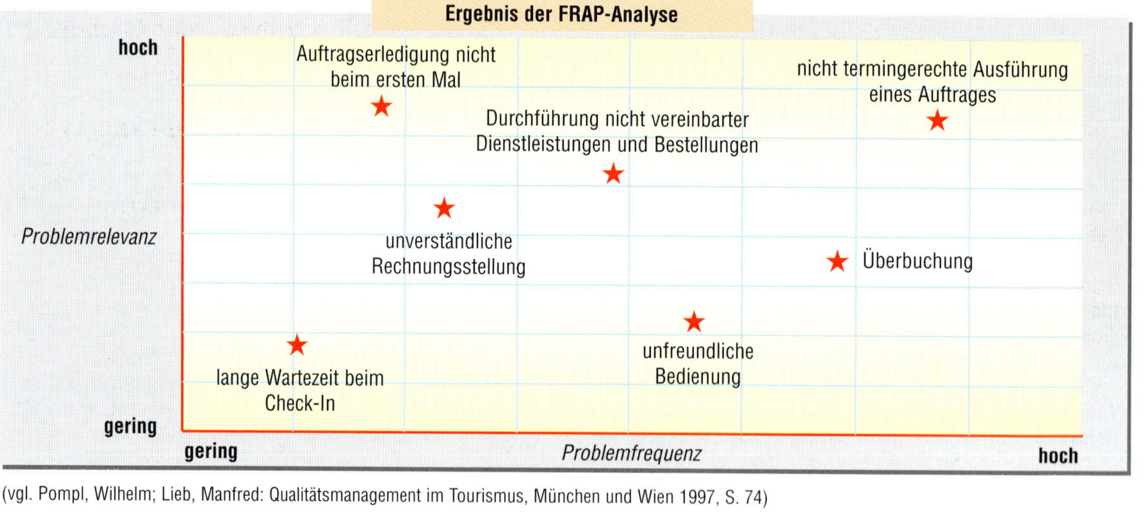

(vgl. Pompl, Wilhelm; Lieb, Manfred: Qualitätsmanagement im Tourismus, München und Wien 1997, S. 74)

Zusammenfassend können folgende **Schlussfolgerungen** gezogen werden:

- Informationen von Seiten der Kunden, der Nachfrager und Gäste, der Mitbewerber, der Mitarbeiter und Informationen über die eigene Infrastruktur des Unternehmens sind für die Erstellung eines Produktes oder einer Dienstleistung wichtig.
- Informationen müssen strukturiert nach Herkunft, Gültigkeit, Wichtigkeit und Anwendungsbereich gegliedert sein.
- Eingesetzte Hilfsmittel zur Beschaffung von Informationen sollen einfach und doch aussagekräftig sein sowie eine klare Zielvorgabe und Struktur aufweisen. Visualisierung ist vor allem für Mitarbeiter sehr wichtig.
- Zielgruppensegmentierung und Marktsegmentierung ist für kommunikationspolitische Maßnahmen unerlässlich
- „Wissen ist Macht“, je mehr Informationen einem Unternehmen zur Verfügung stehen, desto sorgfältiger kann es seine Produkte und Dienstleistungen für den jeweiligen Kunden erstellen (One-to-one-Business).

3.6 Intergeneratives/ integratives Marketing

3.6.1 Kinder als Gäste in der Hotellerie und Gastronomie

Situation

Seehotel Schloss Sonnenbühl

Ein betriebsamer Tag an der Rezeption des Seehotels „Schloss Sonnenbühl" und mittlerweile schon die dritte Reservierung für die Zeit vom 20. bis zum 27. Juli für ein Doppelzimmer mit Kinderbett. Auf die Frage, ob das Hotel einen Buggy für diese Zeit zur Verfügung stellen kann (weil das Auto schon absehbar übervoll wird), müssen wir leider mit „Nein" antworten.
Die Tür geht auf und ein Ehepaar mit zwei Kindern betritt das Restaurant.
Auf der Suche nach einem Hochstuhl überlegt die Servicekraft, wo die Buntstifte und ein Blatt Papier zur Unterhaltung der Jüngsten zu finden sind.
Seien wir doch ehrlich: Wäre es nicht schön, als Hotel oder Restaurant besser auf diese interessante Zielgruppe vorbereitet zu sein?

(vgl. INTERHOGA [Hrsg.] 2000, S. 5)

Intergeneratives Marketing beleuchtet das „Zusammenspiel" von „Jung und Alt" im Gastgewerbe und beinhaltet vor allem eine Vielzahl von Emotionen, Wünschen und Sehnsüchten. So möchten Eltern beispielsweise ihre Freiräume, während der Nachwuchs zu betreuen ist. Andererseits möchten Kinder, dass Eltern für sie Zeit haben, wobei sie gleichzeitig frei sein und Abenteuer erleben wollen.

So interessieren sich Kinder selten für den Urlaubsort oder das Angebot der Eltern, sondern mehr dafür, ob sie Gleichaltrige finden, mit denen sie spielen können, zu denen sie guten Kontakt haben.

Noch längst nicht sind alle Gastronomen und Hoteliers als kinderfreundlich zu bezeichnen. Doch es ist eine Tatsache, dass Kinder die Gäste von „morgen" sind. Diese eventuelle Perspektive spielt jedoch eine geringere Rolle als der Fakt, dass Kinder in hohem Maße auch „die Gäste von heute" bringen, d. h. ihre Eltern. Außerdem sind sie auch selbst Gäste und beeinflussen damit stark die Umsätze in der Hotellerie und Gastronomie. Als Beispiel sei hier nur darauf hingewiesen, dass Eltern mit ihren Kindern vor allem dann zu Stammgästen werden können, wenn die „Kleinen" von dem Aufenthalts-/Urlaubsort begeistert waren und sich wohl fühlten. Nicht zuletzt erreicht man durch die Familien mit noch nicht schulpflichtigen Kindern eine Zielgruppe, die zur Auslastung der Kapazitäten in der Vor- und Nachsaison beitragen, z. B. wenn die Großeltern mit ihren Enkeln kommen (vgl. INTERHOGA [Hrsg.] 2000, S. 9).

- 15 % aller Reisen entfallen auf Kinder.
- In Deutschland verfügen Kinder über 3,2 Mrd. Euro pro Jahr.
- Der Marktanteil der Familien mit Kindern liegt bei über 35 % der Gesamtreisenden.
- Der Kaufeinfluss der Kids auf Produkte, die sie hauptsächlich selbst nutzen, liegt bei über 85 %.
- 34 Millionen Menschen in Deutschland leben in Familien mit Kindern unter 18 Jahren.

Zu 41 % entscheiden die Kinder mit über die Auswahl des Restaurants.
Kinder tragen innerhalb einer Familie zu 38 % zur Urlaubsentscheidung bei.
Aufgrund dieser geballten Einflussgrößen eröffnen sich für gastgewerbliche Betriebe enorme Marktchancen, insbesondere in der Ferienhotellerie und Gastronomie.

Das kinderfreundliche Angebot
Alle Gastronomen/Hoteliers, die daran interessiert sind, die Zielgruppe „Kinder resp. Familien mit Kindern" verstärkt anzusprechen, sollten sich zunächst fragen, wie sie den Begriff „Kinderfreundlichkeit" für sich definieren, d. h.:

- Nehme ich Kinder ernst?
- Werden die Kinder ihrem Alter entsprechend bedient?
- Toleriere ich – in Grenzen – das aktive Verhalten der Kinder?
- Werden die Kinder bei der Begrüßung bzw. Verabschiedung beachtet?
- Werden die Kinder bevorzugt – schneller – bedient?
- Stelle ich nur die „Hardware" zur Verfügung oder stimmt in meinem Betrieb auch die „Software", d. h. die Einstellung, das Verhalten aller Mitarbeiter gegenüber den Kindern?
  (vgl. INTERHOGA [Hrsg.] 2000, S. 15)

Praxisbeispiele für Kinder- und Familienfreundlichkeit

1) aus dem Bereich Beherbergung
   - familienfreundliche Zimmerdispositionen
   - familienfreundliche Badezimmer
   - sicherheitstechnische Einrichtungen
   - Kinderwohnzimmer
   - spezielle Etagen
   - Familienzimmer
   - Computerschallüberwachungsmöglichkeit
   - Spieleset

Kinderbett in einem Hotelappartement

2) aus dem Bereich Bewirtung

- Spielecke
- Juniorbar
- Eigenzone der Familie
- Wartezeit
- Kindersessel
- Gesellschafter auf Kinderstühlen
- Kinderstammtisch
- Kindergeschirr
- Stammgästekartei
- Give-aways
- Kochkurs für Kinder
- Speisenkarten
- Getränke/Getränke-Schnellservice
- rauchfreier Bereich

Kochkurs mit Kindern

Aufbauend lässt sich in einer Art Kreislaufbetrachtung ein kinderfreundliches Angebot exemplarisch wie folgt entwickeln:

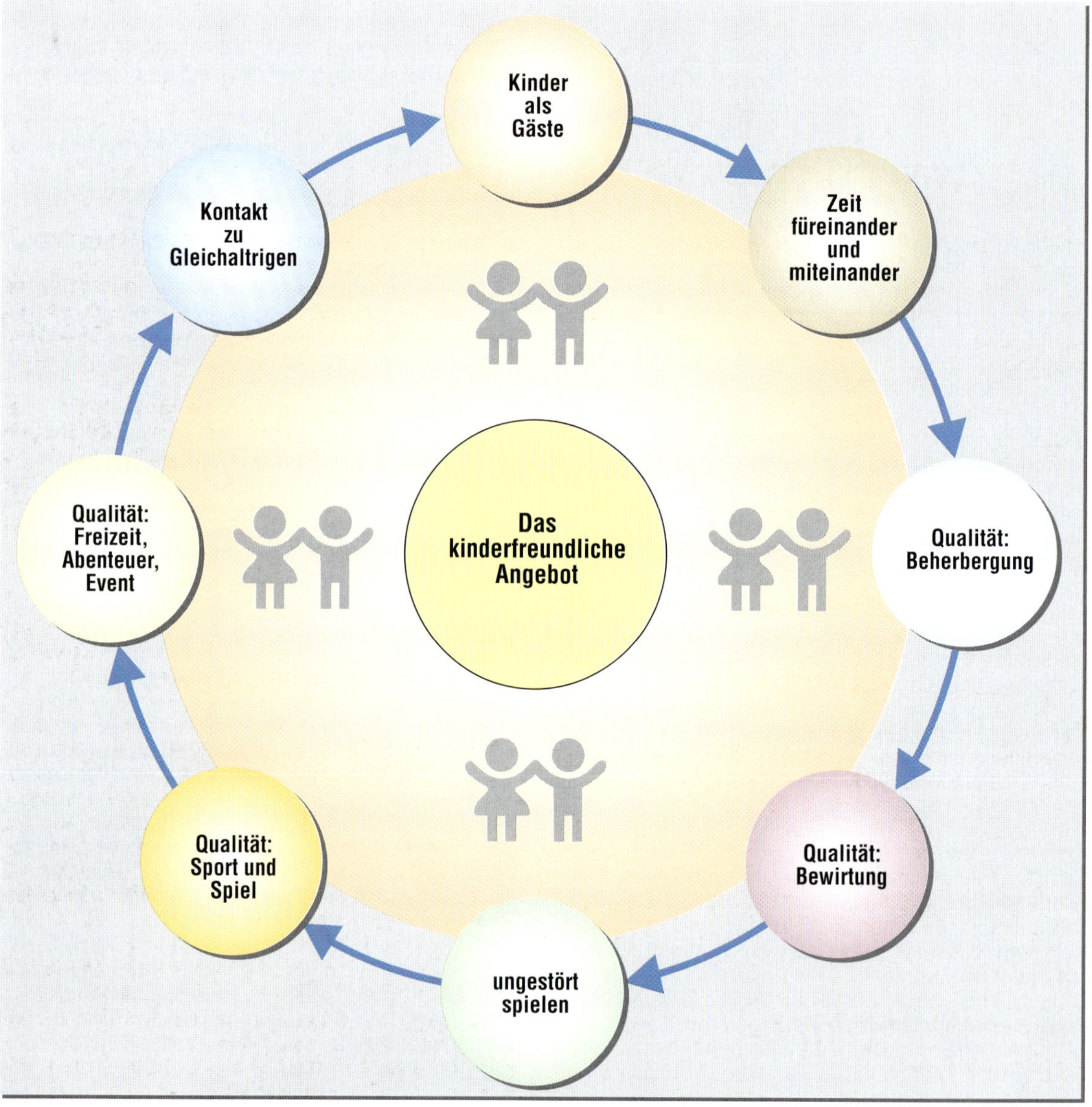

(vgl. Schaetzing, Edgar: Qualitätsorientierte Marketingpraxis in Hotellerie und Gastronomie, Stuttgart 2001, S. 94)

10 Gebote für Kinderfreundlichkeit

- Gastgewerbliche Leistungen aus Kindersicht beurteilen
- Innovation und Kreativität führen zu Qualität
- Prioritäten erkennen und ein verändertes Angebot erarbeiten
- Kinder um ihre Meinung befragen und Schlüsse daraus ziehen
- Die eigene Leistung mit der der Marktführer vergleichen
- Motiviere „kinderfreundliche Mitdenker“
- Genügend Zeit für Kinder als Gäste verwenden
- Beziehungsmanagement zu Familien aufbauen und pflegen
- Von der Qualitätsverbesserung zur -begeisterung durch Liebe zum Detail
- Eigene Einstellung zu Kids permanent überprüfen, um beste Qualität zu erzielen

(vgl. Schaetzing 2001, S. 97)

Motto: **Die Kleinen sind bei uns die Größten!**

3.6.2 Barrierefreier Tourismus für ältere und behinderte Gäste

Unter barrierefreiem Tourismus versteht man touristische Angebote, die von jeder Person – unabhängig vom Alter oder einer Behinderung – in der allgemein üblichen Weise ohne besondere Erschwernisse und grundsätzlich ohne fremde Hilfe zugänglich und nutzbar sind.

Beispiel

Seehotel Schloss Sonnenbühl

Im Seehotel „Schloss Sonnenbühl" geht folgendes Schreiben ein:

Sehr geehrte Damen und Herren,

wir (zwei ältere Ehepaare) interessieren uns für einen Urlaub in Ihrem Hause und möchten Sie bitten, uns für den Zeitraum vom 7. bis 21. September d. J. ein Angebot für zwei Doppelzimmer zu unterbreiten.

Auf Ihrer Internetseite geben Sie an, dass Sie über einige „behindertenfreundliche" Zimmer verfügen. Da mein Ehemann stark gehbehindert ist, wäre dies möglicherweise für uns interessant.
Bitte informieren Sie uns über die Ausstattung der Zimmer und des Hotels im Einzelnen. Gerne würden wir auch wissen, ob Ihr Restaurant und die Therme im Ort für einen Gast mit Gehwagen zugänglich sind.

Gern erwarten wir Ihre Antwort.

Mit freundlichen Grüßen

Marktpotenzial eines barrierefreien Tourismus

In Deutschland gibt es ca. 6,6 Mio. Menschen mit Schwerbehinderungen. Der Anteil der Menschen mit Mobilitäts- oder Aktivitätseinschränkungen insgesamt liegt bei 30 bis 35 %.

Durchschnittlich unternimmt jeder Mensch mit Behinderung 1,3 Urlaubs- und 2,3 Kurzreisen pro Jahr. Bei den Urlaubsreisen werden dabei im Schnitt 65,23 Euro pro Tag und Person ausgegeben. Dazu kommt, dass behinderte Gäste in der Regel mit mindestens einer Begleitperson reisen. Die Mehrzahl der Menschen mit Behinderungen würde häufiger Urlaub machen, wenn es für sie passende Angebote gäbe.

Die Zahl der älteren Menschen in Deutschland steigt ständig („demografische Entwicklung“). Zukünftig werden 1/3 aller Deutschen über 60 Jahre alt sein.

Ältere Reisende unternehmen schon heute pro Jahr 15 Mio. Urlaubsreisen und 12 Mio. Kurzreisen, das bedeutet für den Deutschland-Tourismus ein Umsatzvolumen von rund 22,3 Mrd. Euro pro Jahr. Ältere Menschen machen durchschnittlich 1,34 Urlaubsreisen pro Jahr und sind damit häufiger unterwegs als Jüngere. Innerhalb der letzten 30 Jahre hat die Reiseintensität der über 60-Jährigen um 84 % zugenommen, diese Entwicklung wird sich weiter fortsetzen.

Das bedeutet: Kundenpotenzial und Nachfrage in diesen Zielgruppen wachsen, das Marktpotenzial ist steigerungsfähig. Ältere und behinderte Reisende geben mehr für ihren Urlaub aus als der Durchschnittsgast. Sie verreisen häufiger in der Nebensaison und werden oft zu Stammgästen (Reisezieltreue), wenn das Angebot stimmt.

Barrierefreie Angebote sind für viele ältere und behinderte Reisende eine notwendige Voraussetzung, um überhaupt Urlaub machen zu können; darüber hinaus sind sie aber auch komfortabel für viele andere Gäste, z. B. Reisende mit Gepäck, Schwangere, Eltern mit Kinderwagen oder übergewichtige Personen.

Vorhandene Barrieren in der touristischen Servicekette und ihr Abbau

Behinderte und ältere Menschen treffen in der Realität jedoch häufig auf Barrieren, die ihnen das Reisen erschweren oder sogar unmöglich machen. Solche Barrieren können im Bau oder der Ausstattung von Hotels oder Restaurants, von Freizeitangeboten oder Verkehrsmitteln liegen. Es können aber auch mentale Barrieren wie Vorbehalte gegenüber behinderten Gästen oder Unsicherheit im Umgang mit ihnen sein.

Für unterschiedliche Behinderungen können ganz unterschiedliche Hindernisse bestehen, z. B. hat ein gehörloser Gast völlig andere Bedürfnisse als ein älterer Reisender, der sich mit dem Gehwagen bewegt. Auch bei gleicher Behinderungsform sind die Anforderungen nicht unbedingt identisch: So ist für manche Rollstuhlfahrer schon eine einzige Stufe ein unüberwindliches Hindernis, andere können einzelne Stufen bewältigen.

Blinde Menschen, die Braille beherrschen, können Speisenkarten oder Hinweise in dieser Blindenschrift lesen, dies sind jedoch nur etwa 20 % aller Blinden.

Hier nur einige Beispiele:

Barriere	Betroffene	Verbesserungsmöglichkeit
schwer gängige Türen oder Drehtüren	Rollstuhlfahrer, Gehbehinderte, Blinde mit Langstock	leicht gängige Türen, keine Drehtüren als alleiniger Zugang
Stufen	Rollstuhlfahrer, Gehbehinderte	Aufzug oder Rampe (max. 6 % Steigung) an Eingängen und wichtigen Zugängen innerhalb des Hauses (z. B. zum Restaurant, WC, Konferenzbereich) Minimallösung: mobile Rampe (z. B. bei Bus und Bahn)
zu geringe Bewegungsflächen, z. B. durch kleine Räume oder viele Möbel	Rollstuhlfahrer, Blinde	ausreichende Bewegungsflächen (1,50 m x 1,50 m) in Zimmern, Bädern, WCs. Möbel bei Bedarf wegräumen.
fehlende Sitzmöglichkeiten	Gehbehinderte	Sitzmöglichkeiten, z. B. im Hotelfoyer, im Eingangsbereich oder an Kassen von Schwimmbädern, Theatern etc.
unübersichtliche Beschilderung	Lern- und geistig Behinderte, Sehbehinderte	klare Beschilderung in großen, einfachen Symbolen, kontrastreiche, eindeutige Gestaltung
fehlendes Behinderten-WC	Rollstuhlfahrer	zumindest ein zugängliches Behinderten-WC in öffentlichen Gebäuden
Fernsehgerät ohne Videotext im Hotelzimmer	Gehörlose und Schwerhörige	Videotext als Zusatzausstattung (auch Faxgerät sinnvoll)
Speisenkarte in schlecht lesbarer Schrift	Sehbehinderte	große, kontrastreiche Schrift ohne Serifen (nicht nur für Speisenkarten, sondern für alle Informationen)

DEHOGA-Standards der „Zielvereinbarung Barrierefreiheit" vom 12. März 2005

Kategorie A	Kategorie B	Kategorie C	Kategorie D	Kategorie E

Barrierefrei für Gäste mit einer Gehbehinderung, die zeitweise auch auf einen nicht-motorisierten Rollstuhl oder eine Gehhilfe angewiesen sein können	Barrierefrei für Rollstuhlnutzer, die gehunfähig und ständig auf einen Rollstuhl angewiesen sind	Barrierefrei für sehbehinderte und blinde Gäste	Barrierefrei für gehörlose und schwerhörige Gäste	Barrierefrei für alle Gäste mit körperlichen oder sensorischen Einschränkungen

Besonders wichtig ist es, vorhandene Barrieren nicht nur für ein einzelnes Angebot, sondern für die Stadt oder Region entlang der gesamten touristischen Servicekette abzubauen. So bringt ein barrierefreies Hotelzimmer einem Gast im Rollstuhl z. B. wenig Nutzen, wenn An- und Abreise für ihn nicht möglich sind, er das mittels Stufen erhöhte Frühstücksbuffet nicht erreichen kann oder es für ihn keine befahrbaren Wanderwege und nutzbaren Kulturangebote gibt. Die verschiedenen touristischen Anbieter sollten daher kooperieren, damit ein Urlaubsziel für behinderte und ältere Reisende attraktiv ist und von ihnen gebucht wird. Die Tourist-Informationen müssen über bestehende Angebote informiert sein und diese weitergeben.

Unternehmenspositionierung

Ein Hotel oder Restaurant, das barrierefreie Produkte oder Dienstleistungen anbieten will, muss spezielle, unternehmenseigene Wettbewerbsvorteile entwickeln und diese zielgruppengerecht vermarkten. Dazu gehört ein solides Fachwissen über die Wünsche und Bedürfnisse älterer und behinderter Reisender, z. B. über verschiedene Behinderungsformen und Hilfsmittel, über architektonische und gestalterische Möglichkeiten und über einschlägige Gesetze und Normen.

Nicht vergessen werden darf, dass behinderte und ältere Gäste zum Teil besondere Anforderungen an den Service und die Kommunikation haben.

Hier muss das Unternehmen fachkundig und aufgeschlossen sein, ein Unternehmensleitbild erarbeiten und dies in die Realität umsetzen.

Zielgruppenmarketing oder integratives Marketing

Auch im barrierefreien Tourismus besteht die Möglichkeit zu einem klassischen Zielgruppenmarketing, denn in „Seniorenhotels“ oder „Behindertenhotels“ können Gästegruppen wie 60+, 70+, Rollstuhlfahrer oder Lern- und geistig behinderte Menschen konkret angesprochen werden. Dafür können einzelne Anbieter in der Region so genannte „Special-Interest-Broschüren“ auflegen, worin das barrierefreie Angebot deutlich im Vordergrund steht.
Ein exklusives Zielgruppenmarketing für barrierefreien Tourismus bringt wesentliche Nachteile mit sich:

- Andere Gäste fühlen sich nicht angesprochen oder sogar abgeschreckt.
- Ältere und behinderte Gäste fühlen sich aus der „normalen“ Gesellschaft ausgegrenzt.

In den meisten Fällen ist die bessere Marketingstrategie: integratives, generationenübergreifendes Marketing. Dabei können folgende Punkte berücksichtigt werden:

- **Orientierung an den Bedürfnissen der Gäste, nicht am Alter oder einer Behinderung**, z. B.
  - „Die Zimmer haben großzügig gestaltete Badezimmer.“
  - „Bei uns brauchen Sie auf keine technischen oder baulichen Notwendigkeiten für Ihre persönlichen Bedürfnisse zu verzichten.“
- **Unauffällige Botschaften, die älteren oder behinderten Gästen verdeutlichen, dass sich das Angebot genau für sie eignet, z. B.**
  - Bilder, auf denen unterschiedliche Generationen und Gäste mit Behinderung gemeinsam zu sehen sind.
  - Bilder, auf denen Elemente einer barrierefreien Architektur oder Gestaltung erkennbar sind.
  - „Die Mehrzahl der vorliegenden Angebote sind von allen unseren Besuchern durchführbar. Die leider noch vorhandenen Barrieren haben wir für Sie erläutert.“
  - „Ein Bohlenweg erleichtert den Zugang zum Strand.“
  - „Gern begrüßen wir Familien mit Kindern und aktive Senioren.“
- **Verlässliche Vermittlung der relevanten Information**, z. B.
  - „Parkplatz, Rezeption sowie alle Zimmer sind stufenlos erreichbar.“
  - „Unser Haus ist barrierefrei für gehbehinderte Gäste nach den Standards des DEHOGA.“
  - „Die Zimmer verfügen über Fernsehgeräte mit Videotext und regelbarem Infrarot-Tonübertragungssystem. Hörbehinderten Gästen stellen wir auf Wunsch gerne ein Faxgerät und einen Licht- oder Vibrationswecker zur Verfügung."

Marketing-Mix

Wichtig ist, dort zu werben, wo die Zielgruppe hinsieht. Im barrierefreien Tourismus kommen dafür insbesondere in Betracht:

- spezielle Hotelführer für behinderte Menschen
- Special-Interest-Broschüren einer Stadt oder Region
- Einlegeblätter für die allgemeinen Hausprospekte aller Publikationen
- Verwendung einschlägiger Piktogramme in Hotel- oder Restaurantführern (z. B ♿) – Empfohlen werden die DEHOGA-Standards u. Piktogramme nach der „Zielvereinbarung Barrierefreiheit" vom 12. März 2005.
- Zusammenarbeit mit Behindertenverbänden vor Ort
- Kontakt zu Reiseveranstaltern, die Reisen für ältere oder behinderte Menschen anbieten
- Anzeigen in besonderen Zeitschriften für ältere oder behinderte Menschen
- Aufnahme in spezielle Datenbanken
- Pressemitteilungen
- Präsenz auf Fachmessen

Barrierefreie Kommunikation

Auch in der Kommunikation selbst können Barrieren entstehen, die es zu vermeiden gilt. Oberster Grundsatz: **Ältere und behinderte Gäste sind in besonderem Maße auf detaillierte und verlässliche Informationen angewiesen, um beurteilen zu können, ob ein Angebot für sie zugänglich und nutzbar ist.** In gedruckten Broschüren können meist nicht alle relevanten Informationen für die sehr verschiedenen Mobilitätseinschränkungen vorgehalten werden. Der Gast muss aber auf gezielte Nachfrage korrekte und freundliche Auskunft erhalten.

Einige wichtige Regeln für mündliche und schriftliche Kommunikation:

- Ältere und behinderte Reisende wollen wie erwachsene, selbstständige Menschen behandelt werden, d. h.
  - Respektvolle Behandlung, kein vertrauliches Anreden mit „Du“ (auch nicht bei geistig behinderten Gästen), kein unerwünschter Körperkontakt oder Anfassen des Rollstuhls.
  - Fragen Sie den Gast nach seinen Wünschen, denn er weiß am besten, was ihm hilft.
  - Kommunizieren Sie immer mit dem Gast selbst, nicht mit seiner Begleitung oder einem Gebärdendolmetscher.
- „Zwei-Kanal-Regel“: Informationen sollten durch mindestens zwei Sinne (Sehen, Hören, Fühlen) wahrnehmbar sein.
- „KISS-Regel“- Keep it short and simple: einfache und eindeutige Sprache
- Lese- oder Wahrnehmungshindernisse vermeiden durch:
  - kontrastreiche Gestaltung: Farbkontraste zwischen Schrift und Hintergrund verbessern die Lesbarkeit
  - ausreichend große, unverschnörkelte Schrift, ausreichende Zwischenräume und Ränder
  - keine spiegelnden Oberflächen
- Bei Gästen im Rollstuhl: Kommunikation auf gleicher Augenhöhe. Denken Sie daran, dass Ihr Gesprächspartner eine begrenzte Reichweite hat.
- Bei blinden oder sehbehinderten Gästen: Stellen Sie sich mit Namen vor und sprechen Sie den Gast mit Namen an, damit er weiß, dass er gemeint ist. Beschreiben Sie alles, was Sie sehen und tun. Bieten Sie an, Informationen vorzulesen und halten Sie Informationen in hörbarer Form (CD, Kassette) vor.
- Bei hörbehinderten Gästen: Wenden Sie sich nicht ab, während Sie sprechen, damit der Gast von Ihren Lippen ablesen kann. Setzen Sie Körpersprache ein, jedoch nicht in übertriebener Form. Gute Beleuchtung und wenig Hintergrundgeräusche erleichtern die Kommunikation. Halten Sie schriftliche Informationen vor oder schreiben Sie Mitteilungen auf.

Behinderte und ältere Gäste bereiten ihre Reisen in der Regel besonders intensiv vor. Insbesondere für behinderte Menschen ist das Internet ein zentral wichtiges Informations- und Kommunikationsmittel. Spezielle und detaillierte Informationen über barrierefreie Angebote können problemlos in den allgemeinen Internetauftritt integriert werden. Durch Verlinkung mit externen Datenbanken oder Internetseiten können weitere wichtige Informationen zugänglich gemacht werden. Auch blinde und sehbehinderte Menschen können über spezielle Technik (Braillezeile, Sprachausgabe, Screen-Reader) das Internet nutzen.

Ein barrierefreier Internetauftritt hat folgende Merkmale:

- Text nicht länger als eine Bildschirmseite
- Eindeutig erkennbare Navigationselemente
- Klare Trennung von Struktur und Inhalt
- Strukturbetonter Seitenaufbau
- Organisierte Link-Abfolge
- Skalierbare Schriftgröße

3.7 Konkurrenzanalyse

Situation

Seehotel Schloss Sonnenbühl

Manual: Konkurrenzbeobachtung

Beobachtung bei Mitbewerber: ______ Standort: ______

Durchführung: entsprechend Organisation/Dynamik: 1- bis 4-mal im Jahr

Informationsquellen: Besuche bei Mitbewerbern, Leistungstest (Reklamation), gemeinsame Lieferanten (Lieferungen, Zahlungen), Vorstellungsgespräche (Umsatz, Anzahl), Taxifahrer (Besucher, Ankünfte)

Checkliste	Objektbeobachtung
▶ **Eigentümer**	Inhaber: Eigentümer/Pächter ______ Objektgröße: ______ Kette/Gründer (in der 1. bis 3. Generation): ______ Vision/Betreiber-Motiv: ______
▶ **MA-Verhalten**	Reaktionen auf Anfragen (Wann, Wie?) ______ Anruf nach Absage: ______ Follow-up nach einem Jahr: ______ Reservierung/Freundlichkeit am Telefon: ______
▶ **Besuch**	Ankunft/Uhrzeit: ______ Verkehrsanbindung: ______ Parkplätze: ______ äußere Attraktion: ______ Beleuchtung: ______ Foyer, Gästeempfang: Blumen, Einweisung, Garderobe: ______
▶ **Ambiente**	Einrichtung, Stil, Beleuchtung ______ Tische, Wäsche, Geschirr, Gläser, Besteck: ______ Beschallung (Stereo/Mono, welche Räume?): ______
▶ **Angebot**	Speisen- und Getränkekarten-Inhalt (Anlage): ______ Promotion (fachliche, gastorientierte Beratung bei Bestellung): ______ Qualität der Leistung: ______ Timing: ______ für Couvert wird verlangt: ______ Dienstleistung: ______ Sauberkeit: ______ SEP (2-5 strategische Erfolgspositionen), z. B. unverbaubarer Blick: ______ USP (100-300 Unique-Selling-Propositions): ______ Basisleistungen (gute Küche, Service u. a.): ______ Wareneinsatz: ______ Teamkosten: ______ Investition: ______ Preis-Leistungs-Vergleiche: ______ Kalkulation (z. B. Renner, Aufschlag, Image [politisch]): ______ Verhalten bei Reklamationen (Unternehmenskultur): ______
▶ **Rechnung**	Verständlich, nach gesetzlichen Vorgaben gestaltet: ______ Kreditkarten werden akzeptiert: ______
▶ **Verabschiedung**	Herzlichkeit: ______
▶ **Team**	Anzahl, männlich/weiblich: ______ Erscheinung: ______ Anzahl Führungskräfte/Bereich: ______ Anzahl Küchen-/Servicepersonal: ______ Fluktuation: ______ Motivation: ______ Verhalten am Gast (Freundlichkeit, Anrede u. a.): ______
▶ **Gäste**	Anzahl: ______ Stammgäste: ______ erwartete Problemlösung: ______ Stimmung: ______
▶ **Auslastung**	Zimmerbelegung: besetzte Stühle, Wechsel/Tag: ______ Umsatz/Tisch: ______
▶ **Wirkung**	Verhalten des Mitbewerbers in Wechselwirkung ______ zu eigenem Verhalten: ______
▶ **Erkenntnisse**	______
▶ **Fazit**	______

Seehotel „Schloss Sonnenbühl":
MA - DIREKTION
Verteiler: GL, Marketing, Sales

Marktbeobachtung **aufgenommen** (Handzeichen): ______
bearbeitet (Datum, Handzeichen): ______
ausgewertet (Datum, Handzeichen): ______

Die Konkurrenzanalyse gilt als wesentlicher Bestandteil der Umfeldanalyse. Sie ermöglicht dem Entscheidungsträger, umfassende Informationen über die **Wettbewerbsstruktur**, d. h. **Anzahl und Intensität der Konkurrenz** und die **Beurteilung der Konkurrenten durch die Nachfrager** (Gäste) zu erhalten. Ein Vergleich mit der Konkurrenz ermöglicht es, **Stärken** und **Schwächen** des eigenen Hotels zu erkennen. Darüber hinaus lassen sich Marktsegmente identifizieren, die bislang nicht mit einem geeigneten Leistungsangebot versorgt werden (Marktnischen). Eine Konkurrenzanalyse kann auch Hinweise darauf geben, ob man sich zukünftig auf anderen Märkten – mit weniger Konkurrenz – bewegen will. Grundlage ist immer eine **Ressourcen**- und **Fähigkeits-Analyse** der Wettbewerber, mit deren Hilfe die **Kern-, Wachstums-, Reaktions-** und **Anpassungsfähigkeiten** der Mitbewerber untersucht werden.
Voraussetzung für die Durchführung einer Konkurrenzanalyse ist eine **eindeutige Abgrenzung**, wer als Konkurrent zu betrachten ist und wer nicht. Eine Bestimmung der relevanten Konkurrenten muss sich zunächst auf die am eigenen Standort agierenden Mitbewerber beziehen. Dies setzt Überlegungen zur Größe des Einzugsgebietes voraus: Es ist z. B. fraglich, ob ein Hotel mit einem ähnlichen Leistungsangebot in der Großstadt (20 km Entfernung, vgl. Ausgangssituation) als Konkurrent für eine sport- und gesundheitsorientierte Destination am Rande einer Kleinstadt angesehen werden kann. Bei der Bestimmung von Konkurrenten sollten drei wesentliche Kriterien berücksichtigt werden:

1. **Überprüfung der Substitutionalität** (= Austauschbarkeit, Vergleichbarkeit) des Leistungsangebotes in Bezug auf das eigene Leistungsangebot.

2. **Überprüfung der durchschnittlichen Preise**: Es gelten diejenigen Anbieter als Konkurrenten, die eine weniger als 15 %ige Abweichung nach oben oder unten von den eigenen Durchschnittspreisen aufweisen.

3. **Identifizierung nicht ortsansässiger Konkurrenten**, die auf den von der touristisch-gastgewerblichen Unternehmung definierten Absatzmärkten agieren. Auch für sie gilt das bezüglich der Preise/der Leistung Genannte.

Wettbewerber, die die genannten Kriterien erfüllen, sind als **Vollwettbewerber** anzusehen; **Teilwettbewerber** erfüllen diese Voraussetzungen nur bis zu einem gewissen Grad (z. B. nur Vergleiche der Beherbergungs-, Restaurations- oder Veranstaltungsleistung). Falls ein touristisches Unternehmen eine **segmentorientierte Konkurrenzanalyse** vornimmt, sollte sie sich auf eine möglichst kleine Menge erkennbarer und vergleichbarer Segmente beschränken und für jedes Marktsegment eine gesonderte Bestimmung der Konkurrenten durchführen (z. B. nur Segment: Golfurlaub, gesundheitsorientierter Urlaub, Wochenendpackage u. a.).

Seehotel Schloss Sonnenbühl

Manual
Fähigkeiten-Analyse der Wettbewerber

Kernfähigkeiten	▶ Welche Fähigkeiten besitzt der Wettbewerber in den verschiedenen Funktionsbereichen (Leistungs- und Dienstleistungserstellung)? ▶ Worin ist er am besten, worin am schlechtesten? ▶ Wie schneidet der Konkurrent bei Test im Hinblick auf seine Strategie ab? ▶ Zeichnen sich mit wachsender Erfahrung des Wettbewerbers Änderungen der Fähigkeiten ab – und in welche Richtung werden sie verfolgt?
Wachstumsfähigkeiten	▶ Werden die Fähigkeiten des Wettbewerbers im Zuge seiner Expansion zu- oder abnehmen und in welchen Funktionsbereichen/auf welchen Gebieten? ▶ Wie hoch ist die Wachstumsfähigkeit in Bezug auf Personal, Fertigkeiten und Betriebskapazität? ▶ Welches dauerhafte Wachstum kann der Wettbewerber in finanzieller Hinsicht erreichen?
Reaktionsfähigkeit am Markt	▶ Inwieweit ist der Wettbewerber in der Lage, auf Maßnahmen anderer Anbieter schnell zu reagieren – oder eine plötzliche Offensive zu starten?
Anpassungsfähigkeit am Markt	▶ Wie sieht das Verhältnis fixer und variabler Kosten aus, wie hoch sind die Kosten ungenutzter Kapazitäten? ▶ Kann sich der Wettbewerber z. B. auf Kostenwettbewerb, Bewältigung komplexer Produktlinien, Einführung neuer Produkte, Servicewettbewerb, Eskalation der Marketing-Anstrengungen einstellen? ▶ Kann der Wettbewerber auf mögliche exogene Faktoren reagieren, wie z. B. eine anhaltende hohe Inflation, technologische Veränderungen, eine Rezession, Lohnerhöhungen, behördliche Vorschriften? ▶ Ist es für den Wettbewerber möglich, Kapazitäten abzubauen oder sich ganz vom Markt zurückzuziehen?
Durchhaltevermögen	▶ Inwieweit ist der Wettbewerber in der Lage, eine längere „Konkurrenzschlacht“ zu führen, und welche Liquiditätsreserven, Einstimmigkeiten im Management, Langzeitperspektiven bei den finanziellen Zielen, Börsendruck hat er?

Die **Konkurrenzanalyse** findet zunächst im eigenen Unternehmen (Desk Research) statt. Bei der Bestimmung der Wettbewerber sollte man sich am Best-Practice-System orientieren. Danach erfolgt eine Analyse der Leistungskennzahlen (Umsatz, Kosten, Rentabilität, Investitionen, Produktivität, Finanzierung). Daran schließt sich eine **Produktanalyse** an, die eine **Standort-**, eine **„Hardware-"** (Produkt- und Dienstleistungen) und eine **„Softwareanalyse"** (gastorientiertes Handeln, Servicequalität) umfasst. Schließlich werden in einer **Prozessanalyse** zentrale Funktionen analysiert (z. B. Produktion, Einkauf, F&B, Beherbergung, Marketing, Verwaltung, Personalbeschaffung und -entwicklung).

Letztendlich wird die Strategie des Wettbewerbers rekonstruiert, um seine strategische Leistungsausrichtung zu erkennen. Die mithilfe einer Konkurrenzanalyse ermittelten Informationen gestatten es dem gastgewerblichen Unternehmen, sich durch **Produktdifferenzierung**, durch **Verbesserung** der **Serviceleistung** und durch das **Erkennen eigener Marktchancen** vom Konkurrenten abzuheben.

Aufgrund einer Konkurrenzanalyse lassen sich drei weitgehende strategische Folgerungen ziehen.

1. Das gleiche Produkt, Produktsegment oder Konzept der Konkurrenz wird übernommen.

2. Das Leistungsangebot der Konkurrenz wird modifiziert übernommen.

3. Man sucht nach einer „Marktnische", produziert eine Leistung bzw. vermarktet eine Dienstleistung oder entwickelt eine eigene Strategie, die nicht der Konkurrenz entspricht.

Seehotel Schloss Sonnenbühl

Manual

Konkurrenzanalyse: Stärken-Schwächen-Profil

	Stärke ←				→ Schwäche
Erfolgssegment	**1**	**2**	**3**	**4**	**6**
Strategie z. B. Strategieausrichtung, Standort, Marktanteil, Gästezufriedenheit, Flexibilität, Marketing-Mix					
Unternehmensführung z. B. Unternehmensziele, Führungsqualifikationen, Wertvorstellungen, Erfolgsorientierung					
Realisationspotenzial z. B. Kapital/Finanzierung (Eigenkapitalquote, Kapitalkosten, langfristige Darlehen					
Personal z. B. Qualifikation, Mitarbeiterzufriedenheit und -motivation, Fluktuation, Personalkosten					
Qualität und Ausstattung der Einsatzgüter z. B. Gebrauchsgüter: Restaurants, Hotelzimmer, Bankettabteilung, Küchenanlagen Verbrauchsgüter: Sortimentsplanung, WE, Deckungsbeitrag					
Systeme z. B. Controllingsysteme in den Abteilungen (vgl. Organigramm des Unternehmensaufbaus)					
Struktur Führungsstil des Unternehmens z. B. kurze Wege, klare Aufgaben- und Kompetenzenverteilung, Delegation					
Philosophie – Unternehmenskultur Werte und Grundeinstellungen des Managements und der Mitarbeiter CI, Credo, Leitbilder, Markencharakter, Ambiente, Gestaltung, Serviceverständnis					

Seehotel „Schloss Sonnenbühl"
MA - DIREKTION

Verteiler: AL, Marketing, Sales
aufgenommen (Handzeichen):
bearbeitet (Datum, Handzeichen):
ausgewertet (Datum, Handzeichen):

Konkurrenzbeobachtung

Als **Beobachtung** wird eine **planmäßige direkte Erhebung** von **sinnlich wahrnehmbaren Gegebenheiten** und **Verhaltensweisen** (Gäste, Zielgruppen u. a.) **in Abhängigkeit** von **bestimmbaren Situationen** verstanden, die nicht auf Fragen und Antworten beruht. Durch **Feldbeobachtungen** können objektive Tatbestände des offenkundigen Verhaltens von Gästen festgestellt werden, ohne auf die oft verzerrten, subjektiven Darstellungen dieser Personen (durch Befragung) angewiesen zu sein. So können beispielsweise Präferenzen im Hinblick auf die Inanspruchnahme der angebotenen Service- und Dienstleistungen (Wochentag oder -ende, Tageszeit, Saison) im Hotel oder Restaurant ermittelt werden.

Anwendungsgebiete für **teilnehmende Beobachtungen** in Hotelunternehmen sind **Testgäste** (z. B. Blind guests, Secret Shopper), **unerkannte Beobachter** (undercover guests) oder **telefonische** Marktbeobachtungen/-befragungen (s. S. 42) zu den folgenden Kriterien

- Beobachtungen des Gästeverhaltens,
- Beobachtungen der Servicequalität, (z. B. Speisen- und Getränkeangebot, Preis-Leistungs-Verhältnis),
- Beobachtung der Dienstleistungsqualität (z. B. Fachkompetenz, Schnelligkeit, Höflichkeit und Freundlichkeit der Mitarbeiter, Hygiene),
- Beobachtung und zahlenmäßige Erfassung bestimmter Zielgruppen,
- Beobachtung des Kaufverhaltens,
- Beobachtung der Ausstattungsmerkmale (z. B. Mobiliar, Ambiente, Stil, Farben, Lautstärke),
- Beobachtung des sichtbaren Betriebsinventars (z. B. Funktionalität, Alter, Leistung).

Wesentliche Merkmale der Beobachtung sind:

- Informationsgewinnung erfolgt unabhängig von der Auskunftsbereitschaft der beobachteten Situation bzw. von Personen.
- Beobachtung erfolgt gegenwartsbezogen und unmittelbar am Gegenstand der Untersuchung (z. B. Gäste-, Mitarbeiter-, Konkurrenzverhalten)
- Informationen werden seitens des beobachteten Objektes unbewusst gegeben.

Formen der Beobachtung

Kriterien	Durchführung
1. Strategie	▶ standardisiert – nicht standardisiert
2. Objekt	▶ ein Objekt – mehrere Objekte
3. Häufigkeit	▶ einmal – wiederholt (Panel)
4. Beobachter	▶ teilnehmend – nicht teilnehmend
5. Beobachtungssituation	▶ Feldbeobachtung – Laborbeobachtung
6. Gestaltung	▶ real – experimentell
7. Erhebungssituation	▶ offen – verdeckt
8. Controllingform	▶ manuell – apparativ

Eine zusätzliche, in der Hotellerie übliche Form der **Feldbeobachtung** ist die **Rechnungs-** oder **Kassenbonanalyse**, die Auskunft über den **Rechnungs-** oder **Kaufzeitpunkt**, die **Menge**, den **Umsatz** und die Präferenzen im Hinblick auf das touristische Leistungsangebot, z. B. Art der Zimmer, Speisen und Getränke sowie Zusatzleistungen (z. B. Sport-, Tagungs-, Städte-, Senioren-, Kultur- und Studienreisenangebote) gibt.

Durch Beobachtung und **kontinuierliche Auswertung** der **veröffentlichen Konkurrenzunterlagen** (Hotelprospekte, Specials, Jahresberichte u. a.) können bereits zahlreiche sachliche Informationen über das Angebot/die Situation der Mitbewerber ermittelt werden. Die Möglichkeit der Informationsbeschaffung durch sekundärstatistisches Material wie Hotelverzeichnisse, Unterlagen der Fremdenverkehrsverbände, der statistischen Landesämter, der Industrie- und Handelskammern u. a. erlaubt zudem einen differenzierten Vergleich der Anzahl der relevanten Mitbewerber, ihrer Zimmeranzahl und -ausstattung, ihrer Veranstaltungs- und sonstigen Leistungsangebote sowie des Gesamtumsatzes, des Betriebsaufwands und der Personalkosten.

Die Beobachtungen über Mitbewerber können wie folgt festgehalten werden:

Die vom DEHOGA jährlich veröffentlichten Konkurrenzanalysen ermöglichen einen Vergleich zahlreicher auf dem nationalen Markt agierender Hotelbetriebe. Auskünfte über das zukünftig zu erwartende touristische Angebot können bei örtlichen Bauämtern oder bei Wirtschaftsförderungs- und Fremdenverkehrsämtern eingeholt werden. Die permanente und konsequente Konkurrenzbeobachtung am Markt gehört zu den Grundvoraussetzungen eines erfolgreichen Marketingkonzeptes.

Benchmarking

Konkurrenzvergleiche werden immer häufiger als **Benchmarking** durchgeführt. Dabei wird die traditionelle Konkurrenzanalyse um mehrere **Benchmarks** (= Vergleichsobjekte) erweitert.

Insgesamt hat sich als Grundidee die Festlegung der besten und **höchsten Vergleichsmaßstäbe** für Produkte, Produktsegmente oder Unternehmens- und Marketingkonzepte entwickelt, egal ob betriebsintern oder -extern, ob national oder international bzw. ökonomisch oder nicht-ökonomisch verglichen wird (s. S. 268).

- **International Benchmarks**
  Vergleich mit betriebsinternen Funktionen und Geschäftsfeldern der Konkurrenz, die als innovativ und vorbildlich gelten.
- **Competitive Benchmarks**
  Vergleich mit brancheninternen Konkurrenten, weitgehend mit der Konkurrenzanalyse identisch.
- **Industry Benchmarks**
  Vergleich mit branchenfremden Unternehmen, d. h., jeweils die „Klassenbesten" unterschiedlicher Branchen werden im nationalen/internationalen Wettbewerb verglichen. („Benchmarking als aktuelles Schlagwort im Global-Marketing für grenzüberschreitende Wettbewerbsorientierung".)

3.8 Betriebsanalyse

Situation

Seehotel Schloss Sonnenbühl

Konzeptionsplanung: Restaurant Seeterrasse

Der Weg zu einem neuen Restaurantkonzept ... ist kein Zufallsprodukt, sondern das Ergebnis strategischer Planung

1. **Grundlagenermittlung**
   Im ersten Schritt werden die Zielvorstellungen und Ideen ermittelt (u. a. Besuch von erfolgreichen Restaurantbeispielen im In- und Ausland). Außerdem erfolgt eine Aufnahme der baulichen Voraussetzungen (wichtig für das Terrassengeschäft, Restaurant- oder Küchenplanung, z. B. Showküche).
2. **Marktuntersuchung**
   Im Rahmen der Marktanalyse werden relevante Daten über Zielgruppen, Gästebedarfsstrukturen, das bestehende Restaurantangebot vor Ort, Informationen über das geplante Restaurantkonzept oder Mitbewerber zusammengetragen. In dieser Phase können auch ergänzende Nutzungskonzepte überprüft werden (Catering, Party-Service, Coffeebar, Cocktail-Lounge, u. a.).
3. **Anforderungsprofil**
   Aus den in Punkt 2 ermittelten Markterkenntnissen wird ein Anforderungsprofil abgeleitet.
4. **Produktidee und Vision**
   Anschließend wird die Restaurantidee zur Grobpositionierung im Wettbewerb formuliert: Typ, Kapazität, Standard, Qualität, Preisniveau, Art und Umfang der Angebotssegmente sowie Design.
5. **Konzeption**
   In der Phase der Konzeptentwicklung findet eine Vernetzung des Grobkonzepts mit den Ergebnissen der Umfeldanalyse statt (u. a. Zielgruppen, Standort, Trends sowie Sichtweise des Betreibers).
6. **Einrichtung/Ausstattung**
   Im Rahmen der Erstellung eines detaillierten Raum- und Funktionsprogramms werden besonders Aspekte wie Innenarchitektur (Design, Lichttechnik), Technik (Küchenplanung, Lüftung), Ökologie (Energiever- und Abfallentsorgung) und Ausstattung (Kassentechnik, Porzellan, Gläser, Berufskleidung u. a.) betrachtet.
7. **Wirtschaftlichkeitsprognose**
   Auf Basis der prognostizierten Erlösstruktur, des durchsetzbaren Preisniveaus und der geplanten Kosten wird eine Modellplanergebnisrechnung erstellt.
8. **Investitionskostenrahmen**
   Auf Basis von Erfahrungswerten wird ein Investitionskostenrahmen erstellt.
9. **Mitarbeiter**
   Die verantwortlichen Mitarbeiter werden möglichst früh in das neue Restaurantkonzept involviert. Außerdem werden fachspezifische Schulungskonzepte für die Mitarbeiter entwickelt.
10. **Marketing/Sales (Public Relations im Rahmen der Corporate Identity)**
    Kommunikationsstrategien, Vermarktungskonzepte und Positionierungsstrategien spielen für die erfolgreiche Positionierung am Markt eine entscheidende Rolle. Durch Bündelung von Promotion und PR-Konzeptionen wird das Restaurant bekannt gemacht.

Im Bereich von Hotellerie und Tourismus werden sowohl **funktions-**, **bereichs-** und **prozessorientierte Betriebsanalysen** durchgeführt als auch die komplexen gastgewerblichen Leistungsketten als Ganzes bewertet.

Betriebsanalyse Hotellerie und Tourismus

1. Funktions- und bereichsorientierte Betriebsanalysen
- **Ressourcenprofile** (s. S. 69)
- **IST-Portfolios** (s. S. 69)
- **Kennziffern und Kennzahlensysteme** (s. S. 71)

2. Prozess-orientierte Qualitätsanalysen
- **Total Quality Management (TQM)** (s. S. 74)
- **Phasenbewertung** (s. S. 75)
- **Wertkettenanalyse** (s. S. 75)

3. Bewertung von touristischen/gastgewerblichen Gesamtbetrieben
- **Leistungsketten** (s. S. 76)
- **Leistungsbündel** (s. S. 77)
- **Checklisten**

Bewertung von touristischen/gastgewerblichen Einzelbetrieben (Mikroanalyse)

Bewertung von touristischen/gastgewerblichen „Kollektivbetrieben" (Makroanalyse)

Betriebsanalysen sollten sich **nicht ausschließlich** auf die **Bewertung** des **bestehenden Angebotes** beschränken, sondern versuchen, die Idealvorstellung der Gäste (unter Berücksichtigung der bestehenden oder maximal erreichbaren Leistungsketten) sowie die **Einschätzung** der Gäste über **Mitbewerber** aufzunehmen.
Die Ermittlung des Leistungsangebotes kann in **kleineren Hotelbetrieben** nach Beherbergungs-/Verpflegungs- und Nebenleistungen differenziert werden. In größeren touristisch-gastgewerblichen **Destinationen** sollte sie nach **kleinen Produktsegmenten** aufgeschlüsselt werden (z. B. Restaurant A und B, Coffeebar, Grillroom, Cocktail-Lounge, Tagungsräume, Bankett- und Wellnessabteilung, Fitnesscenter, Golfanlage).
Daneben sollte eine Betriebsanalyse **sachbezogene Aussagen** aufweisen, die sich auf den **physischen Zustand** des touristischen Unternehmens beziehen, z. B. **bisherige Wirkung der Preisgestaltung** sowie allgemein gültige Aussagen zu Zimmeranzahl, Ausstattung, Größe, Zustand, Veranstaltungräume, bestehende Freizeitanlagen u. a.
Wesentlicher Teilaspekt einer **Betriebsbewertung** ist eine **kritische IST-Analyse** der vorhandenen touristisch-gastgewerblich Ressourcen und des eigenen Leistungsangebotes sowie Beurteilungen (Primär- und Sekundärmaterial, Selbsteinschätzung) über die relative Bedeutung des Unternehmens gegenüber Konkurrenzbetrieben (Potenzialanalyse). Ziel der Eigenanalyse ist es, die Position sowie **Stärken** und **Schwächen** des Unternehmens im Hinblick auf die eigenen (zukünftigen) Marktchancen offen zu legen.

Um das Risiko einer gewissen „Betriebsblindheit" zu verringern, könnten **außenstehende Dritte** (z. B. Unternehmensberater, Verbände) hinzugezogen werden.

Basisfähigkeiten – Spitzenfähigkeiten		
Standard-bedürfnisse + **Erweiterte Bedürfnisse**	**Standard-leistungen** + **Spitzen-leistungen**	**Standardnutzen** (Grundnutzen) + **Erweiterter Nutzen** (Zusatznutzen)
= Bedürfnisse	**= Leistungen**	**= Nutzen**

Die Analyse der **immateriellen Faktoren** bezieht sich sowohl auf das **Niveau** und die **Qualität des Services** in den einzelnen Leistungsbereichen als auch auf das **Image** (s. S. 113) des Betriebes in der Öffentlichkeit sowie seiner **Popularität** auf den einzelnen Absatzmärkten. In Abhängigkeit von der Unternehmensgröße und der speziellen Problematik der Analyse ist neben der traditionellen einzelbetrieblichen Bewertung der unternehmerischen Funktionsbereiche auch eine Bewertung der betrieblichen Leistungsketten möglich.

Während Basisfähigkeiten von fast allen touristisch-gastgewerblichen Anbietern beherrscht werden, bringen unter Berücksichtigung gegenwärtiger und zukünftiger Trends erst die **Spitzenfähigkeiten entscheidende Leistungs- und Wettbewerbsvorteile** und entscheiden nicht selten über **Erfolg** oder **Misserfolg** eines Hotels. Erst **außergewöhnliche Leistungen** geben jedem Unternehmen **Profil**.

Basis dieser **Profilierung** am Markt sind die unterschiedlichen Marketingaspekte strategischen Denkens, die folgendermaßen eingeteilt werden können:

Strategische Erfolgspositionen (SEP) oder Strategische Geschäftseinheiten (SGE)
sind **bewusst geschaffene Eigenschaften** und Fähigkeiten, die **nicht kurzfristig kopiert** werden können, eine besondere Stellung bei den Zielgruppen genießen und somit **gegenüber dem Wettbewerb nachhaltig Überlegenheit** und eine einzigartige Stellung am Markt ermöglichen. SEPs sind z. B. Produktinnovationen, Marktinnovationen, („Trendsetter"), attraktive Betriebskonzepte, extravagantes stimmungsvolles Ambiente, besondere Architektur, exklusive Standorte.

Unique Selling Proposition (USP) oder Wettbewerbsvorteile
(vgl. ausführlich S. 158 ff.)

Komparativer Konkurrenzvorteil (KKV)
Ein KKV entsteht durch den Aufbau von SEPs (ca. 5 bis max. 10) und USPs (ca. 50 bis 300) und prägt letztlich das unverwechselbare Bild eines touristisch-gastgewerblichen Unternehmens.

Seehotel Schloss Sonnenbühl

Betriebsanalyse: Stärken-Schwächen-Profil

	Beurteilungskriterien	Negativ ←	1	2	3	4	5	→ Positiv
Hotelbetrieb	Standort des Hotels	schlecht						ideal
	Verkehrssituation – Verkehrsanbindung – Erreichbarkeit	ungünstig						günstig
	Allgemeine Infrastruktur	schlecht						ausgezeichnet
	Leistungsstruktur des Hotels	schlecht						ausgezeichnet
	Ambiente der öffentlichen Räume	abweisend						anziehend
	Führungsstil	autoritär						kooperativ
	Informationsfluss im Betrieb	stockend						flüssig
	Betriebsklima – Kommunikation der Mitarbeiter	gehässig						herzlich
	Personalfluktuation	hoch						niedrig
	Top-Management – Führungsmitarbeiter	schwach						stark
Beherbergung	Einrichtung des Foyers – Aufenthaltsräume des Hotels	schlecht						ausgezeichnet
	Einrichtung – Zustand der Hotelzimmer	schlecht						ausgezeichnet
	Einrichtung – Zustand der Bäder	schlecht						ausgezeichnet
	Einrichtung – Zustand der Hoteletagen, Sauberkeit	schlecht						ausgezeichnet
	Qualität der Dienstleistungen (allgemein)	niedrig						hoch
	Dienstleistungen der Rezeption	niedrig						hoch
	Dienstleistungen der Conciergerie	niedrig						hoch
	Dienstleistungen des Housekeepings – Lingerie	niedrig						hoch
	Dienstleistungen des Etagenservice: F&B	niedrig						hoch
	Mitarbeiter Rezeption/Conciergerie	schwach						stark
	Mitarbeiter im Housekeeping	schwach						stark
	Berücksichtigung der Gästebedürfnisse	ungenügend						ausgezeichnet
Restauration	Leistungsstruktur der Hotelrestauration	schlecht						ausgezeichnet
	Ambiente der Räumlichkeiten	abweisend						anziehend
	Einrichtung/Zustand der Räumlichkeiten	schlecht						ausgezeichnet
	Qualität des F&B-Angebots (Anspruch, Zielgruppen)	schwach						umfassend
	Qualität des Speisenangebots (Präsentation)	schlecht						ausgezeichnet
	Qualität des Getränkeservice (Präsentation)	schlecht						ausgezeichnet
	Präsentation der Verkaufskarten (Speisen-/Getränkekarte)	schlecht						ausgezeichnet
	Fachkompetenz der Mitarbeiter im Service	schwach						hoch
	Dienstleistungsqualität der Servicemitarbeiter	schwach						hoch
	Umgang mit individuellen Gästewünschen	schlecht						qualifiziert
	Veranstaltungs- und Bankettangebote	ungenügend						umfassend
	Berücksichtigung der Gästebedürfnisse	ungenügend						umfassend
Nebenleistungen	Tägliches Unterhaltungsangebot (pauschal)	ungenügend						ausgezeichnet
	▶ bei schönem Wetter	ungenügend						vielfältig
	▶ bei schlechtem Wetter	ungenügend						vielfältig
	▶ Sport- und Fitnesseinrichtungen	schlecht						sehr gut
	▶ Freibad – Hallenbad	schlecht						sehr gut
	▶ Sauna – Saunalandschaft	schlecht						sehr gut
	▶ Wellnessangebote	ungenügend						vielfältig
	▶ Angebote für spezielle Zielgruppen (Kinder, Senioren...)	ungenügend						vielfältig
	Unterhaltungsangebote am Abend	ungenügend						ausgezeichnet
	▶ Bar	schlecht						sehr gut
	▶ Spielbetrieb	schlecht						vielfältig
	Einkaufsmöglichkeiten	ungenügend						ausgezeichnet
	▶ Zeitungen, Zeitschriften, Reisebedarf	schlecht						sehr gut
	▶ Friseur	schlecht						sehr gut
	▶ Schmuck, Souvenirshop	schlecht						sehr gut
	▶ Mode	schlecht						sehr gut

Seehotel Schloss Sonnenbühl

Betriebsbewertung – Ressourcenanalyse: Bewirtung

Checkliste	Objektbeobachtung
▶ Restaurant-organisation	☛ **Serviceart und -organisation**: Frühstücksbüfett, eigene Konditorei, abends À-la-carte / 3 Menüs ☛ **Betriebsmittel**: Getränkebüfett, Salatbüfett, zentrale Speisenausgabe ☛ **Öffnungszeiten**: Frühstück 6:30 – 10:00 Uhr, Café ab 14:00 (Seeterrasse), abends ab 18:00 Uhr
▶ Marktposition	☛ **regional bekannt, am Wochenende gut besucht, breites flaches Sortiment, hochpreisig**
▶ Gesamteindruck	☛ fast traditionelles Ambiente, Gemütlichkeit, Wohlfühl-Atmosphäre, gedämpfte Farben/Beleuchtung
▶ Konzeptziel	☛ **Restaurant als Frequenzbringer; Zentralisation** (Planung und Einkauf); **Standardisierung** ☛ Verringerung der Kosten (WE und Personal); Image = Kultur, Arbeitsabläufe; HACCP-kontrolliert
▶ Verantwortung	☛ **F&B-Manager,** Stellvertreter (Restaurantleiter, Küchenchef)
	Analyse der Prozesse/Dynamik im Betrieb
▶ Güterströme	☛ **Zentralisierte Beschaffung** = Rungis-Express und Gastro-Service, Zeitersparnis, Rabatt (=Menge) ☛ Frischware wird dezentral beschafft ☛ **Produktion = 1 Küchenchef, 6 Küchenmitarbeiter** (Fachkräfte) ☛ Geräteeinsatz: Convectomat, Bain-maries, nach festen **Rezepturen** und À-la-minute-Küche ☛ **Absatz** = Gäste-Erwartungen sollen durch Kreativität erfüllt werden; hohe Produktqualität ☛ jede Woche 1 – 2 Menükompositionen im Abendgeschäft ☛ anstatt Mittagstisch werden nur noch kleine Snacks und Salate ergänzt durch Säfte im Bistro angeboten ☛ kulturelle Veranstaltungen im Haus sind gut besucht = Jazz (ohne Gewinn), Weinproben
▶ Geldstrom	☛ alle Investitionen reglementiert durch die Geschäftsleitung, kein Controlling-System ☛ **Budget**-Steuerung für Wareneinsatz und Personalaufwand
▶ Management	☛ **Unternehmensplanung zentralisiert** (Liniensystem), Ziel: Zeitersparnis
▶ Marketing	☛ **Analysen**: Betrieb (Stärke), Markt (Chance-Risiko), Gästezufriedenheit ☛ derzeit interner **Betriebsvergleich** aller Marktsegmente; **Organisation** ☛ Regeln hierarchisch = Dienstpläne, Urlaubspläne; keine Arbeitsablaufpläne, wenig Checklisten ☛ **wenig** Delegation = MA-Kompetenz vorhanden, Selbstvertrauen und Vertrauen in MA fehlt ☛ **Sales & Marketing** erstellt Werbematerial überwiegend selbst, Homepage, E-Mail-Adresse vorhanden ☛ **Kontrolle**: SOLL/IST-Vergleich (Umsatz, WE, PK); MA-Beurteilung
▶ Technik	☛ 16-KW-Friteusen (leicht zu bedienen), Kombidämpfer, Convectomat, Steamer, Induktionsherd, ☛ Griddleplatte, Bain-maries mit Wärmelampen, Teller-Rechauds
▶ Mitarbeiter	☛ Abteilungen: **3 Hierarchieebenen**: **18 MA,** davon **12 VZ** (Fachkräfte) und **6 TZ** (Hilfskräfte); ☛ 75 % der MA sind **Frauen**; MA werden vom F&B-Manager **eingestellt**.
▶ Verwaltung	☛ **kein Warenwirtschaftsprogramm**; ☛ monatlich statistische **Auswertung** (Vergleichszahlen, keine Prognosen)
▶ Recht	☛ **Verträge** werden durch die Unternehmensleitung mit Lieferanten ausgehandelt ☛ Probleme in Verbindung mit Lieferanten werden durch F&B-Manager delegiert
▶ Gästekreis	☛ Gesundheits- und Sporttourismus, Kurzurlauber (Manager, Frauen, Jungsenioren)
	Auswertung der F&B-Analyse
▶ Stärken	☛ **Einrichtung**: ansprechend, traditionell, gemütlich, Ruhezonen ☛ **Speisen: hoher Qualitätsstandard**, schnelle Ausgabe ☛ **Mitarbeiter**: freundlich, hilfsbereit, fachkompetent ☛ **Beschwerden/Reklamationen**: großzügige, umgehende Bearbeitung
▶ Schwächen	☛ **Einrichtung/Organisation**: unübersichtliche Wege, keine Wegweisung ☛ **Speisen**: keine Alternativangebote ☛ **Getränke**: Weinauswahl unzureichend, Preis-Leistungs-Verhältnis ☛ ... --
▶ Verbesserungen	☛ **Einrichtung: Deko, Ambiente** ☛ **Organisation: Formularwesen, Warenwirtschaftsprogramm**, standardisierte Rezepturen ☛ **Mitarbeiter**: zu Gastgebern **ausbilden, Motivation** (Inspiration, Delegation) ☛ **Speisen und Getränke: Geschmack, Variationsvielfalt + Events** (Internet), **Preisdifferenzierung** ☛ **Energiesparprogramme**: Gerätetechnologie, Technik ☛ **Zielgruppen**: gesundheits- und sportorientierte Tagungsgäste, **Betreuung** (führen, beraten)
▶ Fazit	☛ ... -- ☛ ... -- ☛ ... --

Seehotel Schloss Sonnenbühl: **Betriebsanalyse** **aufgenommen** (Handzeichen): ____________
MA - DIREKTION **bearbeitet** (Datum, Handzeichen): ____________
Verteiler: GL, Marketing, Sales **ausgewertet** (Datum, Handzeichen): ____________

Funktions- und bereichsorientierte Betriebsanalysen

1. **Ressourcenprofile (Stärken-Schwächen-Analysen)** erfassen bestimmte (relative) marketingrelevante Bewertungskriterien (z. B. Leistungsangebot, Personal, Finanzen, Marketing, Betriebsstruktur, Ziele, Images), um die vorhandenen/möglichen Potenziale zu bewerten. **Image-Analysen** erfolgen vor allem auf der Grundlage von **Gästebefragungen**.

2. Mithilfe von **Portfolioanalysen** kann einerseits die **Position des eigenen Unternehmens im Verhältnis zu den Positionen der Wettbewerber** ermittelt werden oder andererseits **unterschiedliche Produkt- oder Marktsegmente eines Unternehmens** im Hinblick auf Positionierung am Markt analysiert werden.
Die Portfolioanalyse wurde Anfang der 70er Jahre von Unternehmen wie Shell und General Electric bzw. von deren Beratern, der Boston Consulting Group (BCG) und McKinsey entwickelt. Es geht dabei um die Beantwortung folgender strategischer Grundfragen:

- **Wie kann ein Mehrprodukt-Unternehmen innerhalb seiner Produkte sinnvolle Prioritäten für die zukünftige Entwicklung setzen?**

  Die Beantwortung der Frage ist unabhängig davon, ob ein Unternehmen stark diversifiziert oder auf eine Produktgruppe beschränkt ist.

  Es gilt, aus einer Vielzahl von Produkten die richtigen auszuwählen und zu unterstützen.

- **Ist das derzeitige Produktportfolio geeignet, die Existenz des Unternehmens abzusichern und wenn ja – für wie lange?**

- **Müssen neue Geschäftsbereiche akquiriert oder bestehende liquidiert werden?**
  Nach welchen Kriterien sind die entsprechenden Geschäftsbereiche auszuwählen?

Ziel der Portfolioanalyse ist es, ein **optimales Mischungsverhältnis des Marktengagements** in den verschiedenen Marktsegmenten zu finden und damit langfristig die Existenz des Unternehmens abzusichern. Die Portfolioanalyse untersucht deshalb i. d. R. nicht einzelne Produkte, **sondern strategische Geschäftseinheiten (SGE)** eines Unternehmens. Die Einrichtung von SGEs bedingt, dass ein Unternehmen seine einzelnen Geschäftsbereiche klar definiert und voneinander abgrenzt:

- Eine SGE sollte als **eigenständige operative Einheit** innerhalb eines Unternehmens geführt werden.

- Sie umfasst **homogene Produkte**, die einen klaren **Wettbewerbsvorteil** haben.

Portfolio-Matrix der Boston Consulting-Group

Bei der klassischen **4-Felder-Portfolio-Matrix der Boston-Consulting-Group (BCG-Matrix)** werden zur strategischen Bewertung das **durchschnittliche Marktwachstum** (Ordinaten-Positionierung) und der **relative Marktanteil** (Abszissen-Positionierung) herangezogen. Die vier Felder (strategische Kernbereiche) werden folgendermaßen differenziert:

Portfolio-Matrix der Boston-Consulting-Group

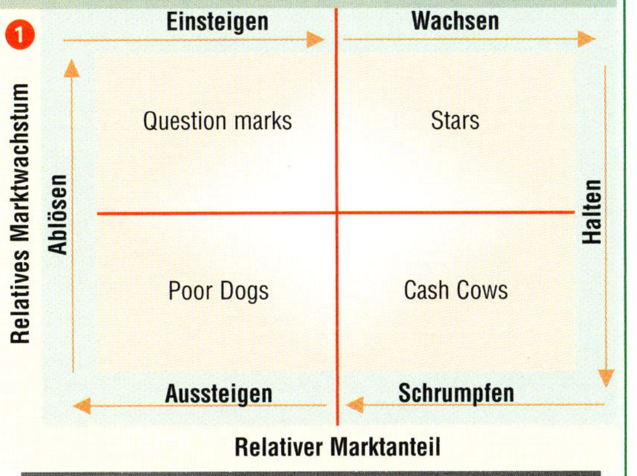

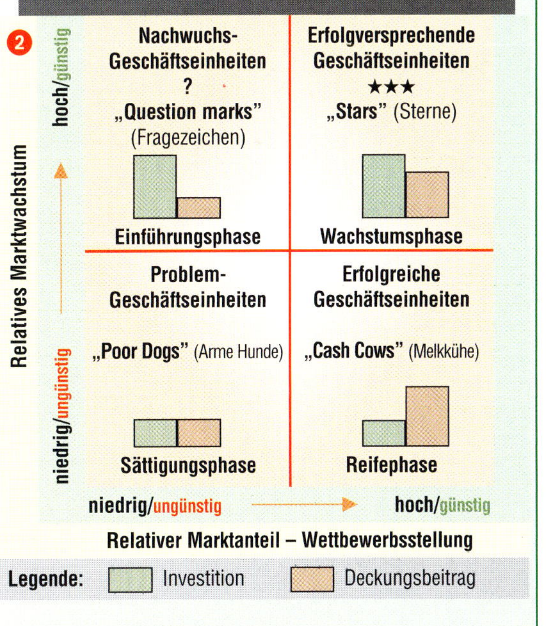

- **Question marks**
  Fragwürdige Geschäftseinheiten (Fragezeichen): Diese Geschäftseinheiten haben einen **relativ geringen Marktanteil**, sie sind aber in **Märkten mit hohen Wachstumsraten** (und hoher Attraktivität) angesiedelt. Entsprechend **hoch ist ihr Risiko**; sie haben aber **gute Marktaussichten**.

Es handelt sich meistens um **Investitionen in die Zukunft**, an die **hohe Erwartungen** geknüpft, allerdings **momentan nur geringe Erträge** erwirtschaftet werden. Hier muss der Betrieb entweder **viel investieren** oder **ganz aussteigen**.

Beispiel

Das Seehotel „Schloss Sonnenbühl" eröffnet ein neues Bistro oder eine Cocktail-Lounge.

- **Stars**
  Erfolgversprechende Geschäftseinheiten (Sterne): Diese Geschäftseinheiten bewegen sich ebenfalls auf **stark expandierenden Märkten**, die eigene Organisation hat aber bereits einen **relativ hohen Marktanteil** erreicht. Die jeweilige Geschäftseinheit befindet sich **noch immer in der Wachstumsphase**, sodass noch immer relativ **hohe Investitionen** und relativ geringe Rückläufe der Fall sind. In dieser **dynamischen Marktsituation** bleibt es nach wie vor fraglich, welche Marktposition letztendlich erreicht wird.

Beispiel

Seehotel „Schloss Sonnenbühl": Das neue Restaurant Seeterrassen.

- **Cash Cows**
  Erfolgreiche Geschäftseinheiten (Melkkühe): Im Bereich des Erfolgs hat sich der **Marktanteil** inzwischen **gefestigt**, es ist allerdings **keine größere Marktdynamik** mehr gegeben. In dieser Situation sind nur noch **wenige neue Investitionen** notwendig, auf der anderen Seite kommt es zu weitaus **höheren Rückläufen an Erträgen**. Der **hohe Marktanteil** signalisiert, dass man im jeweiligen Bereich zu den **Marktführern** zählt.

Beispiel

Seehotel „Schloss Sonnenbühl": Der stark frequentierte Beherbergungsbereich im Hotel.

- **Poor Dogs**
  Problemgeschäftseinheiten (arme Hunde): Bei diesen Geschäftseinheiten sind sowohl der **Marktanteil** als auch die **Wachstumsaussichten niedrig**. Die **Erträge** solcher Problembereiche sind **gering**; es werden auch **kaum** (mehr) **Investitionen** getätigt. Aus strategischer Sicht ist hierbei zu überlegen, ob man sich nicht mit diesem **Geschäftsbereich vom Markt zurückzieht**. Im **Sinne eines Gesamtportfolios** werden solche Geschäftsbereiche aber oftmals zur **Abrundung der gesamten „Leistungspalette" beibehalten**.

Beispiel

Seehotel „Schloss Sonnenbühl": Vermittlung von Beherbergungsleistungen auf Bauernhöfen mit Reitstall/Pferdekoppel.

Die Portfolio-Matrix der Boston-Consulting-Group

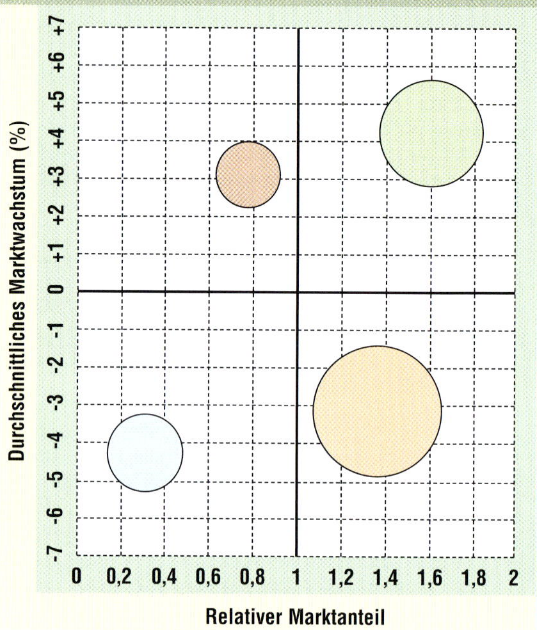

Es hängt von der jeweiligen Marktsituation ab, ob und wie viele Wettbewerber (s. Konkurrenzanalyse, S. 61) in die Betrachtung einbezogen werden. **Der Quotient kann drei Werte** einnehmen:

- Wert **größer als 1** heißt, die **SGE ist Marktführer**
- ein Wert **kleiner als 1** bedeutet, der/die Wettbewerber ist/sind größer, **die SGE ist also Marktfolger**
- ein **Wert von = 1** bedeutet, dass die SGE den **gleichen Marktanteil** hat wie der/die Hauptwettbewerber

Der relative Marktanteil impliziert, dass die SGE größere Mengen produziert als die Wettbewerber und dadurch von (Massen-) **Produktionsvorteilen** profitieren kann, also zu **günstigeren Stückkosten produziert** als die Wettbewerber (das trifft im Gastgewerbe auf große Restaurants/Restaurantketten zu, die in ihren Küchen in großen Mengen fertigen). Umgekehrt impliziert **Marktfolgerschaft** einen **Kostennachteil** gegenüber dem Wettbewerb. Der jeweils zugrunde gelegte Zeitraum bestimmt sich dabei aus den spezifischen Marktgegebenheiten. Das durchschnittliche Wachstum basiert dabei auf der Lebenszyklustheorie.

Das Vier-Felder-Portfolio zeigt auf, wie wichtig es für ein Unternehmen ist, ein ausgeglichenes Portfolio zu haben. Die Überlebensfähigkeit eines Unternehmens ist gefährdet, wenn in seinem Portfolio überwiegend Poor Dogs vorhanden sind und keine Cash Cows, die die Entwicklung von Nachwuchsprodukten finanzieren können. Die Portfolioanalyse ist ein sinnvolles Instrument, um Prioritäten für die einzelnen SGE festzulegen und Investitionen in die richtigen Märkte zu lenken.

Grundsätze der Portfolioanalyse

- Viele Geschäftsfelder im Cash-Cow-Quadranten, wo Gewinne erzielt werden.
- Mehrere Geschäftsfelder in „Starpositionen“, damit auch zukünftig Erträge erwirtschaftet werden können
- Wenige Geschäftsfelder im Poor-Dog-Bereich, da sie hier entwicklungshemmend sind.

Das Marktwachstums-/Marktanteils-Portfolio birgt den großen Nachteil, dass es zu einem systemimmanenten Denken verführt. Es werden nicht die grundsätzlichen Nachteile betrachtet, die der Besitz einer speziellen Geschäftseinheit für ein Unternehmen mit sich bringt.

3. **Kennzahlenvergleiche** (unterschiedliche Kennzahlen und Kennzahlensysteme) können zur Bewertung von Betrieben herangezogen werden. Dies sind einerseits **für den Gesamtbetrieb gültige, absolute Zahlen** (z. B. Gewinn, Umsatz, Cash Flow) oder andererseits **Verhältniszahlen** (z. B. Kapitalertrag, Eigenkapital- oder Umsatzrentabilität, Kapitalumschlag), die leichter vergleichbar sind als absolute Zahlen. In beiden Fällen ist ein zusätzlicher Vergleich zu anderen Betrieben im Zeitverlauf notwendig (s. S. 268).
   (vgl. Dettmer 2002, S. 142 ff.)

Seehotel Schloss Sonnenbühl

Betriebsanalyse: Betriebliche Vergleiche

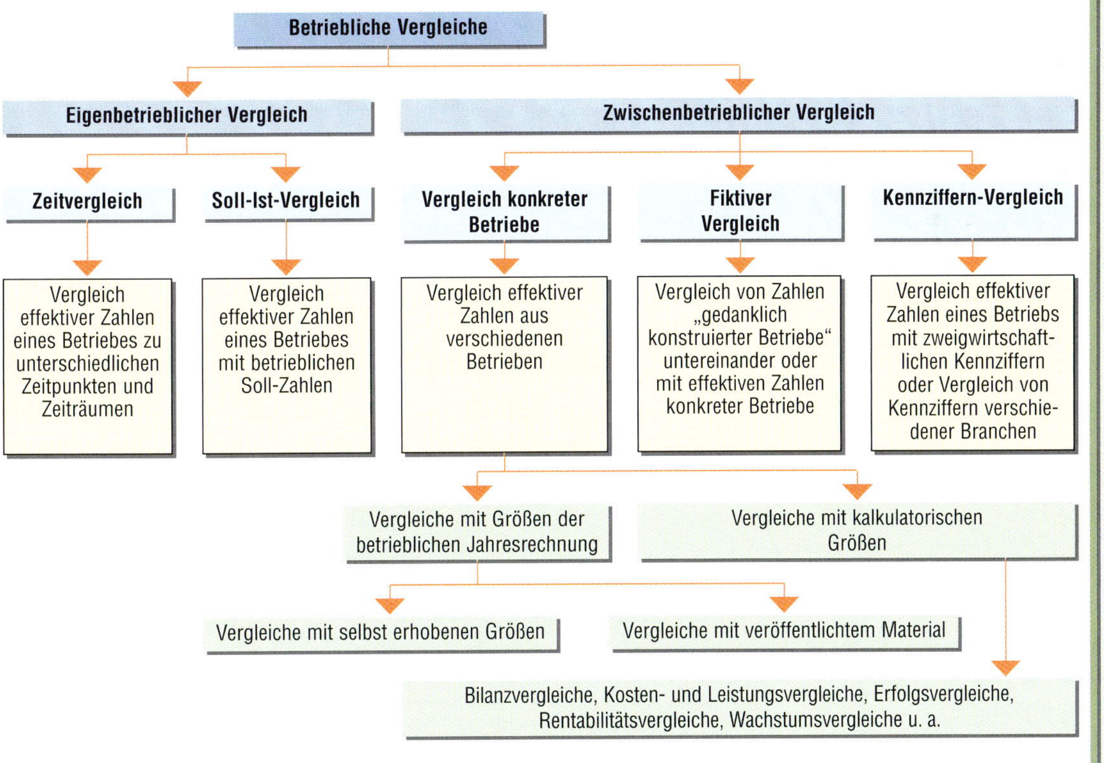

Um mögliche Schwächen im eigenen Unternehmen auszuschalten und die Stärken tatsächlich nutzen zu können, ist es sinnvoll, mithilfe des Organisationsformulars (Betriebsanalyse-Aufnahmebogen) als organisatorischem Hilfsmittel eine **IST-Aufnahme und -Analyse** durchzuführen.

In allen Abteilungen (Restaurant, Küche, Rezeption, Etage, Bankett u. a.) können die Produktions- und Leistungsfaktoren auf ihre Funktionalität, Austauschbarkeit, Verbesserungsmöglichkeiten sowie eine mögliche Vernetzung zwischen den Abteilungen hin untersucht werden (vgl. **IST-Analyse**).

Seehotel Schloss Sonnenbühl

Produktions- und Dienstleistungsorganisation: IST-Analyse – Bereich Küche

IST-Aufnahme/IST-Analyse Produktions- und Dienstleistungsbereich: Küche	**Stärken**	**Schwächen**	**Verbesserungen** Name: Kürzel:	**Eignung** Name: Kürzel:	**Controlling** Name: Kürzel:
Abteilungsleiter	Arbeitsorganisation				
Mitarbeiterkompetenz	Know-how				Schulungen
Mitarbeiterauslastung		nicht regelmäßig	Staffeldienst		Controlling: Umsatz/Std.
Mitarbeitereinteilung		Überschneidungen		Einsatz im Service	neue Dienstpläne
Aushilfskräfte	verfügbar		Teilzeit + Saison		
Kücheneinrichtung: Zweckmäßigkeit		unzweckmäßige Wege			Überprüfung durch GL
Kücheneinrichtung: Größe		sehr klein			
Gerätetechnik	veraltet	hohe Stromkosten			Überprüfung durch AL
Werkzeuge, Arbeitsmittel	gut ausgestattet				
verwendete Rohstoffe/ Convenienceprodukte	frisch/ Convenience	hoher WE			
Systemorganisation	WE-Kalkulation		WaWi-Programm	Analysen, Kalkulationen	
Arbeitsablauforganisation		unkoordiniert	Arbeitsablaufpläne		Organisationspläne
Lager- bzw. Magazinorganisation		hohe Lagerbestände	optimale Bestellmenge	Liefertermine	Überprüfung
Arbeitsvorbereitung		wenig Platz			
Arbeitsplatz- bzw. Postenorganisation		unkoordiniert	Checklisten		
Speisenausgabe	schnell				
Entsorgung, Recycling	gut ausgestattet				

Produktionsort: Hannover Datum: _________ Verteiler: Abteilungen: GL, AL, Abteilung Organisation

WE = Wareneinsatz
WaWi = Warenwirtschaft

In den folgenden Kapiteln erfolgen die speziellen Bewertungen von **prozessorientierten Betriebsanalysen** (und die **Bewertung von touristischen Gesamtbetrieben**) im Rahmen des Qualitätsmanagements.

3.9 Qualitätsmanagement

Situation

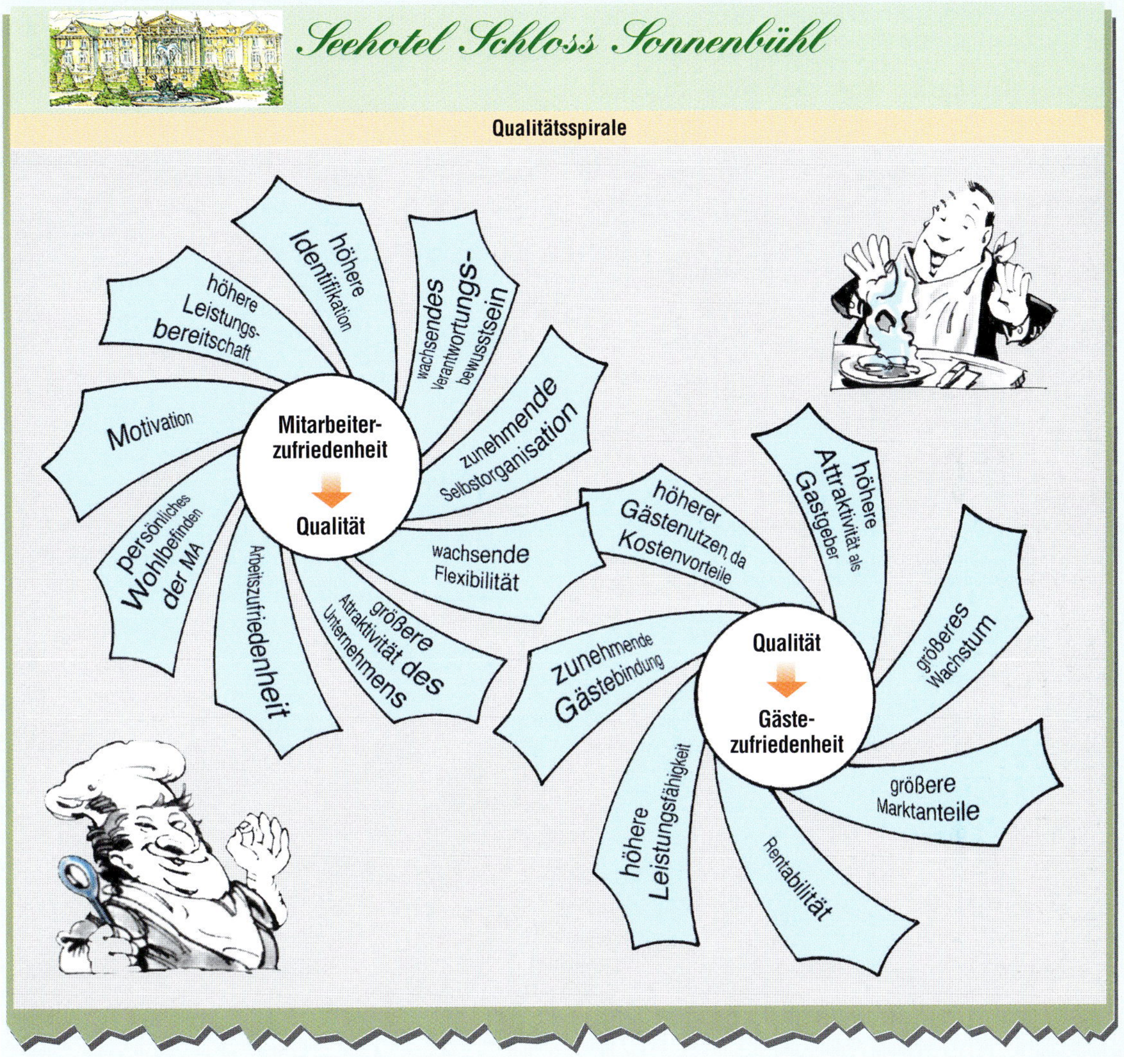

In der gastgewerblichen Branche sind oft noch unterschiedliche Vorstellungen von Qualität anzutreffen. Diese stimmen nicht immer mit dem Kern der Sache, nämlich dem Erfüllen der Gästeerwartungen, überein.

„Der Begriff **Qualität** hat viele Facetten und bedeutet für die touristisch-gastgewerblichen Unternehmen ein von **motivierten und fachkompetenten Mitarbeitern** offeriertes **Leistungsangebot** (Produkte, Produktsegmente und Dienstleistungen) auf hohem Niveau. Langfristige Gästebindung sichert nachhaltig den Unternehmenserfolg: **Qualitätsverlust** wird i. d. R. nicht reklamiert, sondern mit Abwanderung zum Mitbewerber quittiert.

In diesem Sinne wird auch die offizielle Definition der **International Standardization Organization (ISO)** für Qualität verwendet: „Qualität bedeutet die Gesamtheit von Merkmalen (und Merkmalswerten) einer Einheit bezüglich ihrer Eignung, festgelegte oder vorausgesetzte Erfordernisse zu erfüllen.“

Prozessorientierte Qualitätsanalysen

1. Total-Quality-Management

Das **Total Quality Management** erfordert vom gastgewerblichen Unternehmen die **Einbeziehung aller an der Erstellung der Dienstleistung beteiligten Mitarbeiter**. Ziel ist die konsequente Orientierung des Dienstleistungsprozesses und -ergebnisses an den Qualitätsanforderungen der Gäste zur Schaffung von Customer **Satisfaction**. Fünf strategische Qualitätsdimensionen nehmen dabei eine zentrale Rolle ein:

- Erscheinungsbild des physischen Umfeldes des Unternehmens (Bereiche der Hotellerie, Zusatzleistungen)
- Zuverlässigkeit in der Leistungsausführung (Standards in Handbüchern, Checklisten u. a.)
- Reagibilität der Mitarbeiter (bei kleinsten Anlässen der Gäste (aktiv/positiv) reagierend)
- Fachkompetenz bei der Leistungserfüllung
- Einfühlungsvermögen (Problembeurteilung aus Sichtweise des Gastes)

Einführung eines Qualitäts-Management-Systems Ablaufplanung	
Vorbereitung	▶ Festlegung der Unternehmensziele ▶ Festlegung des Leitbildes ▶ Erhebung des Ist-Zustands (definierte Sollwerte?) ▶ Stärken-Schwächen-Analyse ▶ Festlegung von Zuständigkeiten in der Projektphase
Konzeption der Rahmenbedingungen	▶ Schulung und Motivierung von Unternehmensleitung und Mitarbeitern ▶ Entwicklung von Checklisten zur Analyse ▶ Erstellung eines Projektplanes
Planungs- und Erarbeitungsphase	▶ Konzeption eines Qualitätshandbuches (Manuals) ▶ Erstellung von Arbeitsanweisungen und Arbeitsablaufplänen ▶ Festlegung der Verantwortungsbereiche
Durchführung Bewährung Bewertung Controlling	▶ Erprobung der QN-Anweisungen, Checklisten und Arbeitsabläufe ▶ Bewertung und Verbesserung mithilfe von Checklisten ▶ Controlling mithilfe von internen Audits oder von extern durchgeführten Audits

Das in den 80er Jahren in Japan und den USA entwickelte **Total-Quality-Management-Konzept (TQM)** ist in erster Linien ein Führungsmodell, das die **Identifikation** und **Motivation der Mitarbeiter** mithilfe von Informationen, Leistungs-Feedback, Einbindung in Entscheidungsprozesse, Erweiterung von Handlungskompetenzen, identifikationsfördernder Arbeitsgestaltung und unterschiedlichen Anreizsystemen (z. B. qualitätsbezogene Prämien) erhöhen möchte.

Total Quality Management (TQM) Kontinuierliche Weiterentwicklung von Qualitätsstandards	
Analyse der IST-Qualität	▶ Marktforschung (intern/extern) ▶ Mystery Guests (Testgäste) ▶ Gästebefragungen (intern/extern) ▶ Lob- und Beschwerdeanalyse
Planung der SOLL-Qualität	▶ Abzuleiten von den unternehmerischen Qualitätszielen und auf die entsprechende Hierarchieebene sowie die unmittelbar betroffenen Mitarbeiter zu übertragen („**top-down**" = von oben nach unten)
Konzeption von Standards,	▶ Die Hierarchieebenen erarbeiten in Qualitätszirkeln die entsprechenden Standards („**bottom-up**" = von unten nach oben)
Umsetzung der SOLL-Qualität	▶ Ein TQM-Lenkungsgremium erarbeitet Unternehmens-, Betriebs- und Abteilungsstandards, die im Rahmen von Qualitätshandbüchern schriftlich fixiert werden und für alle Mitarbeiter verbindlich sind
Controlling der neuen Standards (IST-Qualität)	▶ Messsysteme und Erfolgskontrollen ermitteln die von den Gästen tatsächlich erlebten Erfahrungen ▶ Indikatoren: quantitativ (z. B. Wartezeiten beim Check-in/Check-out, Anzahl berechtigter Reklamationen, Stornoquoten) oder qualitativ (z. B. Image, Beliebtheit)
Kontinuierliche Verbesserung der Standards	▶ Systematische und regelmäßige Erfassung, Analyse und Aufarbeitung der vorhandenen Daten (quality reports) ▶ Die Ergebnisse werden allen Mitarbeitern zugänglich gemacht

(vgl. Dettmer, Harald [Hrsg.]: Betriebswirtschaftslehre für das Gastgewerbe, Hamburg 2008, S. 105)

Zu erwähnen ist an dieser Stelle auch das EFQM (European Foundation for Quality Management), dessen Mission darin besteht, das Management westeuropäischer Unternehmen zu unterstützen, die Qualität als Strategie zum Erzielen von Wettbewerbsvorteilen festzusetzen. Daraus ist ein Qualitätssystem entstanden, das interne Leistungs- und Qualitätsgrade beinhaltet. Darauf aufbauend werden Maßnahmen zur Verbesserung entwickelt, installiert, durchgeführt und kontrolliert. EFQM lässt sich auch als Grundlage für Benchmarking im Gastgewerbe anwenden. Ein Unternehmen der Hotelbranche wurde bereits nach dem European Quality Award ausgezeichnet.

Zertifizierung nach DIN EN ISO 9000 ff.

Die **International Organization for Standardization (ISO)**, eine Unterorganisation der Vereinigten Nationen, hat 1987 ein weltweit angewandtes System zur **Bewertung von Qualitätsmanagementsystemen** eingeführt, das Verantwortlichkeiten, Aufbauorganisation, Prozesse, Verfahren und Mittel beinhaltet. Wenn ein Unternehmen die Normen nachweislich erfüllt, wird in einem für drei Jahre gültigen Zertifikat bescheinigt, dass es nach einem umfassenden QM-System arbeitet (vgl. Pompl 1996, S. 99 ff).
Die Qualitäts-Normenreihe DIN EN ISO 9000 ff. von 1994 wurde Ende 2000 überarbeitet und neu gefasst. Nach der Revision der „2000er-Version" sucht sich das Unternehmen die für seine Leistung(en) in Frage

kommenden Kriterien heraus (vgl. HMM Hospitality Management Magazin 05-06/2001, S. 7).
Die grundlegende Prämisse der ISO-9000-Norm besteht in der **Dokumentation** von Arbeitssystemen. Durch das TQM-Controlling, d. h. die konsequente Festlegung von Arbeitsmethoden, das Aufzeigen der Ergebnisse, das Entwickeln von Verbesserungen und das schriftliche Festlegen von Verfahrensrichtlinien, nach denen der Leistungsprozess ablaufen soll, kann das Unternehmen die sich stetig verbessernden Qualitätsstandards durchsetzen.

Nutzen einer Zertifizierung nach DIN EN ISO 9000 ff.

- **Verbesserung der Wettbewerbssituation**
  Zertifikat gilt als Qualitätsindikator, Zertifizierung als Voraussetzung zur Auftragsvergabe (z. B. Hoteleinkauf von Reiseveranstaltern)
- **Erhöhung der Produktivität**
  Rationalisierung der Arbeitsprozesse (Arbeitsablaufplanungen) und Fehlervermeidung (Checklisten)
- **Qualitätssteigerung**
  Konsequente Gästeorientierung, Eliminierung von Schwachstellen
- **Mitarbeitermotivation**
  Motivationsförderndes Führungsverhalten, geregelte Hierarchieebenen und überschaubare Arbeitsanweisungen
  (vgl. Dettmer [Hrsg.] 2002, S. 105)

2. Phasenorientiertes Qualitätsmanagement

Ergänzend zu den qualitätsbezogenen Bewertungen des TQM-Managements erfolgt eine **phasenorientierte** Betrachtung des Unternehmens **(zeitraumbezogene Abfolge verschiedener Leistungsphasen,** insbesondere **der Potenzial-, Prozess- und Ergebnisphase)**. Phasenorientierte Qualitätsanalysen berücksichtigen mögliche – im Rahmen der gesamten Leistungskette auftretende – **phasenübergreifende Qualitätsprobleme**.

Beispiel – 1

Auch die beste telefonische Beratung durch eine Mitarbeiterin an der Rezeption kann im Endergebnis einen **negativen Gesamteindruck** (z. B. durch schlecht ausgeschilderte Hinweisschilder zum Hotel, durch unfreundliche Service-Mitarbeiter) nicht positiv beeinflussen.

Beispiel – 2

Ein verspäteter Flug kann nicht zurückverlegt werden, eine fehlerhafte Unterkunft kann nur nachträglich korrigiert werden (i. d. R. in Verbindung mit Zeitverlusten und Verärgerung) und ein verregneter Urlaub kann nicht bei schönem Wetter wiederholt werden.

3. Wertkettenanalyse

In Abwandlung des traditionellen Wertkettenmodells von Porter (1992, S. 75) werden primäre und sekundäre **Aktivitäten** im **Tourismus** differenziert. Als **primäre Aktivitäten** gelten die drei **Leistungsphasen** Potenzial-, Prozess- und Ergebnisaktivitäten. Über diese Leistungsphasen hinaus stehen als sekundäre oder unterstützende Aktivitäten sowohl die Unternehmensführung, das Marketing und die Personalwirtschaft als auch der gesamte Bereich der technologischen und trendorientierten Aktivitäten zur Verfügung.

Für die Hotellerie/den Tourismus müssen jeweils spezielle unternehmens- und branchenspezifische Wertketten ausformuliert werden, z. B. für Reiseveranstalter, Reisemittler, Transport, Destinationen oder gastgewerbliche Betriebe (s. S. 76).

Wertkettenanalyse in der Hotellerie

Sekundäre Aktivitäten (unterstützend)

Unternehmensführung
Management (Organigramm), Verwaltung, Controlling in allen Organisationsbereichen

Personalwirtschaft
Personalpolitik, Personalrekrutierung, -einstellung, -verwaltung, -schulung, -weiterbildung, -entlassung, -controlling

Technologieentwicklung – Innovationen
Informations- und Kommunikationstechnologie (z.B. Technologien in Hotelzimmern, Internet, Reservierungssysteme, Warenwirtschaftsprogramme, Kassensysteme)
Qualitätsmanagement (TQM), Qualitätscontrolling als Leistungsverbesserung
Investitionen in Umwelttechnologien, z.B. Strom-, Abfall- und Wasserreduzierung

Beschaffung
Materieller Leistungsbereich: Inputs: Anlagen, Rohstoffe, Waren, Personal, externe Dienstleister
Immaterielle Leistungsbereiche: Dienstleistungen, Informationen

Marketing-Trends
Marketingmix – Gemeinsame Werbung: Reisebüros, Airlines, Kreditkartenunternehmen, Sponsoring
u. a. Marketing-Mix – Hotelwerbung: Printmedien, Internet (Werbemittel, Werbeträger), Zielgruppen

Wertschöpfung

Primäre Aktivitäten (gastorientiert)

Potenzialaktivität Akquisition	Eingangs-logistik	Prozessaktivität Kontaktphase	Ergebnis-controlling
Beziehungsmarketing zu: ▶ Reiseveranstaltern ▶ Reisemittlern ▶ Fremdenverkehrs-ämtern ▶ Kreditkartenunter-nehmen ▶ Autovermietungen ▶ Kulturveranstaltern ▶ Sportveranstaltern ▶ Specials, Packages und Pauschalen für Zielgruppen ▶ Gemeinsame Werbung: Reisebüros, Airlines ▶ Werbung: Printmedien, Internet ▶ Direktmarketing	Beziehungsmarketing und Direktmarketing: ▶ Ablaufplanung des Gästeempfangs ▶ Check-In ▶ Lagerung von Magazinware (Hotellerie, F&B, Verwaltung) ▶ z. T. Sportequipment	Direktmarketing im Kontakt mit Gästen (Ablaufplanungen, Checklisten): ▶ Beherbergung ▶ F&B-Bereich ▶ Bankettbereich ▶ Beherbergungsbereich: Rack-Rate, Packages und Pauschalen ▶ F&B-Bereich: ÜN, HP, VP ▶ Serviceleistungen im Bankett-, Tagungs- und Cateringgeschäft ▶ Spezielle Angebote: Packages und Pauschalen: Sport	Direktmarketing im Kontakt mit Gästen (Follow up, Nachlaufpflege): ▶ Gästekartei ▶ Kundendatenbank ▶ Club-Karten ▶ Mailings ▶ Direkt-Mail ▶ Beschwerde-management

Wertschöpfung

Bewertung von touristisch-gastgewerblichen Gesamtbetrieben (Destinationen)

1. Qualitätsorientierte Leistungsketten

Es erfolgt eine **Betriebsbewertung** als komplexes System **von Leistungsprozessen und -ebenen**. Verglichen werden die drei zeitbezogenen Leistungsphasen Potenzialphase (erwartete Qualität), Prozessphase (erfahrene Qualität) und Ergebnisphase (erhaltene Qualität) sowie weitere anbieter- und nachfragerbezogene Qualitätsdimensionen (s. S. 270):

- **technische Qualität (Tech Quality)** von Dienstleistungen; objektiv feststellbare Qualitätseigenschaften, das „**Was**" der Dienstleistung
- **funktionale Qualität (Touch Quality)** betrifft die Empfindungs- und Vorstellungsebene, das „**Wie**" der Dienstleistung

Als Möglichkeiten der Qualitätssteuerung gelten:

- **technokratische Qualitätssteuerung** (wahrnehmbare Qualitätsmerkmale, gesteuert durch Standards und Normen),
- **strukturorientierte Qualitätssteuerung** (Umsetzung in den funktionalen Bereichen, z. B. Qualitätszirkeln),
- **kulturorientierte Qualitätssteuerung** (Verankerung des Qualitätsgedankens in der Unternehmenskultur (Corporate Identity), System von Wertvorstellungen, Verhaltensnormen sowie Denk- und Handlungsweisen).

2. Qualitätsorientierte Leistungsbündel

Es wird versucht, das Unternehmen als „**Gesamtbündel**“ von Leistungsangeboten und -möglichkeiten zu beurteilen. Die **praxisbezogene Betriebsanalyse** erfolgt mithilfe einer **IST-Analyse (Checklisten)** als Grundlage für die späteren Marketingaktivitäten.
Darüber hinaus stellt eine besondere Mischung von **ursprünglichen** (natürliche und soziokulturelle Angebote, allgemeine Infrastruktur) und abgeleiteten (touristische und Freizeit-Infrastruktur) **Angeboten** die Basis für marketingpolitische Aktivitäten v. a. im Rahmen der Angebotsgestaltung und Leistungspolitik dar.

Ob „natürliche Angebotsfaktoren“ als Marketing-Faktoren anzusehen sind, ist allerdings strittig, da sie produktpolitisch nicht beeinflussbar sind. Andererseits können natürliche Produkteigenschaften von Regionen zum Mittelpunkt von strategisch wichtigen kommunikationspolitischen Maßnahmen (Werbung) gemacht werden, z. B.:

- „365 Tage Sonnenschein“
- „Natur pur“
- „Die schönsten Strände der Nordsee“
- „Landschaftliche Vielfalt der Destination“
- „Die schönsten Seen Bayerns“

Touristische Angebote als qualitätsorientierte Leistungsbündel	
1. Basis: Praxisbezogene Betriebsanalyse Leistungsangebote: Bewertung mithilfe von SOLL-/IST-Analysen	
2. Ursprüngliches Angebot	**3. Abgeleitetes Angebot**
Natürliches Angebot (naturgegeben) ▶ Topographie, ▶ Landschaft ▶ Flora, Fauna ▶ Wetter, Klima ▶ Naturdenkmäler **Sozio-kulturelles Angebot (von Menschen geprägte anthropogene Faktoren)** ▶ Tradition, Kultur, Brauchtum ▶ Sprache, Mentalität, Gastfreundschaft ▶ Denkmäler (historisch, kulturell, technisch) **Allgemeine Infrastruktur** (mit Einfluss auf Hotellerie und Tourismus) ▶ Politik, Soziales, Bildung ▶ Ver- und Entsorgung ▶ Kommunikationswesen ▶ Verkehrswesen	**Touristische Infrastruktur (allgemein)** ▶ Touristische Beratung, Hotelangebot ▶ Reiseorganisation ▶ Touristische Transportwege ▶ Reisemittler ▶ Hotelorganisation, Kooperationen ▶ Hotelverwaltung, -vereinigungen **Freizeitinfrastruktur** ▶ Freizeitwesen: Sport, Gesundheit, Kultur ▶ Attraktionen: Events ▶ Wander- und Fahrradwege ▶ Reitwege ▶ Golfplätze ▶ Segelreviere **Spezielle touristische Angebote** ▶ Kur- und Bäderwesen ▶ Packages ▶ Messen ▶ Tagungen ▶ Ausstellungen ▶ Events

3.10 Ökomanagement

Situation

Seehotel Schloss Sonnenbühl

Die Umbaumaßnahmen des ★★★★-Seehotels „Schloss Sonnenbühl“ sind fast abgeschlossen: Im Rahmen einer Hotelführung für Reisemittler erklärt der Geschäftsführer:
„Anfangs hatten wir nur die Vision, weit reichende ökologische Ansprüche bei der Planung und Fertigstellung des Hotelkomplexes zu berücksichtigen. Wir haben diese ökologischen Ansprüche jetzt in unserem Leitbild verankert und sind froh, zukünftig Ökomanagement betreiben zu können. Darüber hinaus werden wir auf dem Areal unserer Hotelanlage „sanften Tourismus“ ganzheitlich praktizieren. Inzwischen sind wir davon überzeugt, dass nur diese umweltsensible Form des Urlaubs für unsere Region umweltverträglich und sozial verantwortlich ist...“

Seit algenverseuchte Strände, sterbende Wälder und schneelose Winter Gästezahlen reduzieren, werden neue Wege gesucht, um touristisch verursachte Umweltbelastungen möglichst gering zu halten bzw. ganz zu vermeiden. Durch den damit verbundenen Wertewandel bzw. die Veränderung des Verbraucherverhaltens ist die Einsicht auf breiter Ebene gewachsen, dass Ökonomie nur im Einklang mit Ökologie zu betreiben ist.
Mithilfe einer **umweltorientierten Unternehmensphilosophie** können einerseits klassische Unternehmensziele gestärkt und andererseits Handlungsprinzipien der Umweltpolitik realisiert werden.

In absehbarer Zeit ist ökologisch verantwortliches Handeln **kein Merkmal** mehr **zur Profilierung** auf dem Markt: Die Gäste werden es als **selbstverständliche Leistung** der Hotellerie/des Tourismus einfordern. Der Erfolg gibt den so genannten „Öko-Pionieren“ Recht. Grundsätzlich kann davon ausgegangen werden, dass es für Umweltschutzmaßnahmen in Unternehmen zwei auslösende Faktoren gibt:

- Der durch Gesetze, Verordnungen, Gebote, Verbote und Auflagen vorgegebene ökologisch-administrative Rahmen.
- Der Tourismus und die Hotellerie stehen zunehmend im Spannungsfeld zwischen ökonomisch-ökologischen Sachzwängen und beruflicher Ethik. Das Bewusstsein der Mitverantwortung für eine gesunde Umwelt wird zur moralischen Unternehmenseinstellung („Moral Suasion“ = röm. Rhetorik: Ratsamkeit, positive Wirkung eines Entschlusses, Überredung).

Seit April 1995 besteht in Deutschland die Möglichkeit **freiwilliger Öko-Audits**: Inzwischen beteiligen sich – europaweit an der Spitze – über 750 Unternehmensstandorte in Deutschland daran. Es handelt sich dabei um eine **freiwillige Betriebsprüfung**, die zunächst für die **Produktionsbereiche** gilt. Seit September 1997 bietet die Bundesregierung mit einer „Erweiterungsverordnung" Öko-Audits auch für Dienstleistungsunternehmen (Tourismus) an. Gleichwohl sollte darüber nachgedacht werden, die Attraktivität und den Bekanntheitsgrad von Öko-Audits für die Hotellerie und den Tourismus in der Öffentlichkeit zu steigern. Unternehmen werden aufgefordert, regelmäßig **eigene Umweltbilanzen** samt Umweltberichtswesen zu erstellen. Eine **Prüfung** durch **staatlich anerkannte Stellen** soll zur **Vergabe eines EU-Umweltzertifikates** führen.

Dabei sind neun Verfahrensschritte zu berücksichtigen, deren Einführung, Umsetzung und Kontrolle in der täglichen Praxis nicht immer leicht zu realisieren sind (IWD, Nr. 11 vom 16. 03.1995, S. 6):

Der Weg zum EU-Öko-Audit	
1. Umweltpolitik	▶ Verpflichtung, einschlägige nationale und EU-weite Umweltvorschriften einzuhalten ▶ Bemühen, betrieblichen Umweltschutz angemessen und kontinuierlich zu verbessern ▶ Bestreben, den Stand der ökologisch relevanten Technik im Unternehmen zu verwirklichen
2. Umweltprüfung	Darlegung aller umweltrelevanten Tatbestände in einer ersten Bestandsanalyse durch das Unternehmen
3. Umweltprogramm	Umweltleitfaden zur Beschreibung der Instrumente zur Umsetzung des Umweltprogramms
4. Umweltmanagementsystem	Festlegung von Organisationsstruktur, Zuständigkeiten, Verfahren, Abläufen und Mitteln zur Verringerung von Umweltbelastungen
5. Umweltbetriebsprüfung	Alle drei Jahre: Überprüfung, ob Organisationsmanagement und Betriebsabläufe mit Umweltpolitik und Umweltprogramm übereinstimmen
6. Umwelterklärung	Veröffentlichungen nach jeder Umweltbetriebsprüfung
7. Umweltgutachter	Unabhängige Sachverständige prüfen, ob Umweltpolitik, -programm, -managementsystem, -betriebsprüfung und -erklärung der EU-Verordnung entsprechen
8. Umweltregister	Behörde trägt den Betriebsstandort in ein Umweltverzeichnis ein
9. Teilnahmeerklärung	Im Register eingetragene Unternehmen sind berechtigt, mit dem Öko-Audit in der Öffentlichkeit zu werben

Umwelt-Gütesiegel

Die **Vorgabebedingungen** von Gütesiegeln orientieren sich **oberhalb bestehender Gesetze** und entsprechen dem jeweils erreichbaren höchsten Stand der Technik. Sie setzen realistische Maßstäbe, können **Wettbewerbsanreize** schaffen und geben Auskunft über **zukunftsorientierte Innovationen**.

Die **Deklaration** setzt an die Stelle von Vorschriften auf die bewusste und **freie Entscheidung** der Verbraucher. So werden die wichtigsten Handlungsprinzipien des Umweltrechts abgeleitet:

Umweltrechtliche Handlungsprinzipien	
Vorbeugende Maßnahmen	▶ **Vorsorgeprinzip** Gezielte Aufklärung über umweltschonende Verhaltensweisen mit dem Ziel, die Umweltbelastung zu verringern, ▷ Gefahrenabwehr ▷ Risikovorsorge ▷ Zukunftsvorsorge
Verantwortung	▶ **Verursacherprinzip** Wer Umweltbelastungen verantwortlich veranlasst, hat diese zu beseitigen. Der Verursacher eines Eingriffs in Natur und Landschaft hat ▷ Beeinträchtigungen auszugleichen, ▷ Kosten zu tragen, um die Umweltbelastung zu vermeiden, zu beseitigen oder auszugleichen.
Ausnahmen	▶ **Gemeinlastprinzip** Kommt zur Anwendung, wenn aufgrund der Art der Verursachung kein bestimmter Verursacher ermittelt werden kann oder aus übergeordneten ökonomischen Erwägungen die Inanspruchnahme nicht vertretbar erscheint (z. B. Schallschutz an Straßen). In diesen Fällen übernimmt die Allgemeinheit (Bund, Länder, Kommunen) die Kosten.
Erkenntnisse nutzbar machen	**Kooperationsprinzip** Herausstellung von gleich lautenden Interessen des Staates, der Gesellschaft, der Unternehmen und der Gäste (Touristen), ▷ Information und angemessene Anhörung aller am ökologischen Prozessdenken beteiligten Gruppen.

(vgl. Dettmer, Harald [Hrsg.]: Betriebswirtschaftslehre für das Gastgewerbe, Hamburg 2002, S. 396)

Umwelt-Gütesiegel
▶ **EU-Umweltzertifikat** vgl. „der Weg zum EU-Öko-Audit“: Neun Verfahrensschritte zur Einführung, Durchführung und Kontrolle von Umweltschutzmaßnahmen.
▶ **Umweltemblem der Vereinten Nationen** grenzt umweltfreundliche Produkte von herkömmlichen Angeboten für den Verbraucher erkennbar ab.
▶ **Deutsche Gesellschaft für Umwelterziehung e. V.** Wird als Umweltzeichen für jeweils ein Jahr an vorbildliche Urlaubsorte und Sportboothäfen verliehen. Alle ausgezeichneten Orte und Sportboothäfen müssen vorbildliche Arbeit im Umweltschutz und bei Umweltinformation nachweisen, z. B. Einhaltung mikrobiologischer Richtwerte der EG-Badewasser-Richtlinie, umweltbezogene Veranstaltungen.
▶ **Verein Ökologischer Tourismus in Europa e. V. (Ö.T.E.)** Wird an Tourismusorte unter Berücksichtigung von Umweltanforderungen (Erhebungs- und Fragebogen) vergeben: ▷ „Kommunales Öko-Audit“: Offenlegung aller Umweltmaßnahmen der Kommune ▷ „Status-quo-Analyse“: Bewertung des Zustandes von Luft, Wasser, Boden, Lärmbelästigung ▷ Besondere Maßnahmen der Verkehrsberuhigung, Abfallreduzierung und Wasserversorgung.
▶ **Plakette von DEHOGA Landesverbänden an Betriebe** Zur Auszeichnung gehört auch der Aushang eines Plakates mit 40 Öko-Kriterien des DEHOGA, um die ausgezeichneten Betriebe der Kontrolle der Gäste und Mitbewerber am Markt auszusetzen.

▶ **Deutsches Gütesiegel für Ökotourismus** Die Dachmarke „Viabono“ soll umweltfreundlichen Urlaub attraktiver machen. Das Siegel wird vom Tourismus und der Hotellerie, aber auch z. B. vom ADAC unterstützt. „Viabono“ arbeitet mit Hotels, Gaststätten und Kommunen zusammen, die umweltrelevante Kriterien erfüllen, u. a. Bio- und Regionalprodukte auf Speisenkarten, Aktionen für den Umwelt- und Naturschutz. Viabono ist eine derzeitig einzigartige „Umweltqualitätsmarke“. Die Viabono-Kriterien bauen auf den Erfahrungen der Umwelt- und Verbraucherverbände ebenso wie auf denen der kommerziellen Spitzenverbände und touristischen Wirtschaftsverbände auf.

Der Einsatz von Rohstoffen nach dem Motto „so viel wie nötig, so wenig wie möglich!“ hilft sowohl Betrieb als auch Natur. Soll heißen, Mitarbeiter müssen aktiv bei der Realisierung der Maßnahmen mitwirken, denn sie können die Schwachstellen in ihren Zuständigkeitsbereichen am besten beurteilen. Darüber hinaus gilt es, die Gäste in die betrieblichen Umweltschutzmaßnahmen einzubinden und zu motivieren, den Hausangestellten eigene Ideen mitzuteilen.

Der Weg zum Ökomanagement

Ökomanagement ist „der Prozess, das Gesamtunternehmen mit seinen Mitarbeitern ... zu ökologischem Denken, Verhalten und Handeln zu bewegen ...“ (vgl. Freistaat Sachsen 1994, S. 11).
Ökologische Orientierung erschließt neue Gästekreise und sichert einen Wettbewerbsvorsprung vor einer ausschließlich quantitativ denkenden Konkurrenz (vgl. Bayerisches Staatsministerium für Landesentwicklung und Umweltfragen 1991, S. 9 ff.).
Die ökologischen Innovationsprozesse finden ihren Niederschlag in der Unternehmensphilosophie und in den Unternehmensleitsätzen.
Ökologische Betriebsführung (Ökomanagement) dient

- dem Schutz der Umwelt und ist damit **Existenzgrundlage** und Basis für den Tourismus,
- berücksichtigt Vorteile für die **betriebswirtschaftliche Gesamtrechnung** (Einsparpotenziale: Verbrauch und Beschaffung) und
- bietet die Möglichkeit der **Imageprofilierung** für die Hotellerie/die Destinationen an.

In Verbindung mit der unternehmerischen **Grundsatzplanung** sollten ökologisches Know-how entwickelt und permanente Erfolgskontrollen bei der Umsetzung wesentlicher ökologischer Forderungen – u. a. als ein **dynamischer Prozess zur Imageprofilierung im Rahmen der Öffentlichkeitsarbeit** forciert werden.

Sieben Schritte auf dem Weg zum Ökomanagement	
1. Ökologische Bestandsaufnahme	Systematische Überprüfung der einzelnen relevanten Betriebsbereiche mithilfe von Checklisten
2. Maßnahmenkatalog	Erstellung eines Maßnahmenkatalogs, der Kosteneinsparungen berücksichtigt, von Mitarbeitern akzeptiert wird und positive Gästereaktionen erwarten lässt
3. Sensibilisierung der Mitarbeiter	z. B. Einführung von Öko-Qualitätszirkeln im Unternehmen sowie das Erstellen von Öko-Audits
4. Gastorientierte Umsetzung	Akzeptanz durch Informationen zu „Ökoideen“ gegenüber den Gästen forcieren
5. Kooperation mit Bezugsgruppen	Zusammenarbeit der Bezugsgruppen (vernetztes Denken), z. B. Verkehrsvereinen, Behörden, Verbänden, Lieferanten, Hotelkooperationen
6. Operationalisierung der Umweltmaßnahmen	Realisierte Maßnahmen vorstellen, z. B. ökologische Innovationen als PR-Thema (vgl. Situation S. 77)
7. Ökomanagement	Umweltziele als strategische Ziele dokumentieren und durch gezielte Mitarbeitergespräche, -schulung und -weiterbildung umsetzen

Aufgaben

1. Um erfolgreich gast-, zukunfts- und trendorientiert am Markt agieren zu können, werden normative, strategische und operative (instrumentelle) Marketingmaßnahmen ergriffen. Was verstehen Sie unter diesen Begriffen?

2. Im Rahmen der Marktforschung werden die Schlüsselfaktoren (Key Issues der Entscheidung) des Marktes differenziert in:

   ▷ Marktanalyse
   ▷ Marktbeobachtung
   ▷ Marktprognose
   ▷ Marktdiagnose

   Erläutern Sie die Begriffe am Beispiel des Seehotels „Schloss Sonnenbühl".

3. Wodurch unterscheiden sich Primär- und Sekundärerhebungen im Rahmen der Marktforschung?

4. Sie sollen im Rahmen einer touristischen Umfeldanalyse unterschiedliche Einflussfaktoren auf das Nachfrageverhalten von Zielgruppen von relevanten Märkten differenzieren. Welche Kriterien sind von Bedeutung?

5. Standortanalysen dienen sowohl der Standortfindung als auch der laufenden Standortbeurteilung für die Hotellerie/die Destinationen. Welche Standortfaktoren bestimmen maßgeblich die Qualität eines Standortes?

6. In der angloamerikanischen Literatur werden als besondere Merkmale des Standortes drei As hervorgehoben. Was ist damit gemeint?

7. Die bekannteste Motivtheorie ist die Bedürfnishierarchie von Maslow. Was verstehen Sie im Hinblick auf das Verhalten von Zielgruppen darunter?

8. Welches sind die Aufgaben von Marketing-Informationssystemen und welche Aufgaben haben Sie?

9. Nennen Sie die wichtigsten Schritte/Grundüberlegungen, die beim Aufbau eines Marketing-Informationssystems für Ihr Hotel wichtig sind.

10. Welche Vorteile hat ein Marketing-Informationssystem?

11. Wo sehen Sie Gefahren eines Marketing-Informationssystems?

12. Was verstehen Sie unter relevanten Informationen?

13. Beschreiben Sie stichpunktartig zwei Methoden der Informationsbeschaffung und zeigen Sie Sonderformen der Primärforschung auf.

14. Nennen Sie im Rahmen der Informationsbeschaffung innerbetriebliche und außerbetriebliche Quellen.

15. Welches sind/könnten die Haupteinsatzgebiete von Marketing-Informationssystemen sein?

16. Welche Inhalte kann ein Kundenprofil (Customer Profile) enthalten?

17. Welche Informationen sollen bei einer Positionierungs- und Umfeldanalyse eines Hotels für die Einstellung in ein CRS gewonnen werden?

18. Nennen Sie Hilfsmittel, die bei der Erstellung und Vervollständigung von Marketing-Informationssystemen behilflich sein können.

19. Diskutieren Sie in der Klasse, unter welchen Umständen und warum es sich
    a) für ein Urlaubshotel,
    b) für ein Hotel für Geschäftsreisende,
    c) für ein Restaurant
    anbieten kann, sich im Marktsegment des barrierefreien Tourismus zu profilieren. Welche Argumente könnten aber auch dagegen sprechen?

20. Tragen Sie zusammen, welche Behinderungsformen Sie kennen und welche typischen Barrieren nach Ihrer Einschätzung für die einzelnen Behinderungen im Urlaub bestehen.

21. Welche die Hotelausstattung betreffenden Punkte müssen geklärt sein, bevor die Reservierungsabteilung des Hotels in dem Beispiel auf Seite 57 die Anfrage beantworten kann? Fertigen Sie einen Entwurf des Antwortschreibens mit fiktiven Angaben zu den angefragten Punkten.

22. Erläutern Sie den Begriff „integratives Marketing".

23. Sie sind Marketingleiter/in in einem Vier-Sterne-Urlaubshotel im Schwarzwald, für das ein neuer Hausprospekt entwickelt werden soll. Ihre Gäste sind im Hochsommer hauptsächlich Familien mit Kindern, in der Nebensaison zu etwa 60 % Gäste über 60 Jahre. Das Hotel verfügt über einen großen Wellnessbereich mit Hallenschwimmbad. Sechs der insgesamt 67 Zimmer sind barrierefrei im Sinne der DIN.
    Formulieren Sie im Sinne eines integrativen Marketings einige Kernaussagen für den Hausprospekt und machen Sie sich zur Vorbereitung der Gespräche mit dem Grafiker Gedanken über ein mögliches Layout.
    Wie könnte man diese Aussagen auch in den geplanten Internetauftritt des Hotels integrieren?

24. Welche drei wesentlichen Kriterien sollten bei der Bestimmung von Konkurrenten berücksichtigt werden?

25. Nennen Sie wesentliche Merkmale einer Konkurrenzbeobachtung.

26. Welche Anwendungsgebiete für teilnehmende Beobachtungen in Hotelunternehmen können differenziert werden? Nennen Sie sechs Beispiele.

27. Erst außergewöhnliche Leistungen geben jedem Unternehmen Profil. Basis dieser Profilierung am Markt sind SEPs. Was ist darunter zu verstehen?

28. Was sind USPs im Rahmen einer gast- und wettbewerbsorientierten Marketingstrategie?

29. Im Seehotel „Schloss Sonnenbühl" soll ein TQM-System (Zertifizierung nach DIN EN ISO 9000 ff.) eingeführt werden. Erstellen Sie für das Hotel eine Ablaufplanung zur Einführung eines TQM-Systems.

30. Das Management des Seehotels „Schloss Sonnenbühl" erhofft sich durch die ständig verbesserten Qualitätsstandards maßgeblichen Nutzen für das Unternehmen. Welchen Nutzen hat eine Zertifizierung nach DIN EN ISO 9000 ff.?

31. Begründen Sie wesentliche Aspekte einer ökologischen Betriebsführung (Öko-Management) für das Seehotel „Schloss Sonnenbühl".

4 Zielfindung im strategischen Marketing

„Wer das Ziel kennt, kann entscheiden.

Wer entscheidet, findet Ruhe.

Wer Ruhe findet, ist sicher.

Wer sicher ist, kann überlegen.

Wer überlegt, kann verbessern."

(Konfuzius)

Eine gute Betriebsführung ist ohne eine konkrete Zielsetzung nicht denkbar. Dabei sind die Unternehmensziele Vorgaben und Maßstab zugleich und beziehen sich auf das ganze Unternehmen, und zwar:

- **die unternehmerische Überzeugung** (Credo), z. B.
  - man muss das Unmögliche versuchen, um das Mögliche zu erreichen
  - wir streben an, die 1. Adresse zu werden
- **langfristige Unternehmensziele**, z. B.
  - Wille zur Erhaltung der Selbstständigkeit
  - Umsatzwachstum,
  - Rentabilität,
  - Diversifikation

4.1 Unternehmensziele

Situation

Seehotel Schloss Sonnenbühl

Die Grundlagen für umfangreiche Strukturveränderungen des Seehotels „Schloss Sonnenbühl" sind gelegt. Mit der Erarbeitung der neuen Unternehmensvision, des Unternehmensleitbildes (vgl. Kap. 2) und der Darstellung der Ergebnisse aus der Analyse der Rahmenbedingungen (vgl. Kap. 3) sind alle Voraussetzungen geschaffen, sich nun der Erarbeitung und Formulierung der konkreten Unternehmens- und Marketingziele zuzuwenden.

Ableitung der Unternehmensziele

Unternehmensvision

▼

Unternehmensziele

Die Unternehmensziele werden aus der Unternehmensvision abgeleitet und umfassen die wichtigsten mittelfristigen (in der Regel zwei bis drei Jahre) und taktischen Ziele.

Sie geben konkrete Bemühungen, Aktivitäten und Leistungen an. Vom Inhalt her betrachtet, beziehen sie sich häufig auf:

- Gewinnerzielung,
- Umsatzsteigerung,
- Verbesserung des Marktanteils,
- Diversifikation
  und nicht zuletzt auf die
- Verwirklichung von Innovation.

Hierbei sollen und müssen sich die Ziele unmittelbar aus der Zweckformulierung ergeben, das heißt, sie müssen am Markt, im Wettbewerb und im Wettbewerbsumfeld mit der Realität verglichen werden; aber vor allem müssen die Ziele vergleichbar sein (z. B. Marktentwicklung, Entwicklung des gesellschaftlichen Umfelds, Ausrichtung des Unternehmens am Marktgeschehen, Kennziffern).

In diesem Zusammenhang ist es besonders nützlich, wenn sie hierarchisch angeordnet, qualitativ, realistisch und konsistent sind.

Gestaltung der Unternehmensziele nach der Zielhierarchie

Übergeordnete Ziele	Beispiele/Erläuterungen
Unternehmenszweck („Business Mission“)	Was ist unser Geschäft? z. B. „Wir betreiben ein Tagungshotel“
Unternehmensleitlinien und -grundsätze („Policies and Practices“)	Wertmaßstäbe und Ideale z. B. Umwelt, Personal, Qualität, Qualitätsansprüche, Ressourcennutzung, Mitarbeiterbeteiligungen
Unternehmensidentität („Corporate Identity“)	Erscheinungsbild und Kommunikation z. B. Logo, Signet, Wort-Bild-Marke, Unternehmensfarben, Mitarbeiterverhalten
Handlungsziele	**Beispiele/Erläuterungen**
Oberziele des Unternehmens („Goals“)	Umsatz- und Gewinnentwicklung, Rentabilität, Liquidität, Marktanteile, Kundengewinnung und Kundenbindung ▶ Pflege des Unternehmensimages
Ziele in den Funktionsbereichen („Marketing“)	Erarbeitung, Anpassung der Marketingziele und Marketingkonzepte ▶ Gestaltung und Kommunikation des Unternehmensimages
Zwischenziele („Geschäftsfelder“)	Verbesserung der Unternehmenskommunikation ▶ Verbesserung des Unternehmensimages
Unterziele („Marketing-Mix-Bereiche, Marketinginstrumente“)	Verbesserung der Öffentlichkeitsarbeit (Public Relations) ▶ Imagekampagne in Printmedien, Sponsoring

Einteilung der Unternehmensziele

Monetäre Ziele (sie haben vorwiegend einen wirtschaftlichen Bezug) wie	**Nichtmonetäre Ziele** (sie haben vor allem sozialen, moralischen, politischen und gesellschaftlichen Bezug) wie
▶ Erhöhung von Gewinn/Profit	▶ Image und Prestige
▶ Erhöhung des Umsatzes	▶ politischer und gesellschaftlicher Einfluss
▶ Erhöhung der Eigenkapitalrentabilität	▶ Arbeitszufriedenheit
▶ Effizientere Ressourcennutzung	▶ Einkommenssicherheit
▶ Erhöhung des Marktanteils	▶ Bekanntheit
▶ Erschließung neuer Märkte	▶ Beliebtheit
▶ Verbesserung der Liquidität	▶ Kundenbindung
▶ Kreditwürdigkeit	
▶ Verbesserung des Ratings	

4.2 Marketingziele

Situation

Für die Marketingarbeit im engeren Sinne müssen wir Unternehmensziele nicht setzen, aber kennen. Fassen wir Marketing aber im weitere Sinne auf (diese Notwendigkeit setzt sich immer mehr durch), nämlich als Konzept zur Unternehmensführung vom Markt her, so werden die Unternehmensziele auf der Basis der Marketinganalyse getroffen.
Die Marketingverantwortlichen müssen somit in die Ziel-Entscheidungsfindung mit einbezogen werden.

Vor dem Hintergrund der betrieblichen Oberziele werden für die verschiedenen Abteilungen eines Unternehmens/Betriebes die notwendigen Bereichs- oder Abteilungsziele formuliert, so auch für den Marketingbereich bzw. die Marketingabteilung.

Sie dienen zur Erfüllung der Unternehmensziele.

Ableitung der Marketingziele

Unternehmensziele
▼
Marketingziele
▼
Marketingstrategie

Marketingziele umfassen kurzfristige Ziele (in der Regel bis zu einem Jahr) und stellen einen unmittelbaren und konkreten Bezug her zu den notwendigen Handlungen und Maßnahmen wie Planung, Erstellung, Controlling. Dabei müssen die Marketingziele wie auch die Unternehmensziele im Wettbewerb am Markt und im Umfeld mit der Realität verglichen werden und vergleichbar sein; die dazu zur Verfügung stehende Reaktionszeit ist jedoch wesentlich begrenzter. Allein diese Tatsache setzt ein hohes Maß an Sachkenntnis in der Marketingarbeit voraus.

Das bezieht sich sowohl auf die Mitarbeiter als auch und vor allem auf das Management im Unternehmen. Da sich in diesem Prozess die Strategie als „Weg zum Ziel" definieren lässt, wird klar, dass es ohne eine klare Zielbestimmung im Marketing nicht möglich sein kann, eine Strategie zu erstellen, geschweige denn durchzusetzen.

Zielfestlegung

Zur Konkretisierung der Marketingziele ist es daher empfehlenswert, die in der folgenden Übersicht dargestellten Aspekte bei der Zielfestlegung zu berücksichtigen:

Zielaspekt	Beispiele/Erläuterungen
Zielinhalt	Was wird angestrebt? z. B. **ökonomische Ziele**, wie Erhöhung der Zimmerbelegung, Senkung der Kosten **qualitative Ziele**, wie Verbesserung des Service, Produktverbesserung **psychografische Inhalte**, wie Veränderung des Images, Erwartungshaltung des Gastes
Zielausmaß	Wie viel wird angestrebt? z. B. **unbegrenzte Ziele**, wie maximale Umsatzsteigerung, Erhöhung der Zimmerauslastung **begrenzte Ziele**, wie Steigerung des Umsatzes um 10 %, Steigerung der Zimmerauslastung um 15%
Zeitlicher Bezug	In welchem Zeitraum soll das Ziel erreicht werden? z. B. **langfristige Ziele**, wie Marktführer im Tagungs- und Kongressbereich, Gewinnerwirtschaftung **mittelfristige Ziele**, wie Verbesserung des Bekanntheitsgrades durch Maßnahmen im Direktmarketing **kurzfristige Ziele**, wie Umsatzerhöhung durch Maßnahmen der Verkaufsförderung, Schulungen
Zielbeziehung (Rangordnung)	Welche Beziehungen gibt es zwischen den Zielen? **Oberziele, Zwischenziele, Unterziele** z. B. sind diese Ziele ▶ komplementär (fördernd) ▶ konkurrierend (behindernd) ▶ antinom (verhindernd) ▶ indifferent (nicht beeinflussend)
Marktsegmentierung	Mit welcher Zielgruppe soll das erreicht werden? **Segmentierungskriterien**, wie ▶ geografische Lage ▶ Reisemotive ▶ psychografische Merkmale ▶ soziodemografische Merkmale ▶ ökonomische Merkmale usw.

(vgl. Meffert, Heribert: Marketing, Wiesbaden 2000, S. 73)

Einteilung der Marketingziele

Für eine weitere systematische Marketingzielbestimmung ist die Kenntnis über die konkrete Einteilung der Marketingziele notwendig.

Die folgende Übersicht zeigt Möglichkeiten zur Einteilung:

Bezeichnung	Beispiele
Rentabilitätszwecke	Gewinn/Profit
	Umsatzrentabilität
	Eigenkapitalrentabilität
	Gesamtkapitalrentabilität
	Aktienkurse, Börsenwerte
Marktstellungsziele	Marktanteil
	Umsatz
	Marktgestaltung
	neue Märkte, Markterschließung
Finanzielle Ziele	Liquidität
	Kreditwürdigkeit
	Rating
	Kapitalstruktur
	Selbstfinanzierungsgrad

Bezeichnung	Beispiele
Soziale Ziele	Arbeitszufriedenheit
	Betriebsklima
	Einkommensentwicklung
	soziale Absicherung
	soziale Integration
	Entwicklungsmöglichkeiten der Mitarbeiter
Markt- und Prestigeziele	Unabhängigkeit meines Unternehmens
	Image und Prestige bei Lieferanten
	politischer und gesellschaftlicher Einfluss
	gesellschaftliches Ansehen
	Image und Prestige bei meinen Gästen

Fazit

Je präziser und klarer die Marketingziele gefasst sind, umso präziser und aussagekräftiger lassen sich die Marketingstrategien formulieren und durchsetzen.
Um Marketingstrategien zu einer aktiven Gestaltung von Beziehungen innerhalb eines Unternehmens zwischen Unternehmen und Umwelt zu entwickeln, bedarf es einer umfassenden gedanklichen Leitidee sowie Handlungsvorgaben, also einer klaren Zielorientierung, aber auch dem Willen und dem Mut, sich den immer neuen Bedingungen und Voraussetzungen am Markt zu stellen.

Hier schließt sich der Kreis von der Entwicklung einer Vision bis hin zur konkreten Zielbestimmung im Unternehmen und macht deutlich:

„Es ist nicht genug zu wissen,

man muss es auch anwenden;

es ist nicht genug zu wollen,

man muss es auch tun."

(Goethe)

Aufgaben

1. Erläutern Sie die Gestaltung der Unternehmensziele nach der Zielhierarchie.

2. Was verstehen Sie unter monetären und nichtmonetären Unternehmenszielen?

3. Leiten Sie aus der Unternehmensvision und dem Unternehmensleitbild für das Seehotel „Schloss Sonnenbühl" die notwendigen Unternehmensziele ab.
   a) Stellen Sie die Unternehmensziele nach der Zielhierarchie dar. Nehmen Sie hierbei eine Trennung vor nach „übergeordneten Zielen" und „Handlungszielen".
   b) Ordnen Sie die Unternehmensziele nach monetär und nichtmonetär.
   c) Begründen Sie logisch nachvollziehbar die Auswahl Ihrer Unternehmensziele.

4. Welche Bedeutung hat die unternehmerische Überzeugung (Credo) für die Erarbeitung der Unternehmensziele?

5. Stellen Sie dar und beschreiben Sie die Marketingziele nach den Zielaspekten.

6. a) Leiten Sie aus den Unternehmenszielen für das Seehotel „Schloss Sonnenbühl" die konkreten Marketingziele ab.
   b) Treffen und formulieren Sie eine begründete und logisch nachvollziehbare Auswahl der Marketingziele.

7. a) Erarbeiten Sie ein Konzept für die Präsentation der Ergebnisse im Rahmen der „Situation" aus dem Kap. 2, Seite 8 für das Seehotel „Schloss Sonnenbühl". Beachten Sie dabei folgende Hinweise:
   - ▷ Erläutern Sie die methodische Herangehensweise bei der Realisierung der Aufgabenstellung.
   - ▷ Stellen Sie die überarbeitete Charakteristik als neuen Unternehmenszweck dar.
   - ▷ Stellen Sie die Unternehmensvision, die Unternehmensziele und die konkreten Marketingziele vor und begründen Sie Ihre Entscheidungen.

   b) Präsentieren Sie Ihre Ergebnisse vor dem Familienrat des Hotelbetriebes.

5 Marketingstrategie

Situation

Seehotel Schloss Sonnenbühl

Friedrich von Bühl, der Juniorchef des Seehotels „Schloss Sonnenbühl", hat trotz seiner Jugend schon viele Erfahrungen in der in- und ausländischen Hotellerie sammeln können und weiß, dass sich Unternehmen auf dem Markt zielorientiert und systematisch verhalten müssen, um ihre **Unternehmensziele** (s. S. 81) zu erreichen.
Er hat eine **Bestandsaufnahme (Ist-Situation)** durchgeführt und im Familienkreis seine Pläne für die weitere Entwicklung des Hotels vorgestellt. Dabei hat er seine Ziele in

- kurzfristige Ziele (ca. 3 bis 9 Monate)
- mittelfristige Ziele und (ca. 12 bis 24 Monate)
- langfristige Ziele (ab 24 Monaten)

eingeteilt.

Altes Familienwappen

Eine **Marketingstrategie** soll die konsequente Umsetzung von Plänen und Ideen in den nächsten Jahren verwirklichen. Dabei ist es wichtig, einerseits **strategisch** langfristig zu denken, jedoch andererseits im Auge zu behalten, dass man genügend Freiraum für die **taktischen Marketingmaßnahmen** benötigt, um sich einem veränderten Markt schnellstmöglich anpassen und darauf reagieren zu können.
Es müssen für die unterschiedlichen Bereiche eines Hauses individuelle Strategien erarbeitet werden, die sich in ihrer Gesamtheit ergänzen, zu einer unverwechselbaren Einheit führen und einem Hotel entscheidende Wettbewerbsvorteile gegenüber den Mitbewerbern verschaffen.

Um sicher zu gehen, dass keine notwendigen Schritte vergessen werden und um der Familie und allen Mitarbeitern die Unternehmensstrategie vorstellen zu können, werden die einzelnen Schritte in einer Grafik zusammengestellt.

1. **Unternehmensvision**
2. **Situations-Analyse**
3. **Strategische Erfolgsposition (SEP)**
4. **Grundlegende Marketing-Idee**
5. **Definition der Zielgruppen**
6. **Positionierung innerhalb der Mitbewerber**
7. **Wirtschaftliche Zielfestlegung**

1. Unternehmensvision

Friedrich von Bühl hat seine ganz persönliche Unternehmensvision in einem einzigen Satz niedergeschrieben, der als Grundlage der gesamten Geschäftspolitik gelten soll: Seehotel „Schloss Sonnenbühl" – seit 1880 der Familientradition verpflichtet". Nun gilt es, diese verpflichtende Aussage in allen Bereichen des Hauses konsequent umzusetzen und mit Leben zu erfüllen.

2. Situations-Analyse

Um realistische Ziele für die einzelnen Bereiche des Seehotels „Schloss Sonnenbühl" festzulegen, ist eine Situations-Analyse z. B. der Wettbewerber, der Umwelt und des Unternehmens erforderlich.
Es werden Situationen analysiert wie:
- Wie stellt sich der Markt derzeit dar?
- Wo ist das eigene Haus angesiedelt (Stärken- und Schwächenprofil)?
- Kann das Hotel die angestrebten Ziele realisieren?

3. Strategische Erfolgsposition (SEP)

Die überdurchschnittliche Kompetenz des Unternehmens gegenüber den Mitbewerbern verschafft Marktvorteile und damit langfristig bessere Betriebsergebnisse. Dabei können diese Wettbewerbsvorteile in unterschiedlichen Bereichen liegen, z. B.
- der vorteilhafteste Standort
- die herausragende einmalige Qualität
- die günstigste Kostenstruktur
- die Spezialisierung und Marktführerschaft

4. Grundlegende Marketing-Idee

Die abstrakte und eher philosophische Unternehmensvision muss nun in eine realistische, umsetzbare, konkrete Form gebracht werden. Es gilt also, die ursprüngliche Vision zu einer praktikablen Idee und zugleich Aufgabenstellung zu formulieren, die dann in der Realität – sprich im laufenden Betrieb – umgesetzt werden kann.
Für das Seehotel „Schloss Sonnenbühl" mit seinem umfangreichen Freizeitangebot hat Friedrich von Bühl seine grundlegende Marketingidee so formuliert: „Der Tradition verpflichtet – aufgeschlossen für die Zukunft – Gastlichkeit, die von Herzen kommt".
Er weiß, dass er diese grundlegende Marketingidee nun in seinem Haus in „Hardware" und „Software" vermitteln und erlebbar gestalten muss.

5. Definition der Zielgruppen

Die bisherigen Zielgruppen des Hauses waren vorwiegend Erholung suchende Gäste (vorwiegend Familien und Senioren) und Tagesbesucher des Restaurants. Durch den geplanten Erweiterungsbau einer großzügigen Badelandschaft erhofft sich das Haus eine Verlängerung der Saisonzeiten und erhöhte Auslastung in der nachfrageschwachen Zeit sowie die Gewinnung neuer Zielgruppen, für die das Hotel bisher nicht attraktiv genug war.
Es gilt also, eine genaue Definition der derzeitigen und künftigen Zielgruppen vorzunehmen. Dabei ist zwischen einer (oder maximal zwei) **Kernzielgruppen** und weiteren **Nebenzielgruppen** zu unterscheiden und darauf zu achten, dass sich die Ansprüche und Bedürfnisse dieser Zielgruppen nach Möglichkeit überschneiden und keine Zielgruppenkonflikte vorprogrammiert sind.

Familie in der hoteleigenen Badelandschaft

Je genauer die Vorstellungen und Bedürfnisse der jeweiligen Zielgruppe bekannt sind, desto genauer kann das künftige Produkt auf diese Vorstellungen abgestimmt werden und desto erfolgreicher wird der Betrieb geführt werden können. Nur bei einem klar profilierten und unterscheidbaren Angebot werden die Gäste dies honorieren und nur wenn genau definiert ist, wer angesprochen werden soll, können später die erforderlichen Maßnahmen der Verkaufs- und Kommunikationspolitik wirksam eingesetzt werden.

Die **klassische Segmentierung** unterscheidet dabei zwischen folgenden Merkmalen:
- geografische Merkmale
  (Herkunft der Gäste, Einzugsgebiet)
- soziologische Merkmale
  (Alter, Geschlecht, Familienstand, Einkommen, Beruf)
- Zweck der Reise
  (Urlaub, Kurzurlaub, Gesundheitsurlaub, Tagung, Familienfeier, Geschäftsreise, Kulturreise)
- Reisegewohnheiten
  (Individualreise, Gruppenreise, Aufenthaltsdauer, Saisonzeiten)

Immer häufiger wird jedoch zusätzlich eine andere Form der Segmentierung (oftmals als **„neue" Segmentierung** bezeichnet) als Ergänzung herangezogen.
Diese beschäftigt sich mit den Bedürfnissen, der Erwartungshaltung und den Persönlichkeitsmerkmalen der potenziellen Gäste.
Lebensstile, Verhalten und Erwartungen werden hier genau definiert. Bei dieser Art der Segmentierung wird man schnell feststellen, dass sich gleichartige Persönlichkeitsmerkmale quer durch alle Rubriken der klassischen Segmentierung ziehen, dass z. B. das Thema „Wellness" für Gesundheitsorientierte interessant ist, unabhängig von geografischer Herkunft, Alter, Geschlecht, Familienstand oder Beruf.

Gefahren der Segmentierung
Übersegmentierung heißt, zu viele Zielgruppen anzusprechen, viele Kompromisse schließen zu müssen und das Produkt zwangsläufig zu verwässern.
Untersegmentierung heißt, eine zu kleine spezifische Zielgruppe anzusprechen und damit kein ausreichendes Gästevolumen zu generieren.

6. Positionierung innerhalb der Mitbewerber

Kaum ein Unternehmen ist auf dem Markt konkurrenzlos. So wird das Seehotel „Schloss Sonnenbühl" von den Gästen mit anderen Hotels verglichen, wobei diese Vergleiche natürlich sehr individuell und subjektiv sind. Es gilt also, innerhalb der vergleichbaren Unternehmen eine herausragende Position einzunehmen. Wobei es nicht genügt, „einer unter vielen" zu sein. Es muss eine Spitzenposition angestrebt werden.

Vor der Definition der Positionierung müssen jedoch zwei grundlegende **Untersuchungen** durchgeführt werden:

- Wettbewerbsanalyse
- Definition des eigenen Stärken-/Schwächenprofils

Nur wer andere, vergleichbare Unternehmen kennt, kann sein Angebot entsprechend gestalten, nur wer seine eigenen Stärken und Schwächen kennt, kann zielgerichtet Stärken ausbauen und Schwächen minimieren.

Gäste reduzieren das Gesamtangebot des jeweiligen Hotels zumeist auf wenige, ganz persönliche Eigenschaften, die für sie von besonderem Interesse sind. Je nach Interessenlage sind das im Allgemeinen maximal vier Faktoren, deren Rangfolge unterschiedlich bewertet wird:

- Lage des Hotels
- Qualität in der Hardware und Software
- Preise
- Image

Je stärker die eigenen Vorteile des Betriebes herausgestellt und publiziert werden können (s. Kap. 10, S. 151), desto unverwechselbarer, einmaliger und konkurrenzloser ist das eigene Produkt. Hier hilft eine eindeutige **strategische Erfolgsposition (SEP)** ebenso wie ein eigenständiges **USP** (s. S. 159).

Eine Positionierung ist stets ein langfristiger Prozess, der genau durchdacht, konsequent durchgeführt und permanent kontrolliert werden muss. Dabei bieten sich unterschiedliche Positionierungsmöglichkeiten an.

Positionierung mit „harten" Merkmalen:

Dies sind nachprüfbare Faktoren wie Lage, Preis, Einrichtung (perfektes Tagungsangebot, großer Wellnessbereich, eigener Golfplatz, größte Auswahl an Weinen usw.).

Positionierung mit „weichen" (emotionalen) Merkmalen:

Im Gegensatz zur rein sachlichen Positionierung werden hier Gefühle, Emotionen, Sehnsüchte angesprochen, die vielschichtig und individuell interpretierbar sind („Ferien für die Seele", „Zeit für Gefühle" [Robinson-Clubs], „Gefühle erleben – Gesundheit genießen", „Das Gästehaus der Bayerischen Könige").

7. Wirtschaftliche Zielfestlegung

Die Voraussetzung für ein realistisches Jahresbudget ist die genaue Definition wirtschaftlicher Ziele. Diese werden für einen längeren Zeitraum (ca. drei bis vier Jahre) festgelegt. Es werden unterschieden:

Quantitative Ziele

Gewinnziele, Wachstumsziele, Marktanteilsziele, Kostenziele

Beispiele für quantitative Ziele:

- Steigerung der Bettenbelegung (Zimmerbelegung) in der nachfrageschwachen Zeit 15.10. bis 20.12. von derzeit 45 % auf 55 % innerhalb von zwei Jahren
- Erhöhung des Barumsatzes je Sitzplatz von derzeit 23 Euro auf 28 Euro innerhalb von 12 Monaten
- Anzahl der über den Reiseveranstalter Müller vermittelten italienischen Gäste von derzeit 3 % der Gesamtgästezahl auf 5 % innerhalb von drei Jahren

Qualitative Ziele

Image, Bekanntheitsgrad, Präferenz, Markenaufbau

Beispiele für qualitative Ziele:

- Gestaltung eines neuen Webauftritts, der insbesondere die Kinderfreundlichkeit des Hotels herausstellt.
- Einführung der Dienstleistung „Sportgeräteaufbewahrung für Skifahrer und Snowboarder".
- In der Hochsaison soll zukünftig am Nachmittag für Hotelgäste ein kostenloses Kuchenbüfett zur Verfügung gestellt werden.

Entscheidend dabei ist die Festlegung auf hohe, aber realistische und erreichbare Ziele, die konkret definiert und jedem Mitarbeiter bekannt sein müssen.
Die konkreten Zielsetzungen sind die Voraussetzung für den jährlich neu zu erstellenden **Marketing-Aktivitätenplan**. Dabei ist es wichtig, Prioritäten zu setzen und genau festzulegen, welche strategischen Ziele höchste, mittlere und geringere Priorität haben.
Während eine Kontrolle der quantitativen Ziele durch die Zahlen der Buchhaltung jederzeit aktuell möglich (und notwendig) ist, können qualitative Ziele nur nach einem längeren Zeitraum kontrolliert werden. Oftmals wird dabei auch die Hilfe eines professionellen Marktforschungsinstituts in Anspruch genommen.

Weitere strategische Ziele

Nach der Definition und Festlegung der vorher genannten strategischen Ziele müssen zwei weitere grundlegende Entscheidungen getroffen werden:

- Entscheidung über die Wahl der Verkaufswege
- Entscheidung über die Gewichtung des Einsatzes des marketingpolitischen Instrumentariums (Marketing-Mix)

Entscheidung über Wahl der Verkaufswege

Die Wahl der richtigen Verkaufswege (s. Kap. 11, S. 244) kann über Erfolg oder Misserfolg eines Produkts entscheiden. Das hervorragende Produkt muss vom Produzenten (Hotel/Restaurant) zum Abnehmer (Gast) gebracht werden.
Grundsätzlich wird dabei unterschieden zwischen

- direkten Absatzwegen

  und

- indirekten Absatzwegen.

Direkter Absatzweg
Immer dann, wenn das Hotel/Restaurant einen direkten Kontakt mit dem Gast hat, bedeutet dies einen direkten Absatzweg. Dies kann durch Telefon, Internet, Fax, Brief, E-Mail oder auf persönliche Weise geschehen. Hierbei findet die Kommunikation direkt zwischen beiden Partnern statt.

Neben dem Hotelempfang wird diese Aufgabenstellung in größeren Hotels von einer eigenen Reservierungsabteilung oder einer Verkaufsabteilung wahrgenommen.

Indirekter Absatzweg
Um Zielgruppen anzusprechen, bei denen ein direkter Kontakt kaum oder nur unter erheblichem Personal- und Kosteneinsatz möglich ist, bedient man sich des Einsatzes professioneller Absatzhelfer oder -mittler.

Dies trifft z. B. auf ausländische Gäste, auf Reiseveranstalter, Reisebüros, Firmen usw. zu. Auch der Beitritt zu einer Hotelkooperation ist eine strategische Entscheidung über einen Teilbereich des indirekten Absatzweges.

Absatzwege in der Hotellerie

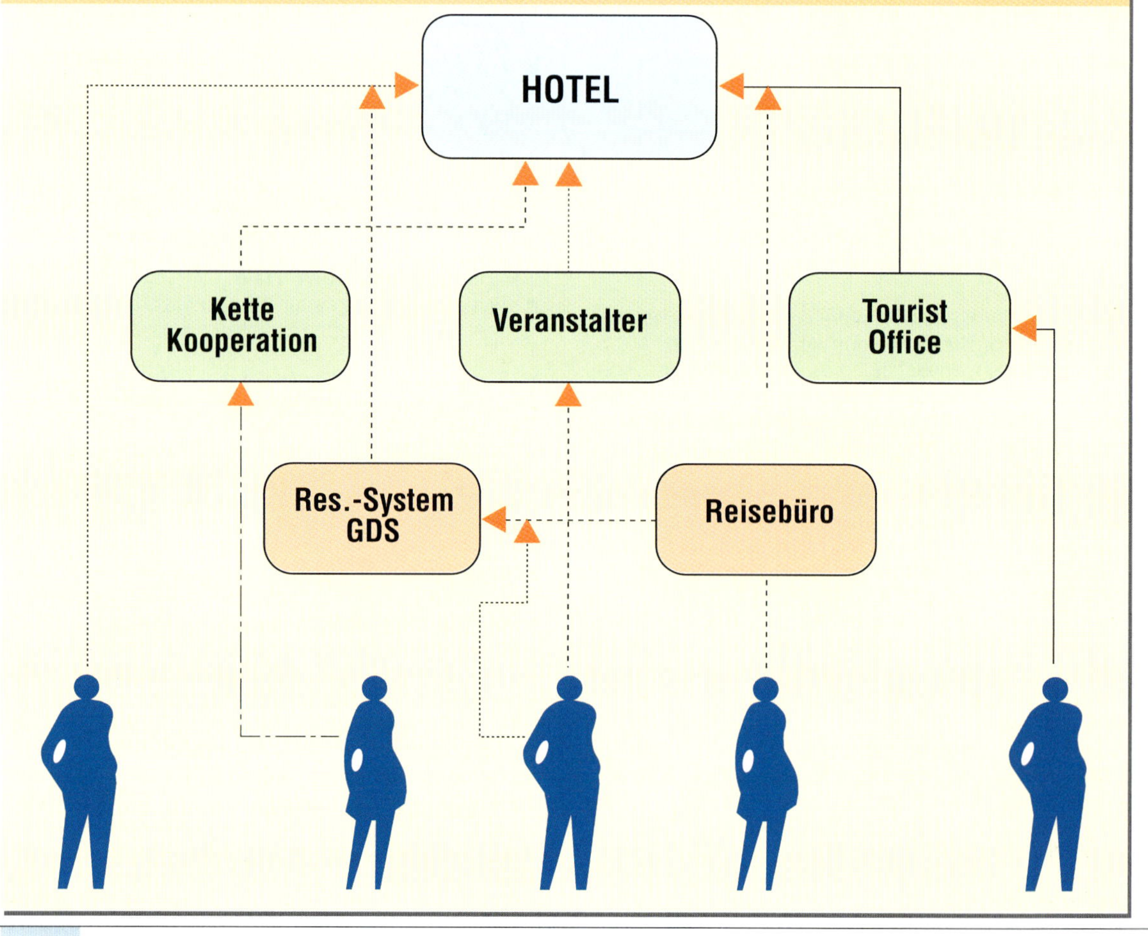

Mit der Festlegung auf indirekte Absatzwege wird eine mittelfristige strategische Entscheidung getroffen, die auch erst mittelfristig erfolgreich sein kann. Das jeder indirekte Absatzweg mit zusätzlichen Kosten (Provisionen, Beitrittsgebühren) verbunden ist, muss bei der Finanzplanung entsprechend berücksichtigt werden.
Ein weiterer indirekter Absatzweg bleibt in der Hotellerie oftmals ungenutzt, obwohl er bei kleinstmöglichem finanziellem Einsatz einen hohen Nutzen verspricht, wenn er professionell gehandhabt wird: der Absatzweg über Meinungsmultiplikatoren (Beeinflusser) z. B. Presse, Rundfunk, Fernsehen, örtliche Touristinformation, Firmensekretariate bis hin zu Taxifahrern.
Diese Beeinflussung erfolgt konkret und gezielt durch entsprechende Marketingmaßnahmen (Presse- und Öffentlichkeitsarbeit, s. S. 218 ff.). Dabei ist einer der wichtigsten (und meist unterschätzten) **Meinungsmultiplikatoren** auf dem regionalen Markt der eigene Mitarbeiter im Haus. Dessen Meinung und Verhältnis zum eigenen Betrieb wirkt in der Öffentlichkeit besonders nachhaltig, da man ihm Detailkenntnisse zutraut.
„Mund-zu-Mund-Werbung“ (besser: „Mund-zu-Ohr-Werbung") ist besonders erfolgreich und wird als „Empfehlungs-Marketing“ vielfach eingesetzt.

Gewichtung der Verkaufswege
Nach der Wahl der Verkaufswege erfolgt deren Gewichtung. Hierbei ist das Angebot (Produkt) und dessen Konkurrenzfähigkeit in Zusammenhang mit den wirtschaftlichen Zielsetzungen zu setzen. So ergeben sich konkrete strategische Ziele, z. B.

Priorität A: Beitritt zur Kooperation „Deutsche Wellness-Hotels“
Aufnahme in den Spezialkatalog „TUI vital“

Priorität B: Zusammenarbeit mit dem Busreiseveranstalter „Kur-Express“, der sich auf Busreisen mit Wellnessangeboten spezialisiert hat

Priorität C: Anschluss an das Direktbuchungssystem des regionalen Tourismusverbandes

Entscheidung über die Gewichtung des Einsatzes des marketingpolitischen Instrumentariums (Marketing-Mix)

Während der konkrete Einsatz des Marketing-Mixes im jährlichen Marketing-Aktivitätenplan festgelegt wird, sind grundlegende Entscheidungen bereits bei der Entwicklung der Strategie zu treffen. Hier geht es vor allem um die Festlegung, mit welchen dominierenden Leistungsmerkmalen das Unternehmen den Markt erschließen will.

Dabei bieten sich vorwiegend zwei unterschiedliche Leistungsmerkmale an:

- Qualität
- Preiswürdigkeit

Je nach strategischer Zielsetzung muss eine Entscheidung zwischen diesen beiden Merkmalen getroffen werden.

- Höchste Qualität hat einen hohen Preis (Luxusgut)
- Preiswürdigkeit kann keine höchste Qualität haben (Konsumgut)

Problematisch bei dieser Einteilung ist jedoch, dass sowohl Qualität als auch Preiswürdigkeit ganz individuell empfunden werden und eine generelle Grenzziehung nicht möglich ist.

Fazit

- Unternehmensstrategien sind langfristige Entscheidungen, die auch nach Jahren noch Wirkung zeigen.
- Die Festlegung auf Unternehmensstrategien erfordert unterschiedliche Investitionen in unterschiedlichen Bereichen
- Konzentration verhindert „verzetteln“.
- Strategische Entscheidungen müssen innerhalb des Unternehmens so koordiniert werden, dass sie in der Öffentlichkeit das Unternehmen als geschlossenes Ganzes darstellen.
- Strategien bringen keinen kurzfristigen wirtschaftlichen Erfolg, hierfür sind taktische Maßnahmen notwendig. Sie sichern jedoch die langfristige Existenz des Unternehmens.
- Der kurzfristige ständige Strategiewechsel ist der Tod eines Unternehmens. Weder Gäste (Kunden) noch Mitarbeiter können derartige schnelle Strategiewechsel nachvollziehen, das Unternehmen verliert an Kompetenz und Vertrauen.

Aufgaben

1. Definieren Sie drei Haupt- und zwei Nebenzielgruppen nach dem Zweck der Reise für das Seehotel „Schloss Sonnenbühl".
2. Die Wahl der Verkaufswege ist ein entscheidender Faktor in der Marketingstrategie. Nennen Sie zwei unabdingbare und zwei weitere mögliche Verkaufswege für das Seehotel „Schloss Sonnenbühl".
3. Erstellen Sie eine Liste mit Faktoren, die für eine Positionierung des Hotels im Restaurantbereich und im Logisbereich beachtet werden sollten. Denken Sie dabei an die Positionierung eines traditionsreichen Schlosshotels im Familienbesitz, dessen Restaurant einen edlen und hochwertigen Eindruck vermitteln soll.
4. Ihr Wellnessbereich soll unter einem eigenständigen Namen geführt werden. Überlegen Sie, welche Angebote dieser Wellnessbereich haben sollte, wie seine architektonische Gestaltung aussehen könnte und entwickeln Sie daraus einen Namen und ein Logo.

6 Marketing-Mix

Situation

Seehotel Schloss Sonnenbühl

Das Seehotel „Schloss Sonnenbühl" will in seinem Restaurant dem Trend nach mehr Individualität nachkommen und beginnt daher mit baulichen Veränderungen. So werden voneinander abgegrenzte Sitzeinheiten gebildet und zusätzliche, abschirmende Dekorationen und dergleichen aufgenommen. Auch wird die Decke des Restaurants durch Netze und andere Hängestoffe herabgezogen, um eine bessere „Aufenthaltsatmosphäre" zu schaffen. Will ein Hotelier/Gastronom Gäste für sein Angebot gewinnen, sind Marketinginstrumente einzusetzen, die dem Gastronomiebetrieb helfen, seinen Einfluss am jeweiligen Markt zu erhöhen. Abhängig von Situation und Ziel werden die Instrumente durch Kombination der Marketingmaßnahmen zusammengeführt.

Gestaltende Marketinginstrumente (= setzen kreatives Verhalten und sorgfältige Planung voraus)

Preispolitik
- Kalkulation der Speisen, Getränke und Beherbergung
- Preisdifferenzierung, z. B. saisonelle
- Konkurrenzanalysen

Absatzmethode
- bedarfsgerechtes Angebot des Gastronomen/Hoteliers an den Gast
- Organisation von Veranstaltungen

Angebotspolitik
- Leistungsangebot überprüfen
- Qualitätsstandard festlegen
- Produkt- und Service-differenzierungen

Service/Gästebetreuung
- „Dienst am Kunden", z. B. Koffertransport, Eingehen auf individuelle Wünsche und Bedürfnisse

---

- Verkaufsabwicklung bzw. Verkaufsdurchführung
- Kundenberatung und Information
- Verhandlungen mit dem Kunden

individuelle, persönliche Kommunikation

Verkauf

- Webeziele
- Werbearten
- Werbeobjekte und -subjekte
- Werbemittel
- Werbeträger
- Werbebudget

Beeinflussung des Kunden hin zur Dienstleistung/zum Konsum

Werbung

- Pull-Maßnahmen (= Sales Promotion) z.B. Gutscheine mit Preisnachlässen, Modeschauen, Verkaufs- und Werbebriefe usw.
- Push-Maßnahmen (= Merchandising), z.B. Displaymaterial, Preisauszeichnungen usw.

Gesamtheit der Maßnahmen zur Verkaufsstimulierung

Verkaufsförderung (Sales Promotion)

- Informationswesen, Pressearbeit, Pflege der Medien, Eigenveranstaltungen, Gästebetreuung, Imagewerbung usw.

Aufbau und Pflege eines in der Öffentlichkeit positiv wirkenden Umfeldes

Öffentlichkeitsarbeit (Public Relations)

Kommunikative Marketinginstrumente (setzen Kreativität, eine spezielle Branchenorientierung wie aufeinander abgestimmtes Verhalten voraus und sorgen für Profilierung)

(vgl. Schaetzing, Edgar: Qualitätsorientierte Marketingpraxis in Hotellerie und Gastronomie, S. 19 und Dettmer, Harald: Wirtschaftslehre für Hotellerie und Gastronomie, Hamburg 2004, S. 291)

Aus der vorstehenden Abbildung lässt sich ableiten, dass der Begriff Marketing-Mix die von einem gastgewerblichen Unternehmen zu einem bestimmten Zeitpunkt eingesetzte Kombination marketingpolitischer Instrumente darstellt.

So steht jeder Gastronom/Hotelier vor dem Problem, welche Marketingmittel/-instrumente er in der jeweils vorliegenden Marktsituation, in welcher Kombination und mit welcher Dauer einsetzen soll, schließlich soll das Marketing-Mix, welches sowohl eine qualitative als eine quantitative Komponente umfasst, optimal sein.
Dafür ist es natürlich notwendig, über die einzelnen Instrumente genau Bescheid zu wissen.
Auf die unterschiedlichen Einteilungs-/Systematisierungsmöglichkeiten der Marketing-Instrumente soll hier allerdings nicht eingegangen werden, da sie für die Praxis keine Relevanz haben.
Durch die für einen gastgewerblichen Betrieb möglichst optimale Mischung und Gestaltung der Marketinginstrumente ergibt sich der Marketing-Mix. Immer ist es dessen Ziel, auf die angestrebten Marktsegmente/Gästegruppen/Nachfrager im Sinne des Hotels/Restaurants entscheidenden Einfluss zu nehmen. Jeder einzelne Betrieb muss entscheiden, welche Instrumente er in den Vordergrund stellen will und welche mehr begleitenden/unterstützenden Charakters sind.
Die jeweilige Marketingstrategie lässt sich von den einzelnen Unternehmen durch den aufeinander bezogenen Einsatz einer Vielzahl von Marketingmaßnahmen realisieren, sodass sich mit dem zur Verfügung stehenden Instrumentarium nachhaltig auf den Markt für gastronomische Leistungen Einfluss nehmen lässt.

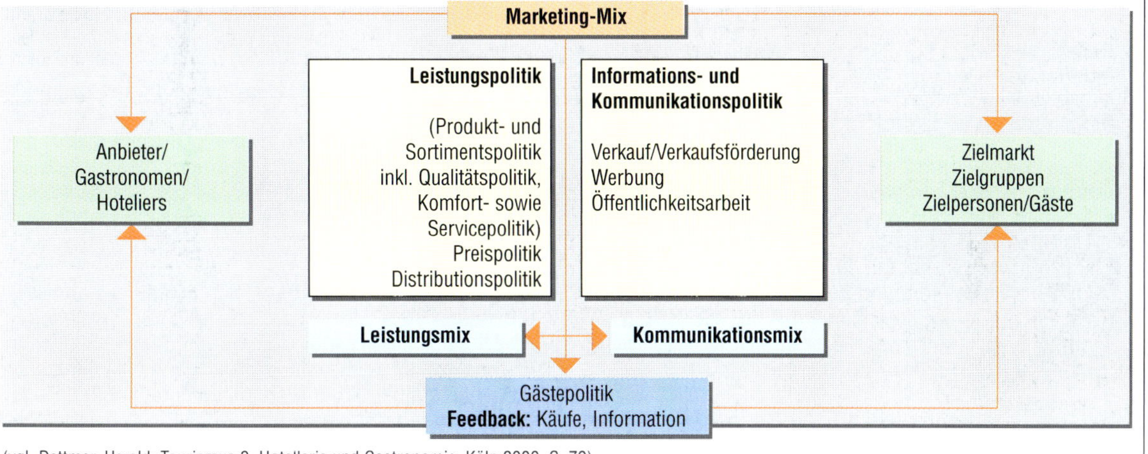

(vgl. Dettmer, Harald: Tourismus 2, Hotellerie und Gastronomie, Köln 2000, S. 79)

In der Praxis wird also im Marketing-Mix eine Entscheidung über die Intensität des Einsatzes der einzelnen Instrumente getroffen, wobei unterschiedliche Kombinationen möglich sind. Dieses ist denkbar, weil die verschiedenen Marketinginstrumente sich in ihrer Wirkung ergänzen. Das Zusammenstellen des geeigneten Instrumentariums stellt an den verantwortlichen Marketingleiter hohe Ansprüche. Er muss über ein hohes Maß an Erfahrung, Anpassungsvermögen und Fingerspitzengefühl verfügen, denn erst das richtige Mischungsverhältnis der untereinander abhängigen Mittel bestimmt den Erfolg.
So ist es auch in dem Restaurant unserer Situation. Allein mithilfe der baulichen Veränderungen lässt sich voraussichtlich noch keine viel höhere Marktdurchdringung erreichen. Erst durch den Einsatz abgestimmter korrespondierender Marketingmaßnahmen ist mit einem größeren Erfolg zu rechnen. So sind die Neuerungen im Restaurant und das damit angestrebte verbesserte Ambiente z. B. durch entsprechende Informationen in den Medien bekannt zu machen und an einem „Tag der offenen Tür" vorzustellen; auch eine einführende Woche mit entsprechender Preisreduktion sollte sich anschließen. Durch die richtige Wahl und Kombination der einzelnen Instrumente wird das Restaurant des Seehotels „Schloss Sonnenbühl" einen höheren und hoffentlich bleibenden Erfolg erzielen (= Synergieeffekt).
Welche Bedeutung den einzelnen Instrumenten zukommt und möglicherweise in das Marketing-Mix einfließen ist abhängig vom jeweiligen Betriebstyp (Hotel, Gaststätte, usw.), aber auch vom Gästeverhalten sowie der angebotenen Leistung (z. B. Mittagstisch, Übernachtung, Getränke). Natürlich spielt bei jedem Angebot der Preis eine wesentliche Rolle, jedoch sind beispielsweise der Service oder die Qualität der Leistungen nicht zu unterschätzen, was bedeutet, dass die Produkt- oder Leistungspolitik eine wichtige Größe darstellt. Demgegenüber variiert die Relevanz der Kommunikationspolitik in Abhängigkeit von der jeweiligen Leistung, z. B. Speisen und Beherbergung (vgl. Weis 2004, S. 116 ff.).

Aufgaben

1. Als Angestellte in der Marketing-Abteilung eines Großhotels erhalten Sie den Auftrag, durch den Einsatz von Pull- and Pushmaßnahmen den Umsatz in der anstehenden Frühjahrssaison zu forcieren. Erarbeiten Sie eine Übersicht, auf deren Grundlage der Marketing-Leiter die Entscheidung über den Instrumenteneinsatz fällen kann.

2. Im Seehotel „Schloss Sonnenbühl" erhält der junge Hotelfachmann Patrick den Auftrag, herauszufinden, ob eine Gästebetreuung im Hotel erforderlich ist; sollte dieses der Fall sein, so werden von der Fachkraft Lösungsvorschläge erwartet, bei denen Sie helfen sollten.

7 Marketingplanung

Mit der Unternehmensplanung als Ausgangspunkt und der daraus abgeleiteten Marketingplanung müssen zunächst folgende Fragestellungen beantwortet werden:

- Wer sind wir?
- Wo stehen wir?
- Wo wollen wir hin?

Mit der Beantwortung dieser Fragen wird das **Unternehmensleitbild** formuliert.

- Es sagt und stellt dar, wie und als was sich das Unternehmen versteht.
- Es legt die Grundlage für die Positionierung des Unternehmens fest und begrenzt es.
- Es ist Steuerungsmechanismus für jegliche Zielsetzung des Unternehmens innerhalb oder beim Überschreiten seines Positionierungsfeldes.

Aus dem **Unternehmensleitbild** ergibt sich das **Marketingleitbild**. Das Marketingleitbild macht deutlich, wie in einem Unternehmen das Marketing gestaltet wird und welchen Stellenwert es in der Geschäftspolitik bei der Aufgabenerfüllung einnimmt. Dadurch wird es zu einer wichtigen Orientierungshilfe, auf der alle weiteren Marketinghandlungen aufbauen. Das **Marketingleitbild** hat als ein wichtiges Ziel, die Überlebens- bzw. Wettbewerbsfähigkeit eines Unternehmens und somit eine spezielle Rolle am Markt auf der Grundlage des Unternehmensleitbildes zu konkretisieren.

Beispiel für ein mögliches Marketingleitbild für das Seehotel „Schloss Sonnenbühl":
Wir wollen, dass mindestens 95 % unserer Gäste sehr zufrieden mit ihrem Aufenthalt bei uns sind.

7.1 Grundfragen der Marketingplanung

Situation

Waren die bisherigen Aussagen zunächst darauf gerichtet, die notwendigen Voraussetzungen für einen Einsatz marketingpolitischer Instrumente vorzustellen, so gilt es jetzt, Marketing als systematische und rationale Durchdringung des künftigen Unternehmensgeschehens zu betrachten, nämlich als Planungsprozess. Damit wird die Marketingplanung für die Realisierung der anspruchsvollen Aufgaben im Seehotel „Schloss Sonnenbühl" zu einem wichtigen Bestandteil der Unternehmensplanung.

Die Marketingplanung umfasst alle gedanklichen Überlegungen zur Realisierbarkeit der Marketingziele in Übereinstimmung mit Festlegungen der zu wählenden Methoden, Mittel und Wege im Rahmen der Zielerreichung und leitet sich aus dem Unternehmensplan ab.

Es wird zwischen der Jahresplanung und der längerfristigen Planung unterschieden, d. h., der Planungszeitraum für die längerfristige Planung bezieht sich häufig auf drei bis fünf Jahre, oft auch über diesen Zeitraum hinaus. Hierbei hat die Jahresplanung stets verbindlichen Charakter und ist in die längerfristige Planung eingebettet.

Die Jahresplanung unterliegt nicht selten dynamischen Prozessen des Marktgeschehens (z. B. Veränderung der Wettbewerbssituation, des Nachfrageverhaltens, der Preispolitik der Mitbewerber) und kann bzw. muss bei Vorliegen triftiger Gründe an die entsprechenden Bedingungen angepasst werden.

Die Marketingplanung wird unterschieden in:

1. **Strategische Planung** – sie umfasst z. B. Entscheidungen über
   - Angebotsprogramme
   - Märkte
   - Zielgruppen
   - Marketing-Ziele
   - grundsätzliche Verhaltensweisen

Bei der strategischen Marketingplanung werden die Planvorstellungen jährlich in Budgets umgesetzt.

2. **Operative Planung** – sie umfasst die Maßnahmenseite der Jahresplanung wie
   - kurzfristige gastronomische Aktionen
   - Sonderangebote im Rahmen der Verkaufsförderung
   - Maßnahmen der Direktwerbung
   - Veranstaltungen mit Kooperationspartnern

Damit bei der Marketingplanung eine notwendige individuelle Zielsetzung erreicht werden kann, ist für das Unternehmen das Erarbeiten und Erstellen folgender Pläne empfehlenswert:

- Kurz-, mittel- und langfristiger Absatzplan,
- Maßnahmen- und Aktionsplan,
- Durchführungspläne wie Werbeaktionen, Maßnahmen der Verkaufsförderung, Preissenkungen

Schritte bei der Marketingplanung

1. Analyse der gegenwärtigen und zukünftigen Situation des Unternehmens und seiner Umwelt
2. Festlegung von Marketingzielen im Rahmen der Unternehmensziele
3. Erarbeitung von längerfristigen Strategien und operativen Aktionsprogrammen
4. Prognose möglicher Wirkungen der eingeleiteten Maßnahmen

Marketingplanung und mögliche Wirkungen

Die Marketingplanung setzt eine von hoher Qualität getragene Organisation voraus, um durch sie die notwendigen positiven Impulse zur Realisierung der Ziele bei allen Beteiligten zu erreichen. Erst durch eine aktive und erlebbare Einflussnahme nicht nur durch das Management im Unternehmen, sondern und vor allem auch durch die Mitarbeiter wird es möglich, den Planungsprozess erfolgreich zu gestalten.

Damit kann die Marketingplanung folgende Wirkungen erzeugen:

- ziel- und zukunftsorientiertes Handeln
- Ansporn zu einem systematischen und vorausschauenden Denken
- bessere Koordination von Marketingmaßnahmen
- Schaffen von besseren Voraussetzungen für die Kontrolle und Leistungsbeurteilung von einzelnen Organisationseinheiten im Unternehmen
- Schaffen einer effektiven Plattform für Kommunikation und Information der Mitarbeiter
- Motivation der Mitarbeiter durch Einbeziehung in den Marketingplanungs- und -gestaltungsprozess
- Veränderung der Haltung der Mitarbeiter und des Unternehmens aus der Sicht der aktiven Mitgestaltung des Marktes

Aufbau, Inhalt und Einteilung eines Marketingplans

Für den Ablauf der Marketingplanung werden in den einzelnen Organisationseinheiten (Hauptabteilungen, Abteilungen, Bereiche) die Ziele und Marketingpläne erarbeitet und durch das Management genehmigt. Es ist darauf zu achten, dass dies schriftlich erfolgt, um eine genaue Überprüfbarkeit der Ergebnisse zu ermöglichen.

Die Form der schriftlichen Marketingpläne ist oft von Unternehmen zu Unternehmen sehr verschieden. So variieren sie sowohl bei den inhaltlichen Schwerpunkten als auch beim Aufbau. Diese Unterschiede reflektieren nicht selten die Kenntnisse und das Können der verantwortlichen Führungskräfte, vor allem aber auch ihre besondere Vorliebe bezüglich der Gestaltung und der Planungsinhalte.

Bei einer differenzierten Betrachtungsweise lässt sich eine gewisse Anzahl an Grundinhalten zu jedem Marketingplan feststellen.

Die folgende Übersicht zeigt inhaltliche Schwerpunkte zum Aufbau eines Marketingplans, die sich in der touristischen Praxis bewährt haben:

Inhalt	Erläuterungen
1. Zusammenfassung der wichtigen Ergebnisse	Schwerpunktmäßige Darstellung der Leitgedanken und -ziele des Marketingplans (Was soll erreicht werden?)
2. Situationsanalyse	Darstellung der bisherigen wirtschaftlichen Entwicklung, interne, externe Analyse, Prognose (s. S. 11)
3. Marketingziele	Festlegen der konkreten Marketingziele auf der Basis der Unternehmensziele (s. S. 82)
4. Marketingstrategie	Festlegen der verbindlichen Handlungsrahmen für die laufenden operativen Entscheidungen (s. S. 85)
5. Marketingmaßnahmen	Konkrete Festlegung, Abstimmung und Reihenfolge der Maßnahmen zur Zielerreichung
6. Budget	Kostenplan, der sämtliche Ausgaben für eine Planperiode zur Durchführung der geplanten Maßnahmen enthält
7. Kontrolle	Soll-Ist-Vergleich

Einteilung eines Marketingplanes nach dem Zeitbezug:

Zeitbezug	Erläuterungen
Kurzfristige Pläne	▶ Beziehen sich auf einen Zeitraum bis zu einem Jahr (z. B. Jahr, Halbjahr, Quartal, Monat, Woche, Tag) ▶ Einsatz der Marketinginstrumente wie Werbung, Verkaufsförderung, Öffentlichkeitsarbeit usw.
Mittelfristige Pläne	▶ Beziehen sich auf einen Zeitraum zwischen einem und fünf Jahren ▶ Sie sind Fortschreibungen der kurzfristigen Pläne unter Berücksichtigung neuer Entwicklungen und Investitionen ▶ Sie bestehen vor allem aus Umsatz- und Absatzplänen, Kosten- und Erfolgsplänen sowie Festlegungen der erforderlichen Marketingpolitik
Langfristige Pläne	▶ Beziehen sich auf einen Zeitraum über fünf Jahre ▶ Es sind Festlegungen über langfristig wirkende Entscheidungen und die dafür notwendigen Maßnahmen ▶ Sie stellen das Rahmenwerk für die anderen Unternehmenspläne dar ▶ Sie bestehen vor allem aus Vorstellungen künftiger Angebotsprogramme und angestrebter Marktsegmente ▶ Ausgangspunkt sind Prognosen und die Analyse der Lebenszyklen angebotener Produkte/Leistungen

7.2 Marketingkonzept

Situation

Seehotel Schloss Sonnenbühl

Nachdem für das Seehotel „Schloss Sonnenbühl" die Unternehmensvision formuliert, die Unternehmenskultur auf Veränderung und Verbesserung eingestellt ist und das Hotel über eine „strategische Erfolgspositionierung" verfügt, gilt es nun, einen umfassenden gedanklichen Entwurf als Marketingkonzept zu erarbeiten. Jetzt zeigt sich, wer in diesem Prozess „Macher" und wer „Nachmacher" ist und bleibt. Denn der Erfolg eines Unternehmens liegt in der Differenzierung und nicht in der Gleichmacherei bei der Auseinandersetzung mit den Mitbewerbern zum Vorteil unserer Zielgruppen.

7.2.1 Aufbau eines Marketingkonzepts

Mit der Entscheidung für die Realisierung konkreter Marketingziele hat sich die Unternehmensleitung auf die Erarbeitung eines Marketingkonzeptes für das Unternehmen bzw. für einzelne Leistungsbereiche festgelegt. Für diesen Planungsablauf bildet die Situationsanalyse und Prognose des Unternehmens die Voraussetzung (s. S. 11).

Folgende Übersicht zeigt die methodische Herangehensweise beim Aufbau eines Marketingkonzepts in vier Stufen (vgl. Roth/Schrand 1995, S. 71).

Aufbau eines Marketingkonzepts		
Was wollen wir erreichen?	**Marketing-Ziele** (Formulierung des Endzustands)	„Wir wollen …"
Wie wollen wir es erreichen?	**Marketing-Strategien** (unter Beachtung der Marketinggrundregeln)	„ … indem wir …." Handlungsrahmen
Welche Instrumente werden eingesetzt?	**Marketing-Mix** (Auswahl der Instrumente)	„… indem wir …" Kombination der …
Was unternehmen wir, um es zu erreichen?	**Marketing-Instrumente** (Festlegen der Maßnahmen)	Einsatz der Instrumente

1. Stufe: Marketing-Ziele

Marketingziele werden trotz ihrer exponierten Stellung in marktorientiert operierenden Unternehmen aus den Unternehmenszielen abgeleitet. Sie geben vor, welche konkreten Ergebnisse im Markt erzielt werden sollen.

Die festgelegten Marketingziele werden mithilfe der absatzpolitischen Instrumentarien (Preis, Produkt/Leistung, Werbung, Verkaufsförderung, Öffentlichkeitsarbeit, Verkaufswege) realisiert.
Damit der Erfolg überprüft werden kann, müssen die Ziele eindeutig und messbar operational formuliert sein (s. S. 82).

Für das Seehotel „Schloss Sonnenbühl" könnte das Marketingziel lauten:

„Aufbau einer Badelandschaft für gesundheitsbewusste Gäste im Innen- und Außenbereich des Unternehmens und Vermarktung dieses neuen Segments, um eine herausragende Marktstellung zu erreichen."

2. Stufe: Marketing-Strategien – unter Beachtung der Marketinggrundregeln

Marketingstrategisches Vorgehen heißt, die Richtung, also eine bestimmte Route, vorzugeben, auf welcher sich der Einsatz der Marketinginstrumente zeitlich bis zum Erreichen der Zielsetzung vollzieht. Dabei ist die Nutzung der so genannten **Marketinggrundregeln** eine effektive Orientierungshilfe.

Sie weisen im Gestaltungsprozess der Marketingstrategie den methodischen Weg und lauten folgendermaßen:

Regel 1: Wettbewerbsvorteile herausarbeiten

Das Unternehmen muss sich bei seinen tatsächlichen und potenziellen Gästen/Kunden ein Höchstmaß an

- Präferenz = Bevorzugungs-Höchstmaß
- Goodwill = Wertschätzung bei den Gästen/Kunden

schaffen.

Wo solche Wettbewerbsvorteile eines Unternehmens liegen, verdeutlicht das **„Stärken-Schwächen-Profil"** eines Unternehmens. Hierbei zeigt vor allem die Erfahrung aus der Praxis, dass der Ausbau seiner Stärken Erfolg versprechender ist, als seine Kräfte auf die Beseitigung seiner Schwächen zu konzentrieren.

Die besten Wettbewerbsvorteile ergeben sich durch die Gestaltung eines möglichst **einzigartigen** und **unverwechselbaren** Angebots, und zwar:

Unique Selling Proposition (USP)

Durch herausragende Leistungen und ein positives Image kann bei den bereits vorhandenen, aber auch bei den künftigen Gästen ein „Goodwill" für das Unternehmen erzeugt werden (s. S. 159).

Für das Seehotel „Schloss Sonnenbühl" könnte ein USP lauten:

Wir sind das kinderfreundlichste Hotel der Region.
Unser Motto lautet:

**„Spiel, Sport, Spaß für die gesamte Familie –
Kinder gebt eure Eltern bei uns ab, wir kümmern uns um sie!"**

Fazit:
Je besser es dem Unternehmen gelingt, sich durch besondere Stärken des Angebots vom Wettbewerber abzuheben, umso intensiver bindet man Gäste/Kunden an das Unternehmen.

Regel 2: Marktchancen aktiv nutzen

Es ist eine Illusion, anzunehmen, dass die Gäste/Kunden von selbst kommen. Sie müssen aktiv gewonnen werden, d. h., der Markt ist diesbezüglich so zu betrachten, dass ständig neu entwickelte Bedürfnisse angesprochen und überhaupt erst geweckt werden könnten.

Einen bedeutenden Einfluss haben hierbei die Anpassungsfähigkeit und die Anpassungsbereitschaft des Unternehmens hinsichtlich der Gestaltung des Angebots am Markt.

Das heißt, sich an den Marktbedürfnissen zu orientieren, bedeutet weit mehr, als nur auf offensichtliche Wünsche zu reagieren.

Der Erfolg eines Unternehmens hängt also auch davon ab, inwieweit es dem Management gelingt, den Markt mit zu gestalten, um damit die vorhandenen Marktchancen aktiv zu nutzen.

Marktchancen lassen sich durch eine gezielte Auswertung von Informationen über Gästenachfrage und die Wettbewerber erkennen, und zwar über:

- Größe, also räumliche und personelle Kapazitäten des Hotels und der Restaurants (z. B. Konferenzen, Banketts, Beherbergung und Bewirtung von Busreisenden)
- verfügbare finanzielle Mittel und wirtschaftliche Durchschlagskraft des Unternehmens
- Möglichkeiten der Zusammenarbeit mit anderen touristischen Anbietern
- Risikobereitschaft für Veränderungen und Erneuerungen
- Führungsqualitäten des Unternehmers

Für das Seehotel „Schloss Sonnenbühl" kann das bedeuten:

„Durch den Aufbau einer einzigartigen Wellness- und Fitness-Landschaft, Aufsteigen zum Marktführer in der Region in diesem Leistungsbereich."

Fazit:
- Marktchancen durch gezielte Informationsbeschaffung, -analyse und -bewertung erkennen
- durch Innovation, Kreativität und Trendsetzung das Angebot und den Markt aktiv mitgestalten

Regel 3: Einzelne Marktsegmente auswählen

Da es unmöglich ist, es allen Zielgruppen, sprich Gästen/Kunden, mit dem Angebot des Unternehmens recht zu machen, ist es effektiver, sich auf wenige Zielgruppen zu konzentrieren, um ihnen das zu bieten, was sie erwarten, als allen möglichen Zielgruppen des Marktes wenig zu bieten.

Die begrenzte Leistungsfähigkeit eines touristisch-gastgewerblichen Unternehmens erfordert somit eine Spezialisierung auf bestimmte Gästekategorien mit der qualitativen Zielorientierung.

- Zufriedenheit
  und
- Gewinnung neuer Gäste.

Fazit:
- Klare Orientierung des Unternehmens auf bestimmte Marktsegmente.

Für das Seehotel „Schloss Sonnenbühl" kann das heißen:
- Tagestourismus
- bestimmte Bedürfnisgruppen zu den Themen Wellness, Kultur, Aktivurlaub
- Zielgruppen wie Geschäftsreisende, Familien, Singles usw.

- Innerhalb dieser Segmentierung muss ein Höchstmaß an erforderlichen Leistungsangeboten erstellt werden.
- Abstimmung aller Marketingmaßnahmen auf die Marketingsegmentierung, um eventuelle Streuverluste (z. B. bei der Werbung) und eine bessere Kosten-Nutzen-Relation zu erreichen.

Regel 4: Konzentration der Kräfte

Beherbergung und Bewirtung sind für den Gast häufig nur zwei Bestandteile eines touristischen Leistungspaketes. Betrachtet man den gesamten Prozess im Tourismus, und dies ist eine wichtige Voraussetzung für den Erfolg, so müssen sich die verschiedenen Leistungsanbieter ergänzen.

Im Sinne eines bedürfnisgerechten Angebots für das Unternehmen, ist eine Abstimmung der einzelnen Angebotssegmente sowohl im eigenen Unternehmen (zwischen den unterschiedlichen Leistungsbereichen) als auch mit Anbietern außerhalb des Unternehmens (kooperierende Unternehmen der Region) notwendig.

Eine solche „Konzentration der Kräfte“ kann auch prinzipiell für das Seehotel „Schloss Sonnenbühl“ bedeuten:

1. Spezialisierung ▶ Konzentration auf Kernkompetenzen im Unternehmen, z. B. Outsourcing bestimmter Leistungen wie Wäschedienst und Parkpflege

2. Diversifikation ▶ Gezielte Erweiterung des eigenen Leistungsangebots durch neue/andere ziel- und bedürfnisgruppenorientierte Leistungen wie
- ▷ Fitnessbereich
- ▷ Wellness
- ▷ Kultur

3. Kooperation ▶ Zielorientiertes Zusammenwirken mit rechtlich und wirtschaftlich selbstständigen Unternehmen oder Betrieben in der Region bei
- ▷ dem gemeinsamen Erstellen von Pauschalangeboten
- ▷ Events
- ▷ den gemeinsamen Werbeaktionen
- ▷ Einkaufsgemeinschaften
- ▷ dem gemeinsamen Nutzen von Sportanlagen
- ▷ dem gemeinsamen Auftreten bei touristischen Fachmessen

4. Fusion ▶ Zusammenschluss mit anderen Unternehmen der Branche zur Bildung einer Hotel- oder Restaurantkette
oder
mit vor- und nachgelagerten Branchen z. B. Verkehrsträgern sowie Tagungs- und Veranstaltungsbereichen

Fazit:
Mit der Konzentration der Kräfte können durch ein Unternehmen zwei Hauptziele verfolgt werden:

1. Verbesserung der eigenen betrieblichen Leistungsfähigkeit, Wirtschaftlichkeit und Rentabilität
2. Verbesserung der Marktstellung des eigenen Unternehmens und/oder kooperierender Unternehmen/Betriebe in der gemeinsamen Region/Destination

3. Stufe: Marketing-Mix – Auswahl der Instrumente

In dieser Stufe – operative Ebene – werden die Marketinginstrumente ausgewählt und kombiniert. Diese Kombination wird als Marketing-Mix bezeichnet.

Der koordinierte Einsatz der unterschiedlichen Instrumente ist deshalb erforderlich, um eine gewollte Wirkung im Markt zu erzeugen (s. S. 90).

4. Stufe: Marketing-Instrumente – Festlegen der Maßnahmen

In diesem Entscheidungsschritt werden die konkreten Marketingmaßnahmen mithilfe der Marketinginstrumente gestaltet. Es geht hierbei darum, festzulegen, wie die einzelnen Maßnahmen zu einem erfolgreichen Mix gemischt werden. Hierbei ist es erforderlich, sich auf folgende Fragen zu konzentrieren:

- ▶ Welche Marketinginstrumente haben dominierenden Einfluss?
- ▶ Welche Marketinginstrumente tragen komplementären Charakter?
- ▶ Welche Konsequenzen ergeben sich aus den Festlegungen?

Wichtig in diesem Zusammenhang ist vor allem, zu unterscheiden – und diese Unterscheidung ist unbedingt deutlich zu machen –, an wen sich die einzelnen Marketinginstrumente richten.

Diese Entscheidungen haben immer Investitionen zur Folge, weil z. B.:

- ▶ eine dominierende Leistung einen langwierigen Aufbau von „Strategischen Erfolgspositionen“ und die Schaffung von rationellen Produktions- und Servicekonzepten voraussetzt deren Erarbeitung Zeit und Geld verschlingt
- ▶ für die Kommunikation als dominierendes Instrument mit erheblichen Werbebudgets gerechnet werden muss.

Fazit:

- Marketinginstrumente sind so zu mischen, dass sie eine optimale Wirkung erzielen
- Marketinginstrumente dürfen auf keinen Fall isoliert nebeneinander gesetzt werden, denn sie sind immer Teile eines harmonischen Ganzen
- Es ist also genau zu überlegen, ob man eine bessere Auslastung durch „Preissenkung", verstärkte „Werbung" bzw. Kommunikation oder Verbesserung des „Leistungsangebotes" erreichen will.

7.2.2 Umsetzung des Marketingkonzepts

Jedes Marketingkonzept sollte mittel- bis langfristig – etwa auf drei bis fünf Jahre – ausgerichtet sein. Die darin festgelegten Ziele, Strategien und Maßnahmenschwerpunkte der verschiedenen Instrumente sind in einem mittelfristigen Marketingplan umzusetzen.

Darüber hinaus bilden

- die Ermittlung der damit verbundenen Konsequenzen,
- die Festlegung der voraussichtlichen Kosten und Erlöse

  sowie

- die Darstellung der Dringlichkeit/Priorität für die einzelnen Maßnahmen

die Grundlage für das jährlich zu erarbeitende Maßnahmenpaket. Sie werden somit zu einem unentbehrlichen Hilfsmittel für die praktische Verwirklichung des Marketingkonzepts.

Das heißt, aus dem mittelfristigen Marketingplan für das Unternehmen werden der Jahresplan und das Jahresbudget zusammengestellt. So fließen z. B. in das Jahresbudget die genauen Kosten und Erlöse ein.

Da beide Jahrespläne die konkreten Festlegungen für das Jahr enthalten, sind sie im Vergleich zu den mittelfristigen Plänen verbindlicher.

Damit gibt der Jahresplan Antwort auf folgende Fragen:

- Welche Ziele sollen erreicht werden, z. B. wirtschaftliche Ziele, Positionierung?
- In welchem Leistungsbereich sind welche Maßnahmen vorgesehen?
- Wer ist für die Vorbereitung, Durchführung und Ergebnisdarstellung verantwortlich?
- Mit welchen Kosten und Erlösen ist genau zu rechnen?
- Welche Prioritäten sind einzuhalten?

7.2.3 Kontrolle des Marketingkonzepts

Die Kontrolle der im Marketingkonzept festgelegten Maßnahmen muss als dynamischer Prozess betrachtet werden. Das bedeutet, nach jedem Teilabschnitt der im Jahresplan fixierten Aktivitäten ist eine genaue Ergebnisdarstellung vorzunehmen. Nur so ist zu gewährleisten, dass

- Schwachstellen rechtzeitig erkannt und korrigiert sowie
- auf veränderte Marktsituationen schnell und flexibel reagiert werden kann.

Messbar gemacht wird der Erfolg von Marketingmaßnahmen unter anderem durch Kontrollgrößen wie Umsatz oder Marktanteil.
Dabei sind die angestrebten bzw. prognostizierten Ist-Werte mit den tatsächlich erreichten Werten im „Soll-Ist-Vergleich" gegenüber zu stellen.
Durch diesen Vergleich ist im Marketing eine gezielte

- Ergänzung
- Änderung

  oder

- Einschränkung

von Marketingmaßnahmen möglich, denn Informationen aus der Ursachen-Ergebnisanalyse laufen als Rückkopplung („Feedback") in das Marketing-Informationssystem für das kommende Jahr zurück.

7.3 Marketing-Budget

Situation

Seehotel Schloss Sonnenbühl

Die Voraussetzungen zur methodischen Erarbeitung eines gedanklichen Entwurfs für ein Marketingkonzept für das Seehotel „Schloss Sonnenbühl" sind geschaffen. Nun geht es um die Klärung von Detailfragen. Was nützen alle Ziele, Ideen, Strategien und Maßnahmen, wenn die mit dem Einsatz der Instrumente verbundenen Aufwendungen nicht zusammenpassen?
Es geht also in diesem Schritt darum, die finanziellen Mittel, die für Instrumente aller Leistungsbereiche benötigt werden, zu erfassen und im Marketing-Budget unter Berücksichtigung der Konsequenzen darzustellen.

7.3.1 Budgetplanung

Als Instrument des Marketing-Controllings besteht das Ziel der Marketing-Budgetierung darin, die im Rahmen der Marketingplanung erarbeiteten Marketingziele in verbindliche Aktivitäten zu überführen.

Das heißt, mit der Zuordnung der Soll-Ergebnisse werden die Verantwortung und der Maßstab für die tatsächliche Zielerreichung in einem Budgetplan festgelegt. Dabei geht es um die Frage, welche finanziellen Mittel für die einzelnen Instrumente und Maßnahmen benötigt werden.

Die Budgetplanung wird somit zu einem zentralen Entscheidungsproblem im Rahmen der ganzheitlichen Koordination aller Unternehmensaktivitäten, weil sie in diesem Zusammenhang sowohl auf der strategischen als auch auf der operativen Ebene ansetzen. Auf der strategischen Ebene geht es zum einen darum,

- die grundsätzliche Finanzierbarkeit der geplanten Aktivitäten zu prüfen

  und zum anderen,

- die betroffenen Bereiche und Abteilungen auf die möglichen Konsequenzen der strategischen Marketingplanung hinzuweisen.

Bei der operativen Budgetplanung wird die konkrete Höhe des Budgets für die verschiedenen Marketinginstrumente und Maßnahmen ermittelt, z. B.:

- Kosten für Entwicklung neuer Produkte und Leistungen
- Kosten für Werbung und Verkaufsförderung
- Verkaufsförderungsaktionen
- Preisreduzierung
- Sonstige Positionen

Im Kern geht es bei der Budgetplanung somit um die Lösung folgender Teilprobleme

- Bestimmung der Budgethöhe
- Aufteilung des Budgets in sachlicher und zeitlicher Hinsicht

Das Marketing-Budget ist somit ein Kostenplan, der sämtliche Ausgaben für eine Planperiode enthält, die zur Durchführung der geplanten Maßnahmen und zum Erreichen der angestrebten Ziele erforderlich erscheinen.

Die Höhe der Ausgaben für das Marketing-Budget wird somit zu einer wichtigen strategischen Überlegung. Die Festlegung erfolgt häufig nach folgenden Methoden:

- Orientierung an den Wettbewerbern
- umsatz- oder gewinnbezogen
- orientiert am Budget des Vorjahres
- Finanzmittel, die zur Verfügung stehen
- Orientierung an der Zielstellung des Unternehmens
- bezogen auf verkaufte Produkte und Produktgruppen
- Verpflichtungen aus Kooperationsvereinbarungen und Kooperationsverträgen
- Ausgaben/Mittel für Tourismusvereine

Immer häufiger gewinnt die Marketing-Budgetplanung unter dem Gesichtspunkt der Zusammenarbeit in einzelnen Bereichen an Bedeutung. Beispiele hierfür sind:

- gemeinsame Marktforschung

  oder

- gemeinsame oder auch nur teilweise Gestaltung von Kommunikationsinstrumenten (Werbung, Verkaufsförderung, Öffentlichkeitsarbeit)

Besonders interessant kann eine solche Zusammenarbeit in der gemeinsamen Vermarktung einer Region unter gastgewerblich-touristischen Gesichtspunkten sein. Das spart nicht nur finanzielle Mittel, sondern verbessert neben der Leistungsfähigkeit der einzelnen Unternehmen vor allem auch das „Image“ einer ganzen Region.

7.3.2 Budgetgestaltung

Wenn die Höhe des Marketing-Budgets festgelegt ist, werden im Rahmen der Streuplanung die finanziellen Mittel des Budgets unter sachlichen und zeitlichen Aspekten auf die Marketinginstrumente zur Realisierung der Maßnahmen verteilt.

Fazit:
Die Planung des Marketingbudgets muss sich grundsätzlich an der wirtschaftlichen Leistungskraft eines Unternehmens/Betriebs orientieren. Aus diesem Grund ist die Orientierung an der Umsatzgröße eine weit verbreitete Methode.

Planungsformular im Bereich Produkt/Leistung							
Ziel (Warum?)	**Zielgruppe** (Für wen/ mit wem?)	**Maßnahmen** (Was?/Wie?/Wo?)	**Termin Beginn/Ende** (Wann?)	**Kosten** (Wie viel?)	**Erlöse** (Wie viel?)	**Realisation durch** (Wen?)	**Kontrolle durch** (Wen?)

Aufgaben

1. Was verstehen Sie unter Planung im Marketing?
2. Welche Zusammenhänge bestehen in der Planung zwischen Unternehmensleitbild und Marketingleitbild?
3. Was verstehen Sie unter operativer und strategischer Marketingplanung?
4. Welche Grundinhalte muss ein Marketingplan enthalten?
5. Was ist unter kurz-, mittel- und langfristiger Marketingplanung zu verstehen?
6. Erläutern Sie die methodische Herangehensweise beim Aufbau eines Marketingkonzepts.
7. Welche Bedeutung haben die Marketinggrundregeln für die Gestaltung eines Marketingkonzepts?
8. Was verstehen Sie unter Diversifikation?
9. Stellen Sie Möglichkeiten der Zusammenarbeit mit Unternehmen aus der vor- und nachgelagerten Branche im Gastgewerbe dar.
10. Was verstehen Sie unter Marketing-Mix?
11. Welche Festlegungen müssen in einem mittelfristigen Marketingplan enthalten sein?
12. Welcher Zusammenhang besteht zwischen Marketing-Budgetierung und Marketingplanung?
13. Welche Entscheidungen werden im Rahmen der strategischen Budgetplanung getroffen?
14. Auf welche Inhalte bezieht sich die operative Budgetplanung?
15. Was verstehen Sie unter einem Marketingbudget?
16. Nach welchen Methoden können Festlegungen des Marketingbudgets erfolgen?
17. Erarbeiten Sie für das Hotel „Schloss Sonnenbühl" einen mittelfristigen Marketingplan zur Umsetzung einer neuen Unternehmensvision (s. S. 10, Aufgabe 4). Gehen Sie dabei von folgenden methodischen Überlegungen aus:
    a) Bilden Sie für die Realisierung der Aufgabenstellung eine Projektgruppe unter Ihrer Leitung.
    b) Erarbeiten Sie für die methodische Herangehensweise zur Realisierung der Aufgabe einen Maßnahmenplan.
    c) Dokumentieren und präsentieren Sie die Ergebnisse Ihres Konzepts vor dem Familienrat des Hotelbetriebes.

C Operatives Marketing

Operative Marketingplanung und -kontrolle zeichnen sich durch den relativ kurzen Zeithorizont von maximal einem Jahr, die überwiegend sicheren Rahmenbedingungen durch die vorausgehende strategische Planung, die überschaubaren Organisationsabläufe (Bereichspläne, Checklisten) und die Zuständigkeiten der unteren bis mittleren Hierarchieebenen aus.

In einer Vielzahl kleinerer gastgewerblicher Unternehmen wird aus unterschiedlichen Gründen (Zeitmangel, Unkenntnis, viel Arbeit u. a.) nur eine **operative Marketingplanung ohne vorausgehende strategische Marketingplanung** durchgeführt. Als Folge werden Marketingaktionen nur kurzfristig geplant (z. B. „wir sollten mal wieder eine Anzeige schalten", „wir bedrucken jetzt mal 1000 Briefblöcke/Streichholzschachteln mit unserem Logo"). Ergebnisse dieser taktischen Vorgehensweise können u. U. Insolvenzstatistiken entnommen werden.

Operative Maßnahmen sind allerdings als kurzfristig durchgeführte **taktische Handlungsweisen** zwingend notwendig, wenn auf eine nicht vorhersehbare Marktsituation spontan reagiert werden muss:

Für die allgemeine Organisationsplanung des Unternehmens und die spezielle Marketingplanung existieren in der Hotellerie eine Vielzahl von **operativen Teilplanungen**, die sich hinsichtlich des **Planungsgegenstands** (Art der Verrichtung, Produktsegment, ökonomische Zielgrößen, Ressourcen) unterscheiden und den unterschiedlichen Abteilungen des Hauses entsprechend dem Organigramm zuzuordnen sind.

Operative Teilplanungen in Hotelunternehmen

Art der Verrichtung → **Produktsegmente** ↓	**Absatzpläne** Absatzmengen Absatzpreise **Marketing-Mix** (Was?)	**Leistungs-erstellungspläne** **Marketing-Mix** (Wie?)	**Beschaffungspläne** **Marketing-Mix** (Wo?)
Operative Planung Bereich Beherbergung	Zimmerbelegung, durchschnittliche Zimmererlöse (Kennzahlen)	Reservierungpläne, Empfangsablaufpläne, Housekeeping: Pläne, Checklisten, Package-Pläne	Personalpläne Personaleinsatzpläne Wareneinkaufspläne Finanzpläne Anlagenpläne
Operative Planung Bereich F&B	Speisen- und Getränkeumsatz, Beschäftigungsgrad (Kennzahlen)	Produktionspläne, Küche und Service, Arbeitsablaufpläne, Checklisten, Veranstaltungspläne, F&B-Aktionspläne	
Operative Planung Spezielle Serviceleistungen	Leistungsangebote und -frequenz, z. B. Bäderabteilung, Golfplatz, Sportlehrer, Jazz-Session	Leistungsangebotspläne, Bäderabteilung, Golfschule, Sportangebote, Events, Tagungspauschalen	↑
Ökonomische Zielgrößen →	**Ertrag/Aufwand** **Erfolgsplanung (Gewinnziel)**	**Einzahlungen/ Auszahlungen** **Finanzplanung (Liquiditätsziel)**	**Ressourcen**

Beispiel

Der Hoteleingang kann von den Gästen nur schwer erreicht werden, weil die Hoteleinfahrt neu gepflastert wird. In diesem Fall muss der Hotelier operativ reagieren, um keine Walk-in-Gäste zu verlieren: Großflächige Plakate könnten z. B. den Weg zum 2. Hoteleingang weisen (bei langfristigen Umbauten sollten evtl. Leuchtschriften/Displays angebracht werden).

Je nach Hoteltyp bestehen zwischen den operativen Teilplanungen mehr oder weniger **wechselseitige Interdependenzen** (gegenseitige Abhängigkeiten), die dazu führen, dass **keine Abteilung** des Hotel-Unternehmens **autonom** oder **isoliert** planen kann, z. B.

- Reservierung von Zimmern mit Frühstück oder Halbpension in einem Ferienhotel betrifft die Bereiche Empfang, Rezeption, Housekeeping und F&B.
- Der Verkauf von mehrtägigen Kongressen durch die Bankettabteilung hat Auswirkungen auf die Planungen der Bereiche Empfang, Bankettreservierung, Housekeeping (bei Übernachtungswünschen), F&B (aufgrund der georderten Verpflegungsleistungen). Eventuell muss zudem ein Rahmenprogramm für die Kongressteilnehmer erstellt werden.
- In einem Golfhotel bestehen weit reichende Interdependenzen zwischen den Bereichen Empfang, Rezeption, F&B (Restaurantleistung und Sportverpflegung), Housekeeping, Sport (Platz- und Zeitvergabe, Trainerstunden, Gastspieler, Leistungsgruppen u. a.).
- Demgegenüber sind in einem Stadthotel die gegenseitigen Abhängigkeiten zwischen Beherbergungs- und Verpflegungsleistungen geringer, wenn z. B. die Restaurants, Bistros, Coffee-Bars oder Cocktail-Lounges auch von Passanten besucht werden.

Interdependenzen operativer Leistungserstellungplanung in der Hotellerie							
Beherbergung		F&B			Spezielle Serviceleistungen		
Reservierung Empfang	Housekeeping	Küche	Service	Bankett	Bäder Massagen	Sportlehrer	Golfplatz
▶ Zimmerreservierungsplan ▶ Zimmerbelegungsplan ▶ Belegungsvorschau (Forecast)	▶ Reinigungs- und Wartungspläne ▶ Wäschebedarfsplan ▶ Materialbedarfsplan ▶ Belegungsplan ▶ Arbeitsablaufpläne ▶ Checklisten ▶ Zimmerzuteilungsplan	▶ Produktionsplan ▶ Mise-en-place ▶ Make-or-buy-Planung ▶ Wareneinsatzplan ▶ Rezepturplan	▶ Reservierungsplan ▶ Mise-en-place ▶ Angebotskarten ▶ Revierplan ▶ Serviceablaufplan ▶ Reinigungschecklisten	▶ Raumpläne ▶ Veranstaltungsplan ▶ Veranstaltungsforecast ▶ Tafelorientierungsplan	▶ Reservierungsplan ▶ Raumplan ▶ Belegungsübersicht ▶ Angebotsplan	▶ Leistungsplan ▶ Forecast ▶ Übungsplan ▶ Leistungsablaufplan	▶ Leistungsplan ▶ Trainingsplan ▶ Forecast ▶ Trainerplan
Bedarfsplanung an Roh-, Hilfs- und Betriebsstoffen sowie des Bedarfs an Waren und Dienstleistungen							
Personaleinsatzpläne (Dienstpläne, Schichtbesetzungspläne, Schichtwechselpläne)							

Um den Gast für das eigene Angebot zu gewinnen, werden die nachstehenden Instrumente eingesetzt. Diese werden, je nach Situation und Ziel, in einer Maßnahmenkombination (Marketing-Mix) zusammengeführt.

8 Leistungspolitik

Die Leistungspolitik von Hotelunternehmen umfasst die marktgerechte Gestaltung des gesamten Leistungsprogramms, d. h. eine Kombination von Sach- und Dienstleistungen an einem bestimmten Ort und zu bestimmten Zeiten. **Sachleistungen** sind die Hauptleistungsbestandteile, z. B. Wareneinsätze von Speisen und Getränken, physischer Charakter (Ausstattung, Größe) der Hotelzimmer/der Restaurants, während die Überlassung von Hotelzimmern, Banketträumen, Sport- und Kureinrichtungen, Schwimmbad und Sauna u. a. als **Dienstleistungen** zu verstehen sind, z. B.

- **Erstellung eines Dienstes**
  Vermittlung von Informationen (Auskünfte von Reisemittlern, Rezeptions- und Servicemitarbeitern, Internet)
- **Service**
  Handreichungen in Verbindung mit dem Speisen- und Getränkeservice, Zimmerreinigung
- **Überlassung**
  Entgeltliche (Vermietung) oder unentgeltliche Bereitstellung von Räumen.

Wesentliche **Bestandteile eines Produkts** sind diejenigen Produktbestandteile, die dazu bestimmt sind, den Grad der Gästezufriedenheit bzw. den Gästenutzen zu erhöhen:

- sachbezogene Produktkomponenten (Arrangements, Speisen-Kreationen, Specials)
- Gastorientierter Service, der den Mitarbeiter als wichtigen Leistungsbestandteil hervorhebt
- Produktqualität (Destination, Hotel, Restaurant)
- Marke bzw. der Markenname (s. S. 113)
- ökologische Schwerpunkte bei der Leistungserstellung (s. S. 77).

Je stärker das **Produkt** vom **Serviceanteil** bestimmt wird, desto deutlicher muss der Gästenutzen „**emotionalisiert**" werden (hoher gästeorientierter Erklärungsbedarf bzw. fachkompetente Produktdarstellung im Service- und Verkaufsgespräch, optische Darstellung in Medien, Information im Internet), weil hier der von Sachgütern bekannte „**Wantappeal**" fehlt.

Der Gast äußert diese Produktemotionen in unterschiedlicher Form:
Er möchte...

- ... sich gut erholen, entspannen, relaxen.
- ... einen schönen Tag/schönen Abend verbringen.
- ... ein ausgefallenes, gelungenes Fest erleben.
- ... erfolgreich arbeiten und tagen.

Beispiel

Seehotel Schloss Sonnenbühl

Das Seehotel „Schloss Sonnenbühl" beabsichtigt, das Leistungsangebot um einige Zusatzleistungen zu ergänzen. Die Geschäftsleitung gibt dazu folgende Erklärung ab:

„Es reicht nicht, dass wir optimale Kernleistungen wie Transport der Gäste, Übernachtung, Verpflegung und gesundheits- und sportorientierte Leistungen erbringen. Wir werden unser Augenmerk auf Zusatzleistungen wie „Schlechtwetterangebote, Kinderservice und spezielle Events, z. B. in Verbindung mit Feiertagen, richten. Und hier benötigen wir Ihre Mitarbeit und Unterstützung: Sie haben den direkten Gästekontakt und wissen, was von Gästen besonders gewünscht wird! Was fehlt Ihrer Meinung nach an Zusatzleistungen? Wir freuen uns über jeden Ihrer Vorschläge – und werden aktiv daran arbeiten, Zusatzleistungen in die Praxis umzusetzen."

Im weitesten Sinn geht es deshalb um die **Erfüllung von Gästeerwartungen** durch Leistungen. Der Gast **kauft** Bequemlichkeit, Auswahl, Sicherheit, Prestige, Image, Atmosphäre, Ansehen und – im Rahmen eines gastorientierten Service – auch die Mitarbeiter. Er kauft „Leistung" über deren **persönliche Motivation** – er kauft aber auch „Leistung" durch **visuelle** oder **akustische Anreize** (optische Gestaltung der Speisenkarte, exzellent gestaltete Internet-Auftritte, Hotel-Infomappen, Prospekte und Flyer, Hintergrundmusik im Restaurant, Anfahrtskizzen; s. folgendes Beispiel vom Maritim-Hotel, Mannheim).

Mannheim

MARITIM Parkhotel
Friedrichsplatz 2
D-68165 Mannheim
Phone +49 (0) 621 1588-0
Fax +49 (0) 621 1588-800
info.man@maritim.de
www.maritim.de
Amadeus: MM MHG PAR
Galileo/Apollo: MM 61299
Sabre: MM 18467
Worldspan: MM MHG PR

173
S 3
77
2
*
0,5 km
70 km
1,5 km
M 70 km
6
P 200

* in renovierten Zimmern/ in redecorated rooms

MARITIM Parkhotel

Am Friedrichsplatz mit seinen historischen Bauten aus der Zeit des Jugendstils finden Sie unser Hotel mit der eindrucksvollen Fassade.
Das gegenüberliegende Veranstaltungs- und Kongresszentrum „Rosengarten" bietet zusätzliche Tagungskapazitäten.

Our traditional hotel with its impressive front is located on the Friedrichsplatz with its historical buildings dating back to the Art Nouveau era.
The "Rosengarten" concert hall and congress centre opposite the hotel provides additional conference capacity.

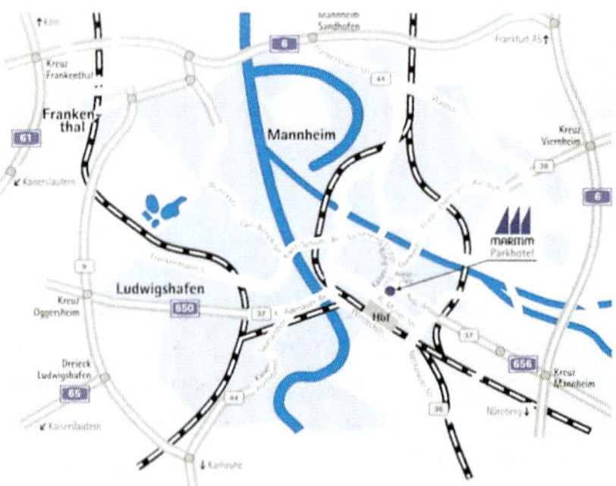

Eine weitere Besonderheit des Produkts „Hotel" oder „Restaurant" liegt in seinem abstrakten Charakter, der durch den unmittelbaren Konsum entsteht: Dass „nichts als die Rechnung in der Tasche und die Erinnerung an das Gebotene – sei es nun gut, schlecht oder unterschiedlich – bleibt", verdeutlicht die besondere Bewertungsproblematik der Leistungen. Die Beispiele sollen verdeutlichen, dass die Kaufentscheidung und -bewertung des Gastes meistens von **„nicht fassbaren" immateriellen Leistungserwartungen** mitbestimmt wird.

Die Basis jeder marktorientierten Marketingentscheidung bilden die Produkteigenschaften (die amerikanische Literatur beschreibt diese Characteristics als „**Heart of Marketing**"). Sie sind in Einklang zu bringen mit dem angestrebten **Nutzen**- und **Imageprofil**. Dadurch beeinflussen sie maßgeblich die Ausformulierung und den Einsatz der anderen absatzpolitischen Instrumente, z. B. Produktgestaltung, -qualität, -standards, Marken- bzw. Namenpolitik sowie Service und weitere Dienstleistungen.

Der **Leistungsmix** aus den genannten Komponenten versucht, alle Erfolgschancen des Unternehmens durch systematisches und konsequentes Analysieren, Konzipieren und Realisieren auf dem Markt bestmöglich umzusetzen. Der Leistungsmix in der Hotellerie ist als **touristische Leistungskette** (s. qualitätsorientierte Leistungskette, S. 76) zu sehen.
Da das eigentliche Ergebnis der Leistung erst im Laufe ihrer Verrichtung (Reise, Hotelaufenthalt, Restaurantbesuch) erkannt und beurteilt werden kann, gilt es, für den Gast eine möglichst positive Leistungskette zu erstellen.

Ebenen der phasenorientierten Leistungsketten in Hotellerie und Tourismus

	Potenzialphase Vorleistungen ←	**Prozessphase** Prozessleistungen	**Ergebnisphase** Ergebnisleistungen →
vom Kernprodukt ↓	▶ Beratung ▶ Bereitstellung	▶ Transport ▶ Übernachtung ▶ Verpflegung ▶ Landschaft	▶ Nachbetreuung ▶ Reklamationen
über die Wahrnehmungsebene ↓	▶ Freundlichkeit ▶ Zuverlässigkeit ▶ Qualität	▶ Freundlichkeit ▶ Gästekontakt ▶ Komfort ▶ Qualität	▶ Freundlichkeit ▶ Zuverlässigkeit ▶ Qualität
zur Vorstellungsebene ↓	▶ Vertrauen ▶ Attraktivität ▶ Exklusivität	▶ Gastfreundlichkeit ▶ Abenteuer ▶ Entspannung ▶ Exklusivität ▶ Luxus	▶ Zufriedenheit ▶ Glück ▶ Erholung

Phasenorientierte Leistungsketten in Hotellerie und Tourismus

Potenzialphase Vorleistungen	**Prozessphase** Prozessleistungen	**Ergebnisphase** Ergebnisleistungen
▶ **Vertrauensbildende Maßnahmen** ▷ Kompetenz der Servicemitarbeiter ▷ Seriosität und Glaubwürdigkeit des Anbieters ▶ **Bereitstellungsmaßnahmen** ▷ Reservierung, Buchung ▶ **Leistungsfähigkeit** ▷ Reservierungssysteme ▶ **Attraktivität** ▷ Sauberkeit, Schnelligkeit, Pünktlichkeit der Mitarbeiter ▷ Technisches Know-how ▶ **Potenzialqualität** ▷ Zertifikate ▷ TQM ▷ Qualitätsaudits ▷ Personalschulungen ▷ Informations- und Reservierungsangebote ▷ Corporate Image	▶ **Leistungspolitik** ▷ Sachleistungen – Speisenerstellung – Zimmergröße, -ausstattung – Funktionalität der Zimmer ▷ Dienstleistungen – Beratungen, Transport – Know-how der Mitarbeiter ▷ Serviceleistungen – Freundlichkeit – Gastfreundschaft ▶ **Gästekontakt** ▷ Eingehen auf Wünsche ▷ Interaktion ▶ **Direkt- oder Binnen-Marketing** ▷ Kommunikationspolitik ▶ **Prozessqualität** ▷ Umsetzungsmaßnahmen, z. B. Aus- und Weiterbildung der Mitarbeiter ▷ Null-Fehler-Produktion	▶ **Nachbetreuung** ▷ Anruf nach der Reise ▷ Gästekartei ▷ Betreuung der „Stammgäste“ ▶ **Zufriedenheitspolitik** ▷ Gästebindung, z. B. durch Bonussysteme ▷ Urkunden für Urlauber ▷ Frequent Flyer (Lufthansa) ▶ **Beschwerdemanagement** ▷ Konditionenpolitik: – Gewährleistungs- und Ersatzansprüche – Behandlung aktiv geäußerter Beschwerden – Behandlung passiv geäußerter Beschwerden ▷ Direkt- oder Binnen-Marketing ▶ **Ergebnisqualität** ▷ Leistungskette der Einzelmaßnahmen

Gestaltungsspielraum der Leistungspolitik

Der Gestaltungsspielraum der Produktpolitik definiert sich in der **Produktvariation**, der **Produktdifferenzierung** und der **Produktdiversifikation**, die durch unterschiedliche strategische Modelle verdeutlicht werden können.

8.1 Grundsatzstrategien

Situation

Grundsatzstrategie: Produkt-Markt-Matrix (Z-Strategie)

Märkte / **Produkte**	**gegenwärtig „gleich“**	**zukünftig „neu, anders“**
gegenwärtig „gleich“	(1) Markt-durchdringung	(2) Markt-entwicklung
zukünftig „neu, anders“	(3) Produkt-entwicklung	(4) Diversifi-kation

Fixpunktstrategien (Produkt-Markt-Strategien) legen den grundsätzlichen Rahmen fest, in dem die leistungsorientierte Grundidee verfolgt wird (d. h. mit **welchen Produkten** das Hotel auf **welchen Märkten** tätig sein will bzw. wodurch man sich vom Angebot des Konkurrenten abhebt, um sich am Absatzmarkt zu profilieren). Fixpunkte können dabei neuartige **Marktsegmente** (Produktideen/Dienstleistungen wie ★★★★-Sterne-Hotellerie, Coffeebar, Clublounge u. a. sein.

Des Weiteren stellen bestimmte **Teilmärkte** (Fitness-Frühstücksbüfett, Business-Lunch u. a.) Fixpunkte dar.

Businesslunch

8.1.1 Produktvariation

Bedeutet die Änderung funktionaler physikalischer und/ oder ästhetischer Eigenschaften eines auf dem Markt befindlichen Produktes. So ist z. B. aus dem früher üblichen „Continental Breakfast“ ein Frühstücksbüffet geworden und das „Brunch-Büffet“ ersetzt das früher übliche Sonntagsmenü zum Mittagessen (das heute überwiegend nur noch an Festtagen angeboten wird). Der strategische **Idealweg** beginnt dabei mit der **Marktdurchdringung** und führt über die **Markt**- und **Produktentwicklung** zur **Diversifikation**. Sie wird aufgrund des Strategiepfades auch als **Z-Strategie** bezeichnet.

8.1.2 Produktdifferenzierung

Anpassung und Differenzierung der Produkte orientiert sich am Bedarf der Konsumenten in verschiedenen Märkten bzw. Marktsegmenten. So haben heute viele Hotelkonzerne ihr traditionelles Produkt im 5★★★★★- und 4★★★★-Bereich differenziert und erweitert um den 3★★★-, 2★★- und 1★-Bereich (s. S. 118).
Die **Strategie der Leistungsinnovation** orientiert sich an den Gästewünschen und -problemen und versucht, diese durch Veränderungen zu lösen. Durch den schnellen Wandel der Umweltbedingungen und Gästebedürfnisse wird jeder touristisch/gastgewerbliche Betrieb gezwungen, marktorientierte Innovationspolitik in Form von neuen Produkt- bzw. Dienstleistungen anzubieten. Produktinnovationen sind:

- **Marktneuheiten**, z. B. Designer-Hotellerie, Cigar-Lounges, Internet-Cafés oder Coffee-Bars, die Bedürfnisse auf völlig neue Weise befriedigen und für die noch keine Problemlösung existiert.
- **Betriebsneuheiten**, z. B. Online-Reservierung, Catering-Service oder sonntägliches Lunch-Büffet, die als Entwicklung zusätzlicher Leistungsangebote (Sach- und Dienstleistungen) verstanden werden und sich vom Angebot des Wettbewerbs abheben.

Beispiel

Wachstumsstrategie – Strategie der Leistungsinnovation

Märkte / Produkte	M_1	M_2	M_3	$M_{...}$	M_n
P_1	Marktdurchdringung	Marktentwicklung →			
P_2	Produktentwicklung	Diversifikation ↘			
P_3					
$P_{...}$					
P_n					

8.1.3 Produktdiversifikation

Ein Unternehmen drängt sich mit neuen Produkten bzw. Leistungen in neue Märkte bzw. Marktsegmente. Hotelkonzerne mit klassischer Stadthotellerie haben in Ferien- und Ressorthotels diversifiziert (Maritim, Ramada u. a.). Ferienclubs diversifizieren ihre Produktlinie auf Kreuzfahrtschiffe (Club Med u. a.) und auch die Privathotellerie diversifiziert entsprechend ihrem Standort, entsprechend der Destination (s. „Situation“ auf S. 11).

Die Interdependenzen operativer Leistungserstellung (s. S. 102) in der Hotellerie können mithilfe der **Diversifikationsmöglichkeiten** der **Geschäftsfelderstrategie** für die Hotellerie/eine Destination/einen touristischen Anbieter dargestellt werden.
In vorliegendem Beispiel wurden die ursprünglichen **Geschäftsfelder** Beherbergung und Restaurant (Produkte) weiterentwickelt (diversifiziert) und sprechen dadurch unterschiedliche **Märkte** (Zielgruppen) mit unterschiedlichen Produktsegmenten an, für die im Rahmen der operativen Planung Leistungen und Angebote ausformuliert und koordiniert werden können.

Die Geschäftsfelderstrategie kann entsprechend des speziellen Leistungsangebotes und der Gästebedürfnisse immer weiter diversifiziert und spezialisiert werden und ist in dieser Form ein operationalisierbares Raster für die Entwicklung von taktischen bzw. operativen Teilplänen.
Allerdings sollten sich die einzelnen **Bedürfnisprofile** der **Produkthauptbestandteile** nicht **gegenseitig ausschließen**. In diesem Fall wäre eine **Bedürfniskollision** vorprogrammiert (z. B. Erholung suchende Zielgruppen kontra vergnügungsaktive und lärmende Zielgruppen):

Beispiel

M	**=**	**Märkte der ★★-Hotellerie**
M_1	=	Urlaubstourismus
M_2	=	Ausflugstourismus
M_3	=	Gesundheitstourismus
M_4	=	Geschäftstourismus
M_5	=	Sporttourismus
P	**=**	**Produkt-/Leistungsangebote**
P_1	=	Erholung, Entspannung
P_2	=	F&B-Angebote für Tagesgäste
P_3	=	Bäder, Wellness, Fitness
P_4	=	Tagungs-Incentives
P_5	=	Sportliche Aktivitäten

Beispiel

Wachstumsstrategie – Strategie der Diversifikation					
Markt / Produktlinie	**Urlaubs-touristen**	**Tages-gäste**	**Gesundheits-orientierte**	**Geschäfts-reisende**	**Sport-reisende**
Erholung Entspannung	Badeurlaub	À-la-carte-Angebote, Kaffeeangebote	Kalorienreduzierte Speisen, Diäten	Mentales Managertraining	Angebote: Rad fahren, Wandern
F&B-Angebot Tagesgäste	Fitness-Frühstück	Snacks, Salate	Kalorienreduzierte Speisen, Diäten	Business-Lunch	Fitnessfrühstück
Bäder Wellness Fitness	Unentgeltliche Nutzung	Entgeltliche Nutzung der Bäderabteilung	Physikalische Therapien, Massagen	Package: Tagen und Baden	Medizinischer Check-up
Tagungen Incentives	Ernährungs- und gesundheits-bezogene Vorträge	Tagungspauschalen	Tagungen und Wellness	Managertraining	Package: Tagen und Sport
Sport Aktivitäten	Angebote: Sportlehrer Animateure	Entgeltliche Nutzung: Golfplatz, Tennishalle	Walking, Nordic Walking	Package: Tagen und Golf	Leistungs- und Ausgleichssport

Daneben können sich **Produkte** auf **andere gastgewerbliche** oder **touristische Angebote** und **Dienstleistungen** beziehen, z. B. Bar, Mittagstisch, Happy Hour, Salatbuffet, Aktivitäten, Kultur, gesundheitliche Prävention oder Events. Die **unterschiedlichen Märkte** können entweder **regional** (Stadt, Region, Inland, Ausland u. a.), **zeitlich** (Sommer, Winter, Vorsaison, Nachsaison), nach **Zielgruppen** (Jugendliche, Erwachsene, Senioren, Singles, Familien, Gruppen u. a.) oder nach **Besuchsanlässen** (After-Work-Dinner, Snack, Familienfeier, Tagung, Touristen u. a.) offeriert werden.

8.1.4 Produktmodifikation

Mündet schließlich in ihrer engsten Dimension – in die Spezialisierung. Dies gilt für Orte mit spezialisiertem Zielgruppenangebot ebenso wie für Restaurants, die sich z.B. über die Produkte „Steaks", „Fisch", „Ethno", „Burger" spezialisieren und standardisieren, oder für die Hotellerie. Konsequentes Beispiel ist die „Seminaris-Tagungshotellerie. Darüber hinaus lassen sich beispielhaft Golfhotels, Designerhotels, Schlosshotels, Sporthotels, All-Suite-Hotels nennen. Die Produktmodifikation konzentriert sich in ihrer Spezialisierung auf relativ enge Segmentbereiche, von denen ein entsprechendes Umsatzvolumen bzw. eine gewisse Dauerhaftigkeit erwartet werden, um erfolgreich arbeiten zu können. Erfolgreiche Produktmodifizierung bzw. Spezialisierung ist der Gefahr der Imitation ausgesetzt. Das bedeutet, Modifikation bzw. Spezialisierung sind keine auf Dauer ausgerichteten Produktstrategien, sondern erfordern eine ständige dynamische Anpassung und Profilierung gegenüber Nachahmern.

8.2 Leistungsänderung und Sortimentspolitik

Situation

	Geringe Breite	**Große Breite**
Geringe Tiefe	**A** **Wenige Produkte** Schmales, flaches Angebot	**B** **Viele Produkte** Breites, flaches Angebot
Große Tiefe	**C** **Wenige Produkte** Schmales, tiefes Angebot	**D** **Viele Produkte** Breites, tiefes Angebot

Eine Leistungserweiterung kann aufgrund veränderter oder neuer Gästeansprüche bzw. Zielgruppen erfolgen. Darüber hinaus können sich Ausweitungen des Angebots durch die stufenweise Modernisierung des Hotelbetriebes und dadurch bedingt die Neuaufnahme von Leistungen ergeben. Maßnahmen der Leistungserweiterung können sowohl die **Angebotstiefe** wie **Angebotsbreite** betreffen.

Die **Angebotsbeschränkung** kann Einschränkungen einzelner Leistungen oder der völlige Verzicht auf bestimmte Leistungen (**Angebotsbereinigung**) bedeuten.

Derartigen Entscheidungen sollten jedoch systematische Rentabilitäts- und Gästebedarfsanalysen vorausgehen. Eine Leistungsbeschränkung auf das unbedingt benötigte Angebot wird überwiegend nur bei unteren bis mittleren **Hotelkategorien** angewendet, wobei als **Äquivalent für die Beschränkung** der Zusatzleistungen ein möglichst **preiswertes Angebot** unterbreitet werden soll (Etap, Formel 1 u. a.).
Angesprochen werden in diesem Fall überwiegend Gästegruppen, die vornehmlich eine reine Beherbergungsleistung (evtl. mit Verpflegungsleistung „Frühstück") wünschen und besonders preisgünstige Angebote erwarten. Hier gelingt es dem Hotelunternehmen, **sich über den Preis bei deutlichen Qualitätseinschränkungen** von den Mitbewerbern abzugrenzen.
Der Begriff **Sortimentspolitik** wird überwiegend im Restaurantbereich, u. a. besonders in der Systemgastronomie verwendet. Die Produktlinie und die spezielle Serviceart (Full-Service, Büfett-Service, Selbstbedienung, Free Flow, Free Line u. a.) sowie die Zusatzleistungen erfolgen in der Systemgastronomie und -hotellerie z. B. einheitlich nach standardisierten und multiplizierbaren Konzepten (> 3 Betriebsstätten).
Ein für den **Gast breites, flaches Sortiment** vergrößert die Produktauswahl (und dadurch möglicherweise die Zielgruppen). Ein **schmales, tiefes Sortiment** ist als Träger hoher Produktkompetenz geeignet, ein segmentspezifisches, fest umrissenes Zielpublikum anzusprechen (z. B. Produkt Rindfleisch: Steaks in allen Variationen).

Sortimentsplanung
Welche **Leistungen** bzw. welcher **Leistungsmix** in welcher Breite und Tiefe (Leistungssortiment) für das entsprechende Unternehmen präferiert wird, ist für die unterschiedlichen Betriebstypen in den Bereichen Gastronomie/Hotellerie/Tourismus eine Frage der Leistungsdefinition, -ausrichtung und -innovation.

Beispiel

Tiefe →

Breite ↓

Sortiment	Warengattung	Warenart	Artikel	Volumen
Vegetarisch	Gemüse	Tomaten	Salat Auflauf	Kleine Portionen Große Portionen
Rindfleisch	Schlachtfleisch	Steaks	Filetsteak Huftsteak	180 g 250 g
Fischgerichte	Fisch	Lachs	Lachsfilet Graved Lachs	180 g 100 g
Pastagerichte	Teigwaren	Nudeln	Lasagne Tortellini	Kleine Portionen Große Portionen
Alkoholfreie Getränke	Säfte	Fruchtsäfte	Orange Fitness Cocktail	0,2 l 0,3 l 0,1 l
Alkoholische Getränke	Spirituosen	Branntwein	Cognac Weinbrand Grappa	0,2 cl 0,2 cl 0,2 cl

8.3 Qualitätspolitik

Situation

Checkliste: Qualitätssicherung – Restaurant

Seehotel Schloss Sonnenbühl

	Ja	Nein	Nicht zutreffend	Bemerkungen
Atmosphäre, Komfort und Instandhaltung:				
1. Die Räumlichkeiten haben die passende Atmosphäre.	☐	☐	☐	----------
2. Die Beleuchtung bei den Mahlzeiten ist der Tageszeit angemessen.	☐	☐	☐	----------
3. Die Temperatur im Raum und eventuelle Musik sind angenehm.	☐	☐	☐	----------
4. Einrichtung und Ausstattung sind gepflegt und gut erhalten.	☐	☐	☐	----------
5. Das Personal ist gepflegt, höflich und freundlich.	☐	☐	☐	----------
...				
Qualität der Speisen und Getränke:				
12. Das Angebot auf der Speisenkarte ist vielfältig und sowohl für die lokalen Stammgäste als auch für die Hotelgäste ansprechend.	☐	☐	☐	----------
13. Warme Speisen werden heiß und auf vorgewärmten Tellern serviert.	☐	☐	☐	----------

(vgl. Dettmer, Harald; Hausmann, Thomas. u. a.: Hotellerie und Gastronomie, Köln 2000, S. 84 ff.)

Die **Qualitätspolitik** – als spezielle Richtung der Leistungs-, Produkt- und Sortimentspolitik – ist in besonderer Weise zu betrachten, weil das Qualitätskriterium schwierig zu beurteilen ist, denn es unterliegt permanent objektiven und subjektiven Kriterien (vgl. Checkliste: Qualitätssicherung – Restaurant auf Seite 109).

In dem **Begriff Qualität** kommt die Produkteignung wie auch die Brauchbarkeit für bestimmte Zwecke zum Ausdruck. Damit ist also nicht nur die grundsätzliche Beschaffenheit einer Leistung/eines Produktes gemeint, sondern auch die Verwendung. So ist beispielsweise die chemische Imprägnierung von Tischdecken ein Beschaffenheitsmerkmal, welches in ein Qualitätsmerkmal umgewandelt wird, wenn die Funktion der Tischdecke als wasserundurchlässig gefordert wird. Qualität umfasst damit verschiedene Eignungseigenschaften. Die Beurteilungskriterien von Qualitäten liegen außerhalb der Leistungen/Produkte beim Käufer/Gast und bestimmen sich nach den Anforderungen, die diese an sie stellten (vgl. Grothues 1997, S. 990).

Daraus lässt sich ableiten, dass Qualität im Gastgewerbe durch permanentes und konsequentes Erfüllen von Gästewünschen entsteht (vgl. Schaetzing 1995, S. 94).

Wenn in einem gastgewerblichen Unternehmen zuständige Mitarbeiter/-innen festlegen, welche Leistungen auf der Speisen-/Getränkekarte angeboten werden sollen, ist dann gleichzeitig über die Qualität des Angebots entschieden, was wiederum in Abhängigkeit zum Einsatz des marketingpolitischen Instrumentariums zu sehen ist.

Die auf die Leistung bezogene Qualität grenzt diese voneinander ab, macht sie verschieden und unvergleichbar, während Quantitäten Produkte oder Sortimente vergleichbar machen. Aufgrund dieser Bindung an ein konkretes Bezugssystem sind Qualitäts- und Imagebeurteilung eng miteinander verzahnt.

So wird beispielsweise ein Wein in einem gastronomischen Betrieb, der sich nach außen mit sehr hohem Qualitätsanspruch darstellt, als herb oder fruchtig ausgewiesen; genau dieser Wein wird jedoch in einer Gaststätte in der Fußgängerzone einer Großstadt qualitativ als „sauer, parfümiert" beurteilt (vgl. Kaub, S. 188).

Wenn auch die Beurteilung der Qualität durch den Gast im Vordergrund steht, so sind die objektiven Kriterien im Rahmen des Erstellungsprozesses, z. B. von Speisen, nicht völlig zu übergehen. Während der Koch die Qualität der Speisen u. a. in den eingesetzten Zutaten, der Frische, der Herkunft, der Handelsklasse, der Sorgfalt bei der Lagerung usw. (= **Input-Qualitäten**) sieht, wird er versuchen, den Aufwand und die Qualität seiner Arbeit selber einzuschätzen; er wird also zum Maßstab nehmen, wie er die jeweilige Speise zubereitet, zusammengestellt und angerichtet hat (= **Prozess-Qualitäten**).

Wird eines der vorstehend genannten Qualitätskriterien (z. B. Beilagen, Mengenverhältnisse, Portionierung usw.) verändert, ergibt das auch eine andere Speisenqualität; ob gleich bleibende Qualitätskriterien oder Änderungen sich positiv auswirken, hängt allein von der Beurteilung des Gastes ab (= **Output-Qualitäten**).

Zu den vom Gast ausgehenden **Qualitätskriterien** zählen vor allem:

Sättigung	Portionsgröße, Nährwert, Ballaststoffe
Gesundheit	Bekömmlichkeit, ernährungsphysiologische Merkmale, diätetische Eignung
Genuss	sensorische Qualität (z. B. Aussehen, Geruch, Geschmack, Gefüge, Temperatur)
Erlebnis	gedankliche Assoziation, Identifikation, Aktualität, Exotik, Symbolik, Prestige
Ethik	moralische Bedenken, ökologische Vertretbarkeit, religiöse Tabus usw.

Wenn auch die Möglichkeit der Einflussnahme auf die Qualität vonseiten des jeweiligen Hauses bei den Speisen meistens über denen der Getränke liegt, weil letztere oftmals schon in verkaufsfähiger Form eingekauft werden, unterscheidet sich die Beurteilung aus Sicht der Gäste jedoch kaum von den Speisen.

Es ist selbstverständlich, dass der Hotelier/Gastwirt seine im Angebot befindlichen Speisen und Getränke ständig an die wechselnden Gästebedürfnisse, aber auch die innerbetrieblichen Voraussetzungen anzupassen hat; natürlich geschieht dies immer im Hinblick auf die von ihm festgelegte angebotspolitische Zielsetzung. Für die Qualitäts- als auch die Sortimentspolitik stehen dem Gastronomen **vom Grundsatz her vier Strategien** zur Verfügung (s. linke Spalte der unten stehenden Tabelle).

Die folgende Übersicht der gastronomischen Angebotspolitik verdeutlicht die enge **Verzahnung der Qualitäts- und Sortimentspolitik** sowie die Verbindung zur Konzeption des Produktlebenszyklus.

	Qualitätspolitik	Sortimentspolitik
Modifikation	Qualität verändern: kann eine Verbesserung, aber auch ein Sparen an der Qualität sein ▶ andere Zutaten ▶ andere Zubereitung ▶ andere Zusammenstellung ▶ andere Anrichtweise	Sortiment verändern: durch Auswechseln von Speisen und Getränken Abwechslung bieten ▶ täglich („Tagesgerichte") ▶ zur neuen Saison ▶ Cocktail des Monats
Differenzierung	Unterschiedliche Qualitäten für individuelle Wünsche, z. B.: ▶ die Speise mit oder ohne Knoblauch ▶ Steak rosa oder durchgebraten ▶ Whisky mit oder ohne Eiswürfel	Mehr Auswahl (Karte wird länger) ▶ mehr Breite ▶ mehr Tiefe ▶ Speisen zu Menü zusammenstellen ▶ Wahl der Komponenten offen lassen
Elimination	Qualitäten vereinheitlichen (Standards)	Auswahl beschränken (Karte wird kürzer) Sortiment bereinigen, z. B. „Verlierer" von der Karte streichen
Innovation	Ganz neue Qualitäten entwickeln ▶ neu in der Gastronomie ▶ neu bei uns	Mit neuen Speisen und Getränken experimentieren ▶ neu in der Gastronomie ▶ neu auf unserer Karte

(Poggendorf, Armin: Gäste bewirten – Lebensgeister restaurieren, S. 56 ff.)

Die Gesamtqualität gastgewerblicher Betriebe lässt sich in verschiedene Komponenten einteilen:

Materielle Komponenten		Immaterielle Komponenten
funktionale	**ästhetische**	
Menage auf dem Tisch des Gastes, scharfe Messer usw.	Dekoration Innenarchitektur Lichtgestaltung Luftqualität usw.	▶ bequemes Sitzen, rückengerechte Matratzen = körperliches Wohlbefinden ▶ persönliche Begrüßung durch den Wirt; zurückhaltende, aber gezielte Umsorgung des Gastes = seelisches Wohlbefinden ▶ Hintergrundmusik zum Mittagstisch, leichtes Unterhaltungsprogramm in den Räumen der Bar = geistiges Wohlbefinden

(vgl. Meyer, J.-A.; Hoffmann, F.: Erfolgsfaktoren in der Gastronomie, Berlin 2002, S. 110)

Die gesamte Leistungspolitik und damit auch die Qualitätspolitik wird jedoch nur erfolgreich sein, wenn die Gästewünsche und -erwartungen umgesetzt werden und der Gast den jeweiligen gastronomischen Betrieb zufrieden verlässt. Hier ist auch deutlich die **Verbindung zwischen** leistungspolitischer **Qualitätsgestaltung** und der **Kommunikationspolitik** des gastgewerblichen Unternehmers offenkundig. Der Weg zum Erfolg ist daher umfassende Qualität der angebotenen Leistung oder auf eine Formel gebracht: **Qualitätsüberbietung statt Preisunterbietung** (Dettmer/Hausmann u. a. 2000, S. 87).

8.4 Komfortpolitik

Situation

Komfortables Hotelzimmer

Die **Komfortpolitik** von Beherbergung in gastronomischen Betrieben umfasst alle materiellen Dinge, also alle Sachen, die dem Gast Bequemlichkeit, Behaglichkeit und Wohlbefinden sowie Anregung und Erlebnis verschaffen.
Definieren lässt sich Komfort als das Materielle, das dem Gast im Hotel/Restaurant zur Verfügung gestellt wird (vgl. Poggendorf, S. 63).

Die zielgerichtete funktionale und gestaltende Formgebung des gastgewerblichen Betriebes i. R. der Komfortpolitik ist einer der Eckpfeiler gastronomischer Planung sowie operativer Praxis und damit des Erfolgs. Gestaltung und Qualität des Komforts wirken sich entscheidend auf Realisierung der jeweiligen betrieblichen Konzeption bezüglich des inneren und äußeren Erscheinungsbildes aus.

Der Fakt, dass sich gastronomiespezifische Investitionen nicht oder nur mit einem sehr hohen Aufwand umkehren lassen, bedingt, dass die überwiegende Zahl der im Bereich der Komfortpolitik getätigten Investitionen langfristiger Art sind. Dies hat zur Folge, dass vor allem bei Fehlentscheidungen von kleineren oder mittelständischen gastronomischen Betrieben aufgrund des erheblichen Finanzaufwandes i. R. der Komfortpolitik sehr leicht wirtschaftlicher Misserfolg vorprogrammiert werden kann.

Damit wird es zur Selbstverständlichkeit, dass schon bei der frühesten Planung der späteren Realisierung gastronomischer **Komfortpolitik** deren Gestaltungselemente von besonderem Interesse im Rahmen des Gesamtmarketings sind. Dieses nicht zuletzt dadurch, dass die Komfortpolitik einen komplementären Charakter hat, denn sie steht in unmittelbarer Interdependenz zu den grundsätzlichen Entscheidungen, die aus der selektierten und gewichteten Bündelung der Marketinginstrumente Image-, Qualitäts-, Sortiments-, Gäste-, Service- und Preispolitik resultieren; damit wird die Komfortpolitik zum integrierten Bestandteil des Marketingmix eines jeden Betriebes (vgl. Kaub, S. 192 und Meyer/Hoffmann, S. 111).

Um die Komfortpolitik vollständig erfassen zu können und damit systematisch zu gestalten, ist nachstehend ein Überblick der vier wichtigsten Bereiche gegeben:

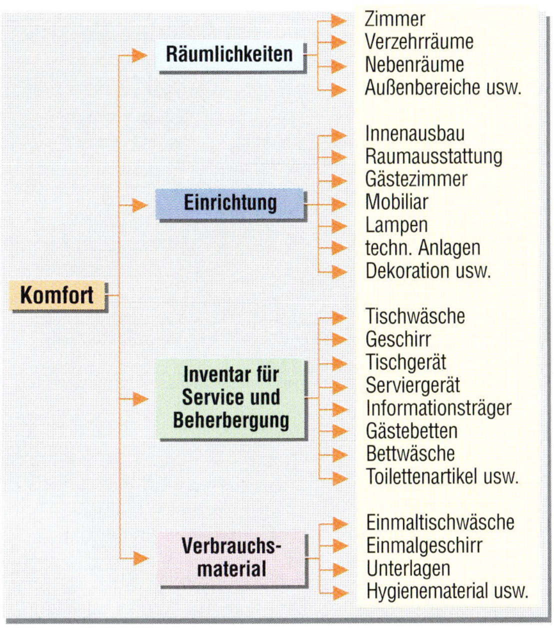

(vgl. Dettmer, Harald; Hausmann, Thomas u. a.: Hotellerie und Gastronomie, Köln 2000, S. 89)

Bei der Auswahl, Beschaffung und der funktionsgerechten Integration vorstehend genannter Bestandteile der Komfortpolitik ist vonseiten des Gastronomen natürlich auf die Qualität respektive Beschaffenheit der einzelnen Gegenstände besonders zu achten, z. B. Material, Verarbeitung, Form, Farbe, Oberflächenstruktur. Auch die Pluralität der Sachen, also Vollständigkeit bzw. ausreichende Anzahl an benötigtem Inventar sowie dessen Anordnung, Ausrichtung, Raumgliederung usw., ist ein zu beachtendes Kriterium.

Komfortpolitik als spezieller Teil der gastronomischen Dienstleistung verlangt vom Gastronomen einerseits, sich den entstehenden Kosten sowie der einzusetzenden Nutzenrelation zu stellen, also auf Beschaffung begünstigende Faktoren zu achten; andererseits sind die vom Gast bevorzugten Faktoren (Wohlbefinden, Erlebnis) mit den eigenen Vorstellungen soweit wie möglich in Einklang zu bringen. Schließlich interessieren den Gast weniger die objektiven Daten (z. B. Preis des Mobiliars); vielmehr ist für ihn interessant, ob der angebotene Komfort seinen Bedürfnissen entgegenkommt (Kaub, S. 192; Meyer/Hoffmann, S. 111 und Poggendorf, S. 66).

Der Gast hat seine eigenen **Beurteilungskriterien** für den von gastgewerblichen Betrieben angebotenen Komfort; dazu zählen (vgl. Poggendorf, S. 66):

- **Funktion**, z. B. Zweckmäßigkeit, Handlichkeit, Bequemlichkeit, Zuverlässigkeit, Sicherheit, Bewegungsfreiheit
- **Ästhetik**, z. B. Stil, Sauberkeit, Pflegezustand, Anmut, Harmonie
- **Erlebnis**, z. B. gedankliche Assoziation, Identifikation, Aktualität, Exotik, Extravaganz, Prestige

An dieser Stelle ist zu ergänzen, dass die Komfortpolitik nicht in allen Punkten allein nach der vom Gastronomen vorgenommenen Zielsetzung bestimmt werden kann. Vor allem der Bereich der Räumlichkeiten und Einrichtungen engt oftmals die Entscheidungsfreiheit ein.

So schreibt beispielsweise der Gesetzgeber für den Außenbereich in verschiedenster Hinsicht Einzelheiten vor, z. B. beim Parkplatz, beim Zugang oder bei der Terrasse; ähnlich verhält es sich bei den Nebenräumen, z. B. Vorschriften für Treppenhaus, Gänge, Toiletten, und im Innenbereich, z. B. vorgeschriebene Brandschutzeinrichtungen (Sprinkleranlagen für den Beherbergungs- und Bewirtungsbereich usw.).

Wie auch die Komfortpolitik mit der Strategie des jeweiligen gastronomischen Betriebes verbunden ist, haben im Zusammenspiel strategischer und operativer Planung sowie Realisierung der Komfortpolitik letztendlich die **Gästewünsche Vorrang**, sodass diesen soweit wie möglich entgegenzukommen ist.

8.5 Servicepolitik

Situation

Servicepersonal beim Eindecken

Servicepolitik umfasst alle Dienstleistungen (Funktionen, Tätigkeiten, Prozesse), die in der Gastronomie für den Gast auf unterschiedlichen Ebenen geleistet werden, und zwar

- **physisch-materiell**, z. B. Eingießen, Vorlegen, Entgegennehmen, Abräumen
- **kaufmännisch-administrativ**, z. B. Reservieren, Informieren, Bestellungen aufnehmen, Registrieren, Kassieren
- **seelisch-geistig**, z. B. Grüßen, Beraten, Empfehlen, Überzeugen, Einfühlen, Anerkennen, Verabschieden.

Servicepolitik umfasst die Merkmale Zusätzlichkeit und Freiwilligkeit. Sie beschäftigt sich mit Fragen der Beherbergung und Bewirtung des Gastes und der Zusatz- und Nebenleistungen zum Hauptgeschäft. Servicepolitik gastgewerblicher Unternehmen ist nicht allgemeiner Dienstleistungspolitik gleichzusetzen, denn das Gastgewerbe bildet einen Teil des tertiären Sektors Dienstleistungen und kann sowohl Haupt- als auch Nebenleistungen umfassen.
Schon während der Existenzgründungsphase gastgewerblicher Betriebe ist die Servicestruktur- sowie Serviceablaufpolitik im Management festzulegen. Im Rahmen der **Servicestrukturpolitik** ist das betriebstypenbezogenen Serviceprogramm, das Serviceniveau, wie die Intensität des Services, aufzuarbeiten (vgl. Kaub , S. 190).

Ergänzend zur Servicestrukturpolitik bestimmt die **Serviceablaufpolitik** die erwarteten und unerwarteten Aktivitäten gegenüber dem Gast.
Prinzipiell lässt sich der eine Vielzahl von Aktivitäten umfassende Service in zwei Phasen unterteilen:

1. **Mise-en-place:** Dabei handelt es sich um vorbereitende Arbeiten im Restaurant oder Office, um einen optimalen Serviceablauf – wenn der Gast die gewünschte Leistung abfragt – zu garantieren. Zu den umfangreichen Vorbereitungsarbeiten zählen u. a.
   - Polieren und Bereithalten von Geschirr und Bestecken
   - Reinigung von Tabletts, Tischwäsche
   - Instandhaltung
   - Funktionskontrolle
   - Reinigung und Pflege verschiedener Servicegeräte.

2. Service am Gast: Dabei handelt es sich in erster Linie um die Dienste am Gast, d. h. die Servicefunktion Bedienung und Betreuung.
Eine Analyse der Servicepolitik kommt in der nachstehenden Übersicht zum Ausdruck:

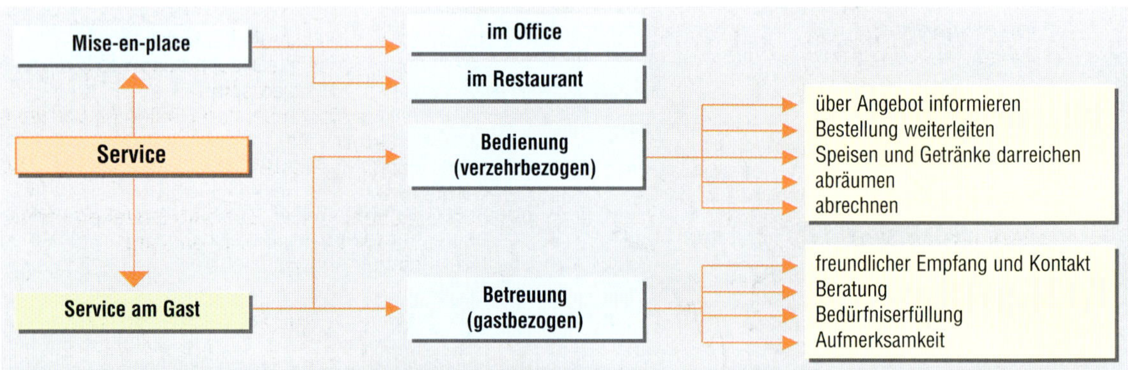

(vgl. Poggendorf, Armin: Gäste bewirten – Lebensgeister restaurieren, Hamburg, S. 71 ff.)

Ob die **Servicepolitik** tatsächlich erfolgreich ist, darüber entscheidet neben den materiellen Leistungen (z. B. Speisen und Getränke) vor allem auch der **direkte Gastkontakt** durch die Mitarbeiter. Durch nichts kann eine von dem Servicepersonal bzw. Management entgegengebrachte „Gastfreundschaft“ ersetzt werden. Je weitgehender es dem gastronomischen Betrieb gelingt, Bedürfnisse und Vorstellungen seiner Gäste zu erfüllen, umso mehr setzt er sich qualitativ von seinen Mitbewerbern ab.

Stets jedoch muss das gesamte Team des gastronomischen Betriebes bemüht sein, den Service am Gast zu verbessern; dieses bezieht sich vor allem auch darauf, den eigenen Standard an die aktuellen Entwicklungen anzupassen, z. B. Akzeptanz von „Electronic Cash“. Besonders die Servicepolitik kann äußerst Image fördernd sein, z. B. durch die berühmte „Mundpropaganda“.

Servicequalität

Als die fünf wesentlichen Schlüsselfaktoren zur Messung und Bewertung der Servicequalität – offeriert durch engagierte und motivierte Mitarbeiter – werden nicht nur im F&B-Bereich folgende Kriterien angesehen (s. S. 270):

1. **Zuverlässigkeit**
   Definiert die Fähigkeit, die versprochenen Dienstleistungen verlässlich und genau durchzuführen.
2. **Entgegenkommen**
   Definiert die aktive Aufgeschlossenheit, dem Gast in allen Situationen behilflich zu sein.
3. **Vertrauenswürdigkeit**
   Definiert die Verbindlichkeit der Mitarbeiter in Kombination mit Fachwissen sowie deren Fähigkeit, Vertrauen und Souveränität zu vermitteln.
4. **Zuwendung**
   Definiert das gastorientierte Verhalten der Mitarbeiter, d. h. die individuelle Aufmerksamkeit, Hilfsbereitschaft und Freundlichkeit bei der Betreuung des Gastes.
5. **Sachliche und fachliche Kompetenz**
   Definiert die „Schlüssigkeit" des Ausstattungs- und Erscheinungsbilds eines Hotel- bzw. Restaurantkonzepts (Corporate Identity (CI): Corporate Design (CD), Corporate Behavior (CB), Corporate Communication (CC)) und die Umsetzung der CI durch die Mitarbeiter (Fachkenntnisse, praktizierte Kommunikationsmethoden).

8.6 Marken- und Positionierungspolitik

Situation

Die Geschäftsführung des Seehotels „Schloss Sonnenbühl" beabsichtigt, seinen Namen (die grafischen Elemente mit dem Schriftzug) in Verbindung mit der optischen Darstellung des Hotels (Markenzeichen) als Marke zu schützen, um das Image des Hauses zu erhöhen.

Im weitesten Sinn sind alle **Maßnahmen** zur **Kennzeichnung** von **Leistungsangeboten** (**Namensgebung, Markenzeichen und -design**) als Markenpolitik zu verstehen. Darüber hinaus wird Markenpolitik im engeren Sinn als spezifische produktpolitische Aufgabe zum **Aufbau** und zur **Pflege** von Leistungsangeboten als **Markenartikel** verstanden:

„Markenartikel sind Produkte und Dienstleistungen, die auf Kundennutzen ausgerichtete unverwechselbare Leistungen standardisiert in gleich bleibender Qualität offerieren" (vgl. Bruhn 1994, S. 640).

Der **Begriff „Marke"** ist seit 1979 nach dem Warenzeichengesetz juristisch wie folgt festgelegt:

„Die Marke ist ein kraft Eintragung in die Zeichenrolle geschütztes Zeichen, das einem Unternehmen dazu dient, bestimmte von ihm hergestellte oder vertriebene Waren" ... „von gleichartigen Waren oder Dienstleistungen anderer Unternehmen zu unterscheiden."

8.6.1 Markenbildung

Ausgehend von der raschen Marktpenetration – vor allem amerikanischer und französischer Hotelmarken – in den siebziger Jahren hat der Aspekt der **Markenbildung** heute im Rahmen der gesamten Marketing-Politik eine hohe Bedeutung. Hotelunternehmen streben i. d. R. eine Profilierung des Unternehmens über den Firmen- oder Familiennamen an, wobei die Marke/der Name zum **Symbol für eine spezielle unverwechselbare Leistung** gemacht wird. Besonders in der gehobenen und First-Class-Hotellerie, wo sich die Leistungsangebote der einzelnen Unternehmen hinsichtlich Komfort, Service und Sonderleistungen **nur gering voneinander unterscheiden**, wird versucht, das eigene Produkt über den Firmennamen im Sinne eines **Corporate Images** bzw. einer **Corporate Identity** zu profilieren und von Mitbewerbern abzugrenzen bzw. sich von diesen abzuheben.
Bestandteile einer Marke sind das Produkt selbst, der Name, das Image: die Kommunikation (Synthese aus physischen, rationalen und emotionalen Elementen). Entscheidendes Element ist die **Produktdarstellung**, die maßgeblichen Einfluss über Erfolg und Misserfolg eines Produktes hat und im Service erlebbar wird: Die **Markennamen** sollten deshalb

- einen hohen Aufmerksamkeits- und Erinnerungswert haben,
- produkttypische Merkmale besitzen,
- einprägsam und leicht auszusprechen sein,
- werbewirksam konzipiert sein,
- positive Assoziationen bei den Gästen hervorrufen,
- unverwechselbar sein,
- international verwendbar sein (Markenrechte, evtl. Anstößigkeit),
- über einen sehr langen Zeitraum bestehen können (bzw. keinen Moden unterworfen sein)

(vgl. Weis 2000, S. 238).

Synonyme Verwendung des Imagebegriffs

Allgemeine Synonyme	Spezielle Marketing-Synonyme
▶ Ansehen	▷ Firmenruf
▶ Charakterbild	▷ Markenstereotyp
▶ Nimbus	▷ Markenvorstellungsbild
▶ Renommee	▷ Brand-Image
▶ Ruf	▷ Markenbild
▶ Reputation	▷ Markenstil
▶ Bild	▷ Markenprofil
▶ Prestige	▷ Markengesicht
▶ Leitbild	▷ Markencharakter
▶ Vorurteil	▷ Markenpersönlichkeit
▶ Stereotyp	▷ Markenerlebnis

(vgl. Thesaurus von Microsoft Word 6,0; Mayerhofer, W.: Imagetransfer, S. 51)

8.6.2 Markenimage

Über die **Marke** als **Imageträger** soll bei den Gästen eine **entsprechende Erwartung** und damit verbunden eine **Markentreue** aufgebaut werden, die sich besonders für Hotelketten und -kooperationen mit verschiedenen internationalen Standorten als vorteilhaft erweist. Der über die Markierung erreichbare hohe **Bekanntheitsgrad** und die damit verbundenen Qualitätsvorstellungen über einen Hotelbetrieb schaffen ein hohes **akquisitorisches Potenzial**. So lassen sich in der Hotellerie z. B. zuordnen

- Brenner's Park-Hotel: als persönliche, individuelle Luxushotellerie,
- Steigenberger: als Sinnbild für gediegene, qualitätsbewusste deutsche Hotellerie,
- Holiday Inn: als weltweit agierende dynamische Business-Hotels.

8.6.3 Markenpolitik als Leistungspolitik

1. Branding (Namensgebung)

Branding (vgl. „brand" = hervorgegangen aus „brandon" = Brandzeichen) dient der optischen Wiedererkennung des Markennamens, der sich i. d. R. sowohl aus der Namensgebung, den Schriftzügen und dem Markendesign zusammensetzt. Die Praxis bestätigt, dass Branding nicht nur Hotelkonzernen bzw. Hotelketten wie Steigenberger, Maritim, Dorint, Kempinski oder Hotelkooperationen wie Best Western, Relais & Chateau, Romantik, Ring Hotels u. a. vorbehalten bleibt. Auch **einzelne Hotelbetriebe** können sich **über den Namen** als Zeichen eines unverwechselbaren Angebots im Wettbewerb profilieren und Absatz fördernde Wirkungen erzielen. Gegenüber dem Gast soll eine gewisse **Leistungsphilosophie** vermittelt werden, die ein bestimmtes **Leistungsversprechen** bzw. -assoziationen hervorruft (z. B. Hotel Vier Jahreszeiten: Hamburg, Pflaums Posthotel: Pegnitz, Last-Minute-Tours, Seehotel „Schloss Schönbühl"). Im Bereich der Hotellerie/des Tourismus sind die Leistungen oftmals mit dem Firmennamen verbunden („**Firmen-Marken**") wie Hilton Hotels, Steigenberger Hotels, Thomas Cook Reisebüros. Daneben bestehen Phantasienamen wie Club Aldiana, Accor Hotels u. a.

Darüber hinaus werden immer häufiger **Namenszusätze** verwendet, die **Problemlösungskompetenz signalisieren** und bereits werbliche Aussagen beinhalten (Slogan, **Aufhänger**, „geistiger Anker"), z. B.

- Arabella Sheraton – Something Grand is happening...
- Hyatt – Feel the Hyatt touch
- Schloss Bensberg – Luxus erfährt eine neue Dimension: Mehr Zeit und Energie für sich selbst!
- Gästehaus Petersberg: Wohnen wie ein Staatsgast
- Seebad ..., Luftkurort ..., Kulturstadt ...
- Sylt – in Deutschland ganz oben
- Rügen – Deutschlands größte Insel

2. Markenzeichen und -design (Corporate Design, Logo, Signet)

Als konstantes Erkennungszeichen mit hohem Wiedererkennungswert vereint das **Firmenlogo** die **grafischen Elemente** (vgl. Corporate Design) mit dem **Schriftzug** des **Firmennamens**. Die typischen Schriftzüge werden nicht im Sinne des Buchstabierens gelesen, sondern **mit einem Blick erfasst** und zugeordnet.

So lässt sich mithilfe verschiedener Schriftarten und grafischer Elemente der **imagewirksame Charakter**, **Stil** und die **Art des Unternehmens** ausdrücken.

Deshalb sind Firmenlogos, die Tradition und Prestige vermitteln, in der Hotellerie bzw. im Tourismus von großem (psychologischen) **Zusatznutzen**. Es wird in diesem Zusammenhang von „**Markenwert**" (brand equity) gesprochen: Gäste sind bereit, für den **Markenartikel** (Hotel/Destination/Handelsprodukt) einen höheren Preis zu zahlen.

Die Preisdifferenzierung erklärt sich weitgehend aus den zusätzlichen, immateriellen Leistungen (**Corporate Image**), die den Gästen offeriert werden:

- Prestige (Luxus-Hotellerie, Premium-Marken)
- Spaß, Freude, Lifestyle, Erlebniselemente
- Qualität bzw. Qualitätsgarantien
- Produktsicherheit
- Unterstützung ökologischer Maßnahmen (umweltbewusstes Hotel, „sanfter" Tourismus).

ROMANTIK
HOTELS & RESTAURANTS
INTERNATIONAL

Der hohe Bekanntheitsgrad und die damit verbundenen Qualitätsvorstellungen werden mithilfe des **Markendesigns** (Corporate Design) gesteigert, z. B.

- gleiche Kleidung der Service-Mitarbeiter (Hotellerie, Fluggesellschaften)
- die Möve bei Mövenpick, der Kranich der Lufthansa, das charakteristische Logo der TUI (s. S. 116).

8.6.4 Markenstrategien

Generell wird im Zusammenhang mit der Markenpolitik von drei Grundstrategien gesprochen (vgl. Freyer 2001, S. 433 ff.).

1. Einzelmarkenstrategie

Bei der klassischen Einzelmarkenstrategie (Mono- oder Solitärmarkenstrategie) werden einzelne Leistungen oder Produkte einem Markennamen zugeordnet (vgl. Kapferer 1992, S. 121).

Strategie:
„1 Marke = 1 Produkt = 1 Produktaussage oder -versprechen"

Beispiele

- Hotel Adlon, Berlin
- Bayerischer Hof, München
- Brenner's Parkhotel, Baden-Baden

Hotel ADLON, Berlin

2. Mehrmarkenstrategie

Bei der **Mehrmarkenstrategie** wird (basierend auf dem Grundgedanken der Einzelmarkenstrategie) ein **Markenportfolio** entwickelt, d. h., es werden **neue Markennamen** mit entsprechender Marktpositionierung und -abgrenzung sowie jeweils eigenständigen Marketingmaßnahmen entwickelt.

Beispiele

- Die Hotelgesellschaft ACCOR spricht mit den Marken Ibis (preiswert), Mercure (mittelpreisig), Sofitel (First Class) verschiedene Marktsegmente an.
- Zur amerikanischen Hotelgesellschaft Starwood gehört der deutsche Exklusiv-Partner Arabella Sheraton; zur amerikanischen Hotelgesellschaft gehören außerdem die 7 Marken Aloft-Hotels, Le Méridian, St. Regis, Westin Hotels & Resorts, Four Points, W-Hotels, The Luxury Collection.

Starwood Hotels & Resorts Worldwide, Inc.

Sheraton HOTELS & RESORTS

ST. REGIS HOTELS & RESORTS

WESTIN HOTELS & RESORTS

Four Points Sheraton
Where Value Never Means Compromise.

W HOTELS WORLDWIDE

THE LUXURY COLLECTION Starwood Hotels & Resorts

3. Markenfamilienstrategie

Mehrere Produkte werden zu einer **Produktgruppe (Markenfamilie)** zusammengefasst und mit einer Marke versehen. Umgekehrt können erfolgreiche Marken durch so genannte Produktlinien differenziert werden:

Es entsteht ein Markensortiment. Aus strategischer Sicht können für Markenfamilien gemeinsame Marketingaktivitäten entwickelt werden, obwohl die Möglichkeit der zielgruppenspezifischen Werbung erhalten bleibt.

Beispiele

Zu Mövenpick Hotels International (MHI) gehören die drei Produktlinien:

- **Mövenpick-Hotels** (Hotels der 4- und 5-Sterne-Kategorie an Urlaubs- und Geschäftsstandorten),
- **Mövenpick-Hotels Jolie Ville** (nationale und internationale Ferienhotels),
- **Mövenpick-Hotels Cadett** (Häuser in der „upscale mid price"-Klasse, mit limitiertem Gastronomie- und Dienstleistungsangebot).

- ▷ **Tourismus:** Reiseveranstalter differenzieren ihre Angebotspalette mit Gebiets- und Zielgruppenzusätzen, z. B. Studiosus mit Studienreisen, Wanderreisen, Singlereisen u. a.
- ▷ **Sachgüter:** z. B. Nivea (Hautcreme bis Duschgel)

4. Dachmarkenstrategie

Die Dachmarke fasst alle Leistungsangebote eines Unternehmens unter einer übergreifenden Markenbezeichnung zusammen. Die Strategie ist typisch für besonders große (oftmals international operierende) Unternehmen, die mit einer breiten Leistungspalette sowohl mit Einzelmarken als auch mit Markenfamilien auf den globalen Märkten agieren. Typische Beispiele in der Hotellerie/im Tourismus in Deutschland sind:

Beispiele

Die **Steigenberger Hotels AG** gliedert sich heute wie folgt unter der **Dachmarke Steigenberger Hotels & Resorts**:

▶ Steigenberger-Hotels	▷ 5- und 4-Sterne Stadt- und Ferienhotels
▶ InterCity-Hotels	▷ 3-Sterne-Hotels an Bahnhöfen

Beispiele

In touristischen Destinationen werden in Ländern und Regionen typische Dachmarkenkonstrukte zumeist unbewusst eingesetzt, z. B.

▶ Urlaubsland Bayern	▷ regionale/lokale Urlaubsangebote
▶ Bäderland Baden-Württemberg	▷ Kur- und Bäderangebote des Bundeslands

Beispiele

Typisch sind Dachmarkenstrategien für große Reiseveranstalter, z. B:

▶ TUI	→	Dachmarke
▶ Robinson Club	→	Einzelmarke
▶ TUI-Fernreisen	↘	
▶ TUI-Sprachreisen	→	Markenfamilie
▶ TUI-Spanienreisen	↗	
▶ TUI-Golfreisen	↗	

Dachmarkenstrategie	
Marriott HOTELS & RESORTS	▶ **Marriott Hotels & Resorts = Full-Service-Dachmarke**, weltweit in Großstädten vertreten, überwiegend Geschäftsreisende, konstanter Servicestandard, Standards: mehrere Restaurants und Lounges, Bankett- und Businessangebote, Executive Level, Swimmingpool, Fitnessbereich, Sauna, Whirlpool, Geschenkboutique u. a.
JW MARRIOTT. HOTELS & RESORTS	▶ **JW Marriott Hotels & Resorts**, an den wichtigsten internationalen Geschäfts- und Reisezielen, luxuriöse Hotels mit persönlichem Service, eleganten Räumlichkeiten sowie äußerst exquisiter Küche.
RENAISSANCE.	▶ **Renaissance Hotels**, weltweit ca. 120 Hotels mit herausragendem gehobenen Service in stilvoller, behaglicher, warmer und einladender Atmosphäre.
COURTYARD Marriott	▶ **Courtyard by Marriott**, mehr als 550 Hotels der gehobenen Mittelklasse in 10 Ländern. Viele Geschäftsreisende, die Komfort, Funktionalität und hohe Servicequalität erwarten.
Marriott	▶ **Marriott Executive Apartments**, hoteltypischer Service, Geräumigkeit und Privatheit für internationale langfristige Geschäftsaufenthalte.
Residence Inn Marriott	▶ **Residence Inn by Marriott**, für langfristige Aufenthalte in Nordamerika, geräumige Suiten, vollständig eingerichtete Küchen, abgetrennte Bereiche zum Schlafen, Arbeiten, Entspannen und Essen (inklusive Frühstücksbüfett).
FAIRFIELD INN Marriott	▶ **Fairfield Inn by Marriott**, preisgünstigste Marriott-Kategorie für Geschäftsreisende und Urlauber. Service: kostenfreie Ortsgespräche, Swimmingpool, Fitnessraum und kontinentales Frühstück.
Marriott CONFERENCE CENTERS	▶ **Marriott Conference Centers**, Know-how für „das ultimative Meeting" in Stadtnähe in erholsamer Umgebung, kreative und effektive Meetings und Incentives für kleine bis mittelgroße Gruppen.
TownePlace SUITES Marriott	▶ **TownePlace Suites by Marriott**, komfortabel eingerichtete Suiten für langfristige Aufenthalte in den USA, Haushaltungsdienste (24 Std.), außergewöhnlicher Service zu moderatem Preis.
SPRINGHILL SUITES Marriott	▶ **SpringHill Suites by Marriott**, Suiten gehobener Mittelklasse in den USA. 25 % größer als herkömmliche Hotelzimmer, mit Anrichtebereich (Kühlschrank, Spüle, Mikrowelle), inkl. kontinentalem Frühstück.
Marriott VACATION CLUB INTERNATIONAL	▶ **Marriott Vacation Club International**, 1-, 2-, und 3-Raum-Villen mit geräumigen Wohn- und Essbereichen in den USA, der Karibik, Europa und Asien.

8.7 Qualitätszertifizierung

Situation

»ZERTIFIKAT«

Dieser Betrieb wurde nach den Richtlinien der

DEUTSCHEN KLASSIFIZIERUNG FÜR GÄSTEHÄUSER, GASTHÖFE UND PENSIONEN

bewertet, die vom Deutschen Hotel- und Gaststättenverband (DEHOGA) in Zusammenarbeit mit den Tourismusverbänden erarbeitet wurden.

Der genannte Betrieb ist berechtigt, für den Zeitraum

folgende Klassifikation zu führen und zu nutzen.

G★★★

Gütesiegel und Zertifikate dienen der allgemeinen Kennzeichnung sowie der Qualitätsbestimmung. Mithilfe von grafischen und schriftlichen Elementen wird ausgesagt, welche Produkteigenschaften z. B. Qualität, Umweltverträglichkeit (s. S. 77), Gastfreundschaft u. a. von der Hotellerie garantiert werden.

„Qualität ist nicht alles, aber ohne Qualität ist alles nichts“, so der Präsident des Deutschen Tourismusverbandes (DTV).

Der Deutsche Hotel- und Gaststättenverband (DEHOGA) bietet nach diversen Vorläufermodellen einzelner Landesverbände seit Herbst 1996 mit dem Markenprodukt „**Deutsche Hotelklassifizierung**“ ein bundesweit einheitliches Klassifizierungssystem an. Bis 1996 hatten in Europa allein die skandinavischen Länder und Deutschland keine offizielle Hotelklassifizierung. Die vom Deutschen Hotel- und Gaststättenverband (DEHOGA) auf freiwilliger Basis angebotene Deutsche Hotelklassifizierung sollte zunächst insbesondere mittelständischen Hoteliers bessere Vermarktungsmöglichkeiten an die Hand geben; mittlerweile haben sich alle Betriebstypen der Botschaft der Sterne angeschlossen.

Die Hotelklassifizierung eröffnet den Beherbergungsbetrieben durch eine deutliche Produktpositionierung verbesserte Absatzchancen. In- und ausländische Gäste verlangen nach einer verlässlichen Hotelübersicht, die als dynamisches, marktgerechtes System internationalen Standards gerecht wird. Im Juli 2007 haben 7 944 Hotels aller Kategorien offiziell nach den Hotelsternen gegriffen. Dieser erfreuliche Aufwärtstrend in einer konjunkturell schwierigen Zeit bestätigt den eingeschlagenen Weg. Stolz ist man auch auf die neue „S-Klasse“, das sind über 1 000 Spitzenbetriebe, die innerhalb ihrer Sterne-Kategorie als „Superior“ gekennzeichnet sind. (vgl. DEHOGA Berlin, in www.hotelsterne.de).

Die Verteilung über die nationalen fünf Sternekategorien entspricht einer Gauß'schen Normalverteilung mit einem deutlichen Schwerpunkt im 3-Sterne-Segment:

Kategorie	Anzahl	Anteil
▶ 1 Stern	93	1,2 %
▶ 2 Sterne	914	11,5 %
▶ 3 Sterne	4 702	59,2 %
▶ 4 Sterne	2 086	26,3 %
▶ 5 Sterne	149	1,9 %

Träger der Zertifizierung sind die **DEHOGA-Landesverbände**, die zertifizierungswillige **Hotelbetriebe** (Beherbergungsbetriebe mit mehr als 8 Betten) anhand objektiver Kriterien bewerten. Subjektive Eindrücke werden grundsätzlich nicht bewertet. Die Auswertung erfolgt anhand eines Erhebungsbogens, der vom Hotelier ausgefüllt und durch elektronische Datenverarbeitung ausgewertet wird. Es werden in jedem Fall Plausibilitätskontrollen und zusätzlich Stichprobenkontrollen nach dem Zufallsprinzip durchgeführt. Die Klassifizierung hat eine Gültigkeit von zwei Jahren.

Die Deutsche Hotelklassifizierung **kennt 19 Mindestkriterien**, die mit zunehmender Anzahl der Sterne höhere Anforderungen stellen.

Diese Kriterien werden mit einer Mindestpunktezahl (80 Punkte für 1-Stern-Hotels) aus den Bereichen

- Gebäude/Raumangebot,
- Einrichtung/Ausstattung,
- Service, zusätzliche Dienstleistungen,
- Freizeit- und Fitnesseinrichtungen,
- Angebotsgestaltung und
- hauseigener Bankettbereich

bewertet. Mit steigender Sternezahl werden schärfere Anforderungen gestellt: Bei drei Sternen muss die Sanitärzelle auf dem Zimmer sein und dem Gast auf Wunsch ein Fön ausgehändigt werden. Bei fünf Sternen haben im Badezimmer nicht nur Duschhaube und Nagelfeile bereitzuliegen, sondern auch Bademantel und Slipper, von anderen Annehmlichkeiten wie 24-stündigem Raumservice einmal ganz abgesehen. Dafür müssen für fünf Sterne 420 Punkte aufgeboten werden.

Für Hotel garni, Fremdenheime oder Frühstückspensionen gelten die Mindestkriterien „Restaurant“ und „Speisenservice“ nicht (50 Punkte für 1-Stern-Hotel garni). Fünf Sterne sind hier nicht möglich. Der Zusatz „Superior“ kennzeichnet die Spitzenbetriebe, die innerhalb ihrer Kategorie deutlich mehr Wertungspunkte haben, als sie benötigen, die Mindestkriterien der nächst höhere Kategorie allerdings nicht erreichen. Garni-Betriebe können den Zusatz „Superior“ nicht erhalten.

Seit 1. Juli 2005 gibt es die bundesweite Deutsche Klassifizierung für Gästehäuser, Gasthöfe und Pensionen. Die so genannte „G-Klassifizierung” im 1- bis 4-Sterne-Bereich wurde vom DEHOGA Bundesverband in Kooperation mit dem Deutschen Tourismusverband (DTV) entwickelt und wendet sich an Betriebe mit gaststättenrechtlicher Konzession und/oder mehr als acht Gästebetten (höchstens 20 Gästezimmer). Zukünftig sind dadurch die Klassifizierungssysteme (Deutsche Hotelklassifizierung, Deutsche Klassifizierung für Gästehäuser, Gasthöfe und Pensionen, DTV-Klassifizierung für Ferienwohnungen, Ferienhäuser und Privatzimmer) noch marktgerechter voneinander abzugrenzen. Wie bei der Deutschen Hotelklassifizierung wird eine strenge und regelmäßige Überprüfung der Häuser und Kriterien für eine hohe Akzeptanz der neuen Sterne sorgen. Zur Unterscheidbarkeit der Klassifizierungssysteme für den Gast wird den Sternen stets ein „G” vorangestellt.
Alle Kriterien, hilfreiche Definitionen und Musterseiten zur Darstellung in Gastgeberverzeichnissen sind im Internet verfügbar unter www.klassifizierung.de.

Inzwischen mehren sich Stimmen, die als nächsten Schritt eine zumindest **europaweite Harmonisierung** oder **Vereinheitlichung der diversen nationalen Klassifizierungssysteme** fordern. Fest steht zu diesem Zeitpunkt, dass

- fast alle europäischen Länder über ein Hotel-Klassifizierungssystem verfügen,
- die nationalen Standards in den einzelnen Ländern individuell unterschiedlich sind,
- ein europaweit gültiges Klassifizierungssystem eine bessere Vergleichbarkeit für den Gast bringen könnte, wenn diese Klassifizierung von den Reiseveranstaltern übernommen werden würde.

Aufgrund der Erfahrungen mit dem Normungsprojekt DIN EN ISO 18513 und der hohen Kosten für die Erstellung einer einheitlichen Hotelnorm stehen derzeit alle europäischen Hotelverbände einer europaweiten Harmonisierung skeptisch gegenüber. Eine **weltweite Hotelnorm** könnte sogar wegen der Breite des Bewertungsspektrums diffus sein oder würde unerwünschte Verwirrung stiften.

Der DEHOGA präferiert ein nationales Klassifizierungssystem, da der Anteil der Inländer an den Übernachtungen in Deutschland 82,7 % ausmacht und in dieser Form nationale/regionale Unterschiede berücksichtigt. In den Vereinigten Staaten hat sich anstatt einer eindimensionalen Klassifizierung, die nur Leistungsstandards berücksichtigt, eine **zweidimensionale Klassifizierung** nach dem **Preis-Qualitäts-Standard** (Leistungshöhe) durchgesetzt:

Amerikanische Klassifizierung

Klassifizierung	Merkmale
Budget	Niedrigste Preisklasse, einfache Ausstattung, Minimum an Service in Hotellerie und F&B-Bereich
Economy-Limited Service	Untere Preisklasse, begrenzter Service in Hotellerie und F&B-Bereich
Mid Price-Limited Service	Mittlere Preisklasse, begrenzter Service in Hotellerie und F&B-Bereich
Economy Full Service	Untere Preisklasse, umfangreicher Rezeptions- und F&B-Service
Mid Price-Full Service	Mittlere Preisklasse, umfangreicher Rezeptions- und F&B-Service
First Class (Upscale)	Obere Preisklasse, gehobener Rezeptions- und F&B-Service, individuelle sonstige Serviceangebote
Luxury	Oberste Preisklasse, höchstes Serviceniveau auf allen Ebenen

8.8 Leistungsspektrum in der Hotellerie

Situation

Package:

Seehotel Schloss Sonnenbühl

Wintertraum

15. Januar – 28. Februar

- 7 Tage Aufenthalt inklusive Gourmet-Halbpension
- eine Wohlfühl-Massage in der Sonnenbühl-Beautyfarm
- Winterwanderung zum Bergkräutergarten
- Stadtbesichtigung inklusive Führung in der historischen Altstadt
- Freitagabend: Feuerzangenbowle im Wintergarten
- Piano-Musik: täglich von 16:00 bis 18:00 Uhr zum Kaffee oder Tee im Restaurant Seeblick
- an sechs Abenden: 4-Gang-Gourmet-Menü
- Samstagabend: 6-Gang-Gala-Diner gekocht von unserem Küchenteam unter der Leitung von Küchenchef Herrn Kabellari
- Montagabend: Weinprobe mit unserem Restaurantleiter Herrn Dirksen

Zukünftig wird es nicht mehr darauf ankommen,
dass wir überall hinfahren können,
sondern ob es sich lohnt,
dort anzukommen.

(Hermann Löns)

Wir freuen uns auf Ihren Besuch!

Der scharfe Verdrängungswettbewerb auf dem derzeitigen Hotelmarkt bestätigt, dass **Leistungspolitik** als **wichtigster Bestandteil** der **Marketinganstrengungen** zu betrachten ist.

8.8.1 Ausstattung des Hotels

Nur das bessere Leistungsangebot bzw. die bessere Angebotsanpassung an Gästewünsche wird am Markt Bestand haben. Die Identifikation der sich wandelnden Gästewünsche wird zunehmend schwieriger, weil Geschmackswandel, Trendentwicklungen und Modeerscheinungen keine eindeutigen Konsummuster zulassen (s. S. 39).

Der moderne Gast isst heute „Fast Food", er geht morgen in das „Gourmet-Restaurant mit Kerzenlicht und Pianomusik" und wird übermorgen gar nichts essen, weil er Diät halten möchte. Damit wird die **Produkt- bzw. Leistungsanpassung** mit der **wünschenswerten Reaktionsgeschwindigkeit** erschwert.
Allerdings ist es einfacher und weniger kostspielig, ein Restaurant bzw. Verpflegungsangebot auf eine neue Produktlinie umzustellen als Leistungsvarianten im Logisbereich. Hier sind nicht die schnellen Innovationssprünge bzw. Trendwechsel üblich wie im F&B-Bereich. Wenn die Ausstattungsmerkmale im Logisbereich einmal entsprechend der CI festgelegt sind – klassisch zeitlos, modern, trendorientiert, im Design-Stil –, bleiben sie über Jahrzehnte erhalten. Das liegt ursächlich daran, dass das „Beherbergungsprodukt" – als ausgelagerte Wohnungsfunktion – seine Grundlage über längere Zeiträume nicht verändert – und aus Kostengründen nicht verändern kann.

Ausstattung eines Hotelzimmers

Bei der **Ausstattung** eines Hotels (CI, Ambiente in öffentlichen Bereichen und Hotelzimmern) muss berücksichtigt werden, dass der Gast zumindest den gleichen Komfort wie zu Hause erwartet. Dabei wird das **Grundniveau** der angebotenen Leistungen durch die von ihm selbst **gewählte Hotelkategorie** weitgehend vorgegeben (s. S. 118).

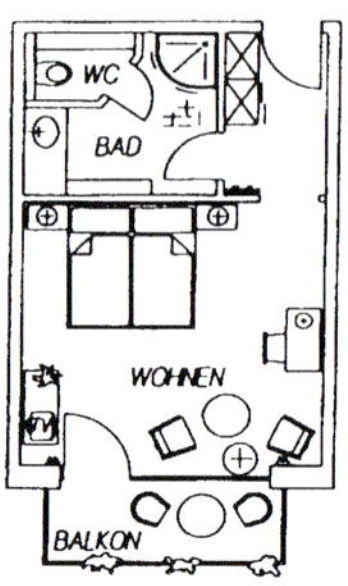

Um dem Gast eine möglichst **anspruchsgerechte Auswahl** an **Beherbergungsleistungen** zu bieten, sollte zunächst die **Gesamtausstattung** des Hotels (Schalldämmung, Lichtverhältnisse, Sanitäreinrichtungen, u. a.) und die **Einrichtung** der Hotelzimmer (ansprechende Raumgestaltung, Qualität der Betten, Reinigungs- und Pflegeintensität, u. a.) in der **Planungsphase** entsprechend dem **Image** (s. S. 114) des Hauses berücksichtigt werden.

Der **Beherbergungsbereich** repräsentiert mit seinem Basisprodukt „Zimmervermietung" das tragende Element im Leistungsangebot eines Hotels (ursprüngliche Betriebsform des „Hotel garni"). Es ist einerseits der Bereich, der den **Hauptteil** der **Erstellungskosten** verursacht, andererseits aber (meistens) den höchsten **Deckungsbeitrag** zum gesamten Leistungsbündel in Hotels liefert. Bei den sachbezogenen Produktkomponenten geht es zunächst um die Vergleichbarkeit und Darstellung der Kapazitätsstruktur, z. B. dem Größenverhältnis der Zimmer, Zimmeranzahl, Restaurant- oder Foyergröße.

Als dominierende Komponenten werden u. a. die folgenden **Ausstattungsmerkmale** herangezogen:

Ausstattungskonzept	Ausstattungsqualität
	Hotelzimmer
▶ Gebäude, Fassade ▶ Kategorie ▶ Zimmeranzahl ▶ Zimmergröße ▶ Badezimmergröße ▶ Art und Umfang der öffentlichen Räume im Beherbergungsbereich ▶ Foyergröße ▶ Anzahl der Restaurants ▶ Anzahl der Sitzplätze ▶ Anzahl/Fassungsvermögen der Konferenz- und Bankettträume ▶ Parkplätze, Garagen ▶ Umfang des Freizeit- und Sportbereichs	▶ Wertigkeit der Möblierung ▶ Bettgröße (Queen-, King-Size) ▶ Sitzgruppe, Anzahl der Sessel ▶ Schreibtischgröße ▶ Technische Ausstattung (TV, Video, Telefon, Fax, Internet u. a.) **Badezimmer** ▶ Dusche, Wanne, Anzahl der Waschbecken, Bidet ▶ WC separat, Fön, Radio, Telefon ▶ Anzahl der Hand- und Badetücher ▶ Ausstattung mit Pflege- und Hygieneartikeln

Das **eigentliche Erfassungsobjekt** eines Hotels ist das **Hotelzimmer**, das nach bestimmten quantitativen und qualitativen Bewertungskriterien eines Qualitätsmanagements in unterschiedliche Klassifizierungsebenen eingestuft werden kann (s. S. 118). Diese Klassifizierung sagt nichts aus über die Raumgestaltung, das Raumklima, Hygienestatus oder ökologisches Equipment. Allerdings können diese Beurteilungskriterien mithilfe einer **hotelinternen Stärken-Schwächen-Analyse** erfasst werden. In diesem Zusammenhang muss es schon als Schwäche bezeichnet werden, wenn nicht alle individuellen Leistungsmöglichkeiten in das Marketing einbezogen werden.

Handlungsablauf einer Stärken-Schwächen-Analyse

1. Tabellarische Erstellung der Beurteilungskriterien
2. Gewichtungen der Einzelpositionen
3. Beurteilung der einzelnen Kriterien durch eine Wertungsskala
4. Grafische und inhaltliche Auswertung der festgestellten Stärken und Schwächen
5. Controlling: Dokumentation der Mängel, Ursachenbehebung, Verifizierung

Basisleistungen + Zusatzleistungen = Spitzenleistungen

Basisleistungen sind Muss-Ansprüche: Sie stellen die Fähigkeiten und Ressourcen dar, die ein Hotelunternehmen benötigt, um in einem Markt als relevanter Anbieter angesehen zu werden. Diese Basis ist ständigen Veränderungen unterworfen: Was vor Jahren noch als Besonderheit galt (z. B. Bad/Dusche im Hotelzimmer, Parkplatz, Schwimmbad- und Saunabereich, gute Küche) ist heute eine Selbstverständlichkeit. Die **innovative Basis** orientiert sich an ökonomischen und ökologischen Bedingungen und wird dementsprechend in der Hotellerie modifiziert u. a. Internet-Anschluss, multifunktionales Telefon, ökologische Maßnahmen s. S. 77). Dazu kommen ein oder einige **SEPs** (Strategische Erfolgspositionen), die das Hotel zunächst einzigartig und schwer kopierbar machen (aber immer noch Basisleistungen des Hotels darstellen), z. B. Restaurant mit Seeblick, denkmalgeschütztes klassizistisches Schloss, unverbaute Lage am Meer/See/Bergen, Art/Design der Einrichtung. Der Gast ist bereit, bereits diese Unterschiede der Basisleistung im Vergleich zum Mitbewerber zu honorieren (s. S. 65).

Hotel/Restaurant mit Meerblick

Seehotel Schloss Sonnenbühl

Stärken-Schwächen-Profil – Hotelzimmer

Bewertungskriterien	Gewichtung	Werteskala 0	1	2	3	4	5	6	Gesamtwert Soll	ist
1. Raumgestaltung										
▶ Raumatmosphäre, Ambiente	3						●		18	15
▶ Gemütlichkeit, Wohnlichkeit	2					●			12	8
▶ Farbharmonie	3				●				18	9
▶ Raumplanung, Raumzuschnitt	2				●			●	12	12
▶ Platzverhältnisse, Bequemlichkeit	2						●		12	6
▶ Komfort, Stil, Intimität	3					●			18	15
▶ Geräuschkulisse, Ruhe	6				●				36	18
2. Raumklima										
▶ Belüftung, Geruch	6						●		36	30
▶ Raumtemperatur, Heizungsregulierung	2			●	●				12	6
▶ Bedienung der Klimaanlage	2								12	4
▶ Immissionsfreiheit (Raum, verwendete Materialien)	2					●			12	8
3. Raumausstattung										
▶ Art der Möblierung, Anzahl der Sitzgelegenheiten, Raumhygiene	6						●		36	30
▶ Komfort der Betten, Hygiene der Betten	6						●		36	30
▶ Bodenbeläge, Tapeten, Fensterdekoration	4					●			24	16
▶ Allgemeiner Raumschmuck (Bilder u. a.), besondere Kunstobjekte	4					●			24	16
▶ Beleuchtung: Leselicht, Arbeitslicht, Arbeitsflächen	4				●				24	12
▶ Abstellflächen, Stauraum, Garderobe, Kleiderbügel	4						●		24	20
4. Technisches Equipment										
▶ Radio, Telefon, TV (Hotelzimmer, Bad)	6					●			36	24
▶ Fax, CD, Video	3		●						18	3
▶ PC, Internet	3		●						18	3
5. Ökologisches Equipment										
▶ Gästeinformationen zum Öko-Management (Umweltinitativen)	6							●	36	36
▶ Verwendung von Energiesparlampen	2					●			12	8
▶ Verwendung von Zeitschaltuhren (Raumbeleuchtung)	2							●	12	12
▶ Toilettenspülkästen mit Spartaste	2							●	12	12
▶ Durchflussbegrenzer in den Handwaschbecken/Duschen	2			●					12	4
▶ Variabler Handtuchwechsel	3							●	18	18
▶ Verzicht auf Portionspackungen für Badeartikel	3							●	18	18
Gesamtbewertung								**Gesamt absolut**	**558**	**393**
								Gesamt prozentual	**100%**	**70,4%**

Seehotel „Schloss Sonnenbühl"
MA – Direktiom

Verteiler: GL, AL, Marketing, Sales
aufgenommen (Handzeichen):
bearbeitet (Datum, Handzeichen):
ausgewertet (Datum, Handzeichen):

Spitzenleistungen allerdings sind etwas **Besonderes**: Sie gehen über das Herkömmliche hinaus. Der Gast erkennt diese Leistungen als Vorteil für sich, weil seine Erwartungen übertroffen worden sind. Hier können sich Unternehmen vom **Mitbewerber abheben, mehrere Zielgruppen** gleichermaßen **ansprechen** und somit die **Präferenz** des Hauses **erhöhen**. Spitzenleistungen als **USPs** bedeuten nicht automatisch Zusatzkosten: Es sind die Erfolgsfaktoren, die sowohl im 5-Sterne-Hotel angeboten werden können als auch in der „kleinen Kneipe um die Ecke“:

- herzliche, gastorientierte Mitarbeiter
- stimmungsvolle Atmosphäre
- Begrüßung des Gastes mit seinem Namen
- Gratisflasche Mineralwasser bei der Ankunft
- Gratisbecher Kaffee bei der Abreise
- Nachrichten zum Frühstück in der Landessprache

Ziel muss es sein, sich vom Durchschnitt abzuheben und die bestehende Leistung durch permanente Verbesserungen attraktiver zu machen.

Beispiel

In einem Familienhotel reicht das Cowboy-Schnitzel und der Himbeersirup für die „lieben Kleinen“ nicht mehr aus: Gefragt ist professionelle Kinderbetreuung – mindestens acht Stunden am Tag an fünf Tagen in der Woche. Dazu gehört ein eingerichtetes Kinderzimmer, eine Spielwiese mit entsprechenden Geräten, speziell betreute Essenszeiten für Kinder und Kochgelegenheiten für Säuglingsernährung. Betreuung darf nicht verstanden werden als lästiger „Hütedienst“, sondern bedeutet das **Organisieren** von **Ferienerlebnissen** und **Urlaubsabenteuern** als Spitzenleistung (s. S. 119).

USP: spezielles Kinderangebot

Das Beispiel lässt sich auf alle anderen Marktsegmente der Hotellerie übertragen, entscheidend ist immer, dass die **Erwartungen des Gastes übertroffen** werden. Weitere **Spitzenleistungen** in der Hotellerie sind z. B.:

- Stadt- und Regionspläne mit Detailinformationen
- „Schlechtwetter“-Stadtrundfahrten
- Willkommensgetränk an der Rezeption
- Hunde-Welcome-Snack
- kleine Welcome-Geschenke für Kinder
- persönliches individuelles Begrüßungsschreiben (bzw. persönliche Arrangements) im Gästezimmer
- Fahrdienst (feste Zeiten) in die nächste Stadt.

Eine grundsätzliche Frage im Hinblick auf Innovationen in der Hotellerie sollte deshalb sein: Welche neuen Leistungsbereiche können geschaffen werden, die USPs darstellen und einen Leistungsvorsprung gegenüber den Mitbewerbern bedeuten?

1. **Konzeptionelle Umsetzung von attraktiven USPs (Zusatzleistungen bzw. Spitzenleistungen), die der Gast laut Gästebefragung wünscht, z. B.:**
   - separates Bügelzimmer
   - Bio-Produkte, vegetarische Gerichte
   - Transfer zum Flughafen/Bahn
   - Packages für Wellness-Kurzreisen
2. **USPs durch Eingehen auf individuelle Zielgruppen, z. B. Golfreisende:**
   - Golfführer im Haus, Infomaterial
   - Golfpackages, Platzreife
   - Driving-Range-Trainees, Trainerstunden
   - spezielle Menüs und Getränke für Golfer
3. **USPs durch Einführung neuer Produkte, z. B.:**
   - Carving Ski
   - Rollerblades, Wakeboards
   - Leihfahrräder, Mountain-Bikes
4. **USPs durch Überarbeitung bestehender Angebote, z. B.:**
   - Fitness-Frühstücks- oder Lunch-Büfetts
   - Themenorientierte Dekoration des Büfetts
   - spezielle Serviceangebote im Wellness-Bereich (Arzt im Haus, Massagen, Kosmetik, Aromatherapien u. a.).

Ein neuer Gast entscheidet bei seinem ersten Besuch in einem Hotel zu **80 % emotional** „aus dem Bauch“ und zu **20 % kognitiv** „mit dem Kopf“, ob es ihm gefällt oder nicht. Daher stehen sein **Wohlbefinden** (z. B. Ambiente, Blumen, Licht, Duft, Musik, Geruch), seine Zufriedenheit (Kommunikation, gastorientiertes Verhalten) und seine speziellen **Bedürfnisse** (mögliche Extraleistungen) im Vordergrund der operativen Gestaltung des Leistungsangebots.

Ambiente und Emotionen im Hotel

Die persönliche Note eines Hotels wird dadurch deutlich, dass für jedes der Marktsegmente, egal ob es sich um Sport-, Gesundheits-, Stadt- oder Tagungshotels handelt, ein **Leistungskatalog für Spitzenleistungen** entwickelt wird. Diese müssen beim Gast ein „Aha-Erlebnis" auslösen, sie müssen unverwechselbar sein und so in Erinnerung bleiben. Für die Hotellerie entstehen grundsätzliche Fragestellungen, z. B.:

- Welches Potenzial steckt in meinem Produkt?
- Was wird noch nicht am Markt angeboten?
- Was wäre noch besser für meine Zielgruppe(n)?

8.8.2 Nebenleistungen

Nebenleistungen stellen für den Gast einen erweiterten Nutzen (Zusatznutzen) dar. Sie müssen nicht unbedingt durch das Hotelunternehmen selbst erbracht werden. Zum einen können rechtlich selbstständige Unternehmen im Hotelbetrieb Handels- und Dienstleistungen erbringen, z. B.

- Boutique,
- Tabakladen,
- Friseur,
- Schönheitssalon.

Zum anderen kann der Hotelbetrieb als Mittler (Concierge, Empfangsmitarbeiter) zwischen **rechtlich selbstständigen** Unternehmen und **Hotelgästen** auftreten, z. B.

- Verkauf von Theaterkarten,
- Besichtigungsfahrten, Ausflüge,
- Arzt- oder Massagetermine,
- Trainerstunden: Golf, Tennis, Reiten,
- Ballonfahrten.

Des Weiteren können Nebenleistungen durch **kooperative Zusammenarbeit des Hotelunternehmens** mit **weiteren touristischen Leistungsanbietern/Mitbewerbern** angeboten werden, z. B.

- Zusammenarbeit mit Golfplätzen der Region
- örtliche Tennisturniere
- geführte Rad- oder Wandertouren
- Sporttrainer: Fitnesstraining
- Kosmetikerin: diverse Gesichts- und Körperpflegeangebote
- Stadtrundfahrten, Ausflüge, sportliche Aktivitäten (organisiert von den Hotels einer lokalen oder regionalen Destination).

Shopping im Hotel

Die **qualitativen und quantitativen Leistungskomponenten** in der Hotellerie beziehen sich auf **Serviceumfang, Servicebereitschaft** und **Servicegrad**.

8.8.3 Serviceumfang und -bereitschaft

Der **Serviceumfang** beschreibt die **Anzahl** der einzelnen Leistungen in den Leistungsbereichen Beherbergung, F&B und Nebenleistungen und die entsprechende Dienstbereitschaftsdauer. Eine ständige Servicebereitschaft erlaubt es dem Hotel, sich von der Konkurrenz abzuheben.

Die Öffnungszeiten der Hotelbar bzw. der Restaurants sind durch die gesetzlichen Sperrzeitenregelungen der Bundesländer eingeschränkt, sodass ein Hotelbetrieb diese der Öffentlichkeit zugänglichen Betriebsbereiche zu bestimmten Zeiten schließt. Eine Verpflichtung besteht allerdings nur gegenüber Passanten.

Während der Zeiten eingeschränkter Servicebereitschaft können – je nach Betriebsgröße – bestimmte Serviceleistungen von einer einzigen Person erfüllt werden. So übernimmt beispielsweise der Night-Auditor (Nachtportier) in kleineren Betrieben die Abwicklung der Formalitäten bei An- und Abreise der Gäste, die Telefonzentrale und den Zimmerservice.

Der **Servicegrad** beschreibt die **Ausführung** der einzelnen Serviceleistungen, z. B. die Anzahl der Mitarbeiter (im Verhältnis zum Arbeitsaufwand), die **Qualifikation** der Mitarbeiter (Fachpersonal, angelernte Mitarbeiter, Fremdsprachen- oder EDV-Kenntnisse). **Immaterielle Kriterien** wie Freundlichkeit, Hilfsbereitschaft, persönliches Auftreten, handwerkliche Fähigkeiten, Sprachkenntnisse u. a. stehen in engem Zusammenhang zur Ausführung der Serviceleistung.

8.8.4 Pauschalangebote

Eine häufige Form der Leistungsgestaltung sind **Pauschalangebote** oder **Packages**, die dem Gast die Inanspruchnahme der von ihm gewünschten Leistungen vereinfachen. In der Praxis bestehen in der Hotellerie oftmals Baukastensysteme, die es dem Gast ermöglichen, sich aus den speziellen Elementen das von ihm gewünschte Leistungspaket zusammenzustellen. Als mögliche Angebotsformen dieser **Packages** können z. B. Konferenz-, Wintersport-, Tennis-, Wander-, Feiertagspauschalen (Weihnachten, Silvester) für die Hotellerie definiert werden. Packages dienen häufig auch der Belebung nachfrageschwacher Zeiten, z. B. Wochenende im Stadthotel, „Januarloch" im Wintersportort. Durch attraktive Preisgestaltung kann das Hotel unterstreichen, dass der Preis für ein Packageangebot günstiger ist als der Kauf der einzelnen Leistungen.

Bei Pauschalangeboten besteht trotz aller Zielgruppenspezifikation oftmals die Gefahr, dass der Gast Leistungen erwirbt, die er eigentlich gar nicht möchte. Deshalb bieten auch Reiseveranstalter **„Packages" (Baukasten-Programme)** als echte Alternative zu Pauschalreisen an, da der Gast selbstständig (meist verbilligte) Leistungen der eigenen Wahl zusammenstellen kann. Er bekommt und zahlt nur, was er tatsächlich konsumieren möchte. Bei der Zusammenstellung von individuellen „Packages" durch die Hotellerie, Reiseveranstalter oder Destinationen sind folgende Kriterien zu beachten:

- **Durchschaubare Preisstruktur**
  „Skelettpreis" für Basisleistungen (Beherbergung, Verpflegung), Preisliste für Zusatzleistungen
- **Eindeutige Angaben**
  über die im Preis enthaltenen/nicht enthaltenen Leistungen, Zuschläge, Rabatte
- **Keine „pauschale Dutzendware"**
  sondern auf spezielle Zielgruppen zugeschnittene Leistungen
- **Außergewöhnliche Attraktionen**
  als werbewirksame Aufhänger für den Verkauf
- **Keine identischen Packages**
  Nie gleichzeitig ähnliche Packages offerieren wie konkurrierende Anbieter im gleichen Einzugsbereich
- **Preisgestaltung**
  In der Regel liegt der Gesamtpreis der Packages tiefer als die Summe der Preise verschiedener Einzelleistungen.

Beispiel

Seehotel Schloss Sonnenbühl

Weihnachtsträume am See...
Silvesterträume am See...
gültig vom 22.12.20.. bis 02.01 20..

- Begrüßungscocktail
- fünf Übernachtungen im Doppel- oder Einzel-Komfortzimmer
- frisches Obst bei Anreise auf dem Zimmer
- weihnachtliches Sektfrühstücksbüfett
- Nutzung der exklusiven Wellness-, Spa- und Fitness-Landschaft
- ein Salz-Körperpeeling
- eine Rücken-Algenpackung (Thalasso)
- eine Ganzkörpermassage mit Aromaölen
- Kräutertee
- Leihbademantel

- Weihnachtslesung
- Heiligabend: Festliches 3-Gänge-Menü
- 1. Weihnachtstag: Festliches 5-Gänge-Menü
- 2. Weihnachtstag: Festliches 4-Gänge-Menü mit Weinprobe
- Silvester: Festliches 6-Gänge-Dinner-Dance-Menü
- Silvester: Rahmenprogramm, Feuerwerk
- Prost Neujahr: Umfangreiches Katerfrühstück

- Schloss-Sonnenbühl-Safari mit Kesselfleischessen
- Fackelwanderung mit Feuerzangenbowle
- Diavortrag: Region, Landschaft und Leute um Sonnenbühl
- Eisstockschießwettbewerb

ab 795,50 Euro pro Person im Doppelzimmer

Wir freuen uns auf Ihren Besuch!

Im Rahmen von Pauschalreisen sind die speziellen Leistungen der Hotellerie nur ein Teil der gesamten Leistungspalette an Sach- und Dienstleistungen (s. S. 73). So können **Pauschalreisen** von den **Hotels selbst** offeriert oder von Reiseveranstaltern angeboten werden. Hier sind der Produktgestaltung durch den Reiseveranstalter Grenzen gesetzt, da die jeweiligen Teilangebote im Einflussbereich der jeweiligen Leistungsträger liegen, z. B. den Hotel- und Transportunternehmen. Die Leistungspolitik der Reiseveranstalter konzentriert sich auf dem Pauschalreisesektor hauptsächlich auf die Auswahl der Leistungsträger, die Produktpräsentation in Katalogen und die Bearbeitung von Reklamationen.
Die Gestaltungsmöglichkeiten von Pauschalreisebestandteilen durch Reiseveranstalter zeigt die folgende Tabelle:

Gestaltungsmöglichkeiten von Pauschalreise-Bestandteilen			
	Leistungskriterien: Vom Veranstalter...		
Instrumental-variable Pauschalreisebestandteile	**bestimmbar**	**mit Einschränkungen beeinflussbar**	**nicht beeinflussbar**
Zielgebiet/Zielort	Art, Lage, Charakter, Attraktionen Freizeit- und Sportmöglichkeiten	langfristige strukturelle Maßnahmen	ungeplante Entwicklungen (Wetter, Politik, Seuchen)
Verkehrsträger	Art, Fahrt- und Flugroute, Zwischenaufenthalte	Zeit und Ort des Reiseantritts, Reisedauer, Komfort, Eigenschaften Mitreisender	Pünktlichkeit der Beförderung, technische Zuverlässigkeit
Transfer	Art, Strecke, Dauer	Qualität, Pünktlichkeit	kurzfristige Qualitätsschwankungen
Hotellerie Beherbergung	Art, Lage, Ausstattung, Service, Qualitätsstandards	Größe des eigenen Kontingents, Kontingente anderer Anbieter, Aufenthaltsdauer, Gästestruktur	kurzfristige Qualitätsschwankungen, individuelle Servicefaktoren
F&B- /Verpflegungsbereich	Art, Umfang	Qualitätsstandards	kurzfristige Qualitätsschwankungen, Befriedigung individueller Bedürfnisse
Zusatzleistungen	Art, Umfang, Preise (wenn katalogmäßig erfasst)	Qualitätsstandards, Preise (wenn katalogmäßig nicht erfasst)	kurzfristige Qualitätsschwankungen
Betreuung	Umfang während der Reise, Aufenthalt, Transfer, Qualitätsstandards	kurzfristige Qualitätsschwankungen	individuelle Servicefaktoren
Atmosphäre und Geselligkeit	Anregungen	äußerer Rahmen, Charakteristik der eigenen Gäste	Charakteristik anderer Gäste, individuelle Einflussfaktoren
Buchungsabwicklung	Komfort, Schnelligkeit, Verlässlichkeit, Umbuchungswahrscheinlichkeit	Qualität der externen Buchungsmitarbeiter (Reiseveranstalter, Reisemittler)	individuelle Servicefaktoren
Preise	bei fix kontrahierten Produkten	bei mit Gleitklauseln kontrahierten Leistungen	bei nicht kontrahierten Leistungen während Reise und Aufenthalt

Eine **wesentliche Aufgabe der Reiseveranstalter** liegt darin, aus den einzelnen **Leistungskomponenten einer Pauschalreise** eine zielgruppenspezifische Reisekonzeption zu erstellen. Diese setzt aus der Sicht der Leistungsplanung wesentliche Kriterien voraus:

1. Dienstleistung
Der Reiseveranstalter plant, organisiert und wickelt Reisen unter Inanspruchnahme fremder Leistungen ab. Alle persönlichen Dienstleistungselemente sind immateriell und werden im gleichen Moment produziert bzw. konsumiert. Der Kunde geht bei der Buchung einer Pauschalreise Risiken ein, da er lediglich ein Leistungsversprechen erwirbt.

So kann er zum Zeitpunkt der Buchung weder Qualität noch Vollständigkeit überprüfen – ein Umtausch ist also ausgeschlossen.

Die touristische Leistungserstellung erfolgt an drei Orten:

- **Heimatort:** Reisevorbereitung und -organisation, insbesondere durch Reiseveranstalter und -mittler.
- **Unterwegs:** Teilleistungen der Transportbetriebe, Personen- und Gepäcktransport, Verpflegung sowie Reisebegleitung.
- **Zielgebiet:** insbesondere Beherbergung, Verpflegung, Zusatzleistungen, Reiseleitung und Animation.

2. Leistungsbündel
Die Pauschalreise ist ein komplementäres Leistungspaket, dessen Teilkomponenten nur in der Gesamtheit die Wünsche der Gäste erfüllen. Neben der touristischen Leistung umfasst das Produkt Pauschalreise weitere Leistungen:

- den Katalog,
- die Beratung,
- die Miturlauber,
- die landschaftlichen und kulturellen Attraktionen.

Der Veranstalter hat auf viele dieser Leistungen keinen Einfluss, trotzdem beeinflussen sie erheblich die Urlaubszufriedenheit der Gäste.

3. Pauschalpreis
Pauschalreisen werden zu einem Gesamtpreis angeboten, wobei dem Kunden die Preise der Einzelleistungen nicht ersichtlich sind.

4. Vorfertigung
Die Erstellung des Angebots findet vor der Nachfrage des Kunden statt. Die Produktgestaltung muss demnach auf Basis angenommener Kundenbedürfnisse und Teilnehmerzahlen erfolgen, d. h., die Planung der Reise wird unter Risiko vorgenommen.

5. Risikoübernahme
Der Reiseveranstalter übernimmt folgende Risiken:

- Er haftet nicht nur für **Mängel** aus der eigenen Organisation, sondern auch für solche aus der Tätigkeit fremder Leistungsträger oder aus der Landesüblichkeit (Mängel, die aus von deutschen Maßstäben abweichenden Standards im Urlaubsland entstehen).
- Er übernimmt ein **Investitionsrisiko**, da politische Ereignisse, Naturkatastrophen, Streiks u. a seine Leistungen unverwertbar machen könnten.
- Er trägt ein **Kostenänderungsrisiko**, da er an die veröffentlichten Reisepreise gebunden ist, d. h. er kann unvorhergesehene Kostenänderungen (z. B. Treibstoffpreise, Wechselkurs) nicht oder nur z. T. über die Preise weitergeben.
- Die Reise selbst wird unter Risiko vorgenommen.

6. Problemlösungskompetenz
Der Kunde bucht nur dann eine Pauschalreise, wenn er sich gegenüber einer selbst organisierten Reise Vorteile verspricht. Basis der Pauschalreise sind also die Wünsche der Gäste, d. h., das Produkt ist kein Selbstzweck, sondern Mittel zum Zweck, Lösung für Probleme. Ausschlaggebend für die Reiseentscheidung sind primär die Gesamtheit der offerierten Attraktionen (mit allen Teilkomponenten) sowie die nachträgliche Zufriedenheit.

Aus Gästesicht lassen sich folgende Elemente einer Pauschalreise differenzieren:

- **Organisatorische Elemente**
  Buchung, Reisezeitpunkt, -ziel, Beförderung, Transfer, Unterkunft, Verpflegung, Reiseleitung, Aufenthaltsdauer, Programm vor Ort, Zusatzleistungen, Versicherungen.
- **Wirtschaftliche Elemente**
  Reisepreis, Preis-Leistungsverhältnis, Buchungsaufwand, Service-Cards, Nebenausgaben.
- **Rechtliche Elemente**
  Zahlungsbedingungen, Umbuchungsregelungen, Stornobedingungen, Rücktritt durch Veranstalter, Haftung, Garantien.
- **Soziale Elemente**
  Image des Veranstalters, des Reisemittlers, der Leistungsträger und der Destination sowie Beratung, Gruppengröße, Homogenität der Gruppe, Kontakt zu Einheimischen. Besonders der Kontakt zur Gruppe und zu Einheimischen beeinflusst in hohem Maße die Urlaubszufriedenheit von Touristen und darf deshalb bei der Produktgestaltung nicht vernachlässigt werden.

8.9 Leistungsspektrum im F&B-Bereich

Situation

„Es gibt keine aufrichtigere Liebe als die zum Essen“, diese Feststellung traf Literatur-Nobelpreisträger George Bernard Shaw schon Anfang des letzten Jahrhunderts. Mögen Verliebte auch daran zweifeln, eines ist sicher: Essen ist weit mehr als pure Nahrungsaufnahme. Essen ist Genuss und eine unerschöpfliche Quelle der Lust. Diesem Leitgedanken folgt auch das Konzept des Hyatt Gourmet-Clubs, der bereits zahlreiche Mitglieder in Deutschland zählt. Im Jahresbeitrag von 250 EURO sind zwölf kostenlose Essen und eine Flasche Champagner enthalten, außerdem eine freie Übernachtung im Mitgliedshotel und vier Gutscheine für ermäßigte Gourmet-Club-Zimmerpreise im Grand Hyatt Berlin, Park Hyatt Hamburg und Hyatt Regency Köln. Exklusive Club-Veranstaltungen versprechen Erlebnisse mit Lifestyle-Faktor: die Gourmet-Club-Golf-Trophy, ausgefallene Events und Themenabende wie z. B. die „Crime & Caviar“-Dinner-Lesung, „Champagne et Chancon“, eine musikalische Champagner-Degustation, oder speziell ausgearbeitete Wein- und Kulturreisen sind nur einige Beispiele (vgl. GASTRONOMIE 3/2002, S. 21).

Der **F&B-Bereich** gehört neben der Beherbergung zu den **Basisleistungen eines Hotelbetriebs**; für Restaurants ist es die Basisleistung schlechthin. Verfügt ein kleiner Betrieb zumeist nur über einen Frühstücksraum oder ein Restaurant, befinden sich in Großbetrieben oftmals verschiedene Restaurants z. B. Spezialitäten- oder Gourmetrestaurant, Bistro, Snack- und Salat-Bar, Tearoom, Coffeebar, Cocktail-Lounge, Grillstube sowie ein Bankettbereich für Veranstaltungen, Bälle, Tagungen, Kongresse usw.

Ambiente und Emotionen im Restaurant

Die vielfältigen Darstellungsformen der Restaurants bzw. des F&B-Bereichs bieten bereits eine deutliche **Differenzierung** und **Spezialisierung** im Leistungsangebot, das sich einerseits an den unterschiedlichen Erwartungen der Hotelgäste, andererseits aber auch der Passanten orientieren muss. Inwieweit spezielle Differenzierungen möglich sind, hängt auch von der technischen Ausstattung der Küche, dem Grad der Produkt-Standardisierung und der Leistungsfähigkeit der Mitarbeiter ab.

In Verbindung mit den Hotelleistungen ergeben sich darüber hinaus zahlreiche Variationsmöglichkeiten der Speisenangebots- und -präsentationsgestaltung, z. B. spezielle Angebote für Diäten, Reduktionskost, Fitness-Kost, Schonkost, vegetarische Kost, Büfett-Specials, Business-Lunch, Kinder-Spezialkarten. Dabei sollte die Auswahl der Speisen dem Standort des Unternehmens entsprechend regional (z. B. an der Küste ein breites Angebot an Fischgerichten, im Gebirge werden Wildgerichte präferiert) und saisonal angepasst werden. Der Wunsch vieler Gäste nach frischen Produkten ist berechtigt, allerdings ist eine ausschließliche À-la-minute-Zubereitung ohne (bzw. mit nur geringem) Convenience-Einsatz aufgrund der hohen Personalkosten für den Gast bei längeren Hotelaufenthalten fast unerschwinglich und wird heute überwiegend in Sterne-Restaurants praktiziert.

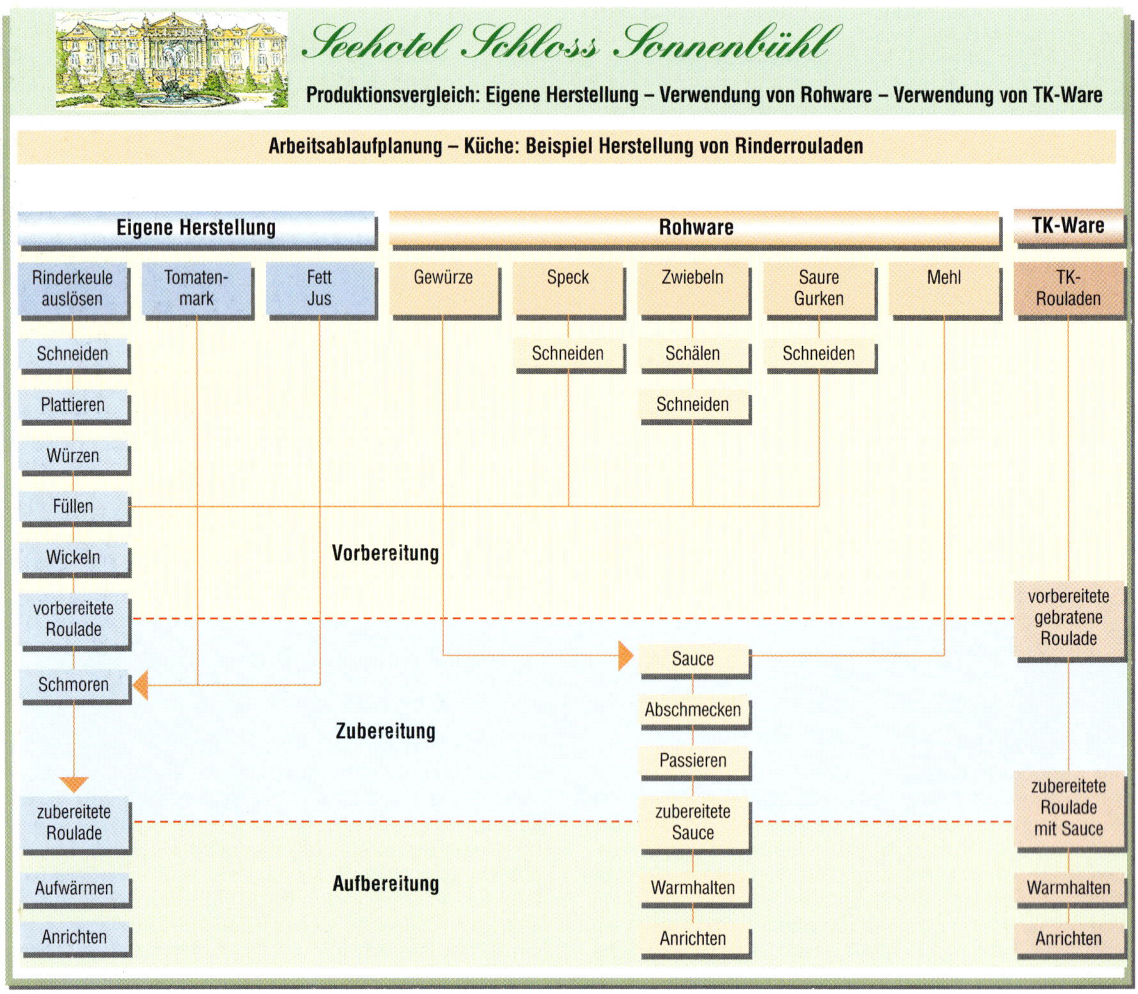

Beispiel

Sechs Restauranttypen des Hotels „Sonnenalp" mit individuellem Erlebnischarakter:

Alpterrasse

Wirtsstube

Seepferdlterrasse

Taverne

Ludwigsrestaurant

Sonnenstube

Das Angebot der Verpflegungsleistung bezieht sich in der Hotellerie entweder nur auf das **Frühstück** (überwiegend in Büfettform bzw. als kontinentales Frühstück) oder auf Halb- und Vollpension. Bei **Halb- oder Vollpension** werden dem Hotelgast i. d. R. verschiedene Menüs zur Auswahl angeboten. Da sich gerade Halb- oder Vollpensionsgäste längere Zeit im Hotel aufhalten, ist hier besonders darauf zu achten, ein **qualitativ abwechslungsreiches Speisenangebot** zu erstellen, das individuelle Auswahlmöglichkeiten bietet. Variationen der Angebotsgestaltung stellen bei Pensionsleistungen Salat- oder Lunchbüfetts zum Mittag oder kalt-warme Büfetts zum Abend dar. Die Praxis zeigt, dass es sinnvoll wäre, wenn der Gast seinen Verpflegungsumfang im Rahmen seiner individuellen Tagesplanung selbst bestimmen könnte. Dabei kann der für die Verpflegung im Pensionspreis festgelegte Satz (unterschieden in Halb- oder Vollpension) mit den beanspruchten Leistungen verrechnet werden. Dies gilt ganz besonders für Hotels, die differenzierte Produkt- und Pauschalleistungen (z. B. Sport-, Wochenend-, Wochen-, Wellnesspackages) bieten und damit viele F&B-Leistungssegmente ihrer speziellen Zielgruppen ansprechen.

Einen wesentlichen Einfluss auf die angestrebte Angebotsgestaltung üben die **qualitative** und **quantitative Ausstattung** der Betriebsfaktoren (technische Ausstattung, Mitarbeiteranzahl und -qualifikation) und die **vorhandenen Kapazitäten** der einzelnen Leistungsbereiche (Küche, Restaurants u. a.) aus. So wird durch den Einsatz von **Convenience Food** oftmals die Produktivität der Küche erhöht.

Jedes gastgewerbliche Unternehmen sollte bemüht sein, **Engpässe** bzw. **Kapazitätsüberhänge** in der **Angebotsgestaltung** zu vermeiden. Eine wesentliche Aufgabe der Angebotsgestaltung liegt darin, durch eine **optimale Ergänzung** der **Grundleistungen mit Zusatzleistungen** eine **gleichmäßige Verteilung der Nachfrage** zur verbesserten Kapazitätsauslastung in nachfrageschwachen Zeiten zu erreichen.

Diese Zusatzleistungen können den Gästen einzeln, als **Pauschalangebot** in Verbindung mit anderen Leistungsbereichen (Beherbergung, Neben- und Zusatzleistungen) oder als **spezielles F&B-Package** offeriert werden. Wenn z. B. der Sonntagsbrunch ein „Selbstläufer“ ist, werden für diese Zeit keine weiteren Pauschalen benötigt. Bringt jedoch der Montag- oder Dienstagabend wenig Umsatz, wäre ein individuelles Package-, Special- oder Aktionsangebot eine betriebswirtschaftliche Überlegung, z. B.:

- Themen-Büffet-Angebote mit Getränken auf der Seeterrasse
- Kultur-Menü mit Jazz in der Cocktail-Lounge
- tageszeitbezogen: Coffee-Specials in Verbindung mit Pâttisserieangeboten
- tageszeitbezogen: Happy Hour
- (neben-) saisonbezogen: in (umsatzschwachen) Monaten Aktions- oder Themenkarten.

Der Gast besitzt eine **Kostengarantie** und das Unternehmen hat unter Marketingaspekten gute Verkaufsargumente in der Hand.

Beispiel

Mövenpick-Gastronomy International

„Alle Unternehmensbereiche von Mövenpick haben ein gemeinsames Ziel: Wir verwöhnen Menschen mit jedem Produkt, jeder Geste und jedem Detail. Ganz gleich ob sie nun das weltbeste Ice Cream oder den hervorragenden Premium Kaffee genießen. Ob sie nun in einem unserer 5-Sterne-Resort-Hotels übernachten oder ein Tete-à-tete in einem der Mövenpick-Restaurants verbringen. Wir möchten, dass Sie als Gast oder Kunde von Mövenpick einen Genuss auf höchster Ebene erleben.
Dank der vielfältigen Genusspalette von Mövenpick können wir für verschiedene Interessen maßgeschneiderte Lösungen anbieten. Informationen über alle Unternehmensbereiche erhalten Sie online im Internet unter www.moevenpick.com.
Wir freuen uns auf Ihren Besuch.“

- Mövenpick Foods
- Mövenpick Wine
- Mövenpick Gastronomy
- Mövenpick Hotels & Resorts
- Mövenpick Produktion

(vgl. Mövenpick-Broschüre o.J., S. 24 f.)

Ein gezieltes **Produktionscontrolling** (Wareneinsatzquote, Deckungsbeitrag) überprüft die Wirtschaftlichkeit der getroffenen Maßnahmen (z. B. Zusatzleistungen im F&B-Bereich). Wenn die Gäste mit den F&B-Leistungen zufrieden sind, ist das nur „die Hälfte des Erfolgs“: Es ist keine Kunst, innovative und kreative Speisen oder Getränke anzubieten – auch die Wirtschaftlichkeit muss gewährleistet sein!

Beispiel

Seehotel Schloss Sonnenbühl

Im Gespräch mit dem F&B-Manager des Seehotels „Schloss Sonnenbühl“, klagt der Gastronom eines kleinen Restaurants in Frankfurt:

„Meine betriebswirtschaftliche Analyse (BWA) zum Jahresende weist einen Wareneinsatz von 69 700,00 EUR bzw. 43 % aus, in der monatlichen BWA lag der Wareneinsatz auch zeitweilig darüber. Meine Gäste sind sehr zufrieden und sagen mir oft, dass meine Speisen Klasse sind. Das soll auch so bleiben – aber andererseits muss ich „überleben“! Was kann ich machen?

Ein „zu hoher Wareneinsatz“ bezieht sich nicht auf die absolute Höhe, sondern auf ein schlechtes Verhältnis der Wareneinsatzkosten (WE) zum Umsatz (bzw. Nettoverkaufspreis), also der Wareneinsatzquote. Eine Wareneinsatzquote von 43 % ist mit Sicherheit zu hoch!

Die durch das Bundesfinanzministerium jährlich herausgegebenen **Richtsätze für den Rohertrag (WE)** in Gast-, Speisen- und Schankwirtschaften gehen von einer durchschnittlichen Wareneinsatzquote von 32 % aus. Dieser Wert entspricht dem Bundesdurchschnitt in der klassischen Gastronomie (Speisen: 32 %, Getränke: 29 %). Die Systemgastronomie kalkuliert demgegenüber mit einer Wareneinsatzquote von max. 20-25 % für Speisen (abhängig vom Systemtyp). Für den beschriebenen Fall bedeutet dies: ca. 15 % zu viel Ware „auf dem Teller" oder „im Glas" – ca. 20 000 EUR geringere Erlöse pro Jahr für das beschriebene kleine Restaurant!

Wie kann eine zu hohe Wareneinsatzquote reduziert werden?

1. **Kalkulieren Sie richtig!**
   Festlegung der WE-Quote für den Restauranttyp und tägliche Kontrolle der Teller und Gläser (Fotos von Mustertellern, Füllmenge, Füllstriche). Oft reicht es aus, wenn alle Köche die Gelegenheit haben, einmal den Musterteller anzurichten.

2. **Regeln Sie innerbetriebliche Kompetenzen!**
   Eindeutige Festlegung, wer für Warenannahme, Lagerüberwachung und Warenausgabe verantwortlich ist. In kleinen Betrieben (vgl. Fallbeispiel) ist dies immer „Chefsache"!

3. **Regeln Sie den Wareneinkauf!**
   Festlegung von Zuständigkeiten bei der Warenbeschaffung. Die Tragweite der Entscheidung darüber ist für den F&B-Bereich weit reichend. Regelmäßige Besuche von Großmärkten, intensive Festpreis-Verhandlungen mit Lieferanten bzw. Brokern, Kontrollen der Fleisch- und Spezialitäten-Lieferungen (teuerste Artikel!) sollten gemeinsam mit dem Koch erfolgen. Kein Einkauf unter Zeitdruck und Beachtung der Lieferbedingungen (Just-in-time-Lieferungen) unter Berücksichtigung saisonaler Angebote sind selbstverständlich. Angebotsvergleiche (Qualität, Art, Größe, Anzahl, gebotener Service, Rabatte) sollten von mehreren Lieferanten vorliegen. Um Lagerkosten zu senken, ist die Lagerorganisation der Sortimentspolitik anzupassen.

4. **Organisieren Sie die Speisenvorbereitung und -zubereitung!**
   Die Speisenvorbereitung und die Mise-en-place sollten den zu erwartenden Verkaufszahlen entsprechen (Stichprobenkontrolle!). Einhaltung der (standardisierten) Rezepturen sind dabei eine Selbstverständlichkeit (vgl. Produktionscontrolling). So sind Gewichtsdifferenzen (z. B. Filetsteak oder Kalbsschnitzel: 220 g anstatt 180 g Rohgewicht) in vielen Küchen Realität!

5. **Stellen Sie konsequente Regeln für Personalessen und -getränke auf!**
   Festlegung konsequenter Regeln erleichtern das Produktionscontrolling (und das Mitarbeiterverhalten, z. B. Ehrlichkeit!).

6. **Überprüfen Sie mit jeder BWA die Warenkosten!**
   Konsequente Überprüfung der WE-Quote: Bei großen Abweichungen sollten mögliche Hauptgründe überprüft werden. Taschenkontrollen oder ähnlich unpopuläre Maßnahmen könnten vielleicht eine Lösung sein. Oft macht es Sinn, die Kalkulation zu verändern bzw. EDV-Warenwirtschaftssysteme als Lagerhaltungsprogramme für den Food- und Nonfood-Bereich sowie für die Küchenproduktion (standardisierte Rezepturmengen) einzusetzen.

Im Rahmen des **Produktcontrollings** sollte regelmäßig geklärt werden, in welchem **Verhältnis** der **Speisen-** und **Getränkeumsatz** zueinander steht (s. S. 265) und welche Wirkungen die Angebotspalette auf das Nachfrageverhalten der Gäste hat. Die **Speisenkartenanalyse** (so genannte Renner-Penner-Analyse) ist u. a. ein wichtiges Analyseinstrument zum **Produkt- und Segmentvergleich** (z. B. Vergleiche in den Leistungssegmenten Spezialitäten-Restaurant, Bistro, Coffee-Shop, Cocktail-Lounge, Zimmerausstattung), zur **Ermittlung des Deckungsbeitrags** mithilfe des **Wareneinsatzes** und des **Netto-Verkaufspreises** der zu vergleichenden Leistungen.

Die Speisenkartenanalyse ist inzwischen Bestandteil vieler Warenwirtschaftsprogramme. In dieser Analyse werden die Anzahl der verkauften Portionen und der erzielte Deckungsbeitrag in ein Verhältnis gesetzt. Der **durchschnittliche Deckungsbeitrag** ergibt sich durch die **Deckungsbeiträge der einzelnen analysierten Speisen** geteilt durch die **Anzahl** aller analysierten Speisen. Ausgehend von diesem Durchschnittswert wird die **positive/negative Abweichung** ermittelt. Der Beliebtheitsgrad ergibt für einen bestimmten Analysezeitraum 100 %; die durchschnittliche Beliebtheit ergibt sich wiederum durch Division (Anzahl der analysierten Speisen). Die Klassifikation in die vier Kategorien Gewinner, Schläfer, Renner und Verlierer erfolgt durch Vergleich des Deckungsbeitrags (DB) und des Verkaufsmixes (Beliebtheit, Verkaufszahlen):

Gewinner:	> DB >	Verkaufszahlen
Schläfer:	> DB <	Verkaufszahlen
Renner:	< DB >	Verkaufszahlen
Verlierer:	< DB <	Verkaufszahlen

Diese Klassifikation sagt allerdings nichts darüber aus, welche Entscheidungsrichtlinien zur Speisenauswahl angewendet werden.

Die folgende allgemein gültige Beurteilung soll unternehmerische Entscheidungen bei der Konzeption von Speisenkarten erleichtern, ersetzt aber nicht individuelle Entscheidungsrichtlinien der eigenen F&B-Abteilung:

**Speisenkartenanalyse
Entscheidungsrichtlinien zur Klassifikation**

Gewinner

- Produktpolitik nicht verändern, keine Experimente
- Standardisierte Produktion gewährleisten (Portionsgröße, Rezeptur, Garnitur, Präsentation, Servicetechnik)
- Weniger gute Platzierung auf der Speisenkarte (Speise wird ohnehin gekauft)
- Preiselastizität testen (evtl. auf der Tageskarte)
- Preise evtl. leicht erhöhen

Schläfer

- Platzierung des Artikels auf der „besten Verkaufsfläche" der Speisenkarte
- Einsatz gezielter Verkaufsförderungsmaßnahmen (Verkaufsschulung, Präsentationsoptimierung)
- Umbenennen des Artikels mithilfe von verkaufsförderndem Vokabular, z. B. „Spezialität...."
- Detaillierte Konkurrenzanalyse, dann evtl. Verkaufspreissenkung, wenn Artikel am Markt „preislich überzogen" ist
- Überprüfung der Arbeitsintensität (Produktion), der Mise-en-place
- Bei Prestige-Artikeln darauf achten, dass die Anzahl der Schläfer auf der Speisenkarte nicht zu groß ist
- Streichung von der Karte, wenn damit kein Image- oder Prestigeverlust für das System verbunden ist

Renner

- Detaillierte Konkurrenzanalyse
- Überprüfung der Preiselastizität
- Geringe Preiserhöhungen
- Kontinuierliche Beobachtung des Marktes
- Platzierung an weniger verkaufsfördernder Stelle der Speisenkarte
- Qualitativ und quantitativ vertretbare Reduzierung der Portionsgröße, um den DB zu erhöhen
- Überprüfung der Arbeitsintensität (Zeitaufwand der Küchenmitarbeiter), evtl. bessere Produktionsstandards (Einkauf von Convenience: Halbfertig- oder Fertigprodukte)
- Mögliche Kombination der Artikel mit „deckungsbeitragsfreundlichen" Beilagen

Verlierer

- Überprüfung der Präsentation, Preispolitik und Nachfrage ähnlicher Artikel bei Mitbewerbern
- Erhöhung der Inklusivpreise, um zunächst den „Schläfer-Status" zu erlangen
- Streichung der Verlierer von der Speisenkarte, insbesondere wenn bei den Rohprodukten kein Bezug zu beliebten Artikeln besteht (hohe Lagerkosten)
- Nach Eliminierung des Artikels von der Standardkarte evtl. neuen „Testartikel" (neuer Name, Garnitur, Beilagen, Präsentation, Preise u. a.) auf die Tages- oder Aktionskarte

**Überprüfungkriterien zur Neuaufnahme von Artikeln
in die Speisenkarte**

- Neue Gerichte sollten nur mit einer hohen Beliebtheitsgrad-Erwartung (vgl. Gästebefragungen!) in die Speisenkarte aufgenommen werden.
- Neue Gerichte sollten – wenn möglich – zunächst auf der Tageskarte getestet werden.
- Bei der Auswahl der Gerichte sollte auf relativ stabile Warenbeschaffungskosten geachtet werden, um WE-Schwankungen zu vermeiden (ist Vorproduktion möglich?).
- Standardisierte Rezepturen für neue Gerichte verhindern schwankende Wareneinsatzkosten durch unterschiedliche Portionsgrößen.
- Die Rohprodukte sollten – wenn möglich – zu dem schon bestehenden Wareneinsatzprogramm gehören.
- Neue Speisen sollten – in Abhängigkeit von Qualitätsanforderungen der Küche – mit möglichst geringer Arbeitsintensität (Mise-en-place!) produziert werden können.
- Es ist zu überprüfen, ob Rohprodukte durch standardisierte Convenienceprodukte ersetzt werden können, um die Arbeitsintensität zu verringern.
- Innovative, trendorientierte Gerichte (die im Haushalt nicht leicht selbst gekocht werden können) sind gastronomisch Erfolg versprechend.
- Die Gerichte sollten bezüglich der Servicetechnik leicht und schnell servierbar sein.
- Jeder neue Artikel sollte nicht nur vom Wareneinsatz in Prozent, sondern nach seinem Deckungsbeitrag beurteilt werden.

- Zeitgemäße und marktgerechte Preiskalkulationen sind bei der Festsetzung des Inklusivpreises zu beachten.
- Die neuen Gerichte müssen sich harmonisch in die Angebotspalette einfügen und eine erhöhte Nachfrage forcieren.
- Umfangreiche Speisenkarten (aufwendiger, risikoreicher Einkauf, hohe Lagerbestände) sind zu vermeiden.
- Speisenangebote mit niedrigen Verkaufsquoten oder überhöhtem Wareneinsatz gehören nicht auf eine Standard-Speisenkarte.
- Die Preise der neuen Gerichte (regional-, konkurrenzorientiert) sollten sich im „üblichen Rahmen" bewegen.
- In „Nebenzeiten" sollte ein vereinfachtes, reduziertes Speisenangebot von erstklassiger Qualität offeriert werden.

F&B und EDV

Die EDV prägt heute mehr denn je das Management im F&B-Bereich. Bei den zahlreichen Soft- und Hardware-Angeboten, die auf dem Markt sind, stellt sich für viele Chefs die Frage: Was ist in meinem Betrieb möglich, was ist optimal?
Dabei sollte individuell entschieden werden, ob die Angebote eines professionellen Software-Partners genutzt oder die Muster- und Formatvorlagen selbst erstellt werden.

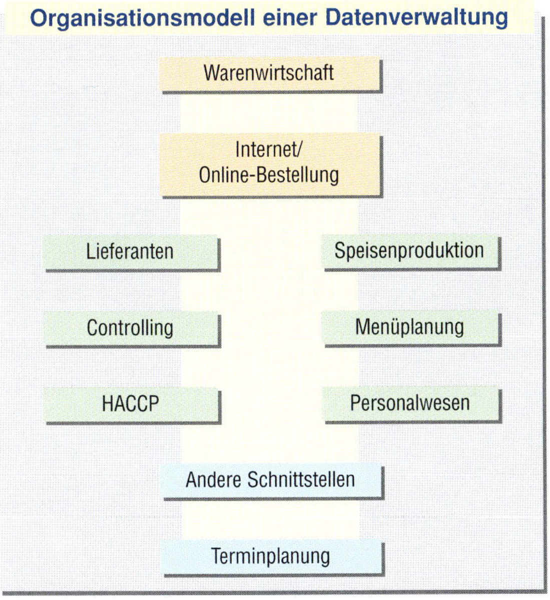

(vgl. Gastronomie – Das UnternehmerMagazin 10/2003, S. 24)

Marketing – Rechnungswesen – F&B

Die gegenseitige Abhängigkeit der verschiedenen Unternehmensbereiche und die „Standortermittlung" im Verhältnis zu den Mitbewerbern schreibt Kennzahlen eine besondere Bedeutung zu.

Der „Käufermarkt" des Hotel- und Gaststättengewerbes zwingt aufgrund seiner dynamischen Entwicklung, jeden kostenbewussten Gastronomen zu kurzfristigen Entscheidungen, um die Leistungsfähigkeit und Kostenbelastung seines Betriebes rechtzeitig und marktorientiert steuern und anpassen zu können. Ein Kennzahlenkatalog als „Barometer des Rationalisierungsgrades" kann den Entscheidungsprozess wesentlich unterstützen (vgl. Schaetzing, S. 126). Jeder Gastronom muss für sich selbst entscheiden, welche Kennzahlen er aufgrund der betriebsspezifischen Gegebenheiten benötigt, um diese als Steuerungselement im Rahmen des Marketings bzw. des F&B-Managements einzusetzen. Für das Berechnen von Kennzahlen steht insbesondere durch elektronische und computergesteuerte Registrierkassen eine Fülle an Informationen zur Verfügung.

Die vorgestellte Speisenkartenanalyse auf Seite 132 bildet z. B. eine Basis für einen Vergleich mit branchenüblichen Durchschnittswerten. Dabei ist auf den Zeitraum von einem Jahr abzustellen, um saisonale Einflüsse zu kompensieren und damit einen Überblick über die wesentlichen Strukturen im F&B-Bereich des jeweiligen Unternehmens zu geben (vgl. Dettmer u.a., München 1998, S. 138 f.).

8.10 Leistungsspektrum im Wellness-Bereich

Situation

Seehotel Schloss Sonnenbühl

„Wellnessideen, die ankommen!"

Bei einem Mitarbeiter-Meeting im Seehotel „Schloss Sonnenbühl" erläutert die Geschäftsleitung:

„Gesundheits- und Wellnessurlaub liegen im Trend der Zeit. Immer mehr Gäste orientieren sich bei der Auswahl ihres Hotels zunehmend an entsprechenden Markenkonzepten. Auch wir haben an dieser Stelle die Möglichkeit, unser Angebot mit individuellen Marketingstrategien zu lancieren oder uns einer bundesweiten Gruppierung, z. B. Wellnesshotels, bzw. einer regionalen Dachmarke, z. B. „WellVital" anzuschließen".

Diese „Marke" zur Gewinnung neuer Gäste speziell im Gesundheits- und Wellnessmarkt Bayern wurde von der Bayerischen Tourismus GmbH in Zusammenarbeit mit dem Bayerischen Heilbäderverband und dem Bayerischen Hotel- und Gaststättenverband entwickelt. Partner können Orte und Hotels mit mindestens Drei-Sterne-Niveau werden – bislang sind dies in Bayern 22 Orte und 94 Hotelbetriebe. Interessierte Gäste werden durch ein vielfältiges Angebot geführt – für die weitere eigenständige Vermarktung bleibt letztlich aber jeder Hotelier selbst verantwortlich...

(vgl. Gastronomie 9/2003, S. 70)

Die Wortschöpfung „**Wellness**" stammt aus Amerika.

(vgl. Dettmer, Harald [Hrsg.]: Wellness in der Hotellerie, Stuttgart 2004, S. 6)

Wellness stellt den Menschen in seiner Gesamtheit in den Vordergrund – „Körper, Geist und Seele" wurde zu einem neuen Schlagwort (Dettmer 2004, S. 6). Heute steht der Begriff bei uns für eine Philosophie, die sich dem **gesunden Genuss** verschrieben hat. Statt auf Askese (wie man sie von der Fitnessbewegung kennt), setzt Wellness auf **Wohlbefinden** und **Entspannung**, auf Spaß an der Bewegung und die Nähe zur Natur. Der Idee liegt ein **ganzheitliches Gesundheitsverständnis** zugrunde: Die „Streicheleinheiten" für den Körper sollen auch den Geist beflügeln – und wer hat im Alltag schon genügend Zeit, sich ganzheitlich in **Harmonie** zu bringen?
International und national rückt die Gesundheits- und Wellness-Kultur in den Mittelpunkt von Entspannung, Erholung, Geselligkeit, Kommunikation – zum Teil auch von Schmerzlinderung und Heilung – und verspricht nach wie vor hohe Zuwachsraten. Das Angebot kann und sollte je nach Standort des Hotels, den Traditionen und den Besonderheiten der jeweiligen Region variieren.

So bieten verschiedene Bundesländer individuelle Wellness-Konzepte an. Die Strategie „WellVital“ als bayerisches Markenkonzept offeriert z. B. folgende Angebote:

wellVITAL® in Bayern

- **Aktiv** mit Walking, Jogging, Wassergymnastik u. a.
- **Relaxed** mit Thalassotherapien, Yoga, Bädern (typisch: Heubad) u. a.
- **Schlank** mit Diätprogrammen (z. B. Schrotkur, kalorienreduzierte Kost, Fitnessernährung) u. a.
- **Mental** mit kreativem Gestalten, chinesischen Heilmethoden, Lichttherapien u. a.
- **Beauty** mit Massagen (Aromaöle, Gleitwellen), Gesichtskosmetik, entspannenden Bädern (z. B. Milch-Honig-Rosenöl) u. a.
- **Kur** mit Fango-, Moor-, Solepackungen und -behandlungen u. a.

Zehn Merksätze für „Wellness in der Hotellerie“

1. Der Begiff „Wellness” wird unterschiedlich interpretiert und verwendet. Immer aber handelt es sich um ein allgemeines, persönlich empfundenes Wohlbefinden von Körper, Geist und Seele.
2. Von einigen Institutionen sind Qualitätsmaßstäbe definiert worden, die sich jedoch noch nicht übergreifend durchgesetzt haben.
3. Wellness-Bedürfnisse sind sehr individuell. Ihre Befriedigung erfordert eine individuelle Beratung und Betreuung.
4. Wellness-Leistungen betreffen intime Bereiche des Menschen. Ein besonderes Einfühlungsvermögen der Betreuer und Therapeuten ist deshalb unumgänglich.
5. Medizinisch korrekte Therapieanwendungen sind ebenso wichtig für den Erfolg wie reine „Wohlfühlleistungen”.
6. Die Wellness-Idee beruht auf einer Stärkung der Selbstverantwortung. Um diese zu initiieren und zu fördern bedarf es speziell ausgebildeter Wellness-Fachkräfte, die neben ihrer medizinischen Kapazität über ein hohes Maß an sozialer Kompetenz, Einfühlungsvermögen und Kommunikationsbereitschaft verfügen.
7. Hygiene spielt im Wellness-Bereich eine besondere Rolle. Hier sind deshalb höchste Ansprüche zu stellen.
8. Wellness ist ein umfassender Begriff für ein ganz persönliches Lebensempfinden und umfasst neben der eigentlichen Wellness-Abteilung alle Bereiche eines Hotels.
9. Insbesondere die Qualität der verwendeten Lebensmittelprodukte erhält hier eine besondere Bedeutung. Frische und wellnessgerecht zubereitete Speisen stellen einen wesentlichen Teil des Wellness-Gedankens dar.
10. Da die Wellness-Idee auch Umweltsensibilität umfasst, muss der natürlichen und gebauten Umweltqualität besondere Beachtung geschenkt werden.

(Dettmer, Harald [Hrsg.]: Wellnes in der Hotellerie, Stuttgart 2004, S. 50)

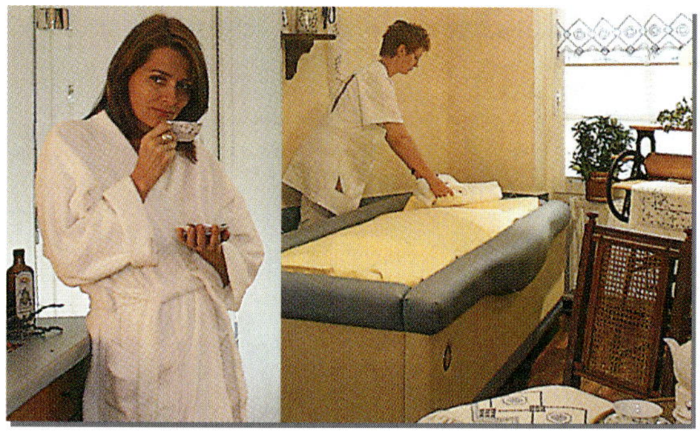

Softpack-Anwendung im Wasserbett

8.11 Leistungsspektrum im Tagungsbereich

Situation

Seehotel Schloss Sonnenbühl

Als Sales-Promotion-Konzept des neuen Bankett- und Tagungsbereichs agiert das Seehotels Schloss Sonnenbühl mit folgendem Slogan: **„Tagen – Entspannen – Genießen“**
Die Geschäftsleitung erläutert im Rahmen eines Mitarbeiter-Meetings: „Eine immer größere Zahl von Übernachtungen in Hotels ist dem Produktsegment Tagungen zu verdanken. Die durchschnittliche Veranstaltungsdauer liegt derzeit in Deutschland bei 1,9 Tagen.“ Durch gezielte Werbung haben wir die Chance, mit unserem Marketingkonzept die Veranstaltungsdauer der Tagungsgäste zu erhöhen. Wie bereits 2 000 Hoteliers in ganz Deutschland werden wir die Internet-Plattform www.tagungsportal.de nutzen, die es seit etwa zwei Jahren gibt. Hier stellen sich Häuser mit ihrer individuellen Visitenkarte vor...

Das **Tagungsgeschäft** der Hotellerie ist ein extrem schwieriger Markt geworden. Einerseits bemühen sich Unternehmen verstärkt um ihre Kunden, veranstalten Produktpräsentationen, Schulungen, Weiterbildungen, Motivationsseminare oder Verkaufstrainings, andererseits sind derartigen Veranstaltungen ökonomische Grenzen gesetzt. Da im Bereich der Hotellerie inzwischen eher ein Überangebot an Tagungskapazitäten herrscht, wächst der Druck auf die Tagungsanbieter. Trotzdem sind Zuwachsraten durch gute Ideen und Events sowie gezielte Werbung möglich: z. B. Präsenz im Internet und in allen einschlägigen Katalogen für den Tagungsmarkt (z. B. Schüler, Intergerma). Der Besuch von Spezialmessen und intensive Gespräche mit Wirtschaft, Firmenchefs, Veranstaltungsagenturen, Tageszeitungs- und Fachjournalisten sind zudem obligatorisch. Häufig sind die Personalchefs der Firmen wichtige Ansprechpartner, da diese die Tagungen/Fortbildungen planen.

Klassische Tagungsmonate in der Hotellerie sind die Monate März, April, Mai, September, Oktober und November. Die Angebote beziehen sich überwiegend auf Voll-Tagungspauschalen (eine Übernachtung mit Frühstück, zwei Kaffeepausen, Mittag- und Abendessen) oder individuelle Tagungspauschalen (z. T. ohne Übernachtung, inklusive Raummiete, Miete der Tagungstechnik u. a). Marketingstrategien setzen außerdem große Hoffnungen auf spektakuläre Incentives, Events und Locations. So beruht ein Teil des Erfolgs von Veranstaltungen, Tagungen und Kongressen auf einem kreativen Rahmenprogramm: Der Phantasie der Hotellerie sind hier keine Grenzen gesetzt.

1. Konzeption des Tagungsbereichs

Ein bestehendes Hotel im Nachhinein als Tagungshotel zu profilieren, ist nur selten möglich, da die Schaffung elementarer baulicher Voraussetzungen wie **bestimmte Raumgrößen**, **Lichtverhältnisse** oder **Pausensituationen** nachträglich nur unter günstigen Bedingungen durch Umbau/Anbau gegeben sind.

Tagungsraum im Hotel

Kennzeichnend ist, dass heute die pro Tagungsteilnehmer benötigte Fläche größer bemessen wird. Räume, die früher als ausreichend für 50 Gäste galten, belegt man jetzt oft nur noch mit 20 Gästen. Aktuell und beliebt ist außerdem das Prinzip, große Tagungen aufzusplitten: Für die Auftaktveranstaltung sollte ein großer Bankettsaal zur Verfügung stehen; anschließend werden mehrere Team- bzw. Gruppenräume benötigt. Gute Voraussetzungen bieten Tagungsräume, die mit innovativer Tagungstechnik ausgestattet sind und durch flexible Trennwände in der Größe variiert werden können. Für kleine, individuelle Besprechungen mit vier bis sechs Personen sollten außerdem Tagungssuiten mit Konferenztisch und Tagungstechnik zur Verfügung stehen.

2. Veranstaltungsplanung und -organisation

Durch die **Bankettabteilung** (F&B-Abteilung) wird einige Tage/Wochen vor der Veranstaltung ein Veranstaltungs-Ablaufplan (Bankettplan) mit dem Veranstalter abgesprochen.
Die Veranstaltungs-Ablaufplanung erfolgt mithilfe diverser Checklisten und Teilpläne, um die verschiedenen Bereiche Vorbereitung, Durchführung und Nachbereitung (Controlling) optimal zu organisieren (s. S. 138, 140).

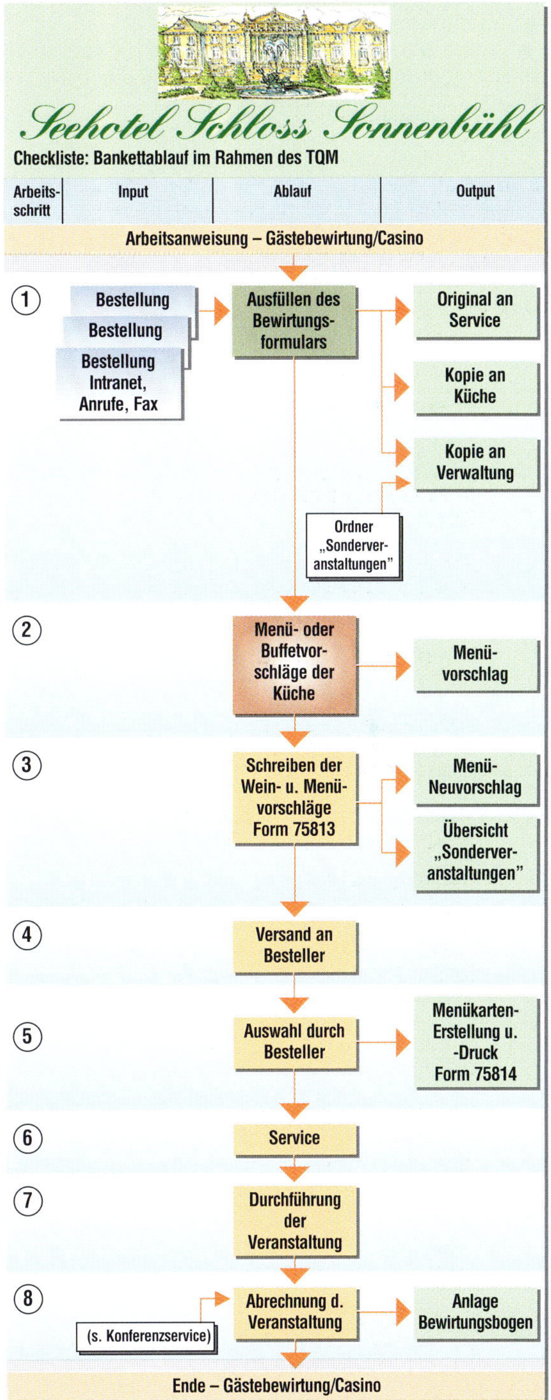

Die **Teilpläne** werden den entsprechenden Abteilungen (z. B. Service, Küche, Rezeption, Housekeeping, Verwaltung) zur Verfügung gestellt. Sie enthalten u. a. folgende Angaben:

- Reservierungsbestätigung der Veranstaltung durch den Veranstalter (Name, Adresse, Veranstaltungsmappe, Anfahrtskizze, Hotel-Orientierungsplan u. a.)
- Bankverbindung, bei Catering: Veranstaltungsort, Wegbeschreibung u. a.
- Art der Veranstaltung, Datum und genaue Uhrzeit
- Sonderwünsche des Veranstalters u. a.
- Bankettträume (Tafelform, Bestuhlung und Dekorationen)
- Personenzahl, Sitzplan, Tischwäsche, Gedecke
- Art des/der Aperitifs, Servicebeginn
- Menüfolge bzw. Bankettbüfett einschließlich der korrespondierenden Getränke
- Veranstaltungsablaufplan (Pausenregelung bei Programmeinlagen, Ansprachen u. a.)
- Anzahl der Tagungsräume (Personenzahl, Tagungstechnik, Bestuhlung, Tagungsgetränke)
- Pausenregelung (Business-Menüs, Snacks, Getränke)
- Kalkulationen zur Speisen- und Getränkeplanung und zum Mitarbeitereinsatz
- Revierplan, Servierplan (evtl. Getränke- und Speisenkellner, Aushilfen)
- Berücksichtigung von GEMA- und Sperrzeiten-Regelungen
- Hinweise zur Rechnungserstellung

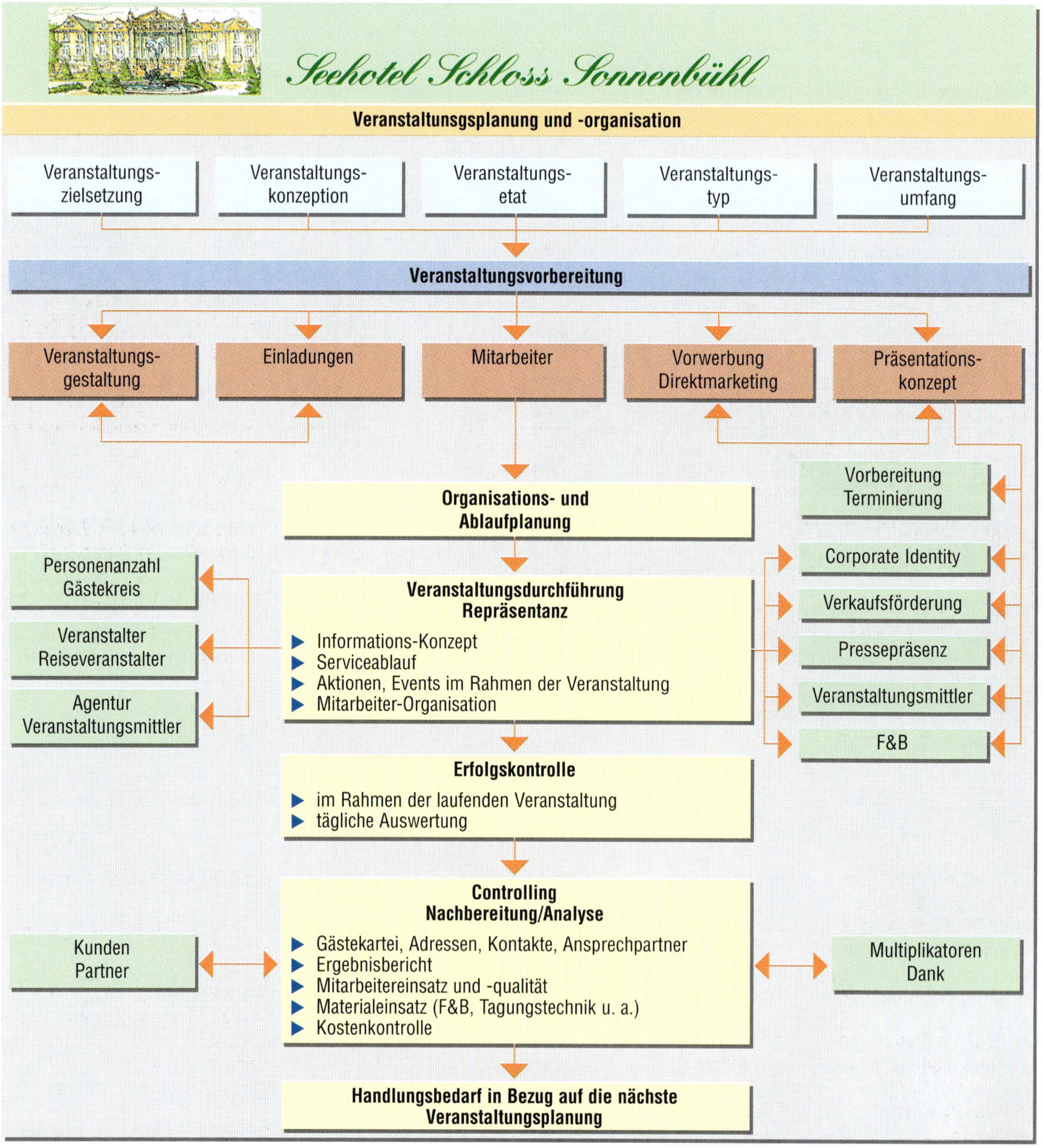

3. Absprachen mit der Küche

Mithilfe der detaillierten Tagungsplanung und der zu erwartenden Gästezahl wird vor der Veranstaltung die Menge der Zutaten kalkuliert. Der Netto-Verkaufspreis ist dabei abhängig von der entsprechenden Menü- oder Büfettplanung, der Planung der Tagungspausen, der Anzahl der Tagungsteilnehmer und der Arbeitsintensität der Mitarbeiter in der Küche. Als wichtiges Kriterium gilt zu klären, welche Speisen mit welchem Conveniencegrad eingesetzt werden.

4. Veranstaltungskalkulation

Da die Speisen und Getränke dem Veranstalter einer Tagung/eines Banketts im Vergleich zu einem À-la-carte-Angebot meist preiswerter (z. T. als Bankettpackage) offeriert werden, ist eine genaue Kosten-Erlös-Kalkulation zur Veranstaltung notwendig. Dabei sollte die geringere Portionsgröße bzw. der geringere Wareneinsatz (WE) in Abhängigkeit von der Anzahl der geplanten Gänge beachtet werden; festliche Menüfolgen sollten im Nährstoff- und Energiegehalt nicht extrem über À-la-carte-Speisen liegen.
Um Gästen mit speziellen Veranstaltungs- bzw. Bankettwünschen umgehend ein detailliertes Angebot zu unterbreiten, kann mithilfe der folgenden Formel von Schaetzing die Wirtschaftlichkeit der Angebotsgestaltung berechnet werden:

$$NE = \frac{PK + WE + SK}{GG\,(1 + UB - GW - V)}$$

- **NE:** Nettoerlös (Speisen und Getränke)
- **PK:** Zusätzliche Personalkosten (Aushilfen, Überstunden)
- **WE:** Wareneinsatz, gesamt
- **SK:** Sonstige Kosten (Ausstattung, Deko, Floristik, Energie, Musik)
- **GG:** Gesamtgästezahl (lt. Bankettvertrag)
- **UB:** Prozentuale Umsatzbeteiligung (MA)
- **V:** Prozentuale Verluste (Gebrauchsgegenstände, Betriebsaufwand)
- **GW:** Prozentualer Gewinn

Beispiel

Seehotel Schloss Sonnenbühl

Für eine Catering-Veranstaltung zum 25-jährigen Firmenjubiläum (150 geladene Gäste) wird zur Basisplanung folgendermaßen kalkuliert:

- PK = 1 200,00 EUR
- WE = 11,00 EUR Speisen/je Gast (20% WE)
  6,00 EUR Getränke/je Gast (23%WE)
- SK = 4 450,00 EUR
- GG = 150 Gäste
- UB = 14 %
- GW = 80 %
- V = 11 %

Lösungsweg:

$$NE = \frac{1\,200 + 150\,(11{+}6) + 4\,450}{150\,(1 + 0{,}14 - 0{,}80 - 0{,}11)}$$

NE = 202,90 EUR

	NE	Nettoerlös	202,90 EUR
+	UB	Umsatzbeteiligung 14 %	28,41 EUR
+	MwSt.	Mehrwertsteuer 19 %	38,55 EUR
	Bruttoerlös je Gast		**269,86 EUR**

Bruttoerlös des Caterings **40 479,00 EUR**

Es gibt inzwischen eine Vielzahl unterschiedlicher EDV-Bankettprogramme (z. B. Micros-Fidelio Sales & Catering), die die Bankettplanung und -kalkulation dem Betriebstyp entsprechend erleichtern (Checkliste – Veranstaltungs-/Kostenplanung, s. S. 138).

5. Auswertung der Veranstaltungsdurchführung

Unabhängig davon, ob die Tagung/die Veranstaltung im Haus oder als Catering durchgeführt wurde, sollte eine Auswertung der Veranstaltungsbedingungen unmittelbar nach dem Ende der Veranstaltung stattfinden:

- Gab es im Rahmen der Veranstaltung Probleme?
- Welche Ursachen waren dafür verantwortlich (falsche Ablaufplanung, Personaleinsatz u. a.)?
- Waren Küchen- und Serviceleistungen wunschgemäß?
- Gab es Reklamationen (Gründe, Ursachen)?
- Wurden Mitarbeiter für besonders gute Arbeit gelobt?
- Wurde zum Abschluss vom Veranstaltungsleiter und seinen Mitarbeitern eine Auswertung vorgenommen (Service- oder Zeitfehler u. a.)?
- Welche Mängel in der Personalplanung gab es?

Seehotel Schloss Sonnenbühl

Checkliste: Veranstaltungs-/Kostenplanung

Veranstaltung: ______________________________

Veranstaltungsort: ______________________ **Termin:** ____________

Positionen der Kostenplanung	Kosten in EURO	
	geplant	effektiv
▶ Reisekosten: Künstler, Moderatoren, Referenten		
▶ Reisekosten: Organisations-Mitarbeiter		
▶ Übernachtungskosten: Künstler, Moderatoren, Referenten		
▶ Übernachtungskosten: Organisations-Mitarbeiter		
▶ Übernachtungskosten: Geladene Gäste		
▶ Bewirtungskosten:		
▶ Raumkosten: Miete		
▶ Raumkosten: Leihgebühren für Möbel, Tischwäsche, Geschirr, Deko		
▶ Mieten: Veranstaltungstechnik, Geräte		
▶ GEMA-Gebühren, Bühnentechnik, Elektro-Technik		
▶ Honorare: Künstler, Moderatoren, Referenten		
▶ Löhne, Gehälter, Aushilfspersonal		
▶ Versicherungen		
▶ Steuern, Abgaben		
▶ Gebühren, Sperrzeitverkürzung		
▶ Bewachungskosten, Sicherheitsservice		
▶ Dolmetscher-Kosten		
▶ Werbung: Agenturkosten		
▶ Werbung: Grafiker		
▶ Werbung: Druckkosten, Drucksachen, Mailings, Flyer		
▶		
▶		
Gesamtkosten		

6. Veranstaltungscontrolling

Ziel des Veranstaltungs-Controllings ist die Vermeidung von Fehlern bei zukünftigen Veranstaltungsplanungen. Dabei sind das gesamte Leistungsspektrum (Dienst- und Produktleistungen) und die Wirtschaftlichkeit zu überprüfen:

- ▶ Wurde der Bankettvertrag (Bewirtungs- bzw. Veranstaltungsvertrag) umfassend erfüllt?
- ▶ Waren die Umsatz- und Kostenplanungen positiv?
- ▶ Waren die Gäste mit dem Ablauf der Veranstaltung zufrieden?
- ▶ Hat es Reklamationen, nachträgliche Beschwerden oder besondere Vorfälle gegeben?
- ▶ Wie wurden die Leistungen von Küche und Service eingeschätzt (Qualität der Speisen, Serviceablauf u. a.)?
- ▶ Welche Mitarbeiter haben sich besonders gast- und unternehmensorientiert verhalten?
- ▶ Was kann zukünftig verbessert werden?
- ▶ Welche Kontakte zum Tagungsveranstalter (oder Besteller) oder zu anderen Gästen konnten geknüpft oder verstärkt werden?

Die Vorbereitung, Durchführung, Nachbereitung und Abrechnung mit dem Gast sowie die notwendigen **Controlling-Maßnahmen** werden heute weitgehend mithilfe von **Bankett-Software** gesteuert. Die Veranstaltungsorganisation ist dadurch wesentlich einfacher, akkurater und effektiver durchzuführen und zu kontrollieren:

- ▶ Leistungsplanung (Terminplaner, Raumplaner)
- ▶ Individuelle, stets aktuelle Bankettmappe
- ▶ Anlass- und zielgruppenbezogene Menü-, Speisen- und Getränkevorschläge
- ▶ Artikelgruppen entsprechend der Lagerorganisation
- ▶ Planung von Speisen, Getränken, Mitarbeitereinsatz, Dekorationen und Räumlichkeiten am 3-D-Modell
- ▶ Erstellung von Geschäftsbriefen (Angebote, Reservierungsbestätigungen, Rechnungen) und Werbematerial (Flyer, Mailings u. a.)
- ▶ Grafische Gestaltung und Ausdruck von Speisen- und Menükarten
- ▶ Detailgenaue Abrechnung als Serien-Geschäftsbrief bzw. Serien-Bankettabrechnung
- ▶ Statistiken erleichtern die Auswertung aller Veranstaltungen.

Besonders aufgrund des hohen Informationswertes bezüglich der Kostentransparenz (z. B. Personaleinsatz, Speisen- und Getränkeeinsatzquote, Raumnutzung), der Möglichkeit präziser Vor- und Nachkalkulationen und der übersichtlichen Termin- und Ablaufgestaltung sind EDV-Bankettprogramme besonders im Tagungs- und Cateringgeschäft fast unentbehrlich.

Seehotel Schloss Sonnenbühl

Checkliste: Tagungen ohne Pannen

Tipps für die Tagungs- und Bankettorganisation

- ▶ Finden Sie einen kompetenten Ansprechpartner, der über Tagungsziel und -ablauf im Detail Bescheid weiß.
- ▶ Bleiben Sie in der Vorbereitungsphase mit dem Tagungsmanager im Gespräch. Die meisten Fehlplanungen oder Missgeschicke beruhen auf gestörter Kommunikation.
- ▶ Qualifizieren Sie Ihre Tagungsbetreuer (Mitarbeiter) im Veranstaltungsmanagement.
- ▶ Stellen Sie den Gästen (Tagungsteilnehmern) den verantwortlichen Tagungsbetreuer vor. Lassen Sie ihn die Abschlussgespräche führen.
- ▶ Führen Sie Kartei über die Wünsche der Stammkunden.
- ▶ Erarbeiten Sie Checklisten als Planungshilfen.
- ▶ Klären Sie Kostenfragen im Voraus, möglichst schriftlich! Welche Kosten werden vom Veranstalter übernommen, welche werden von den Tagungsteilnehmern selbst getragen?
- ▶ Bemühen Sie sich, die z. T. speziellen, individuellen Wünsche der Veranstalter zu erfüllen.
- ▶ Bieten Sie „Bedienungs- und Methodenkurse“ für Tagungstechnik an und halten Sie bei Veranstaltungen Ihre Haustechniker in „Alarmbereitschaft“.
- ▶ Bleiben Sie im Rahmen der Ablauforganisation flexibel und rechnen Sie immer mit Veränderungen im Zeitplan.
- ▶ Schaffen Sie sich ein Netzwerk von veranstaltungsbegleitenden Hilfen, auf die Sie immer zurückgreifen können: Dolmetscher, Stadtführer, inszenierende Programme für Eventplanungen, Blumenläden, Künstler u. a.

Seehotel Schloss Sonnenbühl

Veranstaltungscontrolling: Nachkalkulation Eventveranstaltung

Event: Kunst-Kultur-Design-Jazz

Übersicht über Erlöse und Kosten		**EURO**	**EURO**	**%**
Bruttoerlöse: Eventveranstaltung			187.778,00 EUR	
Bruttoerlöse, Beherbergung einschließlich Champagnerfrühstück			36.667,00 EUR	
Bruttoerlöse, gesamt – **Mehrwertsteuer** = **Nettoerlöse: Eventveranstaltung**	 19 % 		224.445,00 EUR 35.835,76 EUR 188.609,24 EUR	 100,00%
– **Wareneinsatz**			38.972,00 EUR	20,66%
– **Personalessen**			273,00 EUR	0,14%
– **Dekorationen**	Deko-Artikel: extern Blumendeko: intern Gärtnerei, Floristen Feuerwerk Verschiedenes	10.204,00 EUR 4.409,00 EUR 3.894,00 EUR 2.815,00 EUR 548,00 EUR	21.870,00 EUR	11,60%
– **Druck**	Einladungskarten Gedeckkarten Event-Diner-Karten	3.729,00 EUR 1.658,00 EUR 3.187,00 EUR	8.574,00 EUR	4,55%
– **Werbung**	Briefporti, Telefongebühren Anzeigen, Flyer, Mailings Schlüsselanhänger: Saxophon Verlosung: Wochendpackages	1.354,00 EUR 4.749,00 EUR 3.679,00 EUR 469,00 EUR	10.251,00 EUR	5,44%
– **Moderation, Musik**	New Orleans Dixie Moderation	7.778,00 EUR 5.000,00 EUR	12.778,00 EUR	6,77%
– **Künstlergagen**	Jazz-Interpreten Vernissage	14.000,00 EUR 1.500,00 EUR	15.500,00 EUR	8,22%
– **Gäste- und Künstlerbewirtung**	Begrüßungschampagner Bewirtung: Gäste, Interpreten Medikamente Sekt-Hausmarke: Mitarbeiter Mundeis	342,00 EUR 254,00 EUR 88,00 EUR 166,00 EUR 167,00 EUR	1.017,00 EUR	0,54%
– **Handwerker-Überstunden: Freizeitabgeltung**		6.745,00 EUR		
– **Servicemitarbeiter-Überstunden: Freizeitabgeltung**		4.780,00 EUR	11.525,00 EUR	6,11%
= **Überschuss**			**67.849,24 EUR**	**35,97%**
▶ **Zunahme gegenüber dem Vorjahr:** (Vergleichswert, z. B. + 12%)				

Seehotel Schloss Sonnenbühl, Abteilung: Controlling aufgenommen: ______________________

Verteiler: Management, AL, Marketing, Sales, Verwaltung ausgewertet: ______________________

Aufgaben

1. Die Umbaumaßnahmen im Seehotel „Schloss Sonnenbühl" sind weitgehend abgeschlossen. Deshalb beginnt für das Management die Phase der operativen Marketingplanung und -kontrolle. Was verstehen Sie unter diesen Begriffen?

2. Je nach Hoteltyp bestehen zwischen den operativen Teilplanungen mehr oder weniger wechselseitige Interdependenzen (Abhängigkeiten), die dazu führen, dass keine Abteilung des Seehotels „Schloss Sonnenbühl" autonom oder isoliert planen kann.
   Welche Interdependenzen der operativen Teilplanungen bestehen im Seehotel „Schloss Sonnenbühl"?
   Nennen Sie drei Beispiele.

3. Was verstehen Sie unter dem Begriff „Leistungspolitik" im Rahmen eines gast- und marktorientierten Marketing-Managements?

4. Im Rahmen der strategischen, taktischen und operativen Marketing-Planungen orientiert sich das Management des Seehotels „Schloss Sonnenbühl" an der Fixpunktstrategie. Was ist damit gemeint?

5. Der Begriff Sortimentspolitik wird überwiegend im F&B-Bereich, u. a. besonders in der Systemgastronomie verwendet. Welche vier grundsätzlichen Möglichkeiten der Sortimentspolitik bzw. -planung können differenziert werden?

6. Bei einem Mitarbeitermeeting erklärt der Direktor des Seehotels „Schloss Sonnenbühl": „Wir betreiben Markenpolitik – das sind wir unseren Stammgästen und auch neuen Zielgruppen schuldig!"
   Definieren Sie den Begriff „Markenartikel".

7. Im Gegensatz zur klassischen Einzelmarkenstrategie (Mono- oder Solitärmarkenstrategie) des Seehotels „Schloss Sonnenbühl" verfolgen Hotelketten bzw. Hotelkonzerne
   a) Markenfamilienstrategien oder
   b) Dachmarkenstrategien.
   Differenzieren Sie die damit verbundenen Unternehmensstrategien und nennen Sie jeweils ein Beispiel.

8. Das Management des Seehotels „Schloss Sonnenbühl" plant, mit dem Markenprodukt „Deutsche Hotelklassifizierung" zu werben. Was ist darunter zu verstehen?

9. Nach den Umbaumaßnahmen soll die „Deutsche Hotelklassifizierung" erneut durchgeführt werden. Wer zertifiziert – nach welchen Kriterien – in welchen Zeitabständen?

10. Wodurch unterscheidet sich die Deutsche Hotelklassifizierung von der Klassifizierung der Vereinigten Staaten von Amerika?

11. Im Rahmen einer Public-Relations-Veranstaltung mit der Regionalpresse erläutert der Direktor des Seehotels „Schloss Sonnenbühl" u. a.: „Das eigentliche Erfassungsobjekt eines Hotels ist das Hotelzimmer, das nach bestimmten quantitativen und qualitativen Bewertungskriterien eines Qualitätsmanagements in unterschiedliche Klassifizierungsebenen eingestuft werden kann. Diese Klassifizierung sagt aber nichts aus über das subjektive Empfinden der Gäste!" Was ist damit gemeint?

12. „Allerdings können wir die individuellen subjektiven Beurteilungskriterien im Rahmen des Qualitätsmanagements mithilfe einer hotelinternen Stärken-Schwächen-Analyse erfassen" erklärt der Direktor im Verlauf des Gesprächs mit der Regionalpresse.
    Entwerfen Sie einen Handlungsablauf für eine Stärken-Schwächen-Analyse!

13. „Im Rahmen unserer Leistungspolitik stellen wir den Gästen des Seehotels „Schloss Sonnenbühl" eine umfangreiche Anzahl an Nebenleistungen zur Verfügung!"
    Was verstehen Sie unter Nebenleistungen?

14. Welche wesentlichen Einflussfaktoren bestimmen die Leistungspolitik und Angebotsgestaltung im F&B-Bereich maßgeblich?

15. In Verbindung mit den Hotelleistungen ergeben sich im F&B-Bereich zahlreiche Variationsmöglichkeiten des Speisenangebots bzw. der Präsentationsgestaltung.
    Welche unterschiedlichen Möglichkeiten sehen Sie für das Seehotel „Schloss Sonnenbühl"? (6 Beispiele)

16. Der Küchenchef des Seehotels „Schloss Sonnenbühl" plant, die Wareneinsatzquote für Speisen von 32 % auf 30 % zu senken. Erstellen Sie eine Checkliste zur Reduzierung von Wareneinsatzquoten!

17. Welche Hauptgründe für eine zu hohe Wareneinsatzquote bei Speisen können differenziert werden?
    Nennen Sie sechs mögliche Gründe!

18. „Die großzügige Wellness-Abteilung im Seehotel „Schloss Sonnenbühl" erfüllt alle Erwartungen an einen gesundheits- und sportorientierten Urlaub. Nennen Sie fünf Merksätze für Wellness in der Hotellerie.

19. Die Veranstaltungs-Ablaufplanung im Tagungsbereich erfolgt mithilfe einer Bankettmappe sowie diverser Checklisten und Teilpläne, um die verschiedenen Bereiche Vorbereitung, Durchführung und Nachbereitung (Controlling) optimal zu organisieren. Die Teilpläne werden den entsprechenden Abteilungen (z. B. Service, Küche, Rezeption, Housekeeping, Verwaltung) zur Verfügung gestellt.
    Welche Angaben müssen die Teilpläne enthalten? Erstellen Sie eine Checkliste für das Seehotel „Schloss Sonnenbühl".

20. Welche Ziele verfolgt das Veranstaltungscontrolling? Nennen Sie sechs wesentliche Kriterien.

21. Welche Kriterien sind bei der Zusammenstellung von individuellen „Packages" durch die Hotellerie, Reiseveranstalter oder Destinationen zu beachten? (6 Beispiele)

9 Preispolitik

Zur **Preispolitik** gehören alle Maßnahmen, die ein Unternehmen durchführt, um Einfluss auf Preise zu nehmen und diese auf dem Markt durchzusetzen wie

- Preise
- Rabatte
- Prämien
- Skonti
- Zahlungsbedingungen

Innerhalb des Marketingmixes ist die Preispolitik das einzige Instrument, das einen direkten Umsatz auslöst und zugleich das schnellste Marketinginstrument.

Während das Produkt nur mittel- oder sogar langfristig verändert werden kann, ebenso wie die Werbung hierfür und die eingeschlagenen Verkaufswege, ist der Preis innerhalb von Minuten veränderbar. Diese Tatsache macht die Preispolitik zum „gefährlichsten" Marketinginstrument, da die Gefahr besteht, bei mangelndem Umsatz als einzige Gegenmaßnahme zu einer Preisreduktion zu greifen. Eine Reduzierung des Preises muss jedoch stets die letzte Maßnahme in einer wirtschaftlichen Krise sein. Zuvor ist zu prüfen, welche Möglichkeiten der Umsatzerhöhung es gibt und welche Kosteneinsparungen vorgenommen werden können.

Der **Preis** ist das Entgelt für eine erbrachte oder zu erbringende Leistung. Dies gilt gleichermaßen für Produkte wie für Dienstleistungen. Eine nachhaltige Existenzsicherung ist nur gewährleistet, wenn die erzielten Preise

- kostendeckend sind
  und
- eine angemessene Rendite ermöglichen.

Der Preis hat also gleichermaßen eine

- strategische Aufgabe
  (Festlegung der Preisebene auf längere Sicht)
  und
- taktische Aufgabe
  (kurzfristige Preisveränderungen als Reaktion auf Marktveränderungen).

Dabei ist zu berücksichtigen, dass Preise neben allgemeinen objektiven Kriterien ebenso stark emotional (subjektiv) empfunden werden und dass das so genannte „Preis-Leistungs-Verhältnis" ein zutiefst persönliches Kriterium darstellt.
Entscheidend ist nicht, ob ein „hoher" oder „niedriger" Preis verlangt wird, sondern allein, ob dem potenziellen Gast oder Kunden dieser Preis als „richtig" und „angemessen" erscheint.

9.1 Preisfindung

Situation

Ursula von Bülow hat die neue Empfangschefin, Ingrid Schwarzkopf, zu sich ins Büro gebeten. Gemeinsam wollen sie die neue Preisliste für die nächste Saison erarbeiten. Die Vorschläge des Küchenchefs für die neue Speisenkarte liegen bereits vor und nun sollen die Preise für die Leistungen der Logisabteilung festgelegt werden.
Für das Jahresbudget ist es notwendig, unterschiedliche Preise für die verschiedenen Zimmertypen (Doppelzimmer, Einzelzimmer, Suiten und Appartements) abhängig von den Saisonzeiten zu entwickeln. Dabei müssen die wirtschaftlichen Unternehmensziele ebenso beachtet werden wie die interne Kalkulation und das Preis-Leistungs-Verhältnis aus der Sicht der Gäste.
Beide nehmen sich einen Jahreskalender vor und tragen dort die bereits heute feststehenden Zeiten der Hochsaison, der Zwischen- und Nebensaison ein sowie andere Termine, zu denen das Hotel bereits gut belegt oder ausgebucht ist (z. B. durch eine mehrtägige große Veranstaltung, die Gartenbauausstellung in der benachbarten Großstadt und Kurzurlaube an Feiertagen).
Zum Vergleich haben sie außerdem die Belegungszahlen des letzten Jahres – aufgeteilt in die verschiedenen Zimmerkategorien – und die Preise der benachbarten Stadthotels vorliegen.
Gemeinsam entwickeln sie jetzt die Preise für das kommende Jahr.

Die korrekte Preisfindung in Hotellerie und Gastronomie basiert auf folgenden Faktoren:

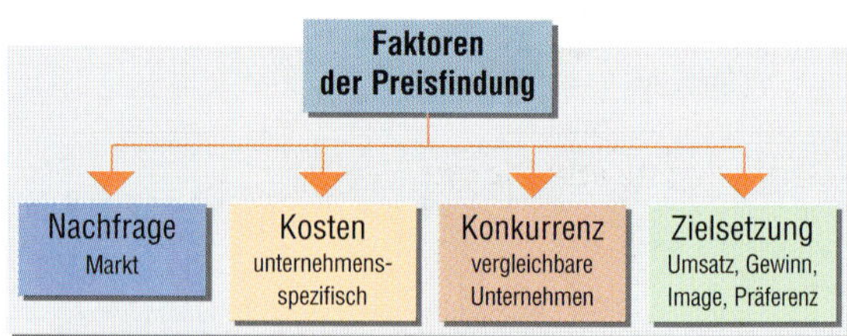

9.1.1 Nachfrageorientierte Preisfindung

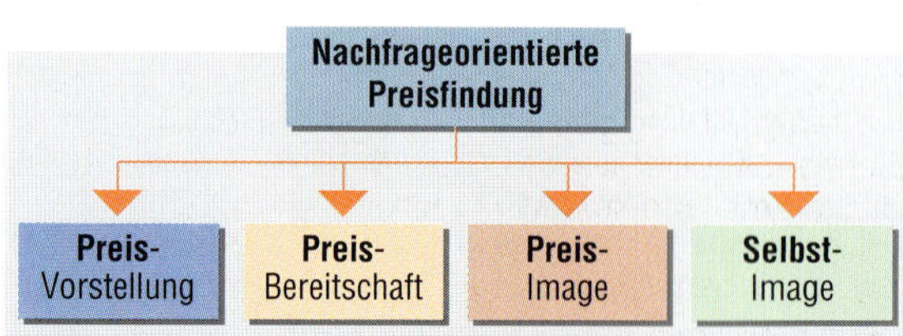

Preis-Vorstellung

Jeder potenzielle Käufer eines Produkts hat eine ganz spezifische Vorstellung von dem Preis, den er bereit ist, hierfür auszugeben. Dies trifft insbesondere dann zu, wenn es sich um Massenartikel (Konsumgüter) handelt, bei denen eine Preisvergleichbarkeit gegeben ist.

Preis-Bereitschaft

Der überwiegende Teil der potenziellen Käufer eines Produkts ist jedoch bereit, mehr auszugeben, als er dies ursprünglich geplant hatte. Seine Bereitschaft ist umso größer, je genauer das Produkt seine Wünsche und Vorstellungen erfüllt. Im „Verkauf" eines Produkts kommt es also darauf an, die Wünsche und Vorstellungen des potenziellen Abnehmers genau zu erforschen und ihm dann das entsprechende Angebot zu unterbreiten, das direkt auf ihn zugeschnitten ist. Hier zeigt sich die Kompetenz eines guten „Verkäufers", der durch fachliche Beratung einen erheblichen Mehrumsatz sowohl im Hotel (höhere Zimmerkategorie) als auch im Restaurant (Zusatzverkauf) generieren kann.

Preis-Image

Jedes Produkt hat ein gewisses Image, das ihm hilft, seinen Preis auf dem Markt durchzusetzen. Je positiver das Image, desto höher ist die Bereitschaft des Gastes/Kunden, den geforderten Preis zu akzeptieren.

Selbst-Image

Ein klassischer Werbespruch eines Kosmetikunternehmens lautete „Weil ich es mir wert bin". Der ganz persönliche Anspruch, sich selbst auch einmal etwas besonders Gutes zu gönnen, prägt ebenfalls die Bereitschaft, mehr auszugeben, als dies ursprünglich vorgesehen war.

Spezifische Einflussfaktoren auf die Preisfindung im Tourismus

Im Tourismus wirkt eine Reihe von zusätzlichen Einflussfaktoren auf die Preisfindung ein. Dies ist vor allem

- die Lage
- der USP (Unique Selling Proposition, s. S. 159)
- das Wetter.

Generell gilt die Aussage:
Die eigenen Preise haben sich nach dem auf dem Markt zu erzielenden Preis zu richten, nicht der angestrebte Preis nach den eigenen Kosten.

Ganz ohne Frage hat ein gut gelegenes Hotel oder Restaurant einen entscheidenden Standortvorteil gegenüber den Mitbewerbern. Ein deutlich sichtbares und spürbares USP des Hauses (oder sogar des Ortes oder der ganzen Region) verschafft Wettbewerbsvorteile. Das Wetter spielt im emotionalen Bereich ebenfalls eine wichtige Rolle. Bei einer Garantie für einen wetterunabhängigen Urlaub (Schönwettergarantie, Schneegarantie) können diese Faktoren bei der Preisbildung mit einbezogen werden.
Im Rahmen der nachfrageorientierten Preisfindung ist die so genannte Preiselastizität der Nachfrage zu berücksichtigen.

Preiselastizität der Nachfrage

Als **Preiselastizität** der Nachfrage bezeichnet man das **Verhältnis zwischen Preisänderung** und der dadurch **bewirkten Änderung der Absatzmenge**. Soll heißen: Viele Gäste haben in der Gastronomie und Hotellerie ihre speziellen Vorlieben hinsichtlich der angebotenen Speisen und Getränke – besonders aber hinsichtlich Ambiente, Ausstattung, Service und Image des Hauses. Diese Gästeklientel reagiert nicht sofort auf Preisänderungen.

Erst wenn eine Preiserhöhung eine für jeden Gast individuelle „Schmerzgrenze" überschreitet, reagiert er mit Kaufzurückhaltung bzw. mit dem Ausweichen auf preiswertere Speisen und Getränke. Dieses Gästeverhalten wird als Elastizität bezeichnet. Reagieren Gäste auf Preiserhöhungen überproportional, nennt man dies eine elastische Nachfragesituation. Reagieren sie nur verhalten oder gar nicht, spricht man von einer unelastischen Nachfragesituation.

Beispiel

Seehotel Schloss Sonnenbühl

Im Restaurant des Seehotels werden im Mittagsgeschäft pro Tag 240 Lunchgerichte an Ausflugsgäste eines kooperierenden Bustourismusunternehmens zu einem Nettoverkaufspreis von 6,00 Euro verkauft. Da der Gästezuspruch bei diesem Produktsegment sehr groß ist und die Verkaufszahlen eine steigende Tendenz bestätigen, nimmt die Unternehmensleitung zur Verbesserung der Gewinnsituation eine Preiserhöhung von 20 % auf 7,20 Euro vor. Diese preispolitische Maßnahme hatte zur Folge, dass die Anzahl der verkauften Portionen um 15 % auf durchschnittlich 204 Portionen zurückging.

Es stellt sich die Frage, ob sich die Preiserhöhung für das Restaurant gelohnt hat.

Die Frage aus dem vorstehenden Beispiel lässt sich so nur beantworten, wenn der Wareneinsatz (WE) pro Gericht bekannt ist. Angenommen, der Wareneinsatz der Beispielaufgabe liegt bei 25 % vom Nettoverkaufspreis (vor der Preiserhöhung), so beträgt der Deckungsbeitrag (Rohertrag) vor der Preiserhöhung 4,50 Euro – nach der Preiserhöhung 5,70 Euro.

Berechnung

240 Lunchgerichte x 4,50 € = 1 080,00 €
204 Lunchgerichte x 5,70 € = 1 162,80 €

Das Beispiel zeigt, dass die Preiserhöhung einerseits zu einem Nachfragerückgang geführt hat, andererseits aber der Deckungsbeitrag gestiegen ist.

Der gesamtwirtschaftlich und langfristig denkende Hotelier ist sich jedoch darüber bewusst, dass diese Preiserhöhung zwar zu einem höheren Deckungsbeitrag geführt hat, jedoch andererseits den Verlust von 36 Gästen nach sich zieht. Dies bedeutet zugleich den Verlust von 36 positiven Multiplikatoren, Verlust an Bekanntheitsgrad, Image und „Mund-zu-Mund"-Werbung. In eine derartige Deckungsbeitragsrechnung sind stets die Auswirkungen auf das gesamte Unternehmen einzubeziehen.

Diese **Elastizität der Nachfrage** wird in einem **Koeffizienten** ausgedrückt, der sich aus dem **Verhältnis** der **prozentualen Absatzänderung** zu der **prozentualen Preisänderung** bildet.

Preiselastizitätskoeffizient $p_e = \left| \frac{\textbf{Mengenänderung (m)}}{\textbf{Preisänderung (p)}} \right|$

Die Betragsstriche bedeuten, dass das Ergebnis dazwischen immer einen positiven Wert annimmt.

Es werden folgende mögliche Situationen der Preiselastizität unterschieden:

$p_e > 1$ **bedeutet elastische Nachfrage**
(Mengeneffekt größer als Preissenkung)
- Preissenkung bedeutet:
  Der Absatz steigt, der Umsatz wird größer.
- Preiserhöhung bedeutet:
  Der Absatz sinkt, der Umsatz sinkt.

Preisstrategie:
Keine Preiserhöhungen, Preissenkungen prüfen.

$p_e = 1$ **bedeutet unelastische Nachfrage**
(Umsatzrückgang bei Preissenkung unverändert)

$p_e < 1$ **bedeutet elastische Nachfrage**
(Umsatzrückgang bei steigender Nachfragemenge)
- Preissenkung bedeutet:
  Der Absatz steigt nur gering, der Umsatz sinkt.
- Preiserhöhung bedeutet:
  Der Absatz sinkt unbedeutend, der Umsatz steigt insgesamt.

Preisstrategie:
Preiserhöhungen sind möglich.

Beispiel

Die Unternehmensleitung des Hotels senkt den Preis für das normale Frühstücksbüfett von 6,00 Euro auf 5,00 Euro. Der bisherige Absatz von 100 Stück pro Tag steigt daraufhin auf 120 Stück pro Tag.

$$p_e = \frac{\frac{20}{100}}{\frac{1}{6}} = \frac{6 \times 20}{1 \times 100} = 1{,}2$$

Im vorliegenden Beispiel beträgt die Preiselastizität = 1,2. Der Umsatzwert steigt also auf 120 %.

Die Nachfrage nach einem Produkt hängt nicht nur von seinem Preis, sondern auch vom Preis anderer Produkte ab. Das Verhältnis der Abhängigkeit der Nachfrage eines Produkts A vom Preis eines Produkts B bezeichnet man als **Kreuzpreiselastizität** der Nachfrage. Die Kreuzpreiselastizität ist u. a. in der Systemgastronomie von besonderer Bedeutung. Sie erklärt, wie sich Mengenänderungen eines Produkts A aufgrund von Preisänderungen eines anderen Produkts B ergeben.

$$P_e = \frac{\dfrac{\textbf{Mengenänderung: Produkt A}}{\text{Ausgangsmenge A}}}{\dfrac{\textbf{Preisänderung: Produkt B}}{\text{Ausgangspreis B}}}$$

Beispiel: Kreuzpreiselastizität

Die Unternehmensleitung beabsichtigt, den Preis für das „klassische Frühstücksbüfett" von 5,00 Euro auf 5,50 Euro heraufzusetzen, da das zusätzliche Frühstücksbüfett „Sportdreams" für Frühaufsteher zu einem Preis von 3,50 Euro angeboten wird.

Folge:
- Klassisches Frühstück → Preissteigerung
- Sportdreams → Absatzsteigerung

oder
- Zigaretten → Preissteigerung
- Tabak → Absatzsteigerung

9.1.2 Kostenorientierte Preisfindung

Im Gegensatz zum allgemeinen produzierenden Gewerbe verhält sich die **Kosten-Erlös-Struktur in der Hotellerie diametral** (= entgegengesetzt). In nachfrageschwachen Zeiten (Nebensaison) lässt sich häufig nur eine geringe Kostenersparnis erreichen, weil die Basiskosten (Fixkosten) nur gering gesenkt werden können, während die umsatzabhängigen Kosten (variable Kosten) in der Hauptsaison nur unwesentlich (vor allem im Mitarbeiterbereich) steigen. Eine flexible Preispolitik muss also antizyklisch wirken, d. h. in nachfrageschwachen Zeiten niedrigere Preise ansetzen und dafür in den Hauptnachfragezeiten (Hochsaison) diese Preisreduktionen kompensieren. Ausdruck hierfür sind die überproportional hohen Preise in der absoluten Hochsaison oder bei überaus starker Nachfrage (Messen, Kongresse).

In Hotellerie und Gastronomie bilden die Personalkosten den weitaus größten Kostenfaktor. Bedingt durch die spezifische Betriebsform lassen sich Rationalisierungen nur bedingt durchführen, da sie sich zumeist auf die Qualität des Gesamtangebots negativ auswirken. Deshalb müssen Kosteneinsparungen vorwiegend „hinter den Kulissen" – also unmerklich für den Gast – vorgenommen werden.

Möglichkeiten hierfür gibt es insbesondere im Energieverbrauch (Heizung, Strom, Wasser) durch den Einsatz moderner Techniken sowie im „Outsourcing" (Fremdvergabe) von bestimmten Leistungen, die eine Vertragsfirma im Auftrag des Hotels vornimmt, z. B. Wäschereinigung, Zimmerreinigung, Gartenpflege, Garagenaufsicht bis hin zur Verpachtung ganzer Betriebsteile (Wellnessabteilung). Aber auch eine genaue Überprüfung der Arbeitseinteilungen und Betriebsabläufe kann zu erheblichen Kosteneinsparungen führen.

Fixkosten und variable Kosten ergeben den Gesamtkostenblock, dem entsprechende Umsatzerlöse gegenüber stehen. Wenn sich beide Seiten die Waage halten, ist der „Break-Even-Point" erreicht. Aber erst dann, wenn die Umsätze den Kostenblock übersteigen, arbeitet ein Unternehmen mit Gewinn.

Preisbildung auf Vollkostenbasis

Kombinierte Divisions- und Zuschlagskalkulation im Beherbergungsbereich	Zuschlagskalkulation im F&B-Bereich
Grundlage: Selbstkosten je Übernachtung	Grundlage: Wareneinsatz
= Gesamtkosten der Beherbergung / Anzahl der Übernachtungen	+ Gemeinkosten
	= Selbstkosten
+ Gewinn	+ Gewinn
= kalkulierter Preis	= kalkulierter Preis
+ Umsatzsteuer	+ Service
= Inklusivpreis (Bruttoverkaufspreis)	= Nettoverkaufspreis
	+ Umsatzsteuer
	= Inklusivpreis (Bruttoverkaufspreis)

(vgl. Dettmer, Harald [Hrsg.], Betriebswirtschaftslehre für das Gastgewerbe, Hamburg 2002, S. 199)

Das vorstehende **Kalkulationsschema** zeigt, dass bei der Preisbildung auf Vollkostenbasis die Selbstkosten die Grundlage der Preisforderung darstellen.

An einem praktischen Beispiel verdeutlicht, ergibt sich folgender Zusammenhang:

Berechnung

Ein Gast will anlässlich einer Familienfeier für das trockene Gedeck 70,00 Euro ausgeben.

Kalkulation	%	%	EURO
Wareneinsatz	100		17,96
+ Gemeinkosten	150		
= Selbstkosten	250	100	44,11
+ Gewinn		20	
= kalkulierter Betrag	100	120	52,93
+ U.-Betrag für Service	15		
= Netto-VKP	115	100	60,87
+ USt.		19	
= Inklusivpreis		119	72,44

Berechnung

Rechenweg: von unten nach oben, also retrograd

WE: $\frac{44{,}11 \times 100}{250} = 17{,}64$

SK: $\frac{52{,}93 \times 100}{120} = 44{,}11$

k.B: $\frac{60{,}87 \times 100}{115} = 52{,}93$

N.-VKP: $\frac{70{,}00 \times 100}{115} = 60{,}87$

Die in dem grundsätzlichen Beispiel der **Zuschlagskalkulation** dargestellte progressive Preisermittlung findet sich heute noch sehr häufig in der gastronomischen Praxis. Da sie jedoch die Preiselastizität der Nachfrage unberücksichtigt lässt, empfiehlt sich eher eine vom Marktpreis (= Inklusivpreis) ausgehende, kostenorientierte retrograde Preisermittlung (siehe vorstehendes Beispiel).
Der ermittelte Preis garantiert zwar dem gastgewerblichen Betrieb die Rückerstattung aller Kosten und einen angemessenen Gewinn, dies gilt jedoch nur, wenn der Gast bereit ist, den kalkulierten Preis zu zahlen. Sollten jedoch bei sinkender Auslastung die Selbstkosten steigen, müsste eine Preiserhöhung vorgenommen werden, wofür die Gäste wohl kaum Verständnis hätten und die Leistung weniger nachfragen würden. Einen Ausweg aus dieser Situation stellt die Teilkostenrechnung dar.

Preisbildung auf Teilkostenbasis
Im gastronomischen Betrieb fallen fixe und variable Kosten an.

Fixe (feste) Kosten entstehen, sobald die Betriebsbereitschaft erstellt ist, unabhängig davon, wie viele Gäste diese Leistungen zu dieser Zeit in Anspruch nehmen (z. B. fest angestellte Mitarbeiter, Fremdkapitalzinsen). Derartige Kosten ändern sich also nicht mit der Höhe der Ausbringungsmenge.

Variable Kosten hingegen verändern sich mit der Ausbringungsmenge und sind abhängig von der Anzahl der Gäste, für die Leistungen zu erbringen sind (z. B. Aushilfspersonal, Wareneinsatz, Energie). Erst wenn der Gesamterlös die Gesamtkosten, also die fixen + variablen Kosten übersteigt, fällt für den jeweiligen Betrieb Gewinn an.
Halten sich Gesamterlös und Gesamtkosten in etwa die Waage, so ist der **Break-Even-Point** (= Gewinnschwelle) erreicht. Damit der gastronomische Betrieb langfristig überleben kann, sind die Preise so festzulegen, dass sie dem Betrieb einen Erlös erbringen. Preise (= Erlöse) werden also danach beurteilt, ob nach Abzug der variablen Kosten noch ein Beitrag zur Deckung der fixen Kosten und zur Gewinnerzielung verbleibt (= **Deckungsbeitrag**) (vgl. DEHOGA/SHV/SWV/ÖHV [Hrsg.], S. 132).

9.1.3 Konkurrenzorientierte Preisfindung

Sofern ein Unternehmen keine Monopolstellung hat, konkurriert es auf dem Markt mit gleichartigen Unternehmen. Es wird von Gästen und Kunden mit diesen anderen Unternehmen verglichen. Dabei kann durch die hohe **Preistransparenz** in Hotellerie und Gastronomie (jeder Interessierte kann Hotelpreise und die Preise auf Speisen- und Getränkekarten problemlos vergleichen) das unterschiedliche Preisangebot bereits im Vorfeld von entscheidender Bedeutung sein.

Bei der **konkurrenzorientierten Preisbildung** werden (ohne Berücksichtigung der eigenen Kostenstruktur) die Preise vergleichbarer Unternehmen analysiert und zum Vergleich herangezogen. In einer zweiten Stufe werden dann diese Preise mit den eigenen Preisen verglichen. Sofern gravierende, auf den ersten Blick nicht erklärbare Abweichungen festgestellt werden, ist nach den Gründen hierfür zu suchen. Unter Hinzuziehung der Produktpolitik wird untersucht, weshalb vergleichbare Preise beim Konkurrenzbetrieb wesentlich von der eigenen Preisfindung abweichen. Dies können „harte" Faktoren sein (bessere Lage, günstigerer Einkauf, modernere Technik, weniger Mitarbeiter) oder „weiche" Faktoren (z. B. höherer Bekanntheitsgrad, besseres Image, freundlichere Mitarbeiter).

In Form eines **Stärken-Schwächen-Profils** eignet sich diese Zusammenstellung nicht nur zur Vergleichbarkeit in der Preispolitik, sondern hat zugleich entscheidende Auswirkungen auf die Produktgestaltung.

9.1.4 Zielorientierte Preisfindung

Die in der Marketingstrategie (s. S. 87) definierten Zielsetzungen haben ebenfalls einen Einfluss auf die Preisgestaltung. Diese Zielsetzungen können sein:

- **Umsatz**
  Die Höhe des Umsatzes ist das primäre Ziel.
- **Gewinn**
  Nicht die Höhe des Umsatzes, sondern die Rendite, der Gewinn, ist bestimmendes Unternehmensziel.
- **Image**
  Ein Unternehmensziel ist die Schaffung oder Verbesserung des Unternehmensimages.
- **Präferenz**
  Als wichtiges Unternehmensziel ist die Präferenz (Bevorzugung) gegenüber Konkurrenzunternehmen definiert.
- **Bekanntheitsgrad**
  Wichtiges Unternehmensziel ist die Erhöhung des Bekanntheitsgrades.
- **Macht**
  Das Unternehmen strebt eine marktbeherrschende Position an.

Aus der Reihenfolge der Prioritäten (Ranking) ergeben sich unterschiedliche Formen der Preisgestaltung. Dabei können unterschiedliche Betriebsteile unterschiedlich gewichtet werden (Präferenz für die Wellnessabteilung – Umsatz für das Bankettgeschäft).

9.2 Preisdifferenzierung

Situation

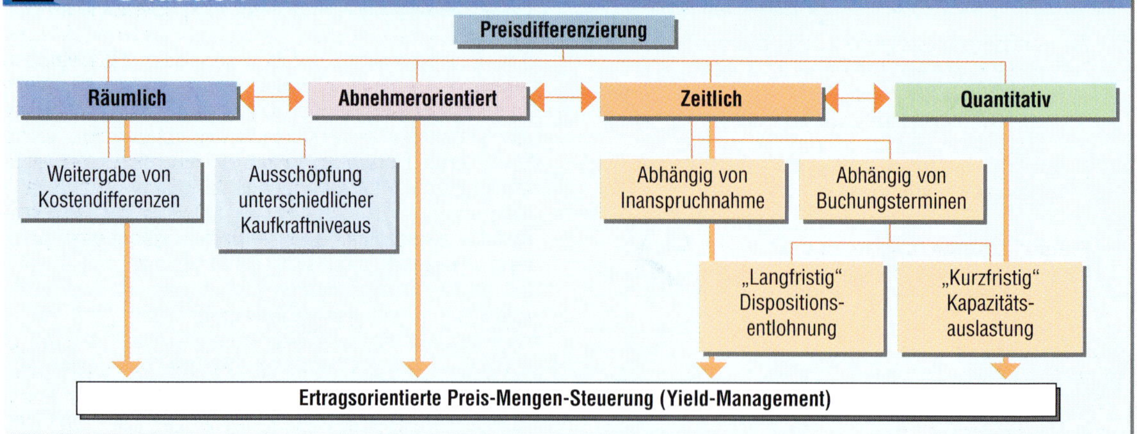

Im Idealfall würde eine konstante Nachfrage einem konstanten Angebot gegenüber stehen. Bedingt durch nachfragestarke und nachfrageschwache Zeiten ist jedoch nur selten eine gleichmäßige Auslastung gegeben. Ziel der Preisdifferenzierung ist das optimale Ausschöpfen des Marktpotenzials. Es gilt also, die nachfrageschwachen Zeiten mit attraktiven Angeboten zu bewerben. Dies kann sowohl durch besondere Produkte (z. B. spezielle Pauschalangebote) wie durch Preisnachlässe geschehen.

Preisdifferenzierung liegt vor, wenn gastgewerbliche Betriebe (Hotel/Restaurant) und Touristik mit unterschiedlichen Preisen für die gleiche Leistung in unterschiedlichen Marktsituationen offerieren.

Ziel ist es, das vorhandene Marktpotenzial optimal auszuschöpfen, um eine höhere Kapazitätsauslastung zu erreichen. Im Einzelnen lassen sich folgende Formen unterscheiden:

- **Räumliche Preisdifferenzierung**
  Nutzen von standortbedingten (regionalen) Vorteilen wie Stadt, Land, Lage, Wasser, Landschaft, Klima, Berge.

- **Nach Zielgruppen orientierte Preisdifferenzierung**
  Differierende Preise für unterschiedliche Gästegruppen, z. B.
  - Kinder
  - Familien
  - Geschäftsreisende
  - Wochenendreisende
  - Senioren
  - Stammgäste
  - Tagungsgäste
  - Packages

- **Zeitliche Preisdifferenzierung**
  Zu unterschiedlichen Zeiten differierende Preise zur Nachfragelenkung für die gleiche Leistung mit dem Ziel, die Auslastung insgesamt zu erhöhen:
  - Saison: Vor-, Haupt- oder Nebensaison
  - Wochen- oder Wochenendpreise
  - Tageszeit: Happy Hour, spezielle Mittags- und Abendpreise, Frühstückbüfett vor/nach bestimmter Uhrzeit, u. a.

- **Quantitative Preisdifferenzierung**
  Entsprechend der Abnahmemenge sind die Preise pro Leistungseinheit/Produkt unterschiedlich:
  - Reisegruppen
  - Firmenraten
  - „Freundschaftspreise“ für Gruppen
  - Special Offer für Tagungsgäste
  - Kontingentpreise

- **Verwendungsbezogene Preisdifferenzierung**
  Preisbildung je nach Verwendungszweck:
  - Speisen (Differenzierung nach gastgewerblichem Konzept und Distributionsweg)
  - Getränke im Menüpreis inklusive
  - Alkohol (im erlebnisorientierten Barbereich der Hotellerie teuer)

- **Preisdifferenzierung nach dem Verkaufsweg**
  Abzug von Provisionen für interne/externe Verkaufsmittler, Reiseveranstalter u. a.

Grundsätzlich ist das **Preisgefüge** im **Restaurantbereich** wesentlich **stabiler** als im Hotelleriebereich, weil für den Gast der Wert einer Leistung (Speisen, Getränke, Service, Ambiente u. a.) leichter erfassbar ist. Der **Wert einer Hotelleistung** ist für den Gast **schwer bestimmbar**; hier steht den normalen Preisen (**Rack-Rate**) ein **tief gestaffeltes System von Preisnachlässen**, **Spezialangeboten** und Sondertarifen gegenüber.

Überzogene Preisdifferenzierungen, z. B.
- Schleuderpreise in der Nebensaison
- Wucherpreise zu Messezeiten

verunsichern und verärgern Gäste, da diese die Preissprünge nicht nachvollziehen können. Eine Differenzierung nach dem Motto „**Umsatz um jeden Preis**“ birgt auch die Gefahr, einen „Teufelskreis“ in Bewegung zu setzen (vgl. Dettmer 2002, S. 204).

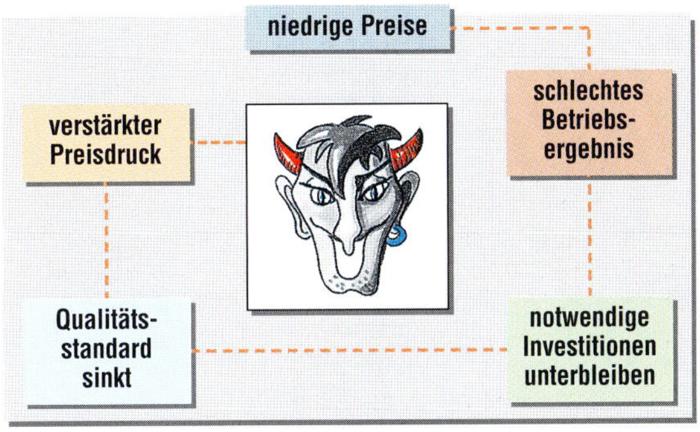

(vgl. Dettmer, Harald: Betriebswirtschaftslehre für das Gastgewerbe, Hamburg 2002, S. 204)

Richtlinien zur Preisdifferenzierung

- Preisdifferenzierungen sollten immer mit Leistungsdifferenzierungen verbunden sein.
- Einzelgäste dürfen keine Gruppengäste subventionieren.
- Wer über seine Preise mit sich handeln lässt, wird unglaubwürdig.
- Mit dem Preisniveau sinken auch das Niveau der Gäste und das Image des Hauses.
- Umsatz um jeden Preis bedeutet: immer mehr Arbeit, selten jedoch mehr Gewinn.

Psychologische Preisgestaltung

Aus dem Einzelhandel hat der Tourismus den Einsatz der psychologischen Preisgestaltung übernommen.
Dies sind alle Verhaltensweisen, die ein Produkt oder eine Dienstleistung für den potenziellen Gast/Kunden preiswürdiger erscheinen lassen, als sie es eigentlich sind. Während bei Luxusgütern (Seereise 7 000 Euro) diese Preisgestaltung kaum Anwendung findet, ist sie bei preiswerteren Angeboten ein wichtiges Verkaufsargument. „3 Tage Valencia für 299 Euro“ ist zugkräftiger als das gleiche Angebot für 300 Euro. Zugleich wird damit impliziert, dass es sich um ein besonderes günstiges (knapp kalkuliertes) Angebot handelt.

Gefahren der Niedrigpreispolitik

Häufig wird in Zeiten schlechter Konjunktur und zurückgehender Umsätze an der Preisschraube „nach unten gedreht“. Diese Niedrigpreispolitik birgt erheblich Gefahren. Zum einen ist dies das ganz persönliche Empfinden des Gastes, der Preiszugeständnisse häufig als Eingeständnis für qualitativ minderwertige Waren oder Leistungen empfindet, zum anderen ist es überaus schwierig, den einmal gesenkten Preis in Zeiten besserer Konjunktur wieder anzuheben.
Jeder gute Unternehmer darf deshalb in der Regel nicht unter seinen Selbstkostenpreis gehen, es sei denn, er plant eine kurzfristige Marketingaktion unter speziellen Gesichtspunkten mit genau kontrollierbarem Erfolg.

Niedrigpreise können einen Abwärtstrend auslösen, an dessen Ende die Insolvenz des Unternehmens stehen kann.

Die Gefahr einer permanenten Niedrigpreispolitik

starke Konkurrenz
▼
niedrige Preise
▼
schlechtes Betriebsklima
▼
Mitarbeiterflucht
▼
„billige" Gäste
▼
Investitionsstau
▼
noch weniger Erlöse
▼
noch mehr Billigangebote
▼
Imageverlust
▼
weitere Mitarbeiterflucht
▼
permanent negatives Betriebsergebnis
▼
Insolvenz

Tipps zum „Preise-Machen"

- Wer nur die Grundleistung anbietet, darf sich nicht wundern, wenn dafür auch nur der Basispreis bezahlt wird.
- Je individueller das Angebot ist (persönlich empfundener Nutzen (Zusatznutzen)), desto größer ist die Chance, einen besseren Preis zu erzielen.
- Preisunterschiede müssen spürbar sein. Eine Preisreduktion von 5 % in der Nachsaison ist eher kontraproduktiv.

Rabattpolitik

Der ursprünglich kalkulierte und festgelegte Preis kann unter Umständen durch einen Rabatt unterschritten werden. Im Tourismus spielt hier der „Mengenrabatt" eine besondere Rolle. Rabatte können in Form von Preisminderungen (Normalpreis abzüglich x %) oder Leistungserhöhungen (je 20 zahlende Gäste ein Gast kostenlos) gegeben werden. Insofern ist diese Form des Rabatts identisch mit der „mengenmäßigen Preisdifferenzierung" (s. S. 147).

Weitere Bereiche der Preispolitik sind:
Liefer- und Zahlungsbedingungen, Kreditpolitik und Skonti.

9.3 Yield-Management

Situation

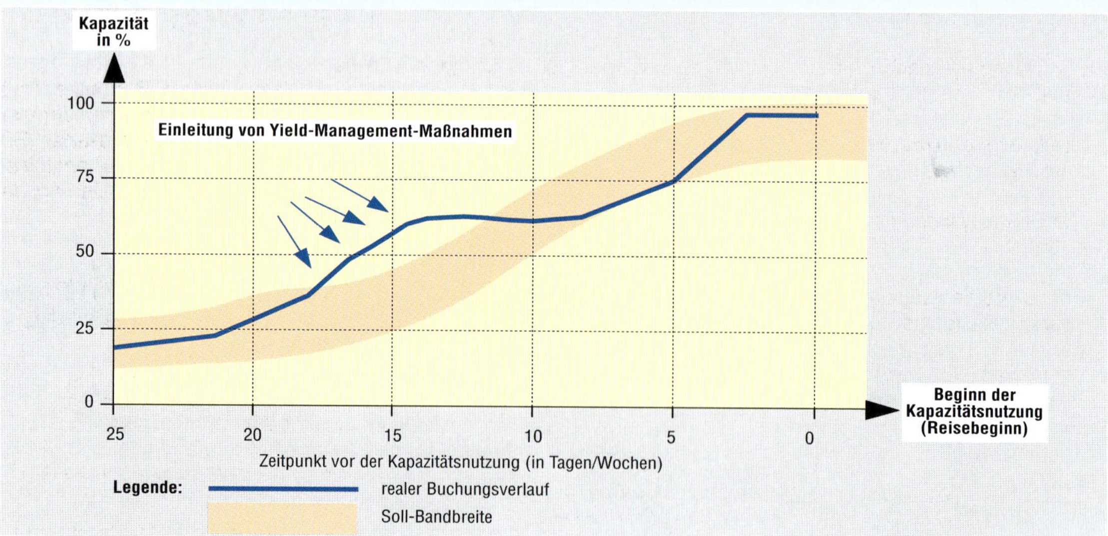

(vgl. Freyer, Walter: Tourismusmarketing, München/Wien 2007, S. 494)

Hauptaufgabe der Preisdifferenzierung ist es, eine **ertragsorientierte Preis-Mengen-Steuerung** vorzunehmen. Vor einigen Jahren wurde von amerikanischen Fluggesellschaften eine Vorgehensweise eingeführt, die als **Yield-Management** (engl. Ernte, Ertrag) diskutiert wird. Ähnlich dem leeren Sitz im Flugzeug ist das **nicht belegte Hotelbett** aus unternehmerischer Sicht eine **verlorene Leistung**. Eine Übertragung des Yield-Systems auf die Hotellerie ist deshalb möglich und angebracht.

tatsächlicher Umsatz / maximaler Umsatz = Yield Preis   Average Room Rate

Leitgedanke der Yield-Philosophie ist:

- Kein Bett darf preiswerter verkauft werden, als dies aufgrund der Nachfrage notwendig ist.
- Kein Bett darf leer bleiben, das durch eine – kostenrechnerisch vertretbare – Preismaßnahme belegt werden kann.

Seehotel Schloss Sonnenbühl

Grundsatz:
Nur wenn keine Gäste mehr bereit sind, den vollen Zimmerpreis zu zahlen, dürfen für nicht belegte Betten Preisnachlässe gewährt werden.

Die **Aufgabe des Yield-Managements** in der Hotellerie ist es, den durchschnittlichen Erlös pro Zimmer möglichst an den kalkulierten Preis pro Zimmer heranzuführen.
Um ein Yield-Management-System sinnvoll einsetzen zu können, sollten die Betriebe einige charakteristische Merkmale aufweisen:

- Einem hohen Fixkostenblock stehen variable Kosten gegenüber, die kurzfristig nicht entscheidungsrelevant sind.
- Die angebotenen Leistungen verfallen bei Nichtabnahme, eine Nachlieferung ist nicht möglich.
- Die Nachfrage nach den angebotenen Leistungen ist wechselhaft und ungewiss.
- Die Leistungen werden von unterschiedlichen Zielgruppen nachgefragt.
- Die Leistung wird vor der Nutzung zur Buchung angeboten.
- Für dieselbe Leistung können unterschiedliche Preise verlangt werden.
- Es können für Leistungsklassen unterschiedliche Preise realisiert werden.

Beispiel

Fluggesellschaften haben einen hohen Fixkostenblock (z. B. Wartungskosten, Personal). Die mit der aktuellen Auslastung verbundenen variablen Kosten (Passagiergebühren am Flughafen) sind kurzfristig nicht entscheidungsrelevant. Nicht verkaufte Sitzplätze verfallen und können nicht deponiert werden. Airlines bieten mit Business-, First- und Economy-Class ihren Sitzplatz mit unterschiedlichen Leistungsmerkmalen an und können so auch unterschiedliche Preise realisieren.

Die Einführung des Yield-Managements kann sich in Anlehnung an den Deutschen Hotel- und Gaststättenverband, Berlin, in vier Schritten vollziehen:

1. Ermittlung der Gesamtnachfrage
Zunächst werden aus dem Umfeld des Betriebs nachfragerelevante Informationen (z. B. Struktur und Nachfrageverhalten der Gäste) gesammelt. Aus dem Geschäftsverlauf vorausgegangener Jahre sowie vorhersehbarer Ereignisse (Messen, Großveranstaltungen, Saison, Urlaubszeit) lässt sich eine voraussichtliche Belegung ermitteln.

2. Prognose
Die Auswertung dieser Daten ist zugleich Grundlage der Budgetierung aus prognostizierter Gästenachfrage und Kosten. Bereits im Voraus lassen sich Zeiträume festlegen, in denen eine unterschiedliche Auslastung zu erwarten ist. Diese Zeiträume können kategorisiert und für die Mitarbeiter im Hotelreservierungssystem (in einer Buchungsübersicht z. B. durch Farbpunkte nach dem Ampelsystem) kenntlich gemacht werden. In dieser Phase sollte der kalkulierte Basispreis festgelegt werden. Selbstkosten, variable Kosten sowie fixe Kosten und Deckungsbeiträge der Kostenträger müssen bekannt sein, um das Preisinstrument erfolgswirksam einsetzen zu können.

3. Durchführung
Mit fortschreitender Belegung kann eine „grün geschaltete Ampel" auch auf „Orange" bzw. auf „Rot" umschalten. Dann wird nur noch zu Preisen der jeweiligen Kategorie verkauft. Selbstverständlich gilt das auch für die Ampelschaltung in die umgekehrte Richtung. Stets wird man bestrebt sein, teurere Zimmer zu Normalpreisen zu verkaufen und günstigere Gruppenpreise an den Tagen mit geringer Auslastung anzuwenden.

4. Erfolgskontrolle
Der Erfolg wird mittels Kennziffern (z. B. durchschnittlich erzielter Zimmererlös, Anzahl der belegten Zimmer, Erlös einzelner Zimmer, Anzahl abgewiesener Buchungen) gemessen. Die gewonnenen Erkenntnisse sind wichtige Informationen für die Budgetierung der nächsten Planperiode.

Yield-Management
Differenzierung nach dem „Ampelsystem"

Kategorie	Marktprognose Preisdifferenzierung
Rot	▶ Die Nachfrage übersteigt das Angebot: z. B. Messen, Hauptsaison ▶ Keine Preisdifferenzierung nach unten, eventuell Messepreise
Orange	▶ Rege Nachfrage gewährleistet i. d. R. volle Auslastung der Hotelkapazität ▶ Keine Preisnachlässe in dieser Zeit
Grün	▶ Geringe Nachfrage ▶ Preisnachlässe erschließen zusätzliche Marktsegmente

Die beschriebenen Methoden des Yield-Managements erfordern Konzentration der Verkaufsanstrengungen auf die Tage mit voraussichtlich geringer Auslastung. Geschulte Verkaufsmitarbeiter sollten das Instrument nicht nur selbstständig bedienen, sondern den Gästen die Preise erklären können. Hilfen zu einem ertragsorientierten Yield-Management bietet die Entwicklung einer speziell auf den Hoteltyp abgestimmten Tabellenkalkulation.

Yield-Management-Software

Mithilfe von Yield-Management-Software (vgl. Micros-Fidelio Software Deutschland 2003) wird für Reservierungsmitarbeiter und das Sales & Marketing-Team die Grundlage geschaffen, für potenzielle Gäste optimale Angebote zu erstellen. TopLine PROFIT ist ein auf Windows basierendes Yield-Management-System mit mathematisch belegten Funktionalitäten, Analysen und Preiskalkulationen, das in bestehende Fidelio- oder Opera-Hotelsysteme integriert wird.

Vorteile der Yield-Management-Software

- Benutzerfreundlich (auf Windows basierendes Yield-Management-Programm)
- Grafische Übersichten verdeutlichen sofort Hoch- und Nebensaison, bezogen auf zu erwartende Anfragen
- Maximierung der individuellen Übernachtungspreise der Gäste
- Stündliches Forecast der Prognosen und Optimierung der Preise
- Automatische Aktualisierung der Fidelio-Front-Office-Daten
- Exakte Gruppenanalysen mit der Möglichkeit, alternative Daten einzuplanen
- Echtzeit-Interface zu Fidelio-Sales & Catering
- Integriertes Sales-Incentive-Programm
- Sofortige Übernahme der historischen Fidelio-Daten. Es ist kein langwieriges Sammeln von Vergangenheitsdaten notwendig.
- Installationen in Hotels jeglicher Größe möglich.

Forecast – Grundprinzip des Yield-Managements

Warum wird eine Kalkulation der Nachfrage benötigt?

- Erkennen des Marktes
- Frühzeitiges Agieren auf den Trend
- Preisstrategie
- Realisierungsfaktor des Budgets
- Grundkomponente für Mitbewerbervergleiche
- Effektives Sales (und) Marketing

Durch Preisvorgaben für jede Aufenthaltsdauer (nach Anreisedaten) wird die individuelle Rate der Gäste maximiert. Diese „Hurdles“ (Preishürden) sorgen dafür, dass die Reservierungsmitarbeiter Aufenthalte zu den gewinnbringendsten Raten verkaufen. Für Aufenthaltsmuster mit geringer Nachfrage ist die Ratenhürde niedriger, jetzt ist die Möglichkeit gegeben, preissensiblen Gästen entsprechende Angebote zu unterbreiten. Um einer eventuellen Absage entgegenzuwirken, bietet das System alternative Termine an, an denen dieser Gruppenumsatz dringend benötigt wird.

Aufgaben

1. Entwerfen Sie eine offizielle Preisliste für das Seehotel „Schloss Sonnenbühl“ für den Bereich Logis.
2. Natürlich gibt es auch eine Reihe von Preisen, die in der allgemeinen Preisliste nicht veröffentlicht werden, jedoch kalkuliert werden müssen, damit sie bei Bedarf angewandt werden können. Nennen Sie einige davon.
3. Preisverhandlungen sind mitunter sehr schwierig. Grundsätzlich haben Sie zwei Möglichkeiten, mit dem Gast zu einer einvernehmlichen Lösung zu kommen.
   Eine Möglichkeit ist, das Leistungsangebot den Vorstellungen des Gastes entsprechend zu variieren (günstigere Zimmerkategorie, anderes F&B-Angebot.)
   Die zweite Möglichkeit besteht in einem „Upgrading“. Was verstehen Sie darunter? Welchen Vorteil hat diese Lösung für den Hotelier und welchen für den Gast?
4. Preisdifferenzierung liegt vor, wenn gastgewerbliche Betriebe (Hotel/Restaurant) und Tourismus mit unterschiedlichen Marktsituationen offerieren. Auch im Seehotel „Schloss Sonnenbühl“ verfolgt man unterschiedliche Formen der Preisdifferenzierung. Wie lassen sich die sechs Formen im Einzelnen unterscheiden?
5. Welche Hauptaufgabe verfolgt das Yield-Management?
6. Um ein Yield-Management-System sinnvoll einsetzen zu können, sollten die Betriebe einige charakteristische Merkmale aufweisen. Nennen Sie sechs charakteristische Merkmale.
7. Die Einführung des Yield-Managements kann in vier Phasen vollzogen werden. Erläutern Sie diese vier Phasen der Einführung.
8. Grundprinzip des Yield-Managements ist der Forecast. Warum wird diese Kalkulation der Nachfrage in der Hotellerie benötigt?

10 Kommunikationspolitik

Die Kommunikationspolitik wird im angelsächsischen mit dem Begriff Promotion (to promote = werben, fördern) bezeichnet. Sie umfasst die planmäßige Gestaltung und Übermittlung aller auf den Markt und sonstige Zielgruppen gerichteten Informationen eines Anbieters zum Zweck der Beeinflussung von Einstellungen, Erwartungen, Meinungen und Verhaltensweisen im Sinne des Kommunizierenden.

10.1 Werbung

Situation

Stellen Sie sich vor, Sie führen ein Restaurant, in dem man wirklich gut und preiswert essen kann – und niemand kennt es. Dann weiß auch niemand, wie gemütlich man bei Ihnen sitzt, wie aufmerksam Ihr Servicepersonal und wie erlesen Ihre Speisen- und Weinkarte ist. Sie können auch Konferenzen ausrichten? Ihre Gartenterrasse ist von Mai bis September geöffnet? Sie haben zwei Säle für Familienfeiern? Sie übernehmen auch das Catering für externe Veranstaltungen? Schade, dass niemand davon Kenntnis hat. Wie Sie das ändern können? Ganz einfach: mit Werbung.

Die dargestellte Situation zeigt, dass Werbung und Werbeplanung nicht nur etwas für große Hotelkonzerne ist, eine Einschätzung, die vielfach in kleinen und mittelständischen Betrieben existiert. Schon gar nicht sollte man sich von der Denkweise leiten lassen, dass die Hälfte der Werbeausgaben heraus geworfenes Geld ist. Nicht alle der in diesem Kapitel vorgestellten konzeptionellen Instrumente sind für kleine und mittelständische Betriebe gleichermaßen von Relevanz. Aber ungeachtet dessen soll hier eine professionelle Sichtweise von Werbung und ihren Wirkungsmechanismen vermittelt werden, die hilft, den falsch investierten Anteil der Werbegelder zu minimieren. Gerade für kleine und mittelständische Betriebe liegen in der professionellen Planung und Umsetzung von Werbung noch erhebliche Reserven.

10.1.1 Werbung als Begriff

Innerhalb der Marketing-Mix-Faktoren ist Werbung sicherlich derjenige, der in der breiten Öffentlichkeit am meisten polarisiert. Dabei ist die Einstellung gegenüber der Werbung häufig sehr zwiespältig: Auf der einen Seite hat sie etwas Mysteriöses, Faszinierendes, bietet nützliche Informationen und manchmal auch angenehme Unterhaltung. Auf der anderen Seite gilt sie als manipulierend, lästig, unausweichbar und allgegenwärtig, unterbricht die Spielfilme im Fernsehen immer an der spannendsten Stelle und verstopft die Briefkästen.

Werbung wirkt auf zwei Ebenen:

- Auf der einen Seite nutzen wir ihren **Informationsgehalt**. Wenn wir beispielsweise über Werbung erfahren, dass in unserer Nähe ein neues Restaurant eröffnet hat, planen wir vielleicht einmal einen Besuch. Ebenso, wenn das Gasthaus zum Löwen seine Spezialitätenwochen ankündigt.

- Auf der anderen Seite kann Werbung **Images schaffen**, die uns in der Beurteilung der beworbenen Angebote beeinflussen. Je nachdem, wie ein Angebot beworben wird, machen wir uns ein bestimmtes Bild davon. Auf diese Art und Weise können sich zwei an sich völlig identische Angebote lediglich durch ihre Werbung unterscheiden, im positiven wie im negativen Sinn.

Der Wirkungsmechanismus der Werbung ist weder „mysteriös“ noch „geheim“, sondern basiert auf einem zutiefst menschlichen Phänomen: Wir alle möchten bei anderen einen positiven Eindruck hinterlassen.

- Wer will sich nicht auch bei den richtigen Leuten in der richtigen Situation in das richtige Licht setzen?
- Wer will sich nicht selbst vorteilhaft darstellen?
- Wer will nicht andere überzeugen?
- Wer stellt bei einer Bewerbung seine Schwächen in gleicher Weise dar wie seine Stärken?
- Wer ist für Komplimente unempfänglich?

Werbung macht letztlich nichts anderes als wir selbst: **Werbung versucht immer, Angebote attraktiv zu präsentieren**. Weil wir wissen, dass Eindrücke unser Verhalten mitbestimmen, ist unser Verhalten anderen gegenüber immer auf Wirkung ausgerichtet. **Die Absicht zu wirken, bestimmt unser Verhalten mit** (vgl. Bergler, S. 19).

Diese menschliche Verhaltensweise greift Werbung auf. Somit ist der Wirkungsmechanismus der Werbung im Grunde genauso einfach wie unser Verhalten im Alltag. Bereits 1927 definierte ein Lehrbuch Werbung (die damals noch Reklame hieß) als „praktisch angewandte Menschenkenntnis" (Halbert, S. 11).

Werbung soll im Folgenden verstanden werden als eine

absichtliche und zwangfreie Form der Kommunikation, mit der gezielt versucht wird, Einstellungen von Personen zu beeinflussen
(vgl. Kloss 2003, S. 6).

Diese Definition soll etwas näher erläutert werden:

1. **Werbung ist ein spezieller Bereich der Kommunikation.**

Während bei der Kommunikation Botschaften ausgetauscht werden, handelt es sich bei Werbung um Werbebotschaften.

2. **Wenn Personen miteinander kommunizieren, liegt fast immer eine Beeinflussungsabsicht zugrunde.**

Und zwar unabhängig davon, ob ein Politiker ein Fernsehinterview gibt, zwei Schüler während des Unterrichts miteinander tuscheln oder ein Gasthaus die Vorzüge seiner Lage anpreist: In allen Fällen versucht der Sender der Botschaft den Empfänger in dessen Meinung, Einstellung, Erwartung oder Verhaltensweise zu beeinflussen.

3. **Das wichtigste Wort in der Definition ist das Wort zwangfrei.**

Es beinhaltet einerseits, dass der Empfänger der Werbebotschaft erkennt, dass er beeinflusst werden soll. Jeder, der Werbung sieht, weiß, dass ihm hier jemand etwas verkaufen will. Andererseits beinhaltet zwangfrei aber auch, **dass Werbung niemanden dazu veranlassen kann, etwas zu kaufen, wenn dieser nicht will.** Wenn jemand der Werbung für Ihr Restaurant nicht Folge leistet, dann bleibt das für ihn ohne Folgen. Werbung kann schließlich niemanden bestrafen oder ein bestimmtes Verhalten „erzwingen". Ist der Beeinflussungsversuch nicht mehr erkennbar und somit auch nicht kontrollierbar, handelt es sich definitionsgemäß nicht mehr um Werbung. Vielmehr muss in diesem Fall von **Manipulation** gesprochen werden, als „bewusster und gezielter Einfluss auf Menschen ohne deren Wissen und oft gegen deren Willen" (Duden).

4. **Werbung zielt auf die Beeinflussung von Einstellungen.**

Einstellungen bezeichnen die inneren Bereitschaften von Personen, auf bestimmte Reize positiv oder negativ zu reagieren. Letztlich zielt Werbung natürlich auf die Beeinflussung von ökonomischen Zielen, also auf die Erhöhung von Umsatz, Auslastungsgrad, Aufenthaltsdauer oder der Besuchshäufigkeit. Das Problem liegt allerdings darin, dass auf diese ökonomischen Größen eine Vielzahl von Faktoren wirken, die der Werbetreibende gar nicht beeinflussen kann. Um seine betriebswirtschaftlichen Ziele zu erreichen, kann ein Unternehmen vor allem seinen eigenen Marketing-Mix einsetzen; und darin ist die Werbung nur ein Teil. Den größten Einfluss hat dabei das Produkt bzw. die Leistung. Selbst die beste Werbung kann auf Dauer keine schlechten Angebote vermarkten. Gerade Hotellerie und Gastronomie sind aber auch von volkswirtschaftlichen Einflüssen abhängig, die außerhalb ihrer Kontrolle liegen. In Zeiten unsicherer Konjunkturaussichten fallen Restaurantbesuche schon einmal preiswerter oder ganz aus. Steuern und Tarifabschlüsse haben Einfluss auf das verfügbare Einkommen. Für Reiseveranstalter kommen noch weitere Einflüsse hinzu. Beispielsweise können hier Subventionen bestimmte Verkehrsmittel begünstigen, Wechselkurse können den Urlaub im Ausland verbilligen oder verteuern und haben somit ebenso Einfluss auf die Wahl des Reiseziels, wie das Risikopotenzial des Reiselandes. Schließlich betreiben auch die Wettbewerber ein Gästemarketing und der potenzielle Gast hat die Möglichkeit, zwischen unterschiedlichen Anbietern zu wählen. Eine Umsatzsteigerung ist also nicht immer auf die Werbung zurückzuführen. Sie kann auch entstanden sein, weil der Preis verändert wurde, neue Distributionskanäle erschlossen werden konnten, das Angebot verbessert wurde oder der Wettbewerber negativ in die Schlagzeilen geriet.

Werbung kann die betriebswirtschaftlichen Ziele in aller Regel also nicht direkt beeinflussen, ökonomische Erfolge sind der Werbung nur ausnahmsweise direkt zuzuordnen. Daher zielt Werbung auf die Beeinflussung von Einstellungen. Dem liegt eine sehr plausible Überlegung zugrunde: Üblicherweise kann davon ausgegangen werden, dass sich Menschen in Übereinstimmung mit ihren Einstellungen verhalten. Es wird nur in Ausnahmefällen jemand in ein Restaurant oder Hotel gehen, demgegenüber er negativ eingestellt ist. Wenn also die Einstellungen gegenüber dem eigenen Angebot positiv beeinflusst werden, so lässt dies auf eine gestiegene Wahrscheinlichkeit schließen, dass das eigene Angebot auch in die engere Wahl gezogen wird.

Beeinflussungsfaktoren ökonomischer Größen in Hotellerie und Gastronomie

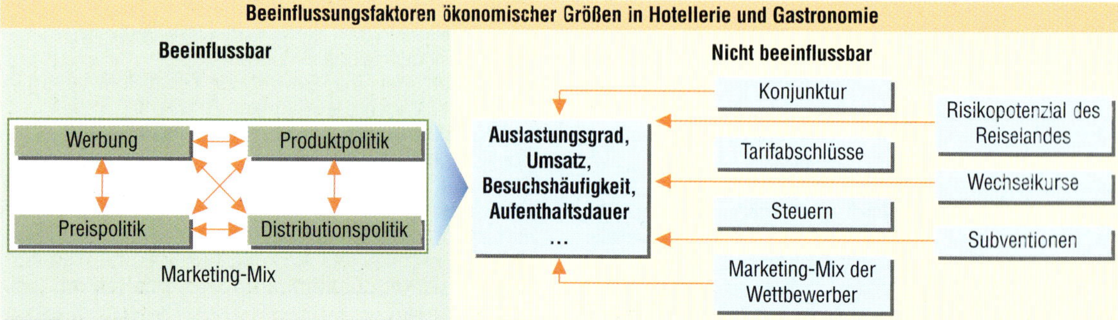

Einstellungen können direkt durch die Werbung beeinflusst und Einstellungsänderungen unmittelbar der Werbung zugeordnet werden. Einstellungen und ihre Veränderungen sind somit kommunikative bzw. psychologische Größen, die „hinter" den Kauf- und Buchungsentscheidungen stehen.
Der Werbung sind also enge Grenzen gesetzt. Ihre Wirkung ist immer eingebunden in ein Netzwerk von vom Werbetreibenden beeinflussbaren und nicht beeinflussbaren Faktoren. Aber bei allem Mythos, der sie umgeben mag: **Werbung ist in erster Linie ein betriebswirtschaftlicher Faktor, mit dem versucht wird, die betrieblichen Ziele zu erreichen**.

Werbung zielt somit letztlich auf den betriebswirtschaftlichen Gewinn eines Unternehmens, der sich aus der Differenz von Erlösen und Kosten ergibt:

Gewinn (vor Steuern) = Erlös – Kosten

Der Erlös (Umsatz) ist wiederum das Produkt aus Preisen und Absatzmengen:

Erlös = Preis x Menge

Werbung zielt auf den Erlös, indem einerseits versucht wird, bestimmte Preise für das Angebot durchzusetzen, andererseits, mehr von dem Angebot zu verkaufen. Dies kann durch Werbung insofern erfolgen, als es gelingt, die Nutzeneinschätzung des Gastes zu beeinflussen bzw. den Wunsch nach einem Besuch in einem bestimmten Restaurant oder Hotel zu wecken. Werbung muss versuchen, möglichst viele potenzielle Gäste zu überzeugen, dass in dem Hotel ihre Erwartungen in jeder Hinsicht befriedigt werden, weil Preise und Leistungen in einem kaum noch zu überbietendem günstigen Verhältnis stehen. Kostensenkungen kann Werbung nur über Mengeneffekte erreichen (economies of scale), wenn z. B. durch eine höhere Auslastungsquote eine Reduktion der Stückkosten erreicht wird.

Die einzelnen Marketing-Mix-Faktoren werden in so genannte Submix-Faktoren unterteilt. Die folgende Abbildung verdeutlicht die große Vielfalt an Möglichkeiten, die das Werbe-Submix bietet.

Die Elemente des Werbe-Submix

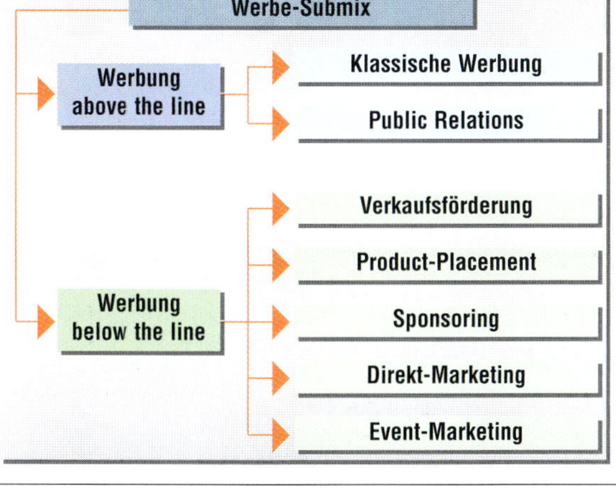

Traditionsgemäß wird das Werbe-Submix eingeteilt in **Werbung above the line** (ATL) und **Werbung below the line** (BTL). In dieser Unterteilung beschreibt „the line" die Wahrnehmungsschwelle. Werbung, die als solche klar erkennbar ist, wird also als „above the line" bezeichnet. Werbung, die nicht unmittelbar als solche erkannt wird, entsprechend als „below the line". Zum Bereich ATL wird die klassische Werbung gezählt, also die werbliche Ansprache über Massenmedien wie Fernseh- und Hörfunkspots, Plakate und Kinowerbung sowie die gesamte Public Relations (Öffentlichkeitsarbeit) eines Unternehmens. Während die klassische Werbung immer vom Betrieb bezahlte Kommunikation ist, erfolgt Public Relations durch die Berichterstattung der Medien, auf deren Inhalt der Betrieb in aller Regel keinen Einfluss hat.
Below-the-line-Aktivitäten umfassen Werbeformen wie Verkaufsförderung, Sponsoring, Product Placement, Direkt-Marketing, Event-Marketing, Merchandising und Licensing. Die Vielzahl an Werbeformen, die sich in den letzten Jahren herausgebildet haben, lässt die Unterteilung in ATL- und BTL-Werbung allerdings zunehmend verschwimmen. Beide Bereiche sind mit jeweiligen Ausgaben von ca. 30 Milliarden Euro etwa gleichbedeutend.

Beispiel für Einführungswerbung (Quelle: E2 GmbH Berlin, 6/2004)

Es gibt eine Vielzahl von Kriterien, nach denen sich unterschiedliche **Arten der Werbung** klassifizieren lassen:

- In Abhängigkeit vom **Produktlebenszyklus**:
  - In der Einführungsphase (z. B. Neueröffnung) verfolgt Werbung vorrangig das Ziel der Bekanntmachung des neuen Angebots in der Zielgruppe. Diese erstmalige Werbung wird als **Einführungswerbung** bezeichnet.
  - Bei bestehenden Angeboten tritt die Differenzierungsfunktion der Werbung in den Vordergrund. Diese Art der Werbung (auf Wachstums- und gesättigten Märkten) wird als **Expansions**- oder **Erhaltungswerbung** bezeichnet.
- Nach der **Anzahl der Umworbenen** wird unterschieden in
  - **Individualwerbung**, bei der der Empfänger der Werbebotschaft dem Werbetreibenden namentlich bekannt ist, wie z. B. im Direkt-Marketing (Werbebriefe, Telefon-, E-Mail-Werbung), und
  - **Massenwerbung**, die sich an eine Vielzahl namentlich nicht bekannter Zielpersonen wendet und bei der entsprechend breit streuende Werbemittel wie Fernsehen, Hörfunk, Plakate oder Kino eingesetzt werden.
- Schließen sich mehrere Werbetreibende zusammen, liegt ein so genanntes **Co-Branding** vor (s. S. 176). Hier lassen sich zwei Arten unterscheiden:
  - **Verbundwerbung** liegt vor, wenn es sich bei den Werbepartnern um solche der gleichen Marktstufe handelt (z. B. mehrere Hotels einer Tourismusregion).
  - Von **Kooperationswerbung** wird gesprochen, wenn sich Partner unterschiedlicher Marktstufen zu einem gemeinsamen Werbeauftritt zusammenschließen (z. B. Reiseveranstalter, Airlines und/oder Hotelketten).

Allerdings wird diese Unterteilung weder in Literatur noch Praxis einheitlich gehandhabt.

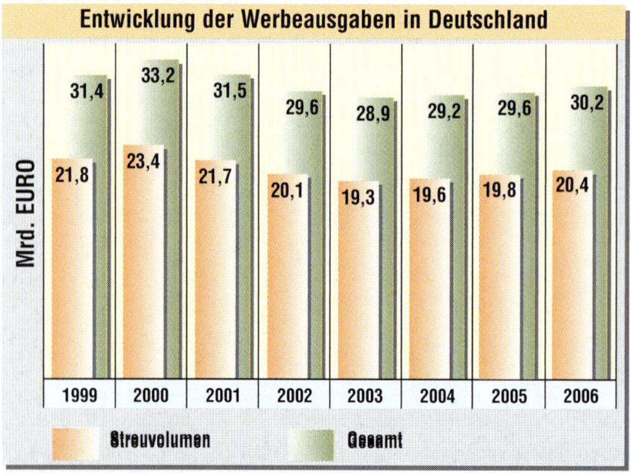

Quelle: Zentralverband der deutschen Werbewirtschaft (ZAW)

Wie aus der oben stehenden Abbildung ersichtlich, betrugen die Werbeausgaben 2006 insgesamt 30,2 Milliarden Euro, das reine Streuvolumen, also die über die Medien verbreitete Werbung, lag bei 20,4 Milliarden Euro (die Differenz zwischen Gesamtausgaben und Streuvolumen sind die Produktionskosten für die Werbemittel und die Agenturhonorare). Das Jahr 2000 erreichte mit Gesamtausgaben in Höhe von 33,2 Milliarden Euro den bisherigen Rekordwert, der allerdings durch eine Reihe von Sondereffekten verursacht war, wie die allgemeine Börsenbegeisterung, eine Vielzahl von Firmenzusammenschlüssen und der Preiskampf der Telefonnetz-Betreiber. Infolge des 11. Septembers 2001, der wirtschaftlichen Rezession, dem Absturz der Börsenkurse und dem Einbruch bei den Stellenanzeigen sank jedoch das Werbevolumen bis zum Jahr 2003. Seit dem Jahr 2004 konnten mit einem Plus von 1,1 % der gesamten Werbeausgaben wieder positive Wachstumsraten verzeichnet werden.

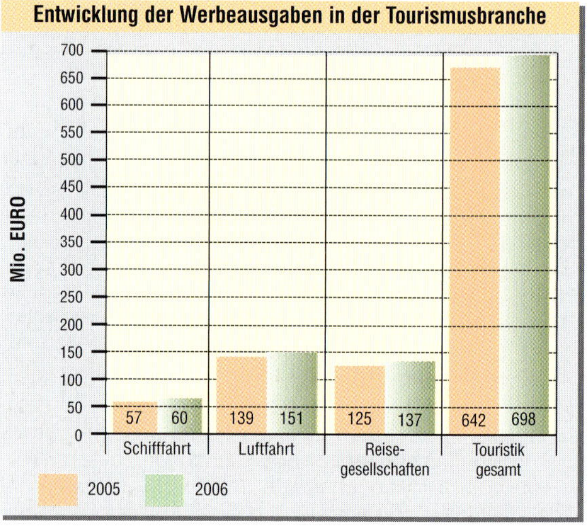

Aufgaben

1. Der Begriff Werbung erweist sich als äußerst komplex. Erläutern Sie Ihrem Küchenchef die wesentlichen Elemente, die bei seiner Definition zu beachten sind.
2. Ihr Chef beauftragt Sie, für das neu eröffnete Gasthaus „Zum Löwen“ Werbung zu entwickeln. Welche Ziele versuchen Sie mit der Werbung zu erreichen?
3. Wenn Sie Werbung allein unter betriebswirtschaftlichen Aspekten betrachten, welche Größen versucht Werbung zu beeinflussen?
4. Worin liegen die Unterschiede zwischen „Werbung above the line“ und „Werbung below the line“? Suchen Sie Beispiele in Tages- und Publikumzeitschriften.
5. Zeigen Sie Beispiele für einzelne Arten der Werbung auf.

10.1.2 Werbung im Kommunikationsprozess

Situation

Kennen Sie das Spiel „Stille Post“? Mehrere Personen sitzen im Kreis, der Erste flüstert seinem Nachbarn etwas ins Ohr, dieser gibt es an seinen Nachbarn weiter, immer weiter reihum, bis die Botschaft schließlich wieder beim Sender angelangt ist. Die Frage ist, ob die Botschaft so ankommt, wie sie gesendet wurde.

Werbung wurde hier definiert als eine spezielle Art der Kommunikation. Kommunikation übermittelt Botschaften von einem Sender zu einem Empfänger, d. h., Werbung übermittelt entsprechend Werbebotschaften von einem Werbetreibenden zu einem Umworbenen.

Einfaches Kommunikationsmodell

Dieses Grundmodell der Kommunikation wird üblicherweise mit der nach dem amerikanischen Kommunikationsforscher benannten **Lasswell-Formel** beschrieben:

Wer
sagt was
über welchen Weg
zu wem
mit welcher Wirkung?

Die Botschaft kann nur dann die vom Sender erwünschte Wirkung erzielen, wenn der Empfänger sie auch so versteht, wie der Sender sie gemeint hat. Kommunizieren Sender und Empfänger unmittelbar miteinander (also z. B. in einem persönlichen Gespräch), ist der Sender über das Feedback des Empfängers i. d. R. in der Lage, zu erkennen, ob der Empfänger die Botschaft auch richtig verstanden hat. Benutzt der Sender jedoch Medien zur Übermittlung seiner Botschaft, wie es bei der Werbung meistens der Fall ist, bleibt diese Rückkopplung vom Empfänger jedoch häufig aus, sodass der Sender das Verständnis der Werbebotschaft durch den Empfänger nicht immer einschätzen kann. Schaltet der Werbetreibende zur Übermittlung seiner Werbebotschaft Medien ein, fungieren diese als **Werbeträger**.
Um den Bedeutungsgehalt der Werbebotschaft zu unterstreichen und um sie den medientypischen Gegebenheiten anzupassen, verschlüsselt (codiert) sie der Werbetreibende häufig. Er muss diese Verschlüsselung jedoch so vornehmen, dass sie der Umworbene richtig entschlüsseln kann, denn sonst ist ein Verständnis der Werbebotschaft nicht möglich. Tatsächlich ist der Kommunikationsprozess in der Werbung also wesentlich komplizierter.

Kommunikationsprozess in der Werbung

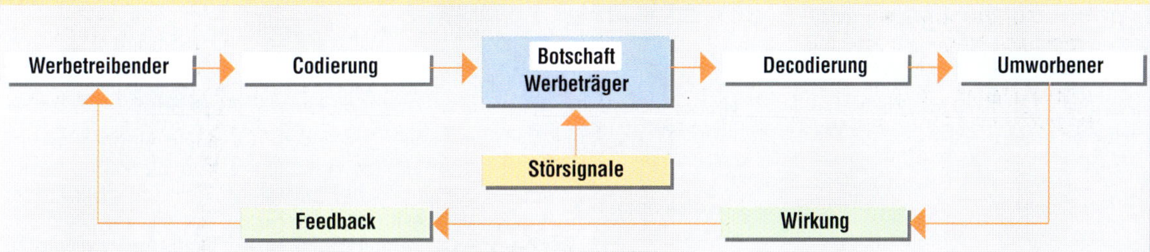

(Kotler, Phillip/Bliemel, Friedhelm: Marketing-Management, Stuttgart 2000, S. 928)

Beispiel

Ein Reiseveranstalter möchte die Botschaft übermitteln, seine Organisation sei so perfekt, dass keine Wünsche offen bleiben, selbst verwöhnte und kritische Urlauber seien bei ihm gut aufgehoben. Es wird ein Pärchen entspannt in einem Swimmingpool gezeigt. Er fragt: „Gefällt es dir? Du meckerst ja gar nicht.“ Auch hier erfolgte eine Verschlüsselung, die die eigentliche Botschaft sehr glaubwürdig übermittelt.

Auf die **Werbebotschaft** und ihre Entschlüsselung wirken jedoch auch Störsignale ein, die vor allem die Wahrnehmung und Erinnerung der Botschaft betreffen. Die größte Bedeutung kommt in diesem Zusammenhang der so genannten selektiven Wahrnehmung zu, also der Tatsache, dass Empfänger in aller Regel bevorzugt die Informationen wahrnehmen, die für sie von Bedeutung sind.

Die beiden Hauptbeteiligten an der Werbung sind also der Werbetreibende als Sender und der Umworbene als Empfänger einer Werbebotschaft. Ein grundsätzliches Problem liegt darin, dass beide mit der Werbung sehr unterschiedliche Ziele verfolgen. Aus Sicht des Werbetreibenden wirkt seine Werbung nur, wenn sie die angestrebten Ziele erreicht. Dies ist aber nur dann möglich, wenn auch der Umworbene in der Werbung seine eigenen Ziele erreicht sieht:

Sie können Ihre Ziele mit der Werbung nur dann erreichen, wenn auch der potenzielle Gast seine Ziele mit Ihrer Werbung angesprochen sieht.

Dem Gastronomen geht es darum, möglichst viele Gäste möglichst oft zu bewirten. Er versucht dafür, die **Aufmerksamkeit** seiner Umworbenen zu erreichen, Interesse zu wecken und eine positive Einstellung zu erzielen. Für den umworbenen Gast ist Werbung im Normalfall eher von geringem Interesse, häufig sogar lästig. Wenn Werbung aber einen gewissen Unterhaltungswert für ihn besitzt und er vor allem einen **persönlichen Bezug zur Werbung** bzw. dem beworbenen Angebot erkennen kann, vermag Werbung durchaus, sein Interesse zu wecken. Ist er bisher Gast bei Wettbewerbern, muss er in der Werbebotschaft auch einen Grund für einen Wechsel erkennen können. Ist er zum Gast geworden, dient Werbung vor allem dazu, ihn in seiner Entscheidung zu bestätigen.

Für den Gast sind die Ziele des werbetreibenden Gastronomen in dessen Werbung nicht immer erkennbar. Letztlich kann nur der Gastronom selbst beurteilen, ob die Werbung seine Ziele erfüllt hat oder nicht. Für die Werbekonzeption muss der Werbetreibende bzw. dessen Agentur jedoch wissen, dass Werbung immer auf zwei Ebenen wirkt und die beabsichtigte Werbewirkung nur dann zustande kommt, wenn auch der angesprochene Gast seine Ziele in der Werbung erkennen kann. Die Zielerreichung von Werbung erfolgt also immer in einem so genannten **dualen Prozess**.

Der duale Prozess der Zielerreichung von Werbung

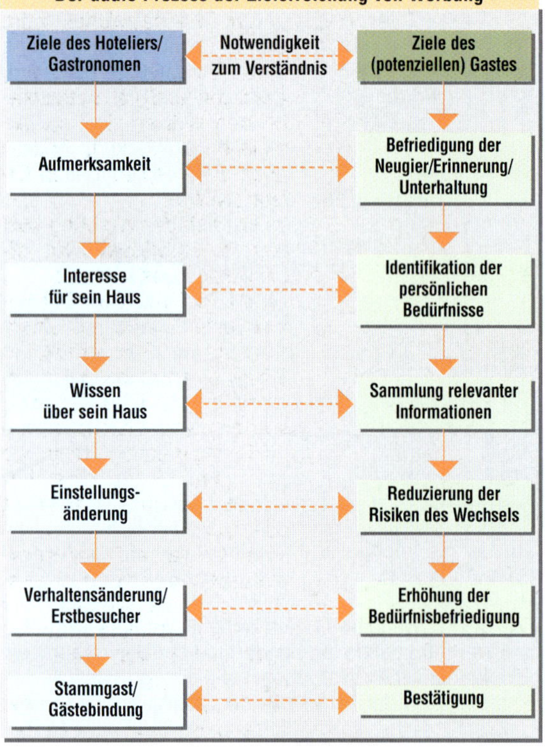

(Wells, William/Burnett, John/Moriarty, Sandra: Advertising: Principles and Practice, Prentice Hall 2000, S. 3)

Der Werbetreibende kann seine Ziele nur dann erreichen, wenn er die Ziele seiner Umworbenen kennt. Er muss in der Lage sein, sich in seine Gäste hinein zu versetzen und sie mit Respekt behandeln. Der Umworbene muss die Ernsthaftigkeit der Bemühungen des Werbenden erkennen können. Der Agenturgründer Ogilvy hat dies sehr treffend formuliert: „Die Konsumentin ist durchaus nicht dumm. Sie ist wie Ihre Frau. Sie beleidigen ihre Intelligenz, wenn Sie annehmen, dass ein einziger Slogan oder einige nichts sagende Adjektive sie zum Kauf einer Ware veranlassen können" (Ogilvy, S. 128 ff.).

Aufgaben

1. Welche Informationen sind für Ihren potenziellen Gast von besonderer Bedeutung, wenn Sie an die Störsignale im Kommunikationsmodell denken (selektive Wahrnehmung)?
2. Finden Sie anhand selbst gewählter Werbebeispiele die Zielsetzung des Werbetreibenden, die Verschlüsselung seiner Werbebotschaft und deren eigentlichen Bedeutungsgehalt heraus.
3. Nehmen Sie nun dieselben Werbebeispiele und versetzen Sie sich abwechselnd in die Situation des Werbetreibenden und des Umworbenen. Beurteilen Sie, ob beide ihre Zielsetzungen erreicht sehen.

10.1.3 Werbeumfeld

Situation

Im Jahr 2006 wurden im deutschen Fernsehen 3,6 Millionen Werbespots ausgestrahlt, pro Kopf der Bevölkerung für ca. 375 Euro geworben. Es wird angenommen, dass auf den Durchschnittsdeutschen pro Tag ca. 3 000 Werbebotschaften entfallen.
Die Schlussfolgerung aus dieser Situation: Ihre Werbung muss sich nicht nur gegen Ihre unmittelbaren Wettbewerber behaupten, sondern gegen die gesamte Werbung in Ihrem Werbeumfeld.

Werbung muss sich heute in einem außerordentlich schwierigen Umfeld behaupten. Von den Kommunikationsbedingungen her trifft sie auf eine ständig zunehmende Werbeüberflutung, gegen die die Werbetreibenden vor allem mit noch mehr Werbung ankämpfen. Andererseits findet Werbung auf so genannten gesättigten Märkten statt, auf denen für weitgehend austauschbare Produkte geworben wird. Werbung muss also Mittel und Wege finden, ihr Wirkungspotenzial in diesem schwierigen Werbeumfeld entwickeln zu können.

Kommunikationsbedingungen

Die Kommunikationsbedingungen, unter denen Werbung erfolgt, sind dadurch gekennzeichnet, dass täglich Tausende von Werbebotschaften um die Aufmerksamkeit der Umworbenen konkurrieren. Das einzelne Werbemittel hat somit kaum eine Chance, überhaupt wahrgenommen zu werden. Wie kann Werbung in einem werbeüberfluteten Umfeld dennoch wirken? Werbung hat sich den kommunikativen Bedingungen angepasst. Einerseits mit einer großen **Wiederholungsdichte**, d. h., Werbung versucht, durch zahlreiche Wiederholungen die Wahrnehmungswahrscheinlichkeit zu steigern.

Als Konsequenz daraus erhöht Werbung damit allerdings gleichzeitig die Werbeüberflutung. Andererseits versucht Werbung durch spezielle kreative Umsetzungen eine hohe Aufmerksamkeit zu erzielen. Werbung arbeitet heute vor allem mit Bildern: mit akustischen Bildern im Hörfunk und visuellen Bildern: im Print und Fernsehen. Dies trägt der Tatsache Rechnung, dass Bilder und Texte im menschlichen Gehirn unterschiedlich verarbeitet werden. „Um ein ganzes Bild mittlerer Komplexität so aufzunehmen, dass es später wieder erkannt werden kann, sind nur 1,5 bis 2,5 Sekunden erforderlich. In dieser Zeit können ca. zehn Wörter aufgenommen werden" (Kroeber-Riel/Esch 2000, S. 145). Bilder werden viel einfacher und schneller verarbeitet als Sprache.
Das menschliche Gehirn ist in zwei Hälften unterteilt:

1. In der linken Gehirnhälfte erfolgt die **rationale** Steuerung des Verhaltens. Sie dient zur Verarbeitung von sprachlichen Informationen.
2. In der rechten Gehirnhälfte erfolgt die **emotionale** Steuerung des Verhaltens. Sie dient zur Verarbeitung von bildlichen Informationen.

Beide Gehirnhälften stehen in enger Wechselbeziehung: Bilder lösen auch sprachliche **Assoziationen** aus, ebenso wie Sprache auch bildliche Assoziationen auslöst.

Für die Werbung heißt das, dass mit Sprache i. d. R. rational zu argumentieren und mit Bildern emotional zu beeindrucken ist.

Die Kraft der **Bildkommunikation** wird in der Abbildung „Die Kraft der Bilder" an einigen Beispielen der „Print wirkt"-Kampagne des Verbandes Deutscher Zeitschriftenverleger demonstriert. In dieser Kampagne werden weder Produkte noch Markenlogos, weder Texte noch Originalfotos gezeigt. Dennoch werden die Kampagnen erkannt und richtig zugeordnet. Möglich wird dies nur, wenn zwei Voraussetzungen erfüllt sind:

1. Der Markenauftritt muss eigenständig und einprägsam sein.
2. Die Kampagne muss konsequent und langfristig orientiert sein.

Die Beispiele zeigen, dass Bilder so genannte **Konditionierungen** hervorrufen können. So wie dem Pawlowschen Hund das Wasser im Maul zusammenläuft, wenn er das Klingelzeichen hört, weil er erwartet, dass er nun etwas zu fressen bekommt, assoziiert auch der Betrachter bei den Motiven nicht nur die zugehörigen Marken, sondern auch die entsprechenden Erlebniswelten.
Im Bereich der Werbung wird hier von **emotionaler Konditionierung** gesprochen:
Durch gleichzeitige Darbietung einer Marke mit einem emotionalen Reiz erhält die Marke einen emotionalen Erlebnisgehalt. Dies ist eine **automatische Reaktion**, die unabhängig davon erfolgt, ob sich jemand für eine bestimmte Werbung interessiert oder nicht.
Eine Konsequenz der **Informationsüberlastung** ist also, dass sich die Werbung vor allem auf **Bildkommunikation** konzentriert, insbesondere dann, wenn es um die Vermittlung emotionaler Erlebniswelten geht. In Hotellerie und Gastronomie, insbesondere aber auch bei Reiseveranstaltern, sind emotionale Bildmotive sehr häufig.

Die Kraft der Bilder (www.printwirkt.de) (Motive: Becks, Jever, Lufthansa)

Marktbedingungen

Die zweite große Herausforderung, der sich Werbung gegenübersieht, resultiert aus den Marktbedingungen. Fast alle Märkte sind heute gesättigt, dies gilt auch für Hotellerie und Gastronomie. **Gesättigte Märkte** sind dadurch gekennzeichnet, dass Wachstum nur auf Kosten der Wettbewerber möglich ist. Auf **wachsenden Märkten** kann ein Unternehmen trotz Marktanteilsverlust Umsatzwachstum erzielen, auf gesättigten Märkten ist Marktanteilsverlust gleichbedeutend mit Umsatzverlust. Der Wettbewerb ist auf gesättigten Märkten also viel intensiver und zielt auf Verdrängung bzw. auf die Verschiebung von Marktanteilen.

Marketing auf gesättigten Märkten ist fundamental unterschiedlich von Marketing auf ungesättigten Märkten. Es ist ein Kennzeichen gesättigter Märkte, dass die dort angebotenen Produkte und Leistungen sehr weitgehend identisch und damit austauschbar sind. Auf solchen Märkten macht es daher keinen Sinn, in der Werbung die funktionalen Eigenschaften eines Angebots auszuloben, da diese Aussagen auch für das Konkurrenzangebot zutreffen. Qualität wird auf gesättigten Märkten als Selbstverständlichkeit vorausgesetzt.

Die funktionalen Eigenschaften sind auch nicht der Grund, warum sich der Gast für ein bestimmtes Angebot entscheidet. Wenn es tatsächlich um die Funktion ginge, welche ein Produkt oder eine Leistung erfüllt, wäre es – bei funktionaler Austauschbarkeit – grundsätzlich egal, was der Kunde kauft. Alle Kaffees, Zigaretten und Biere erfüllen grundsätzlich die gleiche Funktion. Das gilt auch für Mallorca, Zypern und Sardinien oder das Hotel „Zum Hirschen", „Zur Krone" und „Zum Adler". Aber ganz offensichtlich haben Gäste **Präferenzen** für bestimmte Reiseziele und Lokalitäten, die sie häufiger besuchen als andere. Diese Präferenzen sind häufig emotional begründet. Präferenzen sind nicht notwendigerweise in einem konkreten Vorteil begründet, sondern können auch aus der **Positionierung** resultieren. Für Hotellerie und Gastronomie kommt erschwerend hinzu, dass Positionen und Marken hier vielfach noch zu wenig ausgeprägt sind, um hinreichend starke Präferenzen auszubilden.

Bei der Entscheidung zwischen Alternativen entscheidet sich der Gast für diejenige, die seine individuellen Bedürfnisse besser befriedigt und seine Präferenzen besser trifft. Diese Präferenzen werden häufig von subjektiv und emotional empfundenen Unterschieden gesteuert.

Die Situation auf gesättigten Märkten soll anhand von zwei Beispielen erläutert werden:

Beispiel 1

Auf dem Marktplatz eines Dorfes haben drei Eierverkäufer einen festen Standplatz. Jeder von ihnen verkauft die Eier zum Stückpreis von 15 Cent. Für die drei Verkäufer ist die Welt in Ordnung, bis auf die Tatsache, dass jeder eigentlich gerne mehr Eier verkaufen möchte als die anderen. Eines Tages belegt einer der Eierverkäufer in der Volkshochschule einen Kursus über Marketing und es dauert nicht lange, bis er an seinem Stand ein Schild anbringt: **„Frische** Eier, das Stück 16 Cent". Die Reaktion der anderen Eierverkäufer bleibt nicht aus. Der Zweite verkauft am nächsten Tag „Frische Landeier, das Stück 17 Cent", der Dritte reagiert mit „Frische Landeier von frei laufenden und glücklichen Hühnern, das Stück 18 Cent" (vgl. Kloss 2003, S. 20).

Das Beispiel zeigt, wie Werbung auf gesättigten Märkten agieren muss: Es geht darum, das eigene Angebot so vom Wettbewerbsangebot zu differenzieren (unterscheidbar zu machen), dass es als eigenständige und präferierte Alternative gesehen werden kann. Vor dieser Marketingidee boten die Verkäufer das identische Produkt zum selben Preis an.

Für den Käufer gab es keinen Grund, bei einem bestimmten Verkäufer zu kaufen. Die Wahl des Verkäufers erfolgte also rein zufällig, die Käufer konnten keine Präferenzen für irgendeinen Verkäufer entwickeln.

Es ist sprichwörtlich, dass sich kaum etwas so gleicht, wie ein Ei dem anderen. An den Eiern hat sich nichts verändert, es sind nach wie vor die gleichen. Sie wurden aber mit Attributen belegt, von denen die Verkäufer glauben, dass sie für die Käufer von Eiern wichtig sind. Ein frisches Ei ist in der **Anmutung** nun einmal etwas anderes als ein Ei und ein frisches Landei etwas anderes als ein frisches Ei.

Jeder der Eierverkäufer hat versucht, sich einen **Wettbewerbsvorteil** zu verschaffen, indem er die von ihm verkauften Eier gegenüber denen seiner Konkurrenten **differenziert** hat. Der Erste hat einen Prozess in Gang gesetzt, in dessen Verlauf die anderen gezwungen wurden, zu reagieren. Gleichzeitig wurde auch eine höhere Wertschöpfung erreicht, denn die Eier haben sich von 15 auf 18 Cent verteuert. (Die höhere Wertschöpfung ist allerdings kein konstituierendes Merkmal des Wettbewerbs, im Gegenteil, häufig sind sinkende Preise die Folge. In dem Beispiel bleibt allerdings zu fragen, ob denn eine Differenzierung bei gleichen Preisen glaubhaft wäre.)

Wettbewerbsvorteile lassen sich nur dann erzielen, wenn es gelingt, das eigene Angebot von dem der Wettbewerber zu differenzieren.

Auch das zweite Beispiel verdeutlicht die Notwendigkeit von Wettbewerbsvorteilen bei austauschbaren Produkten: „Wenn das Produkt schon keinen objektiven Vorteil gegenüber einem Konkurrenzprodukt hat, muss man ihm eben einen Vorteil beilegen“ (Kloss, S. 22):

Beispiel 2

Ein dem französischen Philosophen Buridan zugeschriebenes Gleichnis beschreibt einen Esel, der nach einem arbeitsreichen Tag hungrig in den heimischen Hof zurückkehrt und zwischen zwei gleichen Heuhaufen stehen bleibt. Nach Buridan wird dieser Esel verhungern, weil er sich für keinen der Heuhaufen entscheiden kann. Stünde bei einem Heuhaufen jedoch ein Eimer Wasser, dann hätte dieser Heuhaufen gewissermaßen einen USP, und die Entscheidung würde dem Esel leicht fallen. Die Entscheidung wäre aber wahrscheinlich auch dann eindeutig, wenn einer der Heuhaufen im Schatten liegen und der andere von der Abendsonne beschienen würde. Der Heuhaufen bleibt objektiv genau der gleiche wie der benachbarte. Aber er erscheint dem Esel anders (vgl. Kloss 2007, S. 509 f.).

Für die Werbung ist es fundamental, einen Wettbewerbsvorteil auszuloben, der die Frage beantwortet, warum der Gast sich für das beworbene Angebot entscheiden und es allen Wettbewerbsangeboten vorziehen soll.

Wettbewerbsvorteile setzen voraus, dass es gelingt, das eigene Angebot von den Angeboten der Wettbewerber zu differenzieren. Es gibt zwei grundsätzliche Möglichkeiten zur Differenzierung und damit zu einer werblichen Alleinstellung:

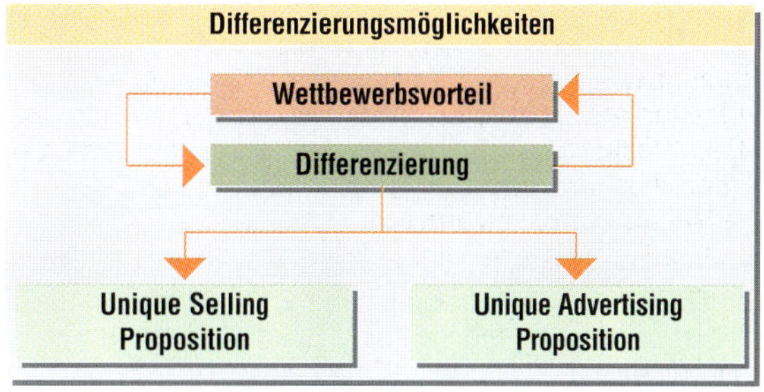

- Lässt sich die Alleinstellung im Produkt bzw. der Leistung selbst begründen, handelt es sich um eine **Unique Selling Proposition** (**USP**), zu Deutsch etwa: **faktische Alleinstellung**. Hier ist der Werbetreibende in der Lage, sein Angebot mit einem Superlativ zu belegen, den kein Wettbewerber für sich in Anspruch nehmen kann (s. S. 95).
- Kann das Angebot keine derartige Einzigartigkeit reklamieren, bleibt als einzige Möglichkeit die werbliche Alleinstellung. In diesem Fall handelt es sich um eine **Unique Advertising Proposition** (**UAP**), also eine Differenzierung, die auf einem Wettbewerbsvorteil beruht, die die Werbung dem Produkt bzw. der Leistung beilegt.

Auf gesättigten Märkten sind USP eher die Ausnahme. Als Beispiele aus dem Konsumgüterbereich lassen sich anführen Persil Megaperls als einziges Waschmittel mit dieser Beschaffenheit, Gillette Mach 3, als einziger Rasierer mit drei Klingen oder Kinder-Schokolade als einzige Schokolade mit der Extra-Portion Milch.
Derartige Alleinstellungen machen nur dann Sinn, wenn sie

1. beweisbar und
2. von Dauer sind, der Wettbewerber also nicht ohne weiteres in der Lage ist, diesen Vorteil zu kopieren.

Der Regelfall der **Differenzierung** auf gesättigten Märkten ist die Alleinstellung über einen UAP. Hierin kommt auch die herausragende Bedeutung der Werbung für den Wettbewerb zum Ausdruck: Auf gesättigten Märkten ist es vor allem die Werbung, die Wettbewerbsvorteile kreieren kann. Beispiele dafür sind zahllos: Prominent sind das Verwöhnaroma, der Geschmack von Freiheit und Abenteuer, die wahrscheinlich längste Praline der Welt, die zarteste Versuchung seit es Schokolade gibt. Um es nochmals zu verdeutlichen: Das Verwöhnaroma ist eine reine Marketingleistung. Nur dadurch unterscheidet sich dieser Kaffee von seinen Wettbewerbern. In der Hotellerie und Gastronomie könnte ein USP beispielsweise die Anzahl der Sterne sein, die das Hotel bzw. das Restaurant aufweisen kann, ferner die Lage, die Ausstattung, Zusatzleistungen usw. Derartige Alleinstellungen müsste die Werbung dann ausloben mit einer Formulierung, die mit den Worten beginnt: „Wir sind das einzige Hotel (Restaurant), das ....“.

Sind derartige „beweisbare" Alleinstellungen nicht gegeben, muss versucht werden, einen Wettbewerbsvorteil durch **werbliche Alleinstellungen** zu kreieren. Das kann einerseits erfolgen durch eine kreative, aufmerksamkeitsstarke Werbung bzw. durch vergleichbare Auslobungen wie bei den Eierverkäufern, etwa in dem Sinn von „Service mit Herz", „Familienunternehmen mit langer Tradition", „besonders kinderfreundlich" oder „wir kochen ausschließlich mit heimischen Produkten".
Für einen Reiseveranstalter stellt sich die Situation sehr viel schwieriger dar, da er häufig dieselben Destinationen im Angebot hat wie seine Wettbewerber. Ein USP ist hier nur dann zu erzielen, wenn er exklusiv über ein Angebot verfügt, das seine Wettbewerber nicht anbieten. Der Konsumgüterbereich hat bewiesen, dass in einer Situation völlig austauschbarer Angebote dennoch Differenzierungen möglich sind, nämlich über den Aufbau eigenständiger, starker Marken und Positionierungen. Diese sind bei Reiseveranstaltern derzeit kaum gegeben. In Zeiten hoher Preissensibilität bei Urlaubern kommt erschwerend hinzu, dass diese kaum bereit sind, die Marke über den Preis zu stellen.

USP und UAP sind zwei „Zauberworte" im Marketing, deren Bedeutung nicht hoch genug eingeschätzt werden kann. Sie eröffnen die beiden grundsätzlichen Möglichkeiten zur Differenzierung vom Wettbewerb und damit zur Erlangung von Wettbewerbsvorteilen. Wenn sich selbst so banale Angebote wie Eier voneinander differenzieren lassen, heißt das, dass sich grundsätzlich jedes Angebot differenzieren lässt. Die einfachere Möglichkeit ist natürlich die über einen USP. Ist dies nicht gegeben, muss dem Angebot mittels eines UAP eben ein Wettbewerbsvorteil beigelegt werden. Dieser ist allerdings nur dann tragfähig, wenn er für den Gast von Relevanz ist!

Die Funktion, die Werbung unter einem langfristigen strategischen Aspekt auf gesättigten Märkten einnimmt, lässt sich als „strategischer Imperativ" formulieren:

Strategischer Imperativ der Werbung:
Werbung muss den Unterschied zum Wettbewerb aufzeigen!
Bei jeder Werbemaßnahme muss gefragt werden: Unterscheidet die Werbung mein Haus (mein Angebot) hinreichend genug?

Aufgaben

1. Wie hat sich Werbung an die kommunikativen Bedingungen angepasst?
2. Erläutern Sie Ihrem Kollegen, worin sich gesättigte Märkte grundsätzlich von Wachstumsmärkten unterscheiden.
3. Sie sind Marketingleiter des Seehotels „Schloss Sonnenbühl". Welche Wettbewerbsvorteile könnten Sie aus Gästesicht für die Planung einer Werbekampagne ausloben?
4. Analysieren Sie selbst gewählte Werbebeispiele auf deren Differenzierungsansatz. Suchen Sie nach USP und UAP. Welche Wettbewerbsvorteile werden ausgelobt?

10.1.4 Positionierung

Situation

Positionierung ist nicht das, was man mit einem Angebot tut. Positionierung ist vielmehr das, was man in den Köpfen der Adressaten anstellt. Das heißt, man positioniert ein Angebot in den Köpfen der potenziellen Gäste. (...)
Die Positionierung legt es nicht darauf an, etwas Neues oder Einmaliges zu schaffen, sondern nutzt schon vorhandene Gedankenverbindungen, gestaltet sie um und verknüpft sie zu neuen Assoziationen. (...)
In unserer kommunikationsüberfluteten Gesellschaft hat nur der Betrieb Erfolg, der eine Position im Bewusstsein des Adressaten etablieren kann, eine Position, die nicht nur die eigenen Stärken und Schwächen, sondern auch die der Konkurrenten berücksichtigt. (...)
Um mit der Angebotsexplosion zurechtzukommen, haben die Gäste gelernt, Angebote geistig einzuordnen.
Nach Ries/Trout 1986
Wissen Sie, welche Position Ihr Restaurant/Ihr Hotel in den Köpfen Ihrer Gäste hat?

Im Zusammenhang mit den Marktbedingungen wurde bereits ein weiteres „Zauberwort" des Marketings erwähnt: **Positionierung**. Images sind i. d. R. keine Zufallsprodukte, sondern meist das Resultat von Positionierungen. Da sich auf gesättigten Märkten Angebote vielfach ausschließlich über Images differenzieren, kommt der Positionierung eine entscheidende Bedeutung als Wettbewerbsfaktor zu.
Bei der Positionierung geht es darum, eine gute Position in den Köpfen der (potenziellen) Gäste einzunehmen. Wir lassen uns alle mehr oder weniger stark von Eindrücken bei der Beurteilung von Sachverhalten leiten. Jeder Gast hat bestimmte Vorstellungen darüber, was ihn in einem bestimmten Hotel oder Restaurant erwartet bzw. bei dessen Werbung. Das Marketing und insbesondere die Werbung wollen diese Vorstellungen nun nicht dem Zufall überlassen, sondern sie gezielt planen. Dies erfolgt mit der Positionierung. Wir versuchen also, mit der Positionierung unser Haus so in den Köpfen unserer (potenziellen) Gäste zu verankern, dass es sich möglichst positiv darstellt.

(Top Hotel 5/2004, S. 144)

Alle strategischen Entscheidungen im Marketing werden von der angestrebten Positionierung bestimmt. Die **Positionierung** wird **schriftlich** fixiert und definiert somit die strategische Zielsetzung der Werbung. Gleichzeitig ist sie auch die Richtschnur, an der alle werblichen Aktivitäten zu bewerten sind.

Überlegungen zur Positionierung sind von allen Werbetreibenden vorzunehmen, vom Besitzer einer Imbissbude bis hin zum Management eines internationalen Reiseveranstalters. Der Eindruck, den wir mit unserer Werbung erzielen wollen, muss geplant sein und darf nicht dem Zufall überlassen werden!

Konzept der Positionierung

Bei der Positionierung geht es darum, eine Position zu finden, die der Wettbewerb noch nicht besetzt hat. Ziel ist es, der Zielgruppe das eigene Angebot als eigenständige Alternative erscheinen zu lassen. Dafür muss aber zunächst einmal bekannt sein, welche Positionen die Wettbewerber (in den Köpfen der Zielpersonen) einnehmen.

Der erste Schritt für die Erstellung einer **Positionierung** ist somit die **Positionierungsanalyse**. Als Instrument dient dabei eine strategische Karte (**Positionierungs-Matrix**), in der alle Positionierungen der Wettbewerber eingetragen werden und die gegebenenfalls Lücken (Positionierungslücken) aufzeigt, die für die eigene Positionierung genutzt werden können (siehe Abbildung unten). In einer derartigen **Positionierungs-Matrix** sind nur diejenigen Wettbewerber zu berücksichtigen, die ein Angebot haben, das mit dem eigenen vergleichbar ist. Es macht keinen Sinn, sich von Wettbewerbern abgrenzen zu wollen, die von der Zielgruppe ohnehin nicht als Alternative wahrgenommen werden. Solange eine Marke nicht mit anderen Wettbewerbern verglichen werden kann, kann sie auch keine Positionierung haben. Die Bedeutung der einzelnen Wettbewerber kann durch den Radius der jeweiligen Kreise angezeigt werden.

Grundmodell der Positionierungsanalyse

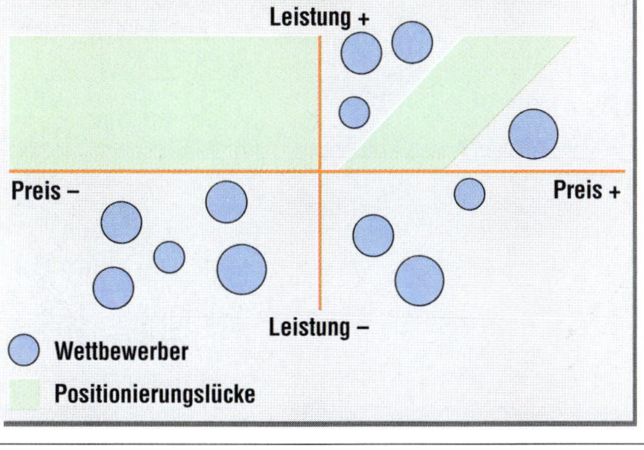

Mit der Positionierungsanalyse kann sowohl die erstmalige Positionierung festgelegt als auch eine Überprüfung der bestehenden Positionierung vorgenommen werden. In diesem Fall wäre zu hinterfragen, ob die aktuelle Positionierung noch wettbewerbsfähig ist oder ob eine **Umpositionierung** vorgenommen werden sollte. Zwar ist die Positionierung grundsätzlich langfristig ausgerichtet, der Wettbewerb macht es aber gelegentlich erforderlich, Positionierungen an geänderte Gästebedürfnisse anzupassen. Daher ist es sinnvoll, Positionierungsanalysen regelmäßig durchzuführen.
Die einfachsten Positionierungsmodelle verwenden das Alter der Zielgruppe und den Preis oder die Qualität der Angebote als positionierende Parameter. Solche Modelle können grundsätzlich überall Anwendung finden.

Die folgende Abbildung zeigt ein fiktives Positionierungsmodell für ein Restaurant. Als strategische Dimensionen für die Positionierung wird einerseits lokale und internationale Küche genommen, andererseits der Preis. Es müssen aber nicht notwendigerweise Gegensatzpaare als Positionierungsparameter verwendet werden. Die Marktbedeutung der einzelnen Wettbewerber kann mit einem entsprechenden Radius abgebildet werden. Das Beispiel zeigt, dass der Bereich der exklusiven lokalen Küche in der Region als einziger noch Möglichkeiten für eine Positionierung bietet. Die preiswerte internationale Küche ist durch Griechen und Pizzerias, die exklusive internationale Küche durch Franzosen und Hotelrestaurants, die preiswerte lokale Küche durch gutbürgerliche Gasthäuser hinreichend abgedeckt.

Positionierungsmodell für Restaurants

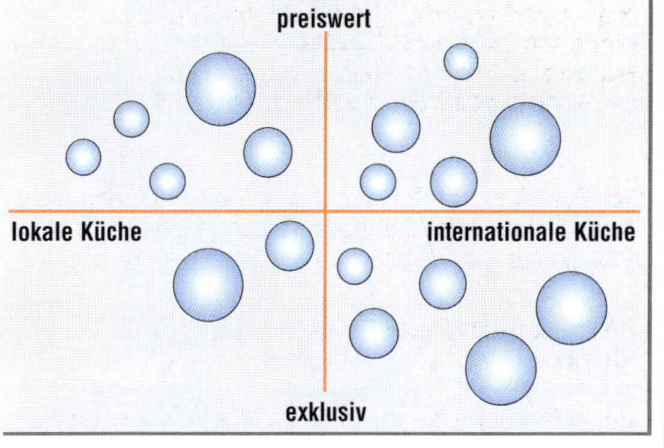

Der entscheidende Punkt bei der Positionierungsanalyse ist das Finden der strategischen Dimensionen, in denen sich die Wettbewerber positionieren. Unterschiedliche Wettbewerber lassen sich nicht immer in ein und demselben Positionierungsraster erfassen. In dem Streben nach Alleinstellungen werden vielfach deutlich voneinander abweichende Positionen besetzt.

Positionierungsbeispiele aus dem Hotelbereich:

- Etap-Hotels: Moderne, komfortable Zimmer auch für den schmalen Geldbeutel.
- Hilton: exciting distinctive.
- Holiday Inn: Relax, it's Holiday Inn.

Manche dieser Positionierungen sind so dominant, dass es keinen Sinn macht, die gleiche Dimension besetzen zu wollen. So ist es sehr schwer vorstellbar, dass ein weiterer Kaffeeanbieter versucht, sich über das Aroma zu positionieren.

Um beispielsweise die Motivebene abzubilden, ist es sinnvoll, sich an der **Maslowschen Bedürfnishierarchie** zu orientieren (s. S. 37). Positionierungen lassen sich hier grundsätzlich auf jeder Stufe vornehmen.

Positionierungsansätze nach der Maslowschen Bedürfnishierarchie im Hotelbereich

Bedürfnisebene	Positionierungsansatz
Grundbedürfnisse	„Einfach nur Erholung"
Sicherheit	„Bei uns fühlen Sie sich geborgen"
Soziale Bedürfnisse	„Hier trifft man sich unter Freunden"
Wertschätzung	„Wer bei uns logiert, beweist seine weltmännische Erfahrung"
Selbstverwirklichung	„Was Sie im Urlaub schon immer mal machen wollten, bei uns können Sie es tun"

Es empfiehlt sich, Positionierungsanalysen mehrdimensional vorzunehmen. Positionierungen auf Basis von Qualitätsniveaus und soziodemografischen Merkmalen der Zielgruppe sollten immer die Basis sein. Sie sind jedoch zu hinreichend allgemein und müssen um emotionale Dimensionen ergänzt werden.

Die Positionierung sollte eindeutig formuliert sein und sich klar von Wettbewerbspositionierungen abgrenzen. Da die Werbung die Positionierung nicht wörtlich, sondern nur implizit zum Ausdruck bringt, ist sie kein vom Wettbewerb rechtlich angreifbares Dokument. Die in der Positionierung (üblicherweise als Superlativ) behauptete Alleinstellung muss einer rechtlichen Überprüfung nicht standhalten, wohl aber die Werbeaussagen. Im Positionierungsbeispiel 1 könnte die zugrunde liegende Positionierung lauten: TUI bietet für jeden das Richtige.

Die Abbildung zeigt Anzeigenbeispiele der Einführungskampagne „World of TUI".

Positionierungsbeispiel 1

1

2

3

Pressetext TUI (vgl. www.TUI.de):

1 „Das Motiv 'Mädchen mit Surfbrett' zeigt, dass TUI auch große Ferien für kleine Gäste bietet."

2 „Einfach mal abschalten und den Alltag vergessen: mit TUI kein Problem. Das 'Wellness-Motiv' macht Lust auf Erholung."

3 Mit TUI können Sie Ihren Urlaub voll und ganz genießen: Wie wäre es zum Beispiel so wie dieses 'Pärchen unter Palmen'?"

Positionierungsbeispiel 2

Das Positionierungsbeispiel 2 zeigt den Versuch verschiedener Arlines sich gegenüber Geschäftsreisenden durch Alleinstellungsmerkmale zu positionieren. Das sind z. B. die besten Satays („Malaysia Airlines überflügelt Ihre Erwartungen."), das größte Bett aller Business-Klassen (Singapore Airlines), der für Erholung sorgende Service während des Flugs (Emirates) oder das Streben nach Exzellence bereits beim Boden-Service (Swiss).

Allen Beispielen gemein ist die Absicht des Werbetreibenden, die Marke zu einer präferierten Marke zu machen, die für den Reisenden bei seiner Planung in die engere Wahl gezogen werden soll. TUI und die Airlines sollen als sympathische und kompetente Marken dargestellt werden.

Allerdings ist das Problem offensichtlich: Während beispielsweise beim Kauf eines Autos möglicherweise zunächst die Entscheidung für die Marke und dann für das konkrete Auto erfolgt, steht bei der Urlaubsplanung üblicherweise die Destination im Vordergrund und nicht der Reiseveranstalter bzw. die Airline. Allerdings hat die Automobilindustrie auch wesentlich mehr Zeit und Geld in den Aufbau ihrer Positionierungen und Markenprofile gesteckt, als die Tourismusindustrie. Es besteht hier also ein erheblicher Nachholbedarf.

Positionierungsansätze und -regeln

Um eine Position in den Köpfen der Verbraucher einnehmen zu können, muss die für ein Angebot aufgebaute Positionierung zwei Voraussetzungen erfüllen (vgl. Kloss 2007, S. 117):

1 Sie muss **eigenständig**, d. h. von den Positionierungen der Konkurrenzangebote unterscheidbar sein. Die Positionierung ist umso eigenständiger, je besser sie dem Bedürfnisproblem der Gäste entspricht und unser Angebot als Problemlösung glaubwürdig in deren Bewusstsein verankern kann.

2 Voraussetzung für die Glaubwürdigkeit einer Positionierung ist ihre **Relevanz** für den (potenziellen) Gast. Er akzeptiert kein Nutzenversprechen, mag es noch so eigenständig sein, wenn es keine Relevanz für seinen Aufenthalt in unserem Haus hat.

Für eine Positionierung reicht es nicht, Eigenschaften herauszustellen, vielmehr müssen diese in einen relevanten Nutzen übersetzt werden. Die Beispiele von TUI und den Airlines zeigen sehr wohl eigenständige Positionierungen, die für jeden, der seinen Urlaub plant, von hoher Relevanz sind. Möglicherweise aber sind die verwendeten Motive zu generisch, um sie unmittelbar den beworbenen Marken zuzuordnen.
Innerhalb der Accor-Gruppe haben die Mercure- und die ETAP-Hotels zwei völlig unterschiedliche Positionierungen gefunden, wie das **Positionierungsbeispiel 3** zeigt.
In der Mercure-Anzeige ist ein Doppelbett auf einem Bootsanleger zu sehen, der in einen See hineinragt. Die Überschrift „Hitzefrei à la Mercure, Ferien mitten in der Region" setzt eindeutig auf (Kurz-)Urlaub und Erholung. Hingegen treten die ETAP-Hotels sehr funktional auf. Während die Mercure-Hotels in dieser Anzeige offenbar Urlaubsreisende ansprechen wollen, zielen die ETAP-Hotels eher auf den „typischen" Außendienstler, mit geringem Spesenbudget.

Positionierungsbeispiel 3

Grundsätzlich lässt sich jedes Angebot immer mit zwei Dimensionen beschreiben.

Dimensionen eines Angebots

- Der **Grundnutzen** ist die funktionale Dimension, die objektive und rationale Kriterien hat. Eine Zigarette kann mit dem Nikotin- und Teergehalt, Länge, Filter, Verpackungsart usw. beschrieben werden, ein Hotel mit der Anzahl der Sterne, der Anzahl der Zimmer, der Ausstattung, seiner Lage usw.
- Der **Zusatznutzen** ist hingegen eine Dimension, die dem Produkt beigelegt (vgl. die Allegorie vom Buridanschen Esel) und emotional und subjektiv definiert wird. Für eine Zigarette kann sich daraus der Geschmack von Freiheit und Abenteuer ergeben, für ein Hotel, dass sich der Gast in guten Händen aufgehoben weiß.

Durch die Unterscheidung von Grund- und Zusatznutzen lässt sich grundsätzlich jedes Angebot positionieren, selbst ein so profanes Produkt wie ein Ei.

Erweist sich ein Angebot als Flop, kann das sowohl an der Qualität (Grundnutzen) als auch an der Positionierung (Zusatznutzen) gelegen haben, was im Einzelfall schwierig zu unterscheiden sein kann. Im ersten Fall ist der Fehler bei der Produktentwicklung zu suchen, im zweiten Fall dem Marketing zuzuschreiben.

Im Dienstleistungsbereich lassen sich **Positionierungen** in erster Linie **über die Servicequalität** realisieren. Der Qualität des Personals kommt daher im Dienstleistungsbereich eine entscheidende Bedeutung zu. Die wesentlichen Dimensionen sind dabei Höflichkeit, Freundlichkeit, Kompetenz, Zuverlässigkeit und Sensibilität. Da **Dienstleistungen** immateriell sind, lassen sie sich schlechter beurteilen als Sachgüter. Im Gegensatz zu Sachgütern, die sich „anfassen" lassen und sichtbar sind, lassen sich Dienstleistungen eben nicht anfassen. Dadurch ist es häufig so, dass sie zur Positionierung den umgekehrten Weg wählen wie Sachgüter: Während letztere häufig immaterialisiert werden, wird bei Dienstleistungen versucht, sie zu materialisieren. Bei einem Sachgut Auto kann nachvollziehbarerweise eine Positionierung über etwas so Immaterielles wie „Sicherheit" angestrebt werden. Diese Sicherheit kann z. B. über ein schlafendes Kind im Fond eines fahrenden Autos ihrerseits wieder materialisiert werden. Dienstleister wie Banken materialisieren ihr Angebot beispielsweise über eine Metapher wie „Wir machen den Weg frei".

Häufig dienen auch Personen zur Materialisierung, wie Herr Kaiser von der Hamburg-Mannheimer. Auch in Hotellerie und Gastronomie werden üblicherweise zufriedene Gäste gezeigt, um die Qualität des Angebots zu beweisen.
Generell lässt sich jedoch feststellen, dass Positionierungen im Tourismus und insbesondere in Hotellerie und Gastronomie gering ausgeprägt sind.

Aufgaben

1. Zeigen Sie strategisch relevante Positionierungsdimensionen in Hotellerie und Gastronomie auf.
2. Sie sind dabei, sich selbstständig zu machen und denken an die Eröffnung einer „Pommes-Bude". Da Sie bereits über hinreichende Marketingkenntnisse verfügen, möchten Sie sich von den Wettbewerbern differenzieren. Erstellen Sie eine Positionierungsmatrix für eine „Pommes-Bude".
3. Suchen Sie strategische Dimensionen, die für eine tourismusrelevante Positionierung Ihres Heimatortes Aussicht auf Erfolg verheißen.
4. Teilen Sie fünf von Ihnen ausgewählte touristische Angebote in Grund- und Zusatznutzen auf.

10.1.5 Werbewirkung

Situation

„Ich weiß, dass die Hälfte meiner Werbeausgaben herausgeworfenes Geld ist. Ich weiß nur nicht, welche Hälfte."

Wanamaker

Werbung ist immer auf Wirkung ausgerichtet. Jeder Werbemaßnahme liegt die Erwartung zugrunde, dass mit ihr eine Beeinflussung der Zielpersonen erfolgt. Was soll und was kann Werbung bewirken? Es wurde bereits darauf hingewiesen, dass Werbung letztlich gemacht wird, um mehr zu verkaufen bzw. eine höhere Auslastung zu erreichen. Allerdings lässt sich der ökonomische Erfolg der Werbung i. d. R. nicht direkt zuordnen. Werbung ist eine kommunikative Größe, die Werbebotschaften übermittelt:

Unmittelbare, direkt zuordenbare und messbare Wirkungen kann Werbung nur auf der kommunikativen Ebene erreichen. Werbung muss also versuchen, solche kommunikativen Größen zu beeinflussen, von denen ihrerseits ein Einfluss auf ökonomische Größen vermutet werden kann.

Die wichtigste Frage, die sich ein Werbetreibender beantworten muss, ist: Was soll meine Werbung bewirken?

Während beispielsweise preispolitische Entscheidungen unmittelbar wirken, treten **Werbewirkungen** meist nicht sofort ein, sondern i. d. R. mit einer zeitlichen Verzögerung. Preispolitische Fehlentscheidungen können daher sehr kurzfristig korrigiert werden. Korrekturen in der Werbung können hingegen sehr teuer werden, wenn Fehlentscheidungen zu spät erkannt werden und Produktion und Schaltung bereits erfolgt sind bzw. die Zielgruppe die Werbebotschaft nicht oder falsch verstanden hat.

Dass Werbung wirkt, ist unbestritten, wie Werbung wirkt, ist weniger eindeutig. Die eigentliche Entscheidung für ein Angebot findet im Kopf des Verbrauchers statt. Da sich in diesen aber nun einmal nicht hinein sehen lässt, wird er als „**Black Box**" betrachtet.

Beispiel

Die Marktforschung einer Fast-Food-Kette liefert Informationen über Alter, Geschlecht, Familiengröße, Einkommen, Wohnort und desgleichen und kann einen „typischen" McDonald's-Kunden beschreiben. Die Marketingabteilung verfügt über Informationen, welche Maßnahmen in welchem Zeitraum ergriffen wurden, um die Produkte der Kette zu vermarkten, und kann dies mit den Erkenntnissen der Marktforschung kombinieren. Zusammen mit den Erfahrungen aus der Vergangenheit kann nun versucht werden, Rückschlüsse daraus zu ziehen und allgemeine Zusammenhänge herzustellen. Problematisch ist es jedoch, zwischen dem beobachtbaren Input und dem beobachtbaren Output einen ursächlichen Zusammenhang herstellen zu wollen. Denn was den einzelnen Gast tatsächlich dazu veranlasst hat, einen Big Mäc zu bestellen, entzieht sich der Beobachtbarkeit.

Black-Box-Modell des Käuferverhaltens

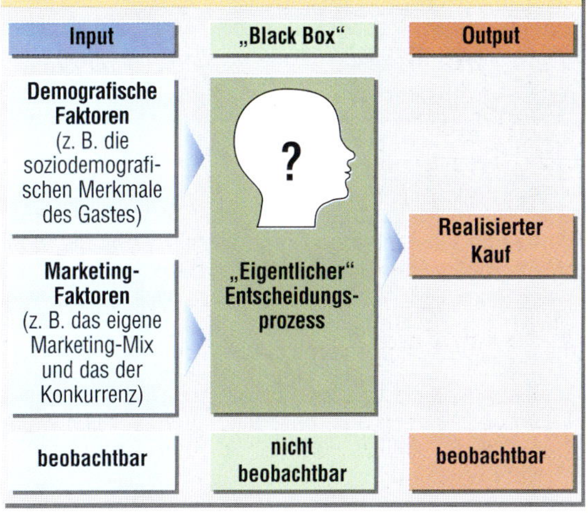

Für Werbetreibende ist diese Tatsache natürlich nicht sehr befriedigend. Daher wird versucht, das Verhalten der Gäste über Plausibilitäten und Wahrscheinlichkeiten vorherzusagen. Dies erfolgt in der Werbewirkungsforschung über Modelle.

A	attention
I	interest
D	desire
A	action

Das wohl bekannteste ist das **AIDA-Modell**. Es erklärt Werbewirkung schrittweise, indem Werbung bei einem potenziellen Käufer zunächst die Aufmerksamkeit (attention) erregt, dann Interesse (interest) weckt, das Verlangen (desire) nach dem Produkt hervorruft und schließlich zum Kauf (action) führt.

Aufgaben

1. Erläutern Sie den Begriff „Black Box“ im Zusammenhang der Werbewirkung.
2. Erklären Sie Ihrem Chef, wie sich das AIDA-Modell auf Ihre Situation anwenden lässt.

10.1.6 Werbepsychologie

Situation

Sie schlendern an einem Restaurant vorbei und sehen, wie der Koch gerade ein Schild mit seinen Tagesgerichten neben der Eingangstür platziert. Die Überschrift lautet: „Wir verwenden ausschließlich frische Zutaten“. Für das unterbewusste Vorstellungsbild des Betrachters besagt dieses Schild: 1. dass die Gerichte frisch sind, 2. dass offensichtlich eine gewisse, nicht unerhebliche Nachfrage besteht und 3. dass die Gerichte demnach gut sein müssen. Das sind nicht etwa Überlegungen, die der Betrachter bewusst anstellt. Bewusst werden ihm nur das Gefühl eines gewissen Zutrauens und die Anregung, dort zu speisen.

(Beispiel nach Domizlaff, S. 118)

Dieses Kapitel über Werbepsychologie soll in gebotener Kürze einige Grundlagen vermitteln, die für das Verständnis der Werbewirkung wichtig sind. Die wohl größte Wirkungsschwelle der Werbung ist heute die Wahrnehmung. Werbung, die nicht wahrgenommen wurde, kann nicht wirken. Um nachhaltig zu wirken, müssen Werbebotschaften gelernt werden. Allerdings besucht niemand ein Hotel oder Restaurant nur deshalb, weil er dessen Werbung wahrgenommen und die Botschaft gelernt hat, es muss auch ein Motiv vorliegen.

Wahrnehmung

Die größte Hürde, die Werbung heute überwinden muss, ist ihre **Wahrnehmung** durch die Zielgruppe. Wahrnehmung lässt sich definieren als ein „Prozess der Aufnahme, Selektion, Weiterleitung und Verarbeitung von Reizen aus der Umwelt durch einen oder mehrere Wahrnehmungsapparate (Gesichtssinn, Gehör, Tastsinn, Geruchs- und Geschmackssinn)“ (Mayer/Illmann, S. 427).

Eine der Besonderheiten von Wahrnehmung ist, dass sie grundsätzlich **selektiv** erfolgt. Der Mensch nimmt also nur das wahr, was aus seiner subjektiven Sicht für ihn von Bedeutung erscheint. **Wahrnehmung** wird dabei wesentlich von der Erfahrung gesteuert. **Erfahrungen** wecken eine bestimmte Erwartungshaltung und programmieren damit gewissermaßen die Wahrnehmung schon vor. Hat ein Gast eine positive oder negative Erfahrung gemacht, wird diese stets die Werbebotschaft überlagern. Ist ein Urlaub auf Mallorca bei ihm in schlechter Erinnerung oder hat er sich einmal bei einer Martinsgans den Magen verdorben, wird ihn entsprechende Werbung nicht mehr ansprechen. Als beliebtes Beispiel zur Untermauerung dieser Tatsache wird das Probeessen von schokoladenbraunem Vanillepudding berichtet (vgl. Felser 2001, S. 81). Da aus Erfahrung bekannt ist, dass Vanillepudding nicht braun ist, wird der Vanillegeschmack in der Regel nicht wahrgenommen.

Auch die **Umfeldsituation**, in der ein Reiz wahrgenommen wird, beeinflusst die Interpretation und Erinnerung dieses Reizes. Eine nackte Frau in einem Männermagazin wird anders wahrgenommen als die gleiche nackte Frau in einer Kochzeitschrift.

Es wird also deutlich, dass eine „objektive“ Wahrnehmung nicht notwendigerweise vorausgesetzt werden kann. Dies hat für die Werbung weit reichende Konsequenzen:

1. Es ist sinnvoll, eine Rangordnung der von der Zielgruppe wahrzunehmenden Elemente des Werbemotivs festzulegen. Oberste Priorität muss dabei die Marke bzw. der Name des Hauses haben.

2. Werbemotive, die der Erfahrung der Zielgruppe nicht entsprechen, laufen Gefahr, nicht wahrgenommen zu werden. Das würde bedeuten, dass die Werbung möglichst Schemavorstellungen bedienen sollte. Auf der anderen Seite jedoch können Motive, die der Erfahrung widersprechen, ein so hohes Maß an Aufmerksamkeit erregen, dass sie gerade aufgrund dieser Tatsache wahrgenommen werden.
   Das Bedienen von bzw. Verstoßen gegen Schemavorstellungen kann gleichermaßen zur Wahrnehmung führen. Die Entscheidung hängt von der kreativen Umsetzung im konkreten Einzelfall ab.

3. Werbung kann die Wahrnehmung auch durch die Schaffung von Stimmungen beeinflussen, die auf das Wahrnehmungsklima einwirken. Dies ist in der Regel bei sehr emotionalen Motiven der Fall, die Assoziationen wecken, die mit dem beworbenen Produkt zunächst nichts zu tun haben. Da es kaum etwas Emotionaleres gibt als Urlaub und Urlaubsplanung, versuchen insbesondere Werbetreibende aus dem Tourismus mit möglichst emotionalen Motiven zu werben.

Unter Berücksichtigung des heutigen Ausmaßes an **Werbeüberflutung** und des allgemein geringen Interesses an Werbung erscheint es als geradezu unwahrscheinlich, dass Werbung überhaupt Wirkung erzielen kann. Während eines 10-minütigen Werbeblocks können leicht 25 Werbespots ausgestrahlt werden. Im Laufe eines Fernsehabends kämpfen somit mehr als 100 Werbebotschaften um die Wahrnehmung des Zuschauers. Vergleichbare Werbeüberflutung besteht auch in Zeitungen und Zeitschriften. Wie kann Werbung da überhaupt noch erinnerungswirksam werden?
Tatsächlich erfolgt die Informationsaufnahme und -verarbeitung nicht immer bewusst, sondern unterliegt auch automatischen Prozessen, die keiner Kontrolle unterliegen. Bewusst aufgenommene Informationen werden häufig kritisch verarbeitet und hinterfragt. Diese Kontrollmechanismen entfallen bei nur **beiläufiger Wahrnehmung**, die dadurch u. U. eine stärkere Wirkung entfalten kann, als bewusste Wahrnehmung.
Präferenzen können allein schon durch die Tatsache vermittelt werden, dass ihre Werbung einmal beiläufig, gewissermaßen „im Vorbeigehen" wahrgenommen wurde. **Werbewirkung** beruht somit zu einem erheblichen Teil darauf, **dass Vertrautes grundsätzlich positiver beurteilt wird, als Unbekanntes**.
Diese Tatsache begründet einen der wichtigsten Wirkungsmechanismen der Werbung überhaupt: z. B. kann das Wiedererkennen eines Restaurantlogos oder -schriftzuges zu einem „Aha-Erlebnis" führen nach dem Motto: „Das kommt mir irgendwie bekannt vor". Das zeigt, dass Werbung nicht immer unmittelbar wirkt.

Lernen

Üblicherweise liegt zwischen der Wahrnehmung einer Werbebotschaft und der Möglichkeit zu ihrer verhaltensrelevanten Umsetzung eine gewisse Zeitspanne. Werbung muss also nicht nur wahrgenommen, sondern auch im Gedächtnis gespeichert werden, ein Vorgang, der gemeinhin als **Lernen** bezeichnet wird. Die Speicherung kann allerdings nur dann zum Erfolg führen, wenn die Botschaft auch wieder gefunden, also erinnert werden kann.
Ob ein **Lernerfolg** erzielt wird und wie nachhaltig dieser ausfällt, ist im Wesentlichen von vier Faktoren abhängig: der Art der Codierung, der Anzahl der Wiederholungen, dem persönlichen Bezug der Empfänger und der Anzahl der zu lernenden Informationen.

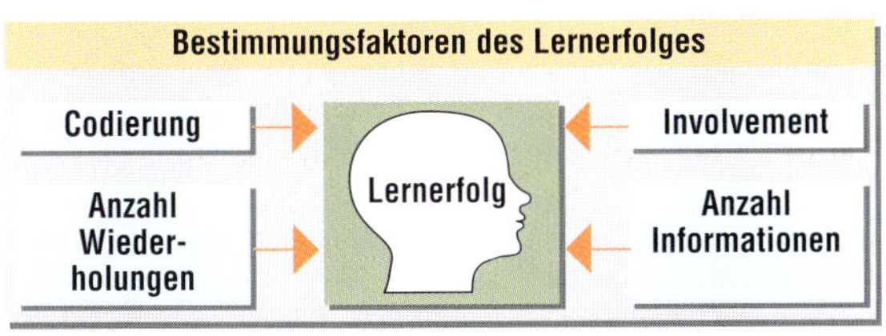

Informationen werden im Gehirn entweder sprachlich, visuell oder als Erlebnis codiert gespeichert. Die Erinnerungsleistung hängt von der Art der **Codierung** ab. Sie ist umso höher, je konkreter und bedeutungsvoller die Information für den Empfänger war und je mehr Wege der Codierung genutzt wurden.

Kann der Empfänger der Information keinen Bezug zu seinen persönlichen Bedürfnissen herstellen, sieht er auch keine Veranlassung, sie zu speichern. Werbebotschaften, die mit einprägsamen und eigenständigen Bildern verknüpft werden können, haben eine größere Chance erinnert zu werden, als Botschaften, bei denen eine solche Verknüpfung nicht gegeben ist. Beispielhaft ist die Verknüpfung der Strommarke Yello mit der Farbe gelb zu erwähnen.

Eine besondere Schwierigkeit besteht vor allem darin, Zahlen merkfähig zu visualisieren, eine Aufgabe, vor der insbesondere Telekommunikationsgesellschaften stehen.
Nebenstehendes Beispiel von Tele 2 zeigt eine gute Umsetzung.

Der Lernerfolg hängt ferner von der Anzahl der **Wiederholungen** der zu lernenden Information ab. Wie oft eine Information wiederholt werden muss, um gelernt zu werden, ist wiederum abhängig von dem persönlichen Interesse des Lernenden: Je höher es ist, desto weniger Wiederholungen sind notwendig, um etwas darüber zu lernen. Da für die Werbung jedoch als Regelfall nur ein geringes persönliches Interesse zu unterstellen ist, hängt der Lernerfolg hier von einer hohen Anzahl von Wiederholungen ab. Ein hohes Interesse für Werbung kann beispielsweise dann unterstellt werden, wenn jemand gerade in der Urlaubsplanung steht, für das Wochenende einen Restaurantbesuch plant oder ein Werbemittel besonders originell gemacht ist.
Der Lernerfolg hängt schließlich auch von der Anzahl der zu lernenden Informationen ab, dergestalt, dass der Lernaufwand mit steigender Anzahl von Informationen überproportional zunimmt.

Dem Lernen entgegen steht das **Vergessen**. Wenn unterstellt wird, dass einmal Gespeichertes das Gehirn nicht mehr verlässt, muss Vergessen als Verlust der Bahnen verstanden werden, die zu der gesuchten Information führen. Diese so genannten semantischen Netzwerke stellen ein Modell der Wissensstrukturen dar, in denen die Wissensspeicherung nachvollzogen werden kann. In diesem Modell wird unterstellt, dass neue Informationen über einen Gegenstandsbereich vor allem dadurch gelernt werden, indem sie mit vorhandenen Informationen abgeglichen werden. Neue Informationen können nur dann gelernt werden, wenn sie in ein Netzwerk von vorhandenem Wissen eingebunden werden können. Diese Betrachtungsweise führt zu einer scheinbaren „**Paradoxie des Lernens**": „...wir (können) um so mehr über einen Gegenstand dazulernen, je mehr wir schon von ihm wissen" (vgl. Rosenstiel/Kirsch, S. 99).

Die folgende Abbildung zeigt als Beispiel für ein semantisches Netzwerk die Assoziationskette, die jemand bei dem Stichwort „Urlaub" bildet. Urlaub vollzieht sich für ihn entweder im Gebirge oder am Meer und entweder als Bade- oder Aktivurlaub.

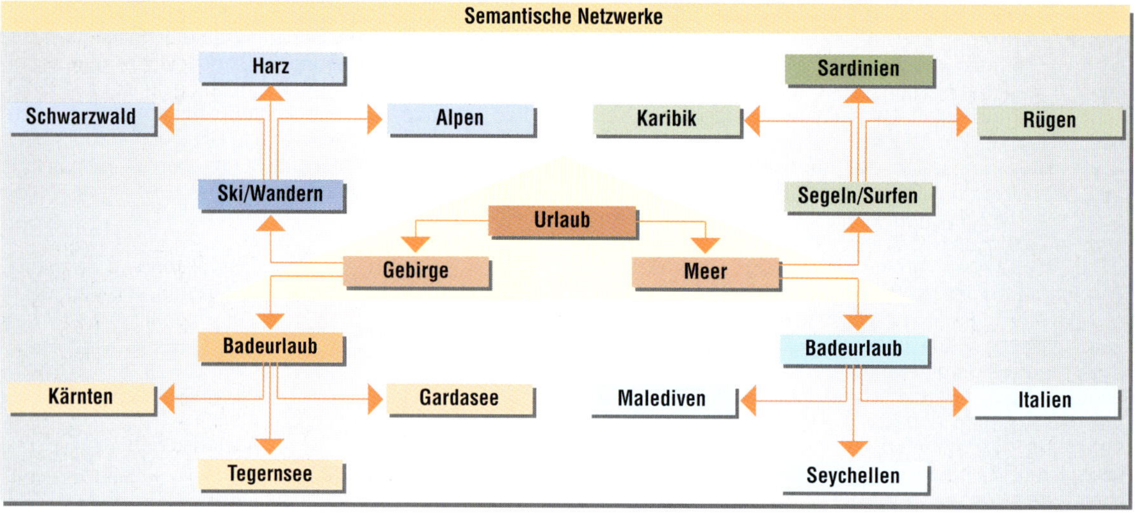

Der Urlauber hat also ein bestimmtes Anforderungsprofil an seine Urlaubsorte entwickelt (geeignet zum Wandern/Skifahren oder Baden oder Segeln/Surfen), sowie aufgrund seiner Erfahrungen Urlaubsorte diesen Anforderungen zugeordnet (die Karibik eignet sich gut zum Segeln, der Schwarzwald gut zum Wandern).
Es ist nachzuvollziehen, dass in diesem Beispiel der Urlauber eher in der Lage ist, Informationen über eine Hotelneueröffnung im Schwarzwald zu lernen, als über eine im Odenwald, weil dieser in seinem semantischen Netzwerk über die Urlaubsplanung nicht enthalten ist. Auf gesättigten Märkten sind Informationen über Produkte immer dann trivial, wenn sie genauso austauschbar sind, wie die Angebote selbst. Wenn **Differenzierungen** auf Basis einer **Unique Advertising Proposition** vorgenommen werden, geht es weniger um das Lernen von Informationen, als vielmehr um das Lernen von Erlebniswelten und Emotionen. In einer langfristigen Ausrichtung versucht Werbung über den Mechanismus der **emotionalen Konditionierung** (s. S. 157) Marken mit emotionalen Werten aufzuladen. Kurz- und mittelfristig wird versucht, den gefühlsmäßigen Zustand des (potenziellen) Gastes so zu beeinflussen, dass der Bedeutungsgehalt der Werbebotschaft in einer bestimmten Art und Weise interpretiert wird.

Motivation

Die Wahrnehmung der Werbung und das Lernen ihrer Botschaft sind notwendige Voraussetzungen zur Entfaltung einer Werbewirkung. Ein Gast entscheidet sich für ein bestimmtes Restaurant aber nicht nur deshalb, weil er dessen Werbung gesehen hat, er muss auch einen Grund dafür haben.
Motive sind Beweggründe für ein bestimmtes Verhalten und zählen zu den individuellen Persönlichkeitsmerkmalen. Verschiedene Personen können in ein und demselben Hotel oder Restaurant also durchaus sehr unterschiedliche Motive für ihren Aufenthalt haben.
Motive lassen sich anhand der **Erwartungs-Wert-Modelle** veranschaulichen. Sie erklären die Motivation zu einem bestimmten Verhalten als Produkt aus der Erwartung, mit diesem Verhalten Erfolg zu haben und dem Wert, den die Folgen des Verhaltens für eine Person haben. Die Motivation ist umso höher, je stärker beide Faktoren ausgeprägt sind. Ist hingegen einer der Faktoren Null, so besteht keinerlei Motivation zu einem bestimmten Verhalten. Wenn sich also jemand von einem Essen in einem bestimmten Restaurant einen angenehmen Abend in ruhiger Atmosphäre verspricht und dies zu dem Zeitpunkt für ihn sehr wichtig ist, hat er auch ein starkes Motiv.
Die wohl bekannteste Motivtheorie ist die **Bedürfnishierarchie von Maslow** (s. S. 37).
Das Gästemarketing kann jede Stufe dieser Bedürfnishierarchie ansprechen. In der Gastronomie sind die physiologischen Bedürfnisse natürlich nahe liegend, allerdings sind sie nicht wirklich verhaltensrelevant, da es sich hier um einen Bedürfnisbereich handelt, der in unserer „Wohlstandsgesellschaft" üblicherweise abgedeckt ist. Daher ist es auch nicht überraschend, dass die Werbung von Hotels und Reiseveranstaltern häufig die oberen Bedürfnisbereiche heraushebt: „Genieße jeden Augenblick" (Thomas Cook), „In guten Händen" (Mercure Hotels). Im Zweifel entscheidet sich der Gast für das Angebot, das seine individuellen Bedürfnisse am besten anspricht.

Im Rahmen der Werbekonzeption müssen die Motive eindeutig definiert werden, die mit der Kampagne angesprochen werden und die Zielgruppe zum Aufenthalt bei uns veranlassen sollen.

Aufgaben

1. a) Machen Sie einmal folgenden Test: Erwähnen Sie beiläufig in einem Gespräch unter Kollegen irgendeine beliebige, aber Ihren Kollegen unbekannte Tatsache.
   b) Sprechen Sie dies später im gleichen Kreis dann nochmals gezielt an und achten Sie auf die Reaktion Ihrer Kollegen.
2. Erläutern Sie Ihren Kollegen dann, was dieser Effekt der beiläufigen Wahrnehmung ist und welche Konsequenzen sich daraus für Werbung im Bereich von Hotellerie und Gastronomie ergeben.
3. Was lässt sich aus den Bestimmungsfaktoren des Lernerfolgs für die Werbung Ihres Restaurants folgern?
4. Gestalten Sie Anzeigenmotive für ein Hotel (Restaurant) Ihrer Wahl für die einzelnen Stufen der Maslowschen Bedürfnispyramide.

10.1.7 Konzeption der Werbung

Situation

Das Seehotel „Schloss Sonnenbühl" plant eine Werbekampagne, um die umfangreichen Umgestaltungsmaßnahmen herauszustellen und um der rückläufigen Umsatz- und Gästeentwicklung entgegenzuwirken. Diese auf den ersten Blick einfache Absichtserklärung stellt die mit der Durchführung beauftragte Marketingabteilung des Hotels vor eine Reihe zu beantwortender Fragen:

- Was soll beworben werden (Werbeobjekt)?
- Wer soll mit der Werbung angesprochen werden (Zielgruppe)?
- Was soll bei dieser Zielgruppe erreicht werden (Werbeziele)?
- Wie können die Ziele am besten erreicht werden (Werbestrategie)?
- Was soll die Werbung aussagen (Copy Strategy)?
- Welche Werbeträger erscheinen dafür am besten geeignet (Mediastrategie)?
- Wann soll geworben werden (Werbezeitraum)?
- Wo soll geworben werden (Werbegebiet)?
- Wie viel Geld soll dafür ausgegeben werden (Werbeetat)?

Wie wird Werbung „gemacht"? Ausgangspunkt für die werbliche Umsetzung ist die **Werbekonzeption**, die die spätere Werbekampagne gewissermaßen vorwegnimmt, aber gleichzeitig auch als Vorgabe für die Umsetzung dient. Die Werbekonzeption gibt Antworten auf die in der Situation dargelegten Fragen.

Gegenstandsbereiche der Werbekonzeption

Werbeobjekt	Zielgruppe	Werbeziele
Copy Strategy	Werbekonzeption	Werbegebiet
Mediastrategie		Werbeetat
Werbestrategie		Werbezeitraum

In der Praxis hängt der konzeptionelle Aufwand, der für Werbung betrieben wird, natürlich vom Werbevolumen ab. Das Gasthaus „Zum Löwen", das wöchentlich in der Lokalzeitung inseriert, lässt nach Vorgaben des Wirtes eine Anzeige gestalten, sei es bei einer kleinen Werbeagentur oder vom Grafiker der Zeitung, die mit eventuellen Aktualisierungen bzw. Änderungen regelmäßig geschaltet wird.

Eine Hotelkette, eine Airline oder ein internationaler Reiseveranstalter, die überregional, national oder sogar international werben, werden natürlich keine „handgestrickte" Werbung betreiben, sondern alle oder zumindest die meisten konzeptionellen Teilbereiche planen. Grundsätzlich gilt: Je professioneller der Anspruch an die Werbung, desto intensiver erfolgt ihre Planung.

Die Gegenstandsbereiche der Werbekonzeption sollen im Folgenden kurz vorgestellt werden.

Werbegebiet

Das Werbegebiet bestimmt die geografische Streuung der Werbung und ist üblicherweise durch das Einzugsgebiet der Zielgruppe vorgegeben. Das Werbegebiet kann lokal, regional, national oder international sein und hat damit grundlegenden Einfluss auf die zu belegenden Werbeträger.

Ein Hotel bzw. eine Urlaubsregion wird sinnvollerweise in den Werbeträgern werben, die von der anvisierten, **geografisch definierten** Zielgruppe genutzt werden.

Das Werbegebiet ist immer dann Gegenstand konzeptioneller Überlegungen, wenn der Werbedruck im Werbegebiet nicht gleichmäßig verteilt werden soll. Im Gästemarketing sind dies vor allem zwei Situationen:

1. Wenn zusätzlich zur Basiswerbung **geografische Schwerpunkte** gesetzt werden sollen. Beispielsweise plant das Tourismusbüro von Österreich eine europaweite Werbekampagne mit Schwerpunkten in deutschen und schweizerischen Medien aus der Überlegung heraus, dass hier die Kaufkraft überdurchschnittlich ist. Für Rügen kann eine nationale Imagekampagne durch einen Schwerpunkt in Berlin ergänzt werden, um die Insel hier als Naherholungsgebiet vorzustellen.

2. Wenn der **Werbedruck** im Werbegebiet abgestuft erfolgen soll. Mit zunehmender Entfernung vom Standort kann der Werbedruck erhöht oder verringert werden. Ein gutbürgerliches Restaurant, das seine Gäste aus der näheren Umgebung rekrutiert, wird den Werbedruck mit zunehmender Entfernung verringern. Die Urlaubsregion Harz hingegen wird mit zunehmender Entfernung den Werbedruck erhöhen, weil die Harzer möglicherweise ihren Urlaub nicht im Harz verbringen.

Die Abbildung (nächste Seite – oben) zeigt einige Möglichkeiten der räumlichen Verteilung des Werbedrucks. Die gleichmäßige Abdeckung des Werbegebiets ist als Normalfall für überregionale Werbetreibende anzusehen. Werden zusätzliche regionale Schwerpunkte gesetzt (z. B. in Ballungsräumen), sind neben dem Basismedium ergänzend weitere, zielgruppenspezifische Werbeträger mit regionaler Steuerbarkeit einzusetzen. Für Werbetreibende mit nur lokaler oder regionaler Bedeutung kann ein abgestufter Werbedruck sinnvoll sein. Mit zunehmender Entfernung vom Kerngebiet kann der Werbedruck erhöht, i. d. R. jedoch verringert werden. Lokale Restaurants werden den Werbedruck abgestuft verringern, Urlaubsregionen erhöhen.

Die folgende Tabelle gibt einen Überblick über die regionale Steuerbarkeit der klassischen Werbeträger. Für nationale Anbieter ist i. d. R. das Fernsehen Basiswerbeträger, für die Gastronomie und Reisebüros bieten sich insbesondere lokale Tageszeitungen und Haushaltswerbung an. Sofern gegeben, kann auch über lokalen Hörfunk nachgedacht werden.

Möglichkeiten der räumlichen Werbestreuung

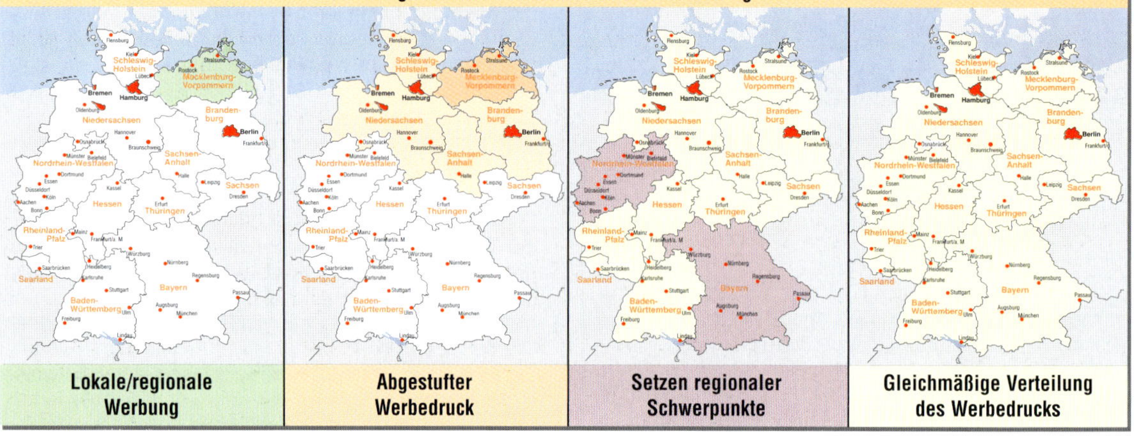

Regionale Steuerbarkeit von Werbeträgern

Werbegebiet	Werbeträger
lokal	lokale Tageszeitungen, Anzeigenblätter, Kino, Plakate, lokaler Hörfunk, Haushaltswerbung, Schaufenster
regional	regionale Tageszeitungen, Plakate, Kino, Hörfunk
national	Fernsehen, Publikumszeitschriften, Plakate, Kino, überregionale Tageszeitungen, Hörfunk
international	internationale Fernsehsender, Tageszeitungen, Publikumszeitschriften

Werbezeitraum

Entscheidungen über den **Werbezeitraum** beziehen sich einerseits auf die Länge der Planungsperiode, andererseits auf die zeitliche Verteilung der Werbung innerhalb der Planungsperiode. Es lassen sich kurz-, mittel- und langfristige **Planungszeiträume** unterscheiden (vgl. Hempelmann 1993, S. 479):

- **Kurzfristige Werbepläne** beziehen sich auf Werbeaktivitäten mit enger zeitlicher Begrenzung (z. B. bei Aktionsangeboten in Hotellerie und Gastronomie, Last-Minute-Angebote).
- **Mittelfristige Werbepläne** beziehen sich üblicherweise auf die innerhalb des Geschäftsjahres durchzuführenden regelmäßigen Werbeaktivitäten.
- **Langfristige Werbepläne** werden für eine strategisch ausgerichtete Absatzplanung erstellt.

Wie das Werbegebiet ist auch der **Werbezeitraum** häufig vorgegeben. Er ist immer dann zu planen, wenn der Werbedruck zeitlich nicht gleichmäßig verteilt werden soll. Üblicherweise wird für ein Jahr im Voraus geplant. Es kann aber sinnvoll sein, zeitliche Schwerpunkte zu setzen. Dies kann aus zwei konzeptionellen Gründen heraus erfolgen:

1. Wenn die Nachfrage saisonalen Schwankungen unterliegt. Der Werbedruck kann hier zyklisch oder antizyklisch gesteuert werden. So ist es beispielsweise angebracht, dass ein Restaurant während der Spargelsaison seine Spargelangebote herausstellt. Für ein Urlaubsgebiet macht es dagegen wenig Sinn, während der Hauptreisezeit dafür zu werben, hier werden nur die Kurzentschlossenen erreicht. Urlaubsgebiete werden i. d. R. antizyklisch beworben, d. h. in der Zeit, in der die Urlaubsplanung erfolgt.

2. Konzeptionell ist die zeitliche Verteilung des eigenen Werbedrucks vor allem in Relation zu dem zu erwartenden Werbedruck der Wettbewerber von Bedeutung. Die **beabsichtigte Werbewirkung** ist in hohem Maße abhängig von den mit der eigenen Werbung erzielten Werbekontakten bei den Zielpersonen im Verhältnis zu den Kontakten, die die Wettbewerbsmarken bei den gleichen Zielpersonen erreichen. Ein Mediaplan, der die Konkurrenzpläne nicht berücksichtigt, ist somit wenig aussagefähig über die mutmaßlichen Wirkungseffekte. Bei einem insgesamt hohen Werbedruck in der Branche ist die Gefahr groß, dass die eigene Werbung nicht im gewünschten Maß auffällt. Wenn alle werben, kann das eigene Angebot keine Alleinstellung erreichen.

Möglichkeiten der zeitlichen Verteilung des Werbedrucks

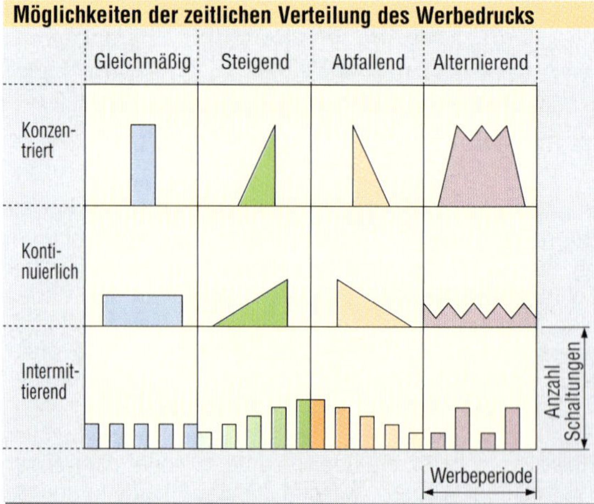

(Hempelmann: Zeitliche Einsatzplanung der Werbung, in: Berndt/Hermanns [Hrsg.]: Handbuch Marketing-Kommunikation, Wiesbaden 1993, S. 480)

Werbeetat

Der **Werbeetat** legt die Höhe der Werbeaufwendungen für eine definierte Planungsperiode fest. In der Praxis basiert die Etatplanung überwiegend auf einfachen Faustformeln. So wird die Höhe des Werbeetats vielfach an Orientierungsgrößen gekoppelt wie dem Umsatz, dem Marktanteil, den Werbeaufwendungen der Konkurrenz oder einfach den verfügbaren finanziellen Mitteln, was insbesondere bei kleinen und mittelständischen Betrieben praktiziert wird. Diese Methoden haben den Vorteil, einfach zu sein, halten einer logischen Überprüfung aber nicht stand, da ihnen eine Orientierung an den geplanten Maßnahmen fehlt. Die Orientierung am Umsatz verkehrt den unterstellten Wirkungszusammenhang ins Gegenteil, da hierbei die Werbeausgaben in eine funktionale Abhängigkeit vom Umsatz gebracht werden. Der Umsatz kann jedoch nicht Ursache für höhere Werbeausgaben sein, vielmehr sollten umgekehrt die Werbeausgaben zu einem höheren Umsatz führen. Als rationales Verfahren zur Bestimmung des Werbebudgets ist die zielorientierte Methode anzusehen (s. Abb. unten). Ausgangspunkt sind hierbei klar definierte Werbeziele, aus denen die zu ihrer Erreichung notwendigen Werbemaßnahmen abgeleitet werden. Dafür sollte beispielsweise bekannt sein, wie viele Personen (**Reichweite**) in welcher Form (**Werbemittel**) über welche Medien (**Werbeträger**) wie häufig (**Werbedruck**) angesprochen werden müssen. Überschreitet das dafür notwendige Werbebudget die finanziellen Möglichkeiten, ist die Etatplanung mit modifizierten Zielen neu zu durchlaufen. Zwar erscheint diese Methode als sachlogisch richtig, allerdings ergibt sich ein Prognoseproblem im Hinblick auf den Ursache-Wirkung-Zusammenhang.

Bei der **Planung des Werbeetats** sind unterschiedliche Kostenarten zu planen. Neben den reinen Schaltkosten sind auch die Produktionskosten und Honorare zu berücksichtigen sowie gegebenenfalls auch die Kosten der Werbeerfolgskontrolle.

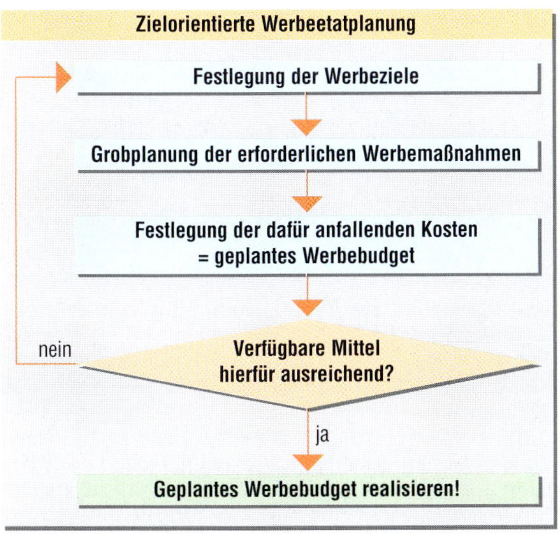

(Berndt: Budgetierung, in: Tietz/Köhler/Zentes [Hrsg.]: Handwörterbuch des Marketing, Stuttgart 1995, Sp. 331)

Werbeziele

„Werbeziele sollen (...) das werbliche Handeln möglichst präzise auf ganz bestimmte Resultate ausrichten helfen. Durch sie soll der Werbung eine klare und spezifizierte Richtung verliehen werden, an der alle Werbeentscheidungen zu orientieren und zu bewerten sind" (Steffenhagen, S. 287).

Werbeziele haben eine Vorgabe- und eine Kontrollfunktion. Sie sind einerseits Zielvorgabe für alle an der Werbung Beteiligten, gleichzeitig aber auch Maßstab für die Bewertung der Ergebnisse.

Es wurde bereits darauf hingewiesen, dass es wenig Sinn macht, Werbung an ökonomischen Zielen auszurichten. Ohne Zweifel ist es das Endziel der Werbung, die (potenziellen) Gäste zu einem Aufenthalt in unserem Haus zu veranlassen. Die ökonomischen Erfolge lassen sich der Werbung jedoch nicht unmittelbar zuordnen, da sie von einer Reihe weiterer Faktoren abhängen, die vom werbetreibenden Unternehmen nicht beeinflusst werden können (s. Abb. S. 152). Somit macht es auch keinen Sinn, der Werbung Ziele vorzugeben, an denen sie nicht gemessen werden kann.

Werbung ist ein Bereich der Kommunikation, insofern können auch nur kommunikative Ziele vorgegeben werden. Kommunikative Größen eignen sich allerdings nur dann als **Werbeziele**, wenn sie folgende Bedingungen erfüllen. Sie müssen:

- realisierbar und messbar sein,
- konsistent mit den Unternehmens- und Marketingzielen sein,
- vom Werbetreibenden beabsichtigt sein,
- direkt durch die Werbung beeinflussbar und ihr somit unmittelbar zuzuordnen sein und
- in der Lage sein, Kaufentscheidungen zu beeinflussen.

Die folgende Abbildung (nächste Seite oben) stellt das Zielsystem der Werbung dar. Darin sind einige kommunikative Ziele aufgeführt, die die angegebenen Bedingungen erfüllen. Als **strategische Werbeziele** sind Aufbau und Absicherung von Wettbewerbsvorteilen (Differenzierung) und Gästezufriedenheit anzusehen, Letzteres kann Werbung vor allem durch ihre Funktion der Bestätigung nach dem Kauf erreichen. Die **operativen Werbeziele** sind dabei als Umsetzungen der strategischen Ziele aufzufassen. Beispielsweise ist die Steigerung der Bekanntheitswerte ein nahe liegendes Ziel für jeden Werbetreibenden. Bekanntheit ist vor und nach dem Werbeeinsatz problemlos messbar und die Veränderung der Werte der Werbung unmittelbar zuzuordnen. Die genannten Bedingungen werden auch von Images, Sympathie, Neugier, Aufmerksamkeit, Information, Aktualität u. Ä. erfüllt, die sich insofern gleichermaßen als Werbeziele eignen.

Bekanntheit ist in der Werbung ein Wert an sich, da einer der grundlegenden Wirkungsmechanismen der Werbung darauf beruht, dass Bekanntes grundsätzlich positiver bewertet wird als Unbekanntes. Somit wird auch das Risiko, an ein bekanntes Reiseziel zu fahren oder in ein bekanntes Restaurant zu gehen als geringer angesehen. Bekanntheit schafft Präferenzen. Die Bedeutung der Bekanntheit für die Werbung wird vor allem deutlich, wenn wir den Umkehrschluss ziehen: Wenn ein Angebot nicht beworben wird, kann es in der Zielgruppe nicht bekannt werden. Dann darf es den Gastronomen auch nicht verwundern, wenn keine Gäste kommen. Henry Ford hat das in dem berühmten Satz zusammengefasst:

Wer aufhört zu werben, um Geld zu sparen, kann ebenso seine Uhr anhalten, um Zeit zu sparen.

Bekanntheit wird unterteilt in eine aktive und eine passive Form. In der aktiven Form handelt es sich um eine **spontane Bekanntheit** (auch **Aktualität** genannt), in der passiven um **gestützte Bekanntheit**. Der Unterschied ist bedeutsam und sei am Beispiel eines Restaurants aufgezeigt: Die spontane Bekanntheit wird mit folgender Frage erhoben: „Wenn Sie an die Restaurants in Ihrer Umgebung denken, welche fallen Ihnen dazu spontan ein?“ Spontan kann üblicherweise nur eine begrenzte Anzahl von Restaurants genannt werden, allerdings ist dabei die Reihenfolge der Nennungen wichtig, da das zuerst genannte Restaurant wahrscheinlich das ist, das die höchste Präferenz hat. Im Unterschied dazu wird bei der gestützten Bekanntheit den Befragten eine Liste mit Restaurants vorgelegt und gefragt, welche sie davon kennen. Spontane und gestützte Bekanntheit können stark voneinander abweichen. Um ein anderes Beispiel zu nehmen: Die Insel Rügen ist zwar bei vielen Urlaubern bekannt, spontan würden sie aber vermutlich nur wenige nennen.
Werbung, die Aktualität als Ziel verfolgt, vermittelt häufig weder Informationen noch Emotionen. Sie setzt das eigene Restaurant/Hotel vielmehr so auffällig in Szene, dass es sich in das Bewusstsein der Gäste einprägt. Aufmerksamkeit, Neugier und Sympathie sind Werbeziele, die in eine ähnliche Richtung zielen.

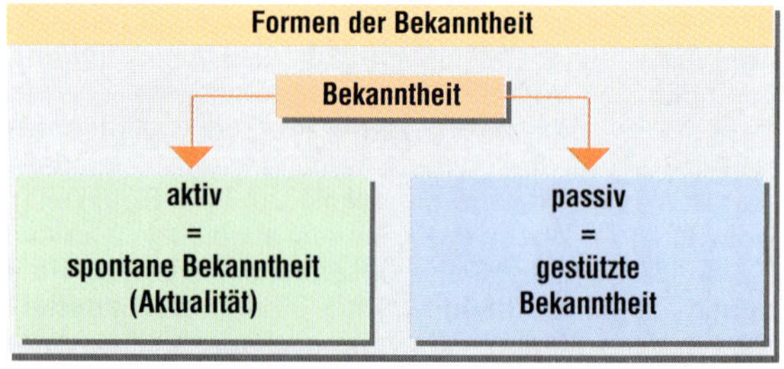

Informationen sind als Werbeziel immer dann sinnvoll, wenn es sich um erklärungsbedürftige Angebote handelt bzw. wenn die (potenziellen) Gäste über bestimmte Eigenschaften unseres Angebots nicht oder nicht ausreichend informiert sind, diese Information aber als wichtig erachtet wird. Bei austauschbaren Angeboten sind Informationen jedoch vielfach trivial. In diesen Fällen geht es in der Werbung vor allem um die Vermittlung von **Emotionen** und **Images**, um den Aufbau von Erlebniswelten, die das eigene Angebot von dem der Konkurrenz unterscheidet.
Die **Formulierung von Werbezielen** sollte die folgenden Dimensionen enthalten (vgl. Steffenhagen 1993, S. 298):

1. Angabe der Zielart („Was soll erreicht werden?“).
2. Angabe des angestrebten Ausmaßes einer Zielart („Wie viel soll bei der Zielart erreicht werden?“).
3. Angabe des Zeitbezugs der angestrebten Zielerreichung („Wann soll das Ziel erreicht sein?“).
4. Angabe des Objektbezugs der angestrebten Zielerreichung („Bei welcher Marke, Produktvariante, Einkaufsstätte o. Ä. soll das Ziel erreicht werden?“).
5. Angabe der Zielgruppe („Bei wem soll das Ziel erreicht werden?“).

Zielgruppe

Zielgruppe sind diejenigen Personen, die mit der Werbung angesprochen und beeinflusst werden sollen. Die Bezeichnung bringt zum Ausdruck, dass sich Werbung niemals an alle richtet, sondern immer nur an bestimmte Personengruppen.

Werden mit den werblichen Maßnahmen Personen erreicht, die nicht zur anvisierten Zielgruppe gehören, wird von **Streuverlusten** gesprochen. So sind z. B. alle Männer, die Werbung für Damenhygiene sehen, Streuverluste, ebenso wie alle eingefleischten Ostseeurlauber, die von Werbung für ein Hotel in der Alpenregion erreicht werden.
Werbetreibende richten ihre werblichen Maßnahmen nur an die Personen, die grundsätzlich ein Interesse an ihren Angeboten haben bzw. haben könnten, also aktuelle und potenzielle Gäste. Für ein Restaurant wären dies alle Personen in einem bestimmten Umkreis um den Standort. Urlaubsregionen und Hotels werben in den Gebieten, aus denen erfahrungsgemäß die meisten Gäste kommen. Es kann aber auch Sinn machen, zu versuchen, in neuen Regionen Gäste zu akquirieren.
Jeder Werbetreibende muss bei der Konzeption seiner Werbung zunächst die anvisierte Zielgruppe eingrenzen und beschreiben.
Zielgruppenbeschreibungen erfolgen entweder nach soziodemographischen oder nach psychographischen Merkmalen.

Soziodemographische Zielgruppenbeschreibung

Am häufigsten erfolgt die Zielgruppenbeschreibung nach **soziodemographischen Merkmalen** wie Geschlecht, Alter, Beruf, Einkommen, Bildung, Haushaltsgröße, Schichtzugehörigkeit, Wohnort oder Wohnortgröße. Der Verwendung dieser Merkmale liegt die Annahme zugrunde, dass von ihnen auf bestimmte Konsumgewohnheiten geschlossen werden kann. Dies ist jedoch nur in Einzelfällen sinnvoll. Die meisten dieser Merkmale haben den Vorteil, dass sie leicht erfassbar und messbar sind. Allerdings sind diese Kriterien nur in sehr eingeschränktem Maße von prognostischer Relevanz im Hinblick auf das Konsumverhalten.

- Das **Geschlecht** ist für bestimmte Produktgruppen, die nur von Frauen (z. B. Lippenstifte, Damenhygiene) bzw. nur von Männern (Rasierwasser) nachgefragt werden, durchaus ein konsumdifferenzierendes Merkmal. Bei vielen Produktgruppen kann dieses Merkmal jedoch entweder nur eingeschränkt (Zeitschriften, Autos, Bekleidung) bzw. überhaupt nicht (Zigaretten, Waschmittel) zur Abgrenzung des Konsums herangezogen werden. Für das Gästemarketing ist das Geschlecht nur in Ausnahmefällen ein sinnvolles Merkmal zur Beschreibung von Zielgruppen, z. B. bei Angeboten einer Beauty Farm.

- Das **Alter** greift als differenzierendes Merkmal ähnlich ungenau wie das Geschlecht. Zwar gibt es typische Produkte für einzelne Altersgruppen (Höschenwindeln, Gebissreiniger), für die Mehrzahl der Produktbereiche lässt das Alter der Zielgruppe jedoch nur eine sehr vage Konsumabgrenzung nach vermutlichen Interessenschwerpunkten zu. Auch im Tourismus finden sich Angebote, die allein auf das Alter der Zielgruppe abheben relativ selten. Als Beispiel lässt sich die Insel Mallorca anführen, für die im Winter und Frühjahr gezielt die Zielgruppe „Rentner" angesprochen wird.

- Das **Einkommen** ist als Zielgruppenkriterium insofern bedeutsam, als es die finanziellen Möglichkeiten der Zielgruppe beschreibt. Als Einkommensgröße wird üblicherweise das Haushaltsnettoeinkommen verwendet. Ein Urlaub auf den Seychellen erfordert normalerweise einen höheren finanziellen Mitteleinsatz als ein Urlaub im Harz. Auch die Wahl des Hotels wird häufig unter finanziellen Erwägungen getroffen. Allerdings lassen Statusambitionen einkommensschwächerer Zielgruppen oder auch die Erfüllung von lange gehegten Wünschen das Merkmal Einkommen nicht als eindeutiges Abgrenzungskriterium erscheinen. Insbesondere bei Produkten, die nach außen sichtbar sind oder die gegenüber Freunden und Bekannten als berichtenswert erscheinen (Autos, Spirituosen, Urlaub), stellt das Einkommen heutzutage häufig keine Grenze mehr dar. Das Gleiche gilt für die Kriterien **Ausbildung** und **Beruf**.

- Das Einkommen wird vor allem auch durch das Kriterium **Haushaltsgröße** relativiert. Mit steigender Haushaltsgröße sinkt die Konsumkraft des Haushaltes bei gegebenem Einkommen. Während für einen Single eine Fernreise problemlos mit seinem Einkommen vereinbar sein kann, multiplizieren sich für eine mehrköpfige Familie u. U. schon die Flugkosten mit der Anzahl der Personen. Im Tourismus ist die Haushaltsgröße häufig ein relevantes Kriterium, das in speziellen Familienangeboten oder Vergünstigungen für mitreisende Kinder berücksichtigt wird.

- Insbesondere für Produkte des täglichen Bedarfs ist die Zielgruppe **Haushaltsführende** relevant, womit die Personen beschrieben werden, die für den Einkauf des gesamten Haushaltsbedarfs verantwortlich sind.

- Geografische Kriterien wie **Wohnortgröße** oder **Region** können einen großen Einfluss auf den Konsum haben. Einige Produkte sind nur regional distribuiert (regionale Spezialitäten), sodass die Zielgruppenansprache auch nur regional erfolgen kann. Häufig lassen sich Trendprodukte eher in Ballungsräumen absetzen und Bewohner der Küstenregion beispielsweise eher für frische Fische ansprechen.

Das **Marktforschungsinstitut A. C. Nielsen** hat Deutschland in so genannte „ACNielsen-Gebiete" eingeteilt, die sich als Basis für eine geografische Zielgruppenplanung durchgesetzt haben. Darin sind einzelne Bundesländer, wie in der Abbildung (nächste Seite oben) dargestellt, zu einem Nielsen-Gebiet zusammengefasst. Insgesamt teilt sich Deutschland in **sieben Nielsen-Gebiete** auf. Bei Betrachtung von Regionalstrukturen wird entsprechend von „Nielsen 2" oder „Nielsen 6" gesprochen. Da jedes einzelne soziodemographische Merkmal für sich genommen Zielgruppen nicht hinreichend genau abgrenzen kann, werden i. d. R. Kombinationen dieser Merkmale verwendet. Häufig werden dazu die Merkmale Alter und Einkommen oder auch Haushaltsgröße und Einkommen kombiniert.

ACNielsen-Gebiete

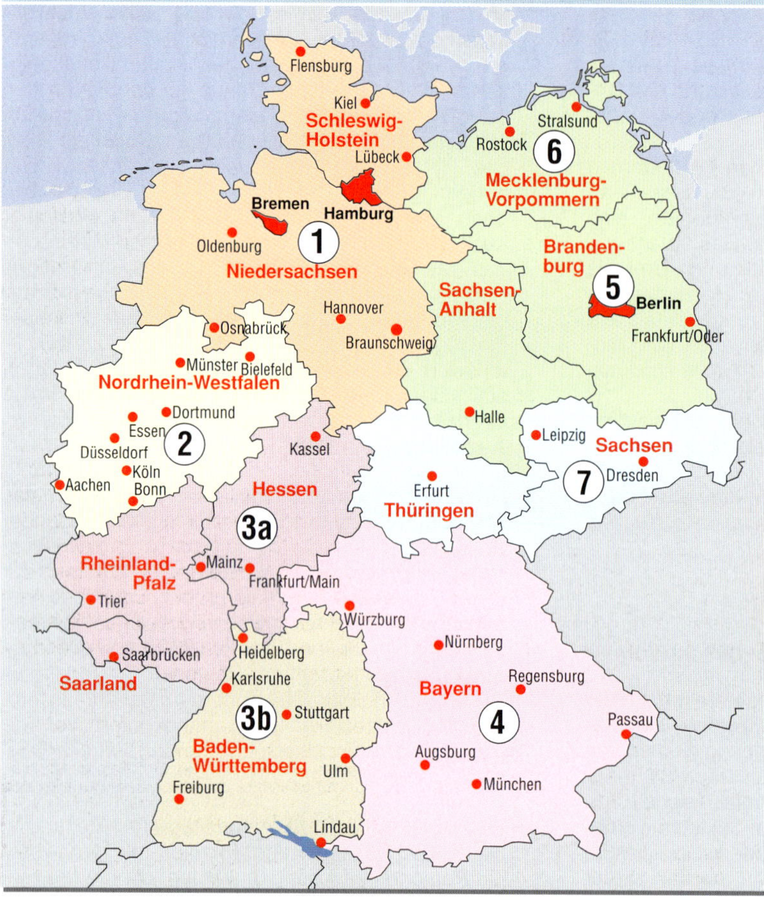

ACNielsen-Gebiet 1
Hamburg, Bremen, Schleswig-Holstein, Niedersachsen

ACNielsen-Gebiet 2
Nordrhein-Westfalen

ACNielsen-Gebiet 3a
Hessen, Rheinland-Pfalz, Saarland

ACNielsen-Gebiet 3b
Baden-Württemberg

ACNielsen-Gebiet 4
Bayern

ACNielsen-Gebiet 5
Berlin

ACNielsen-Gebiet 6
Mecklenburg-Vorpommern, Brandenburg, Sachsen-Anhalt

ACNielsen-Gebiet 7
Thüringen, Sachsen

Merkmalskombinationen finden beispielsweise ihren Niederschlag in Zielgruppenbeschreibungen wie **Yuppies** oder **Dinks**. Yuppy steht als Abkürzung für Young Urban Professional People und bezeichnet Personen zwischen 20 und 39 Jahren mit hohem Bildungsniveau, überdurchschnittlichem Einkommen und einem großstädtischen Wohnsitz. Dinks stehen für Double Income, no Kids, also Doppelverdiener ohne Kinder.

Beispiel

Seehotel Schloss Sonnenbühl

Unter soziodemographischen Aspekten lassen sich beispielsweise für das Seehotel „Schloss Sonnenbühl" zwei unterschiedliche Zielgruppen beschreiben. Einerseits lassen sich die Yuppies der nahe gelegenen Großstadt gezielt zu einem Erholungswochenende unter Herausstellung der neuen Badelandschaft ansprechen. Andererseits können junge Familien im Alter zwischen 25 und 35 Jahren mit einem Haushaltsnettoeinkommen von über 2 500 Euro im Einzugsgebiet der Großstadt mit Hinweis auf die Restaurants und die Kinderbetreuung angesprochen werden.

Psychographische Zielgruppenbeschreibung

Es wurde deutlich, dass eine Zielgruppendefinition auf rein soziodemographischer Basis i. d. R. nicht ausreicht, um seine Zielgruppen zu beschreiben. Personen gleichen Alters und Einkommens können, obwohl nach soziodemographischen Daten identisch, völlig unterschiedlich sein und auch verschiedene Konsumgewohnheiten haben.

Aufgrund der ungenügenden Trennschärfe soziodemographischer Merkmale werden diese häufig durch **psychographische Merkmale** ergänzt, d. h., Zielgruppen werden nach psychologischen Kriterien beschrieben. Während soziodemographische Merkmale lediglich einen beschreibenden Charakter haben, zielt die Verwendung psychographischer Merkmale auf eine Erklärung des Verbraucherverhaltens. Diese Art der Zielgruppenbeschreibung verwendet Merkmale wie Einstellungen, Motive, Verhaltensweisen und Persönlichkeitsmerkmale, um daraus einstellungs- und verhaltenshomogene Personengruppen zu bilden.

Der nach soziodemographischen Merkmalen bereits beschriebene **Yuppy** lässt sich mit psychographischen Merkmalen wie folgt beschreiben: Er hat eine positive Grundeinstellung und schätzt die Zukunft optimistisch ein.

Häufig zeigt er wenig Interesse an politischen oder kulturellen Fragen, er ist emotionsarm, ichbezogen und materialistisch eingestellt. Er orientiert sich an äußerlichen Attributen, ist voller Selbstvertrauen, strebt nach Erfolg und demonstriert den Erfolg mit Statussymbolen (vgl. Koschnick, S. 1923).

Beispiel

Unter psychographischen Merkmalen lässt sich die Zielgruppe des Seehotels „Schloss Sonnenbühl" beispielsweise als erlebnis- und genussorientiert, aufgeschlossen, lebensbejahend und extrovertiert beschreiben. Die werbliche Ansprache müsste sich entsprechend auf Titel konzentrieren, die eine entsprechende Leserschaft haben.

Aus den psychographischen Merkmalen entwickelten sich so genannte **Lifestyle-Typologien**, mit denen Persönlichkeitstypen beschrieben werden, die bestimmte Personengruppen repräsentieren sollen. **Typologien** stellen den Verbraucher einfach und übersichtlich dar. Aber gerade darin liegt ihre Problematik, denn sie täuschen eine Trennschärfe vor, die sie per se nicht haben. Je nach Produktbereich haben Lebensstile unterschiedliche Relevanz. Bei persönlichkeitsgeprägten, äußerlich sichtbaren Produkten wie Urlaub, Kleidung oder Autos haben sie wahrscheinlich einen größeren Stellenwert als bei Produkten des täglichen Bedarfs bzw. generell bei Massenprodukten. Außerdem erscheinen derartige Typologien in einer Zeit, die durch den Wertewandel gekennzeichnet ist, als veraltet. Zwar erfüllen Typologien die Forderung nach Homogenität der Zielgruppen, jedoch sind sie nicht operationalisierbar, denn sie grenzen den Konsum nicht hinreichend genau ab.

Werbeobjekt

Ein Werbeobjekt ist das, wofür geworben werden soll. Dabei kann es sich beispielsweise um eine Marke, ein Produkt, eine Leistung, eine Partei oder eine Idee handeln. Die Entscheidung über das Werbeobjekt ist immer dann unproblematisch, wenn es sich um ein Monoprodukt handelt bzw. das zu bewerbende Produkt von vornherein feststeht. Wenn also Werbung für das Seehotel „Schloss Sonnenbühl" konzipiert werden soll, ist damit das Werbeobjekt zunächst einmal vorgegeben. Wie aus der folgenden Abbildung ersichtlich ist, beinhaltet das Werbeobjekt jedoch unterschiedliche Teilangebote oder es ist Teil eines Sortiments, stehen unterschiedliche Möglichkeiten offen (vgl. Abb. oben). Das Entscheidungsproblem besteht hier darin, festzulegen, welches (Teil-) Angebot mit welcher Priorität beworben werden soll. Es handelt sich einerseits also um ein Auswahl- und andererseits um ein Gewichtungsproblem.

Entscheidungen über das Werbeobjekt

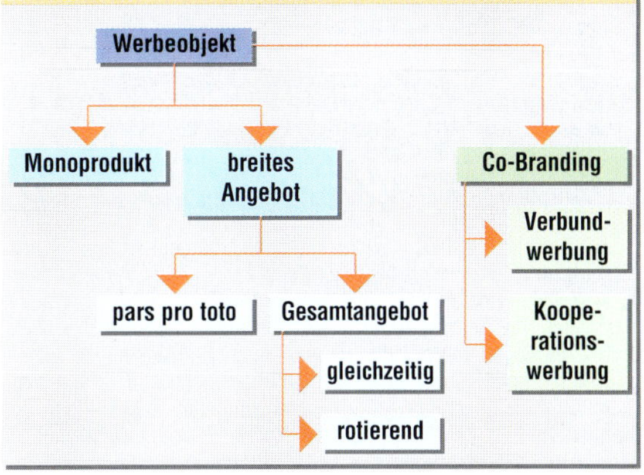

- Ein Angebot kann stellvertretend für das Gesamtsortiment beworben und ausführlich vorgestellt werden (pars pro toto). Sind die Angebote innerhalb des Sortiments einigermaßen homogen, repräsentiert dieses Werbeobjekt das Gesamtsortiment. Handelt es sich jedoch um ein heterogenes Sortiment, besteht die Gefahr, dass das ausgewählte Werbeobjekt ein nicht repräsentatives Bild der Angebotsleistung des Unternehmens zeichnet.

Beispiel

Das Seehotel „Schloss Sonnenbühl" steht bei dieser Möglichkeit vor der Entscheidung, welches der speziellen Angebote beworben werden soll. So könnte beispielsweise der Wellness-Bereich oder die Möglichkeiten zu Familienfeiern exemplarisch herausgestellt werden. Jedes Angebot für sich würde der Gesamtleistung des Hotels nicht gerecht werden. Ein weiteres Problem besteht darin, dass sich Interessenten für das jeweils andere Angebot eher abgeschreckt fühlen könnten.

- Soll die gesamte Angebotsbreite beworben werden, stehen zwei Möglichkeiten zur Verfügung: Es können (mehrere oder) alle Angebote gleichzeitig oder jeweils ein Angebot rotierend und in jedem Fall somit das gesamte Leistungsspektrum des Unternehmens dargestellt werden. Die Wahl der Alternative hängt von der Angebotsbreite ab. Ist dieses sehr umfangreich, steht dem einzelnen Angebot nur wenig Raum zur Verfügung bzw. entstehen hohe Produktionskosten für die Erstellung der Werbemittel (siehe Beispiel – nächste Seite oben).

Kombinationen der dargestellten Umsetzungsmöglichkeiten sind möglich. Beispielsweise kann in einem Spot ein Angebot vorgestellt werden und ein sich anschließender, kürzerer Spot kann auf weitere Sortimentsbestandteile hinweisen.

Beispiel

Das Seehotel „Schloss Sonnenbühl" hat bei dieser werblichen Umsetzung also einerseits die Möglichkeit, jedes Angebot mit einem beispielhaften Foto und einer kurzen Textbeschreibung vorzustellen. Der Betrachter der Anzeige bekommt so einen Überblick über die Angebotsbreite des Hotels. Die andere Möglichkeit wäre, für jedes Angebot ein eigenständiges Anzeigenmotiv zu schalten und damit eine umfassendere Darstellung der Teilleistungen zu erreichen.

Eine grundsätzlich andere Möglichkeit besteht darin, das eigene Angebot mit Angeboten anderer Hersteller gleichzeitig zu bewerben. In diesem Fall handelt es sich um ein so genanntes **Co-Branding**. Sind die Werbepartner auf der gleichen Marktstufe, wird von **Verbundwerbung** gesprochen. Schließen sich Partner unterschiedlicher Marktstufen zu einem gemeinsamen Werbeauftritt zusammen (z. B. Reiseveranstalter, Airlines und/oder Hotelketten), liegt **Kooperationswerbung** vor. Es ist allerdings darauf hinzuweisen, dass diese definitorische Trennung weder in der Literatur noch in der Praxis sehr strikt gehandhabt wird.

Die wesentlichen Vorteile des Co-Brandings liegen einerseits darin, dass die Produktions- und Streukosten zwischen den Werbepartnern geteilt werden und damit für jeden einzelnen ein größerer Werbeauftritt ermöglicht wird. Insbesondere für kleine und mittelständische Unternehmen kann dies eine interessante Option sein. Andererseits lassen sich durch die Wahl der Partner Synergien erzielen (z. B. im Hinblick auf Imagetransfers) und kreative Werbeauftritte ermöglichen, die ein hohes Maß an Aufmerksamkeitspotenzial haben.

Beispiel

Im Rahmen eines Co-Brandings könnte sich das Seehotel „Schloss Sonnenbühl" beispielsweise mit einem Busunternehmen zusammenschließen oder auch mit der Messegesellschaft der nahe gelegenen Großstadt. Das schmale Marketingbudget des Hotels ließe sich auf diese Weise wirtschaftlicher nutzen. Ferner könnte das Hotel vom positiven Image der weltbekannten Messegesellschaft profitieren.

Bei der Entscheidung über das Werbeobjekt sollten unterschiedliche Alternativen berücksichtigt werden. Sowohl unter strategischen als auch unter taktischen Aspekten eröffnen sich vielfach Synergiepotenziale.

Werbestrategie

Für einen kleinen oder mittelständischen gastgewerblichen Betrieb beschränken sich werbestrategische Entscheidungen üblicherweise auf Auswahl und Formate der Werbemittel bzw. sind durch die Werbetätigkeit der Vergangenheit bereits vorgegeben. Ein großer Touristikkonzern wird jedoch sehr wohl strategische Überlegungen anstellen.

Konzeptionspyramide der Werbung

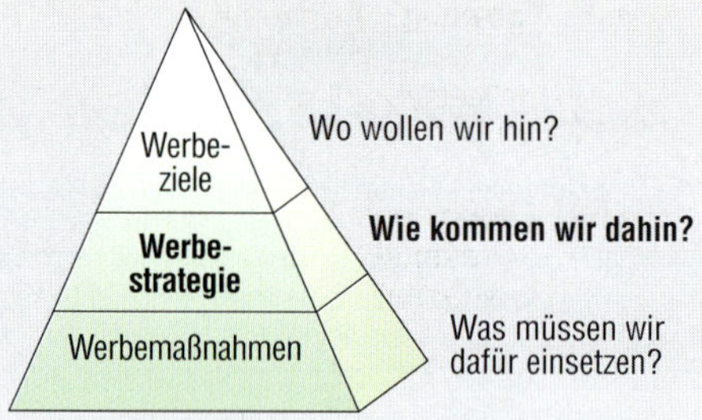

(Becker, J.: Marketing-Konzeption, München 2002, S. 11)

Die **Werbestrategie** beantwortet die Frage, wie die Werbeziele erreicht werden sollen. Konzeptionell geht es um die Planung der Werbemittel. Die Werbestrategie ist das Bindeglied zwischen Werbezielen und Werbemaßnahmen. Da „viele Wege nach Rom" führen, Werbeziele also in aller Regel mit unterschiedlichen Strategien erreicht werden können, besteht die schwierige Aufgabe darin, Strategiealternativen zu bewerten und diejenige auszuwählen, mit der die Ziele voraussichtlich am besten erreicht werden bzw. bei gleichwertigen Alternativen diejenige, die den geringeren Aufwand verursacht.

Die Werbestrategie muss stets an den Werbezielen ausgerichtet sein und bestimmt die zu ergreifenden Maßnahmen, mit denen diese Ziele erreicht werden sollen. „Strategien legen den notwendigen Handlungsrahmen (...) fest, um sicherzustellen, dass alle operativen (taktischen) Instrumente auch zielführend eingesetzt werden" (Becker, S. 140).

Die Marketingstrategie und die Positionierung bilden die Grundlage für die Werbestrategie. Während Marketingstrategie und Positionierung jedoch grundsätzlich langfristig orientiert sind, wird die Werbestrategie häufig nur für einen Kampagnenzeitraum festgelegt.
Die nachfolgende Liste stellt einige der Entscheidungen vor, die im Rahmen der Werbestrategie getroffen werden müssen (s. S. 184):

- In welchem Werbezeitraum und Werbegebiet soll geworben werden?
- Sollen klassische oder (flankierend auch) nicht-klassische Werbemittel eingesetzt werden, Above-the-line- und/oder Below-the-line-Aktivitäten?

- Welche Werbemittel erscheinen am besten geeignet, die Werbebotschaft zu übermitteln bzw. sind dem Werbeobjekt angemessen?
- Welche Formate der Werbemittel (Anzeigengröße und -farbigkeit, Länge TV-/Hörfunkspot) werden eingesetzt?
- Welche Gestaltungselemente sollen eingesetzt werden (visuell, akustisch, audiovisuell)?
- Welche Wort-/Bildanteile, Schrifttype, Bild-/Soundeffekte werden gewählt?
- Die Marketingstrategie und die Positionierung bilden die Grundlage für die Werbestrategie.
- Welche Gestaltungstechniken (Slice of Life, Testimonial, Lifestyle, Presenter, Teaser, vergleichende Werbung) werden eingesetzt?

Copy Strategy

Große Reiseveranstalter, Airlines und internationale Hotelketten werden keine Werbung schalten, die nicht auf Basis einer Copy Strategy konzipiert wurde.
Grundlage für die kreative Umsetzung einer Werbekampagne ist die Copy Strategy (aus dem Englischen copy = [Werbe-] Text).

Ausgehend von der angestrebten Positionierung definiert die Copy Strategy die Eindrücke, die der Gast von dem beworbenen Angebot haben soll.

Da die Positionierung i. d. R. langfristig ausgerichtet ist, ist auch die **Copy Strategy** als ein **Langzeit-Dokument** aufzufassen, das auch für Folgekampagnen Gültigkeit hat. Vielfach wird eine Marke nicht nur mit einer einzigen Werbekampagne beworben, vielmehr wird die Kampagne im Zeitablauf geändert. Aus diesem Zeithorizont resultiert auch ein wesentlicher Unterschied zur **Werbestrategie**. Während diese vielfach nur für einen Kampagnenzeitraum geplant wird, ist die Copy Strategy grundsätzlich kampagnenübergreifend, hat also einen längeren Planungshorizont. Solange an der Positionierung der Marke keine Änderungen vorgenommen werden, bleibt auch die Copy Strategy bestehen.
Die Copy Strategy drückt aus, **was** die Werbung aussagen soll, sie enthält jedoch keine Hinweise darüber, wie es ausgedrückt werden soll. Die kreative Umsetzung ist Aufgabe der Werbeagentur. Mit der Copy Strategy lässt sich deren kreative Leistung beurteilen. Ein und dieselbe Copy Strategy kann mit sehr unterschiedlichen kreativen Lösungen umgesetzt werden.

Eine Copy Strategy enthält zumindest vier wesentliche Aussagen:

1. Der **Benefit** beinhaltet das Nutzenversprechen, den Basis-Nutzen, weshalb der Gast zu uns kommen und uns allen Wettbewerbern vorziehen soll.
2. Der **Reason Why** begründet den Benefit, d. h., er stellt eine Angebots-Charakteristik heraus, die das Nutzenversprechen nachvollziehbar untermauert.
3. Die **Target Audience** beschreibt die Zielgruppe, die mit der Werbung angesprochen werden soll.
4. Die **Tonality** definiert die Individualität und die Atmosphäre, die die Werbung übermitteln soll. Sie wird üblicherweise mit Adjektiven beschrieben.

Von zentraler Bedeutung sind in der Copy Strategy der Benefit und der Reason Why. Jede Werbung sollte dem Gast Argumente liefern, warum er unser Angebot wahrnehmen soll. Diese Argumente sind jedoch nur mit einer plausiblen Begründung glaubwürdig.
Häufig haben verschiedene Angebote einer Kategorie denselben Benefit. Die Differenzierung zu den Wettbewerbern erfolgt dann durch den Reason Why.
Der Benefit behauptet die Alleinstellung, der Reason Why begründet sie.
Beispielsweise behaupten alle Airlines, dass sie den besten Service bieten bzw. der Reisende bei ihnen am besten aufgehoben ist (= Benefit). British Airways begründet dies jedoch damit, dass sie die einzige Airline ist, in der man in wirklich flachen Betten ans Ziel kommt.

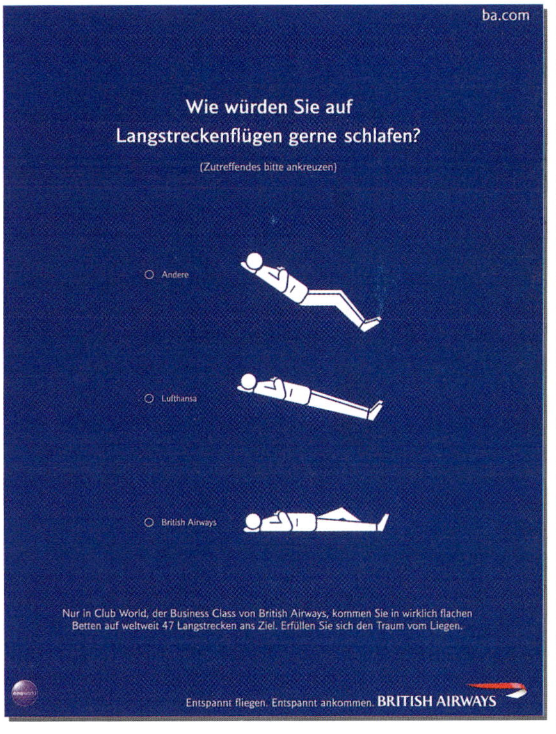

Die Copy Strategy wird vom werbetreibenden Unternehmen seiner Werbeagentur vorgegeben und hat zwei Aufgaben zu erfüllen:

1. Einerseits ist sie die Anleitung für die Werbeagentur zur kreativen Umsetzung der Werbung. Sie soll die Arbeit der Agentur auf einen produktiven Fokus konzentrieren, ohne die Kreativität zu behindern.

2. Andererseits ist sie auch die Anleitung zur Beurteilung der Arbeit der Werbeagentur. Mit ihr wird überprüft, ob eine Werbung „on strategy“ ist oder nicht und ob sie wahrscheinlich wirkungsvoll ist oder nicht.

Die Copy Strategy ist eines der wichtigsten Dokumente in der Werbekonzeption. Sie ist die Basis aller Werbemaßnahmen und gleichzeitig Maßstab zu deren Beurteilung. Sie muss daher eindeutig formuliert sein und darf weder für den Werbetreibenden selbst noch für die Agentur Interpretationsspielräume ermöglichen.

Mit der Copy Strategy soll eine werbliche Alleinstellung erreicht werden, also eine werbliche Abgrenzung zum Wettbewerb. Für die Entwicklung der eigenen Copy Strategy ist es daher notwendig, mittels einer Copy Analyse auf die mutmaßlichen Copy Strategies der Wettbewerber zu schließen.

Die Durchführung einer **Copy Analyse** erfolgt in zwei Schritten:

1. Zunächst werden die Inhalte eines Werbemittels beschrieben, dabei kann es im Einzelfall auch wichtig sein, aufzuzeigen, was nicht dargestellt ist. Entscheidend ist, dass bei der Beschreibung die Sicht der Zielgruppe eingenommen wird.

2. Im nächsten Schritt erfolgt die Interpretation und Analyse des Dargestellten. Dabei ist davon auszugehen, dass in dem Werbemittel nichts nur zufällig abgebildet ist.

Die Copy Analyse ist somit nichts anderes, als der Versuch, das Briefing nachzuvollziehen, das der Werbetreibende seiner Agentur wahrscheinlich gegeben hat.

Als Beispiel aus dem Tourismusbereich sei die Anzeige von Thomas Cook vorgestellt (siehe rechts oben).

Beschreibung der Anzeige: Es ist ein Pärchen zu sehen, das im Schatten von Palmen auf einer Strandliege möglicherweise gerade einen Mittagsschlaf hält bzw. relaxt. Augenscheinlich befinden sie sich in einer Hotelanlage der gehobeneren Kategorie. Die Kamera hat lediglich das Pärchen scharf erfasst, der Hintergrund ist leicht verschwommen. Die Headline verläuft in geschwungener Form oberhalb des Pärchens zwischen den Palmen, wie eine dort gespannte Hängematte. Sie lautet: „Das Weite suchen. Oder Nähe finden.“ Der zweite Satz ist stärker hervorgehoben. Dadurch ergibt sich ein Wortspiel, in dem sich “Weite“ auf den Urlaubsort und „Nähe“ auf das Genießen der Partnerschaft bezieht, die möglicherweise in einem gestressten Alltag zu kurz kommt. Das Auge des Betrachters fällt schließlich auf die stilisierte Weltkugel mit dem Unternehmenslogo und dem Slogan: „Genieße jeden Augenblick“. Ein klein gedruckter Text am unteren Ende der Anzeige vermittelt nähere Informationen zum Konzern.

Interpretation der Anzeige: Die dargestellte Szene könnte praktisch für jeden Urlaubsort stehen, er ist jedenfalls nicht näher identifizierbar. Die Palmen deuten jedoch auf eine tropische oder subtropische Region. Insgesamt strahlt die Anzeige sehr viel Ruhe und Harmonie aus, nichts scheint die Entspannung des Pärchens stören zu können. Offenbar ist der Urlaubsort bewusst allgemein gehalten. Ruhe und Entspannung stehen eindeutig im Mittelpunkt der Anzeige, die somit möglicherweise vermitteln soll, dass mit Thomas Cook die Erfüllung dieser beiden Bedürfnisse an jedem Urlaubsort ermöglicht wird. Der Slogan „Genieße jeden Augenblick“ ist mit dem Anzeigenmotiv gut übersetzt worden und harmoniert ideal mit dem dargestellten Erholungsmotiv. Das eigentliche Ziel der Anzeige scheint somit die Vermittlung des Eindrucks zu sein, dass Ruhe und Entspannung typisch für einen Urlaub sind, der mit Thomas Cook gebucht wurde.

Folgende Copy Strategy lässt sich vermuten:

Benefit:	Thomas Cook steht für einen entspannenden Urlaub, in dem jeder Augenblick genossen werden kann.
Reason Why:	Weil Thomas Cook der Reiseveranstalter ist, der die entsprechenden Urlaubsziele im Angebot hat.
Zielgruppe:	Schwerpunktmäßig Personen im Alter zwischen 20 und 40 Jahren mit gehobenem Einkommen.
Tonality:	Harmonisch, entspannend, zum Träumen anregend.

Es muss betont werden, dass derartige Copy Analysen niemals verifiziert werden können, da die Copy Strategy ein wohl gehütetes Geschäftsgeheimnis eines Werbetreibenden ist.

Die Ergebnisse von Copy Analysen können sich immer nur auf der Ebene von Plausibilitäten bewegen. Im Rahmen einer Wettbewerbsanalyse sind sie jedoch als eine sehr nützliche Übung anzusehen, um sich in die Denkhaltung des Wettbewerbers hineinzuversetzen.

Mediastrategie

Die Mediaplanung versucht sicherzustellen, dass die anvisierte Zielgruppe mit den richtigen Werbeträgern, mit der richtigen Frequenz zur richtigen Zeit bei minimalen Streuverlusten und zu optimalen Kosten erreicht wird. Die Begriffe Werbung und Media stehen in einem Verhältnis wie Software und Hardware zueinander: Werbung wird über die Medien gestreut. Die Mediastrategie befasst sich mit dem Einsatz der Werbeträger. Es geht dabei um die Frage, welche Medien am besten geeignet erscheinen, die Werbebotschaft an die Zielgruppe heranzutragen und welche Gewichtung die einzelnen Medien erhalten sollen. Gegenstand der Mediaplanung ist die Auswahl der sinnvollen Werbeträger aus der Summe der möglichen.
Da die Werbeträgerplanung ein spezifisches Know-how voraussetzt, wird dafür üblicherweise eine Mediaagentur beauftragt. Eine Mediaagentur ist ein spezialisiertes Dienstleistungsunternehmen aus dem Werbebereich, das von Werbetreibenden für Planung, Einkauf und Durchführung des Werbeträgereinsatzes beauftragt wird. Kleine und mittelständische Betriebe der Gastronomie und Hotellerie sowie örtliche Reisebüros werden ihre Anzeigen üblicherweise direkt bei den Werbeträgern buchen und mit ihnen Rahmenabkommen treffen. Unternehmen mit großen Werbeetats werden hingegen sehr wohl den Service einer Mediaagentur in Anspruch nehmen.

Bei der Mediaplanung geht es zunächst um die Frage, welche Werbeträgerkategorie gewählt wird, daran anschließend sind innerhalb dieser Kategorie die konkreten Werbeträger auszuwählen:

- Beim **Intermediavergleich** erfolgt eine Gegenüberstellung der einzelnen Werbeträgerkategorien. Es geht hier um die Frage, ob beispielsweise im Fernsehen oder in Zeitschriften geworben werden sollte.
- Beim **Intramediavergleich** werden die Werbeträger einer Gattung auf ihre Eignung hin untersucht. Wenn im Fernsehen geworben werden soll: auf welchem Sender?

Die Ergebnisse aus Inter- und Intramediavergleich fließen ein in den so genannten **Mediaplan**, der die werblichen Aktivitäten in der Planungsperiode aufzeigt. Der Mediaplan ist gleichzeitig ein Planungs- aber auch Kontrollinstrument. Der Mediaplan im unten aufgezeigten Beispiel setzt in erster Linie auf Tageszeitungen, die das ganze Jahr über mit Anzeigen belegt werden, mit Ausnahme der Urlaubszeit. Ergänzt wird diese Aktivität durch die Schaltung von Anzeigen in drei Titeln zum Thema Essen, die sporadisch belegt werden.

Beispiel für einen Mediaplan

Titel	Januar				Februar				März					April				Mai					Juni			
	1	2	3	4	5	6	7	8	9	10	11	12	13	14	15	16	17	18	19	20	21	22	23	24	25	26
Tageszeitung	X	X	X	X	X	X	X	X	X	X	X	X	X	X	X	X	X	X	X	X	X	X				
Der Feinschmecker					X													X								
À la Carte									X					X												
Elle bistro									X																	

Titel	Juli				August					September				Oktober				November					Dezember			
	27	28	29	30	31	32	33	34	35	36	37	38	39	40	41	42	43	44	45	46	47	48	49	50	51	52
Tageszeitung					X	X	X	X	X	X	X	X	X	X	X	X	X	X	X	X	X	X	X	X	X	X
Der Feinschmecker										X				X												
À la Carte										X								X								
Elle bistro																							X			

Die folgende Tabelle verdeutlicht das vielfältige und breite Angebot an Werbeträgern in Deutschland sowie das Entscheidungsproblem, das sich daraus ergibt: Welcher der Werbeträger soll für eine Schaltung belegt werden? Die Werbetreibenden müssen sich in dem ständig größer werdenden Angebot nicht nur zwischen unterschiedlichen Werbeträger-Kategorien entscheiden, sondern auch innerhalb dieser Kategorien die geeigneten Werbeträger ermitteln.

Werbeträger in Deutschland						
Mediengruppe	**Anzahl**			**Auflage**		
	2001	**2006**	**+/- in %**	**2001**	**2006**	**+/- in %**
Tageszeitungen	387	377	– 2,6	28,6 Mio.	25,2 Mio.	– 11,9
Wochenzeitungen	25	27	+ 8,0	2,0 Mio.	2,2 Mio.	+ 10,0
Anzeigenblätter	1 312	1 374	+ 4,7	90,8 Mio.	88,6 Mio.	– 2,4
Publikumszeitschriften	817	899	+ 10,0	138,5 Mio.	136,3 Mio.	– 1,6
Fachzeitschriften	1 096	1 095	– 0,1	27,4 Mio.	22,7 Mio.	– 17,2
Kundenzeitschriften	81	78	– 3,7	57,6 Mio.	51,4 Mio.	– 10,8
Telekommunikationsverzeichnisse	183	243	+ 32,8	39,6 Mio.	38,2 Mio.	– 3,5
Massendrucksachen, Infopost	–	–	–	11,08 Mrd.	10,45 Mrd.	– 5,7
Bundesweite u. regionale TV-Programme	145	193	+ 33,1	35,5 Mio. angemeldete TV-Geräte	36,9 Mio.	+ 3,9
Bundesweite, regionale u. lokale Hörfunkprogramme	231	340	+ 47,2	40,3 Mio. angemeldete Hörfunk-Geräte	42,5 Mio.	+ 5,5
Online-Angebote	410	431	+ 5,1	60,0 Mrd.	136,1 Mrd. Seitenkontakte	+ 126,8
Plakatanschlagstellen	412 614	358 508	– 13,1	–	–	–
Kino (Leinwände)	4 792	4 848	+ 1,2	177,9 Mio.	136,7 Mio Kinobesucher	– 23,2

(Quelle: ZAW Jahrbuch 2007, S. 204)

Aufgaben

1. Erstellen Sie den Werbeetat für Ihren Betrieb und bereiten Sie sich auf eine entsprechende Diskussion mit Ihrem Chef vor.
2. Erläutern Sie an konkreten Beispielen Werbeziele für Hotellerie und Gastronomie.
3. In welchem Nielsen-Gebiet befinden Sie sich gerade?
4. Wie können Sie für Ihren Betrieb die Werbemöglichkeiten nutzen, die für ein Angebot bestehen, das sich aus unterschiedlichen Teilangeboten zusammensetzt?
5. Entwickeln Sie in Gruppenarbeit alternative Copy Strategies für das Seehotel „Schloss Sonnenbühl".
6. Erläutern Sie den Unterschied zwischen Inter- und Intramediavergleich und erstellen Sie einen Mediaplan für Ihr Hotel/Restaurant.
7. Machen Sie sich mit Copy Strategy und Copy Analyse vertraut, indem Sie Werbebeispiele auf ihre mutmaßliche Copy Strategy hin analysieren. Am besten in Gruppenarbeit.

10.1.8 Internationale Werbung

Situation

Im Zeitalter der Globalisierung überschreiten immer mehr Unternehmen ihre nationalen Grenzen, sei es aus eigenem Antrieb heraus, weil die Möglichkeiten, die Stückkosten zu senken, Überkapazitäten abzubauen oder neue Märkte zu erschließen zu verlockend sind oder deshalb, weil sie vom Wettbewerb dazu gezwungen werden. Im Tourismusbereich sind es vor allem Hotelketten und Airlines, die sich internationalisiert haben.
Der wesentliche Unterschied zwischen nationaler und internationaler Werbung besteht darin, dass nationale Werbetreibende den politischen, sozialen und kulturellen Rahmen in dem sie ihre Werbung schalten, kennen. Für internationale Werbetreibende stellt sich eine fundamental andere Situation dar, da internationale Werbung immer in unterschiedlichen soziokulturellen Systemen erfolgt. Für internationale Werbetreibende stellt sich somit das grundlegende Problem, Informationen über die jeweiligen nationalen Werbebedingungen zu bekommen, also die Frage, **wie** in den einzelnen Ländern geworben werden soll.

Internationale Werbung ist, wie die Bezeichnung schon ausdrückt, für Unternehmen zu planen, die länderübergreifende Werbung betreiben, also in mehr als einem Land werben. Da hierbei einige Besonderheiten zu berücksichtigen sind, soll auf diese kurz eingegangen werden.

Auf internationaler Ebene sind es vor allem folgende Fragen, auf die für jedes Land, in dem geworben werden soll, eine Antwort gefunden werden muss:

- Welche sozialen, kulturellen oder religiösen Besonderheiten müssen berücksichtigt werden?
- Gibt es irgendwelche Tabus?
- Welche rechtlichen Beschränkungen bestehen?
- Welche Werbeinfrastruktur ist gegeben?
- Wie steht es mit der Verfügbarkeit von Werbeträgern?
- Wie können spezifische Zielgruppen angesprochen werden?
- Gibt es Besonderheiten hinsichtlich des Mediennutzungsverhaltens?

Die Belegungszahlen der Hotels gingen in 2002 fast überall auf der Welt zurück, während die durchschnittlichen Erlöse pro verfügbarem Zimmer stiegen. Dieser Wert, auf Englisch kurz „RevPar" (Revenue Per available room) genannt, ist ein wichtiger Maßstab für die Hotellerie, denn er macht die verschiedenen Marken vergleichbar.

In Europa kletterte der RevPar von 67 auf 69 US-Dollar, in Asien von 57 auf 59 US-Dollar, im Mittleren Osten stagnierte er bei 50 US-Dollar, in den USA fiel er hingegen von 50 auf 49 US-Dollar. (...)
Die Kernbotschaft lautet: Die Hotelzimmerpreise ziehen langsam wieder an und zwar in erster Linie bei den preiswerten Hotels. (...)
Die Grenzen zwischen den Hotels der niedrigen und der mittleren Kategorie verschwimmen immer mehr. Im Jahresvergleich stiegen in Europa die Übernachtungspreise für Niedrigpreishotels um 7,8 % für Mittelklassehotels um 6,5 %, im Luxussegment aber nur um 1,7 %. Budgetorientierte Ketten wie „Choice" oder „Accor" stehen wirtschaftlich besser da als Luxusanbieter wie „Four Seasons".

Grundsatzkonzeptionen der internationalen Werbung

Bei internationaler Werbung geht es um die Frage, ob über alle Länder die gleiche Werbekonzeption verfolgt werden kann oder ob für jedes Land eine eigene Konzeption erstellt werden muss. Diese beiden Grundsatzkonzeptionen werden als Strategie der **Standardisierung** (weltweit einheitliche Werbung) bzw. **Differenzierung** (Anpassung der Werbung an die jeweiligen Gegebenheiten der einzelnen Länder) bezeichnet.
Standardisierung oder Differenzierung sind sowohl unter Wirtschaftlichkeits- als auch unter Wirkungsaspekten zu betrachten. Der wirtschaftliche Aspekt betrifft die Frage, mit welcher Genauigkeit die Zielgruppen auf internationalen Märkten erreicht werden (Streuverluste) und welche Kosten dafür entstehen. Die Frage, welche Auswirkungen die gewählte Kommunikationsstrategie auf der Wirkungsebene hat, betrifft das Verständnis der kommunizierten Bedeutungsinhalte: Wird eine standardisierte Werbekampagne in allen Ländern in gleicher Weise verstanden und interpretiert? Während Wirtschaftlichkeitsaspekte eher für eine Standardisierung sprechen, ist unter Wirkungsaspekten eher der Differenzierung der Vorzug zu geben. Die Kostenvorteile einer standardisierten Werbekampagne können allerdings leicht durch Wirkungsverluste konterkariert werden. Unternehmen agieren im globalen Maßstab, um Produktion und Distribution weltweit auszurichten. Globale Kommunikation muss jedoch in erheblichem Maße nationale Aspekte berücksichtigen.

Grundsatzkonzeption der internationalen Werbung

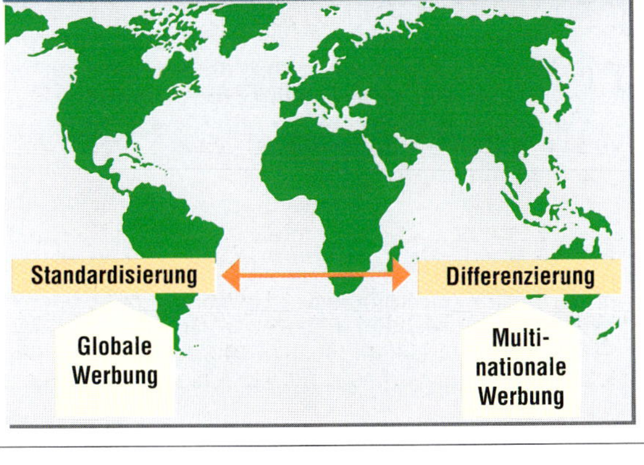

Die Strategie der Standardisierung, also die Bearbeitung mehrerer Länder mit weitgehend einheitlichem Kommunikations-Mix ohne Berücksichtigung länderspezifischer Gegebenheiten, wird üblicherweise als **globale Werbung** bezeichnet, die länderspezifische Differenzierung als **multinationale Werbung**.

Sowohl Befürworter als auch Gegner der Standardisierung bringen gute Argumente vor. Die Befürworter sagen, dass sich die Verbraucherbedürfnisse und somit auch die Nachfrage weltweit zunehmend angleichen. In der Tat scheint auch vieles für diese These zu sprechen, da viele Produkte weltweit distribuiert und nachgefragt werden. Marken wie Coca-Cola, Marlboro, Nike und alle Designerprodukte werden schließlich weltweit mit annähernd identischem Marketing-Mix geführt. Dies gilt auch weitgehend für den international tätigen Tourismus, insbesondere bei Airlines.
Die Gegner dieser These sehen allerdings eine entgegengesetzte Entwicklung im Verbraucherverhalten, nämlich eine zunehmende Individualisierung, die eine stärkere Differenzierung erfordere. Auch Coca-Cola und McDonald's haben sich mit ihrem Angebot an den Geschmack unterschiedlicher Regionen angepasst. In Deutschland bietet McDonald's Bier an, in Frankreich Wein, in Singapur und Malaysia Fruchtsaft. In Indonesien wird Reis zum Big Mäc serviert, in Mexiko Chilisoße statt Ketchup. In einigen Ländern ist Coca-Cola weniger süß und kohlensäurehaltig als in anderen. Die – vor allem kulturgeprägten – Unterschiede zwischen den Verbrauchern in den einzelnen Ländern seien größer als deren Gemeinsamkeiten.

Die Frage, ob man sich für eine Standardisierung oder Differenzierung entscheidet, ist in der Praxis abhängig vom jeweiligen Angebot und eher ein graduelles Problem. Sicherlich gibt es Bereiche, bei denen eine weltweite Annäherung der Verbraucherbedürfnisse festzustellen ist. In vielen Fällen trifft dies jedoch nicht zu. Dafür sind die Unterschiede zwischen den einzelnen Ländern zu groß. Die größte kommunikative Standardisierung lässt sich bei Fluggesellschaften und Zigaretten finden.

Internationale Marken

Unter dem Aspekt der Standardisierung steht bei der internationalen Werbung der Aufbau einer **Weltmarke** im Vordergrund. Als Weltmarke ist eine Marke dann zu bezeichnen, wenn sie weltweit weitgehend einheitlich erscheint und eine hohe symbolische Wirkung bei den Verbrauchern hat, d. h., von allen in gleicher Weise verstanden wird. In diesem Sinne sind z. B. Coca-Cola, Pepsi Cola und McDonald's als Weltmarken zu bezeichnen.
Die Kategorisierung einer Marke als „global" bedeutet jedoch nicht notwendigerweise, das diese Marke auch global standardisiert ist im Hinblick auf Markenname, Produkt, Verpackung oder Werbung. Diese Voraussetzungen erfüllt kaum eine globale Marke. Fast immer ist der Marketing-Mix dieser Marken den lokalen Notwendigkeiten angepasst.

Selbst Coca-Cola variiert im Geschmack, je nachdem, ob in einzelnen Ländern süßere oder weniger süße Getränke präferiert werden. Globale Marken sind nur in seltenen Fällen in allen Märkten wirklich identisch.

Hauptkriterium für die Klassifizierung einer Marke als Weltmarke ist die weltweit gleiche Positionierung, unabhängig von der konkreten Ausgestaltung des Marketing-Mix.

Internationale Tourismusmarken

Aus der Sicht der Verbraucher ist es häufig irrelevant, ob eine Marke national oder global ist. Es zeichnen sich im Gegenteil immer wieder Tendenzen ab, dass Verbraucher nationale Marken präferieren bzw. Marken, die sie als nationale Marken ansehen. Auch erfolgreiche globale Marken werden in einzelnen Ländern oft als nationale Marken wahrgenommen, wie beispielsweise Lufthansa in Deutschland.

Ziele der Standardisierung von Werbekampagnen

Zwar scheint es in vielen Bereichen tatsächlich so zu sein, dass die Verbraucherbedürfnisse weltweit mehr oder weniger gleicher sind, allerdings kann daraus nicht geschlossen werden, dass diese Bedürfnisse auch weltweit in gleicher Weise angesprochen werden können. Selbst der vermeintlich „globalste" Markenartikler Coca-Cola überdenkt derzeit seine Strategie und gibt seinen Führungskräften in den Regionen vor, so lokal wie möglich zu denken. Der ehemalige Chief Operating Officer Jack Stahl hatte die Richtung vorgegeben:
„Unsere Kunden auf der ganzen Welt wollen in einer Art und Weise angesprochen werden, mit der sie etwas anfangen können. Die wollen keine Werbung, die überall gleich aussieht. (...) Wir müssen genau wissen, wie wir einen New Yorker ansprechen wollen oder einen Menschen in einer Stadt in Brasilien. Das ist der beste Weg, immer mehr Coca-Cola zu verkaufen" (o. V. 2001, S. 19).

Das Hauptproblem der internationalen Werbung besteht darin, sicherzustellen, dass die Verbraucher in allen Ländern die gleichen Assoziationen mit der Werbung verbinden.

Das „Bacardi-Feeling", das Karibik, Sonne und Strand herausstellt, dürfte wohl weltweit kommunizierbar sein. Aber der Elch in der IKEA-Werbung assoziiert in Deutschland völlig andere Bedeutungen als in Skandinavien, wo er als dummer, Wald schädigender und Verkehrsunfälle provozierender Schmarotzer angesehen wird und IKEA auf seine kommunikative Einbindung verzichtet.
Eine standardisierte Werbestrategie verfolgt im Wesentlichen zwei Ziele:

1. Kosteneinsparungen,
2. Aufbau eines globalen Images.

Für weltweit operierende Unternehmen ist ein einheitlicher Auftritt nahe liegend. Beispielsweise orientiert sich die Lufthansa an folgenden Werberichtlinien:

„Da unsere Kunden sich von Land zu Land und von Kontinent zu Kontinent bewegen, sollte es selbstverständlich sein, dass sie uns überall in unserer Werbung auch sofort als Lufthansa identifizieren können. Je kontinuierlicher wir uns in unserem werblichen Auftreten verhalten, je weniger wir den Stil unserer Werbung variieren oder gar wechseln, umso größer ist die kumulierte Wirkung aller unserer werblichen Anstrengungen und umso wirtschaftlicher ist der Einsatz unseres Werbebudgets" (Kreutzer 1989, S. 316).

Kommunikationsbarrieren

Grundproblem der Kommunikation ist die Frage, ob der Empfänger die Botschaft auch so versteht, wie der Sender sie gemeint hat. Kommunikation ist nur dann erfolgreich, wenn die **Bedeutungsinhalte** übermittelt werden.

Die Wahrscheinlichkeit zu kommunikativen Missverständnissen steigt, wenn Kommunikation kulturelle Grenzen überschreitet. Auf den Kommunikationsprozess wirken hier völlig andere Störsignale ein, als in dem Fall, dass Sender und Empfänger gleiche kommunikative Voraussetzungen haben. Internationale Märkte umfassen mehrere Kulturräume, bei dem beabsichtigten Austausch von wechselseitig verständlichen Informationen sind somit unterschiedliche Wertesysteme von Sender und Empfänger zu berücksichtigen. Ein internationales Kommunikationsmodell lässt sich wie in der folgenden Abbildung darstellen.

Grundmodell der internationalen Kommunikation

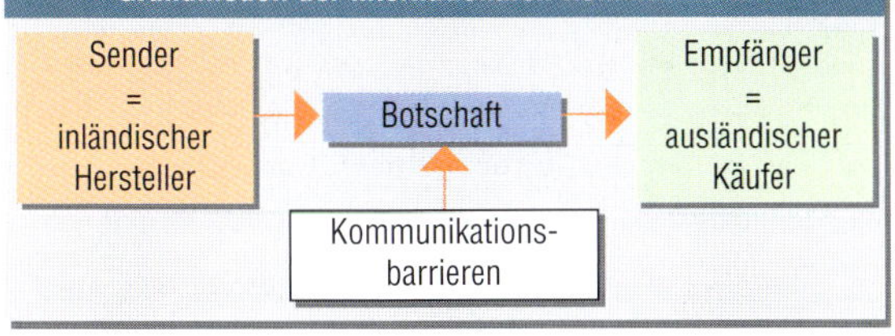

Die offensichtlichste Kommunikationsbarriere ist die Sprache. Probleme können sich hier einerseits aus der **Übersetzung**, andererseits aus der **Interpretation** ergeben.

Beispiel

„So wird zum Beispiel der Markenname Coca-Cola im Chinesischen so übersetzt, dass das chinesische Wort zum einen etwas vom ursprünglichen Klang enthält, zusätzlich aber auch eine Bedeutung: „Kekou kelè" ist eine interpretierende, Laut angleichende Übersetzung von Coca-Cola. (...) Die chinesische Übersetzung kennt in China jedermann. Sie klingt phonetisch ähnlich wie Coca-Cola, sodass der Konsument sogleich an ein ausländisches Produkt denkt. Zusätzlich lenkt die Bedeutung der chinesischen Lautfolge die Phantasie jedoch in eine bestimmte Richtung. Denn sie besagt wörtlich: Es schmeckt gut und man trinke es mit Behagen" (Felser 2001, S. 306).

Anpassung des Coca-Cola-Logos

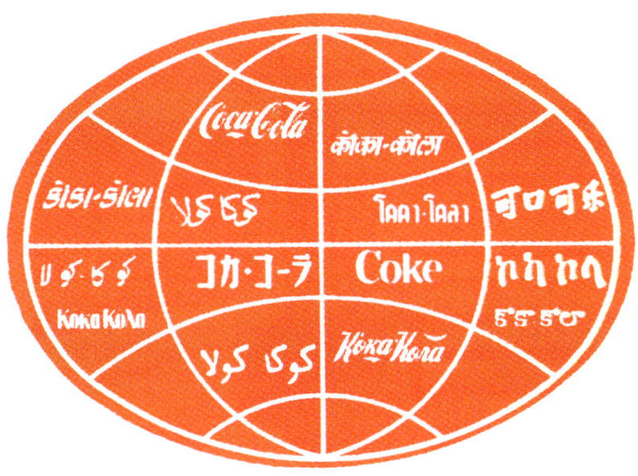

(Kloss, Ingomar: Internationale Werbung - Herausforderung für Unternehmen; in: Mattenklott/Schimansky: Konzepte und Strategien für die Zukunft, München 2002, S. 247)

Zwei Beispiele wie eine schlechte Übersetzung eine falsche Werbebotschaft vermittelt (vgl. Wells/Burnett/Moriarty 2001, S. 498):

Beispiel

Anzeige einer römischen Wäscherei:

„Ladies, leave your clothes here and spend the afternoon having a good time."

Beispiel

Aus einer Moskauer Wochenzeitschrift:

„There will be a Moscow Exhibition of Arts by 1 500 Soviet Republic painters. These were executed over the past two years."

Unterschiede zwischen einzelnen Sprachen gehen häufig weit über die bloße Übersetzungsproblematik hinaus. Manche Konzepte lassen sich nicht in andere Sprachen transferieren, da auch die Sprache in hohem Maße Ausdruck des jeweiligen kulturellen Verständnisses ist. Am deutlichsten wird diese Tatsache vielleicht am Beispiel des Humors, der selbst innerhalb eines Sprachraums sehr unterschiedliche Ausprägungen annehmen kann.

Die einzelnen Sprachen benötigen unterschiedlich viele Wörter, um ein und denselben Zusammenhang auszudrücken. Das Englische benötigt normalerweise am wenigsten Platz. Dies kann Probleme bereiten, wenn in einer internationalen Anzeige der Raum, der für den Text zur Verfügung steht, nach der englischen Version bemessen ist und für die französische oder spanische Version ein Drittel mehr Platz benötigt wird. Auf der anderen Seite hat das Englische nicht die Feinheit und Raffinesse der Wortwahl wie Griechisch, Chinesisch oder Französisch. Diese Sprachen haben sehr viele unterschiedliche Worte für Situationen und Gefühle, die sich nicht genau in das Englische übersetzen lassen.

Aber nicht nur die Sprache wirkt bei internationaler Werbung als Kommunikationsbarriere, sondern auch Unterschiede bezüglich kultureller Faktoren, Image von Produkten und Marken, Mediennutzungsverhalten, Verfügbarkeiten von Werbeträgern sowie Rechtsvorschriften.

Globale oder lokale Kommunikation?

Die Frage nach internationaler standardisierter oder differenzierter Kommunikationsstrategie ist nicht pauschal zu beantworten.
Grundsätzlich ist der Zielkonflikt zwischen Standardisierung und Differenzierung in der internationalen Werbung als eine Grenzkosten-/Grenzerlös-Betrachtung zu sehen: Überwiegen die zusätzlichen Erlöse aus der Differenzierung an deren Kosten?

Im Folgenden sollen Marktbedingungen aufgezeigt werden, unter denen eine standardisierte internationale Kommunikation möglich erscheint:

1. Marke, Positionierung, Zielgruppe und Unternehmenszielsetzung müssen in allen Ländern einheitlich sein. Standardisierte Werbung setzt selbstverständlich auch standardisierte Angebote voraus.

2. Die Werbung muss in allen Ländern in gleicher Weise akzeptiert, verstanden und interpretiert werden. Das gilt natürlich vor allem auch für das beworbene Angebot.

3. Die Marktposition des Unternehmens sollte in allen Ländern vergleichbar sein, und zwar sowohl in Hinblick auf die Konkurrenzprodukte als auch im Hinblick auf die Konkurrenten.

4. Das Unternehmen muss in der Lage sein, seine Strategie international auch durchzusetzen, sowohl innerhalb des eigenen Konzerns als auch innerhalb der betreuenden Agentur(en). Dies setzt ein stark zentralisiertes Unternehmen mit einer internationalen Agentur voraus.

5. Die Produktmärkte müssen weitgehend homogen und wenig segmentiert sein. Dies ist vor allem bei Statusprodukten der Fall, aber auch bei Massenprodukten, wenn diese eine weltweit eindeutige USP haben.

Diese Voraussetzungen wirken kumulativ, sie müssen erfüllt sein, wenn eine international standardisierte Werbekampagne Aussicht auf Erfolg versprechen soll. Da diese Voraussetzungen aber nur in wenigen Fällen gegeben sein dürften, erscheint eine länderspezifische differenzierte Kommunikationsstrategie als der Regelfall im internationalen Geschäft. Trotz aller Globalisierungstendenzen: Auch auf internationalen Märkten liegen jeweils länderspezifische Marktbedingungen vor.

Aufgaben

1. Erläutern Sie die Vor- und Nachteile von Standardisierung und Differenzierung im internationalen Gästemarketing.

2. Diskutieren Sie die Relevanz von Internationalisierung und internationaler Werbung für die touristischen Leistungsträger.

3. Als Marketingverantwortlicher eines internationalen Hotelkonzerns werden Sie beauftragt, ein Konzept für die Standardisierung der Konzernwerbung zu entwickeln. Welche Ziele werden Sie verfolgen und was müssen Sie dabei bedenken?

10.1.9 Werbemittel

Situation

Werbemittel sind die „Verkörperung der gedanklichen Werbebotschaft" (Weis, S. 439). Da alles, was sich zur Übermittlung einer Werbebotschaft eignet, als Werbemittel fungieren kann, ist eine Aufzählung immer unvollständig.

Das unmittelbare Problem bei der Werbemittelauswahl besteht darin, aus einer geradezu unüberschaubaren Vielfalt auswählen zu müssen.

Gestaltungselemente

Die klassischen Werbemittel sind Anzeigen, Plakate und Spots im Fernsehen, Hörfunk und Kino, daneben gibt es in der Praxis eine weitere große Anzahl. Nicht alle Werbemittel sind für alle Werbetreibenden aus dem Tourismus gleichermaßen von Relevanz. Die folgende Tabelle gibt einen Überblick, der allerdings keinen Anspruch auf Vollständigkeit erhebt.

Eignung von Werbemitteln für unterschiedliche Werbetreibende im Gästemarketing

Werbetreibender	Werbemittel
Kleine gastronomische Betriebe mit vorwiegend lokalem Einzugsgebiet, Reisebüros, prinzipiell auch mittelständische und größere gastronomische Betriebe und Hotels mit regionalem Einzugsgebiet, lokale und regionale Reiseveranstalter	▶ Speisen-, Getränke-, Menükarten ▶ Anzeigen in lokalen Tageszeitungen, Anzeigenblättern, Veranstaltungskatalogen ▶ Fensterdekorationen ▶ Leuchtschriften an der Hausfassade, Ausleger ▶ Give-aways (Kugelschreiber Notizblöcke, Aschenbecher usw.) ▶ Plakate im eigenen Betrieb, bei Vereinen, Unternehmen der Region, im öffentlichen Aushang (Allgemeinstellen), Tischreiter ▶ Verteilung von Handzetteln, Speisenkarten, Flugblättern, Flyern usw. in Briefkästen ▶ Anschreiben an Stammkunden ▶ Diawerbung im städtischen Kino ▶ Hörfunkspots im Lokalradio ▶ Eintrag in die „Gelbe Seiten" ▶ Prospekte, Broschüren, Kataloge ▶ Homepage im Internet
Destinationen, nationale Reiseveranstalter, nationale Hotelketten	▶ Spots im Fernsehen, überregionaler Hörfunk, nationale Belegung von Kinos ▶ nationale Plakatwerbung ▶ Anzeigen in überregionalen Zeitungen ▶ Anzeigen in Publikumszeitschriften ▶ Anzeigen in Fachzeitschriften ▶ Präsenz auf Fachmessen ▶ Kataloge, Prospekte, Broschüren
Internationale Reiseveranstalter, Hotelketten, Destinationen, Airlines	▶ nationale Medien in den beworbenen Ländern ▶ Gästezeitschriften

Für einen gastronomischen Betrieb oder ein Hotelrestaurant sind **Speisenkarten** eines der wichtigsten Werbemittel. Sie stellen nicht nur das Angebot vor, sondern beinhalten auch ein Leistungsversprechen. Um dem Gast die Entscheidung zu erleichtern, sollte die Speisenkarte nach Möglichkeit das zu erwartende Geschmackserlebnis eines Gerichtes durch entsprechende Beschreibungen vorwegnehmen, ihn gewissermaßen emotionalisieren. Darüber hinaus kann eine Speisenkarte zusätzliche Informationen vermitteln, aber auch einen Unterhaltungswert besitzen, indem Besonderheiten des Betriebes, der Region bzw. Spezialitäten erläutert werden. Von der Qualität der Speisenkarte sollte der Gast auf die Qualität der Küche schließen können.

Werbemittel lassen sich einteilen in:

- visuelle (z. B. Anzeigen, Plakate),
- akustische (z. B. Hörfunkspots, Ladendurchsagen) und
- audiovisuelle (z. B. Fernseh- und Kinospots).

Diese Unterscheidung der Werbemittel ist insofern wichtig, als sie unterschiedliche Gestaltungselemente erfordern. Die wesentlichen Gestaltungselemente sind Text, Bild, Ton und Farbe, die, je nach Werbemittel, einzeln oder in Kombination eingesetzt werden können. Im Normalfall übermitteln Text und Bilder gemeinsam das kreative Konzept. Allerdings arbeiten Worte und Bilder in unterschiedlicher Weise.

Der **Text** sollte möglichst kurz gehalten sein, da lange Texte i. d. R. nicht (ganz) bzw. nur von interessierten Lesern gelesen werden. Satzlänge, Satztiefe und Satzart beeinflussen in hohem Maße die Verständnisfähigkeit des Textes. Es empfiehlt sich, Informationen in möglichst kurzen Sätzen anzubieten, insbesondere dann, wenn die Anzeige viele und wenig vertraute Informationen enthält. Auf jeden Fall ist es notwendig, den Text so abzufassen, dass er dem sprachlichen Verhalten und dem Verständnis sprachlicher Informationen der Gäste entspricht (z. B. hinsichtlich der Verwendung von Fremdwörtern). Die „**Werbesprache**" ist nicht immer grammatisch korrekt, teilweise werden bewusst Fehler gemacht, um eine höhere Aufmerksamkeit zu erringen (z. B. „... da werden Sie geholfen").

Die Story vom Blinden im Mai

Es war an einem schönen Frühlingstag in New York. Der Central Park war prächtig anzuschauen. Die ersten Tulpen öffneten ihre Kelche, Tausende von Maiglöckchen übersäten den frischgrünen Rasen, der Goldregen leuchtete.
Direkt gegenüber dem Park, an der Ecke zur 72. Straße, stand ein Blinder und bettelte. Vor ihm lag eine Mütze. Es waren nur wenige Cents darin. Der Blinde hatte ein Schild in der Hand. Ein guter Freund hatte ihm darauf geschrieben: „Helft dem Blinden!".
Ein Werbetexter kam vorbei, auf dem Weg zu seiner Agentur. Er sah den Blinden, sah das Schild, blieb einen Moment stehen und bat den Blinden, ihm doch mal das Schild zu geben.
Er drehte es um und schrieb auf die Rückseite einen anderen Text, den der Blinde jetzt nach vorn hielt.
Als der Texter am Nachmittag wieder an dem Blinden vorbeikam, erzählte ihm dieser voller Dankbarkeit, dass er noch nie so viele Münzen bekommen hätte, sogar Dollarnoten wären dabei gewesen.
Und nun wollte er doch unbedingt wissen, was jetzt auf seinem Schild stünde.
Auf dem Schild stand:

„Es ist Mai – und ich bin blind!"

Die in einem Werbemittel verwendete **Schrifttype** hat nicht nur Auswirkungen auf die Erkennbarkeit und Lesbarkeit, sondern auch auf die damit ausgelösten Assoziationen, wie beispielsweise schön, modern, altmodisch, schwerfällig, flott, stilvoll, nüchtern usw. Der Schrifttyp kann also auch bestimmte emotionale Eindrücke vermitteln bzw. unterstützen. Er kann erheblich zur Einzigartigkeit und Unverwechselbarkeit der Werbebotschaft beitragen.

Restaurant

Restaurant

Der unterschiedliche Ausdrucksgehalt von Schriften bietet somit zusätzliche gestalterische Möglichkeiten. Darüber hinaus lässt sich durch Fett-, Kursiv- oder Negativschriften die Lesegeschwindigkeit gezielt beeinflussen bzw. die Verweildauer im Text an einer bestimmten Stelle erhöhen. Diese Beeinflussung der Lesegeschwindigkeit beeinflusst gleichzeitig allerdings auch die Lesbarkeit des Textes. Tendenziell sind

Die optimale Fernwirkung: schwarze Farbe auf gelbem Grund

VERSALSCHRIFTEN FÜR LANGE TEXTPASSAGEN SIND EINE ZUMUTUNG: DAS AUGE FINDET KEINEN HALT UND QUÄLT SICH

Farbe auf Farbe mindert den Kontrast und damit die Lesbarkeit drastisch

Ständig wechselnde Farben, Muster oder Raster ermüden das Auge, erschweren so das Lesen und wirken unseriös

(Tangermann, K.: Werbung – der Milliarden-Poker, München 2003)

Beispiele unterschiedlicher Schrifttypen	
Garamond	wertvoll, edel, dezent
Comic Sans MS	verspielt, heiter, fantasivoll
Arial Black	**maskulin, klar, übersichtlich**
Monotype Corsiva	*feminin, elegant, grazil*

(Esch, F.-R.: Strategie und Technik der Markenführung, München 2004, S. 187)

Die wesentlichsten Elemente einer Anzeige sind im Folgenden dargestellt:

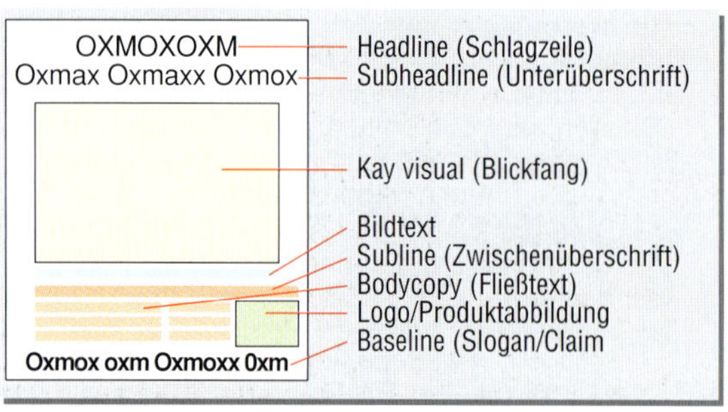

- Die **Headline** (Schlagzeile) ist der Aufhänger einer Anzeige und das zentrale Textelement, das üblicherweise den **Benefit** bzw. die Werbebotschaft in konzentrierter Form enthält. Sie soll Aufmerksamkeit und Interesse wecken und den flüchtigen Leser zur Bodycopy führen. Wortwahl und Ausdrucksweise der Headline müssen auf die Zielgruppe abgestimmt sein. Aufmerksamkeitsstärke kann beispielsweise durch die Typografie oder durch die Formulierung (Wortspiele, Verfremdung, Versprechen, Originalität) erreicht werden. Obwohl Headline übersetzt „Kopfzeile“ bedeutet, muss sie nicht notwendigerweise am Anfang der Anzeige stehen, sie kann auch zwischen Bild und Bodycopy oder über die Anzeigenfläche verteilt oder auch in das Bild integriert sein.

- Die **Subheadline** (Unterüberschrift) hat häufig die Funktion der Ergänzung oder Erklärung der Headline bzw. einen unmittelbaren Aufforderungscharakter (Headline: „Sie suchen Entspannung?“ Subheadline: „Im Seehotel „Schloss Sonnenbühl“ finden Sie sie.“)

- Das **Key Visual** ist das Bildelement einer Anzeige und dient als Blickfang. Bei Text-Bild-Anzeigen wird üblicherweise das Bild stärker wahrgenommen als der Text, insofern kommt dem Bild eine zentrale Funktion bei der Steuerung der Aufmerksamkeit zu. Das Bildelement soll die Aussage der Headline visualisieren und beinhaltet üblicherweise die emotionale Ansprache der Zielpersonen. Häufig enthält das Bildelement einen so genannten **Eye-Catcher**, der als besonders auffälliges oder sogar störendes Element den Blick des Betrachters „einfängt“. Bei der Verwendung von Fotos in Zeitungsanzeigen ist darauf zu achten, dass hier die Druckqualität schlechter als in Zeitschriften ist.

- **Bildtexte** sind erläuternde Unterschriften zu Bildern bzw. in Bilder integrierte Textbausteine, die bestimmte Bildelemente hervorheben oder sie nach Art einer Legende erklären können.

- Die **Bodycopy** (Fließtext) stellt im copystrategischen Sinne den Reason Why zu dem in der Headline (oder im Key Visual) behaupteten Benefit dar. Sie thematisiert den Aufhänger bzw. das Bildmotiv und gibt detaillierte, sprachlich ausformulierte Erläuterungen. Insbesondere so genannte Longcopies (Texte mit mehr als fünf Sätzen) werden häufig durch **Sublines** (Zwischenüberschriften) optisch gegliedert.

- Das Unternehmenslogo bzw. der charakteristische Schriftzug des Restaurants/Hotels stellt eine Werbekonstante dar, die die Identifikation einer Anzeige erleichtert. Sie haben gewissermaßen die Funktion einer „optischen Eselsbrücke“.

- Auch die **Baseline** ist i. d. R. eine Werbekonstante in einer Anzeige. Sie enthält entweder den **Slogan** oder einen **Claim**. Im Unterschied zum Slogan besitzt der Claim keinen Wiederholungscharakter. Beide haben jedoch den Charakter von Merksprüchen, die vom Leser gelernt und in Erinnerung behalten werden sollen. Insbesondere der Slogan soll die Wiedererkennung von Produkt, Marke oder Unternehmen ermöglichen und hat häufig eine imagebildende Funktion. Die Merkfähigkeit von Slogans wird vor allem durch eingängige Formulierungen („Neckermann macht`s möglich“) erhöht, die teilweise auch als eine Art „geflügelter Worte“ Eingang in die Alltagssprache finden.

Unterschiedlich gestaltete Zeitungsanzeigen

Im Zusammenhang mit der Gestaltung von Werbemitteln wird immer wieder die Bedeutung von **Farben** herausgestellt, die vor allem psychologische Wirkungsdimensionen haben, durch die Assoziationen, die sie hervorrufen. Mit Farben lässt sich einerseits Aufmerksamkeit erzielen, andererseits bieten sie die Möglichkeit, Produkte realitätsnah darzustellen. Bei der Abbildung von Speisen in Farbe läuft einem eher das „Wasser im Munde“ zusammen, als bei einer Schwarz-Weiß-Anzeige. Auf der anderen Seite erfahren farbige Werbemittel zwar grundsätzlich mehr Beachtung als schwarz-weiße, allerdings erhascht ein in schwarz-weiß gehaltener Werbespot im Umfeld von lauter farbigen Spots eine besondere Aufmerksamkeit.

Hörfunkwerbung arbeitet im Wesentlichen mit den Elementen Stimme, Musik und Sound-Effekten. Die Stimme ist hier das wahrscheinlich wichtigste Instrument, sie ist in Jingles, gesprochenen Dialogen und Ankündigungen zu hören. Insbesondere in den Dialogen müssen die Stimmen ein Bild der Sprecher vermitteln können: ein Kind, ein alter Mann, ein Koch, eine Hausfrau. Auch die verwendete Musik trägt in hohem Maße zur beabsichtigten Stimmung bei. Sie kann eine Urlaubsatmosphäre ebenso vermitteln wie ein romantisches Diner. Sound-Effekte unterstützen die akustischen Bilder; Wellengeräusche, Vogelgezwitscher oder das Öffnen einer Flasche unterstreichen die Rahmenhandlung.

Während Hörfunkwerbung mit akustischen Bildern arbeitet, kommen bei der **Fernsehwerbung** noch die visuellen Bilder dazu, die i. d. R. die Werbebotschaft dominieren. Im Unterschied zur Printwerbung konstituiert sich Fernsehwerbung durch bewegte Bilder.
Mehr als jedes andere Werbemittel haben Fernsehspots die Möglichkeit, Emotionen zu vermitteln, den Zuschauer miterleben und mitfühlen zu lassen. Reale Situationen, gekennzeichnet durch Humor, Zorn, Angst, Stolz, Eifersucht und Liebe, kommen live auf den Bildschirm. Der Zuschauer kann hier die Handlung mit eigenen Augen sehen und mitverfolgen und sich besser als er vom Hören her in der Lage ist, einen Eindruck über die Glaubwürdigkeit des Dargestellten machen. Während bei einer Anzeige der Text in optisch isolierbare Teiltexte zerfällt, kann er in einem Fernsehspot geschrieben, gesprochen oder gesungen werden. Gesprochener Text kann dabei aus dem **Off** (es ist kein Sprecher sichtbar) oder dem **On** (Sprecher ist sichtbar) kommen.

Gestaltungstechniken

Da im Gegensatz zum Printbereich in den elektronischen Medien Werbung in Blöcken geschaltet wird, kommt hier der Gestaltung der Werbespots eine besonders wichtige Funktion zu, um den einzelnen Werbespots Eigenständigkeit und Identität zu verleihen. Es kann allerdings nicht oft genug betont werden, dass Kreativität kein Selbstzweck ist, sondern nur Mittel zu dem Zweck, dass Werbung die beabsichtigte Wirkung erzielt. Ist Werbung zu kreativ, kann dies zur Folge haben, dass die Aufmerksamkeit vom eigentlichen Anliegen abgelenkt wird. Diese Gefahr besteht vor allem dann, wenn kein nachvollziehbarer Zusammenhang zwischen dem Aufhänger und der Werbebotschaft besteht.
Für TV-Spots haben sich spezifische Formate herausgebildet, die auf typischen Grundmustern basieren. Die gebräuchlichsten Gestaltungstechniken sind folgende:

- **Slice of Life**: Hier stellt der Werbespot eine Geschichte aus dem „realen“ Leben dar. Diese Geschichten sind zwar häufig erkennbar konstruiert, sie sollen es dem Zuschauer aber erleichtern, sich mit dem Angebot und seiner Verwendungswelt zu identifizieren. Spots in diesem Format zeigen beispielsweise entspannte und glückliche Pärchen oder Familien an einem bestimmten Reiseziel oder in einem Hotel.

- **Testimonial**: Hier treten Personen auf, die aus eigener Erfahrung positiv über ein Produkt berichten. Bei diesen Testimonials (aus dem Englischen für Zeugnis) kann es sich um Prominente handeln (Rudi Völler und Neckermann) oder um „Menschen wie du und ich“, denen aber eine spezifische Kompetenz für das Produkt zuerkannt wird. Beispiele wären Gäste, die vor der Kamera zufrieden über ihren Aufenthalt berichten.

- Seit in Deutschland **vergleichende Werbung** erlaubt ist, muss auch sie als gestalterische Möglichkeit für Werbung in Betracht gezogen werden. Die Erscheinungsformen von vergleichender Werbung sind vielfältig und reichen vom unausgesprochenen impliziten Vergleich – bei dem der Wettbewerber nicht ausdrücklich genannt wird, aber jeder weiß, wer gemeint ist – bis zum direkten Vergleich (s. Anzeigenbeispiel, S. 177).

Storyboard eines Werbespots

Während Anzeigen durch Layouts präsentiert werden, erfolgt dies bei Werbespots in Form eines so genannten **Storyboards**. Ein Storyboard ist die visualisierte und verbalisierte Vorwegnahme eines Werbespots, also gewissermaßen ein Drehbuch. Es dient als Diskussionsvorlage für den zu produzierenden Werbespot.

Beispiel für ein Storyboard

Kunde: Familie von Bühl	**Werbeagentur Kreativ & Co.**	**Produkt: Seehotel „Schloss Sonnenbühl" Länge: 30 Sek.**
Video		**Audio**
Gesamtansicht des Seehotels		Musik im Hintergrund, Stimme aus dem Off: Das idyllisch gelegene Seehotel „Schloss Sonnenbühl" befindet sich bereits seit 1880 im Besitz der Familie von Bühl.
Herr Müller sitzt gestresst an seinem Schreibtisch		Herr Müller: „Bloß gut, dass es morgen los geht. Dieses Wochenende habe ich mir wirklich verdient."
Ansicht des Wellness-Bereichs		Off: In der neuen Wellness-Oase lässt es sich herrlich entspannen: Schwimmbad, Sauna, Massagen – hier kann man die Seele baumeln lassen.
Kamera wandert durch den Schlosspark		Der romantische Schlosspark lädt ein zu Spaziergängen. Abschalten ist garantiert.
Herr Müller, relaxed und ausgeruht, wieder an seinem Schreibtisch		Seehotel „Schloss Sonnenbühl". Gastfreundschaft hat hier Tradition.

Ein Storyboard ist dreigeteilt:

- In der Mitte ist jede einzelne Einstellung abgebildet, die auf dem Fernsehschirm zu sehen ist.
- Auf der linken Seite findet sich die entsprechende Beschreibung dazu mit Regieanweisungen, wie z. B. Kameraeinstellungen.
- Auf der rechten Seite steht der auditive Teil, also was an Sprache, Musik und Geräuschen zu hören ist.

Anhand des Storyboards werden im Verlauf der Detailbesprechungen auch jeweils minutiös die Einzelheiten festgelegt, die zu sehen sein werden. Wichtig ist dabei vor allem die Auswahl der Personen mit Geschlecht, Alter, Typus, Haarfarbe usw. Diese Personen werden später in einem so genannten Casting ausgewählt. Dabei wird eine Vorauswahl von Bewerbern auf ihre spezifische Eignung für die Rolle begutachtet. Nicht immer ist der Einsatz von überdurchschnittlich attraktiven Personen in der Werbung sinnvoll. Urlaubs-, Hotel- und Restaurantszenen werden von durchschnittlich attraktiven Darstellern (Personen „wie du und ich") eher vermittelt, da sich der Zuschauer besser mit ihnen identifizieren kann.
Ferner wird die Umgebung (location) festgelegt, in der der Spot spielen soll, sowie Einzelheiten im Hinblick auf Kleidung und welche Accessoires die Personen tragen, welcher Hintergrund abgebildet ist usw.
Nach dem Storyboard wird der Werbespot Szene für Szene gedreht und auf die beabsichtigte Länge geschnitten.

Direktwerbung

Direktwerbung ist eines der wichtigsten Instrumente zur Gästebindung. Im Gegensatz zur klassischen Werbung, die sich an eine anonyme Zielgruppe wendet, ist Direktwerbung dadurch gekennzeichnet, dass sie Zielpersonen (Gäste, potenzielle Gäste) **persönlich** anspricht. Es handelt sich dabei also nicht um Massenwerbung, sondern um **Individualwerbung**.

Zur Direktwerbung zählen alle Aktionen, die sich an namentlich bekannte Personen wenden bzw. die darauf ausgerichtet sind, eine namentliche Ansprache überhaupt erst möglich zu machen. Dazu zählen werbliche Aktivitäten, die ein so genanntes Responseelement enthalten, also eine Kontaktmöglichkeit bieten, z. B. in Form einer Telefon- oder Fax-Nummer, einer Antwortkarte, E-Mail-Adresse usw.

Der Trend zur Direktwerbung wird einerseits unterstützt durch Entwicklungen in der Kommunikationstechnologie und im Zahlungsverkehr. Computer ermöglichen den Aufbau von Datenbanken, das Internet bietet neue Distributions- und Kommunikationsformen, mit der Kreditkartennummer ist eine einfache Zahlungsabwicklung per Telefon oder per Internet möglich. Andererseits sind es die offensichtlichen **Vorteile der Direktwerbung**, die ihre Bedeutung erhöhen:

- Jede Form der Massenkommunikation führt zwangsläufig zu Streuverlusten, d. h., es werden Personen angesprochen, für die die Werbebotschaft nicht relevant ist. Streuverluste mindern jedoch die Wirtschaftlichkeit der Werbung. Bei einer gezielten Personenansprache werden diese Streuverluste minimiert. Je kleiner die Zielgruppen werden, desto schwieriger sind sie über breit streuende Medien zu erreichen.
- Direktwerbung ermöglicht, was in der Massenkommunikation nicht realisierbar ist: nämlich eine unmittelbare Effizienzmessung und Erfolgskontrolle der ergriffenen Maßnahmen, da der Erfolg einer Direktwerbe-Aktion den ergriffenen Maßnahmen i. d. R. direkt zurechenbar ist. Indikator für die Wirtschaftlichkeit der Direktwerbung ist der **CPO**, Cost per Order:

$$\text{CPO} = \frac{\text{Kosten der Direktwerbeaktion}}{\text{Zahl der Aufträge}}$$

- Der wesentliche Nachteil der Instrumente der Massenkommunikation besteht darin, dass sich die Werbebotschaften in einer Fülle von Konkurrenzbotschaften behaupten müssen. Hingegen erfolgt die individuelle Ansprache mit dem Instrumentarium der Direktwerbung weitgehend unter Ausschluss der Konkurrenz.

Als Instrumente nutzt die Direktwerbung vor allem Werbebriefe, Telefon- und Onlinewerbung.
Das bedeutendste Medium der Direktwerbung sind **adressierte Werbesendungen**, auch **Mailings** genannt. Sie bestehen üblicherweise aus vier Bestandteilen: dem Kuvert, dem Brief, einem Prospekt und einer Antwortmöglichkeit. Da unaufgeforderte Mailings bei einzelnen Verbrauchern bereits zu einer unübersehbaren Flut angewachsen sind, rufen sie häufig Verärgerung hervor. Dagegen kann sich ein Verbraucher durch einen Eintrag in die Robinson-Liste beim Deutschen Direktmarketing Verband (DDV) schützen. Das Wirkungspotenzial von Werbung, die Verärgerung hervorruft, ist ohnehin als gering einzustufen. Es darf aber nicht verkannt werden, dass ein großer Teil der Mailings nicht unaufgefordert erfolgt, z. B. bei Stammgästen bzw. in all jenen Fällen, in denen der Gast ausdrücklich um Informationsmaterial gebeten hat.

Beispiele für ein Mailing

Schlemmerwochen

Pension Sonnenschein

Pension Sonnenschein
Kneippweg 25
00000 Hinterberg
Tel. 00000/0000
Fax 00000/0001

Herrn
Klaus Freundlich
Leerstraße 25
99999 Musterort

Hinterberg, den xx.xx.2002

Herbstgenüsse

Sehr geehrter Herr Freundlich,

wenn die Abende länger werden, trifft man sich gern mit netten Freunden. Zu einem vergnügten Abend gehört selbstverständlich ein ausgezeichnetes Essen.

Wir verwöhnen Sie mit **leckeren Spezialitäten**. Raffiniert angerichtet und mit frischen Zutaten aus unserer Region zubereitet.

Lassen Sie sich von unserem Küchenchef verwöhnen. Jetzt im November überrascht er Sie mit **leichten und bekömmlichen Gerichten**. Dazu ein Glas jungen Wein.

Tische reservieren Sie bitte unter Tel.: xxx/xxxxxx. Als Stammkunde werden Sie natürlich bei der Reservierung bevorzugt.

Mit freundlichen Grüßen

Unterschrift

PS: Ein besonderer Service für unsere Stammkunden. Sie erhalten unsere Speisekarte – jede Woche neu per Fax oder eMail. Geben Sie einfach Ihre Faxnummer oder eMail-Adresse an.

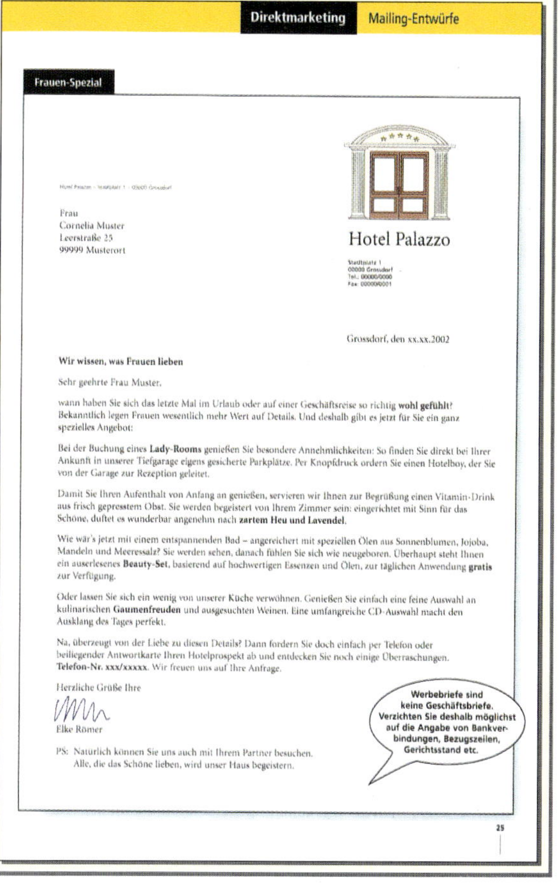
Direktmarketing Mailing-Entwürfe

Frauen-Spezial

Hotel Palazzo

Stadtplatz 1
00000 Grossdorf
Tel.: 00000/0000
Fax: 00000/0001

Frau
Cornelia Muster
Leerstraße 25
99999 Musterort

Grossdorf, den xx.xx.2002

Wir wissen, was Frauen lieben

Sehr geehrte Frau Muster,

wann haben Sie sich das letzte Mal im Urlaub oder auf einer Geschäftsreise so richtig **wohl gefühlt**? Bekanntlich legen Frauen wesentlich mehr Wert auf Details. Und deshalb gibt es jetzt für Sie ein ganz spezielles Angebot:

Bei der Buchung eines **Lady-Rooms** genießen Sie besondere Annehmlichkeiten: So finden Sie direkt bei Ihrer Ankunft in unserer Tiefgarage eigens gesicherte Parkplätze. Per Knopfdruck ordern Sie einen Hotelboy, der Sie von der Garage zur Rezeption geleitet.

Damit Sie Ihren Aufenthalt von Anfang an genießen, servieren wir Ihnen zur Begrüßung einen Vitamin-Drink aus frisch gepresstem Obst. Sie werden begeistert von Ihrem Zimmer sein: eingerichtet mit Sinn für das Schöne, duftet es wunderbar angenehm nach **zartem Heu und Lavendel**.

Wie wär's jetzt mit einem entspannenden Bad – angereichert mit speziellen Ölen aus Sonnenblumen, Jojoba, Mandeln und Meeressalz? Sie werden sehen, danach fühlen Sie sich wie neugeboren. Überhaupt steht Ihnen ein auserlesenes **Beauty-Set**, basierend auf hochwertigen Essenzen und Ölen, zur täglichen Anwendung **gratis** zur Verfügung.

Oder lassen Sie sich ein wenig von unserer Küche verwöhnen. Genießen Sie einfach eine feine Auswahl an kulinarischen **Gaumenfreuden** und ausgesuchten Weinen. Eine umfangreiche CD-Auswahl macht den Ausklang des Tages perfekt.

Na, überzeugt von der Liebe zu diesen Details? Dann fordern Sie doch einfach per Telefon oder beiliegender Antwortkarte Ihren Hotelprospekt ab und entdecken Sie noch einige Überraschungen. **Telefon-Nr. xxx/xxxxx**. Wir freuen uns auf Ihre Anfrage.

Herzliche Grüße Ihre

Elke Römer

PS: Natürlich können Sie uns auch mit Ihrem Partner besuchen. Alle, die das Schöne lieben, wird unser Haus begeistern.

(Deutsche Post [Hrsg.]: So einfach funktioniert Direktmarketing, Stuttgart 2002, S. 22, S. 27)

Ein Mailing verfügt über eine Reihe von spezifischen Vorteilen, die seine Bedeutung für die Direktwerbung ausmachen (vgl. Löffler/Scherfke 2000, S. 197 ff.):

- **Erreichbarkeit der Zielgruppe**: Da praktisch jeder über eine Postanschrift verfügt, können, im Gegensatz zu fast allen anderen Instrumenten, mit einem Mailing alle Gäste und Interessenten direkt erreicht werden.
- **Persönliche Ansprache der Zielpersonen**: „Einer der wichtigsten Schlüsselreize ist der Name des Empfängers. Der eigene Name zieht den Blick des Lesers in den Text und ist eines der werbewirksamsten Worte überhaupt". Nachvollziehbarerweise verkehrt sich dieser positive Effekt jedoch ins Gegenteil, wenn der Name falsch oder falsch geschrieben ist.
- **Flexible Gestaltung**: Ein Mailing ist universell einsetzbar und für jeden Betrieb und jede Zielgruppe geeignet. Auch hinsichtlich der Gestaltungsmöglichkeiten ist ein Mailing flexibel.
- **Vielfältige Dialogangebote**: Als Responseelemente können Antwortkarten, Rückumschläge, Faxantwortbögen, Coupons, Gutscheine oder auch Telefonnummern, E-Mail- und Internetadressen eingesetzt werden.
- **Physisches Erlebnis**: Ein Mailing ist real und nicht virtuell. Der physische Erlebniswert kann durch Warenproben, Speisenkarten oder originelle Beigaben noch erhöht werden.
- **Keine störenden Einflüsse**: Die Werbebotschaft eines Mailings steht allein und muss nicht mit konkurrierenden Botschaften um die Aufmerksamkeit kämpfen. Der Empfänger kann selbst entscheiden, ob und wann er das Mailing öffnet.
- **Exakte Erfolgskontrolle**: Ein Mailing bietet eine lückenlose Erfolgskontrolle. Über eine Kodierung der Responseelemente kann bei unterschiedlichen Varianten eines Mailings getestet werden, welche Variante den besten Rücklauf innerhalb der Zielgruppe erzielt.
- **Minimierung von Streuverlusten**: Bei einer gut vorbereiteten Zielgruppenauswahl kann eine hohe Affinität der Empfänger mit dem Angebot erreicht werden, was eine Voraussetzung für eine hohe Rücklaufquote ist.

Damit ein Mailing seine Kommunikationsfunktion erfüllen und eine Reaktion hervorrufen kann, muss es vom Adressaten gelesen werden. Die Gestaltung eines Mailings muss also darauf abzielen, das Interesse des Adressaten zu wecken. Die Gestaltung des Kuverts entscheidet darüber, ob ein Brief überhaupt geöffnet wird. Die Funktion des Kuverts besteht darin, den ersten Kontakt mit dem Empfänger herzustellen und dafür zu sorgen, dass das Mailing geöffnet wird.

Der Brief muss das Interesse des Empfängers aufrechterhalten und zum Prospekt und zur Antwortkarte führen. Der Brief übernimmt die Funktion eines Verkaufsgesprächs, der Prospekt stellt das Angebot ausführlich mit technischen Daten und Preisen vor, die Antwortkarte schließlich ermöglicht die Bestellung (vgl. Holland 1992, S. 108 ff.).

Die heutige Computer- und Drucktechnik erlaubt es, die Briefe wie aus einem Guss erscheinen zu lassen. Es ist ihnen nicht anzusehen, ob es sich um einen Einzel- oder Massenbrief handelt, die individualisierten Bestandteile unterscheiden sich nicht von dem Standardschreiben. Immer häufiger sind nicht nur die Anrede, sondern auch der Name des Empfängers im Text und manchmal auch zusätzlich das Bundesland in dem er lebt, die individualisierten Bestandteile. Eine zu weit gehende Personalisierung (z. B. Geburts- oder Hochzeitsdaten) sollte jedoch unterbleiben, da sie Misstrauen erwecken kann.

Ein Mailing wird üblicherweise nicht systematisch gelesen. Vielmehr erfolgt zunächst ein erster Überblick über die Bestandteile des Mailings, dabei werden vor allem Bilder und Hervorhebungen beachtet und danach entschieden, ob es gelesen werden soll oder nicht. Der zweite Durchgang fängt dann beim Briefkopf an und wandert schnell zum Postskriptum (PS), das fast immer zuerst gelesen wird. Daher sollte das PS auch einen besonderen Nutzen für den Leser herausstellen.

Einige Regeln für die Textgestaltung eines Mailings:

- Geht schon der Einleitungssatz sofort auf die Interessen Ihres Lesers ein?
- Ist der Einleitungssatz länger als zwei Zeilen?
- Wird schon in den ersten Briefabsätzen dem Leser ein Vorteil versprochen?
- Haben Sie den größten Vorteil Ihres Angebots an erster Stelle genannt?
- Steht eine wirkliche Idee hinter Ihrem Brief?
- Sind Ihre Gedanken in der logischen Reihenfolge geordnet?
- Ist das, was Sie sagen, wirklich glaubhaft?
- Weiß der Leser, wie er buchen muss und haben Sie ihn zur Buchung aufgefordert?
- Steht das Wort „Sie" immer und den ganzen Brief hindurch im Vordergrund?
- Ist der Brief unterhaltend und interessant?
- Zieht sich ein „roter Faden" durch Ihren Text?
- Überwiegen in Ihrem Brief kurzsilbige, leicht lesbare Wörter?
- Haben Sie den Vorteil für den Leser nochmals im PS zusammengefasst?

Ein weiteres Instrument in der Direktwerbung ist das Telefon, das ebenfalls wesentliche Vorteile bietet:

- Mit keinem anderen Medium kann schneller, unmittelbarer und bequemer Kontakt hergestellt werden, um Informationen einzuholen, Aufträge zu erteilen, zu buchen oder Beschwerden loszuwerden.
- Für den unmittelbaren Kontakt ist der Gast zudem nicht an Öffnungszeiten gebunden.
- Die Telefonwerbung kommt dem persönlichen Gespräch am nächsten. Im direkten Gespräch hat der Gast die Möglichkeit nachzufragen und er bekommt sofort ein Feed-back (Löffler/Scherfke 2000, S. 272).

Allerdings muss beachtet werden, dass Anrufe nur dann zulässig sind, wenn der Angerufene vorher sein Einverständnis gegeben hat, angerufen zu werden.

Aufgaben

1. Welche Werbemittel kann das Seehotel „Schloss Sonnenbühl" sinnvollerweise für seine Werbung einsetzen? Unterbreiten Sie Gestaltungsvorschläge.
2. Sammeln Sie Werbemittel eines Betriebes Ihrer Wahl und analysieren Sie sie konstruktiv, d. h. indem Sie Gegenvorschläge machen.
3. Welche Bedeutung haben die Differenzierungsansätze USP und UAP bei der Gestaltung von Werbemitteln?
4. Entwickeln Sie einen Werbebrief für Ihr Hotel/Restaurant.
5. Entwickeln Sie auf Basis der verschiedenen Gestaltungstechniken alternative Fernsehspots für das Seehotel „Schloss Sonnenbühl".
6. Untermauern Sie Ihre kreativen Entwürfe aus vorstehender Aufgabe jeweils mit einem Storyboard.

10.1.10 Werbeträger

Situation

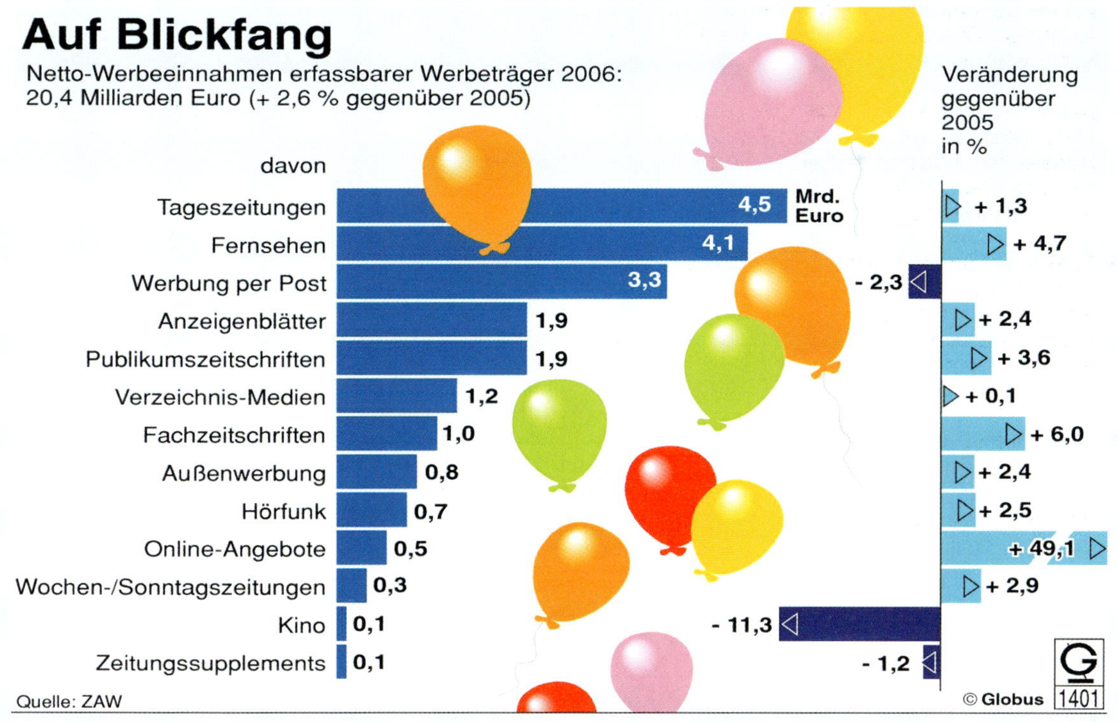

Werden die Medien zur Übermittlung von Werbung genutzt, bezeichnet man sie als Werbeträger. Im Kommunikationsmodell sind Werbeträger die Kanäle, über die Werbebotschaften vom Sender zum Empfänger gelangen.

Die unten stehende Tabelle verdeutlicht das vielfältige und breite Angebot an Werbeträgern in Deutschland sowie das Entscheidungsproblem, das sich daraus ergibt: Welcher der Werbeträger soll für eine Schaltung belegt werden?

Die Werbetreibenden müssen in einem ständig größer werdenden Angebot sich nicht nur zwischen unterschiedlichen Werbeträger-Kategorien entscheiden, sondern auch innerhalb dieser Kategorien die geeigneten Werbeträger ermitteln.

Die nebenstehende Tabelle zeigt die Entwicklung des Werbewachstums in den letzten zehn Jahren. Aufgrund des deutlichen Rückgangs der Werbeausgaben zwischen 2000 und 2003 ergibt sich insgesamt lediglich eine Zunahme der Werbeausgaben um 2,9 %. Den größten prozentualen Zuwachs erzielten die Außenwerbung (+ 53,6 %) und die Anzeigenblätter (+ 15,9 %). Den größten Rückgang mussten die Kinos (– 24,8 %), die Tageszeitungen (– 8,5 %) und die Supplements (– 16,9 %) verzeichnen. Absolut verloren die Tageszeitungen fast eine Milliarde Euro an Werbevolumen.

Nettowerbeeinnahmen erfassbarer Werbeträger

Werbeträger (Mio. Euro)	2006	1997	Wachstum %	Anteil 2006 %
Tageszeitungen	4 532,9	5 558,9	– 18,5	22,3
Fernsehen	4 114,3	3 804,0	8,2	20,2
Werbung per Post	3 318,9	3 030,6	9,5	16,3
Publikumszeitschriften	1 943,0	1 676,8	15,9	9,5
Anzeigenblätter	1 855,9	1 794,7	3,4	9,1
Verzeichnis-Medien	1 198,6	1 177,3	1,8	5,9
Fachzeitschriften	956,0	1 105,7	– 13,5	4,7
Außenwerbung	787,4	512,6	53,6	3,9
Hörfunk	680,5	601,4	13,2	3,3
Online-Angebote	495,0	–	–	2,4
Wochen-/ Sonntagszeitungen	260,2	241,5	7,7	1,3
Kino	117,5	156,2	– 24,8	0,6
Zeitungssupplements	89,9	108,2	– 16,9	0,4
Gesamt	**20 350,1**	**19 767,9**	**2,9**	**100,0**

(Quelle: ZAW Jahrbücher)

Zeitungen

Mit einem Werbevolumen von 4,5 Milliarden Euro und einem Marktanteil von 22 % stellen Zeitungen die bedeutendste Gruppe der Werbeträger dar.

Nettowerbeumsätze der Tageszeitungen

	2000	2001	2002	2003	2004	2005	2006
Werbeumsätze in Mio. Euro	6 556,6	5 642,2	4 936,7	4 454,9	4 500,5	4 476,6	4 532,9
+/– vs. Vorjahr in %	+ 8,1	– 14,0	– 12,5	– 9,8	+ 1,0	– 0,6	+ 1,3
Anzahl	388	387	385	381	379	377	377
Auflage in Mio.(1)	28,9	28,6	27,8	27,0	26,5	25,7	25,2

(1) = tatsächlich verbreitete Auflage lt. IVW

(Quelle: ZAW Jahrbücher)

Zeitungen sind durch folgende Merkmale charakterisiert, die sie gegenüber anderen Medien eindeutig abgrenzen:

- **Aktualität**: Vermittlung jüngsten Gegenwartsgeschehens
- **Periodizität**: Erscheinen in kürzester, regelmäßiger Folge
- **Publizität**: allgemeine Zugänglichkeit, breiteste Öffentlichkeit
- **Universalität**: keine thematischen Einschränkungen
- **Vertrieb**: Abgabe gegen einen festen Bezugspreis

Üblicherweise werden Zeitungen eingeteilt in **Tages-** und **Wochenzeitungen**. Wird eine Zeitung überwiegend im Abonnement vertrieben, wird von **Abonnementszeitungen** gesprochen, in Unterscheidung zu **Kaufzeitungen**, die überwiegend im Einzelverkauf vertrieben werden. Eine weitere Einteilung wird vorgenommen im Hinblick auf Verbreitung und Berichterstattung in regionale und überregionale Zeitungen.

Einteilung von Zeitungen

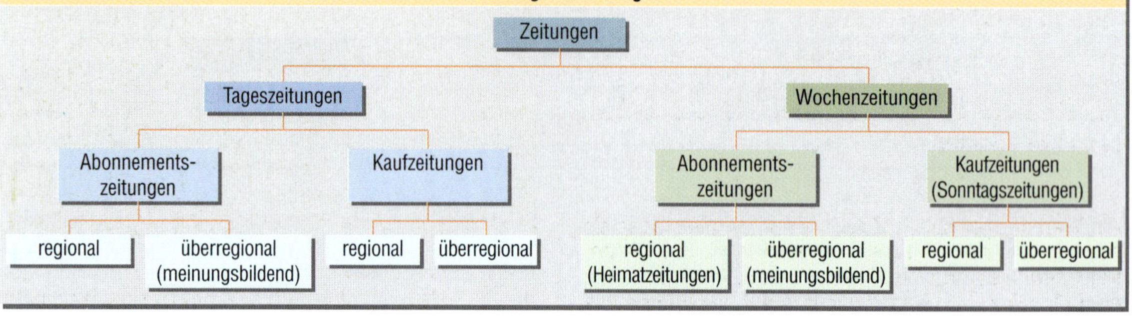

(Ruland, Jeanne [Hrsg]: Werbeträger, Bad Homburg, S. 57)

Innerhalb dieser Einteilung stellen **regionale Tageszeitungen** im Hinblick auf die Anzahl der verschiedenen regionalen Tageszeitungen, Auflagenhöhe und Werbeumsatz die größte Gruppe dar. Sie erreichen einen Abonnementsanteil von 80 % bis 90 %. Die hohen Werbeumsätze der regionalen Tageszeitungen resultieren in erster Linie aus Anzeigen lokaler und regionaler Geschäfte und aus den Rubrikenmärkten (Immobilien, Kfz, Stellenanzeigen, Bekanntschaften usw.). Überregionale Anzeigen machen nur ca. 8 % des gesamten Anzeigengeschäftes aus.

Überregionale Tageszeitungen werden ebenfalls schwerpunktmäßig im Abonnement vertrieben, nach Anzahl und Auflagenhöhe stellen sie jedoch nur eine relativ kleine Gruppe dar. **Kaufzeitungen** (auch: Boulevard-Zeitungen) kennzeichnen sich durch Straßenverkauf und sensationsorientierte Berichterstattung. Sie haben einen Einzelverkaufsanteil von bis zu 98 %.

Wochenzeitungen sind von der redaktionellen Konzeption her mit den überregionalen Tageszeitungen vergleichbar, allerdings liegt der Schwerpunkt naturgemäß nicht auf der tagesaktuellen Berichterstattung, sondern auf Themenaktualität mit Hintergrundberichten.

Überregionale Zeitungen		
Verlagsort	**Titel**	**Verkaufte Auflage in 1 000**
	Überregionale Tageszeitungen	
Frankfurt/M.	Frankfurter Allgemeine Zeitung	361,5
Frankfurt/M.	Frankfurter Rundschau	151,5
München	Süddeutsche Zeitung	443,9
Hamburg	Die Welt	225,3
Düsseldorf	Das Handelsblatt	143,0
Hamburg	Financial Times Deutschland	103,3
Berlin	Neues Deutschland	45,0
	Überregionale Wochenzeitungen	
Hamburg	Die Zeit	491,6
Bonn	Rheinischer Merkur	81,0
	Sonntagszeitungen	
Hamburg	Bild am Sonntag	1 891,1
Hamburg	Welt am Sonntag	404,3
Berlin	B.Z. am Sonntag	110,0
Stuttgart	Sonntag Aktuell	666,3
Frankfurt/M.	Frankfurter Allgemeine Sonntagszeitung	322,5
Dresden	Morgenpost am Sonntag	68,7
	Kaufzeitungen	
Hamburg	Bild	3 730,3
Köln	Express	173,0
Berlin	B.Z.	189,5
München	Abendzeitung	144,1
München	tz	151,2
Hamburg	Hamburger Morgenpost	115,8
Berlin	Berliner Kurier	138,8
Dresden	Morgenpost für Sachsen	97,4

(IVW Auflagenliste 2/2007)

Als Werbeträger haben Zeitungen den Vorteil, dass sie regional und zeitlich exakt steuerbar sind. Ein Werbetreibender hat hier also die Möglichkeit, tagesgenau eine räumlich definierte Zielgruppe auf seine Angebote aufmerksam zu machen.

Eine zielgruppenspezifische Steuerbarkeit ist hingegen bei regionalen Tageszeitungen nicht möglich, Zielgruppe ist vielmehr im Wesentlichen die Gesamtbevölkerung.

Aufgrund ihrer hohen Reichweiten entspricht die soziodemographische Struktur der Leser regionaler Tageszeitungen weitgehend der der Gesamtbevölkerung.

Bei überregionalen Tages-, Wochen- und Sonntagszeitungen ist hingegen eine Ansprache spezieller Zielgruppen möglich. Aufgrund ihres redaktionellen Anspruchs erreichen sie Leserschaften schwerpunktmäßig in den oberen Bildungs- und Einkommensgruppen, Selbstständige und leitende Angestellte.

Auch die Leser von Kaufzeitungen weichen vom Bevölkerungsdurchschnitt ab. Sie sind überproportional in den unteren und mittleren Einkommens- und Bildungsgruppen vertreten.

Als Werbeträger für den Tourismus sind Tageszeitungen immer dann sinnvoll, wenn das Angebot auf ein regionales Einzugsgebiet begrenzt ist und zeitlich gezielt gesteuert werden soll (regionale Tageszeitungen) bzw. an überregionale Zielgruppen gerichtet ist, die sich nach den Merkmalen Einkommen, Beruf und Bildung klassifizieren lassen (überregionale Tageszeitungen).

Regionale Tageszeitungen sind der ideale Werbeträger für örtliche Reisebüros, Reiseveranstalter und Restaurants. Sie haben hier ein tagesaktuelles Forum, für das sich vor allem Sonder- und Last-Minute-Angebote eignen. Beispielsweise können Reiseveranstalter, insbesondere für Busreisen, gezielt noch freie Plätze anbieten.

Werbung in Tageszeitungen ist eine der wenigen Werbeformen, die nicht als zudringlich erachtet wird. Sie wird sowohl genutzt, um sich über Sonderangebote zu informieren als auch um sich zu informieren, was gerade im Kino läuft. Anzeigen in Zeitungen haben den Vorteil, dass sie nicht so stark um die Aufmerksamkeit der Zielgruppe kämpfen müssen wie andere Werbeträger. Weil das redaktionelle Umfeld hier üblicherweise ernster Natur ist, muss Werbung in Zeitungen auch nicht den hohen Unterhaltungswert besitzen, wie beispielsweise Fernsehspots. Die meisten Anzeigen in Tageszeitungen sind daher direkt und informativ. Die Anzeigen sagen, welches Reiseziel im Angebot ist, wie viel es kostet und wann es losgeht.

Publikumszeitschriften

Die große Vielfalt im Bereich der Publikumszeitschriften macht eine eindeutige Definition dieser Gattung schwierig. Von Fachzeitschriften grenzen sie sich dadurch ab, dass sie nicht der beruflichen Weiterbildung dienen und von Tageszeitungen dadurch, dass ihre Berichterstattung nicht auf Tagesaktualität ausgerichtet ist. In dieser Abgrenzung lassen sich Publikumszeitschriften definieren als „regelmäßig erscheinende Druckerzeugnisse, die für breiteste Publikumskreise zugänglich sind und ihren Lesern allgemein verständliche Informationen und/oder Unterhaltung" bieten (Koschnick 1995, S. 1446). Publikumszeitschriften erscheinen i. d. R. wöchentlich, 14-tägig oder monatlich. Äußerlich unterscheiden sie sich von den Zeitungen vor allem durch die Verwendung von Farbe, einer besseren Papierqualität und der Rückenheftung.

Nettowerbeumsätze der Publikumszeitschriften

	2000	2001	2002	2003	2004	2005	2006
Werbeumsätze in Mio. Euro	2 247,3	2 092,5	1 934,8	1 861,5	1 839,2	1 791,4	1 855,9
+/– vs. Vorjahr in %	+ 12,0	– 6,9	– 7,5	– 3,8	– 1,2	– 2,6	+ 3,6
Anzahl	847	817	831	832	850	873	899
Auflage in Mio.(1)	138,9	138,5	139,8	139,4	137,6	138,0	136,3

(1) = tatsächlich verbreitete Auflage lt. IVW

(Quelle: ZAW Jahrbücher)

Publikumszeitschriften richten sich zwar grundsätzlich an jedermann, sie werden jedoch nach ihren inhaltlichen Schwerpunkten in drei Gruppen eingeteilt:

1. **General-Interest-Titel** sind Massenzeitschriften und sprechen die Gesamtbevölkerung mit allgemein interessierenden Themen an wie:
   - aktuelle Zeitschriften/Magazine zum Zeitgeschehen (z. B. Der Spiegel, Stern, Focus, Super Illu, Neue Revue)
   - Programmpresse (z. B. Hörzu, FF, Gong, TV-Movie, Auf einen Blick).

   General-Interest-Titel charakterisieren sich durch hohe Auflagen und Reichweiten, daher ist die Struktur der Leserschaft ähnlich der der Gesamtbevölkerung.

2. **Zielgruppenzeitschriften** sprechen mit einer spezifischen Thematik bestimmte Bevölkerungssegmente an wie Frauen, Männer und Jugendliche:
   - Frauenzeitschriften (z. B. Brigitte, Cosmopolitan, Freundin, Die Aktuelle, Woman),
   - Familienzeitschriften (z. B. Eltern, Glücksrätsel) und
   - Jugendzeitschriften (z. B. Bravo, Micky Maus, Mädchen, Pop Rocky).

   Zielgruppenzeitschriften haben geringere Auflagen, erzielen aber hohe Reichweiten in den jeweiligen Zielgruppensegmenten.

3. **Special-Interest-Titel** kennzeichnen sich durch ein redaktionelles Schwerpunktthema aus z. B.:
   - Wohnen und Leben (z. B. Schöner Wohnen, Essen & Trinken, Goldene Gesundheit),
   - Reise-Zeitschriften (z. B. ADAC Reisemagazin, Geo Saison, Outdoor),
   - Lifestyle-Zeitschriften/Stadtmagazine (z. B. Max, Penthouse, Prinz),
   - Motorpresse (z. B. Auto Bild, Auto Motor und Sport, ADAC Motorwelt, Motorrad, PS),
   - Sportzeitschriften (z. B. Kicker, Sport Bild, Sports, Tennis Magazin),
   - Zeitschriften für Kultur/Natur/Wissenschaft (z. B. Cinema, Ein Herz für Tiere, Bild der Wissenschaft, Capital, Geo).

   Special-Interest-Titel weisen i. d. R. nur geringe Auflagen und Reichweiten auf, sie erzielen aber teilweise sehr stark ausgeprägte Leserschaftsschwerpunkte.

Publikumszeitschriften sind Zielgruppenmedien. Wie bei kaum einem anderen Werbeträger lassen sich mit ihnen gezielt bestimmte Zielgruppen nach demographischen, psychographischen oder Konsum-Merkmalen ansprechen. Diese Steuerbarkeit ist bei den Zielgruppen- und Special-Interest-Titeln am stärksten ausgeprägt.

Die IVW wies im zweiten Quartal 2006 beispielsweise 15 **Reisezeitschriften** mit einer verkauften Auflage von 1,7 Millionen aus (vgl. Tab. Reisezeitschriften). Unabhängig von soziodemographischen Kriterien lassen sich mit Reisezeitschriften alle an Reisen Interessierten erreichen.

Reisezeitschriften	
Titel	verkaufte Auflage
Abenteuer & Reisen – Das Erlebnismagazin	100 795
ADAC Reisemagazin	144 745
Berge	12 757
Business Traveller	86 785
Clever Reisen/Fliegen & Sparen	29 218
extra/tour	805 234
Geo Saison	120 351
Geo Spezial	95 586
Merian	74 428
Nordis – Das Nordeuropa Magazin	28 406
Outdoor	42 060
Reise & Preise	82 823
Tours	22 037
Urlaub perfekt	100 504

(IVW-Auflagenliste 2/2007)

Das klassische Werbemittel in Publikumszeitschriften ist die Anzeige. Im Gegensatz zu Tageszeitungen sind die Anzeigenformate jedoch nicht frei wählbar, sie müssen sich vielmehr an vorgegebenen Größen orientieren. Übliche Formate sind die Doppelseite, 1/1-, 1/2- oder 1/3-Seite.

Werbung, die eng mit der speziellen Thematik einer Zeitschrift verknüpft ist, wird vom Leser u. U. mit der gleichen Aufmerksamkeit beachtet, wie die redaktionellen Artikel. Beispielsweise können Surfer, Angler oder Personen, die gerade ihren Urlaub planen, aus Anzeigen in den entsprechenden Special-Interest-Titeln entnehmen, welche Neuheiten es im Bereich Ausrüstung, Technik oder Reiseziele gibt. Unabhängig davon müssen Anzeigen in Publikumszeitschriften aufgrund des redaktionellen Umfelds jedoch grundsätzlich stärker um die Aufmerksamkeit des Lesers kämpfen, als Anzeigen in Zeitungen. Daher ist die Kreativität hier auch häufig überlegen. Anzeigen in Publikumszeitschriften arbeiten in hohem Maße mit impactstarken Fotos und ausgefeilten Texten, die Ästhetik und Funktionalität kombinieren. Die im Vergleich zu Tageszeitungen überlegene Papier- und Druckqualität ermöglicht bessere visuelle Botschaften.

Fachzeitschriften

Fachzeitschriften unterscheiden sich von Publikumszeitschriften durch ihre Funktion. Sie dienen der beruflichen Information und Fortbildung. Fachzeitschriften sind die am häufigsten genutzte berufliche Informationsquelle. Von ihrer Anzahl her sind sie die größte Mediengattung. Die IVW erfasste 2006 insgesamt 1 095 Titel, das Statistische Bundesamt wies in der 1994 letztmalig ausgewiesenen Pressestatistik 3 589 Titel aus.
Damit umfassen Fachzeitschriften einen Anteil von ca. 40 % am Gesamtzeitschriftenmarkt. Fast jeder Berufs- und Ausbildungszweig hat eigene Fachzeitschriften. Zielgruppe von Fachzeitschriften sind Fachleute, die hiermit punktgenau erreicht werden können. Diese Fachleute sind häufig auch Entscheidungsträger, sodass Anzeigen in Fachzeitschriften darauf zielen, das eigene Angebot als Alternative vorzustellen.

Beispiel für eine Anzeige in einer Fachzeitschrift
(Top Hotel 10/2004, S. 127)

Fachzeitschriften haben teilweise nur geringe Auflagen, aber eine sehr hohe Zielgruppenaffinität und damit eine hohe Reichweite bei den Entscheidungsträgern. Mit ihnen lassen sich kleine und kleinste Zielgruppen erreichen. Tourismus-Fachzeitschriften sind beispielsweise Top Hotel (18 999), Travel One (22 921), Touristik aktuell (30 152), Touristik Report (30 151), Allgemeine Hotel- und Gastronomie Zeitung (19 846) (verbreitete Auflage, IVW Auflagenliste 2/2007).

Nettowerbeumsätze der Fachzeitschriften							
	2000	2001	2002	2003	2004	2005	2006
Werbeumsätze in Mio. Euro	1 189,8	1 057,0	966,0	877,0	865,0	902,0	956,0
+/– vs. Vorjahr in %	+ 2,4	– 16,6	– 10,1	– 9,2	– 1,4	+ 4,3	+ 6,0
Anzahl	1 089	1 096	1 088	1 075	1 064	1 081	1 095
Auflage in Mio.(1)	26,3	27,4	26,1	24,6	23,5	24,4	22,7
(1) = tatsächlich verbreitete Auflage lt. IVW							

(Quelle: ZAW Jahrbücher)

Kundenzeitschriften

Kundenzeitschriften sind dem Marketing bzw. der Öffentlichkeitsarbeit eines Unternehmens zuzuordnen, sie dienen in erster Linie der Pflege des Kundenkontakts. Im zweiten Quartal 2006 erfasste die IVW 72 Kundenzeitschriften mit einer verbreiteten Auflage von 50,2 Mio. Im Jahr 2001 erschienen in Deutschland insgesamt 2 902 Titel, von denen 70 % durch Fremdanzeigen belegbar sind. Die gedruckte Auflage liegt bei 418 Millionen pro Erscheinungsintervall. Dieser Kategorie sind auch die **Gästezeitschriften** zuzuordnen, Zeitschriften von z. B. Hotels und Fluggesellschaften. Von ihrem redaktionellen Anspruch her entsprechen sie der gehobenen Gesellschaftspresse.

Ausgewählte Kundenzeitschriften

Titel	verbreitete Auflage
DB Mobil	507 055
Lufthansa Magazin	291 872
Lufthansa womens's world	188 952
Welcome	474 000

(IVW Auflagenliste 2/2007)

Fernsehen

Das Fernsehen ist der bedeutendste nationale Werbeträger, denn mit einem Werbevolumen von rund 4,1 Mrd. Euro vereint es 2006 ca. 20 % des gesamten Werbevolumens. Nach den starken Rückgängen in den Jahren 2001 bis 2003 konnte das Fernsehen seit 2004 wieder leichte Zuwächse verzeichnen.
Fernsehen ist ein Massenmedium, dessen Besonderheit darin besteht, dass Botschaften audiovisuell gesendet werden. 2006 waren der Gebühreneinzugszentrale (GEZ) 36,9 Millionen TV-Geräte gemeldet. Die Werbepräsenz ist auf einem sehr hohen Niveau. Sie dokumentierte sich im Jahr 2006 in 22 126 Stunden Werbezeit, also ca. 60 Stunden täglich. 98,7 % aller Haushalte sind mit mindestens einem Fernsehgerät ausgestattet. Die durchschnittliche Sehdauer pro Tag lag 2006 bei 212 Minuten, allerdings mit nach wie vor deutlichen Unterschieden zwischen Ost- (246 Minuten) und Westdeutschland (204 Minuten). Die höhere Sehdauer in den neuen Bundesländern hat zur Folge, dass bei nationalem TV-Einsatz der Werbedruck im Osten höher als im Westen ist. Mit Abstand werbestärkste Branche ist der Automarkt, gefolgt von Schokolade und Süßwaren.

Nettowerbeumsätze des Fernsehens

Werbeumsätze in Mio. Euro	2000	2001	2002	2003	2004	2005	2006
ARD	192,8	166,7	136,7	141,0	182,2	158,1	176,8
ZDF	178,8	147,8	116,1	111,2	111,6	101,9	125,3
RTL	1 345,7	1 274,5	1 180,5	1 152,4	1 118,0		
RTL II	293,9	255,1	214,3	223,2	209,5		
Sat.1	982,2	858,0	795,0	777,3	778,0		
Pro Sieben	882,5	875,0	786,0	700,8	725,0	Private*	Private*
Kabel 1	227,0	219,0	198,0	193,7	193,0	Sender:	Sender:
Super RTL	92,7	91,1	86,6	91,7	98,5	3 669,6	3 812,2
Vox	190,0	198,3	216,7	230,4	224,8		
n-tv	93,9	56,3	39,5	26,5	32,8		
Sonstige Private	229,7	327,2	187,0	163,0	187,0		
Gesamt	**4 709,1**	**4 469,0**	**3 956,4**	**3 311,3**	**3 860,4**	**3 929,6**	**4 114,3**
+/- vs. Vorjahr in %	+ 9,1	– 5,1	– 11,5	– 3,7	+ 1,3	+ 1,8	+ 4,7

* seit 2005 kein separater Ausweis der privaten Sender
(Quelle: ZAW Jahrbücher)

Das Fernsehen ist eher zu den „jüngeren" Werbeträgern zu zählen, vielfach wird es dem Bereich der „Neuen Medien" zugeordnet. Die Landesrundfunkanstalten schlossen sich 1950 zur „Arbeitsgemeinschaft der öffentlich-rechtlichen Rundfunkanstalten der Bundesrepublik Deutschland" (ARD) zusammen und nahmen am 01.11.1954 das „Deutsche Fernsehen" in Betrieb. Es dauerte bis 1963, bis von der Reichweite her die Voraussetzungen für ein Zweites Deutsches Fernsehen gegeben waren. Am 02.01.1984 nahm der erste private Sender, RTL plus, den Sendebetrieb auf, ein Jahr später folgte Sat 1. Seit dem 28.02.1991 wird mit Premiere das erste Pay-TV ausgestrahlt. 1995 startete mit H.O.T. der erste deutsche Teleshopping-Kanal, 1996 folgte QVC.
Mit den privaten Sendern wurde in Deutschland eine **duale Rundfunkordnung** etabliert, mit den öffentlich-rechtlichen Sendern auf der einen und den privaten Sendern auf der anderen Seite. Das Aufkommen privater Anbieter hat den deutschen Fernsehmarkt in einen Wettbewerbsmarkt überführt. Für viele Werbetreibende wurde dadurch Fernsehwerbung überhaupt erst möglich.

Die Werbebeschränkungen im öffentlich-rechtlichen Monopol führten zu einem Nachfrageüberhang. Da nur 20 Minuten Werbezeit pro Tag zur Verfügung standen, konnten ARD und ZDF nur etwa 24 000 Werbespots (á 30 Sekunden) pro Jahr senden. Werbezeiten wurden von den Sendern zugeteilt. Im Jahr 2003 wurden ca. 3 Millionen Spots im deutschen Fernsehen ausgestrahlt. Der Fernsehmarkt in Deutschland lässt sich nach folgenden Kriterien einteilen:

- Nach der **Distributionsform** ist zu unterscheiden zwischen terrestrischem Empfang (über die Haus- oder Gemeinschaftsantenne), Kabel- und Satellitenempfang.

- Nach dem **Distributionsgebiet** wird unterschieden in nationale, regionale und lokale Sender. Regionale Sender sind vor allem die Dritten Programme der ARD. Einige Städte und Gemeinden senden mittlerweile lokale Programme, die zeitweise in die Kabelnetze eingespeist werden.

- Nach dem **Programmangebot** ist zu unterscheiden in Voll- und Spartenprogramme. Ein **Vollprogramm** bietet Information, Bildung, Beratung und Unterhaltung. Programme mit „im Wesentlichen gleichartigen Inhalten“ werden als **Spartenprogramme** bezeichnet. Während Vollprogramme also ein komplettes Programmangebot bieten (ARD, ZDF, RTL, Sat. 1 und Pro 7), beschränken sich Spartenprogramme auf Angebotsnischen wie Musik (z. B. MTV, Viva), Sport (DSF) oder Nachrichten (n-tv).

- Die bedeutsamste Unterscheidung der Sender ist die nach der **Rechtsform**. Danach lassen sich **öffentlich-rechtliche** und **private Sender** unterscheiden. Diese Unterscheidung ist fundamental vor allem im Hinblick auf die werberechtlichen Möglichkeiten der jeweiligen Sender. Zu den öffentlich-rechtlichen Sendern zählen ARD, ZDF, ARD-Dritte, Arte, 3Sat, Kinderkanal, und Phoenix. Der private Fernsehmarkt in Deutschland wird im Wesentlichen von Bertelsmann und der ehemaligen Kirch-Gruppe dominiert.

- Nach der **Entgeltlichkeit der Nutzung** hat sich die Unterscheidung in **Free-TV** und **Pay-TV** etabliert. Während das Free-TV für den Nutzer entgeltfrei ist, muss für das Pay-TV ein Nutzungsentgelt entrichtet werden. Dafür gibt es grundsätzlich mehrere Möglichkeiten:

  - Beim **Abonnentenfernsehen** (z. B. Premiere) zahlt der Abonnent eine monatliche Gebühr für einen Dekoder und ist in der Nutzung des Programmangebots unbeschränkt. Beim **Pay per Channel** erfolgt die Bezahlung nur für einzelne Kanäle innerhalb eines kompletten Programmpaketes.

  - In der Form des **Pay per View** zahlt der Zuschauer nur für die Dauer des Zusehens, beispielsweise für einen Spielfilm oder eine Fußballübertragung.

  - Beim **Video on Demand** kann sich der Zuschauer aus einer Videodatenbank einen bestimmten Film aussuchen, für dessen Nutzung eine Gebühr zu entrichten ist.

Da sich die privaten Fernsehsender vor allem über Werbeeinnahmen finanzieren und die Fernsehgebühren den öffentlich-rechtlichen Sendern vorbehalten sind, hat der Gesetzgeber folgerichtig den privaten Sendern weitergehende Werbemöglichkeiten eingeräumt als den öffentlich-rechtlichen.
Für die **öffentlich-rechtlichen Sender** gilt die 20-Minuten-Regel: Die Gesamtdauer der Werbung darf pro Werktag 20 Minuten im Jahresdurchschnitt nicht überschreiten. Nach 20:00 Uhr sowie an Sonntagen und im ganzen Bundesgebiet anerkannten Feiertagen darf keine Werbung ausgestrahlt werden. Die **privaten Sender** dürfen bis zu 20 % der täglichen Sendezeit als Werbezeit nutzen und auch an Sonn- und Feiertagen und nach 20:00 Uhr werben. Ferner haben sie weitergehende Möglichkeiten bei Unterbrecherwerbung. Für beide ist die Werbedauer pro Stunde jedoch auf 12 Minuten begrenzt.

Die klassischen Werbeformen im Fernsehen, also Werbespots und Sponsorhinweise, werden durch eine Vielfalt neuer Werbeformen ergänzt:

- **Titelpatronate**, die als Ergänzung zum TV-Sponsoring den Sponsor und seine Marke konsequent in das Umfeld und den Titel eines Programms integrieren.

- Bei der **Split-Screen-Werbung** läuft der Werbespot mit Ton auf rund 80 % des Bildschirms, das aktuelle Programmbild in einem kleinen Fenster am Bildschirmrand. Diese Werbeform wird voll auf die Dauer der klassischen Werbung angerechnet. Preislich wird Split-Screen-Werbung wie Vollbild-Werbung berechnet.

- **Exklusiv-Inseln** als Ausstrahlung eines einzelnen Werbespots. Jeder Sender bietet derartige exklusive Werbemöglichkeiten i. d. R. vor einzelnen Sendungen.

Darüber hinaus bieten die Sender weitere Werbeformen an, z. B. zur Vernetzung der TV-Werbemaßnahmen mit Aktivitäten in den Sektoren Internet sowie Veranstaltung und Promotion (vgl. z. B. www.sevenonemedia.de für die Sender ProSieben, Sat 1, Kabel 1 und N24).

Fernsehen ist nur eingeschränkt zielgruppenspezifisch steuerbar. Zwar wird durch die Wahl bestimmter Sender, Programme und Tageszeiten versucht, Zielgruppenschwerpunkte zu setzen, dem Wesen nach ist Fernsehen allerdings ein Massenmedium, das exakte Zielgruppenabgrenzungen meist nicht zulässt. Lediglich die Spartensender bieten Angebote, die auf spezielle Zielgruppensegmente zugeschnitten sind.

Als Werbeträger ist das Fernsehen für alle nationalen Werbetreibenden interessant, die sich an ein möglichst breites Publikum wenden wollen. Im Tourismus sind dies vor allem Airlines und die großen Reiseveranstalter. Die Vorteile des Fernsehens liegen vor allem in seiner multisensorischen Wirkung, Fernsehen wirkt sowohl visuell als auch akustisch. Dadurch sind insbesondere emotionale Ansprachen möglich. Fernsehen ist in der Lage, kurzfristig hohe Reichweiten zu erzielen und kann Markenimages und Bekanntheit schnell aufbauen. Der große Nachteil der Fernsehwerbung besteht allerdings darin, dass es zunehmend zu einem Nebenbeimedium wird, das Werbeflucht und Nebenbeschäftigungen erlaubt, wodurch die Effizienz der Fernsehwerbung in Frage gestellt wird. Als nationale Werbeträger gibt es jedoch keine Alternative zum Fernsehen.

Hörfunk

Hörfunk ist ebenfalls ein Massenkommunikationsmittel, das wie das Fernsehen tagesaktuelle Informationen vermittelt. Die Vorteile des Hörfunks gegenüber dem Fernsehen liegen vor allem darin, dass mit dem Radio die Zielgruppen vor allem tagsüber erreicht werden und seine Nutzung praktisch überall erfolgen kann. Jeder Haushalt besitzt im Durchschnitt drei Hörfunkgeräte.

Nettowerbeumsätze des Hörfunks							
	2000	2001	2002	2003	2004	2005	2006
Werbeumsätze in Mio. Euro	732,9	678,0	595,1	579,2	619,4	663,7	680,5
+/– vs. Vorjahr in %	+ 6,1	– 7,5	– 13,9	– 2,7	+ 6,9	+ 7,4	+ 2,5

(Quelle: ZAW Jahrbücher)

Ebenfalls wie beim Fernsehen wird auch beim Hörfunk in öffentlich-rechtliche und private Sender unterschieden, auch hier gilt, dass die privaten Sender von den Gebühreneinnahmen ausgeschlossen sind und sich ausschließlich über Werbung finanzieren. Für die öffentlich-rechtlichen Hörfunkprogramme ist Werbung auf 90 Minuten werktäglich im Jahresdurchschnitt begrenzt. Einige öffentlich-rechtliche Sender verzichten ganz auf Werbung. Private Sender können maximal 20 % der täglichen Sendezeit Werbung ausstrahlen.

Hörfunk ist ein fast ausschließlich regionales bzw. lokales Medium, das sich 2006 in 340 Anbieter segmentiert. Zwar weichen die regionalen Strukturen mit zunehmender Bedeutung von Kabel- und Satellitenverbreitung auf, wenngleich der Empfang über Kabel, Satellit (und neuerdings auch Internet) eine stationäre Nutzung bedeutet. Allerdings wird auch in absehbarer Zukunft die klassische terrestrische UKW-Frequenz der wichtigste Distributionskanal bleiben.

Mediaplanerisch steuerbar ist Hörfunk in erster Linie zeitlich und unter regionalen Aspekten. Eine Steuerung nach Zielgruppen folgt vor allem den unterschiedlichen Hörerschaftsschwerpunkten im Tagesverlauf. Als Faustformel lässt sich sagen, dass mit Hörfunk am Vormittag die Hausfrauen, mittags die Gesamtbevölkerung, am frühen Nachmittag Jugendliche und Schüler und am späten Nachmittag Berufstätige im Auto auf dem Weg nach Hause zu erreichen sind. Die Hörfunknutzung ist im Tagesverlauf sehr unterschiedlich. Zwischen 7:00 und 8:00 Uhr morgens lassen sich die größten Reichweiten erzielen, die Nutzung sinkt dann kontinuierlich, bis zwischen 15:00 und 16:00 Uhr ein zweiter Höhepunkt erreicht wird. Zur Fernsehzeit, ab 20:00 Uhr, hört kaum noch jemand Radio.

Radio ist das Medium, das die besten Möglichkeiten zur Parallelnutzung mit anderen Aktivitäten bietet, es fungiert vielfach als ein Nebenbeimedium, das häufig nur passiv als Hintergrundbeschallung genutzt wird. In der Mediaplanung erhält der Hörfunk meist nur die Funktion eines Komplementärmediums bzw. wird als taktisches Medium eingesetzt, d. h. als Ergänzung zu anderen Medien. Hörfunk eignet sich als Werbeträger vor allem dann, wenn es um tagesaktuelle Informationen geht, also z. B. der Hinweis auf einen Einsendeschluss, dass ein bestimmtes Angebot nur noch drei Tage gilt oder dass ein Hotel gerade an diesem Wochenende ein Familienarrangement anbietet.

Kino

Neben dem Fernsehen ist Kino das zweite audiovisuelle Medium. Kino ist kein Medium für die Gesamtbevölkerung, die Gesamtreichweite liegt nur bei 3,9 %. Vielmehr liegt der Schwerpunkt der Kinobesucher bei den 14- bis 29-Jährigen, bei denen eine Reichweite von 24 % erzielt wird. 65 % aller Kinobesucher (gegenüber 21 % in der Gesamtbevölkerung) sind im Alter von 14 – 29 Jahren; 49 % der Kinobesucher verfügen über ein Haushaltsnettoeinkommen von über 2 300 Euro (Gesamtbevölkerung: 36 %) und 34 % der Kinobesucher haben Abitur oder studiert (20 % der Gesamtbevölkerung). Kinowerbung trifft also auf überdurchschnittlich junge, überdurchschnittlich reiche und überdurchschnittlich gebildete Zuschauer.
Kino eignet sich als Werbeträger für praktisch alle Werbetreibende. Es ist von der Belegung her sehr variabel. Kleinste Belegungseinheit ist das einzelne Kino, es können aber auch alle Kinos im gesamten Bundesgebiet belegt werden. Über Kino lässt sich also sowohl ein lokaler, regionaler als auch ein nationaler Werbeeinsatz realisieren. Der wesentliche Vorteil der Kinowerbung liegt in ihrer hohen Kontaktintensität, die die geringe Reichweite ausgleicht. Der Kinobesucher ist hochmotiviert, er hat sich bewusst einen bestimmten Film ausgesucht, dafür bezahlt und möchte sich ein paar „schöne Stunden" machen. Werbung wird dafür in Kauf genommen, man kann sich ihr auch nicht entziehen, da Nebentätigkeiten praktisch ausgeschlossen sind.

Werbebotschaften im Kino werden von einem überwiegend jungen Publikum zielgerichtet aufgenommen, d. h., die Werbewirkung im Kino ist tendenziell höher als in allen anderen Medien.

Nettowerbeumsätze des Kinos							
	2000	2001	2002	2003	2004	2005	2006
Werbeumsätze in Mio. Euro	175,1	170,2	160,5	160,7	146,8	132,4	117,5
+/- vs. Vorjahr in %	+ 1,6	– 2,8	– 5,7	+ 0,1	– 8,7	– 9,8	– 11,3
Anzahl Kinos	4 783	4 792	4 868	4 468	4 870	4 889	4 848
Anzahl Kinobesucher (Mio.)	152,5	177,9	163,9	149,0	156,7	127,3	136,7

(Quelle: ZAW Jahrbücher)

Im Kino stehen drei verschiedene Werbemittel zur Verfügung:

- Ein **Stand-Kinospot**, ehemals Dia auf Film, ist technisch gesehen ein abgefilmtes Dia, d. h., es wird nur ein stehendes Motiv gezeigt. Die Standzeit eines stummen Stand-Kinospots beträgt 10 Sekunden, das Format mit Ton ist 20 Sekunden lang. Stand-Kinospots sind monatlich buchbar, die Preise werden von der jeweiligen Werbeverwaltung des Kinos nach lokaler Bedeutung des Kinos festgelegt. Die kleinste buchbare Einheit ist i. d. R. das einzelne Kino und der Kalendermonat. Stand-Kinospots sind vor allem für lokale Werbetreibende geeignet, sie sind ideal für die örtliche Gastronomie.
- Ein **Kinospot** ist ein kurzer Film, dem keine Einschränkungen in der Gestaltung gesetzt sind. Kinospots sind monatlich buchbar, allerdings beträgt hier die Mindestauftragsdauer 12 Monate, die innerhalb von 15 Monaten abgenommen werden können. Die Preisbildung erfolgt hier wie beim Stand-Kinospot über eine nicht an direkte Zuschauerzahlen gebundene Einschätzung des Kinos. Kinospots sind empfehlenswert, wenn erstens nur ein kurzes Filmmotiv vorliegt und zweitens eine längere Präsenz im Kino angestrebt wird. Die kleinste buchbare Einheit ist das einzelne Kino.
- Der **Werbefilm** ist das gebräuchlichste und werbewirksamste Werbemittel im Kino. Die übliche Filmlänge beginnt bei 44 Sekunden, es können aber auch Werbefilme ab einer Länge von 30 Sekunden eingesetzt werden. Der Werbefilm wird wöchentlich gebucht, jeweils von Donnerstag bis Mittwoch (Spielwoche). Die kleinste buchbare Einheit sind die einzelnen Abspieleinheiten. Die Preisbildung beim Werbefilm erfolgt in Abhängigkeit von Filmlänge und Besucherzahlen pro einzelnem Kino. Werbefilme werden fast ausschließlich von nationalen Werbetreibenden geschaltet.

Hitliste der Kinofilme 2006

Rang	Filmtitel	Besucher
1	Ice Age 2 – Jetzt taut's	8 732 937
2	Pirates of the Carribbean – Fluch der Karibik 2	7 144 061
3	The Da Vinci Code – Sakrileg	5 638 982
4	Das Parfüm – Die Geschichte eines Mörders	5 480 675
5	Casino Royale	4 598 361
6	Deutschland. Ein Sommermärchen	3 991 913
7	7 Zwerge – Der Wald ist nicht genug	3 509 341
8	Ab durch die Hecke	3 410 486
9	Der Teufel trägt Prada	2 877 642
10	Cars	2 204 816

(Filmförderungsanstalt, www.ffa.de)

Außenwerbung

Unter Außenwerbung wird alle Werbung im öffentlichen Raum zusammengefasst.
Dazu zählt insbesondere die Plakat- und Verkehrsmittelwerbung, aber auch Sonderwerbeformen wie Banden-, Leucht- und Luftwerbung. Vorrangiges Werbemittel ist das Plakat.

Nettowerbeumsätze des Hörfunks

	2000	2001	2002	2003	2004	2005	2006
Werbeumsätze in Mio. Euro	746,2	759,7	713,5	710,0	720,1	769,1	787,4
+/– vs. Vorjahr in %	+ 9,5	+ 1,8	– 6,1	– 0,5	+ 1,4	+ 6,8	+ 2,4

(Quelle: ZAW Jahrbücher)

Ausgangspunkt für die **Plakatformate** ist der DIN-A1-Bogen (auch 1/1-Bogen), der dem 8-fachen des normalen Schreibpapiers im DIN-A4-Format entspricht.
Alle anderen Plakatgrößen ergeben sich durch Vervielfachung des 1/1-Formats, also z. B. 4/1- oder 18/1-Bogen (s. S. 200).
Die Belegungsmöglichkeiten von Plakaten sind sehr variabel: Sie können national, regional, örtlich und an Einzelstandorten belegt werden. Da Plakatwerbung im öffentlichen Raum angesiedelt ist, kann man sich ihr nicht entziehen. Das hat zur Folge, dass Plakatwerbung häufig nur flüchtig und ohne bewusste Aufmerksamkeit registriert wird.
Die wesentlichen Vorteile des Plakats liegen einerseits in dem schnellen Aufbau von Bekanntheit, andererseits in seiner punktgenauen regionalen Steuerbarkeit. Beispielsweise können gezielt Pendler oder Messebesucher angesprochen werden, es können Ein- und Ausfallstraßen oder Bahnhöfe belegt werden, Angebote können in Wohngebieten oder in der Nähe von Schulen beworben werden. Der Werbedruck kann gesteuert werden durch den Werbezeitraum und die Belegungsdichte. Als Richtwert gilt, eine Fläche pro 3 000 Einwohner zu belegen; in einer Stadt mit 600 000 Einwohnern werden also 200 Plakate geklebt. Belegungsdauer ist jeweils eine Dekade. Das Jahr wird in 34 Dekaden eingeteilt, dabei umfasst eine Dekade abwechselnd 10 bzw. 11 Tage, die Dekade am Jahresende 14 Tage.
Werbemöglichkeiten sind auf die vorhandenen Plakatstellen begrenzt, insbesondere in Wahlperioden kann es daher zu Engpässen kommen.
Die **Plakatgestaltung** folgt eigenen Regeln. Herausragendes Merkmal ist die hohe Sichtbarkeit. Plakate müssen daher förmlich „ins Auge springen". Plakate sind zu jeder Jahres- und Tageszeit sichtbar, bei unterschiedlichsten Fahr- und Lichtverhältnissen. Der Text ist normalerweise minimal, eine Zeile, die sowohl als Headline als auch zur Produktidentifikation dient.
Abbildungen können überlebensgroß erfolgen, Produkte und Logos können vielfach größer abgebildet werden als in Wirklichkeit. Es sollten kontrastreiche Farben verwendet werden, der Hintergrund sollte nicht mit der Abbildung konkurrieren. Die Typographie sollte möglichst einfach gehalten werden unter Vermeidung von Versalien oder Kursivschriften. Die Übertragung von Anzeigen in Publikumszeitschriften auf Plakate ist in aller Regel wenig sinnvoll.

Plakatformate

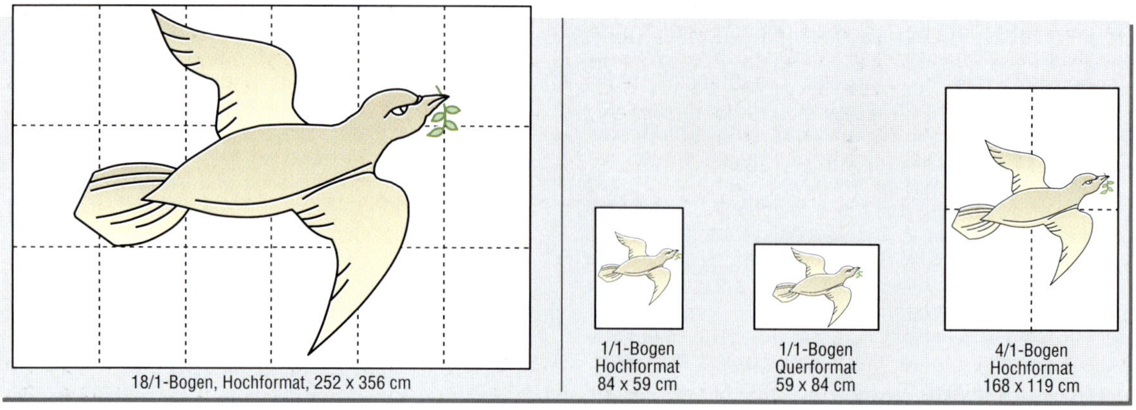

Die Außenwerbung ist im Wandel begriffen. Heute wird eher von Outdoor-Kommunikation gesprochen, die sich über „Out-of-home-Medien" definiert. Damit wird den Bestrebungen Rechnung getragen, Zielpersonen in ihrem direkten Umfeld anzusprechen.

Intermedia-Vergleich der klassischen Werbeträger

	Tageszeitungen	Publikumszeitschriften	Fernsehen	Hörfunk	Kino	Außenwerbung
Wirkung des Mediums	Information, Aktualität, Regionalität, Glaubwürdigkeit, Leser-Blatt-Bindung	Unterhaltung, Information, Orientierung, Ratgeber, Leser-Blatt-Bindung, Interessenschwerpunkt: Lebenshilfe	Unterhaltung, Information, Glaubwürdigkeit, Aktualität, Programmgenres, Orientierung	Aktualität, Information, Unterhaltung, Senderbindung, Regionalität	Unterhaltung, Information, Regionalität, Frequentierung ist vom Film abhängig	Aktualität, Information, Standortqualität, sichtbare Präsenz
Wirkung des Werbemittels	Format, Farbe, Seitenanteil, Platzierung	Format, Farbe, Seitenanteil, Platzierung	Spotlänge, Farbe, Geschwindigkeit, Bewegung, Ton, Musik, Sprache	Spotlänge, Geschwindigkeit, Ton, Musik, Sprache	Spotlänge, Farbe, Geschwindigkeit, Bewegung, Ton, Musik, Sprache	Format, Farbe, Textmenge/Lesbarkeit
Ort der Nutzung	beliebig	beliebig	meist zu Hause	zu Hause, bei der Arbeit, im Auto	im Kino	außer Haus
Zeitpunkt der Nutzung	beliebig	beliebig	im Sendezeitraum	im Sendezeitraum	meist am Abend	beliebig
Nutzungsdauer	tagesaktuell	meist im Erscheinungsintervall, unbekannt	zur Ausstrahlungszeit	zur Ausstrahlungszeit	zur Ausstrahlungszeit	im Dekadenzeitraum
Schnelligkeit der Verbreitung	schnell, tägliches Erscheinen	langsam, nach Erscheinung	schnell, tägliche Ausstrahlung	schnell, tägliche Ausstrahlung	langsam, in der Kinowoche	langsam, in der Dekade
Kommunikationsinhalte	rationale und/oder emotionale Darstellung von Produktinformationen	rationale und/oder emotionale Darstellung von Produktinformationen	rationale und emotionale Darstellung von Produktinformationen, Handlungsabläufen, Demonstrationen, Gefühlswelten	rationale und emotionale Darstellung von Produktinformationen, Visual-Transfer, Gefühlswelten	rationale und emotionale Darstellung von Produktinformationen, Handlungsabläufen, Demonstrationen, Gefühlswelten	rationale und emotionale Darstellung von Produktinformationen, Impulse
Lernerfolg	kurzfristig, aktualisierend, informierend	langfristig, Imageaufbau	kurzfristig, aktualisierend, informierend, Imageaufbau	kurzfristig, aktualisierend, informierend, unterstützend	langfristig, Imageaufbau	kurzfristig, aktualisierend, informierend, unterstützend
Selektionskriterien	Regionalität, Auflage, Reichweite, zielgruppenspezifisch	Gattung, Auflage, Reichweite, zielgruppenspezifisch	Programm, Wochentag, Tageszeit, Genre, Werbeblock, zielgruppenspezifisch	Regionalität, Reichweite, Programm, Tageszeit, zielgruppenspezifisch	Regionalität, Besucherfrequenz, Programm, zielgruppenspezifisch	Regionalität, Standortqualität, Stellenqualität, keine Zielgruppen
Möglichkeiten der Zielgruppenansprache	regionale TZ: Gesamtbevölkerung TZ: gehobene Zielgruppen	Gesamtbevölkerung/spezielle Segmente	Gesamtbevölkerung	Gesamtbevölkerung (lokal/regional/national)	schwerpunktmäßig 14- bis 29-Jährige (lokal/regional/national)	Gesamtbevölkerung (lokal/regional/national)

(vgl. IP-Deutschland [Hrsg]: Im Fokus der Forschung, Kronberg 1998, S. 18 f.)

In dieser sehr weit gefassten Definition umfassen die Out-of-home Medien nicht nur die klassischen Plakatflächen, sondern beispielsweise auch Bauzäune und Bierdeckel, Werbepostkarten in Kinos, Kneipen und Gaststätten, Disco-TV, Werbung auf Zapfpistolen oder in Golflöchern, bis hin zu Werbung auf dem „Örtchen". Die Werbetreibenden können auf diese Weise den Verbraucher durch seinen Alltag begleiten.

Daher wird diese Art der Werbeträger auch als **Ambient-Medien** bezeichnet, also Medien in der unmittelbaren Umgebung des Umworbenen. Es können Konzepte entwickelt werden, die sich auf Reisen, Freizeit, Handel, Bildung oder Events beziehen. Damit wird die Abgrenzung zu Verkaufsförderungsmaßnahmen zunehmend fließend.

Werbung im Internet

Mit der zunehmenden Kommerzialisierung des Internets vergrößert sich auch die Bandbreite seiner Nutzungsmöglichkeiten. Das Internet wird genutzt als Medium zur Kommunikation, Interaktion und Transaktion (OnlineBanking, Online-Shopping). An dieser Stelle interessieren vor allem die Interaktions- und Kommunikationsmöglichkeiten des Internets, das mit zunehmender Reichweite für Werbetreibende immer attraktiver wird.

Im März/April 2007 nutzten 62,7 % der Erwachsenen in Deutschland zumindest gelegentlich das Internet, was 40,8 Millionen Nutzern entspricht. Damit nähern sich die Strukturen der Internet-Nutzer immer mehr an die der Bevölkerung an.
Das Internet ist mittlerweile also zu einem Massenmedium geworden, das neue Möglichkeiten der Zielgruppenansprache bietet, die den klassischen Medien verwehrt bleiben.

Werbeumsätze der Online-Angebote

	2000	2001	2002	2003	2004	2005	2006
Werbeumsätze in Mio. Euro	153,4	185,0	227,0	246,0	271,0	332,0	495,0
+/– vs. Vorjahr in %	+ 100	+ 21,0	+ 23,0	+ 8,0	+ 10,0	+ 22,5	+ 49,0

(Quelle: ZAW Jahrbücher)

Der große Vorteil des Internets besteht darin, dass die Inanspruchnahme von Online-Diensten sehr genau dokumentiert wird. Im Gegensatz zur klassischen Massenkommunikation ermöglichen Online-Medien auch Informationen über die Nutzung von Kommunikationsinhalten.

Werbung im Internet bietet eine Reihe spezifischer Vorteile, die allen individuellen Nutzungsgewohnheiten entgegenkommen können:

- globale Reichweite, Nutzer können von jedem Ort der Erde zugreifen
- Verfügbarkeit rund um die Uhr
- Werbung kann in redaktionelle Umfelder eingebettet werden
- Werbung kann interaktiv gestaltet werden
- die Nutzungsvorgänge werden unmittelbar registriert

Ein spezifischer Vorteil ist auch in der Flexibilität der Werbegestaltung zu sehen. Das Design der Anzeigen in Online-Medien kann jederzeit geändert werden. Ist der Besucher einer Website identifizierbar (z. B. wenn er sich über ein Passwort einloggt), lassen sich Werbeeinblendungen speziell auf ihn zuschneiden.

Das Internet bietet eine Vielzahl von Diensten an, die als Werbemedium in Frage kommen. Derzeit werden vor allem das **W**orld **W**ide **W**eb (**WWW**) und das Usenet genutzt. Das Usenet ist das Diskussionsforum im Internet, das die Newsgroups umfasst. Eine Newsgroup funktioniert im Prinzip wie ein schwarzes Brett, jeder kann hier seine Meinung per E-Mail publizieren. Auf diese Weise ist auch das Versenden von Werbebotschaften möglich. Als weitere Werbeträger sind die Newsletter anzusehen, die Internetnutzer abonnieren können, um ständig über bestimmte Webangebote informiert zu sein. In diese Newsletter kann auch Fremdwerbung integriert werden. Die Abbildung auf der Seite 202 zeigt die derzeit wichtigsten Werbeträger und Werbemittel im Internet. Allerdings muss darauf hingewiesen werden, dass durch die Möglichkeit, Werbemittel als Link zu nutzen, um auf weitere Werbemittel zu verweisen, die Grenzen zwischen Werbeträger und Werbemittel im Internet verschwimmen.

Werbetreibende haben grundsätzlich folgende Möglichkeiten, im Internet zu werben:

1. durch Einrichtung eigener Websites,
2. Bannerwerbung,
3. Unterbrecherwerbung oder
4. durch das Sponsoring von virtuellen Räumen (Web-Promotion).

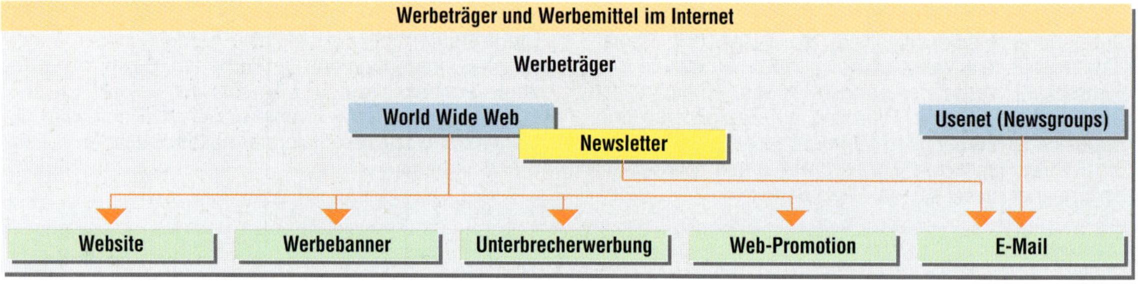

(Nagel, Dieter: Die Bewertung des Internet als Werbeträger unter besonderer Berücksichtigung der Leistungsmessung, Stralsund 1998, S. 14)

Mit einer eigenen **Website** kann ein Werbetreibender eine direkte Kontaktmöglichkeit zu aktuellen und potenziellen Kunden schaffen, verbunden mit der Möglichkeit zu direkter Transaktion (Online-Shopping). Der Abruf von Werbeinformationen eines Unternehmens im WWW kann mit der Nutzung von Katalogen verglichen werden, wobei Informationen aus Texten, Bildern, Audio- und Videosequenzen bestehen können.

Die Websites der Werbetreibenden müssen von den Internetnutzern gezielt aufgesucht werden. Grundsätzlich gilt: Wer Internet-Werbung anklickt, tut dies bewusst und möchte dafür etwas geboten bekommen. Dafür muss dem Nutzer allerdings bekannt sein, wo er ein bestimmtes Unternehmen finden kann. Für das Auffinden eines Anbieters stehen so genannte Search Engines (Suchmaschinen) zur Verfügung, wie beispielsweise Yahoo, Google oder Lycos. Sie bieten zu bestimmten Stichwörtern einen Überblick über alle von ihnen erfassten Anbieter, das können im Einzelfall Tausende oder auch Millionen sein. D. h., ein einzelner Anbieter wird im Internet eher zufällig gefunden. Werbetreibende sind also nicht nur auf Werbung entlang der Search Engines angewiesen, sie müssen dafür auch die möglichen Suchwege der Nutzer kennen.

Als weitere und derzeit meistgenutzte Möglichkeit wird daher die Werbung auf **Bannern** entlang der Search Engines oder auf einzelnen Websites eingesetzt. Banner haben prinzipiell die gleiche Funktion wie Anzeigen im Printbereich: Sie sollen die Aufmerksamkeit der Nutzer erregen. Dabei wird unterschieden zwischen aktiver und passiver Werbung, d. h. zwischen lediglich einem werblichen Hinweis und der Möglichkeit, per Mouseklick direkt in die jeweilige Homepage des Unternehmens zu gelangen. In ihrer aktiven Form liegt die Hauptfunktion der Banner. Sie sollen zum Anklicken anregen und damit den User zur eigentlichen Website des Unternehmens führen. I. d. R. sind Banner heute interaktiv. Banner werden häufig sehr auffällig gestaltet, damit sie dem Nutzer gewissermaßen „ins Auge springen“, oftmals sind sie auch animiert, d. h., sie enthalten bewegliche Elemente. Je größer jedoch die Datenmenge eines Banners ist, desto länger dauern seine Ladezeiten, wodurch sich die Telekommunikationskosten für den Nutzer erhöhen.

Von Suchmaschinen und Webkatalogen wird für Bannerwerbung eine so genannte **Rotation** angeboten. Hierbei rotieren die Banner abwechselnd auf allen Seiten des Angebots. Es ist auch eine Eingrenzung auf Teilbereiche eines Angebots möglich, beispielsweise nur auf den Finanzseiten, Unterhaltungsseiten usw. Darüber hinaus wird auch ein **Keyword-Advertising** angeboten, also die Belegung bestimmter Begriffe, bei deren Abfrage das Banner eingeblendet wird.

Zunehmende Verbreitung finden Formen der **Unterbrecherwerbung**:

- **Interstitials** bestehen zumeist aus einer Bildschirm füllenden Werbesite, die der Nutzer eine Zeit lang anschauen muss, bevor er weitersurfen kann.

- **Superstitials** funktionieren ähnlich wie Interstitials. Dabei handelt es sich um ein Programm, das parallel zum Browser aktiv ist und immer dann Bildschirm füllende Werbung darstellt, wenn der Browser gerade mit dem Laden von Dateien beschäftigt ist.

- **Pop-ups** sind Werbefenster, die sich beim Aufrufen oder Verlassen bestimmter Sites automatisch öffnen und extra einzeln geschlossen werden müssen. Neuere Pop-up-Formen sind sogar beweglich und wandern über die Website mit, wenn der User auf der Seite nach unten scrollt.

Der Vorteil dieser Werbeformen liegt darin, dass sie konkurrenzlos auf dem Bildschirm erscheinen und der User praktisch keine Möglichkeit hat, sich der Werbebotschaft zu entziehen. Während Bannerwerbung jedoch nicht unbedingt als aufdringlich empfunden wird, kann dies bei den Unterbrecherwerbeformen durchaus der Fall sein.

Beispiele für Pop-up- und Bannerwerbung

Das **Sponsoring** von virtuellen Räumen (auch **Web-Promotion** genannt) basiert darauf, dass ein Website-Betreiber interessante Inhalte (Datenbanken, z. B. ein Guestbook), in die seine Werbebotschaft fest integriert ist, anderen Websites im Internet zur Verfügung stellt.

Diesen kostenlosen Service bietet er auf seiner eigenen Website großzügig und unübersehbar an.

Durch die Koppelung der Werbebotschaft an nützliche Inhalte erscheint die Werbebotschaft und dessen Absender in einem positiven Licht, da der Werbetreibende als Sponsor der Inhalte auftritt. Hinzu kommt, dass die angebotenen Inhalte eine sinnvolle Angebotserweiterung für jede Website darstellen und dadurch die Attraktivität dieser Website zusätzlich erhöhen.
Als Inhalt kann man sich beispielsweise ein Guestbook, einen Veranstaltungskalender oder ein Diskussionsforum vorstellen (vgl. www.werbeformen.de).

Eine spezielle Form des Sponsorings im Bereich der Online-Medien ist das **E-Mail-Sponsoring**. Es handelt sich hierbei um die kostenlose Bereitstellung von E-Mail-Adressen (z. B. Yahoo, gmx). Benutzer müssen lediglich in Kauf nehmen, dass am Ende ihrer Mail eine kurze Werbebotschaft angehängt wird. Dadurch vermeiden die Unternehmen die Probleme unangeforderter Mails, da nicht sie selbst, sondern ihre Kunden Absender sind. Außerdem sind die Werbebotschaften so kurz, dass sie auch von den Empfängern i. d. R. akzeptiert werden.

Werbung im Internet folgt anderen Gesetzen und muss anders gestaltet sein als Werbung in den klassischen Medien. Online-Nutzung erfolgt zielgerichtet, der Nutzer möchte konkrete Informationen, Beratung und Service. Der wesentliche Vorteil des Internets ist, dass seine Interaktivität von vielen Unternehmen bisher nur unzureichend genutzt wird.

Da das Aufsuchen der Website eines Anbieters also ein gezielter Vorgang ist, muss dem Nutzer ein Grund gegeben werden, dies zu tun. Werbung im Internet kann nur indirekt Imagewerbung sein, im Vordergrund muss immer die Information stehen. Da das Internet ein sehr aktuelles Medium ist, heißt das, dass auch die angebotene Information für den Nutzer ein aktuelles Informationsbedürfnis befriedigen muss. Neben der Information sollten aber noch zusätzliche Anreize geschaffen werden, die z. B. einen Unterhaltungswert haben, Gewinnmöglichkeiten bieten oder Meinungsäußerungen ermöglichen.

Beispiel eines Internet-Auftritts

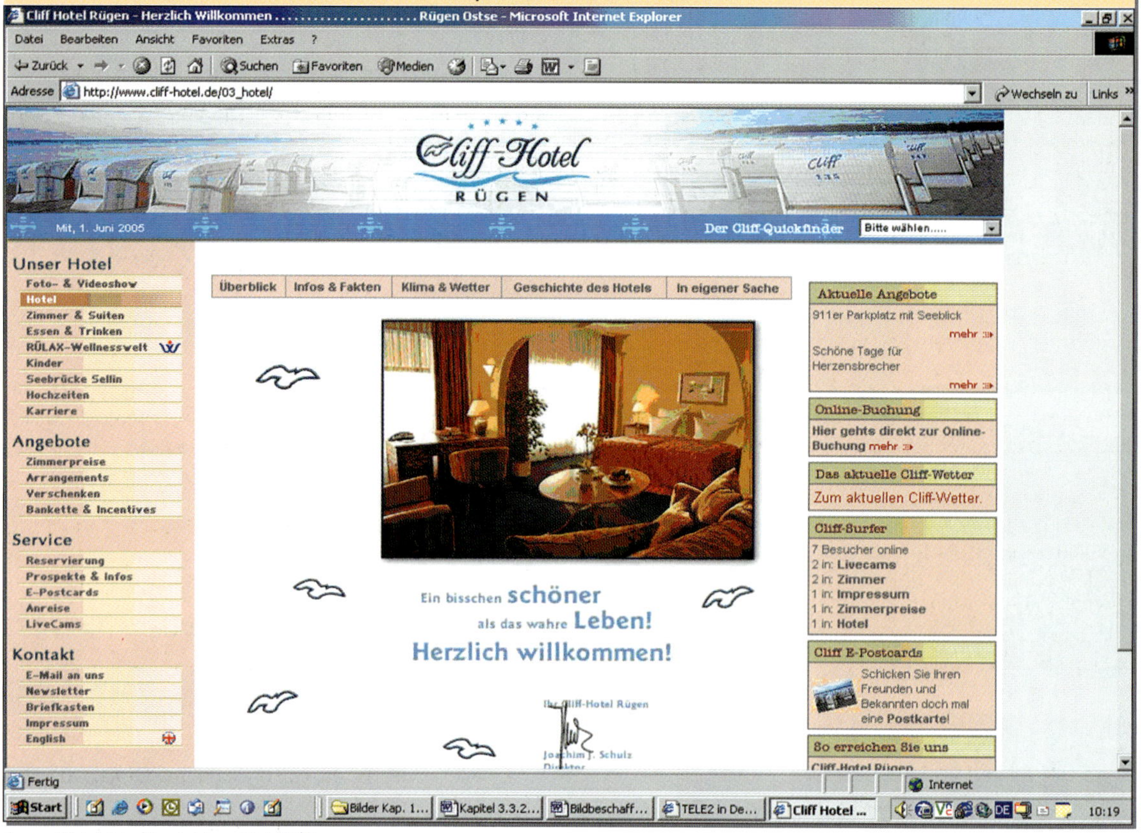

(www.cliff-hotel.de, Einsehdatum: 24.6.2005)

Beispielsweise kann der Tourismusbereich das Internet in seiner Funktion als Distributionskanal nutzen. Der Online-Reisemarkt entwickelt sich jedoch nur verhalten, derzeit sind es vor allem Mittelständler, die direkte Buchungsmöglichkeiten anbieten. Dies liegt einerseits darin begründet, dass die großen Reiseveranstalter ihren traditionellen Vertriebspartnern, den Reisebüros vor Ort, keine Konkurrenz machen wollen, andererseits darin, dass sich nur bestimmte Angebote online vermarkten lassen. Dies sind vor allem einfache Produkte wie Bahnfahrkarten, Hotelnächte, Inlands-Flugtickets und Last-Minute-Tripps. Pauschalreisen sind hingegen sehr beratungsintensiv und lassen sich derzeit noch kaum über das Internet verkaufen.

Aufgaben

1. Charakterisieren Sie die Einsatzmöglichkeiten der Werbeträger für das Seehotel „Schloss Sonnenbühl".
2. Worin liegen die Unterschiede in den Werbemöglichkeiten von privaten und öffentlich-rechtlichen Fernsehsendern?
3. Welche Medien stehen Ihnen zur Verfügung, wenn Sie für Ihr Restaurant, das vorwiegend ein begrenztes regionales Einzugsgebiet hat, werben möchten?

10.1.11 Werbewirkungskontrolle

Situation

Angesichts der Höhe der Werbeausgaben und der strategischen Bedeutung der Werbung für die Wettbewerbsfähigkeit eines Unternehmens hat ihre Erfolgskontrolle eine zentrale Bedeutung.

Ob und wie eine Kontrolle durchgeführt wird, hängt in der Praxis in erster Linie vom Umfang der Werbeaktivitäten und der Höhe der Werbeausgaben ab. Kleine und mittelständische gastronomische Betriebe führen in aller Regel keine Erfolgskontrolle durch. Es empfiehlt sich jedoch, von Zeit zu Zeit einige Gäste zu befragen, sei es in mündlicher oder schriftlicher Form, um Anregungen für eventuelle Verbesserungen zu erhalten. Die einfachste Frage ist dabei: „Wie wurden Sie auf uns aufmerksam"? Wurden beispielsweise Anschreiben verschickt, ist es sinnvoll, die Rücklaufquote zu erheben, um Vergleichsmaßstäbe für künftige Aktionen zu erhalten.

Das Problem der Werbewirkungskontrolle besteht darin, dass als Indikatoren für den ökonomischen Erfolg grundsätzlich nur kommunikative bzw. psychologische Größen gemessen werden können. Eine Werbeerfolgskontrolle misst, inwieweit die vorgegebenen Werbeziele erreicht wurden. Eine Werbeerfolgskontrolle ist also nur dann sinnvoll vorzunehmen, wenn vorher Werbeziele definiert wurden.
Die nahe liegendste Größe, die in der Werbung geplant und kontrolliert wird, sind die Kosten. Als Kennziffer dazu wird der so genannte **Tausend-Kontakt-Preis (TKP)** verwendet. Er beziffert den Betrag, der aufzuwenden ist, um 1 000 Kontakte mit der anvisierten Zielgruppe zu erreichen, und berechnet sich nach folgender Formel:

$$\textbf{TKP} = \frac{\text{Einschaltkosten in Euro}}{\text{Kontakte}} \times 1\,000$$

Der TKP ist eine Kennziffer für die Wirtschaftlichkeit eines Werbeträgers und ermöglicht es, unterschiedliche Werbeträger miteinander zu vergleichen.

TKP der deutschen Fernsehsender

	ZDF	ARD	RTL	Pro 7	Sat.1	Super RTL	Vox	Kabel 1	RTL II
03:00 Uhr – 03:00 Uhr/Ganzer Tag									
Ø TKP:	32,51	30,65	21,22	20,13	20,19	15,57	14,57	14,07	12,01
Werbeinsel – Reichweite									
Mio.	0,45	0,57	0,64	0,47	0,50	0,12	0,29	0,22	0,22
Zielgruppe: Zuschauer 14 – 49 Jahre/BRD Gesamt, TKP in Euro, 2004									

(www.horizont.de)

Werbewirkung erfolgt immer auf zwei Ebenen: Einerseits auf der Kontaktebene und andererseits auf der eigentlichen Wirkungsebene. Jegliche Werbewirkung hängt zunächst einmal davon ab, dass die Zielgruppe mit der Werbebotschaft kontaktiert wurde. Aus lerntheoretischen Erwägungen heraus wird eine bestimmte Kontaktdosis für notwendig erachtet, damit die angestrebte Wirkung (Aufbau bzw. Veränderung kommunikativer oder psychologischer Größen) erzielt werden kann.

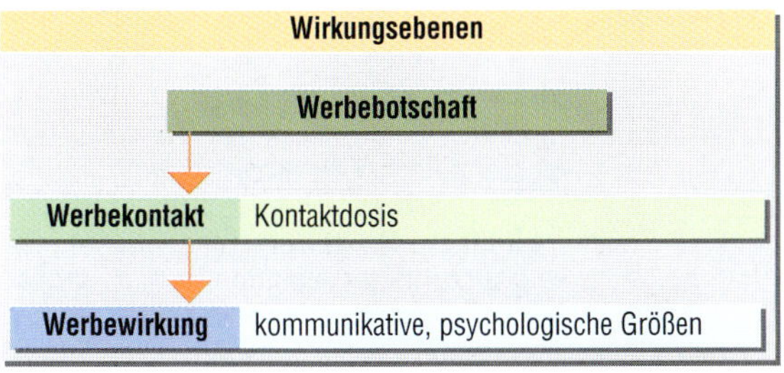

In der Regel stellt sich ja nicht die Frage, ob Werbung betrieben werden soll oder nicht, vielmehr geht es darum, in welcher Form für ein bestimmtes Angebot geworben werden soll und ob die Werbeaktivitäten verstärkt oder verringert werden müssen.

Zur Messung der Werbewirkung steht eine mittlerweile kaum noch zu überschauende Vielfalt an Verfahren zur Verfügung. Eine grundsätzliche Einteilung lässt sich wie in der neben stehenden Abbildung vornehmen.
Werbewirkungstests beziehen sich entweder auf den Bereich Einstellungen/Image oder auf den Bereich Werbeerinnerung/Bekanntheit. Es handelt sich dabei um die Bereiche, die als wesentliche Indikatoren für das Kaufverhalten anzusehen sind:

- Zwischen **Einstellung** und Kaufabsicht ist ein Zusammenhang dergestalt anzunehmen, dass niemand in ein Restaurant gehen wird, demgegenüber er negativ eingestellt ist. Eine Veränderung der Einstellungen kann auch zu einer Veränderung des Verhaltens führen.
- **Bekanntheit** ist in der Werbung ein Wert an sich. Einerseits erscheint das Kaufrisiko bei unbekannten Angeboten häufig als zu hoch, andererseits wird Bekanntes positiver beurteilt als Unbekanntes (s. S. 166).

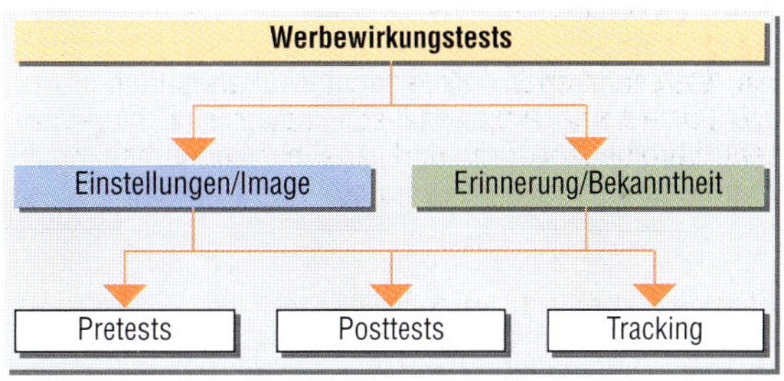

In der Praxis werden üblicherweise folgende Messdimensionen erhoben:

- Markenbekanntheit (spontan/gestützt),
- Werbebekanntheit (spontan/gestützt),
- Werbewiedererkennung und richtige Zuordnung,
- Kaufbereitschaft,
- Verständnis des Werbemittels,
- Markenimage/Markensympathie,
- Gefallen der Werbung/ des Werbeprofils.

Die Untersuchungsdesigns, die Einstellungen und Erinnerung messen, werden in der Praxis eingeteilt in Pretests, Posttests und Trackingstudien (vgl. Steffenhagen 1999, S. 293).

- **Pretests** untersuchen die Wirksamkeit alternativer Werbemittelgestaltungen vor deren Produktion und Schaltung. Personen aus der Zielgruppe werden die zu testenden Werbemittel dargeboten und ihre Reaktionen darauf erfasst. Die Erkenntnisse aus den Pretests fließen in die Werbemittelgestaltung ein. Auf diese Weise können zumindest grobe Fehler in der Gestaltung vermieden werden.
  Pretests können über den gesamten Zeitraum der Gestaltung durchgeführt werden, auch Layouts werden überprüft. TV-Spots werden in Form so genannter „animatics" auf ihre Kommunikationsidee überprüft, einer computeranimierten Vorwegnahme des Spots. Aber auch Positionierungen und Kreativideen werden auf ihre Überzeugungsleistung und Durchsetzungskraft in Pretests überprüft, beispielsweise in Form von Gruppendiskussionen.

- Während Pretests Studiotests sind, die isolierte Werbemittel untersuchen, werden **Posttests** im Markt, („im Feld") nach Schaltung der Werbemittel durchgeführt. Die Überprüfung der Werbewirkung erfolgt hier also in der Rückschau. Posttests können darüber hinaus auch unterschiedliche Werbeträgerkombinationen oder unterschiedlichen Werbedruck testen. Die wohl bedeutendsten Posttests sind Wiedererkennungs- (recognition) und Erinnerungstests (recall).

- **Trackingstudien** (aus dem Englischen für nachspüren, aufspüren) erheben die Werbewirkung über den Verlauf einer Kampagne. Es handelt sich dabei um Wellenerhebungen, bei denen in zeitlich gestaffelter Folge wechselnde Zielgruppen-Stichproben gleichen Umfangs bei einem festen Befragungsdesign zu einer Mehrzahl werbebezogener gedächtnisvariablen Kampagnen begleitend befragt werden. Trackingstudien werden von verschiedenen Marktforschungsinstituten angeboten.

Die Bewertung der Testergebnisse stellt einen eigenständigen Problembereich dar. Die Frage, wie die Testergebnisse zu interpretieren sind, hängt vor allem von den Maßstäben ab. Ist eine Werbebekanntheit von 50 % positiv oder negativ zu bewerten? Wenn ein Werbetreibender zum ersten Mal ein Werbemittel testet, ist es sehr schwer, die Ergebnisse einzuordnen. Als Hilfsmittel zur Bewertung sind Benchmark-Datenbanken hilfreich. Sie werden von Marktforschungsinstituten angeboten, können (und sollten) aber auch im eigenen Unternehmen aufgebaut werden. Wichtig ist, dass die Struktur der Datenbank auf die Werbung des Unternehmens abgestimmt ist.
Die Konzepte, die auf der Messung der **Werbeerinnerung** (Recall) aufbauen, gehen von der Annahme aus, dass Werbung nur wirksam werden kann, wenn sie gesehen wurde und Eingang in das Gedächtnis gefunden hat. Werbung, an die sich nicht erinnert wird, hat keine Wirkung hinterlassen. Diese Verfahren messen Indikatoren wie Markenerinnerung, Erinnerung an spezifische Inhalte, Gefallen/Nichtgefallen u. Ä. Beim Recall-Verfahren werden zwei unterschiedliche Werte erfragt: die freie, ungestützte Erinnerung (unaided recall) und die gestützte Erinnerung (aided recall). Die Befragungswerte sind abhängig von der zeitlichen Distanz zwischen der Wahrnehmung des Werbemittels und der Befragung. Standardverfahren ist der so genannte **Day After Recall**, der hauptsächlich bei Fernsehspots angewendet wird. Dabei wird 12 bis 24 Stunden nach Ausstrahlung des Spots eine (telefonische) Befragung durchgeführt und nach dem Fernsehverhalten des vorherigen Abends gefragt. Erfragt wird die Erinnerung an die Werbung, das Produkt sowie spezielle und/oder unspezifische Erinnerung an den Spot. Um 100 bis 150 Zielpersonen zu erreichen, die den betreffenden Werbeblock gesehen haben, müssen – als Erfahrungswert – ca. 3 000 Anrufe getätigt werden.
Bei der Messung der **Wiedererkennung** (Recognition) wird den Versuchspersonen ein Werbemittel gezeigt und gefragt, ob es schon einmal gesehen wurde. Mit diesem Test wird vor allem der Aufmerksamkeitswert des Werbemittels geprüft. Eine Variante dieses Tests besteht darin, Werbemittel nur für einen sehr kurzen Zeitraum zu präsentieren (z. B. nur einen kleinen Ausschnitt eines TV-Spots). Bei dieser Form geht es um die Überprüfung der Eigenständigkeit des Werbemittels. Gemessen wird der Zeitraum, in dem das Werbemittel wieder erkannt und der Marke richtig zugeordnet wird.
Je nach Zielsetzung können in der Werbung sowohl die Erinnerung als auch die Wiedererkennung von Relevanz sein. Beispielsweise kann das Wiedererkennen einer Marke im Regal eines Supermarkts für den Einkauf schon ausreichen, während in einem Fachgeschäft sowohl Benennung als auch detaillierte Beschreibung notwendig sind.
Recall- und Recognition-Tests sind Standardverfahren in der Praxis. Zu ihrer Bewertung ist jedoch auf einige **Kritikpunkte** zu verweisen:

- Zunächst ist eine Aussage über die **Wirkungsrichtung** nicht immer eindeutig vorzunehmen: Wurde das Restaurant besucht, weil die Werbung erinnert wurde oder wurde die Werbung erinnert, weil das Restaurant besucht wurde?

- Die Werbeerinnerung hängt auch vom **Verwenderanteil** der Produkte ab. Je höher der Verwenderanteil, desto wahrscheinlicher ist die Werbeerinnerung.

- Das Gleiche gilt für die **Positionierung**: Marken, die eine sehr eigenständige Positionierung haben, erzielen höhere Erinnerungswerte als Marken mit schwacher Positionierung.

Aufgaben

1. Welche Größen sind Gegenstand der Werbewirkungskontrolle?
2. Für die Schaltung einer Anzeige liegen Ihnen drei Angebote von Tageszeitungen vor. In Zeitung A kostet die Anzeige 200 EUR, in Zeitung B 100 EUR und in Zeitung C 60 EUR. Zeitung A verspricht Ihnen 200 000 Kontakte, B 50 000 und C 20 000. Welches Angebot ist das wirtschaftlichste?
3. Welche Verfahren stehen dem Seehotel „Schloss Sonnenbühl" zur Verfügung, um seine Werbung zu testen?

10.2 Gästebindungsmanagement

Situation

Eine interessante und pfiffige Marketingidee hatten die beiden Jumeirah-Domizile Lowndes und Carlton Tower: Bei Vorlage einer Kundenkarte, die von einer fremden Hotelkette ausgestellt wurde, erhielten Gäste bis Ende Juli ein Zimmer-Upgrade und einen Einkaufsgutschein für das noble Kaufhaus „Harvey Nichols" im Wert von 50 britischen Pfund.
Diese Aktion wurde mittels einer internationalen Pressekampagne publik gemacht.

(Top hotel 9/2003, S. 63)

Der Wettbewerbsdruck innerhalb der Beherbergungsbranche hat sich im Verlauf der vergangenen zwei Jahrzehnte enorm erhöht. Registrierte der DEHOGA im Jahre 1985 in seiner Hotelmarktanalyse 41 Hotelgesellschaften mit insgesamt 1 068 Hotels, so waren es im Jahr 2000 bereits 130 Hotelgesellschaften mit 3 166 Beherbergungsbetrieben (bei dieser Zahl muss ein Doppelzählungseffekt berücksichtigt werden: Zum einen sind Einzelhäuser mitunter mehreren Hotelkooperationen gleichzeitig angeschlossen und zum anderen sind auch Hotelketten ihrerseits Mitglieder von Hotelkooperationen). Dabei drängen verstärkt internationale Hotelgesellschaften auf den deutschen Markt (vgl. DEHOGA-Hotelmarktanalyse 2000, S. 6 f.).

Die verursachten Hotelzimmerüberkapazitäten führen an vielen Standorten zu geringerer Auslastung, sinkenden durchschnittlich erzielten Zimmerpreisen sowie zu Insolvenzen bei Beherbergungsbetrieben, die dem Wettbewerb nicht gewachsen sind.
Umso mehr gewinnt auch im Beherbergungsgewerbe das Thema Gästebindung bzw. Kundenloyalität an Bedeutung.

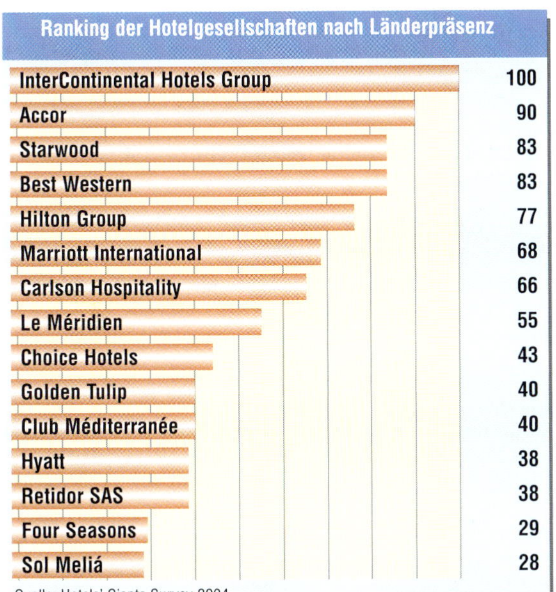

Quelle: Hotels' Giants Survey 2004

Zunächst muss eine Begriffserklärung folgen, da in der Literatur der Begriff „Kunden- bzw. **Gästeloyalität**" oftmals nicht einheitlich verwendet wird. Folgende Begriffe werden beispielsweise häufig synonym benutzt: Relationship Management, Markentreue, Kundenbindungsmanagement, Retention Marketing, Kundenzufriedenheit.

Zu unterscheiden ist zwischen **loyalitätsbasierendem Marketing-Management, Relationship Marketing** sowie **Retention Marketing**.

Das Kundenbindungsmarketing bzw. -management soll im weiteren Verlauf mit dem Begriff „*loyalitätsbasierendes Marketing-Management*" bezeichnet werden. Man versteht unter Kundenbindungsmanagement die systematische Planung, Realisierung, Kontrolle und Anpassung aller auf den aktuellen Kundenstamm gerichteten Aktivitäten. Ziel ist es, die Wechselbereitschaft durch die Herstellung oder Intensivierung von faktischen und emotionalen Bindungen zu verringern bzw. temporär einen Wechsel auszuschließen". Damit dient das Kundenbindungsmanagement dem Zweck, „loyale Kundenpotenziale aufzubauen und zu festigen" (Müller/Riesenbeck 1991, S. 67 – 79) das Kundenbindungsmanagement dem Zweck, „loyale Kundenpotenziale aufzubauen und zu festigen".

Das **Relationship Marketing** oder **Beziehungsmarketing** ist nicht nur auf Gäste, sondern auch auf andere Geschäftsbeziehungen (z. B. Zulieferer) sowie nicht unmittelbar geschäftsbedingte Zielgruppen gerichtet (z. B. Bürgerinitiativen). Mit dem loyalitätsbasierenden Management hat dieser Ansatz gemein, dass keine Konzentration auf ausschließlich hochrentable Geschäftsbeziehungen stattfindet (vgl. Meffert 2000, S. 119 f.).

Eine solche Auswahl ist dagegen das Kriterium beim *Retention Marketing*. Wie beim *loyalitätsbasierenden Marketing-Management* liegt der Fokus auf den aktuellen Kunden. Allerdings werden nur hochrentable Kundenbeziehungen gefördert und teilweise der Verlust weniger profitabler Kunden hingenommen oder sogar bewusst herbeigeführt (vgl. Oggenfuss 1992, S. 24 – 28). Dem umsatz- bzw. gewinnorientierten Hotelier oder Gastronomen werden die unterschiedlichen Loyalitätsansätze nicht interessieren, solange er seine ökonomischen Ziele erreicht. Spätestens eine sinkende Nachfrage sollte zum Umdenken anregen. Wissenschaft und Praxis stimmen mittlerweile überein, dass die Gästebindung neben dem reinen Kauf- und Buchungsverhalten auch dessen positive Einstellung gegenüber dem Anbieter erfassen sollte. Die praktikabelste Möglichkeit, die positive Einstellung des Gastes gegenüber einem Beherbergungsunternehmen zu erfassen, ist dessen Weiterempfehlungsverhalten.

Auch das Informations- sowie das Beschwerdeverhalten eines Gastes können als **Loyalitätsindikator** dienen. Gäste, die die Leistung eines Unternehmens künftig nicht mehr in Anspruch nehmen möchten, werden in der Regel abwandern, ohne den Anbieter darüber zu informieren. Lediglich Gäste, die auch zukünftig die Leistung des Hotels bzw. Hotelkonzerns in Anspruch nehmen möchten, werden sich zu Defiziten im Leistungserstellungsprozess äußern.
Bindungskriterien, die Gästeloyalität verursacht haben, können bei deren Verlust zu einem Abwandern der Gäste führen. Aus diesem Grund sollte der Hotelier die relevanten Determinanten kennen und **„echte“** und **„falsche“** Loyalität unterschieden (vgl. Meyer/Oevermann 1995, Sp. 1340 – 1351). Unter „echter“ Loyalität versteht man jene, die auf psychologischen Faktoren beruht, da das Unternehmen die speziellen Wünsche des Gastes kennt und berücksichtigt, der Gast identifiziert sich mit der Hotelmarke.

„Falsche“ Loyalität begründet sich in den folgenden vier Fällen:

1. **Loyalität**, die durch die **jeweilige Situation** verursacht wird:
   - Situation des Marktes (das Hotel ist das einzige in der Destination);
   - finanzielle Situation des Gastes (ihm steht nur ein bestimmtes Budget für Übernachtungen zur Verfügung).
2. **Loyalität**, die durch **vertragliche Vereinbarung** bewirkt wird:
   - Es existieren günstige Rahmenabkommen mit der Hotelgesellschaft, die Mitarbeitern bestimmter Unternehmen günstige Raten sichern;
   - Reisemittler, die als Veranstalter auf dem Markt auftreten, haben Kontingentverträge mit bestimmten Hotels abgeschlossen, die sie bevorzugt verkaufen.
3. **Loyalität**, die aus **technischen Gründen** entsteht:
   - Das einzige Hotel, das kabellosen Zugang zum Internet per W_{LAN} ermöglicht;
   - der Betrieb ist im Vergleich zu den Mitbewerbern am einfachsten über das Internet, CRS oder GDS Systeme zu buchen;
   - das Hotel mit dem schnellsten Check-in und Check-out.
4. **Loyalität**, die durch **wirtschaftliche Faktoren** erzeugt wird:
   - Ein Hotelkonzern bietet die günstigsten Raten an;
   - der Beherbergungsbetrieb ist am nächsten zum gewünschten Aufenthaltsort gelegen.

Vorrangiges **Ziel des strategischen Gästebindungsmanagements** sollte es sein, die freiwillige Gästebindung zu erhöhen. Dies kann vor allem über eine hohe Gästezufriedenheit erzielt werden, weshalb diese als dominante Ursache für Kundenbindung gesehen werden kann. Ist der Gast von der Unternehmensleistung begeistert, entsteht in der Regel eine emotionale Bindung, bei der ein Wechsel des Gastes jederzeit möglich ist, jedoch aufgrund persönlicher Präferenzen ausbleibt (vgl. Bruhn/Homburg 2000, S. 10 f.).

10.2.1 Marketinginstrumente eines effizienten Gästebindungsmanagements

Aus den „vier P“ der angelsächsischen Marketingliteratur werden beim Marketing von Dienstleistungen „sieben P“. Auf diese sieben „P“ soll im weiteren Verlauf der Erläuterungen eingegangen werden.

Instrumente des Marketing-Mix für Dienstleistungen	
Product	Produkt-/Angebotspolitik
Price	Preis- bzw. Kontrahierungspolitik
Place	Standort- und Distributionspolitik
Promotion	Kommunikationspolitik
Zusätzlich beim Dienstleistungsmarketing	
Person	Personalpolitik
Physical Environment	Ausstattung und Ambiente des Beherbergungsbetriebes
Process	Dienstleistungsprozess

(vgl. Kotler, München/New York/Singapur/Toronto 1999, S. 590)

a) Leistungspolitik (s. S. 103)

Unter diesem Begriff sind alle mit dem Produkt/Angebot zusammenhängenden Maßnahmen zusammengefasst, die dem Gast zur Befriedigung seiner Bedürfnisse dienen und ihm einen Nutzen bieten (vgl. Weis 2004, S. 72).

Das Angebot im Dienstleistungssektor Hotellerie besteht aus materiellen Leistungen wie beispielsweise den Zimmern, den Speisen sowie Getränken aus immateriellen Leistungen wie beispielsweise dem Service oder Erlebnis.

b) Preispolitik (s. S. 142)

Zur Preis- bzw. Kontrahierungspolitik gehören alle Unternehmensaktivitäten, die durch Gestaltung der monetären Rahmenbedingungen dazu beitragen können, einen Vertragsabschluss (Kontrakt) mit einem Gast zu erzielen. Die Maßnahmen umfassen die Preis- und Rabattpolitik, die Liefer- und Zahlungsbedingungen sowie die Kreditpolitik (vgl. Weis 2004, S. 72).

Dieses Marketinginstrument leistet im Rahmen des Kundenbindungsmanagements die Aufgabe, durch Preisnachlässe und Rabatte für Stammgäste und Firmenkunden das wahrgenommene Preis-Leistungs-Verhältnis sukzessive zu erhöhen. Loyale Gäste können durch spezielle Zimmerraten (Sonderpreise für Stammgäste) für ihre Treue belohnt und langfristig an die Hotelgesellschaft gebunden werden (vgl. Hesse/Kaup 1997, S. 38).

Dorf Münsterland

Nutzen Sie unser Servicetool und geben Sie hier Ihr Zimmergebot ab!

Gültig für den Zeitraum der nächsten 4 Wochen.
Je nach Verfügbarkeit können Sie zu **Top-Konditionen** bei uns übernachten.
Mindestgebot: So. - Fr. Euro 22,– / Fr. - So. Euro 54,–
Die Preise verstehen sich pro Person und Nacht inkl. Frühstück.
Einfach Kontaktformular ausfüllen, absenden und Antwort abwarten.
Alle Gebote werden täglich während der regulären Bürozeiten bearbeitet.

Anrede
Vorname
Name
Straße
PLZ
Ort
Land
Telefon
E-Mail
Nachricht

Anzahl Einzelzimmer
Anzahl Doppelzimmer
Anzahl Personen
Anreise
Abreise
Gebot pro Person EURO

Gebot abgeben

Mit dem Versand dieses Formulars akzeptieren Sie unsere **AGBs und Impressum** und nach Zusage unsererseits gilt das Gebot als Festbuchung.

(http://www.dorf-muensterland.com/baseportal/gebot/bieten)

Eine außergewöhnliche Marketingidee hat sich das Welcome Hotel & Resort Dorf Münsterland einfallen lassen, denn dort bestimmen die Gäste ihren Zimmerpreis selbst. Das funktioniert folgendermaßen:

Die Gäste können ihr Gebot für eine Übernachtung auf dem oben stehenden Internetformular eintragen. Das Hotel prüft dann, ob für den gewünschten Zeitraum und den gebotenen Zimmerpreis noch Kontingente zur Verfügung stehen. Von Sonntag bis Freitag beträgt das Mindestgebot 22,00 Euro und am Wochenende 54,00 Euro pro Person und Übernachtung mit Frühstück.

c) Distributionspolitik (s. S. 244)

Zur Distributions- bzw. Standortpolitik (vgl. Kap. 11) zählen alle Maßnahmen, die ergriffen werden, um die Hotelleistungen für den Gast buchbar zu machen. Dazu gehört die Entscheidung über Absatzwege und die Einschaltung von Absatzmittlern (vgl. Weis 2004, S. 72). Grundsätzlich stehen für Distribution der Leistungen an die Zielgruppe direkte und indirekte Absatzwege zur Auswahl.

Gut geführte Gästedateien helfen, bei der Distribution auf individuelle Gästewünsche zu reagieren, bevor der Gast sie äußert und Reservierungsvorgänge zu beschleunigen. Daraus resultiert eine höhere Gästezufriedenheit mit dem Leistungserstellungsprozess beim Gast und ermöglicht dem Beherbergungsunternehmen, einen Baustein zur angestrebten Gästeloyalität zu generieren (vgl. Gruner 2003, S. 53).

d) Kommunikationspolitik (s. S. 151)

Die Aufgabe der Kommunikationspolitik ist es, auf persönlichem und/oder unpersönlichem Wege einen Kontakt zwischen dem Beherbergungsbetrieb und den potenziellen Gästen sowie der Öffentlichkeit herzustellen, um ein bestimmtes Ziel (z. B. Imageaufbau, Bekanntmachen des Hotels) zu erreichen.

In der Hotellerie sind für die erfolgreiche Gästebindung insbesondere die an die Mitarbeiter gerichtete Kommunikation sowie das Direktmarketing von zentraler Bedeutung.

Es muss sichergestellt werden, dass im Rahmen der internen Kommunikation bei Mitarbeitern die Motivation und das Bewusstsein für Gästeorientierung entwickelt werden, da die Dienstleistungsqualität und daraus resultierend die Kundenzufriedenheit wesentlich von den Mitarbeitern beeinflusst wird (vgl. Föhrenbach, S. 20 f.).

Gut gepflegte Gästedatenbanken bilden die Grundlage für die persönliche gastspezifische Ansprache.

Auch im Nachkaufverhalten des Unternehmens spielt die Kommunikation mit dem Gast eine entscheidende Rolle. Gästen muss die Richtigkeit der Buchungsentscheidung bestätigt sowie unterschiedlichen Meinungen vorgebeugt werden (vgl. Dreyer 1998, S. 187).

e) Personalpolitik

Die Qualität der Dienstleistungen einer Hotelunternehmung ist in einem hohen Maße vom personellen Leistungspotenzial eines Unternehmens abhängig, d. h. von Quantität und Qualität der erbrachten Leistung, von Kundenorientierung, Verlässlichkeit, Kompetenz, Freundlichkeit und Reaktionsfähigkeit der Mitarbeiter (vgl. Hesse/Kaupp Berlin 1997, S. 52). „Jede noch so ausgeklügelte Marketingkonzeption oder Managementstrategie muss scheitern, wenn sie nicht von Menschen gelebt und umgesetzt wird." Das Kunststück der praktischen Personalarbeit besteht darin, „unten" (= Motivation, Bedürfnisse, Erwartungen der Mitarbeiter) und „oben" (= effizienter Einsatz des Produktionsfaktors Arbeit) so zu harmonisieren, dass sowohl ein ökonomischer Erfolg als auch Mitarbeiterzufriedenheit und Kundenzufriedenheit herbeigeführt werden (vgl. Weiermair/Wöhler Limburgerhof, S. 7).

Strategisches Dreieck des Personalmanagements

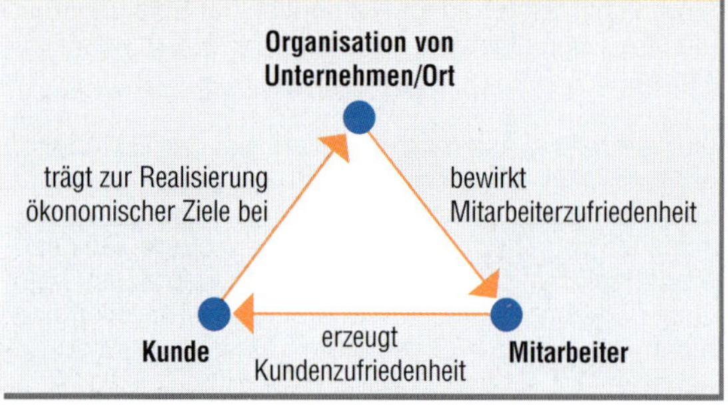

(Weiermair, Klaus/Wöhler, Karlheinz: Personalmanagement im Tourismus, Limburgerhof 1998, S. 8)

Kein Gast, der von Hotelmitarbeitern regelmäßig unfreundlich und inkompetent bedient wird, wird sich an das Unternehmen binden lassen. Interne Maßnahmen, d. h. an die Mitarbeiter gerichtete Marketing- sowie Personalschulungen haben somit im Rahmen von Gästebindungsmaßnahmen eine große Bedeutung (vgl. Becker, S. 13).

f) Ausstattung und Ambiente des Beherbergungsbetriebs

Die Ausstattung und Erscheinung des Umfelds haben im Dienstleistungsmarketing eine besondere Relevanz, da sie als Qualitätsindikatoren des Angebots dienen und die Vertragsabschlussunsicherheit reduzieren können (vgl. Bieberstein, S. 53).

„Im Hotel und im Restaurant sprechen Sie alle fünf Sinne des Menschen gleichzeitig an. Die weiß gedeckten Tische im Wintergarten, der Duft frisch gebackener Brötchen, die angeregte Unterhaltung der Gäste, der Sitzkomfort der Rattanstühle und die knackigen Sellerie-Stängel zur Quarksauce können das Wohlbefinden aller Anwesenden ganz entscheidend beeinflussen" (Berger u. a., S. 113 f.).

Ambiente umfasst das Gestalten von Gebäuden, Räumen und Serviceinstrumenten. Diese Faktoren beeinflussen die Dienstleistungsqualität und können somit wiederholte Kaufentscheidungen bzw. Kundenbindung fördern (vgl. Hesse/Kaupp, S. 52).

g) Dienstleistungsprozess

Das **Management des Dienstleistungsprozesses** beinhaltet die Gestaltung der Gästekontaktsituation, die Gästeintegration sowie das Zeit- und Beschwerdemanagement (vgl. Dreyer/Dehner 1998, S. 17).

Der Leistungserstellung kommt im Dienstleistungsbereich eine besondere Bedeutung zu, da Dienstleistungen bei „Nichtgefallen" nicht umgetauscht werden können. Entstandene Leistungsmängel verursachen dreifache Kosten: die für die Erstellung der unbefriedigenden Dienstleistung, die der Mängelregulierung und solche, die durch die Abwanderung eines enttäuschten Gastes entstehen (vgl. Pompl, S. 117).

Der französische Club Med beziffert die Kosten pro verlorenen Kunden auf 2 400 Dollar. Daher wird im **Dienstleistungsmanagement** vielfach auf ein Null-Fehler-Ergebnis hingearbeitet, das nicht nur das Produkt selbst, sondern auch den Erstellungsprozess und die daran beteiligten Personen einbezieht (vgl. Pompl, S. 121).

Da bei Dienstleistungen Fehler nahezu unvermeidlich sind, ist ergänzend zum angestrebten Null-Fehler-Ergebnis insbesondere auf die anschließende Mängelbeseitigung bzw. Zufriedenstellung des Gastes hinzuweisen. Der Multiplikatoreneffekt unzufriedener Gäste ist etwa doppelt so hoch wie bei zufriedenen Gästen und wird im Extremfall durch die Einschaltung von Medien noch verstärkt (vgl. Auerbach/Bednarczuk/Büttgen 1997, S. 80). „Eine schnelle und befriedigende Lösung der Probleme bewirkt hingegen eine deutliche Erhöhung der Kundenzufriedenheit und der Kundenbindung" (Kloss 1999, S. 35).

Durch den gezielten Einsatz der gesamten Marketinginstrumente lassen sich die Voraussetzungen der Gästebindung schaffen und damit langfristige Gästebeziehungen aufbauen sowie die unternehmerischen Ziele verwirklichen.

10.2.2 Instrumente der Gästebindung

Zu den Kundenbindungsinstrumenten zählen Kundenkarten, Kundenclubs, Telefonmarketing, Servicetelefone, Kundenzeitschriften, Event-Marketing und Cross-Marketing.

Diese **Gästebindungsinstrumente** lassen sich in zwei Kategorien einteilen:

- Kunden, die eine langfristige Geschäftsbeziehung mit einem Unternehmen anstreben, werden Mitglied in einem Kundenclub oder erwerben eine Kundenkarte.
- Kunden, die zunächst keine längerfristige Geschäftsbeziehung eingehen möchten, können mit Mailings, Telefonmarketing, Gästezeitschriften, E-Mail-Newslettern usw. über das Unternehmen und sein Angebot informiert werden, um sukzessive die Geschäftsbeziehung zu festigen, Wiederholungsbuchungen/-käufe anzuregen und schließlich Gästebindung zu erreichen (vgl. Peter 1997, S. 30).

„Kundenbindungsinstrumente können allerdings nicht streng isoliert betrachtet werden, da sie häufig gebündelt eingesetzt werden. So erhalten die Mitglieder eines Kundenclubs z. B. eine Kundenkarte als äußeres Zeichen der Mitgliedschaft, ihnen steht ein Servicetelefon zur Verfügung, sie erhalten die Kundenzeitschrift, werden zu Events eingeladen usw." (Becker, S. 23).

Auf die einzelnen Instrumente der Gästebindung soll im Folgenden kurz eingegangen werden:

- **Mailings** sind adressierte, meist personalisierte Postsendungen mit einem Werbebrief, einem Prospekt und ggf. einem Response-Element (Antwortkarte), die den Empfänger persönlich ansprechen und über aktuelle Unternehmensnachrichten sowie -angebote informieren. Ergänzend können E-Mail-Newsletter genannt werden, die kostengünstiger zu realisieren sind. Wichtig ist, dass der Empfänger einen Mehrwert durch für ihn interessante Informationen erhält und nicht nur über Hotelangebote und Hotelnachrichten informiert wird. Mailings eignen sich zur Imagepflege und fördern dauerhafte Geschäftsbeziehungen. Aufgrund der generellen Daten- bzw. Informationsüberflutung der Gäste sowie meist niedrige Responsewerte kann Kundenbindung allerdings nicht ausschließlich durch Mailings erzielt werden.

- „Das **Telefonmarketing** ist dem persönlichen Verkauf zuzuordnen und umfasst Kundengewinnung, Kundenbetreuung und Auftragsabwicklung per Telefon. Die unaufgeforderte telefonische Kundenakquisition (außer bei bestehenden Kundenverhältnissen) ist dagegen durch das *UWG* (Gesetz gegen unlauteren Wettbewerb) verboten" (Geisbüsch, S. 363).
  Auch die Einrichtung gebührenfreier Service-Hotlines fördert den Gästekontakt, indem Gäste einen konkreten Ansprechpartner für Buchungen, Fragen und Beschwerden haben. Da dem Telefonmarketing eine immer größere Bedeutung zukommt, ist diesem Instrument der Kundenbindung das Abschlusskapitel der klassischen Kommunikationspolitik gewidmet (s. S. 239).

- Periodisch erscheinende **Gästezeitschriften** informieren über unternehmens- oder angebotsbezogene Themen und bieten einen Mehrwert durch Informationen, die den spezifischen Interessen der Zielgruppe entsprechen – in der Hotellerie beispielsweise Lifestyle- und Reisethemen. Sie dienen dem Imageaufbau und dem Dialog mit dem Kunden, weswegen sie auch häufig Response-Elemente wie Leserbriefe, Fragebögen und Bestellmöglichkeiten enthalten (vgl. Butcher, S. 60 ff.).

- „Unter **Eventmarketing** (s. S. 229) wird eine zielgerichtete, erlebnisorientierte Kommunikation und Präsentation eines Betriebes oder gastgewerblicher Leistungen verstanden, und zwar auf der Basis des Bedürfnisses nach kollektiven Erlebnissen, die zeitlich begrenzt sind; „Dabeisein ist alles" – „dabei gewesen sein" definiert eine Zugehörigkeit zu einer Gruppe oder einem Milieu" (Dettmer 2002, S. 256 f.). Ziel der Gestaltung von multisensalen Erlebnissen ist, zu potenziellen und tatsächlichen Gästen Beziehungen aufzubauen, Kontakte zu knüpfen, das Unternehmensimage zu kommunizieren und Angebotsleistungen zu vermarkten (vgl. Dreyer 1998, S. 197).

- Das **Cross-Marketing** ermöglicht Synergieeffekte zwischen Unternehmen, die auf ähnlichen Angebotsleistungen oder ähnlichen Zielgruppen beruhen. Durch eine Markenpartnerschaft, dem so genannten Co-Branding, profitieren beide Unternehmen von den Kundenbeziehungen des jeweiligen Partners (vgl. Dreyer/Dehner 2003, S. 170).
  Das Co-Branding wird insbesondere zwischen Kreditkarteninstituten und großen Hotelgesellschaften praktiziert. So vereint die ACCOR Compliment Card die Funktionen einer Kredit- und Kundenkarte.

Über das Membership Rewards Programm von American Express sammelt der Karteninhaber bei jeder Ausgabe Bonuspunkte. Er erhält außerdem einen dreifachen Bonus für seine Ausgaben in mehr als 3 600 ACCOR Hotels der Marken Sofitel, Novotel, Mercure, Suitehotel, Ibis, Etap, Formule 1, Motel 6, Red Roof Inns rund um den Erdball. Die gesammelten Punkte können in verschiedene Prämien, unter anderem Hotelübernachtungen, eingelöst werden (vgl. ohne Verfasser 2001, S. 37).

- Ein **Kundenclub/Gästeclub** ist die, von einem Dienstleister ins Leben gerufene und organisierte Vereinigung von Menschen, denen die Mitgliedschaft angetragen wird, mit dem Ziel der regelmäßigen, direkten Kontaktierung und Aktivierung (Butcher 1995, S. 9). Darum lässt sich die Bedeutung von Kundenclubs als Kundenbindungsinstrument ermessen. Die Leistungen eines Kundenclubs umfassen beispielsweise exklusive Vorteilsangebote, Kundenzeitschriften, Servicetelefone, Mailings und Clubtreffen. Dadurch wird die direkte Kundenkommunikation gefördert, die Individualität der Clubmitglieder betont und interessengleiche Zielgruppen werden in das Unternehmensgeschehen integriert. Die Clubkarte dient dabei als äußeres Zeichen der Mitgliedschaft.

- Die **Kundenkarte/Gästekarte** ist eine vom Dienstleister selbst ausgegebene Servicekarte mit oder ohne Zahlungsfunktion, die als Marketinginstrument der Kundenbindung dient und dem Karteninhaber Servicevorteile bietet (vgl. Schroeder 1998, S. 195 f.). Im Tourismus werden Kundenkarten sowohl von Reiseveranstaltern als auch von Verkehrsträgern, Hotels und Destinationen ausgegeben. Als Beispiele können die TUI-Card, die Bahncard, die Lufthansa Miles & More Card, die Steigenberger Award Card oder die Kärnten Card genannt werden (vgl. Becker, S. 31).

In der Literatur werden vier Kartentypen unterschieden: die Kundenkarte ohne Zahlungsfunktion, die als reine **Ausweiskarte** dient, die **Rabattkarte**, die bei Inanspruchnahme der Leistungen des emittierenden Unternehmens dem Kunden finanzielle Vorteile bietet, die **Kundenkarte** mit universaler **Zahlungsfunktion** (vgl. Belz/Tomaczak, S. 12 f.) und schließlich Kundenkarten mit **Servicefunktion**, die den Inhabern beispielsweise die Inanspruchnahme spezieller Serviceleistungen der Hotelunternehmung ermöglichen.

Für Kundenkarten mit Kreditkartenfunktion wird auch der Begriff **Co-Branding-Karte** verwendet, da das ausgebende Unternehmen eine Kooperation mit einem Kreditkartenunternehmen oder einer Bank eingeht, die den Zahlungsverkehr abwickeln (vgl. Butcher, S. 70). Die Karte trägt dann beispielsweise das ACCOR und das American Express Logo.

„Einige Hotels setzen auf einen klassischen „Treuepass" – also Heftchen, in dem Bonuspunkte gesammelt werden. Im weiteren Sinne ist aber auch dies wieder eine Kundenkarte" (Kopatz, S. 45).

Einen Überblick über die Komplexität der Ausgestaltungsmöglichkeiten von Kundenkarten gibt die folgende Abbildung:

Steigenberger Award Card Blau	Steigenberger Award Card Silber (ab 1 000 Statuspunkte)	Steigenberger Award Card Gold (ab 5 000 Statuspunkte)
▶ Tageszeitung	▶ alle Privilegien der Award Card Blau	▶ alle Pivilegien der Award Card Blau und Silber
▶ Obstteller	▶ Willkommenspräsent & Welcome-Cocktail	▶ 1 Flasche Champagner
▶ Mineralwasser	▶ Upgrade in ein Zimmer der nächst höheren Kategorie nach Verfügbarkeit bei Anreise	▶ Upgrade in eine Suite oder in das beste Zimmer des Hauses nach Verfügbarkeit nach Anreise
▶ Wartelistenpriorität	▶ Kostenfreies Telefonieren bis 10 €	▶ Reservierungsgarantie bis 72 Stunden vor Anreise
▶ Upgrade für nur 10 bzw. 20 € nach Verfügbarkeit bei Anreise	▶ Early Check-in oder Late Check-out*	
▶ Sonderkonditionen bei Kooperationspartnern	▶ Doppelzimmer zum Einzelzimmerpreis*	
	* in allen Stadthotels	

(Steigenberger award news 3/2004, S. 11)

Strukturmerkmale von Kundenkarten											
Funktion											
Ausweisfunktion		Treuefunktion		Zahlungsfunktion			Servicefunktion				
Zutritt	Nutzung	Rabatt	Bonus	Revolving Credit	Charge	Debit	Zusatzleistungen				
Eintrittsvoraussetzungen											
Offenes Programm		Geschlossenes Programm									
Akzeptanzbereich											
Ausgebende Filiale	Gesamtes Filialnetz	Innerhalb des Konzerns	Auch bei nicht verbundenen Unternehmen	Weltweit							
Organisation											
In eigener Regie	Ausgliederung von Teilbereichen an Spezialdienstleister				Co-Branding						
	Konzeption	Betreuung	Processing	Kommunikation							
Datengewinnung											
Stammdaten Kartenantrag		Zu kombinierende Transaktionsdaten bei Identifikation des Kunden									
		Kundenkontakt			Kauf-/Buchungsdaten (Identifikation an der Kasse/Rezeption)			Sonstiger Einsatz der Kundenkarte		Reaktionen auf Kommunikations-Maßnahmen	
Demografisch	Psychografisch	Telefonisch	Schriftlich	Persönlich	Artikel/ Zimmer	Umsätze	Kauf-/ Buchungsdatum	Zutritt	Leistung	Couponrückläufe	Teilnahme an Events
Kommunikation (nach der Zielgruppe)											
Intern		Extern									
Karteninhaber	Karteninhaber	Nicht-Karteninhaber	Business-Partner								
Kommunikation (nach der Frequenz)											
Ständig				Periodisch			Aktionsbezogen				
Hotline	Internet	Prospekt	Point of Sale	Abrechnung, Kontoauszug	Magazin	Newsletter	Mailing	Special Offer			

(vgl. Kopatz u. a.: Loyalty Report, Kundenbindung im Hotelgewerbe, Hamburg 2002, S. 45)

Die Aufzählung der Kundenbindungsinstrumente kann für die Hotelbranche um die Negotiated Rates und VIP-Treatments erweitert werden.

- **Negotiated Rates** sind ausgehandelte Sonderpreise für Groß- bzw. Geschäftskunden wie beispielsweise international agierende Unternehmen. Auf der Grundlage vereinbarter Roomnights, d. h. einer bestimmten Anzahl von Zimmern, die von dem Unternehmen pro Jahr in einem bestimmten Hotel oder Hotelkonzern gebucht werden, erhalten Gäste oder Mitarbeiter des jeweiligen Unternehmens vergünstigte Zimmerraten. Diese stellen einen finanziellen Anreiz für das Unternehmen dar, bestimmte Hotels oder Hotelmarken kontinuierlich zu frequentieren.

- **VIP-Treatments** bezeichnen Sonder- und Zusatzleistungen für Stammgäste oder Personen aus dem öffentlichen Leben. Die VIP-Treatments sind meist nach Anzahl der Übernachtungen und nach Ansehen bzw. Priorität des Gastes in der Öffentlichkeit gestaffelt. Beliebte Geschenke sind: Obstkorb, Champagner, Pralinen usw. Durch die individuelle, privilegierte und persönliche Behandlung wird die Gästebindung gefördert (vgl. Becker 1999, S. 24).

Aufgaben

1. Grenzen Sie die Begriffe Relationship Marketing, loyalitätsbasierendes Marketing, Management und Retention Marketing voneinander ab.

2. Welche Kriterien deuten Ihres Erachtens darauf hin, dass sich ein Hotelgast loyal gegenüber dem Seehotel „Schloss Sonnenbühl" verhält?

3. Was ist „falsche" Loyalität?

4. Weshalb ist der Gast Herr Beyer von einer bestimmten Leistung im Seehotel „Schloss Sonnenbühl" begeistert, was wiederum zu Loyalität führen kann und der Gast Herr Schmitt nimmt sie eventuell gar nicht zur Kenntnis? Setzen Sie sich in diesem Zusammenhang mit dem Begriff „Wahrnehmung" auseinander.

5. Für eine international vertretene Hotelkooperation sollen Sie die Markenloyalität hinsichtlich der Reisemittler optimieren. Ziel ist die Erhöhung der über diesen Vertriebskanal getätigten Umsätze.
Wie gehen Sie vor?
Unterbreiten Sie fünf Vorschläge.

10.3 Verkaufsförderung

Situation

Das Seehotel „Schloss Sonnenbühl" lädt Sie vom 12. – 19. Oktober 20.. zu einer speziellen Fitness- und Entschlackungswoche mit ausgedehnten Spaziergängen, ärztlicher Betreuung, Gymnastik, Massage und kostenloser Ernährungsberatung ein.

Die damit verbundenen Anreize sollen Stammgästen und zukünftigen Gästen das Wohnen im Hotel erstrebenswerter machen bzw. den Verkauf der Hotelübernachtungen zusätzlich fördern. Verkaufsförderung setzt sich nach Kotler aus einer Reihe von häufig kurzfristigen Anreizen zusammen, die zu schnelleren bzw. mengenmäßig größeren Käufen bestimmter Produkte oder Dienstleistungen beitragen (vgl. Kotler/Bliemel, S. 984).
Beispiele für Anreize:

- Beim Kauf einer Flasche Ramazotti erhält man ein dekoratives Glas.
- In Kassennähe werden die Regale mit Süßigkeiten und Knabbergebäck voll gepackt, um die Wartenden zum Impulskauf anzuregen.
- Ein Anbieter von DVD-Playern verlost unter Teilnehmern seines Preisausschreibens eine Traumreise in die Karibik.

Begriff der Verkaufsförderung
Nach Bruhn ist unter dem Begriff Verkaufsförderung die Analyse, Planung, Durchführung und Kontrolle von zeitlich begrenzten Aktionen zu verstehen, die zum Ziel haben, durch Anreize Kommunikationsziele und Vertriebsziele zu erreichen (vgl. Bruhn 2003, S. 280).
Im Gegensatz zur Werbung liefert die Verkaufsförderung keinen Kaufgrund, sondern sie versucht zum Kaufakt zu motivieren.
Sowohl in der Praxis als auch in der wissenschaftlichen Betrachtung des Marketings wird **Sales Promotion** als Synonym zur Verkaufsförderung betrachtet.
Wobei Sales Promotion somit als eigenständiges Marketinginstrument zu verstehen ist. Durch Gutscheine, Gewinnspiele, Displays, Produktproben und Vorführungen trug die Verkaufsförderung zu einem rapiden Wachstum bei.
Sie kann allerdings, wie bei der Werbung, eine Verkaufsförderungsüberflutung bewirken.
Für den Gastronomen oder Hotelier umfasst Sales Promotion alle Maßnahmen, die zusätzliche Gästeanreize anbieten.
Durch diese Anreize werden die bereits bestehenden Produkt- und Leistungseigenschaften mit einem Zusatznutzen versehen. Gymnastik, ärztliche Betreuung und Ernährungsberatung bieten interessante Zusatznutzen und regen somit verstärkt zur Hotelübernachtung im Seehotel „Schloss Sonnenbühl" an.
Ziele der Verkaufsförderung sind, Neukunden zu gewinnen, aber auch Stammgäste zu belohnen und Einmalkunden zu Stammgästen zu machen. Gleichzeitig wird durch die Sales Promotion auch die Kundenbindung verstärkt.

Erscheinungsformen, Ziele und Funktionen der Verkaufsförderung

Erscheinungsformen	Funktionen
Verkäuferpromotions (staff promotions)	▶ **Informationsfunktion**
Händlerpromotions (channel promotions)	▶ **Motivationsfunktion**
	▶ **Schulungs-/Trainingsfunktion**
Verbraucherpromotions (consumer promotions)	▶ **Verkaufsfunktion**
Ziele	
▶ Forcierung Abverkäufe	
▶ Aktualisierung von Produkten und Verwendungszwecken	
▶ Intensivierung Markenbindung	
▶ Vertiefung Produktkenntnisse	
▶ Erreichnung von Handelsplatzierungen	
▶ Hohe Produktbevorratung im Handel	

Je nachdem ob die Verkaufsförderung auf Endverbraucherebene (consumer promotions) im Hotel oder Restaurant oder außerhalb stattfindet wird auch nach „In-House-Promotion" bzw. „Out-House-Promotion" unterschieden.

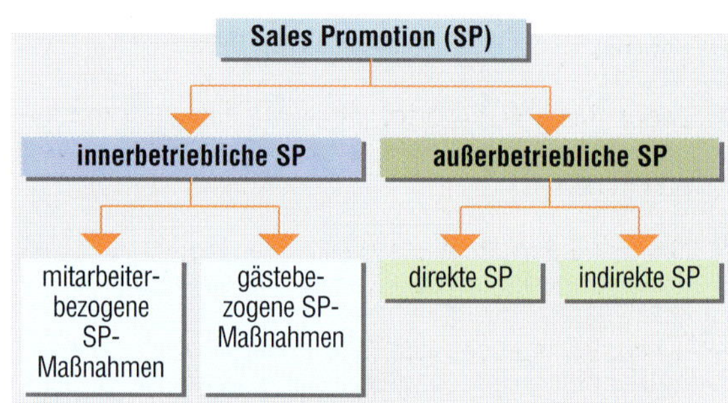

(vgl. Dettmer, Harald: Tourismus-Marketing-Management, München/Wien 1999, S. 477)

10.3.1 In-House-Promotion

Die In-House-Promotion oder innerbetriebliche Sales Promotion ist direkt auf den Gast oder die Absatzorgane gerichtet. Sowohl die internen als auch die externen Mitarbeiter eines Unternehmens sind angesprochen. Es kann sich dabei um eine persönlich-sachliche Verkaufsförderung oder eine Verkaufsförderung durch Aktionen handeln.
Da durch den persönlichen Kontakt der Gast aus der anonymen Zielgruppe herausgelöst wird, wird diese Art der Verkaufsförderung zunehmend wichtiger. Der Gast wird direkt durch Mailings informiert oder direkt im Hotel während seines Aufenthalts angesprochen. In beiden Fällen wird er persönlich auf die Promotion aufmerksam gemacht. Wichtig ist dabei, beim Gast einen möglichst hohen Grad an Aufmerksamkeit zu erreichen, dementsprechend „ist auf eine möglichst originelle, zeitlich sparsam dosierte und abwechslungsreiche Ausgestaltung der jeweiligen Maßnahmen zu achten.

Dadurch können Abnutzungs- und Ermüdungseffekte vermieden werden“ (Bober 1992, S. 174). Der Gast will ein halbes Jahr im Voraus über geplante Maßnahmen informiert werden und findet es sicher auch nicht sehr spannend, wenn immer jährlich zum gleichen Zeitpunkt ein Preisausschreiben veranstaltet wird. Neuheit, Originalität, Überraschung und Einmaligkeit sind die Säulen guter Verkaufsförderung im Tourismus (vgl. ebenda). Das gilt gleichermaßen für die Hotellerie und die Gastronomie.
Da im Gastgewerbe die Leistung sehr häufig direkt vor Ort (Point of Sale) erbracht wird, ist der Ort der Leistungserstellung oft identisch mit dem Ort der Leistungserbringung. Daraus ergibt sich aus der Leistung selbst oft bereits eine verkaufsfördernde Wirkung. Verantwortlich für die Verkaufsförderung müssen sowohl das Management als auch sämtliche Mitarbeiter sein. Das kann allerdings nur durch motivierte Mitarbeiter geschehen, die die Gäste in ihrem Konsumverhalten beeinflussen. Deshalb gehören alle **mitarbeiterbezogenen Maßnahmen** im Rahmen der Aus- und Weiterbildung ebenfalls zur **In-House-Promotion**.
Wichtig dabei ist:

- Jeder Mitarbeiter mit Gästekontakt ist ein motivierter Verkäufer, der dies auch nach außen demonstriert. Lächeln schafft Gäste.
- Richtige Reklamationshandhabung führt zur Gästegewinnung.
- Jeder Mitarbeiter trägt zum positiven Corporate Image durch sein Äußeres, sein Wissen und Verhalten bei.
- Brainstorming-Meetings dienen der kreativen Ideenfindung und führen zu Wettbewerbsvorteilen.
- Verkaufsgespräche als Problemlösungen aufzeigen.
- Verkaufsargumente müssen sachlich, beweisbar und für den Gast glaubwürdig aus der inneren Überzeugung dargestellt werden.

Kurz gefasst setzen Gästewünsche nach mehr Beratung und Betreuung durch Mitarbeiter allerdings voraus, dass

- die Mitarbeiter über die Verkaufsziele des Unternehmens informiert sind,
- sie über betriebliche Leistungen sachkundig Auskunft geben können,
- sie im Umgang mit Gästen geschult und selbstbewusst sind, um als gleichberechtigte Gesprächspartner auftreten zu können.

Das Merchandising ist die sachliche Verkaufsförderung im Haus.
Hierunter werden alle unpersönlichen Maßnahmen der Verkaufsförderung am Point of Sale verstanden (vgl. Dettmer 2000, S. 72).
Gerade am Point of Sale will man auch durch Anregen der Sinne (Riechen, Schmecken, Hören, Fühlen) einen Kaufanstoß geben. Nicht nur die Qualität überzeugt den Gast zum Kauf, sondern auch die Atmosphäre, das Ambiente und die unbewussten Erwartungen spielen eine Rolle bei den Kaufentscheidungen des Gastes (vgl. Lentz/Fritz 1996, S. 180).

Einige Beispiele sind:

- Sushi wird vor den Augen der Gäste zubereitet.
- Kleine Kostproben eines speziellen Gerichts werden an die Gäste verteilt.
- Speisenkarten der Haus-Restaurants sind bereits in den Hotelfahrstühlen angebracht.
- Tischaufsteller mit Sonderangeboten sind aufgestellt, z. B. „Beaujolais Primeur ist da, zu 2,00 Euro pro Glas“.
- Give-aways
- Streichhölzer und Kugelschreiber werden mit dem Emblem des Gaststättenbetriebs oder Hotelbetriebs gedruckt.
- Spezielle Kindermenüs werden auf Speisenkarten zum Ausmalen mit Preisausschreiben angeboten.
- Alkoholfreie Cocktails für Autofahrer werden in besonderen Gläsern serviert.
- Ausgewählte „Hintergrundmusik“ schafft eine entspannende, angenehme Atmosphäre.

All diese Beispiele signalisieren jedoch gleichermaßen Leistungsbereitschaft und Leistungsfähigkeit. Durch das Kochen oder auch Auspressen von Säften direkt vor dem Kunden, sollen alle Sinne angesprochen und damit der Gast zum Kauf motiviert werden. Generell gilt, dass vor jeder Maßnahme genau das angestrebte Ziel festzulegen ist. Erst wenn das Ziel operationalisiert ist, kann man gezielt Maßnahmen einsetzen und deren Erfolg abschätzen und kontrollieren.
Ein mögliches Ziel könnte beispielsweise die Umsatzerhöhung pro Gast sein. Anführen könnte man dann als Maßnahmen z. B. die Spezialitätenwochen, die Vollwertkost-Tage oder andere, mehrmals im Jahr stattfindenden „Aktionswochen“, die fast immer zur Umsatzerhöhung führen (vgl. Bober 1992, S. 176).

10.3.2 Out-House-Promotion

Zielgruppen außerbetrieblicher Sales Promotion sind die mit den externen Absatzanstrengungen beauftragten inneren Absatzorgane, die externen Absatzhelfer und -mittler sowie die potenziellen Gäste der Hotelunternehmung.
Die außerbetriebliche Absatzförderung kann man auch in die direkte, d. h. über den Kontakt zu den bisherigen und potenziellen Gästen und in die **indirekte Verkaufsförderung**, d. h. über Reisemittler unterscheiden (vgl. Barth/Theis: Hotel-Marketing, S. 238).

Wichtig bei der Out-House-Promotion sind die Gewinnung potenzieller Gäste und die nachhaltige Intensivierung tatsächlicher Gästekontakte außer Haus.

Dazu bedarf es einer direkten Kontaktpflege des Gastronomen/Hoteliers/Touristikers oder seiner Mitarbeiter zu den Gästen, beispielsweise im Rahmen eines Mailings an Stammkunden, durch eine Gästezeitung, durch Informationsblätter oder Glückwunschkarten. Auch Hinweise auf kulturelle Veranstaltungen können verkaufsfördernd wirken.
Die Ansprechbarkeit von Hoteliers/Gastronomen/Touristikern oder seiner Mitarbeiter auf Touristikmessen kann bei angenehmen Gesprächen mit den potenziellen Gästen eine hohe verkaufsfördernde Wirkung haben. Allerdings bleibt diese Möglichkeit der Verkaufsförderung aufgrund der hohen Messekosten häufig nur Großbetrieben vorbehalten (vgl. ebenda, S. 238).

Wichtig ist für die gastgewerblichen Betriebe auch die indirekte Verkaufsförderung über den Kontakt zu den Reisemittlern.
Diese Maßnahmen lassen sich ebenfalls in persönliche sowie sachliche Fördermaßnahmen unterscheiden.

Persönliche Verkaufsfördermaßnahmen
In diesem Zusammenhang sind die Informationen in Reisebürozeitschriften sowie die Verbesserungsverpflichtung der Mitarbeiter im Reservierungswesen zu nennen. Neben Studien- und Informationsreisen für die Mitarbeiter von Reisebüros und Reiseveranstaltern bietet sich auch die Möglichkeit, Seminare in Zusammenarbeit mit dem Verkehrsverein für diese Mitarbeiter anzubieten. Auch persönliche Verkaufsgespräche im Kontakt zu den Absatzmittlern verhelfen zu einer differenzierten Darstellung des einzelnen Hotels (vgl. ebenda, S. 240).

Sachliche Verkaufsfördermaßnahmen
Diese Form der Sales Promotion beinhaltet sowohl Informationsblätter über Leistungsangebot und Preise als auch über Reservierungsbedingungen sowie Hotelprospekte. Bietet ein Hotel spezielle Leistungen an, so ist dies durch Spezialunterlagen dem Reisemittler zur Verfügung zu stellen. Bei Ketten bzw. Kooperationen erscheint es sinnvoll, ein so genanntes Hotelverzeichnis auszugeben und des Weiteren Prospektständer, Handbücher, Videos, Fotos, Werbegeschenke für Reisebürokunden bereitzustellen.

Seit jeher sind integrierte Promotions mit einem saisonalen Aufhänger wirkungsvoller als andere. Die Tatsache, dass aufgrund knapper Reisebudgets immer mehr Menschen den Urlaub zu Hause verbringen, verstärkt den Wunsch der Unternehmen, im Sommer besonders auf sich aufmerksam zu machen. Beispielsweise durch Wochenendverwöhnangebote mit Beachparty im Seehotel. Besonders Sommerpromotions mit Event-Charakter erzielen große Wirkungen – sie schaffen eine emotionale Bindung zum Unternehmen oder zur Marke und stopfen gleichzeitig die Sommerlöcher bei Auslastungsschwankungen.

So wie es sich für eine integrierte Kampagne gehört, muss sie nicht nur zum Markenimage passen, sondern sich auch der Kanäle bedienen, denen die anvisierte Zielgruppe am nächsten steht. Die Werbeanzeigen in Tageszeitungen und eventuellen Radiospots lokaler Sender sind so zu schalten, dass sie genau auf die Zeiten und Hörgewohnheiten der Zielgruppe zugeschnitten sind.

Aufgaben

1. Welche sachlichen Fördermaßnahmen würden Sie den kooperierenden Reisebüros für Sommer-Promotions mit Event-Charakter im Seehotel anbieten?
2. Welche In-House-Promotions könnte man sich dazu vorstellen?
3. Um welche Art von Sales Promotion handelt es sich beim Flambieren eines Desserts am Tisch des Gastes? Beschreiben Sie die Wirkungsweise dieser Verkaufsfördermaßnahme.
4. Inwiefern können Studien- und Informationsreisen für Reisemittler verkaufsfördernd wirken?

10.4 Merchandising

Situation

Seehotel Schloss Sonnenbühl

Ursula von Bülow, die Juniorchefin des Seehotels „Schloss Sonnenbühl", hat sich kürzlich einen Kindheitstraum erfüllt und EURO-DISNEY, den großen Freizeitpark südlich von Paris besucht. Neben den vielfältigen Attraktionen hat sie besonders das riesige Angebot an Souvenirs begeistert. Alle bekannten Disneyfiguren gab es dort zu kaufen: Mützen, Schirme, ja sogar Schokolade mit den Motiven der Mickymaus und T-Shirts mit vielen lustigen Zeichnungen aus vielen Walt-Disney-Filmen.

Warum machen wir für unser Seehotel „Schloss Sonnebühl" nicht etwas Ähnliches, fragt sie sich. Auch bei uns gibt es eine ganze Menge Dinge, die man außerhalb des eigentlichen Hotel- und Restaurantgeschäfts verkaufen könnte und die die Gäste sicherlich gerne als Souvenir oder Geschenk mitnehmen würden.

Sie hat einen neuen Geschäftszweig entdeckt: das Merchandising.

Merchandising beinhaltet die umfassende wirtschaftliche Verwertung eines Zeichens oder Logos auch für andere als ursprünglich gedachte Zwecke mit dem Ziel einer zusätzlichen Emotionalisierung von Produkten.

Als Merchandising wird auch das international als „Licensing“ bezeichnete Recht verstanden. Gegen entsprechende Lizenzgebühren wird der Bekanntheitsgrad prominenter Marken genutzt und werden Artikel verkauft, die in Abwandlung des eigentlichen Produkts ein neues Produkt darstellen, das häufig Geschenk- oder Souvenircharakter hat. Beispiel hierfür sind die vielfältigen Verkaufsartikel bekannter Fußballclubs oder Automarken (T-Shirts, Schals, Mützen, Schlüsselanhänger, CDs usw.).

Typische Merchandisingartikel eines Wellnesshotels

Der Lizenznehmer verspricht sich durch die große Popularität des Ursprungsprodukts eine hohe Nachfrage und will zugleich vom Image dieses Produkts profitieren.

Dieser **Imagetransfer** kann sich sowohl positiv wie auch negativ auswirken. Solange das Ausgangsprodukt ein positives Image hat, wird der Lizenzartikel davon profitieren, ein negatives Image wirkt sich jedoch ebenso nachhaltig aus.

Für den Erfolg von Lizenzprodukten sind folgende Voraussetzungen notwendig:

- Die angestrebte Zielgruppe muss definiert werden. Dabei muss diese Zielgruppe nicht mit der Zielgruppe des Kernprodukts identisch sein (der Vater ist begeisterter Fan des Fußballvereins FSV Germania, der Sohn die potenzielle Zielgruppe für ein T-Shirt des Vereins).
- Das Kernprodukt muss eine sinnvolle Abwandlung in ein Lizenzprodukt zulassen und darf seine Kompetenz dadurch nicht verwässern oder infrage stellen.
- Das Kernprodukt muss ein positives Image und einen hohen Bekanntheitsgrad haben, da dieses sich auf das Lizenzprodukt überträgt.
- Die Qualität des Lizenzprodukts muss sich an der Qualität des Kernprodukts orientieren.
- Das Lizenzprodukt muss dem Käufer einen hohen Nutzen (Basis- oder Zusatznutzen) bieten, der sowohl rational wie auch emotional sein kann.

Merchandising in Hotellerie und Gastronomie bezeichnet im Gegensatz zur Konsumgüterindustrie zumeist den eigenen Verkauf von Artikeln, die in direktem Zusammenhang mit dem Kernprodukt stehen.

Beispiele

- Eine Gastwirtschaft betreibt eine eigene Metzgerei und verkauft selbst hergestellte Wurstwaren.
- Ein Restaurant mit eigenem Fischwasser verkauft hausgeräucherte Forellen nach einem alten Rezept.
- Ein ländlicher Gasthof verkauft Blütenhonig von seinen eigenen Bienenstöcken.
- Ein Wellnesshotel verkauft selbst kreierte Öle, Salben und Seifen.

Dieser Bereich des Merchandisings wird in Hotellerie und Gastronomie bisher eher selten genutzt, obwohl er einen hohen Nutzen verspricht:

- Durch Zusatzgeschäfte kann der Umsatz erhöht werden.
- Das Kernprodukt wird bekannter gemacht.
- Bisher mit dem Kernprodukt nicht befasste Zielgruppen erhalten einen ersten Kontakt, der Aufmerksamkeit, Interesse und Sympathie weckt.

Aufgaben

1. Was wird unter dem Begriff Merchandising verstanden?
2. Nennen Sie erfolgreiche Merchandising-Produkte, die Sie kennen.
3. Worin liegt die Gefahr des Merchandisings für das Marketing eines Unternehmens?
4. Nennen Sie ein Beispiel für Merchandising im Tourismus-Bereich.
5. Entwerfen Sie eine Liste typischer Merchandisingartikel für ein Landhotel im Allgäu mit eigener Fischzucht, Metzgerei und Landwirtschaft.
6. Bevor Sie an die Realisierung Ihrer Pläne gehen, Merchandisingartikel in Ihrem Haus zu verkaufen, gilt es eine Reihe von Dingen zu beachten, damit Ihre Planungen wirtschaftlich von Erfolg gekrönt sind. Nennen Sie einige dieser Voraussetzungen.

10.5 Öffentlichkeitsarbeit

Situation

„Wenn ein junger Mann ein Mädchen kennen gelernt hat und ihr sagt, was für ein großartiger Kerl er ist, so ist das Reklame. Wenn er ihr sagt, wie reizend sie aussieht, so ist das Werbung. Aber wenn das Mädchen sich für ihn entscheidet, weil sie von anderen gehört hat, was für ein feiner Kerl er wäre, dann ist das Public Relations."

Alwin Münchmeyer

Öffentlichkeitsarbeit beschäftigt sich mit unternehmensstrategischen Aufgaben und managed auf konzeptioneller Grundlage die Kommunikationsprozesse zwischen Unternehmen, Organisationen oder Personen und deren **Teil-Öffentlichkeit** in Form einer bewussten, zielgerichteten und systematischen Gestaltung der Kommunikationsaktivitäten.

Unternehmen, Organisationen und Institutionen betreiben gewaltige Anstrengungen, um einen hohen Bekanntheitsgrad und ein positives Image für sich und ihre Produkte und Dienstleistungen zu erreichen. Sie werben um Vertrauen bei ihren Kunden, bei ihren Investoren oder den Bürgern in ihrer Nachbarschaft. Besonders in Krisenzeiten sind sie darum bemüht, durch Dialoge mit Kritikern und Befürwortern Interessen auszutauschen und Akzeptanz für ihr Verhalten zu schaffen.
Auf Wunsch des Deutschen Industrie- und Handelstages (DIHT) wurde 1951 der amerikanische Begriff „**Public Relations**" durch Albert Oeckl mit dem Begriff „Öffentlichkeitsarbeit" eingedeutscht. Heute ist der Begriff „Öffentlichkeitsarbeit" die gängigste Übersetzung für „Public Relations" und wird synonym dazu verwendet. Die wichtigsten Tätigkeiten praktischer Öffentlichkeitsarbeit sind die Herstellung und Pflege von Kontakten zu Multiplikatoren, wie beispielsweise zu den Medien, über die **Zielgruppen** angesprochen und informiert werden sollen. Dazu gehört auch die Redaktion von Pressemitteilungen, Hintergrundinformationen und interner sowie externer Publikationen. Öffentlichkeitsarbeit für Unternehmen und Organisationen ist entweder inhouse in einer eigenen Abteilung angesiedelt oder wird als eingekaufte Dienstleistung beispielsweise von PR-Agenturen übernommen.

Alles muss von jemandem ins rechte Licht gerückt werden.

Von alleine geschieht nichts!

Was von den Pressemitteilungen der großen Unternehmen professionell betrieben wird, läuft in der Gastronomie verständlicherweise nur am Rande mit.
Restaurantbesitzer haben andere Probleme zu bewältigen und vor allem fehlt es ihnen häufig an Kenntnis, wie man Pressearbeit erfolgreich betreibt.

Dabei ist Öffentlichkeitsarbeit für einen gastronomischen Betrieb ebenso notwendig wie für ein großes Produktionsunternehmen. Beide haben ihr Publikum, das sie ansprechen. Der Unterschied besteht nur in der einerseits bundesweiten und andererseits lokalen bzw. eventuell regionalen Bedeutung der Firma. Es gibt eine Fülle von Anlässen, die sich zur Informationsweitergabe eignen.

Infrage kommen in diesem Zusammenhang unter anderem Nachrichten über:

- Hoteleröffnung und -erweiterung
- Hotelneubau und größere Umbauarbeiten (Projekt, Realisierung)
- Hoteljubiläum
- Neuerungen bei der Infrastruktur (zum Beispiel neue Tagungsräume)
- Wechsel in der Betriebsleitung
- Besitzveränderungen, Fusionen, Beitritt zu Kooperationen
- gastronomische Auszeichnungen
- Bemühungen um den Umweltschutz (zum Beispiel Energieeinsparungsmöglichkeiten)
- Veranstaltungen von lokalem oder regionalem Interesse (kulinarische Aktion, Ausstellung, Vernissage, Konzert)
- prominente Gäste aus dem In- und Ausland
- Stellungnahmen und Informationen zu negativen Ereignissen

Alle diese Anlässe und noch andere sind dazu geeignet, dem Publikum bekannt gemacht zu werden. Um nicht missverstanden zu werden: Auch wenn der Gastronom ein guter Inserent ist, soll im redaktionellen Teil der Zeitung keine als Information getarnte Werbung betrieben werden. Hier soll die Zeitung vielmehr Informationen erhalten, deren Verbreitung von allgemeinem Interesse ist.

Eine weitere Möglichkeit ist ein so genanntes Eröffnungskollektiv. Der Veröffentlichung, sprich der Tageszeitung, kommt dabei ein Anzeigenkollektiv der am Ausbau des Restaurants beteiligten Firmen zugute. Wenn bei der Gelegenheit die Kasse der Anzeigenabteilung klingelt, ist man bei der Aufnahme eines solchen redaktionellen Beitrages in der Regel großzügig.

Es ist eine bekannte Tatsache, dass der Leser Informationen und Nachrichten im redaktionellen Teil der Zeitungen als glaubwürdig konsumiert, während er weiß, dass ein Inserent für seine Aussagen bezahlt hat und folglich schreiben kann, was ihm gefällt.
Restaurants, Pensionen und Hotels sind als ortsansässige Firmen Teil des Lokalgeschehens, d. h., die Lokalredaktionen der Zeitungen sind Ansprechpartner.

Um den Kontakt zu ihnen muss man sich jedoch selbst bemühen. Man geht hier von gezielter Öffentlichkeitsarbeit zur Imagepflege aus.

Je öfter der Name des Hotels/Restaurants in der Zeitung zu lesen ist, umso besser prägt er sich ein. Und je mehr der Name – in positiven Zusammenhängen – bekannt ist, umso mehr fördert dies das Geschäft.

Verfassen einer Pressemitteilung

Der Kontakt mit Vertretern der „Massenmedien" – dazu gehören auch Rundfunk und Fernsehen – ist das Kernstück jeder Öffentlichkeitsarbeit. Denn mit Beiträgen in diesen Massenmedien hat der Hotelier die Möglichkeit, das Image seines Hauses zu beeinflussen. Und dazu führen verschiedene Wege: Pressemitteilungen, individuelle Einladungen an Journalisten, Presse-Gruppengespräche oder offizielle Pressekonferenzen.

Einige Grundregeln zum Verfassen von Pressetexten sind unbedingt zu beachten, um die Chancen für eine Veröffentlichung zu wahren. Redaktionen wünschen sich echte Nachrichten, keine Romane. Die Meldung soll kurz und bündig, aber informativ sein und einen breiten Teil der Öffentlichkeitsarbeit interessieren. Unsachliche, zu lange und belanglose Beiträge haben die größten Aussichten, im Papierkorb zu landen.

Checkliste für eine Pressemitteilung

Anlass

- ☐ Lohnt sich für den Anlass eine schriftliche Mitteilung?
- ☐ Reichen die Möglichkeiten einer Pressemitteilung aus, den Anlass ausreichend darzustellen?
- ☐ Ist eine nähere Erläuterung durch ein Bild erforderlich, zweckmäßig oder sinnvoll?
- ☐ Ist der Termin in Bezug auf den Anlass richtig gewählt?

Darstellung

- ☐ Ist die Darstellung allgemein verständlich?
- ☐ Entspricht die Überschrift dem Inhalt der Meldung?
- ☐ Wer, was, wann, wo, wie, warum?
- ☐ Entspricht die Länge der Darstellung dem Anlass?
- ☐ Ist eine Hintergrundinformation erforderlich?
- ☐ Sind unvermeidliche Fachausdrücke ausreichend erläutert oder umschrieben?
- ☐ Sind lobende Adjektive und Alleinstellungen vermieden?
- ☐ Ist die Schreibweise von Namen und Fachausdrücken einheitlich (Versalien vermeiden)?
- ☐ Sind ungebräuchliche Abkürzungen ausreichend erläutert?
- ☐ Entspricht die Schreibweise von Begriffen, Abkürzungen und Maßeinheiten den Normen?

Rechtliche Fragen

- ☐ Werden Persönlichkeitsrechte berührt?
- ☐ Werden mitbestimmungspflichtige Sachverhalte mitgeteilt?
- ☐ Ist die Einwilligung von Kooperationspartnern, Auftraggebern, Lizenzgebern erforderlich?
- ☐ Sind patentrechtliche Fragen geklärt?
- ☐ ______________________

Äußere Form

- ☐ Ist der Absender deutlich erkennbar?
- ☐ Ist der Name des Sachbearbeiters erwähnt (möglichst mit Telefon-Durchwahlnummer)?
- ☐ Entsprechen die Angaben (Firma, Anschrift, Telefonnummer, Geschäftsführung) dem letzten Stand?
- ☐ Ist das Datum eingetragen?
- ☐ Ist der Text eineinhalb- bis zweizeilig geschrieben?
- ☐ Ist ein ausreichender Rand berücksichtigt?
- ☐ Sind Sperrungen, Unterstreichungen und Versalien vermieden?
- ☐ Sind die Abzüge (Kopien) lesbar?
- ☐ Sind die Abzüge (Kopien) einseitig beschrieben?
- ☐ Sind beigefügte Anlagen erwähnt?
- ☐ ______________________

Termine und Fristen

- ☐ Ist eine Sperrfrist erforderlich?
- ☐ Ist die vorgeschriebene Sperrfrist sinnvoll?
- ☐ Sind Postlauf- und Produktionszeiten (eventuell Redaktionsschlusszeiten) berücksichtigt?
- ☐ Ist ein bestimmter Versandtermin unbedingt notwendig (Wochenende)?
- ☐ ______________________

Streuungen und Versandarten

- ☐ Entspricht der Verteiler dem Inhalt der Meldung?
- ☐ Entspricht die Art und Weise der Darstellung dem vorgesehenen Verteiler?
- ☐ Sind die Verteilergruppen vollständig berücksichtigt?
- ☐ Ist die zuständige Redaktion auf der Anschrift angegeben?
- ☐ Entsprechen die Verteileranschriften dem neuesten Stand (besonders bei namentlicher Adressierung)?
- ☐ Entspricht die Versandart dem Anlass (Format des Umschlags, Eilzustellung, Fernschreiben, Drucksache)?
- ☐ Ist ein Begleitbrief erforderlich?

„Im Gespräch bleiben, ohne ins Gerede zu kommen."

Vorteile von Public Relations

▶ **Public Relations (PR) schafft Vertrauen und weckt Sympathie**
Jeder Mensch schenkt der Berichterstattung in den Medien deutlich mehr Glauben als der Werbung. Gute PR versorgt die Medien mit interessanten und positiven Informationen über Ihr Unternehmen. Diese Darstellung muss überprüfbar sein. Gute PR ist ehrlich und glaubwürdig.

▶ **Ein starkes Team: PR und Werbung**
Sinnvolle PR-Aktivitäten unterstützen Ihre Werbemaßnahmen, weil beide Disziplinen ineinander greifen. Anzeigen zum Beispiel sprechen die Bedürfnisse Ihrer Kunden direkt an, erregen Aufmerksamkeit und wollen unmittelbar zum Kauf anregen. PR hingegen informiert die Öffentlichkeit und transportiert Botschaften glaubhaft.

▶ **Vertrauen ist gut: Krisen-PR – Auch in schwierigen Situationen gewappnet?**
Langfristige PR-Arbeit baut ein glaubwürdiges Image auf, das Ihr Unternehmen auch in schwierigen Situationen oder sogar Krisen schützt. Das erworbene Vertrauen verschafft eine bessere Position und hilft die Kontrolle über die Situation zu behalten.

Inhalte und Themen der PR-Arbeit

Public-Relations-Arbeit – Inhalte und Themen im Überblick

Themenkreise	Anlässe (Beispiele)	Zielgruppen (Szenen)	Empfohlene Medien und Instrumente
1. Grundbedürfnisse befriedigen			
▶ Essen und Trinken im Restaurant	▷ Kartoffel-Wochen	Gäste, Mitarbeiter, Reisemittler	Speisenkarte, Aushang, örtliche Presse
▶ die Leistungen der Küche	▷ Stammtisch in der Küche Tag der offenen Tür	Gäste, Behörden, Mitarbeiter, Nachbarn	Führung, Einladung, örtliche Presse
▶ Segmentierung der Gastronomie	▷ Eröffnung einer Bierstube	Gäste, Kunden, Reisemittler, Lieferanten, Mitarbeiter	Einladung, Stammtisch, örtliche und Fachpresse
▶ Übernachten und Wohnen	▷ Vergrößerung der Bäder	Gäste, Kunden, Handwerker	Reiseführer, Buchungssysteme, örtliche Presse und Reisepresse
▶ Genuss und Erlebnis	▷ Musik-Menü	Gäste, Vermittler, musikalische Gemeinde	Reise-, Publikums- und Fachpresse
▶ Kontakt und Kommunikation	▷ Single-Stammtisch	Alleinlebende, Geschäftsfreunde	Hörensagen, Einladung, örtl. Presse
2. Besonderheiten herausstellen			
▶ strategische Erfolgspositionen		Gäste, Mitarbeiter, Geschäftsfreunde	Mundpropaganda, ausgewählte Presse
➔ Spezialitäten der Küche	▷ Empfang für Küchenchef		
➔ Lage und Landschaft	▷ Hüttenfest/Schlittenfahrt und Bergpredigt		
➔ Verkehrsanbindung/Parken	▷ Eröffnung Parkhaus		
➔ Bordinghouse/Suitenhotel	▷ Vorstellung Butlerdienste für Selbstversorger		
▶ Unique Selling Propositions		Mitarbeiter, Kollegen, selektierte Kunden und Gästegruppen, Stammgäste	örtliche Presse, Tourismus- und Reisepresse, selektierte Fachpresse
➔ Schuhe putzen wieder eingeführt	▷ Hausdieners Schuhputz-Party		
➔ Flughafen-Transfer	▷ Wagenmeisters Party		
➔ Quick-Checkout/Video-Message	▷ Buchhalter- u. Switchboard-Party		
➔ Sonntags-Jazz-Brunch	▷ Familien- u. Nachbarparty		
3. Mitarbeiter motivieren			
▶ Sozialleistungen/Betriebsklima	▷ Vorstellung Beteiligungsmodell	Mitarbeiter, Angehörige, Mitbürger, potenzielle Mitarbeiter, Nachbarn, Behörden, Gewerkschaften und Verbände	Veranstaltung, Fachexkursion, Mitarbeiterbrief, Seminare, örtliche Presse und Gastro-Fachpresse
▶ Mitwirkungsmöglichkeiten	▷ Mitarbeiterklausur		
▶ Aus- und Weiterbildung	▷ Mitarbeiterexkursionen		
▶ Aufstiegschancen	▷ Mitarbeiterempfang bei Antritt einer neuen Position		
4. Spezialbedürfnisse decken			
▶ Umwelt und Landschaft	▷ Eröffnung des Golfplatzes	Mitarbeiter, Stammgäste aus der jeweiligen Szene, Handwerker, Lieferanten, Prominente mit einschlägigen Verdiensten, Stipendiaten	Mundpropaganda, Informationsbriefe, ausgewählte Presse, insbesondere der einschlägigen Berufsstände, Spezialisten, Einladungen, Telefonakquisition
▶ Kultur und Kunst	▷ Sponsoring Kunstschüler		
▶ Tagungen und Seminare	▷ Neuausstattung der Räume		
▶ Fitness und Sport	▷ Einstellung von Sportlehrern		
▶ Minderheiten (Behinderte, Raucher, Kinder, Allergiker)	▷ Auszeichnung von Räumen durch einen Verband		
▶ Prominenz und Sicherheit	▷ Prominente zu Gast		
▶ Schönheit und Gesundheit	▷ Beauty-Service für Manager		

Fortsetzung von Vorseite – **Public-Relations-Arbeit – Inhalte und Themen im Überblick**

Themenkreise	Anlässe (Beispiele)	Zielgruppen (Szenen)	Empfohlene Medien und Instrumente
5. Wirtschaftsfaktoren herausstellen			
▶ Arbeitsplätze sichern	▷ Vorstellung neuer Jobs	Mitarbeiter, Aktionäre, Gesellschafter, Banken, Lieferanten, Behörden, Wirtschaftsvereinigungen und -kammern	Exklusiveinladung, selektierte örtliche und Fachpresse, Fachreferenten und Moderatoreneinsatz
▶ Transparenz fürs Preisgefüge	▷ Erläuterung Preiskorrekturen		
▶ Steuerzahler	▷ Bilanz-Pressekonferenz		
▶ Einkäufe nur am Ort	▷ Lieferantenempfang		
6. Mitbürgerliches Engagement zeigen			
▶ nachbarschaftliche Beziehungen	▷ Neubaudiskussion	Mitarbeiter, Mitbürger, Nachbarn, örtliche Behörden, Umweltschutzexperten	Informationsbrief, Flugblätter, selektierte Presse, Aushänge, Expertenauftritte
▶ Wahl in den Gemeinderat	▷ Wahlparty		
▶ Mitarbeit im Fremdenverkehrsverein (Verband)	▷ Ankündigung einer Großveranstaltung für die Stadt		
▶ Umweltschutz und Ökologie fördern	▷ Flurbegehung		
7. Berufsständische Pflichten einlösen			
▶ Tarifpolitik beeinflussen	▷ aktive Mitarbeit in der Tarifkommission	leitende Mitarbeiter, Kollegen, Politiker, Mitbewerber, Kooperationsgeschäftsführer und Gäste	Exklusiveinladung, Mundpropaganda, örtliche Presse, meinungsbildende Fachpresse, Erfa-Gruppen, Protokolle, Kollegenbesuche
▶ Mittelstandspolitik betreiben	▷ Lobby-Veranstaltung mit Mittelstandspolitikern aus der Hotellerie		
▶ Verbandsaufgaben übernehmen	▷ ehrenamtlich an PR-Kampagnen für Gastfreundschaft und Dienstleistungsberufe teilnehmen		
▶ internationale Kontakte pflegen	▷ Teilnahme an Präsentations- oder Info-Reisen ins Ausland		
▶ in Erfahrungsaustauschgruppen mitwirken	▷ ehrenamtliche Aufgaben bei DEHOGA, ÖHV, SHV oder SWV		

Public Relations will Leistung zur Kenntnis bringen, Meinungen formen und festigen, Sympathien wecken, Verständnis für Anliegen und Standpunkte des Unternehmens erzeugen, einen guten Ruf und ein positives Image aufbauen.

Unterschiede zwischen Werbung und Öffentlichkeitsarbeit

Allein darüber, was unter Marketing zu verstehen ist, gäbe es 365 verschiedene Definitionen, behaupten Spötter. Über Public Relations oder Öffentlichkeitsarbeit ist man sich noch weniger einig – es sollen weltweit 3 500 Auslegungen sein. Da gibt es die Auffassung, PR gehört mehr zum Marketing, andere versuchen die projektbezogene Einordnung oder sie dampfen die verschiedenen Unternehmensformen Werbung, Verkaufsförderung und Öffentlichkeitsarbeit zur „Kommunikation" ein – und vernebeln dadurch die Übersicht, ebenso wie die angloamerikanischen Begriffe „Public Affairs" für die Kommunikation mit politischen und staatlichen Bereichen.

Was den hoffnungslos verfahrenen Dogmenstreit so gefährlich macht, ist der Verschleiß der Hilfsvokabeln: „Public Relations" und ihre deutsche Auslegung „Öffentlichkeitsarbeit". So kommt es zu Meinungen wie der eines Rundfunkkommentators: Bei PR handelt es sich um eine besonders raffinierte Form der Werbung, die nicht wie Reklame für jedermann sofort zu erkennen sei. Stattdessen würde sie, sozusagen auf leisen Sohlen, durch die Hintertür eingeschleust, um so den Konsumenten auf eine Art zu manipulieren, die dieser nur schwer durchschauen könne. Der Redakteur berief sich auf die Aussage eines Agenturchefs, der gesagt haben soll: „PR ist Werbung mit anderen Mitteln."

Schiebt man den Glaubenskampf beiseite und fragt nach zentraler Gemeinsamkeit aller Kommunikationsinstrumente eines Unternehmens, dann ordnet sich das Durcheinander sehr rasch. Gemeinsame Grundlagen von Werbung, Verkaufsförderung, Produkt-Publicity und PR sind der Fortbestand des Unternehmens.

Weil beide Instrumente für die Kommunikation oft die gleichen Medien benutzen und die gleichen Zielgruppen erreichen wollen, darf dies nicht dazu verleiten, ein Instrumentarium dem anderen unterzuordnen.

Die verschiedenen Kommunikationsbereiche unterscheiden sich in ihren Schwerpunkten: Im Zentrum der Marktkommunikation steht die Auslobung des Produkts (oder der Dienstleistung) während PR ihr Tätigkeitsfeld überwiegend gesellschaftsbezogen zu sehen hat.

Aus dieser übergeordneten Aufgabenstellung muss die Öffentlichkeitsarbeit als Abteilung im Unternehmen ihre organisatorische Unabhängigkeit vom Marketing sichern, was aber nicht heißen darf, dass sie sich dem Marketing in konkreten Fällen als Dienstleistungsinstrument für den Absatzbereich verweigern kann oder bei Produkt-Rückrufaktionen Hilfestellung an vorderster Front zu leisten hat.

Umgekehrt bedient sich die Öffentlichkeitsarbeit auch des Marketingsinstruments der Werbung – wenn zum Beispiel Unternehmen ihre Leistung für die Gesellschaft in Anzeigen darstellen. Damit wird sie selbst noch längst nicht zur Werbung, sie nutzt lediglich deren Technik.

Solche Grenzfälle ändern indessen nichts an den verschiedenen Funktionen: Werbung, Verkaufsförderung, Produkt-Publicity – diese Tätigkeiten haben das Produkt und seinen Absatz im Mittelpunkt, die Öffentlichkeitsarbeit dagegen das gesamte Unternehmen und sämtliche Handlungen in Bezug auf die Mitwelt und Umwelt.

Öffentlichkeitsarbeit ist Chefsache

Öffentlichkeitsarbeit lässt sich delegieren, sollte aber als klar definierte Position im Unternehmen der Geschäftsführung oder Direktion unmittelbar unterstellt sein. Für kleine und mittlere Unternehmen, in denen eine eigene Stelle unrentabel wäre, stehen drei Möglichkeiten offen, wirksame Öffentlichkeitsarbeit sicherzustellen:

- Sie teilen sich mit anderen Betrieben, mit denen Sie nicht unmittelbar im Wettbewerb stehen, einen PR-Experten.
- Sie engagieren eine Person für alle vernetzten Kommunikationsaufgaben des Betriebes (Werbung, Verkaufsförderung, Öffentlichkeitsarbeit und Guest Relations).
- Sie beauftragen eine externe spezialisierte Public-Relations-Agentur.

Öffentlichkeitsarbeit ist Bestandteil des unternehmerischen Konzepts. Qualifizierte Öffentlichkeitsarbeit wird von Experten geleistet.

> **Wenn Sie einen Dollar in Ihr Unternehmen stecken wollen, so müssen Sie einen zweiten bereithalten, um das bekannt zu geben.**
>
> Henry Ford

PR-Budget

Zwar kosten Veröffentlichungen im redaktionellen Teil der Medien kein Geld, trotzdem gibt es aber auch PR nicht zum Nulltarif. Ausgaben entstehen unter anderem für

- Personal, Raum und Verwaltung
- Geräte (PC, Telefax, Telefon)
- Zeitungen, Zeitschriften
- Porto
- Reisen, Spesen und Bewirtung
- Aktionen
- Produktion (Pressebögen, Pressemappen, Vervielfältigungen/Druck)
- Fremdkosten (Beratung, Texterstellung, Fotografieren)
- Dokumentation (Ausschnittdienste)

Ungeplante PR-Arbeit kann zu einem Fass ohne Boden werden. Ein Jahresbudget für PR trägt dazu bei, unkontrollierte Ausgaben zu vermeiden. Nach einer Faustregel können für Öffentlichkeitsarbeit bis zu 0,5 Prozent vom Umsatz ausgegeben werden (vgl. Dircks, S. 145 ff.).

Aufgaben

1. Die Beziehung zur Öffentlichkeit stellt eine Grundlage dar, die der Werbung und ihrem Erfolg zugute kommt. Nennen Sie die Ziele und die Maßgabe der internen Abstimmung der Öffentlichkeitsarbeit als kommunikatives Instrument.
2. Die Gesamtfunktion der Öffentlichkeitsarbeit lässt sich in Teilfunktionen aufteilen, die wahrheitsgemäß, klar und systematisch umgesetzt werden müssen. Nennen und erläutern Sie mindestens drei Teilfunktionen der Öffentlichkeitsarbeit.
3. Stellen Sie an einem selbst gewählten Beispiel die Aufgaben der Öffentlichkeitsarbeit heraus.

10.6 Sponsoring

Situation

Seehotel Schloss Sonnenbühl

Der „Tennisclub Grün-Weiß" in der Nähe vom Seehotel „Schloss Sonnenbühl" veranstaltet ein jährliches Tennisturnier. Sie, als Familienmitglied des Hotels, werden angesprochen, als Sponsor des Clubs aufzutreten. Es wird Ihnen angeboten, durch Bandenwerbung und das Einrichten einer Hospitality-Area zur Bewirtung geladener Gäste den Bekanntheitsgrad Ihres Hotels zu erhöhen. Auch der örtliche Kunstverein möchte das Seehotel „Schloss Sonnenbühl" als Sponsor der nächsten Vernissage begrüßen. Da dazu die lokale Presse und die Reporter der überregionalen Tageszeitung eingeladen sind, erscheint Ihnen ein solches Engagement sinnvoll.

Sponsoring wurde in den USA und Großbritannien als innovatives Instrument der Kommunikationspolitik entwickelt. In Deutschland begann die Phase des professionellen und systematischen Sponsorings zunächst mit dem Sportsponsoring.
In den 60er Jahren mit Bandenwerbung beim Fußball, in den 70er Jahren entwickelte sich die Phase der Sportwerbung. Erst in den 80er Jahren hat Sponsoring den Förderaspekt angenommen, den es heute besitzt.

Ab diesem Zeitpunkt kann man von Sponsoring als eigenständiges Instrument der Unternehmenskommunikation sprechen. Seit Beginn der 90er wird Sponsoring auch in den Bereichen Kultur, Umwelt, Sozialwesen und nicht zuletzt als Wissenschaftssponsoring eingesetzt.

Betriebswirtschaftlich betrachtet, befindet sich Sponsoring in Deutschland analog zu den Phasen der Produktlebenszyklen noch in der Wachstumsphase. Das Sportsponsoring, vor allem bei den publikumsstarken Sportarten, bewegt sich allerdings auf einen Sättigungspunkt zu (vgl. Berndt/Hermanns 1993, S. 634).

Innovative Unternehmen auch im Dienstleistungssektor versuchen auf neuen Wegen ihre Zielgruppe im Freizeitbereich zu erreichen, um sich so auf dem nahezu gesättigten Markt Wettbewerbsvorteile zu verschaffen.

Begriff des Sponsorings

Der Begriff des Sponsorings stammt aus dem Englischen und bedeutet Gönner, Förderer und Geldgeber. Im Duden wird das Verb sponsern mit „durch finanzielle Unterstützung fördern“ erklärt. Beim Sponsoring verbinden Unternehmen, die als Sponsoren auftreten, ihr Engagement mit eigenen Kommunikationszielen.
Es werden konkret Leistung und Gegenleistung vereinbart.

Durch diese Gegenleistung grenzt sich auch das Sponsoring vom reinen Spendenwesen ab.
Spenden werden im Bewusstsein gesellschaftlicher Verantwortung oder aus ökonomischen Gründen (Steuervorteile) getätigt. Auch im Mäzenatentum, aus dem sich das Spendenwesen entwickelte, stehen altruistische Motive im Vordergrund.
Sponsoring kann auch als eine Variante des Fundraisings verstanden werden.

Der Begriff „Fundraising“ stammt aus den USA und wird als systematisches und kontinuierliches Einwerben von Drittmitteln verstanden. Die Einnahmen stammen hauptsächlich aus vier Quellen:

- allgemeine Öffentlichkeit,
- Stiftungen,
- Unternehmen und
- Einzelpersonen.

Neben der Mittelbeschaffung wird gleichzeitig eine dauerhafte Beziehung zu den Sponsoren angestrebt. Die Unternehmen können ihrerseits das Fundraising als Werbeform nutzen (vgl. Kotler 1996, S. 241).
Sponsoring bedeutet:

- die Analyse, Planung, Organisation, Durchführung und Kontrolle sämtlicher Aktivitäten,
- die mit der Bereitstellung von Geld, Sachmitteln, Dienstleistungen oder Know-how durch Unternehmen
- zur Förderung von Personen und/oder Organisationen in den Bereichen Sport, Kultur, Soziales, Umwelt und/oder Medien verbunden sind

um damit gleichzeitig Ziele der eigenen Kommunikation zu erreichen (Bruhn 2003, S. 311).

Sponsoring ist ein Planungs- und Entscheidungsprozess und hat kommunikative Funktionen. Der Fördergedanke liegt zugrunde, jedoch gleichzeitig auch das Prinzip von Leistung und Gegenleistung.

Aus der Sicht des Gesponserten ist Sponsoring somit ein Beschaffungs- und Finanzierungsinstrument. Für den Sponsor ist es hingegen ein Marketing- bzw. Kommunikationsinstrument.

Folgende Erscheinungsformen des Sponsorings lassen sich unterscheiden:

Erscheinungsformen des Sponsorings			
Sponsoringformen aus Sicht des Sponsoren		Sponsoringformen aus Sicht des Gesponserten	
Merkmalkategorien	Erscheinungsformen	Merkmalkategorien	Erscheinungsformen
Art der Sponsorenleistung	Geldmittel	Art der Gegenleistung des Gesponserten	Werbung während einer Veranstaltung
	Sachmittel		Nutzung von Prädikaten
	Dienstleistungen		Einsatz der Gesponserten in der Unternehmenskommunikation
	Know-how	Art der gesponserten individuellen Gruppen (v. a. im Sport)	Professionelle
Anzahl der Sponsoren	Exklusives Sponsorship		Halbprofessionelle
	Kooperatives Sponsorship		Amateure
Art des Sponsors	Produktsponsoren	Leistungsklasse	Breitenebene
	Unternehmen als Sponsoren		Leistungsebene
	Stiftungen als Sponsoren		Spitzenebene
Initiator des Sponsorings	Fremdinitiiertes Sponsoring	Art der gesponserten Organisation	Verbände
	Eigeninitiiertes Sponsoring		Vereine
Vielfalt des Sponsorings	Einseitiges Sponsoring		Stiftungen
	Vielseitiges Sponsoring		Öffentliche und gemeinnützige Organisationen
Art der Nutzung	Isoliertes Sponsoring	Art der gesponserten Veranstaltung	Offizielle Veranstaltungen
	Integriertes Sponsoring		Inoffizielle Veranstaltungen
			Kreierung eigener Prospekte durch den Sponsor

(vgl. Bruhn, Manfred: Marketing, Wiesbaden 2003, S. 313)

Ein Sponsoringhighlight stellt natürlich die Fußball-WM 2006 in Deutschland dar. Der Pool der nationalen Sponsoren der Fußball WM 2006 wird angeführt von den Unternehmen EnBW (Energieversorger), Hamburg Mannheimer (Versicherungen), OBI (Baumarktkette), Postbank (Finanzunternehmen), Oddset (Sportwettenanbieter) und der Deutschen Bahn (Transportkonzern). Sie zusammen steuern 60 Millionen Euro zur WM 2006 bei. Zu den 15 internationalen Förderern gehören adidas, Coca-Cola, Continental, Deutsche Telekom, McDonald's, Philips, die insgesamt 600 Millionen Euro für die Sponsorenrechte an der Fußball WM ausgeben. Nur diese 21 Unternehmen dürfen mit den offiziellen Marken der WM wie Logo, Maskottchen, Poster, Musik etc. werben und haben gleichzeitig die Erlaubnis, z. B. mit Bandenwerbung für das eigene Unternehmen in den Stadien aufzutreten (vgl. Strahlendorf 2005, S. 15 f.).
In der Praxis haben sich jedoch folgende Bereiche des Sponsorings herausgearbeitet:

- Sport-Sponsoring
- Kultur-Sponsoring
- Public-Sponsoring
- Sozio- und Umwelt-Sponsoring
- Medien-Sponsoring

Sport-Sponsoring
Bei einer Analyse von Sponsorvisions 2006 wurde ein Gesamtvolumen von rund 4,3 Milliarden Euro für Sponsoring in Deutschland prognostiziert. Das europäische Sponsoring-Barometer belegt nun, dass etwa drei Viertel der Summe jährlich in den Sport fließen, wobei Fußball u. Marathon noch immer die attraktivste Sportart für die europäische Wirtschaft darstellt. Aber auch in Sportarten wie Motorsport (Formel 1), Tennis, Golf und z. B. Beachvolleyball u. Marathon gewinnt Sponsoring immer mehr an Bedeutung.
Als Ziele des möglichst langfristigen Engagements werden die Steigerung der Bekanntheit und vor allem der Imagetransfer positiver Werte des Sports genannt.
Bei den Unternehmen wird die Zusammenarbeit mit einem einzelnen Athleten immer beliebter. Die Gegenleistung findet in Form von Trikotwerbung, Kennzeichnung der Sportgeräte oder der Transportmittel statt.

Beim Mannschaftssponsoring werden grundsätzlich sämtliche Teams, z. B. Sportvereine, unterstützt. Gegenleistung sind ebenfalls Trikotwerbung oder Kennzeichnung der Sportgeräte. Auch Medienauftritte mit der Mannschaft, bis hin zur Benennung des Teams nach dem Sponsor, sind denkbar. Bei den Trikotsponsoren wird der Schriftzug des britischen Telekommunikationsunternehmen, Vodafone auf der Brust von Manchester United am häufigsten genannt, aber auch Siemens mobile mit dem Engagement bei Real Madrid und T-Mobile beim deutschen Rekord-Meister Bayern München gelten als sehr erfolgreiche Sponsoringverträge.

Der Fußballer David Beckham kann zusätzlich zu seinen rund sechs Millionen Euro Gage bei Real Madrid noch 22 Millionen Euro durch Werbung z. B. für adidas, Siemens und Gilette verdienen.
Als Beleg für ein langfristig wirkungsvolles Sponsoring-Engagement wird die Verbindung von Ferrari mit dem Zigarettenkonzern Philip Morris („Marlboro") und die Unterstützung der ATP-Tour im Tennis durch Mercedes Benz genannt.

Ein Beispiel für erfolgreiches Sportsponsoring stellte auch die Adam Opel AG dar. Als Marketingziel lag eine Imageveränderung des Markenprofils zugrunde.
Statt wie bisher „solide", „preiswert" und „zuverlässig" sollte die Marke bei den Zielgruppen als „jung", „dynamisch" und „sportlich" positioniert werden.
Deshalb konzentrierte sich die Opel AG auf dynamische Ballsportarten und schloss Sponsorenverträge mit dem Deutschen Davis-Cup-Team und dem Bundesligateam des FC-Bayern München ab. Mittlerweile ist jedoch bei nahezu allen publikumsstarken Sportarten mit hoher Medienpräsenz ein Sättigungspunkt im Hinblick auf Sponsoring erkennbar.

Kultur-Sponsoring
Da Kunst und Kultur im Freizeitbereich immer mehr an Bedeutung gewinnen, kommt auch dieser Art von Sponsoring, die sich auf alle Arten von Kunst erstreckt, immer mehr Bedeutung zu. Gesponsert wird in den Bereichen Darstellende Kunst (z. B. Schauspiel, Oper, Operette und Musical), Bildende Kunst, Musik, Literatur und Filmkunst.
Dabei werden sowohl Einzelkünstler, Kunstgruppen als auch Kunstinstitutionen wie z. B. Kunstvereine und Künstleragenturen gefördert.
Die Sponsorleistung kann in Form von Stipendien, Erstausstellungen, Artleasing sowie Kunstforen und Kulturwochen erfolgen.
Auch das Seehotel „Schloss Sonnenbühl" könnte die Vernissage des örtlichen Kunstvereins beispielsweise mit Weinen und Speisen sponsern und sich durch die namentliche Erwähnung im Katalog des Künstlers eine Gegenleistung sichern. Nicht zu unterschätzen wäre sicher auch die Multiplikatorenfunktion, die durch die Presse erreicht würde.
Allerdings gibt es bei dieser Art von Sponsoring einige Besonderheiten zu beachten. Durch Kultursponsoring kann man weniger das Massenpublikum als vielmehr eine kleine aber für das Unternehmen sehr interessante Zielgruppe erreichen.

Das Seehotel „Schloss Sonnenbühl“ könnte durch die Vernissage sicher lokal eine kunstinteressierte Zielgruppe ansprechen.
Anders als beim Sportsponsoring, bei dem die Sponsoren meist im Verbund auftreten, kann der Sponsor beim Kultursponsoring allein auftreten. Allerdings benötigt man beim Kultursponsoring einen Verantwortlichen seitens des Unternehmens, der die Planung und Durchführung übernimmt und sich persönlich engagiert. Auch sollte sich das Unternehmen inhaltlich mit den gesponserten Werken auseinandersetzen, um im Zusammenhang mit seiner Corporate Identity nicht unglaubwürdig zu erscheinen.

EON sponsert die Miró-Ausstellung in Düsseldorf

Public-Sponsoring

Kürzungen der staatlichen Mittel im Bildungs- und Wissenschaftsbereich zwingen zu ergänzenden Finanzierungsmöglichkeiten.
Seit Jahren unverändert fließen ca. acht Prozent der gesamten Sponsoringausgaben in das Public-Sponsoring. Nahezu 50 Prozent der Unternehmen engagieren sich bereits heute für die Felder Bildung, Soziales und Umwelt (vgl. Strahlendorf 2005, S. 113).
Public-Sponsoring ist in Deutschland eine relativ neue Art des Sponsorings.
Für den Hochschulbereich vorstellbar ist das Sponsoring der Hochschule als Ganzes, ihrer Mitglieder (z. B. Professoren) und ihrer organisatorischen Einheiten wie Fachbereiche oder Bibliotheken (vgl. Hermanns, S. 100 f.).

Weitere Möglichkeiten sind:

- Ausstattungen von Ausbildungsinstitutionen
- Gründung eigener Forschungsinstitute
- Ausschreibung von bildungs- bzw. wissenschaftsbezogenen Wettbewerben (z. B. Champagnerwettbewerb der Hotelfachschulen)

Noch ist bei dieser Art des Sponsorings der Förderaspekt dominant, aber die Kontaktpflege mit den Hochschulen als positive Imageträger sowie die Darstellung gesellschaftlicher Verantwortung als positive Corporate Identity dienen als Gegenleistung.

Sozio- und Umweltsponsoring

Das sozio- oder Umweltsponsoring leistet Hilfestellung zur Lösung von humanitären und ökologischen Problemen. Es kann sich bei den Gesponserten sowohl um Einzelpersonen als auch um Wohlfahrtsorganisationen, Naturschutzorganisationen, Tierschutzorganisationen oder Bürgerinitiativen handeln.
Die Motivation beim Sponsoring ergibt sich wie beim Wissenschaftssponsoring aus der Darstellung von sozialer Verantwortung im Rahmen eines positiven Unternehmensimages. Neben der Imagewirkung könnte auch die Markierung der Ausrüstungsgegenstände wie beispielsweise das Anbringen eines Unternehmenslogos auf Hilfsgütern als Gegenleistung vereinbart werden. McDonald's betreibt z. B. Ökosponsoring und nutzt ein Öko-Prädikat (Offizieller Sponsor des Umweltprogramms der Vereinten Nationen) als Gegenleistung, um ökologische Verantwortung zu demonstrieren.

Medien-Sponsoring

Dies ist die jüngste Form von Sponsoring, die Unternehmen die Möglichkeit bietet, für Kinofilme, Internetseiten, Printbeilagen sowie TV-Sendungen als Sponsoren aufzutreten und namentlich erwähnt zu werden (z. B. Sponsoring von Sportsendungen durch die Brauerei *Krombacher* oder Sponsoring von Spielfilmen durch die Fernsehzeitschrift *TV-Spielfilm*). Auch hierbei steht das positive Unternehmensimage im Vordergrund.

Wirkung des Sponsorings

Problematisch ist allerdings eine exakte Messung der Sponsoringwirkung. Sponsoring muss sich für die Unternehmen rechnen und der Effekt muss in einzelnen Marketingabteilungen sichtbar werden. Eingesetzt wird Sponsoring meistens zusammen mit anderen kommunikationspolitischen Instrumenten und führt damit auch zu anderen synergetischen Wirkungseffekten.
Risikopotenziale ergeben sich allerdings aus der Möglichkeit eines negativen Imagetransfers (z. B. Boris Becker nach der Steueraffäre) oder aufgrund des Reaktanzrisikos.
Durch die gesteigerte Wettbewerbsintensität muss Sponsoring an Professionalität, Innovation und Kreativität zunehmen, um seine Bedeutung in Zukunft weiter zu verstärken (vgl. Berndt/Hermanns, S. 647).

Aufgaben

1. Beim diesjährigen Golfturnier der Stadt soll das Seehotel „Schloss Sonnenbühl“ als Sponsor auftreten.
   In welcher Weise könnte dies geschehen?
2. Ihre Familie ist der Meinung, eine Spende wäre sinnvoller, was antworten Sie?
3. Eine Grundschule in der Nähe vom Seehotel „Schloss Sonnenbühl“ sucht noch Sponsoren für ihr Leseprojekt.
   Um welche Form des Sponsorings handelt es sich und wie könnte eine mögliche Gegenleistung aussehen?

10.7 Product-Placement

Situation

Seehotel Schloss Sonnenbühl

Das Seehotel „Schloss Sonnenbühl“ hat einen Vertrag mit der Produktionsfirma einer beliebten Serie des Vorabendprogramms abgeschlossen, der vorsieht, dass die Hauptdarstellerin im Rahmen der Filmhandlung im Seehotel „Schloss Sonnenbühl“ übernachtet und sich in der Badelandschaft entspannt. Dabei wird der Name des Hotels und die Badelandschaft mehrfach zu sehen sein.

Product-Placement ist eine viel diskutierte, teilweise umstrittene Form der externen Unternehmenskommunikation. Verschiedene Autoren sind sich nicht darüber einig, ob Product-Placement als besondere Form der Werbung, des Sponsorings, der Public Relations oder als eigenständiges Instrument der Marketingkommunikation zu betrachten sei.

Unter Product-Placement in seiner modernen Form versteht man heute im Marketing allgemein die gezielte werbewirksame Einbindung von Produkten, Dienstleistungen, Marken oder Unternehmen als Requisiten in die Handlung eines Kinofilms einer Fernsehsendung oder Serie oder eines Videoclips gegen Entgelt (vgl. Bruhn, S. 275).

In der Praxis häufig platzierte Produkte und Marken sind vor allem Autos, Uhren und Getränke, aber auch Computer, Waschmaschinen, Funktelefone, Sonnenbrillen, Bekleidung, Hotels und Ferienorte.
Produkte sollen nach Bruhn harmonisch in die Filmhandlung eingeführt werden.

Ein gutes Beispiel ist aus Marketingsicht der Film „Zurück in die Zukunft“, in dem in einer dramaturgisch wichtigen Szene, ein JVE-Camcorder erklärt wird. Damit begann eine revolutionäre Produkteinführung mit einer Flut von Vorbestellungen.

Product-Placement kann jedoch auch gegenteilige Wirkung erzeugen, z. B der Film „Feuer, Eis und Dynamit“ von Willy Bogner. Wenn das Product-Placement, wie im vorliegenden Fall, weder zur Handlung passt, völlig überzogen eingesetzt wird oder sogar stört, kann es zu einer Negativwerbewirkung für die entsprechenden Produkte kommen. Der Bogner-Film wurde vom deutschen Gerichtshof nachträglich auch als Dauerwerbefilm eingestuft.

Es gibt unterschiedliche Möglichkeiten, die verschiedenen Formen des Product-Placements zu klassifizieren:

Kriterien	Formen des Product-Placements
▶ Art der Informationsvermittlung	▷ visuelles Placement
	▷ verbales Placement
▶ Art der platzierten Produkte oder Produktmarken	▷ Marken-Placement
	▷ Image-Placement
	▷ Corporate-Placement
	▷ Location-Placement
	▷ Service-Placement
	▷ Generic-Placement
▶ Grad der Einflussnahme auf das Drehbuch	▷ Keine Auflagen
	▷ Creative-Placemnet
	▷ On-Set-Placement

Nach der Art der Informationsübermittlung wird überwiegend visuelles Placement praktiziert, d. h., das Produkt wird in der Filmhandlung sichtbar (z. B. TUI-Logo in der Serie „Schöne Ferien“). Verbales Placement beinhaltet die Erwähnung oder Bewertung eines Produkts durch den Darsteller (z. B. bei Synchronisation von Filmen). Nach der Art der **platzierten Produkte/Produktmarken** werden die folgenden Formen unterschieden:

- **Marken-Placement**
  Product-Placement im engeren Sinn; Platzierung bestimmter Marken in TV-Serien, Filmen oder TV-Shows.

▷ Vox-Tours	LTU-Flüge
▷ „Ein Tag wie kein andrer“	LH-Flüge
▷ Gottschalks Hausparty	TUI-Reisen
▷ Fernsehkommissare	Automarken

- **Image-Placement**
  Inhalt des Films wird auf das Produkt bzw. die Marke zugeschnitten und dient generell der Imagesteigerung eines Produktes/einer Destination/eines Hotels, z. B.:

- **Corporate-Placement**
  Gezielte Platzierung einer Destination/eines Hotels als Ganzes bzw. einzelner Teilaspekte, z. B. dem speziellen Know-how

  - „Casablanca" – Image einer Stadt
  - „Dallas" – Image einer Stadt/Region
  - „Sylter Geschichten" – Image einer Destination

- **Location-Placement**
  Gezielte Platzierung bestimmter Orte oder Regionen als Ganzes bzw. einzelner Teilaspekte, z. B.

  - „Ein Bayer auf Rügen" – Image einer Destination
  - „Schwarzwaldklinik" – Image einer Region (Glottertal/Schwarzwald)

- **Service-Placement**
  Gezielter Aufbau von Images einzelner Berufszweige, z. B.

  - „Hotel Paradies" – Hoteliersfamilie auf Mallorca
  - „Schöne Ferien" – Cluburlaub: Alltag von Animateuren
  - „Ein Schloss am Wörthersee" – Image der Hotellerie

- **Generic-Placement**
  Platzierung bestimmter Warengruppen einer Branche (ohne Erkennung der Marke/des Produktnamens) in die Filmhandlung (z. B. Tragen von Jeans, Rauchen von Zigaretten, Trinken von Champagner: Werbeform „Testimonialwerbung": Schauspieler als Vorbilder für die Nutzung der Produkte.

  - Traumschiff – Werbung: Kreuzfahrten
  - Empire State Building – Film „King-Kong"
  - Besuch von Luxus Hotels – Werbung: Hotellerie
  - Eiffelturm – Besuch der Destination

Anwendungspotenzial des Product-Placements

Marken-Placement	Image-Placement	Generic-Placement
▶ Verstärkung des Markenimages (Variation, Stabilisierung oder Veränderung) ▶ Steigerung der Produktmarkenbekanntheit ▶ Bestärkung der Konsumenten in ihrer Nutzersituation ▶ Suggestion von Verwendungswünschen ▶ Aufbau von emotionalem/sozialem Zusatznutzen	▶ Produkt oder Produktmarke als „Leitfaden" der Handlung ▶ Wenig spezielle bzw. umfassende, sondern oft subjektive, emotionelle Darstellung ▶ Suggestion von Verwendungswünschen ▶ Einsatz zur Variation, Stabilisierung oder Veränderung des Produktimages	▶ Keine direkte Einflussnahme durch ein Produkt bzw. Produktmarke möglich ▶ Bestärkung der Konsumenten in ihrer Nutzersituation ▶ Suggestion von generellen Verwendungswünschen einer Produktgruppe ▶ Geeignet für Produkte bzw. Produktgruppen mit hohem Marktanteil ▶ Geeignet für Gemeinschaftswerbung

Der Grad der Einflussnahme auf das Drehbuch reicht von der Zurverfügungstellung von Produkten (Hotellerie/Tourismus) ohne weitere Auflagen. Hier bleibt es dem Produzenten überlassen, wie er das Produkt im Film vermarktet. Beim Creative-Placement wird die Handlung des Films bzw. eine Szene speziell auf das Produkt abgestimmt, d. h., das Produkt steht für eine gewisse Zeit im Mittelpunkt der Handlung (z. B. Kreuzfahrtschiff Astor in der Serien „Das Traumschiff", BMW Z3 in dem James Bond Film „Golden Eye"). Beim On-Set-Placement ist das Produkt lediglich eine austauschbare Requisite; die Einbindung in die Handlung erfolgt nicht.

Rechtliche Aspekte des Product-Placements

Mit einem BGH-Urteil im Jahre 1996 (bezüglich des Bogner-Films „Feuer, Eis und Dynamit") wurde die „rechtliche Grauzone" von Verträgen bezüglich des Product-Placements in Filmen beendet, d. h., wenn in einem Kinofilm das vom Zuschauer erwartete Maß an bezahlter Werbung überschritten wird, muss im Vorspann der Hinweis erfolgen: „Der Film enthält bezahlte Werbung".
„Das Übermaß ist dann erreicht, wenn ein Film ungeachtet der dramaturgischen Absicht des Produzenten Namen, Kennzeichen, Produkte usw. von Unternehmen nicht nur flüchtig oder vorübergehend, sondern deutlich herausgestellt und wiederkehrend in das Geschehen einbezieht, sodass sich der Film über weite Strecken als Werbefilm präsentiert". Das Urteil stellt somit klar, dass eine Hinweispflicht nicht schon dann besteht, wenn überhaupt Placement vorkommt. Die Konsequenzen sind bedeutsam: Product-Placement ist (mit/ohne Hinweis im Vorspann) ein legales Geschäft, d. h., Spielfilme dürfen grundsätzlich so viel Placement enthalten, wie die Produzenten unterbringen können.

Die Kosten für ein On-Set-Placement liegen in Deutschland bei ca. 15 000 – 40 000 Euro, die Kosten für ein Creative-Placement können erheblich darüber liegen. Schätzungen über das Gesamtvolumen des Product-Placement in Deutschland liegen bei etwa 150 Mio. Euro pro Jahr, d. h., es spielt im Bereich der Werbung nur eine untergeordnete Rolle.
Auch nach **Intensitätsstufen** des Product-Placement kann man unterscheiden

- Zur-Verfügungstellung von Markenartikeln ohne Auflagen
- On-Set-Placement
- Creative-Placement
- Völlige Einflussnahme aufs Drehbuch

Beim On-Set-Placement, wie z. B. TUI in der TV-Serie „Schöne Ferien" kommt es zu keiner engen Verknüpfung in diesem Fall zwischen dem Unternehmen (Corporate Placement) und der eigentlichen Handlung des Films. Auch mit Seehotel „Schloss Sonnenbühl" wurde diese Intensitätsstufe vereinbart.

Anders beim Creative-Placement, hier wird die Handlung des Films teilweise oder ganz auf den Markenartikel oder das Unternehmen abgestimmt (z. B. MS Astor in der TV-Serie „ Das Traumschiff").

Eine weitere Systematisierung des Begriffs Product-Placement kann auch nach der Art von Entgelt erfolgen.

Hierbei kann man zwischen:

- reinen Geldzahlungen,
- kostenlosen Überlassungen eines Markenartikels und
- kostenloser Bereitstellung von Dienstleistungen (z. B. Freiflügen, freie Unterkünfte) unterscheiden.

Nach Berndt unterliegt auch Product-Placement einem Planungsprozess, der simultan zu dem Planungsprozess der Werbung gestaltet werden sollte (vgl. Berndt/ Hermanns, S. 684).

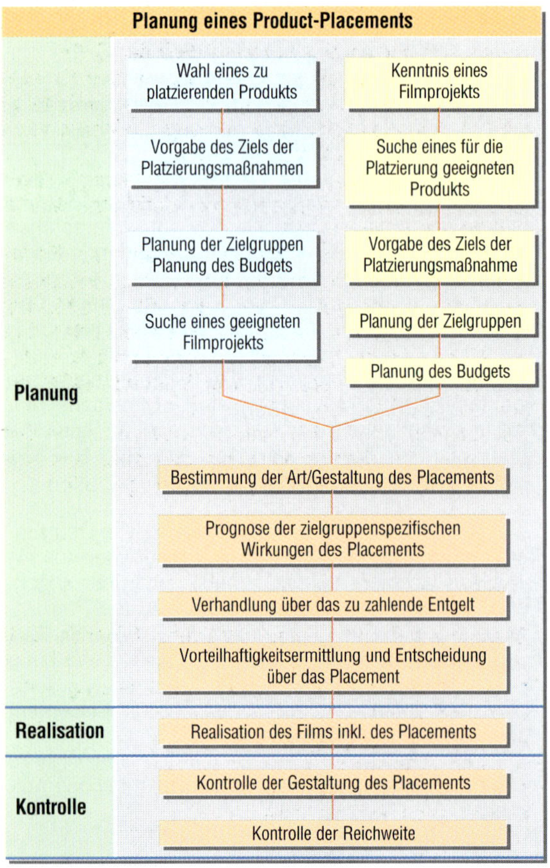

(vgl. Berndt, R., Product-Placement, S. 209)

Product-Placement

Vorteile	Nachteile
▶ vergleichsweise hohe Reichweiten	▶ rechtliche Regelungen beim öffentlichen Fernsehen,
▶ positive Umfeldwirkung aufgrund der Integration eines Produkts in die Handlung des Films	▶ die beschränkte Anzahl geeigneter Filmobjekte
▶ Inanspruchnahme eines Imagetransfers z. B. eines Schauspielers	▶ eher geringe Einflussnahme auf die endgültige Gestaltung des Placements
▶ Umgehung des Zappings bei Werbeblöcken	▶ die Reaktanz beim Zuschauer im Falle eines Erkennens eines Product-Placements (Bogner Film)

Die Einstellungen zu Product-Placement im allgemeinen sind jedoch vorwiegend neutral, indifferent oder leicht positiv, es wird meistens als clevere und effiziente, gleichzeitig aber auch als psychologisch und rechtlich fragwürdige Werbeform wahrgenommen.

Erfolgsmessung

Die Wirkung von Product-Placement gilt in der Forschung als unbestritten.
Untersuchungen ergaben, dass bereits vor Jahren eine Bierfirma stark von ihrer Platzierung in der RTL-Serie „Gute Zeiten, schlechte Zeiten" profitierte. Auch der BMW-Pressesprecher Johannes Schulz sieht die Platzierung des BMW Z3 in zwei James Bond Filmen als „Imagepflege für BMW". Allerdings ist eine komplette, fundierte und objektive Untersuchung der Wirkung und Wirksamkeit von Product-Placement in der Forschung bisher vernachlässigt worden.
Es werden jetzt jedoch immer mehr Telefonumfragen gestartet, um sich über den Bekanntheitsgrad des Product-Placements in der Bevölkerung Eindruck zu verschaffen.
Zukünftig ist sicher mit einem Wachstum und zunehmender Professionalisierung zu rechnen, auch wenn in Deutschland Product-Placement offiziell nur für Kinofilme erlaubt ist.

Aufgaben

1. Planen Sie ein Creative-Placement im Fernsehen für das Seehotel „Schloss Sonnenbühl".
2. Erklären Sie, wieso es zu einer Reaktanz der Zuschauer kommen kann.
3. Welche Vorteile hat ein Generic-Placement?

10.8 Event-Marketing

Situation

„Drei Übernachtungen, zwei Candlelight-Dinners mit schleswig-holsteinischem Essen und zwei hervorragende Konzerte – Musik im Erlebnispackage."
Mit diesem unwiderstehlichen Angebot warb der ehemalige schleswig-holsteinische Ministerpräsident Björn Engholm bereits 1989 für das „Schleswig-Holstein Musik Festival". Interessant dabei ist sicher auch die Reihenfolge. An letzter Stelle steht die Musik, Luxushotel und Schlemmer-Menü haben Vorrang (Kemper, P.: Der Trend zum Event, 2001, S.7).

„Die Leute sind heute auf der Suche nach dem Einmal-im-Leben-Ereignis." Mit diesem nüchternen Befund versucht sich Earl A. Powell, Direktor der Nationalgalerie in Washington, den gegenwärtigen Boom des internationalen Ausstellungstourismus zu erklären. In Dreierreihen quetschen sich Millionen reisender Bild-Besessener durch die Museen, die bei diesen Mega-Events zu Souvenirläden der Weltgeschichte verkommen.
Seit den achtziger Jahren hat sich in den Wohlstandsgesellschaften des Westens eine Tendenz ausgebildet, das ganze Leben als Erlebnisprojekt zu begreifen. Trotz gesellschaftlicher Krisensymptome, trotz Arbeitslosigkeit und sozialer Gleichgewichtsstörungen gilt das Leben als garantiert – also kommt es primär darauf an, es mit vielen Erlebniswerten auszustatten. Der Sinn des Lebens wird also immer mehr durch die Qualität eines beschleunigten, subjektiven Genusses definiert. Das Marketing jedes Unternehmens muss auf diese Kundenwünsche reagieren, um sich auf dem gesättigten Käufermarkt zu behaupten.

10.8.1 Event als Begriff

Unter dem Marketing-Mantel des Events versprechen diese Veranstaltungen ein Ereignis, das mit dem Gefühl der Einmaligkeit versehen ist, aber gleichzeitig die Sicherheit eines bis ins Detail ausgearbeiteten Plans bietet. Erfolgreiche Musicals wie „Cats" oder das „Phantom der Oper" werden als so genannte Package-Angebote gestaltet und bieten somit eine Erlebnisreise mit Sicherheitsgarantie. Ein Event soll das Einerlei des Alltags unterbrechen, ohne zugleich neue Unsicherheiten in Form von Organisationsproblemen für die Teilnehmer zu produzieren.

Der Event lockt mit ausgefallenen „locations" und versucht, durch exotische Orte die Erlebnissehnsucht der Gäste kurzfristig zu stillen. Da möchte auch die Tourismusbranche mithalten, deshalb wurde beispielsweise im Skigebiet von Zell am See eine Skulpturen-Ausstellung direkt auf der Piste mit angeschlossener Schnaps-Outside-Bar aufgebaut. Skisport und Berge reichen nicht mehr für einen Winterurlaub, ein solcher Event bietet sehr viel mehr. Auch die bildende Kunst wird von Wintersportorten als Marketinginstrument benutzt.
Häufig steht dabei nicht der Kunstgenuss, sondern Imagegewinn durch den Event im Vordergrund, denn der erzielt eine nachhaltige Wirkung bei der Gewinnung von Neukunden. Auch Techno-Partys in der mexikanischen Wüste oder im Flugzeug sowie ein Rave in der Kirche sind unter dieser Art von Events zu fassen.
So gibt es heute Anbieter, die mithilfe eines Erlebniskatalogs Erlebnisprodukte/Events anbieten, z. B. im Wellness-Bereich.

Da sich sowohl die Praxis als auch die Wissenschaft erst seit kurzer Zeit mit Events und Event-Marketing beschäftigen, gibt es auch noch kein einheitliches Begriffsverständnis. Die Übernahme des aus dem Englischen stammenden Begriffs „**Event**" ist der Praxis vorgeschlagen worden, fand aber rasch Einzug in die Literatur (vgl. Sistenich, S. 59).
Ob Unternehmen oder Parteien, Behörden, Institutionen oder Privatpersonen – alle machen Events. Der Begriff ist bereits alltäglicher Sprachgebrauch. Dabei ist unerheblich, ob man „der Event" oder „das Event" sagt, beide Varianten sind sprachlich korrekt (vgl. Schäfer, S. 9).
Allerdings wird der Begriff Event inzwischen für alles gebraucht, was nur annähernd mit einem Ereignis zu tun hat. Im Folgenden wird der Begriff eingeschränkt auf den Bereich des Marketing-Events.
„Ein Marketing-Event ist eine Veranstaltung, deren Zweck das Erreichen eines vorher definierten Marketingziels ist" (ebenda, S. 9).
Events sind heute ein **Standardelement des Marketingmix**. Sie müssen in einen Kommunikationszusammenhang eingebettet werden, um eine nachhaltige Wirkung zu erzielen. Events sind Bestandteil des Konzepts integrierter Unternehmenskommunikation. Sie sind organisatorisch selbstständig, jedoch inhaltlich gebunden (vgl. Sistenich, S. 66).
Nur ausgewählte Gäste konnten beispielsweise an dem Musikerlebnis in Schleswig-Holstein teilhaben und dann multisensitiv Musik und Gaumenfreuden genießen.

Eventziele

Zusammenfassend werden mit Events folgende **Ziele** verfolgt:
- Schaffung und Steigerung des Bekanntheitsgrades
- Imagebildung
- Schaffung eines Dialogs
- Aktive Ansprache
- Einmalige Erlebnissituation
- Motivation der Teilnehmer

(vgl. Weis 2001, S. 508)

Ausgehend von diesen Zielsetzungen müssen die Events folgenden Anforderungen entsprechen:

- Ein Event sollte als positives Erlebnis beim Teilnehmer empfunden werden.
- Ein Event ist für den Teilnehmer etwas Besonderes, in der Regel Einmaliges.
- Events bieten die Möglichkeit eines Vor-Ort-Erlebnisses. Daraus ergeben sich Authentizität und Exklusivität.
- Events werden speziell für eine Kundengruppe zugeschnitten.
- Events befriedigen das Bedürfnis nach Kommunikation (Dialogfähigkeit).

(vgl. Bruhn, S. 329)

Orientiert man sich an den **Zielgruppen**, dann lassen sich die Events folgendermaßen einteilen:

- PUBLIC EVENTS: Zielgruppe sind die Endverbraucher
- CORPORATE EVENTS: Zielgruppe sind die Mitarbeiter der Unternehmen
- EXPO EVENTS: Zielgruppe sind Messe- und Ausstellungsteilnehmer

Eine wesentliche Stärke des Marketing-Events liegt darin, die Zielgruppe so exakt einzugrenzen, dass sie durch direkte Ansprache möglichst effektiv erreichbar wird. Mit einer klaren, spannend inszenierten Botschaft, werden die Menschen motiviert etwas für das Unternehmen, das Hotel oder den Eventveranstalter zu tun, weil durch das multisensitive Erleben des Events etwas für sie getan wurde. Aus passiven Zuschauern werden aktive Teilnehmer, die ein Produkt oder eine Dienstleistung verkaufen helfen. Da es sich aber nicht um eine homogene Zielgruppe handelt, ist es oft schwierig, sie mit einer einheitlichen Botschaft zu erreichen (vgl. Schäfer, S. 12).

Eine Eingrenzung kann allerdings anhand der Merkmale der Zielgruppensegmentierung vorgenommen werden. Wobei die Milieustudien, die sich mit dem Verhalten von Menschen,ihren Interessen und Bedürfnissen beschäftigen, einen entscheidenden Einfluss haben.

10.8.2 Kommunikationsaufgaben eines Events

Wichtig ist hierbei die Frage: Was will man mit einem Event bei der entsprechenden Zielgruppe erreichen? Daraus ergeben sich folgende Aufgaben:

- Information, z. B. über eine Neuheit informieren
- Emotionserzeugung, d. h. auf eine Situation einstimmen
- Motivation, d. h. für neue Aufgaben und Herausforderungen motivieren
- Aktivierung, d. h. den Teilnehmer zu einer Handlung zu aktivieren

Diese vier klassischen Kommunikationsaufgaben können nicht isoliert betrachtet werden, sondern sollten, um eine erhöhte Wirkung zu erzielen, kombiniert werden (vgl. ebenda, S.13).
Reine Information kann nur den Verstand ansprechen. Pure Emotion wirkt zwar fesselnd, zeigt aber keine direkte Wirkung und lässt den Marketing-Event zur bedeutungslosen Party tendieren.
Ohne aktive Teilnehmer kann man das Eventziel nicht erreichen und ohne Motivation halten die Teilnehmer nicht durch.

Kombination der Kommunikationsaufgaben eines Events

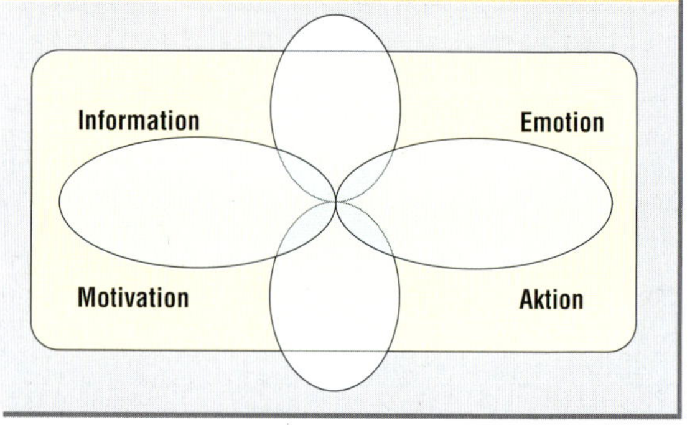

(vgl. Schäfer-Mendi, Stephan: Event-Marketing 2005, S. 13)

10.8.3 Event-Marketing als Begriff

Unter Event-Marketing versteht man die zielgerichtete, systematische Analyse, Planung, Organisation, Inszenierung und Kontrolle von Events als Plattform einer erlebnis- und dialogorientierten Präsentation eines Produkts, einer Dienstleistung oder eines Unternehmens. Dadurch werden durch emotionale und physische Anreize Aktivierungsprozesse in Bezug auf Produkt, Dienstleistung oder Unternehmen mit dem Ziel der Vermittlung von unternehmensgesteuerten Botschaften ausgelöst (Bruhn, S. 329).

Event-Marketing stellt auf den ganzheitlichen Ansatz ab. Es ist Bestandteil einer ganzheitlichen Marketingkonzeption, während Marketing-Events sich auf einzelne Ereignisse beziehen (vgl. Sistenich, S. 61).

Der Begriff des Event-Marketings hat sich in der einschlägigen, vorerst praxisorientierten Marketing-Fachliteratur etwa seit Mitte der neunziger Jahre herauszubilden begonnen. Er wurde in der wissenschaftlichen Marketingliteratur aufgegriffen und seither hat sich die Beschäftigung und die Auseinandersetzung mit dem Thema intensiviert.
Der Umgang mit diesem Instrument ist allerdings von Unsicherheit bestimmt. Dies führte zu einem steigenden Beratungsbedarf in der Praxis.

Erkennbar ist diese Entwicklung auch an der zunehmenden Zahl von spezialisierten Eventagenturen oder an der Integration von Eventspezialisten in führenden, international tätigen Unternehmensberatungen. Immer vor dem Hintergrund, das Kommunikationsziel der Kundenbindung zu erreichen (vgl. Sistenich 1 f.).

Die größten Event-Agenturen 2006

Rang	Name	Honorarumsatz in Mio. Euro		Mitarbeiter	
		Event	Gesamt	Event	Gesamt
1	Vok Dams Gruppe, Wuppertal	17,30	21,90	78	84
2	Kogag Bremshey & Domning, Solingen	9,43	12,74	65	110
3	Max.Sense Marketing, Groß-Gerau	8,55	8,80	(k. A.)	84
4	Avantgarde, München	8,10	15,90	(k. A.)	175
5	Uniplan, Kerpen	7,76	35,86	17	187
6	Milla & Partner, Stuttgart	5,95	5,95	29	29
7	Roth & Lorenz, Stuttgart	5,76	5,76	61	61
8	Quasa Communications, Wiesbaden	5,19	8,95	52	88
9	Cbe Clausecker Bingel Ereignisse, Berlin	5,10	5,10	32	32
10	KFP, Frankfurt	4,92	6,56	50	70
11	Hablowetz Communications, Köln	4,80	5,20	18	30
12	Marbet, Künzelsau	4,48	5,99	24	61
13	Planworx, München	4,42	5,74	12	14
14	Munich One, München	4,35	4,90	23	28
15	Maritz, Düsseldorf	4,12	5,32	32	50
16	G & D Live: motive, Wuppertal	4,10	4,10	32	39
17	Joke Events, Berlin	3,97	3,94	50	52
18	First Class Events, Berlin	3,84	3,84	20	20
19	Passepartout, Geldern	3,70	4,48	15	15
20	Projekt Promotions, Frankfurt	3,57	3,65	15	19
21	Zibert + Friends, München	3,49	3,49	16	16
22	Ten & One Eventargentur, München	3,42	3,88	9	12
23	Proteco, Diedorf	3,41	3,41	25	25
24	Die Favoriten, München	3,00	3,90	9	11
25	Stöcker and Friends, Wiesbaden	2,87	2,89	16	18
26	Circ, Wiesbaden	2,79	2,93	19	22
27	Face to Face, Köln	2,68	2,68	23	26
28	TAS Emotional Marketing, Essen	2,60	6,52	22	58
29	Media Network, Köln	2,52	2,83	10	10
30	Trendhouse Event Marketing, München	2,30	2,30	14	14

Quelle: Arbeitsgemeinschaft HORIZONT/Werben & Verkaufen

10.8.4 Anforderungen an das Event-Marketing

Aus oben genannten Definitionen ergeben sich für das Event-Marketing folgende Anforderungen:

- Event-Marketing bedingt die Inszenierung von Events. Event-Marketing schafft diese Events selbst, im Gegensatz zu Sponsoring, das unabhängige Veranstaltungen unterstützt.
- Bei diesen Events im Rahmen des Event-Marketings steht immer der Unternehmens- oder Produktbezug, also die Vermittlung von Kommunikationsbotschaften im Vordergrund.
- Event-Marketing will den Kunden oder Gast emotional beeinflussen. Nicht die Informationsvermittlung steht im Vordergrund, sondern die Unterhaltungs- bzw. Erlebnisfunktion.

Im Gegensatz dazu geht das Erlebnis-Marketing nicht so weit. Hier fehlt das handlungsorientierte Erleben, denn die Dimension der aktiven Teilnahme der Konsumenten, die beim Event-Marketing eine Rolle spielt, fehlt beim Erlebnis-Marketing.

Das Erlebnis-Marketing berücksichtigt zwar die emotionalen Bedürfnisse der Konsumenten, ein handlungsorientiertes Erleben des Konsumenten wird dabei jedoch noch nicht zur Wirklichkeit (vgl. Konert, S. 186 f.). Dies kann erst das Event-Marketing leisten.

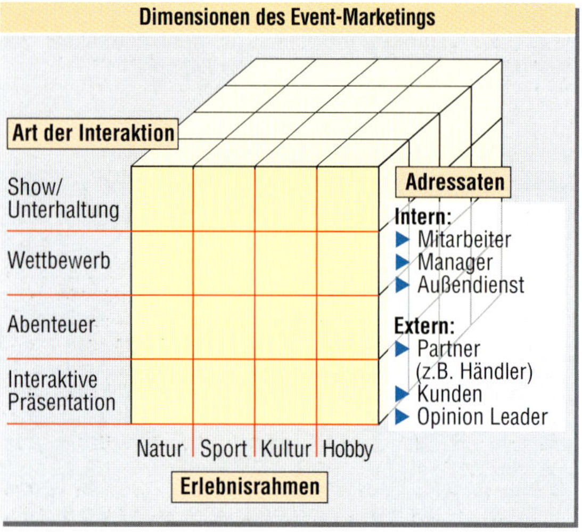

(Zanger, Cornelia: Event-Marketing, Stuttgart 2004, S. 235)

Formen des Event-Marketings

Art des Events	Zielgruppe	Veranstaltungen
Firmen-interne Events	Führungskräfte Mitarbeiter aller Hierarchieebenen	▶ Außendienstkonferenzen ▶ Aktionärsversammlungen ▶ Händlerpräsentationen ▶ Festakte/Jubiläen ▶ Betriebsausflüge
Firmen-externe Events	Konsumenten Key Accounts Meinungs-bildner Presse	▶ Pressekonferenzen ▶ Messen ▶ Kongresse ▶ Sponsoring-Events (Sport-, Musik-, Kulturveranstaltungen etc.)
Events im Absatzkanal	Konsumenten	▶ Bühnenauftritte bekannter Stars ▶ Talkshows mit Prominenten ▶ Kleinkunst regionaler Künstler ▶ Gewinnspiele ▶ Kinderunterhaltung (z. B. Hüpfburg) ▶ Mitmach-Aktionen (z. B. Wettkämpfe) ▶ Multimediapräsentationen

(Meffert: Marketing, Wiesbaden 2007, S. 740)

In der Gastronomie versteht man unter Events: Veranstaltungen, Aktionen, Programme zur Gästegewinnung bzw. -bindung mit herausragendem Charakter und zeitlicher Begrenzung. Eine Wiederholung findet selten statt. Für die Gäste zählt es, „dabei zu sein". Dadurch wird der Gast emotional und teilweise körperlich angesprochen. Die emotionale Wirkung, die von Informationen, Akteuren, Location, Catering und sensitiven Beeinflussungen ausgeht, verstärken visuelle, auditive, audio-visuelle und multimediale Medien.

Multisensale Gestaltung von Erlebnissen spricht zur Informationsvermittlung alle sechs Ebenen der Sinneswahrnehmung an. Einzig beim Live-Ereignis „Event" eröffnet sich die Möglichkeit, auf alle Sinneskanäle des Menschen gezielt einzuwirken (vgl. Ebner, S. 12).

Um im gastgewerblichen Markt erfolgreich zu sein, muss man häufig neue zukunftsweisende Wege gehen, denn nur dann kann man Stammkunden behalten bzw. Neukunden gewinnen. Erfolg kann man nur dann erzielen, wenn man auf die Bedürfnisse eingeht. Doch diese unterliegen ständigen Änderungen.

Die Antwort auf diese Veränderungen bietet die erlebnisorientierte Kommunikation. Dem erlebnisorientierten Gast genügt nicht allein Genuss, er will auch Lebensfreude und Spaß im Restaurant oder Hotel erleben. Auch geselliges Zusammensitzen und dabei einen unterhaltsamen Abend mit Überraschungen verbringen, könnte seinen Bedürfnissen entsprechen. Allerdings könnte auch das Verlangen nach Ruhe und Entspannung für viele Gäste vordergründig sein.

Wichtig ist noch immer das Angebot aus Küche und Keller oder das Bereitstellen des Hotelzimmers. Aber erst durch die Kombination mit einer auf diese Leistungen abgestimmten Inszenierung entsteht ein gastgewerblicher Event (vgl. Dettmer 2002, S. 257).

Das Gros der Gäste achtet heute beim Essen und Trinken nicht mehr nur auf Geschmack und Qualität, sondern zunehmend auf die Optik, die Inszenierung des „Ganzen" (vgl. Hotel Restaurant 12/00, S.16 ff.)

Diese Inszenierung verleiht wie bei einem Theaterstück auch dem Marketing-Event durch die Gesamtheit der szenischen Mittel die konkrete Form. Dabei handelt es sich genau wie im Theater bei den szenischen Mitteln auch um Akteure, Sprache, Tanz, Musik, Licht, Klang, Duft, Geschmack und Projektionseffekte wie Feuer, Rauch und Wasser. Allerdings sollte man dennoch nicht die Kommunikationsebene und die Ziele vernachlässigen.

Die Gesamtinszenierung muss sich immer am Unternehmenszweck und der Umsetzung dieser Idee im Zusammenhang mit den Zielen orientieren.

Wie im Theater beginnt diese Inszenierung des Events schon vor der eigentlichen Veranstaltung mit einer gestalteten und inszenierten Einladungskommunikation und endet nicht mit dem Fallen des Vorhangs, sondern bedarf einer Nachbereitung.

Beispiel

Seehotel Schloss Sonnenbühl

Auch das Seehotel „Schloss Sonnenbühl" reagiert auf die Erlebnisorientierung seiner Gäste und lädt zur Halloween-Party ins Schloss. Dabei bieten die historischen Räume einen außergewöhnlichen Rahmen für diesen schaurigen Event.

Aus einer Idee zu diesem Event müssen zunächst eine Ideenskizze und dann ein Konzept entstehen.

Das Konzept ist die geistige Ausgangsbasis für die Realisierung des späteren Marketing-Events (Schäfer 2002, S. 51).

Zunächst entsteht das Briefing, das die Aufgabenstellung und die Kommunikationsziele klar definiert. Es enthält alle wesentlichen Fakten, eine klare Aufgabenstellung und die Zieldefinition.

Zur Bekanntmachung dieser Aktion sind im Vorfeld sowohl Stammgäste anzuschreiben als auch Mitteilungen an die Presse zu verschicken. Medienvertreter einzuladen und ihnen eine Mappe zu präsentieren, unterstützt auch die Multiplikatorfunktion, die durch Medienberichte über den Event erreicht wird.

Seehotel Schloss Sonnenbühl

Sehr geehrte Familie Wetter,

tauchen Sie ein in die Geisterwelt und genießen Sie ein Erlebnis der besonderen Art.

Einladung zur Halloween-Party ins Geisterschloss

Unsere Geisterstunde beginnt am Freitag, 31. Oktober 20... um 18:30 Uhr.

Helfen Sie uns, die „bösen Geister" dieser Jahreszeit zu vertreiben und kommen Sie verkleidet ins Schloss.

Beim **Geisterbüfett** und in der **Zauberbar** wird auch Ihr Geschmack verhext!

Für Herzklopfen sorgt unsere Band „Frankensteins Monster".
Beim **Kürbisschnitzen** können auch unsere kleinen Geister ihre Kreativität beweisen.

Wenn Sie im „Haunted House" übernachten, erleben Sie auch unsere nächtliche Gespenstershow.

Freuen Sie sich auf ein Fest aller Sinne und grenzenloses Gruselvergnügen!

Gruselpaket von 65,00 Euro pro Person
Geisterkinder bis 11 Jahre bezahlen 30,00 Euro
Gruselpaket mit Übernachtung im „Haunted House" 150,00 Euro pro Person

Beispiel

Seehotel Schloss Sonnenbühl

Die Musik ebenso wie die anderen szenischen Mittel dieses Events wirken stark assoziativ. Ein Monstermarsch und aufregende Halloween-Rhythmen erzeugen Stimmung und tragen ebenfalls wie die gefärbten Getränke und Büfettspezialitäten zur Gesamtdramaturgie dieses Gruselerlebnisses bei. Durch die nächtliche Gespenstershow sollen auch die Auslastungszahlen im Übernachtungsbereich erhöht werden. Um jedoch eine größere Zielgruppe anzusprechen, können Gäste aus der näheren Umgebung nur für diesen Abend auf das Schloss kommen.
Alle Teilnehmer sollen aktiv in die Inszenierung eingebunden werden und verkleidet selbst Spuk verbreiten. Damit verspricht sich Seehotel „Schloss Sonnenbühl" eine noch stärkere Kundenbindung auch auf emotionaler Ebene.
Das Schloss bietet natürlich einen hervorragenden Rahmen gerade für diese Art von Veranstaltung. Sowohl die historischen Schlossräume als auch die Park- und Seenlandschaft um das Schloss könnten als Location, der eine zentrale kommunikative Bedeutung zukommt, miteinbezogen werden.

Folgendes Schaubild soll einen möglichen Ablauf einer Erfolgskontrolle von Events darstellen:

Erfolgskontrolle	
Was waren die Ziele?	▶ quantitativ ▶ qualitativ
Wie waren die Maßnahmen?	▶ angemessen ▶ effektiv
Welche Parameter sind wichtig?	▶ Motivation ▶ Inhalte ▶ Kurzfristigkeit ▶ Langfristigkeit
Auswertung von Zahlen	▶ Teilnehmer ▶ Absatz
Teilnehmerbefragung	▶ alle Teilnehmer ▶ repräsentative Auswahl ▶ spezielle Auswahl ▶ Interview ▶ Fragebogen
Zeitpunkt	▶ vor dem Event ▶ während des Events ▶ nach dem Event

10.8.5 Perspektiven des Event-Marketings

Die Entwicklung hängt davon ab, inwiefern es gelingt, ein umfassendes Kontrollsystem zur Überprüfung definierter Kommunikationsziele zu etablieren. Dieses System muss sowohl eine Prämissenkontrolle als auch eine Ablauf- und Erfolgskontrolle beinhalten.

Als Marketinginstrument unterliegt Event-Marketing auch betriebswirtschaftlichen Grundsätzen.

Die Prämissenkontrolle wird in der Planungsphase bereits nötig. Die Ablaufkontrolle erfolgt in der Durchführungsphase und beschäftigt sich mit den Kontaktzahlen bzw. der Kontaktintensität.

Die Erfolgskontrolle reicht bis in die Nachbereitungsphase und überprüft die Zielerreichung des gesamten Events. Dabei soll nicht nur ein operativer, sondern auch ein strategischer Anspruch erfüllt werden (vgl. Sistenich, S. 268). Zu den operativen Zielen zählen beispielsweise die Anzahl von Anmeldungen oder Teilnehmern. Auch weitere quantitative Ziele wie das Generieren von Adressen oder unmittelbare Verkaufszahlen lassen sich leicht überprüfen. Bei qualitativen Zielen mit strategischem Charakter, wie die Gewinnung von Aufmerksamkeit, Kontaktaufbau, Dialog, Einstellungen, Awareness oder emotionale Kundenbindung, wird die Erfolgskontrolle schwieriger. Dennoch sind diese langfristigen Wirkungen ebenfalls im Kontrollsystem zu berücksichtigen (vgl. ebenda). So hat sich schon das Berufsbild des Eventkaufmanns herausgebildet.

Auch Nickel sieht die Zukunft des Event-Marketings in dessen zunehmender Professionalisierung.

Die Professionalisierung muss jedoch auf der Personalebene, der Ebene der Eventausbildung, der Eventveranstalter und der Eventdienstleister erfolgen (vgl. ebenda). So hat sich das Berufsbild des Eventkaufmanns herausgebildet.

Erfolgreiches Event-Marketing kann nach Nickel nur in einer konzeptionellen Einbindung und im inhaltlichen Zusammenhang mit der Markenpositionierung erfolgen. Auch im Dienstleistungsbereich sollte Event-Marketing nur mit passendem Marketingkonzept und inhaltlich zum Unternehmen passend durchgeführt werden. Vor dem Hintergrund eines zunehmenden Freizeitbudgets der Gesellschaft könnte das interaktive Ausfüllen der Freizeit bzw. das Einbinden der Konsumenten auf der Handlungsebene durch Events sich als Zukunftschance erweisen, die allerdings abhängig ist von der Aktivierungswirkung auf Gäste und Konsumenten.

Aufgaben

1. Sie sind Mitarbeiter der Marketingabteilung eines großen Hotels. Die Geschäftsführung überträgt Ihnen die Aufgabe, die Erlebnisgastronomie im eigenen Hause zu verwirklichen. Machen Sie mehrere Vorschläge, welche Erlebnisveranstaltungen/Events sich für Hotel und Restaurant anbieten.

2. Erstellen Sie für einen Frühlingsevent Ihrer Wahl einen Flyer, der an den in der Gästedatei erfassten Personenkreis versendet werden soll.

3. Sprechen Sie einen Experten – z. B. Ihren (ehemaligen) Ausbilder, einen Ihnen bekannten Hotel- oder Kurdirektor – darauf an, welche Bedeutung Events für das Tagesgeschäft haben und in welchem Umfang für das kommende Jahr Events geplant sind. Diskutieren Sie die Ergebnisse Ihrer Befragung in der Klasse.

10.9 Kommunikationspolitik mit neuen Medien

Situation

Seehotel Schloss Sonnenbühl

Beim Lesen einer überregionalen Zeitung entdeckt Herr von Bühl senior den nachfolgenden Artikel. Er fragt sich, ob seine Mitarbeiter die neuen Medien als Kommunikationsinstrument im Marketing-Mix ausreichend einsetzen. Insbesondere ist für ihn interessant, welche Zielgruppen die neuen Medien zu welchem Zweck nutzen.

Beispiel

Internet-Nutzung weiter gestiegen

Die Internet-Nutzung in Deutschland nimmt weiter zu. Inzwischen sind 39,2 Millionen Menschen über 14 Jahre hier zu Lande online und damit 1,4 Millionen mehr als vor Jahresfrist 2006, wie aus der in Berlin vorgestellten Studie „(N)onliner Atlas 2007" hervorgeht. Der Anteil der Internet-Nutzer stieg erstmals knapp über die Marke von 60 Prozent.
Andererseits sind nach wie vor rund 22 Millionen Menschen offline und wollen dies vorerst auch bleiben. Stärker zugelegt hat die Nutzung bei Frauen, von denen mittlerweile 53,8 Prozent online sind. Im Vergleich der Bundesländer ist die Internetnutzung in Berlin am höchsten. Schlusslicht ist das Saarland.

Quelle: www.abendblatt.de/daten/2007/06/25/761314.html,
Einsehdatum: 03.08.2007

10.9.1 Electronic Communication Policy

Die Entwicklung und Ausbreitung der neuen Medien hat die Kommunikations- und Informationsstrukturen unserer Gesellschaft in einem ganz entscheidenden Maß verändert. Multimediale Kommunikation unterscheidet sich grundlegend von der klassischen Kommunikation. Durch die Internetpräsenz wird plötzlich aus dem räumlich eingeschränkten Markt ein Weltmarkt. Die Möglichkeit der Interaktivität und die Dialogfähigkeit der Anwendungen macht aus der Einweg- eine Zweiweg-Kommunikation.

Zwar tragen die neuen Medien zu einer weiteren Datenflut bei, durch ihre interaktiven Nutzungsmöglichkeiten kann der potenzielle Gast jedoch die für ihn relevanten Informationen durch die gegebenen Selektionsmöglichkeiten gezielt auswählen.

Die Möglichkeiten der Unternehmenskommunikation mit neuen Medien sind vielfältig. Die eigene Website stellt durch eine innovative, informative Darstellung die beste Möglichkeit der Präsentation dar. Die Pull-Wirkung und damit die Kontaktzahl kann durch das so genannte Webvertising erhöht werden. Mit Webvertising wird die Platzierung von Werbebotschaften sowie von Hyperlink-Verbindungen zu anderen Websites bezeichnet. Eine weitere Methode, um die eigene Website bekannter zu machen, ist das Keyword-Advertising, bei dem bestimmte Begriffe (z. B. Golfhotel, Wellness) in Suchmaschinen gesponsert werden. Recherchiert ein Nutzer mit einem belegten Suchbegriff, wird automatisch das werbende Unternehmen genannt.

Neben den verschiedenen Varianten der Online-Werbung gibt es ebenso die Möglichkeit der Nutzung von Offline-Medien. Die CD-ROM kann beispielsweise zusätzlich zum Prospekt oder als Prospektersatz Verwendung finden. Die Möglichkeit, Werbefilme oder interaktive Werbespiele anzuschauen, erhöht die Wirkung beim potenziellen Gast.
Die Vorteile der multimedialen Kommunikationspolitik bestehen zum einen in den attraktiven Präsentationsmöglichkeiten. *Computeranimierte audiovisuelle Darstellungen* ermöglichen Effekte, die mit klassischen Werbeträgern kaum zu realisieren sind. Darüber hinaus bieten die neuen Medien die Gelegenheit eines grenzenlosen, übersichtlichen Angebots quasi unbegrenzter Informationsmengen. Der direkte Dialog mit der Zielgruppe, die erhöhte Kontaktintensität, die verbesserten Präsentationsformen, die Möglichkeit eines umfangreichen, aber dennoch individuellen Informationsangebots führen in der Summe zu einer – gegenüber den klassischen Medien – deutlich verbesserten Kontaktqualität (vgl. Wamser, S. 30 ff.).

10.9.2 Internet als Kommunikationsinstrument

Soll die Nutzung des Internets über den Einsatz als Medium zur Informationsgewinnung hinausgehen, muss sich der Unternehmer folgende Fragen stellen:

- Welche Bedürfnisse haben meine aktuellen und potenziellen Gäste und wie kann ich diese mithilfe der neuen Technologien besser befriedigen als die Mitbewerber?
- Zahlt es sich für das Unternehmen aus, im Internet präsent zu sein? Wenn nicht aus kommerziellen Gründen, dann eventuell aus Imagegründen.
- Habe ich die Zeit, mich um die detaillierte Vorbereitung des Internetauftritts zu kümmern?
- Stehen die eingesetzten Kosten im gesunden Verhältnis zum angestrebten Ziel? (Ein Internetauftritt ohne komplizierte Effekte ist bereits ab 800,– Euro möglich.)
- Kann sich jemand im Unternehmen neben dem Tagesgeschäft um die Pflege der Online-Präsenz und die Beantwortung der E-Mails kümmern? (Anm.: Eine E-Mail sollte innerhalb von 4 Std. beantwortet werden, um dem Medium gerecht zu werden.)
- Haben Sie Zukunftsvisionen? Können Sie sich vorstellen, dass Ihr Angebot für nationale und internationale Gäste von Interesse sein könnte, die durch das Internet auf Sie aufmerksam werden?

Nicht nur der eigene Webauftritt ist für den Unternehmer interessant, sondern auch die Kooperation mit anderen Hotels oder Restaurants sowie die Aufnahme in Hotel- und Restaurantführer (www.gaultmillau.de, www.marcellinos.de, www.varta-guide.de usw.).

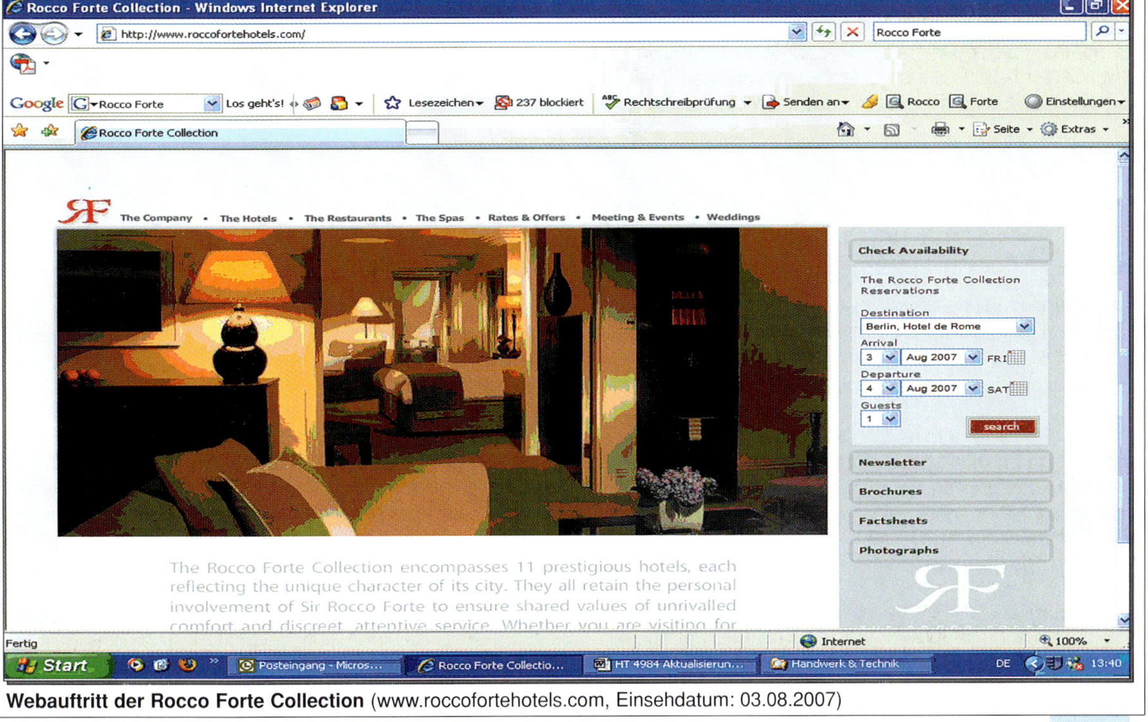

Webauftritt der Rocco Forte Collection (www.roccofortehotels.com, Einsehdatum: 03.08.2007)

Aufbau einer Website

Bei dem Aufbau und der Gestaltung einer Website für einen Beherbergungsbetrieb sind folgende Punkte zu berücksichtigen:

Der wichtigste Schritt beim Aufbau einer Website ist die Definition der Ziele und Zielgruppe. Die Ziele beeinflussen die Auswahl der Inhalte, die Zielgruppe die Sprache und das optische Erscheinungsbild. Was Besucher einer Seite finden wollen, sind zunächst einmal ganz einfache Informationen. „Design" und „Technik" spielen dabei eine untergeordnete, vermittelnde Rolle. Daher sollte sich der Unternehmer zunächst überlegen, was ins Netz gestellt werden soll und warum.

Was ist der Zweck des Internetauftritts?
Marketingziele müssen nicht unbedingt Verkauf und Gewinn sein. Kommunikative Ziele wie den Bekanntheitsgrad steigern, ein bestimmtes Image erzeugen oder über eine weitere Plattform für Presse- und Öffentlichkeitsarbeit zu verfügen, können des Weiteren Motive eines Internetauftritts sein.

1. Ziele definieren

Versuchen Sie, so viele Ziele wie möglich für Ihre Website zu finden und benennen Sie diese so exakt es geht. Beziehen Sie – soweit sinnvoll – so viele Mitarbeiter in die Zielfindung mit ein wie möglich und sinnvoll. Insbesondere solche, die später mit der Präsenz arbeiten, Anfragen beantworten werden oder Inhalte zur Verfügung stellen, z. B. Mitarbeiter aus dem Vertrieb, Marketing oder der Öffentlichkeitsarbeit.

Was möchten Sie mit Ihrer Site erreichen?
Denkbar sind eine Reihe ganz unterschiedlicher Ziele und Unterziele wie

- Umsatz erzielen
- Angebots-Informationen
- Gäste-/Angebots-Support
- Presse-/Öffentlichkeitsarbeit
- Feedback/Gästezufriedenheit
- Aufmerksamkeit erzielen

2. Zielgruppen definieren

Stellen Sie sich vor, es besucht jemand Ihre Internetseiten und ist sofort begeistert ... Wer könnte das sein? Warum kommt er zu Ihnen? Was wünscht er bei Ihnen zu finden? Was sind seine Interessen, Wünsche und Bedürfnisse?
Machen Sie sich ein Bild von Ihrer Zielgruppe. Ist es eher der 28-jährige Familienvater oder der 52-jährige Geschäftsführer? Diese Festlegung wird sich niederschlagen in Inhalt, Sprache und Gestaltung der Seite.
Sprechen Sie aktuelle Gäste an? Oder jene, die es noch werden sollen? Sprechen Sie umsatzstarke Zielgruppen an oder umsatzschwache, die Sie aber gerne über das Internet erreichen möchten? Wenn Sie Ihre Zielgruppe definiert haben, führen Sie die Ergebnisse der ersten beiden Punkte zusammen, um einen Leitsatz, eine Richtschnur für Ihre Arbeit zu haben: Formulieren Sie klare Aussagen aus der Verbindung von Ziel und Zielgruppe!

Warum möchten Sie wen erreichen? Was soll Ihre Seite wem bieten? Welche Alleinstellungemerkmale sichern Ihnen die Aufmerksamkeit Ihrer Zielgruppe?

3. Inhalte festlegen

Ein übergeordnetes Ziel ist, dem Besucher das zu bieten, was er sucht. Er muss einen realen Nutzen davon haben, auf Ihrer Seite Zeit verbracht und dafür auch noch Geld ausgegeben zu haben.
Gäste-Nutzen entsteht im Zusammenhang mit Ihrem Angebot. Untersuchen Sie, was Sie davon anbieten können. Was lässt sich als Textseite oder Download-Datei online zur Verfügung stellen? Achten Sie darauf, dass jede Seite Inhalt hat, eine Aussage trifft oder Information bietet, sonst lässt Sie ein enttäuschter Besucher schnell allein zurück. Nirgends ist das einfacher als im Internet. Fragen Sie sich daher, warum ein Nutzer sich eine Seite ansehen, einem Link folgen oder ein Formular ausfüllten sollte. Finden Sie darauf (mindestens) eine Antwort oder überarbeiten Sie den Inhalt. Überlegen Sie, woher Ihr Inhalt kommt:

- Gibt es vorhandene Daten, z. B. Prospekte, Werbebotschaften, Dokumentenarchive? Wenn nicht, wo soll der Inhalt dann herkommen?
- Liegen die Daten digital vor? Oder können sie gescannt werden?
- Sollen Daten fremder Anbieter integriert werden?
- Woher kommen Grafiken und Bilder? Sollen sie neu erstellt werden?
- Wer wird für die Inhalte verantwortlich sein? Wer schreibt, sucht, liefert, erstellt Text, Fotomaterial und Grafiken?

Zum Kunden-Nutzen gehört auch, dass die Informationen, die der Besucher auf Ihrer Website erhält, aktuell sind. Bei begrenztem Budget ist es natürlich möglich, auf Inhalte zurückzugreifen, die bereits vorliegen. Doch berücksichtigen Sie auch einen gewissen Etat für laufende Aktualisierungen.

Ihre Site im Internet ist mehr als eine Werbebroschüre. Sie ist der direkte Draht Ihres Gastes zu Ihnen. Er kann Sie in Sekundenschnelle via E-Mail oder Formular erreichen. Die Geschwindigkeit und Qualität Ihrer Antwort bestimmt mit über den Eindruck, den Sie hinterlassen. Geben Sie sich selbst Vorgaben, wie schnell, umfangreich und individuell Sie antworten. Verteilen Sie klare Zuständigkeiten und Verantwortlichkeiten. Bereiten Sie Ihre Mitarbeiter und gegebenenfalls den Vertrieb auf die neue Form der Kommunikation vor.

- Gestaltung/Layout: Konservativ oder innovativ?
- Inhalt: Detailliert oder sich auf das Wesentliche beschränkend?
- Verkaufsansätze: Aktuelle Angebote ins Netz stellen, Internetbuchung anbieten oder lediglich auf Angebote und Buchungsmöglichkeiten hinweisen?
- Usability: Buchungsmöglichkeit muss strukturiert und intuitiv zu bedienen sein, Suchfunktionen, Mehrsprachigkeit, Online-Buchungsmöglichkeit, Offerten mobiler Dienste (WAP, SMS)
- Kontakt/Dialog: Innerhalb welchen Zeitraums sollten E-Mails beantwortet werden?
- Nutzwert: Welchen „Mehrwert" bieten Sie den Besuchern Ihrer Website? Dies könnten beispielsweise Unternehmensinformationen, Preisvorteile bei der Buchung über das Internet oder eine Webcam sein, welche die aktuelle Wetterlage zeigt.
- Partnerprogramme: Soll der Webauftritt mit Airlines, Autovermietungen, anderen Hotels, Reiseveranstaltern und Kreditkartenunternehmen kooperieren oder verlinkt werden?

Erfolgreiche Pressearbeit per E-Mail

Nach den Erfahrungen von prdienst.de landen die meisten per E-Mail verschickten Pressemitteilungen ungelesen im Papierkorb. Die Gründe trotz oft interessanter Inhalte aus Sicht der PR-Spezialisten: schlechte Verpackung.

Um zu erfahren, wie die schreibende Zunft Pressemitteilungen über das Internet wünscht, bat prdienst.de 800 Online-Journalisten, einen Online-Fragebogen auszufüllen. 70 sind dieser Bitte nachgekommen.

Aus der Auswertung dieser Studie leitet prdienst.de unter anderem folgende Empfehlungen für Online-Pressemitteilungen ab:

- Versenden der Presse-E-Mails im ASCII-Format. HTML lässt sich schlechter weiterverarbeiten.
- Eine kurze Einleitung erleichtert die Einordnung und Verwertbarkeit der Meldung.
- Pressemitteilungen nicht in Anhängen verpackt verschicken, sondern direkt und ohne Zeilenumbrüche im E-Mail-Text.
- Bildmaterial auf einer separaten Internet-Seite mit Link dorthin in der Presse-E-Mail.

(vgl. http://www.ecin.de/marketing/onlinejournalisten)

Newsletter per E-Mail

Man geht davon aus, dass Kosten von durchschnittlich 20 Euro pro getätigter Buchung anfallen, wenn man die (potenziellen) Gäste per Direktwerbung (offline) anspricht; hingegen entsteht statistisch gesehen nur 1 Euro Kosten, wenn man per E-Mail kommuniziert.
(vgl. http://www.abseits.de/mailingservice.htm)

Weitere **Vorteile des E-Mail-Marketings**:

- Die **Vorlaufzeit** eines Mailings beträgt nur wenige Tage oder Stunden, bei Printmailings mehrere Wochen.
- Die **Responseraten** sind höher als bei postalischen Aussendungen.
- Die **Antworten** kommen bei E-Mails viel schneller, meist am ersten oder zweiten Tag. Dies erleichtert beispielsweise das Testen von unterschiedlich gestalteten E-Mails.

Ein großer Nachteil der Kommunikation per E-Mail ist aber, dass jährlich rund ein Viertel der **E-Mail-Adressen** invalide werden, d. h. veralten, was eine kontinuierliche Datenpflege und -reinigung erforderlich macht. Welche Software und Dienstleister zum Betreiben von Mailinglisten und Newsletter in Frage kommen, hängt von den folgenden Anforderungen ab:

- **E-Mail-Aufkommen**: So erzeugt ein monatlicher Newsletter mit 1 000 Abonnenten nur 12 000 E-Mails pro Jahr, allerdings eine Mailingliste mit 1 000 Mitgliedern, von denen nur 20 % einmal pro Woche posten (1 000 x 20 % x 52 x 1 000 E-Mails), ca. 10,4 Millionen E-Mails pro Jahr, wenn man unterstellt, dass alle sich jede E-Mail sofort zuschicken lassen und nicht nur zusammengefasst (als so genannter „Digest"). Man sollte solchen Anbietern den Vorzug geben, bei denen, falls trafficabhängige Gebühren anfallen, der maximal zulässige Traffic definiert werden kann und zeitnah abgerechnet wird, um überraschend hohe Rechnungen zu vermeiden.
- **Grad der Personalisierung**. Er kann von nicht personalisierten E-Mails reichen, die an alle Empfänger gleich versandt werden, über Einstellungen, ob ein Empfänger alle E-Mails sofort oder gesammelt als Digest, als Text- oder als HTML-E-Mail erhalten will oder ob Bestandteile der Empfängerdaten, etwa eine persönlichen Anrede, eingefügt werden sollen, bis hin zu empfängerspezifischem Content ("Messages").

Wesentlich für ein erfolgreiches Newsletter-Marketing ist die Erfolgskontrolle. Dazu kann man, wenn man keine weiter reichende Software einsetzen kann, so genannte "Landing Pages" verwenden.
Dies sind Webseiten, zu denen Links im Newsletter angegeben werden und auf denen Leser des Newsletters, die diesen Link aufrufen, landen.
Wie häufig diese Landing-Pages aufgerufen worden sind, kann man dann im Rahmen der üblichen statistischen Auswertungen des Traffics von Websites ermitteln.
(vgl. http://www.abseits.de/mailingservice.htm)

Electronic Malls

Auch die so genannten Electronic Malls (Mall, Shopping Mall) sind eine zunehmend beliebte Variante eines elektronischen Zusammenschlusses verschiedener Anbieter von Produkten und Dienstleistungen. Sie eignen sich hervorragend für die gezielte Präsentation von Beherbergungsbetrieben einer Region, eines Landes oder von Themenhotels (z. B. Design-, Golf-, Familienhotels). Eine Electronic Mall lässt sich am besten mit einer Einkaufspassage oder einem Geschäftszentrum vergleichen, in dem unterschiedliche Leistungen angeboten werden. Durch den gemeinsamen Auftritt lässt sich der Gesamtaufwand erheblich reduzieren. Die Präsentation unterschiedlicher Anbieter auf einer Webseite gewährleistet dem Kunden den Zugriff auf ein breit gefächertes Angebot. So können sich beispielsweise die touristischen Unternehmer einer Ferienregion oder die Anbieter für eine bestimmte Zielgruppe (gesundheitsorientierter Tourismus, Angelreisen etc.) zusammenschließen. Die Unternehmen profitieren von Synergieeffekten. Die Werbung, die Pflege und das Design der Websites werden vom Betreiber übernommen. Die dafür anfallenden Kosten werden proportional unter den Anbietern aufgeteilt.

Marketing-Terminals

Von zunehmender Bedeutung für die Darstellung der gastgewerblichen Leistung sind die interaktiven Marketing-Terminals, so genannte Kiosksysteme. Unter einem Kiosk versteht man in diesem Zusammenhang ein öffentliches Terminal für den Zugang zum Internet oder Intranet (unternehmensinterne Vernetzung). Solche Terminals sind mit Tastatur oder einem berührungssensitiven Bildschirm (Touchscreen) ausgestattet. Sie stehen in der Regel in öffentlich zugänglichen Bereichen (Flughafen, Bahnhof, Lobby von Großhotels, Fremdenverkehrsämter usw.) um Informationen, Produkte oder Dienstleistungen anzubieten.

Man unterscheidet drei Kategorien von Kiosksystemen

- **Informationssysteme POI (Point of Information)**
  Sie dienen der schnellen Orientierung.

Kiosk-System

  Beispiele: Hotel-Infotafel, Ankunft- und Abflugtafel, elektronische Stadt-Infoterminals, elektronische Flughafen-Infoterminals
- **Verkaufssysteme POS (Point of Sale)**
  Es wird unterschieden zwischen Dienstleistungen und Warenverkauf. Beispiele: Münz- und Kartentelefon, Service-Telefon, öffentliche Internet-Terminals, Check-in-Terminals, Mietwagenreservierung
- **Unterhaltungssysteme POE (Point of Entertainment)**
  Sie dienen zur Unterhaltung. Beispiele: Kinderkino, Public TV, fernsteuerbare Kameras von Aussichtsplattformen, Hoteldächern

Portale für Hotelbewertungen

Unter dem Motto „Lesen Sie hier für Ihr Reiseziel Hotelbewertungen und lernen Sie die Lieblingsorte anderer Reisender kennen" richten Reiseveranstalter, Reisebüros, Verbraucherschützer und Hotelgesellschaften im Internet Portale ein, in denen ehemalige Hotelgäste ihre Eindrücke schildern und Bildmaterial abspeichern.
Die Neutralität verbietet es, das eigene Hotel bzw. die eigenen Hotels zu bewerten bzw. von Bekannten evaluieren zu lassen. Die Bewertungen sind Bestandteil eines Reviewprozesses. Sie sind als beratende Hinweise für zukünftige Gäste aber auch für das beurteilte Hotel zu verstehen. Auf manchen Portalen besteht für das Hotelmanagement die Möglichkeit, Anmerkungen der Gäste zu kommentieren (beispielsweise wenn die reklamierten „durchgelegenen Matratzen" erneuert wurden). Die Gesamtbewertung sollte sich aus den Bemerkungen logisch ergeben. Kulturelle Unterschiede, überdurchschnittlich wohlwollende Bewertungen und Evaluierungen von weniger als 40 Gästen sollten von dem Leser bei der Urteilsbildung entsprechend kritisch gewürdigt werden.

Beispiele: www.Ab-In-Den-Urlaub.de, www.holiday-check.de, www.hotelbewertung.de, www.hotelcheck.de

Aufgaben

1. Nennen Sie mindestens fünf Vorteile, die Online-Medien im Vergleich zu herkömmlichen Medien als Kommunikationsinstrument bieten.
2. Familie von Bühl möchte sich von einem auf Webdesign spezialisierten Unternehmen einen professionellen Internetauftritt erstellen lassen. Welche beiden Determinanten sollten die Hoteleigentümer bei dem ersten Briefing, das sich an das Webdesignunternehmen richtet, in jedem Falle unbedingt berücksichtigen?
3. Welche Trends deuten darauf hin, dass POS-, POI- sowie POE-Terminals in den nächsten Jahren entscheidend an Bedeutung gewinnen werden?
4. Was bedeuten die folgenden Begriffe:
   a) Domain
   b) Download
   c) Electronic Mall
   d) E-Mail-Newsletter
   e) Intranet
   f) Server?
5. Neue Medien eröffnen neue Chancen und Risiken. Welche Fragen sind insbesondere von Bedeutung für die zukünftige Entwicklung multimedialer Technologien als Kommunikationsinstrument?

10.10 Telefonmarketing

Situation

Seehotel Schloss Sonnenbühl

„Ich hätte gern Herrn Müller gesprochen ..."

oder: Telefonieren? Nichts einfacher als das!

Die Situation kennt jeder. Schließlich passiert sie täglich: Sie wissen, wo Ihr Kunde Müller sich bis zum Mittag aufhält und Sie wollen ihn dort erreichen. Im Hotel. Kein Problem. Sie greifen zum Hörer und wählen. So weit, so gut. Doch jetzt geht's weiter ...

Seehotel „Schloss Sonnenbühl" – Sport- und Tagungshotel, Hinterbuschmannshausen-Langenberg", tönt es aus der Leitung „mein Name ist Gerlinde-Katharina Ebenhauser-Tannenbruch. Was kann ich für Sie tun?"

Während sich Ihr biologischer Kleincomputer zwischen den Ohren mit der Informationsverarbeitung dieses Details beschäftigt, kommen Sie vielleicht sogar ohne zu stottern dazu, Ihren Wunsch präzise zu formulieren: *„Ich möchte mit Herrn Müller sprechen!"*

„Müller"? – Den gibt's bei uns nicht!" *„Ihr Hotelgast, Herr Müller, bitte"*, versuchen Sie es nochmals. „Ach so, wie war bitte der Name?"
„Müller, ganz einfach Müller", versuchen Sie weiterzukommen. Scheint auch zu funktionieren, die Rezeptionistin lässt durch hörbares „Klapper-di-klick" erkennen, dass das Haus über elektronische Hilfsmittel verfügt.

Denn weiter geht's: „Müüllller? Wie heißt der Herr mit Vornamen?" Auch den kennen Sie zum Glück: *„Martin!"* „Aha, Martin Müller also!" (Klick-di-klack). „Ich verbinde!" (Pieps-tüüt-tüüüt) Als Pausenfüller erklingt die Telefonversion der „Unvollendeten". Eine Minute, noch eine ... dann:

Seehotel „Schloss Sonnenbühl" – Sport- und Tagungshotel, Hinterbuschmannshausen-Langenberg", tönt es erneut aus der Leitung, „mein Name ist Gerlinde-Katharina Ebenhauser-Tannenbruch. Was kann ich für Sie tun?"

„Herrn Müller möchte ich sprechen!" „Augenblick, ich verbinde!" *„Neiin! Bitte nicht, das haben Sie doch gerade schon versucht!"* „Ist Herr Müller denn nicht in seinem Zimmer?" *„Scheinbar nicht"*, antworten Sie genervt. „Woher soll ich das wissen??" kommt es ebenso grantig zurück. *„Hängt vielleicht der Zimmerschlüssel von Herrn Müller bei Ihnen?"* „Oh ja!" *„Wie soll er denn in seinem Zimmer sein, wenn er den Schlüssel abgegeben hat?"* „Dann ist er wohl nicht hier!" *„Könnten Sie ihn vielleicht im Restaurant ausrufen lassen?"*

Denn Sie erinnern sich an die Vorliebe von Martin Müller für ein ausgiebiges Frühstück. „Mach ich, warten Sie bitte einen Augenblick!" Bevor Sie ein formelles *„Danke"* in den Hörer quetschen, dudelt schon wieder die „Unvollendete". Dreimal hintereinander, Sie pfeifen schon unbewusst mit. Dann klickt's mal wieder und: „Wir können Herrn Müller nicht im Restaurant finden!"

Letzter Anlauf: *„Würden Sie ihm bitte eine Nachricht hinterlassen?"* „Gern." (Seufz! Blätter! Knister! Raschel!) *„Würden Sie den Zettel für Herrn Müller bitte so deponieren, dass er ihn sofort an der Rezeption entgegennehmen kann?"* fragen Sie nun. Denn sicher ist sicher...! „Geht nicht!" lautet die klare Antwort. *„Warum?"* „Wie ich sehe, hat Herr Müller gerade vor fünf Minuten ausgecheckt."

Spätestens in diesem Augenblick wissen Sie, dass auch Telefonieren erstmal gelernt sein will...

Telefonmarketing ist im Rahmen des Direktmarketings die gast- und marktorientierte Nutzung des Kommunikationsmediums Telefon. Dies betrifft sowohl die interne Nutzung des Telefons im Hotel als auch alle Telefonate aus den Abteilungen eines gastgewerblichen Unternehmens zu externen Gesprächsteilnehmern. Telefonmarketing bedeutet allerdings **mehr als Telefonverkauf**, **richtig telefonieren** oder **fachkompetente Besetzung** der Telefonzentrale. Es bedeutet: Einsatz des Telefons mit gastorientierter Denkweise durch alle Mitarbeiter eines Unternehmens, unabhängig davon wie sich die individuelle Einstellung der Mitarbeiter zum Medium „Telefon" darstellt:

Telefonmarketing	
Pro	**Kontra**
▶ Persönliche Gesprächsführung	▶ Visuelle Gesprächseindrücke fehlen
▶ Schnelle Erreichbarkeit des richtigen Gesprächsteilnehmers	▶ Unpersönlich
▶ Umgehende Problembearbeitung	▶ Keine Präsentation möglich
▶ Flexible Reaktion	▶ Evtl. keine Gesprächsbereitschaft
▶ Relativ kostengünstig	▶ Keine Demonstration möglich
▶ Geeignet für Terminabsprachen	
▶ Gesprächsunterlagen sind während des Telefonats verfügbar	
▶ „Heimspiel" (gewohnter Platz und Umgebung, bequeme Haltung)	

In perfekt organisierten Telefongesprächen liegen **gute** bis **sehr gute Direktmarketingmöglichkeiten**: Deshalb sollte ein gutes Telefongespräch als Visitenkarte des Unternehmens angesehen werden für dessen ersten Eindruck es keine zweite Chance gibt. Es werden zwei Formen des Telefonmarketings unterschieden:

- **Aktives Telefonmarketing**
  Gäste/Zielgruppen werden vom Unternehmen bzw. von einer beauftragten Agentur angerufen, um Produkte bzw. Leistungen zu verkaufen oder für diese zu werben (Vorstellung von Produkten, Packages, Kaufangebote, Informationen über laufende Geschäftsbeziehungen, Follow-up nach Hotel- oder Restaurantaufenthalten).
- **Passives Telefonmarketing**
  Aktivität geht vom Gast/Zielperson als Reaktion auf eine vorangegangene Werbemaßnahme (z. B. Reaktion auf Mailings, Coupon-Anzeigen, In-House-Promotion, eingeblendete Telefonnummer im Fernsehspot, Bildschirmtext, Mailboxen, Telefax, Videos, Reklamationen) aus.

Bei der **telefonischen Befragung** werden durch Telefonanruf (aktives Telefonmarketing) eines **Hotelmitarbeiters** bei Gästen/speziellen Zielgruppen oder eines **Interviewers** im Hotel/bei Gästen/bei Zielgruppen die gewünschten Informationen erhoben.

Die Qualität der Informationen ist aufgrund der verhältnismäßig einfachen Fragestellungen (bekannte und/ oder unbekannte Gäste, die zum Zeitpunkt des Anrufs eventull nicht gesprächsbereit sind) und durch die nur akustische Kommunikationsform z. T. gering.
Bei der Auswahl der zu befragenden Personen unterscheidet man zwischen einer **Vollerhebung** (alle infrage kommenden Personen werden befragt, z. B. laut Gästekartei) oder einer **Teilerhebung** (spezielle Zielgruppen werden befragt/Angebote werden offeriert). Der große Vorteil dieser **kostengünstigen Form des Direktmarketings** beruht auf der **relativ einfachen Messbarkeit des Erfolgs**, der z. B aus der **telefonischen Rücklaufquote** nach Mailings ersichtlich wird.

Seehotel Schloss Sonnenbühl

Checkliste für aktives Telefonmarketing

Hinweise zur Gesprächsvorbereitung:

- ▶ Welcher Gesprächsanlass besteht, welches Gesprächsziel, was soll erreicht werden? Festlegung von Maximal- und Minimalzielen
- ▶ Welcher Ansprechpartner (Name, Funktion, Durchwahl)?
- ▶ Welcher Zeitpunkt (Arbeitszeit, z. B. Gleitzeit, Postzeit, Tischzeit, Dienstschluss)?
- ▶ Welche Fragen bzw. Aussageinhalte (Notizen!)?
- ▶ Welche Unterlagen benötigen Sie (Gästekartei, Korrespondenz, Vorgänge ...)?
- ▶ Welche Unterlagen benötigt der Telefonpartner?
- ▶ Welche Argumente (welches Ziel) könnte der Gesprächspartner verfolgen und wie kann man sich darauf vorbereiten?
- ▶ Wodurch kann der Gesprächspartner motiviert werden, das Telefonat positiv zu bewerten sowie konzentriert und kooperativ mitzugestalten? Welchen Vorteil, welchen Nutzen hat er?
- ▶ Wie soll argumentiert werden, welche Beweismittel und Beispiele können benannt werden?
- ▶ Welche Fragen könnten vom Gesprächspartner gestellt werden?
- ▶ Welche Einwände sind zu erwarten?
- ▶ Wie werden die Ergebnisse des Telefonats festgehalten?
- ▶ Welcher Gesprächszeitpunkt ist geeignet, ungestört und voll konzentriert zu sprechen?

Rechtslage

Zulässig sind das **Mithören anderer Telefonate** und das **Aufzeichnen von Telefongesprächen zu Trainingszwecken** (der Gast/Kunde muss darüber nicht informiert werden!).

Aktives Telefonmarketing ist gegenüber Privatpersonen nur zulässig, wenn bereits eine Geschäftsbeziehung besteht bzw. der Angerufene **zuvor ausdrücklich** oder **stillschweigend** sein Einverständnis erklärt hat, zu Werbezwecken angerufen zu werden (z. B. durch Rückantwort auf ein Mailing bzw. Rückantwortkarte, in der die Zielperson ihr Interesse an weiteren Kontakten bekundet hat). **Wettbewerbswidrig** wäre dies **zu Beginn** des **Telefonats**. Stillschweigend heißt, ein Einsender hat auf einer Antwortkarte seine Telefonnummer vermerkt. Private Verbraucher haben die Möglichkeit, sich in die **Telefon-Stopp-Liste** aufnehmen zu lassen.

Bei Business-to-Business-Zielgruppen ist ein Einverständnis als gegeben anzusehen, wenn eine **Geschäftsbeziehung besteht** oder **vermutet werden kann**. Verboten sind Werbung und Verkauf gegenüber Business-to-Business-Zielgruppen, soweit diese sich **mehrfach Anrufe ausdrücklich verbeten** haben oder das telefonische **Angebot dem Gewerbezweck** der angerufenen Firma sinngemäß **nicht entspricht**.

Regelmäßige **telefonische Testanrufe** (Blind Tests) in der Sterne-Hotellerie (z. B. durch Zeitschriften wie TOP-Hotel, First-Class, Der Hotelier) bestätigen z. T. gravierende Kommunikationsfehler der Mitarbeiter am Telefon, die mithilfe einer Stärken-Schwächen-Analyse ausgewertet werden können.

Seehotel Schloss Sonnenbühl

Telefonmarketing: Stärken-Schwächen-Analyse

▶ **Wer bewertete?**

▶ **Wer sprach?** ▶ **Mit wem?**

1. Zielerreichung				**Analyse**						
A Strategie eingehalten	☐ ja	☐ nein	☐ teilweise	zu viel ←						→ zu wenig
B Ziel erreicht	☐ ja	☐ nein	☐ teilweise							
C Fehlerquelle	☐ ich	☐ Partner	☐ Umstände							
2. Strategie	**zu viel**	**sehr gut**	**zu wenig**	4	3	2	1	2	3	4
1. Eröffnung	zu stark	sehr gut	zu schwach				●			
2. Gästewünsche erfragen	zu oft	sehr gut	zu wenig					●		
3. Angebot unterbreiten	aufdringlich	sehr gut	zu schwach				●			
4. Einwandbeantwortung	unsicher, falsch	sicher, richtig	wenig, schwach					●		
5. Wunschdenken	zu viel	sehr gut	kaum				●			
6. Entscheidung	aggressiv	sehr gut	keine					●		
7. Kontrolle	zu lange	sehr gut	keine				●			
3. Sprachklang				4	3	2	1	2	3	4
8. Lautstärke	zu laut	sehr gut	zu leise				●			
9. Tempo	zu schnell	sehr gut	zu langsam			●				
10. Deutlichkeit	gekünstelt	sehr gut	undeutlich				●			
11. Satzlänge	zu lang	sehr gut	zu kurz		●					
12. Dialog	zwischenreden	sehr gut	schweigen				●			
13. Emotion	aufgeregt	freundlich	kalt				●			
4. Taktik				4	3	2	1	2	3	4
14. Namen nennen	zu häufig	sehr gut	zu wenig					●		
15. Sachlage erklären	unklar	sehr gut	zu wenig			●				
16. Zielsetzung	zu direkt	sehr gut	undeutlich			●				
17. Fragen stellen	aufdringlich	sehr gut	zu wenig				●			
18. Sachlichkeit	unpersönlich	sehr gut	unsachlich			●				
19. Eingehen: Gästewünsche	anbiedernd	sehr gut	zu wenig					●		
20. Dominanz	zu stark	sehr gut	zu schwach		●					
				4	3	2	1	2	3	4
5. Sonstiges (Stichworte):	▶ **Anzahl der Angaben**				2	4	9	5		
	▶ **Multiplikation**				6	8	9	10		
	▶ **Multiplikationsergebnis : Kriterien**			33:20						
	▶ **Analyseergebnis =**			1,65						

Aufgrund der **Fehlerhäufigkeit bei Telefonaten** in der Hotellerie/im Tourismus und im Hinblick auf **eine optimale Mitarbeiterschulung** sollen an dieser Stelle sowohl gravierende Fehler benannt als auch Regeln zum richtigen Telefonieren aufgestellt werden:

Fehler beim Telefonieren: oder …
„Was ärgert Sie,
wenn Sie telefonieren oder angerufen werden?"

Sprachtechnische Fehler

- Undeutliche Aussprache
- Lautes, leises oder zu schnelles Sprechen
- Verschlucken von End- oder Anfangssilben
- Monotones Sprechen
- Zu Schnelle Übermittlung von Zahlen und Fakten
- Ungegliederte Übermittlung von Zahlen und Fakten
- Zu lange Sätze
- Unterbrechen des Gesprächsteilnehmers
- Übersprechen/Zwischenreden
- Überfreundlichkeit („süße Art" im Sprechen)
- Starke Mundart (Dialekt)
- Husten, Niesen, Schnäuzen, lautes Atmen in den Hörer
- Essen, Trinken, Rauchen, Kauen während des Sprechens

Organisatorische Fehler

- Mangelnde Vorbereitung
- Unkenntnis über Zuständigkeiten
- Kein Schreibzeug, Terminkalender
- Fehlende oder unzureichende Aktennotizen
- Lange Warteschleifen (mit Musikprogramm!)
- Ständiges Weiterverbinden
- Rückruf vergessen
- Namen des Anrufenden nicht gemerkt/nicht aufgeschrieben

Psychologische Fehler

- Knappe oder sogar unfreundliche Begrüßung
- Gleichgültigkeit, Desinteresse
- Ich-Bezogenheit, Verwendung von Superlativen
- Empfindlichkeit, Gereiztheit
- Nichtentschuldigen eigener Fehler, durchsichtige Ausreden
- Vorschnelle Schuldabwälzung auf Kollegen/Mitarbeiter
- Fehlende Entschuldigungen
- Namen des Gesprächspartners falsch oder undeutlich aussprechen bzw. gar nicht nennen
- Ausfragen des Gesprächspartners
- Behauptungen aufstellen
- Aufforderung zum erneuten Telefonanruf, weil verlangter Mitarbeiter gerade nicht anwesend ist
- Bagatellisieren von Vorwürfen
- Kein sofortiger Rückruf bei technischer Unterbrechung
- Langes Läuten lassen, bevor man abnimmt
- Lange Aktensuche ohne Zwischenmeldung an den Gesprächspartner
- Weiterverbinden von Telefonaten an Mitarbeiter ohne Nennung des Namens (Gesprächspartner) und seines Gesprächsgrunds
- Technische, unverständliche Ausdrucksweise (Fachjargon, Abkürzungen)
- Vorschnelles „Sich-Verabschieden"

Vorschläge für erfolgreiches Telefonieren
„Verschaffen Sie sich positive Gedanken (lächeln Sie)"

Der Ton macht die Musik...

- **Mit der Stimme „lächeln"**
  - Schafft freundliche Grundeinstellung
  - Verstärkt persönlichen Kontakt
  - Vermittelt Herzlichkeit
  - Schafft positive Gesprächsatmosphäre
  - Baut negative Gefühle des Gesprächspartners ab bzw. lässt die gar nicht erst entstehen
- **Gute Modulation**
  - Lautstärke variieren (setzt Akzente)
  - Stimme heben und senken
  - Sprechrhythmus wechseln (weckt Interesse)
  - Wesentliches besonders betonen (weckt Aufmerksamkeit)
  - Wirkungspausen einlegen (vermittelt Sicherheit)
  - Kein monotoner Sprachrhythmus
- **Deutliche Aussprache**
  - Gute Artikulation (Interessensteigerung)
  - Verlegenheitslaute vermeiden (äh und mhm)
  - Keine Anfangs- und Endsilben verschlucken
  - Kein Gemurmel oder Genuschel
  - Kein Slang (Informationsverluste)
- **Richtige Lautstärke**
  - Normale Unterhaltungslautstärke
  - Nicht zu laut (wirkt aufdringlich, „hat es nötig")
  - „Wer schreit hat meistens Unrecht"
  - Nicht zu leise (wirkt unsicher)
- **Sprachgeschwindigkeit**
  - Nicht zu schnell (Informationsverluste)
  - Nicht zu langsam (mangelndes Engagement und Überzeugung, ermüdend, langweilig)
  - Pausen einlegen (Gesprächsstrukturierung und -verarbeitung, Spannungssteigerung, aktiviert Gesprächspartner)
  - Nicht nervös (steigert Missverständnisse bzw. Misstrauen)
  - Tempo dem Gesprächspartner anpassen
- **Wer fragt, der führt...**
  - Fragen ermöglichen zusätzliche Informationen
  - Fragen ermöglichen Dialoge, vermeiden Monologe
  - Fragen beziehen Partner ins Gespräch ein
  - Fragen ermöglichen einen eigenen „Gedankenfaden"
  - Fragen vermeiden Irrtümer und Missverständnisse

**Psychologische Tipps,
die Ihre persönliche Ausstrahlung am Telefon erhöhen!**

- Achten Sie auf ruhige Atmung (langsam, tief)
- Lehnen Sie sich bei Telefonaten entspannt zurück; die Stimme klingt voller, ruhiger und wird tiefer
- Beugen Sie sich in Stresssituationen nicht nach vorn, die Stimme wirkt gepresst und angespannt
- Gestikulieren Sie ruhig, sie können sich dadurch besser auf den Gesprächspartner einstellen und übertragen Engagement und Überzeugung
- Stellen Sie sich vor einen Spiegel und kontrollieren Sie Ihre Mimik bei Telefonaten

Ein weiteres Beispiel für die **Fehlerhäufigkeit bei Telefonaten** ist das **Mitarbeiterverhalten bei Reklamationen**. Die folgende Checkliste zu Gesprächstechniken am Telefon hat gleichermaßen für telefonische Reklamationen als auch für direkte, persönliche Beschwerden im Hotel/im Restaurant Gültigkeit (s. S. 278).

Seehotel Schloss Sonnenbühl

Manual: Gesprächstechniken am Telefon

Checkliste
Umgang mit Reklamationen und Beschwerden

▶ **Stellen Sie sich innerlich auf das Gespräch ein!**
- ▷ Überprüfen Sie Ihre Körperhaltung.
- ▷ Nehmen Sie Papier und Bleistift zur Hand.
- ▷ Bleiben Sie innerlich ruhig und unverändert freundlich.
- ▷ Nehmen Sie Anschuldigungen nicht persönlich.
- ▷ *Bitte nicht den „schwarzen Peter" weitergeben!*

1. Schweigen

▶ **Hören Sie aufmerksam zu!**
- ▷ Lassen Sie den Anrufer sagen, was er zu sagen hat, ohne ihn zu unterbrechen.
- ▷ Geben Sie ihm hörbare Rückmeldungen, damit er weiß, dass Sie für ihn „da" sind.
- ▷ Zeigen Sie ohne jede Einschränkung Verständnis für sein Problem.
- ▷ *Ziehen Sie die Reklamation nicht in Zweifel!*

2. Zuhören

▶ **Stellen Sie eine Gesprächsbeziehung her!**
- ▷ Nennen Sie den Anrufer beim Namen.
- ▷ Umreißen Sie klar Ihr Ziel, nämlich ihm bei seinen Schwierigkeiten zu helfen.
- ▷ Weisen Sie darauf hin, dass Sie sich Notizen gemacht haben.
- ▷ Stellen Sie gezielte, konkrete Fragen, um weitere Aufklärung zu bekommen.
- ▷ *Reagieren Sie verbindlich und nicht übertrieben sachlich!*

3. Notieren

▶ **Führen Sie eine Lösung herbei!**
- ▷ Fragen Sie, welche Lösung der Anrufer wünscht (W-Fragen!).
- ▷ Machen Sie Lösungsvorschläge, falls er keine benennt.
- ▷ Äußern Sie sich positiv zum Gesprächs- und Lösungsverlauf.
- ▷ Zeigen Sie, dass es sich um eine für ihn gute Lösung handelt.
- ▷ *Geben Sie dem Gast nie ohne nähere Kenntnis der Umstände die Schuld!*

4. Entschuldigen

▶ **Bestätigen Sie den Gesprächsverlauf und die getroffene Lösung!**
- ▷ Wiederholen Sie gegenüber dem Gast die getroffenen Vereinbarungen.
- ▷ Verwenden Sie Begriffe, die erkennen lassen, dass es sich um beiderseitig getroffene Vereinbarungen handelt.
- ▷ Verdeutlichen Sie die Vorgehensweise bei den nächsten Bearbeitungsschritten.
- ▷ Bedanken Sie sich für die Hinweise des Gastes zur Reklamation.
- ▷ *Informieren Sie sich im Haus, ob die Reklamation bearbeitet wurde!*

5. Bedanken

▶ **Halten Sie gemachte Zusagen ein!**
- ▷ *Rufen Sie den Gast persönlich an und erkundigen Sie sich, ob die Reklamation zur Zufriedenheit des Gastes behandelt/behoben wurde!*

6. Erledigen

Aufgaben

1. Im Rahmen einer Mitarbeiter-Fortbildung im Seehotel „Schloss Sonnenbühl" erklärt der Moderator: „In perfekt organisierten Telefongesprächen liegen gute bis sehr gute Direktmarketing-Möglichkeiten: Deshalb sollte ein gutes Telefongespräch als Visitenkarte des Unternehmens angesehen werden, für dessen ersten Eindruck es keine zweite Chance gibt."
   Grundsätzlich werden zwei Formen des Telefonmarketings unterschieden.
2. Welche rechtlichen Aspekte müssen zum Telefonmarketing seitens der Hotellerie beachtet werden?
3. Sie sind Mitarbeiter in der Sales & Marketing-Abteilung des Seehotels „Schloss Sonnenbühl" und es ist Ihre Aufgabe, für die nächste Mitarbeiterschulung eine „Checkliste für erfolgreiches Telefonieren" zu erstellen.

11 Distributionspolitik

11.1 Distribution als Begriff

Situation

Seehotel Schloss Sonnenbühl

„Distribution (= Verteilung der Leistung) bedeutet, das richtige Produkt oder die richtige Dienstleistung in der richtigen Menge und Intensität am richtigen Ort zum richtigen Zeitpunkt mit möglichst optimalen Kosten dem Gast gegenüber bereitzustellen".

Unser Seehotel „Schloss Sonnenbühl" verfügt über eine ausgezeichnete Lage, einen idealen Standort direkt am See und über eine relativ gute Anbindung. Außerdem hat es keine nennenswerte Konkurrenz die Qualität und Güte betreffend. Das Hotel verfügt über eine maximale Beherbergungskapazität von ca. 150 Gästen pro Nacht (35 Doppelzimmer, 25 Einzelzimmer, 5 Suiten und 5 Appartements mit einer maximalen Belegung von 5 Personen). Darüber hinaus hat das Seehotel einen großen Restaurationsbetrieb (Restaurant, Weinrestaurant und Seeterrasse) sowie umfangreiche Bankettmöglichkeiten für Konferenzen, Hochzeiten, Familienfeiern und Tagungen. Allein die Tatsache, diese Möglichkeiten vorzuhalten, bringt dem Hotel noch keine Einnahmen. Die Informationen über die Existenz, Ausstattung, Möglichkeiten und Angebote des Seehotels muss dem potenziellen Gast und Kunden zunächst einmal zugänglich gemacht werden und mittels verkaufsfördernder Maßnahmen angepriesen werden. Nachdem der Ort der Leistungserbringung fest/starr ist, muss der Nachfrager beweglich sein.

Die Distributionspolitik hat die Aufgabe, über verschiedene Wege die Leistungen eines Unternehmens für die Zielgruppe transparent und buchbar zu machen.
Da die wörtliche Übersetzung des Begriffs Distribution = Verteilung aus der Zeit des Nachfrageüberhangs stammt, spricht man im Marketing immer häufiger von der Vertriebspolitik.

Die Distributionspolitik beinhaltet alle Entscheidungstatbestände, die im Zusammenhang stehen mit dem Weg eines Produkts oder einer Dienstleistung vom Hersteller des Produkts bzw. vom Ersteller der Dienstleistung zum Kunden und Gast. Die Distribution bedient sich einer Vielfalt von Distributionskanälen, um ein Produkt oder eine Dienstleistung zur Verwendung oder zum Verbrauch verfügbar zu machen.

Der Wettbewerb in der heutigen Hotellerie ist kein **Wachstumswettbewerb** mehr, sondern ein **Verdrängungswettbewerb**. Im Zuge der schnellen Expansion und dem Kampf um exklusive Standorte, verlieren immer mehr Privathotels Marktanteile und infolge der Überkapazitäten im deutschen Markt auch an Ertragskraft.
Die zentrale Frage, mit der sich die Distributions- oder auch Vertriebspolitik beschäftigt, ist:

Wo sollen welche Produkte und Dienstleistungen wann und wem zur Verfügung gestellt werden?

Arten der Distribution

Grundsätzlich kann man folgende Distributionen unterscheiden:

- Physische Distribution
- Strategische Distribution

Die **physische Distribution** oder auch Marketing-Logistik ist durch folgende Entscheidungen gekennzeichnet:

- das richtige Produkt oder die richtige Dienstleistung
- die richtige Menge und Intensität
- der richtige Ort
- der richtige Zeitpunkt
- möglichst geringe (optimale) Kosten

Die Aufgabe der physischen Distribution ist somit die Überwindung der vielschichtigen Trennung zwischen Nachfrager und Hersteller. Um die Produkte oder Dienstleistungen dem Nachfrager und Verwender übergeben zu können, müssen erst einmal die dabei bestehenden Disparitäten in Bezug auf Raum, Zeit und Form des Tauschobjektes überwunden werden.

Um an unser Seehotel „Schloss Sonnenbühl" anzuknüpfen, wäre die physische Distribution nur dann gegeben, wenn die gastronomische Abteilung beispielsweise einen Catering-Service einrichten würde und an Orten außerhalb des Hotelgeländes z. B. die Verpflegung und Ausrichtung von Veranstaltungen, Feierlichkeiten, Tagungen, Events, übernehmen würde.

Bei der **strategischen Distribution**, auch akquisitorische Distribution genannt, steht die **Wahl der Absatzwege** und der **Absatzorgane** im Vordergrund der Überlegung und des Handelns.

Vertriebs- und Absatzkanäle

Bezüglich der Absatzwege lässt sich dabei vereinfacht das Entscheidungsproblem reduzieren auf die Wahl zwischen:

- indirektem Vertrieb/Absatz der Produkte und Dienstleistungen
- direktem Vertrieb/Absatz der Produkte und Dienstleistungen

Beim **indirekten Absatz** oder Vertrieb erfolgt der Verkauf der Produkte und Dienstleistungen über nicht **weisungsgebundene Distributionskanäle**.

Beim **direkten Absatz** oder Vertrieb erfolgt der Verkauf der Produkte und Dienstleistungen über **weisungsgebundene Distributionskanäle**.

Die **Besonderheit** und die besondere Bedeutung des Vertriebs in der Hotellerie und Gastronomie kommen zweifelsohne der Tatsache zu, dass es sich hierbei um **nicht lagerfähige, nicht auf Vorrat** produzierbare und **nicht transportfähige Produkte** und Dienstleistungen handelt. Die Produkte und Dienstleistungen müssen am Ort der Leistungserstellung erbracht werden. Die Bemühungen des direkten und des indirekten Vertriebs müssen sich also auf die Überbrückung der Distanz zwischen Hersteller und Nachfrager fokussieren.

Steuerungssysteme des Vertriebs
Steuerungssystem des Vertriebs und des Absatzes sind:

- Vertriebsbindung
- Depotsysteme
- Vertragshändler- und Vertragsmittlersysteme
- Franchise-Systeme

11.2 Indirekter Vertrieb

Situation

Seehotel Schloss Sonnenbühl

Das Management des Seehotels „Schloss Sonnenbühl" steht vor der Frage, ob neben der Vermarktung der Kapazitäten in Eigenregie auch Möglichkeiten bestehen, diese externen Partnern zu überlassen.
Wer käme hierfür in Frage und welche Vor- und Nachteile wären zu beachten?

Indirekter Vertrieb oder indirekter Absatz erfolgt über weisungsungebundene oder nicht weisungsgebundene Distributionskanäle und bietet sich grundsätzlich bei Produkten und Dienstleistungen an, die in ihren Grundmerkmalen austauschbar sind und flächendeckend verkauft bzw. vertrieben werden müssen, um eine optimale Auslastung und einen guten Verkauf zu gewährleisten.

Die Hotellerie bedient sich folgender spezifischer indirekter Distributionskanäle:

- Reisemittler
- Reiseveranstalter
- Firmenreisedienste
- Tagungs-, Messe- und Kongressagenturen
- Fluggesellschaften und andere Verkehrsträger
- Automobilclubs
- Tourismusverbände, Tourist-Informationen im jeweiligen Ort, in welchem das Hotel ansässig ist
- Hotelkooperationen
- Marketing- und Reservierungsgesellschaften
- CRS – Computer-Reservierungs-Systeme
- GDS – Global-Distribution-Systems
- Internetportale
- Selbstständige Hotelrepräsentanten

Die kostenseitige Besonderheit beim indirekten Absatz und Vertrieb liegt in den vergleichsweise niedrigen Kosten in Relation zum direkten Absatz. Die indirekten Vertriebskosten stellen, bis auf einige Ausnahmen, für den Hotelbetreiber variable Kosten dar. Alle o. g. Distributionskanäle sind mehr oder weniger in ihrer Funktion als Mittler/Vermittler tätig. Sie vermitteln dem Kunden auf entgeltlicher Basis, i. d. R. eine Provision, die Produkte und Dienstleistungen des Hotels auf dessen Rechnung und in dessen Namen. Eine Ausnahme stellt lediglich der Reiseveranstalter dar, der neben einer reinen Vermittlung von Hotelzimmern und den dazugehörigen gastronomischen Angeboten auch Kontingente kaufen und diese gekoppelt/gebündelt mit weiteren Leistungen wie Anreise und andere touristische Programmelemente in eigenem Namen sowie auf eigene Rechnung verkaufen kann.

Ganz entscheidend für den indirekten Vertrieb oder Absatz sind die von der Hotelseite zur Verfügung gestellten Informationen und Hilfsmittel:

- **Hotelprospekt** – als wichtigstes visuelles Verkaufshilfsmittel, bebildert, mit umfangreichen Informationen und aktuellen Preisen und Angeboten

Verschiedene Hotelprospekte

- **Verkaufshandbücher** – nur für den internen Gebrauch oben genannter Distributionskanäle; darin sollten Informationen enthalten sein, die weit über das hinausgehen, was in den Hotelprospekten enthalten ist. Dieses Verkaufshandbuch stellt für den Vermittler eine zusätzliche Verkaufs- und Argumentationshilfe dar. So können betriebsspezifische Informationen zu den einzelnen Zimmern, deren Ausstattung, Lage innerhalb des Hauses, Einrichtungen, Bettenarten, sanitäre Ausstattung, aber auch Informationen zu den Bankettträumen und Alternativen zur Bestuhlung und Sitzordnung enthalten sein.

- **Online-Hilfen** via Internet, um die Buchbarkeit der Übernachtungen und Leistungen zu gewährleisten, aber auch um Auslastung und kurzfristige Änderungen und Neuigkeiten, Preisnachlässe, Sonderangebote und ggf. auch Besonderheiten wie Feste, Veranstaltungen oder Baumaßnahmen im Haus tages- und buchungsaktuell zu erfragen.

- **Informationsreisen und Aufenthalte für die Verkaufsmitarbeiter**, um das Produkt und die Dienstleistung besser kennen zu lernen. Bekanntlich und durch Erfahrung bewährt, werden die Produkte und Dienstleistungen am besten verkauft, die man aus persönlicher Erfahrung kennt und schätzen gelernt hat (siehe Untersuchung zum Verkaufsverhalten von Reisemittlern in: Gruner: Markenloyalität in der Hotellerie, 2003). So hat sich beispielsweise folgendes Instrumentarium bewährt: Das Hotel bietet den Mitarbeitern, ausgewählten Reisebüros, Reiseveranstaltern oder Automobilclubs einen zwei- bis viertägigen kostenfreien Aufenthalt an, um den Mitarbeitern die Möglichkeit zu geben, das Hotel, das Umfeld, die lokalen Besonderheiten, das Freizeitangebot und die Gastronomie kennen zu lernen. Den Mitarbeitern sowie den Arbeitgebern entstehen keine Kosten. Alle Kosten für diese verkaufsfördernden Maßnahmen werden durch das Hotel übernommen. Um den Gedanken weiterzuführen: Im Anschluss werden den Mitarbeitern aller Distributionskanäle für private Aufenthalte vergünstigte Übernachtungstarife angeboten, um einerseits in saisonal schwachen Zeiten noch einen Deckungsbeitrag zu erzielen und andererseits darauf zu hoffen, dass die zufriedenen Mitarbeiter das Hotel aktiv weiterempfehlen und vermitteln werden.

- **Verkaufsunterstützende Hilfen und Instrumente** – kleine Give-aways, Gimmicks, Lesezeichen, Kugelschreiber, Schirme und Handtücher, um bei den Mitarbeitern im Verkauf eine permanente Präsenz des Hotelnamens und des Produkts zu gewährleisten.

Give-aways verschiedener Hotels

Aus der Perspektive des Seehotels „Schloss Sonnenbühl" bieten sich alle Kanäle des indirekten Vertriebs an. Grundsätzlich wird der Vertrieb parallel über die Kanäle gefördert. Insbesondere jedoch sollten für ein Familien- und Privathotel die Vertriebskanäle über Reisemittler/Reisebüros als auch Reiseveranstalter, Automobilclubs und das örtliche Tourismusamt bzw. die Tourist-Info gefördert und ausgebaut werden, da diese, so zeigt die Erfahrung, am nachhaltigsten die Auslastung steigern. Der Grund liegt in der „Persönlichkeit" des Verkaufs oder der Vermittlung. Der Kunde wird von einem Mitarbeiter beraten, der das Hotel bereits kennt und aus eigener Erfahrung schätzen gelernt hat.

11.2.1 Reisemittler/Reisebüros

Vorteile:

- Entgelte/Provisionen, die bei der erfolgreichen Vermittlung durch ein Reisebüro/einen Reisemittler anfallen, stellen aus Sicht des Hotels variable Kosten dar. Das bedeutet, sie müssen nur bei einer tatsächlichen Vermittlung bezahlt werden.
- Flächendeckung ist über den stationären Vertrieb der Reisebüros/der Reisemittler am ehesten gewährleistet, da dieser Vertriebskanal nach wie vor als der Kanal mit dem höchsten Multiplikator angesehen wird.
- Persönliche Beratung und das Vertrauen in den Mitarbeiter wird in der nächsten Zukunft nicht durch ein mediales System ersetzt werden können. Gerade Kunden, die über eine gewisse finanzielle Potenz verfügen, bereit sind, wie in unserem Fall ein Vier-Sterne Hotel zu buchen, legen viel Wert auf eine persönliche Beratung und Empfehlung.

Nachteile:

- Wettbewerbssituation: Das Reisebüro/der Reisemittler wird mehrere Familien- und Privathotels vermitteln und das einzelne Hotel hat an dieser Stelle nur sehr bedingten Einfluss auf die Entscheidung.
- Weisungsungebundenheit: Der Anbieter einer Dienstleistung hat nur sehr begrenzten Einfluss darauf, wie das Produkt verkauft wird. Unter Umständen werden bei geringer Produktkenntnis dem Kunden gegenüber Zusagen gemacht, die das Hotel nicht einhalten kann bzw. auch gar nicht einhalten will, weil sie in dieser Form gar nicht angeboten werden.
- Möglicherweise mangelnde Qualifikation der Mitarbeiter im Reisebüro/beim Reisemittler: Dem Gast wird möglicherweise nicht der für seine Bedürfnisse ideale Beherbergungsbetrieb angeboten, was wiederum zu Dissonanzen am Zielort führen kann und sich auf die Zufriedenheit des Gastes mit dem Beherbergungsbetrieb auswirkt.
- Hotelier muss üblicherweise zwischen 10 – 20 % Provision zahlen.
- Möglicherweise müssen in der Hochsaison Veranstaltern Zimmer zu günstigen Preisen zur Verfügung gestellt werden, die zu diesem Zeitpunkt auch hochpreisiger verkauft werden könnten.

Vertragsvereinbarungen und Entgelt-/Provisionssysteme

Die **Vereinbarung** über den Vertrieb des Hotels kann schriftlich oder mündlich geschlossen werden. Bei einer langfristig angestrebten Zusammenarbeit empfiehlt sich der schriftliche Modus. Es wird ein Werkvertrag nach *§ 84 HGB* geschlossen.
Dieser sogenannte **Agenturvertrag** regelt die wichtigsten Tatbestände, z. B.:

- Zweck der Zusammenarbeit
- Rechte und Pflichten des Reisemittlers/des Reisebüros
- Rechte und Pflichten des Hotels
- Buchungsabwicklung
- Zahlungsmodalitäten
- Vertragsdauer
- Zur-Verfügungsstellung von Informationsmaterial, Verkaufshandbüchern, Informations-Reisen für Mitarbeiter und sonstige Verkaufshilfen
- Ordentliche und außerordentliche Kündigung
- Gerichtsstand
- Entgelt-/Provisionsvereinbarung

Entgelt- und Provisionsvereinbarung: Wesentliche Inhalte der Vereinbarung sind:

- Laufzeit dieser Vereinbarung (Provisionsvereinbarungen werden üblicherweise jährlich oder in kürzeren Abständen aktualisiert)
- Arten und Staffelung der Provision (Provisionsvariablen)
- Zahlungszeitpunkt der Provision

Die Laufzeit einer Provisionsvereinbarung wird unbenommen der Laufzeit des Agenturvertrags zwischen dem Hotel und dem Reisebüro/Reisemittler i. d. R. jährlich aktualisiert bzw. neu vereinbart. Der Grund für diese z. B. jährliche Aktualisierung liegt:

- in den möglicherweise veränderten Angebotsvariationen des Hotels (z. B. nur noch Übernachtung mit Halbpension oder auch Übernachtungen ohne weitere Verpflegungen sowie Paketangebote = Übernachtung, Wellness und Diätmahlzeiten)
- in den individuellen Bemühungen der Reisebüros/Reisemittler
- in den Preisentwicklungen

Arten der Entgelte/Provisionen und deren Staffelung sollten sich in jedem Fall an den individuellen Bemühungen der einzelnen Reisemittler/Reisebüros orientieren. In jedem Fall kann auf folgende Entgeltsystematik zurückgegriffen werden:

- **Basis- oder Grundprovisionen:** Diese bewegen sich üblicherweise der Höhe nach zwischen 10 und 15 % des Übernachtungsumsatzes mit oder ohne Frühstück.
- **Staffelprovision:** Bei außergewöhnlichen Verkaufsbemühungen des Mittlers können ab einer gewissen Umsatzhöhe zusätzliche Provisionssteigerungen vereinbart werden.
- **Superprovision:** Bei Übersteigerung der höchsten Staffelregelung (wie in nachfolgendem Beispiel) wird der Mittler für seine außerordentlichen Bemühungen nochmals und rückwirkend auf alle Umsätze mit einem zusätzlichen Bonus belohnt.

Beispiel

Umsatzhöhe	Provisionsart	Provision in % vom Umsatz
0,00 bis 25 000 €	Basis- oder Grundprovision	12 %
25 001 bis 35 000 €	Staffelprovision	13 %*
35 001 bis 45 000 €	Staffelprovision	14 %
45 001 bis 55 000 €	Staffelprovision	15 %
mehr als 55 000 €	Superprovision	+ 2 %**

* jeweils nur auf diese Umsatzgruppe
** rückwirkend auf alle Umsätze

Diese drei Provisionsarten, Grund- oder Basisprovision, Staffel- und Superprovision, bauen aufeinander auf.

- **Zusatzprovisionen:** Diese werden gewährt, wenn Extra-Leistungen bereits vom Mittler verkauft werden. Diese zusätzlichen Leistungen werden in unterschiedlicher Höhe entlohnt. Der Sinn und Zweck dieser Zusatzprovision besteht zum einen in der besseren Planbarkeit, insbesondere des Dienstleistungserstellungsprozesses, hinsichtlich des zu erwartenden Kundennachfrageverhaltens und zum zweiten in der Tatsache, dass Arbeitsleistung vom Hotel zum Mittler delegiert wird.

  Solche Zusatzleistungen können sein:
  - Wochenendpauschalen (z. B. 6 % Provision vom Umsatz)
  - Zusätzliche Verpflegung (Halb- oder Vollpension, z. B. zwischen 5 – 10 % von dem Umsatz der Verpflegungsleistung)
  - Wellness-Angebote/Wellness-Pauschalen (z. B. 5 % vom Umsatz)
  - Beauty-Wochenenden (z. B. 7 % vom Umsatz)
  - Sportprogramme

- **Sonderprovisionen:** Sie werden für einmalige Aktionen, Aktionstage oder saisonbedingte Auslastungsprobleme und Abverkaufsbemühungen gewährt. Diese sind oftmals höher als die höchste Stufe der Staffel (z. B. 18 % vom Umsatz), werden aber nur punktuell und zweck- oder zeitbezogen gewährt.

- **Provisionsähnliche Leistungen:** Hierbei handelt es sich z. B. um folgende zusätzliche Leistungen:
  - WKZ-Werbekostenzuschüsse für die Werbung des Mittlers
  - Prämien für die Mitarbeiter für erfolgreiche Vermittlung
  - Informations-Aufenthalte im Hotel
  - günstige Übernachtungstarife für Privataufenthalte der Mitarbeiter
  - Online-Hilfen
  - Einladungen und Präsente

Mindestumsätze

Grundsätzlich kann bei der Provisionssystematik die Problematik der Mindestumsätze angedacht werden. Um den von der Hotelseite „negativen“ Aspekt auszuschalten, dass nicht jeder Mittler die Vermittlung eines Hotels aktiv angeht, sondern sich der Verkaufserfolg eher zufällig ergibt, besteht die Möglichkeit, mit dem Mittler einen Mindestumsatz zu vereinbaren, der bei Nichterreichung mit dem Verlust des Agenturvertrages und mit der vertanen Möglichkeit des Vermittelns dieses Hotels einhergeht. Das bedeutet hotelseitig, auf einen Vertriebspartner zu verzichten, der nicht viel zur Auslastung beigetragen hat, jedoch für das eine oder andere Geschäft gesorgt hat.

Einen weiteren Grund für die Vereinbarung eines Mindestumsatzes ist die Tatsache, dass durch die verkaufsfördernden Aktivitäten des Hotels Kosten und Aufwendungen entstehen, die sich erst ab einem gewissen Umsatz amortisieren.

Aus diesen zwei Problematiken haben sich die folgenden **Vertriebsmethoden** entwickelt:

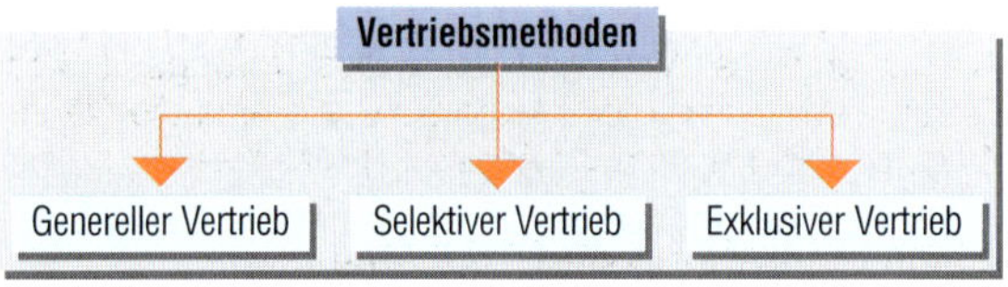

Genereller Vertrieb bedeutet, dass jeder geneigte Vermittler und jedes Reisebüro ohne formale und fachliche Voraussetzungen das Hotel vertreiben und vermitteln kann.

Selektiver Vertrieb bedeutet, dass das Hotel nicht (mehr) gewillt ist, mit jedem dafür in Frage kommenden Vermittler/Reisebüro zusammen zu arbeiten. Das Hotel wählt nach formalen, räumlichen und fachlichen Kriterien aus einer Anzahl von Vermittlern und Reisebüros diejenigen aus, die ihm für die Realisierung seiner geschäftlichen Ziele am geeignetsten erscheinen.

Exklusiver Vertrieb bedeutet, dass das Hotel sich aus Kostengründen, aber gegebenenfalls auch aus organisatorischen Gründen für eine einzige indirekte Vertriebsstelle in einem Areal (Stadt, Bundesland, Region, Nationalstaat) entscheidet. Diese Vertriebsstelle bekleidet sozusagen den Status eines GSA (General Sales Agent) oder einer GV (Generalvertretung).

Zahlungszeitpunkt der Provisionen
Üblicherweise wird die zu zahlende Provision für die Vermittlungs- und Verkaufsbemühungen des Mittlers vom Hotel am Anreisetag des Kunden überwiesen bzw. diesem gutgeschrieben. Unregelmäßigkeiten und Unpünktlichkeiten führen an dieser Stelle zu einer Verweigerungshaltung des Mittlers für künftige Vermittlungen von Gästen für dieses Hotel.

11.2.2 Reiseveranstalter

Die Rolle eines Reiseveranstalters als ein weiterer indirekter Vertriebskanal kann gleich in zweifacher Hinsicht von Wichtigkeit sein. Zum einen kann ein Reiseveranstalter die gleiche Funktion und Rolle wie ein Vermittler mit allen Vor- und Nachteilen sowie Charakteristika (s. S. 246) einnehmen, wenngleich die Verkaufs- und Vermittlungsbemühungen eines Reiseveranstalters ungleich höher einzuschätzen sind, da dieser zumeist mit einer Vielzahl von Reisemittlern zusammenarbeitet und der Multiplikatoreffekt ein höherer ist.

Logos verschiedener Reiseveranstalter

Zum zweiten kann der Reiseveranstalter auch als „Produzent“ eines Aufenthalts auftreten, indem er beim Hotel Kontingente einkauft und diese unter Berücksichtigung eigener Preis- und Kostenaspekte sowie mit anderen Leistungen gebündelt wieder verkauft.

Vorteile:	Nachteile:
▶ Garantierte Abnahme und Bezahlung (abhängig vom jeweiligen Hoteleinkaufsvertrag) der Übernachtungseinheit ▶ Kein oder nur sehr geringes Risiko für die an den Reiseveranstalter abgegebene Übernachtungseinheit ▶ Werbung durch den Reiseveranstalter, teilweise Finanzierung der verkaufsfördernden Maßnahmen ▶ Hotel profitiert vom guten Image des Reiseveranstalters ▶ Produkthaftung dem Kunden gegenüber liegt zunächst einmal beim Reiseveranstalter (ergibt sich aus *§ 651 a-n BGB*)	▶ Hotelier verliert zum Teil seine „Verkaufshoheit“; das bedeutet, dass er auf die abgetretene Übernachtungseinheit keinen Einfluss mehr hat ▶ Preispolitik ist dem Hotel weitestgehend aus der Hand genommen (bisweilen sehr hohe Diskrepanz zwischen den Einkaufs- und Verkaufspreisen des Reiseveranstalters) ▶ Einschränkung durch die Meistbegünstigtenklausel, nach der das Hotel keiner dritten Partei gegenüber die Übernachtung günstiger anbieten darf, als dem Reiseveranstalter ▶ Wenig oder nur sehr geringe Einflussmöglichkeiten auf die zu erwartende Zielgruppe und die daraus resultierenden mittel- und langfristigen Nachteile oder sogar Imageprobleme

Hotelvertrag

Bei der Zusammenarbeit des Hotels mit einem Reiseveranstalter, zumal wenn der Reiseveranstalter als Produzent auftritt, ist ein schriftlicher Hotelvertrag zu empfehlen. In einem Hotelvertrag sollten geregelt sein:

- Inhalte
- Vertragsarten/Vertragsmodus

Inhalte eines Hotelvertrags zwischen einem Hotel und einem Reiseveranstalter:

- Vertragspartner
- Gültigkeitsdauer
- Bettenwechseltag und Verkehrstag (Anreisetag der Gäste)
- Vertragswährung (für den Fall dass das Seehotel „Schloss Sonnenbühl" mit einem z. B. amerikanischen Tour Operator einen Vertrag abschließt und sowohl der Euro als auch der US-Dollar als Vertragswährung zur Verfügung stehen)
- Kontingente der Übernachtungseinheiten (R/N = Room/Nights) mit der jeweiligen Spezifizierung der
  - Zimmerarten; Einzel- und Doppelzimmer, Doppelbettzimmer, Suiten, Appartements und Studios
  - Bettenarten; Doppelbett, getrennte Betten (twin-Bed-Room), Einzelbett, Wasserbett, u. v. m.
  - Verpflegung; Vollpension (AP-American Plan), Halbpension (MAP-Modified American Plan), Übernachtung und Frühstück (CP-Continental Plan) und nur Übernachtung (EC-European Plan) sowie die Spezifikationen beim Frühstück: gesetztes Frühstück oder Büfett
- Ausstattung der Zimmer
- Definierung der Saisonzeiten und die entsprechenden Einkaufpreise
- Höhe der Kinderermäßigungen
- Werbekostenzuschüsse des Hotels für die Katalogerstellung des Reiseveranstalters
- Leistungen, Rechte und Pflichten des Hoteliers
- Leistungen, Rechte und Pflichten des Reiseveranstalters
- Ausstattung des Hotels und die Benutzungsmöglichkeiten (kostenfreie und kostenpflichtige) durch die Kunden des Reiseveranstalters
- Sonderangebote
- Meistbegünstigtenklausel
- Konkurrenzklausel (Ausschließlichkeit)
- Melde- und Verfallsfristen für die gekauften oder optionierten Kontingente
- Zahlungsbedingungen und Zahlungsmodalitäten (Vorauszahlungen, Bürgschaften und Restzahlungen)
- Abrechnungs- und Kontrollverfahren
- Gerichtsstand

Vertragsarten

Die genannten Vertragsarten können unterschieden werden nach dem Grad der Bindung zwischen Hotel und Reiseveranstalter, nach dem gewünschten und angestrebten Risiko sowie nach der wirtschaftlichen Zielsetzung beider Vertragspartner. Im Wesentlichen können Fest- und Optionsverträge unterschieden werden:

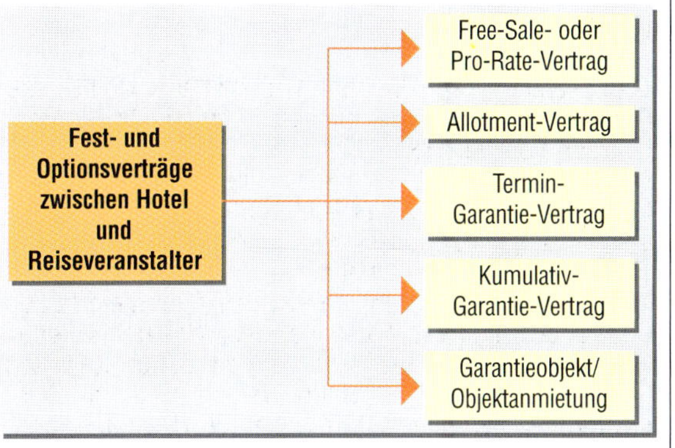

Free-Sale- oder Pro-Rate-Vertrag
Bei dieser Vertragsart wird lediglich vereinbart, dass der Reiseveranstalter Übernachtungsleistungen zu einem bestimmten und vorher festgelegten Preis für den vereinbarten Zeitraum bekommt, ohne dass eine Mindestabnahmemenge festgelegt wird. Der Vertrag basiert also auf dem Einkauf von Übernachtungsleistungen nach Bedarf. Hier ist das Risiko sowohl auf Reiseveranstalterseite als auch auf Hotelseite gering, denn der Reiseveranstalter bekommt seine Übernachtungsleistung nur bei tatsächlicher Verfügbarkeit. Diese Vertragsart wird üblicherweise nur in der Nebensaison, wenn die Nachfrage geringer ist als das Angebot, praktiziert.

Allotment-Vertrag oder Festvertrag
Hier kauft der Reiseveranstalter ein festes Kontingent an Betten- oder Übernachtungsleistungen zu einem festen Preis und zu einer vorher festgelegten und vorgegebenen Verfallsoption. Es wird vereinbart, dass beispielsweise die geblockten Bettenkontingente bis 21, 14 oder 7 Tage vor Inanspruchnahme storniert werden können. Für das Hotel bedeutet diese Vertragsform ein relativ hohes Risiko, da die Entscheidung und die Information seitens des Reiseveranstalters, ob ein Zimmer belegt wird oder nicht, relativ kurzfristig fällt und erfolgt. Die einzigen Gründe, die für diese Vorgehensweise sprechen, sind die hohe Wahrscheinlichkeit, dass die Betten tatsächlich belegt werden (wenn ein Reiseveranstalter Kontingente blockt, so im Vertrauen und aus der Erfahrung auf ein Geschäft) und die Möglichkeit, die Preise nach der Verfallsfrist zu staffeln. Je kürzer die Verfallsoption, also das Rückgaberecht der Betten- oder Übernachtungsleistungen, desto höher der Verkaufspreis seitens des Hotels. Diese Vertragsform gilt als die häufigste Variante vertraglicher Vereinbarungen zwischen Hotel und Reiseveranstalter.

Termin-Garantie-Vertrag
Der Reiseveranstalter geht hierbei die Verpflichtung ein, ein bestimmtes Betten- oder Übernachtungskontingent zu einem bestimmten Termin zu belegen. Diese Vertragsform wäre für das Hotel die ideale Absatzform, da das Risiko voll beim Reiseveranstalter liegt. Egal ob der Reiseveranstalter die Zimmer oder Betten belegen kann, er muss sie vereinbarungsgemäß bezahlen. Derartige Vertragsvereinbarungen werden jedoch nur an bestimmten, sehr nachfragestarken Terminen geschlossen (Ostern, Herbstferien, Pfingsten und Feiertage mit Brückentagen).

Hier stellt sich für das Hotel die grundsätzliche Frage, ob solche nachfragestarken Termine nicht doch selbst über den direkten Vertrieb vermarktet werden sollen oder können. Hier sollte eine Abwägung zwischen den eigenen Vertriebsaufwendungen und den Aufwendungen des Reiseveranstalters sowie unter der Berücksichtigung des Deckungsbeitrags stattfinden.

Kumulativ-Garantie-Vertrag
Hier geht der Reiseveranstalter oder auch ein anderer „Käufer" (Firmen, Tagungs-, Messe- und Kongressagenturen, Firmendienste) die Verpflichtung ein, im Laufe der Saison oder des ganzen Jahres eine bestimmte Anzahl von Betten oder Übernachtungsleistungen zu einem festgelegten Preis abzunehmen. Termine werden nicht festgelegt und die Zimmer werden nach der tatsächlichen Verfügbarkeit an den Abnehmer abgegeben.
Abgerechnet wird am Ende des Quartals oder am Ende der Saison. Auf diese Art und Weise kann sich das Hotel einen bestimmten Grundumsatz und eine Grundauslastung sichern. Bei Nichterreichung der vereinbarten Übernachtungszahlen muss der Reiseveranstalter oder Auftraggeber dennoch die vereinbarte Leistung bezahlen. Der Nachteil für das Hotel liegt in dem relativ niedrigen Verkaufspreis pro Übernachtungseinheit.

Garantieobjekt/Objektanmietung
Hier wird ein Objekt (Ferienhaus, Appartement-Anlage, Hotel) für die gesamte Saison eingekauft. Bei dieser Vertragsart wird immer pro Objekt und nicht pro Übernachtungsleistung kalkuliert. In unserem Fall, Seehotel „Schloss Sonnenbühl", würde es sich lediglich anbieten, die fünf Appartements komplett an einen Reiseveranstalter oder einen Automobilklub mit eigener Reiseveranstaltung für die gesamte Saison oder das gesamte Jahr abzutreten.
Die Problematik dieser Vertragsform besteht darin, dass bei langjährigen Verträgen das Vertriebs-Know-how des Hotels leidet, da man sich beim Vertrieb über einen gewissen Zeitraum auf Dritte verlassen hat.

11.2.3 Firmenreisedienste

Firmenreisedienste sind von ihrem rechtlichen Status Handelsvertreter, also Reisemittler. Sie organisieren im Auftrag von Firmen und/oder deren Reisestellen die Geschäftsreisen ihrer Mitarbeiter. Sie gehören oftmals zu größeren Reisebüroketten oder Reisebürokooperationen und kümmern sich zunächst einmal nur um die Geschäftsreisen ihrer Kunden.
Es bieten sich hier grundsätzlich zwei Varianten/Geschäftspotenziale an:

1. Geschäftsreisende, die in der nächsten Klein- oder Großstadt dienstlich engagiert sind, werden über die Firmendienste beworben, um beispielsweise in einer ruhigen Umgebung mit ausreichenden Sport- und Ausgleichsmöglichkeiten sowie einer Spitzengastronomie ihren Aufenthalt zu verbringen.

2. Die zweite Variante wäre die Akquisition der Kunden über die Firmendienste, also die Geschäftreisenden für private Kurzaufenthalte.

Bei beiden Varianten müsste das Hotel an den Mittler eine Provision zahlen, würde aber im Gegenzug eine Klientel mit einem hohen Multiplikator bekommen.

11.2.4 Tagungs-, Messe- und Kongressagenturen

Der Vertrieb über Tagungs-, Messe- und Kongressagenturen wäre gerade für das Seehotel „Schloss Sonnenbühl" und seine Infrastruktur (gute Erreichbarkeit über das Straßennetz, Top-Lage am See, ...) in der Nähe des Flughafens und Bahnhofs geradezu ideal für kleine Firmenveranstaltungen, Schulungsseminare für Mitarbeiter und kleine Tagungen.

Tagungs-, Messe- und Kongressagenturen können insbesondere in nachfrageschwachen Zeiten (Nebensaison, Zwischensaison) des Jahres aktiviert werden und so dem Hotel und der Gastronomie zu einem zusätzlichen Geschäft verhelfen.

Der Vertrieb über diese Tagungs-, Messe- und Kongressagenturen erfolgt üblicherweise auf der Basis von Options-Kontingenten mit einer Verfalls- und Rückgabefrist von zwischen 30 bis 7 Tage vor der geplanten Anreise der Gäste bzw. dem bevorstehenden Event.

Eine Provision ist an die Agenturen nicht zu entrichten, da diese die Übernachtungseinheiten entweder als Netto-Rate einkaufen und ihren Gewinn/Deckungsbeitrag selbst kalkulieren oder aber den Zimmerpreis als Sonderrate direkt an den Kunden weiterreichen. Das Hotel muss lediglich einer der Menge und der Saisonzeit angemessenen Preisreduktion zustimmen.

Wichtig bei der Zusammenarbeit mit Tagungs-, Messe- und Kongressagenturen ist die Regelmäßigkeit des Versands von aktuellen Angeboten, Preisen, Sonderaktionen und Auslastungen/Verfügbarkeiten durch das Hotel. Der persönliche Kontakt zwischen den Projektleitern der einzelnen Veranstaltungen sowie der Einsatz von verkaufsfördernden Maßnahmen (Gratisübernachtungen für die Projektleiter, um das Haus und die Küche kennen zu lernen, Aktivitäten und Führungen in der Umgebung) ist seitens des Hotels für die Einträglichkeit der Geschäftsentwicklung unverzichtbar.

11.2.5 Fluggesellschaften und andere Verkehrsträger

Der Vertrieb über Fluggesellschaften und andere Verkehrsträger wie Bahnbetreiber (DB), Reedereien, Busunternehmen sowie Autovermieter stellt gewissermaßen eine flankierende Vertriebsmaßnahme zu den Hauptvertriebskanälen Reisemittler und Reiseveranstalter dar.

Logos verschiedener Airlines

Dieser **Vertriebskanal** kann in zwei Varianten wahlweise alternativ oder gemeinsam genutzt werden:

- Vertrieb für und an die Mitarbeiter der o. g. Unternehmen

- Vertrieb über die Vertriebskanäle o. g. Unternehmen für Endkunden

Unternehmen, die sich für einen Vertrieb für und an die Mitarbeiter von Fluggesellschaften und andere Verkehrsträger entscheiden, haben oftmals Konzernstruktur und beschäftigen mehrere tausend oder mehrere zehntausend Mitarbeiter. Diese Unternehmen kommunizieren unter anderem mit ihren Mitarbeitern über Hauszeitungen, um sie über die neuesten Informationen aus dem Konzern zu informieren. Außerdem werden in diesen Hauszeitungen aus Gründen der Finanzierbarkeit Anzeigen und Inserate geschaltet. Folgendes Beispiel macht deutlich, mit welchem geringen Mitteleinsatz eine so positive Wirkung erzielt werden kann.

Beispiel

Die Deutsche Lufthansa, nachfolgend LH genannt, verlegt ihre Hauszeitung „Lufthanseat" alle 14 Tage in einer Auflage von ca. 100 000 Exemplaren. Ein kleines Familienhotel (mit einer ähnlichen Struktur wie die des Seehotels „Schloss Sonnenbühl") auf der Insel Phuket in Thailand inseriert mittels Anzeige einmal monatlich im „Lufthanseat" für das eigene Hotel und wirbt mit einem „Airline-Special-Price" für Angestellte und Mitarbeiter von LH.
Diese Anzeigen werden auch in den Hauszeitungen anderer europäischer Fluggesellschaften geschaltet. Nach einigen Jahren hatte dieses Hotel eine durchschnittliche Belegung von über 78 % im Jahresdurchschnitt vorzuweisen, ohne jemals an ein globales Reservierungssystem angeschlossen gewesen zu sein und über dessen Werbe- und Marketingkraft zu verfügen. Der überwiegende Teil (knapp 80 %) der Hotelgäste setzte sich aus Mitarbeitern von Fluggesellschaften und deren Partnern, Freunden und Bekannten zusammen. Neben diesen Werbeanzeigen investierte das Hotel kaum noch in andere parallele und flankierende Werbung.

Dieses Beispiel macht deutlich, wie mit der unternehmerischen Entscheidung für eine spezielle Zielgruppe mit relativ wenig Werbeaufwand und geringen Streuverlusten ein Hotel belegt werden kann.

Schon die Anzahl der Mitarbeiter der beiden zurzeit größten deutschen Verkehrsunternehmen Deutsche Lufthansa und Deutsche Bahn ergibt für ein kleines Familienhotel ein durchaus beträchtliches Potenzial an Gästen.

Hinzu kommen andere Linienfluggesellschaften, Charterfluggesellschaften, private Schienenverkehrsbetreiber, Busunternehmen, Binnen- und Hochseereedereien sowie Autovermieter.

Diese Form des Vertriebs ist abzüglich der Werbekosten und der Ermäßigungen auf den „normalen" Zimmerpreis immer noch als sehr kostengünstig einzustufen, da keine Verkaufs- und Vertriebsprovisionen anfallen.

Vorteile:	Nachteile:
▶ Anlehnung an einen „großen" Partner; profitiert von dessen Bekanntheitsgrad und Kundenvolumen ▶ Hohe Verbreitung und Auflage der Werbemittel und Werbeträger ▶ Anbindung an die internationalen Vertriebskanäle	▶ Kann durch die teuren und häufigen Werbeschaltungen für das Hotel eine kostenintensive Angelegenheit werden ▶ Durch die eigene Kalkulation des Verkehrsunternehmens kann der Übernachtungspreis höher als angemessen ausfallen, was u. U. für die Gäste zu einer ernstzunehmende Dissonanz führen würde

11.2.6 Automobilclubs

Der **Vertrieb über Automobilclubs** gilt als die mit Abstand beliebteste Form des indirekten Vertriebs für ein Familienhotel. Automobilclubs schnüren eigene **Reisepakete**, sprechen Empfehlungen aus und verfügen oft über mehrere Millionen Mitglieder, die regelmäßig mit der Klubzeitschrift als auch mit persönlichen Werbebriefen gezielt für Produkte und eigene Reisen angesprochen werden.

Darüber hinaus führen Automobilclubs auch regelmäßige Qualitätsüberprüfungen durch, wobei sie den Häusern Auszeichnungen verleihen und diese veröffentlichen. Das Hotel wird somit von einem Automobilclub empfohlen und i. d. R. mit einer Plakette gekennzeichnet.

Aufgrund der Tatsache, dass Automobilclubs oftmals eingetragene Vereine sind, steht die Gewinnmaximierung im Rahmen der Zusammenarbeit nicht im Vordergrund.

11.2.7 Tourismusämter oder Tourist-Informationen

Die **Tourismusämter** oder **Tourismus-Informationsstellen** (früher Fremdenverkehrsamt, jedoch negativ besetzt wegen des Wortbestandsteils „Fremd") sind immer noch größtenteils der Gemeinde zugeordnet. Sie werden als Betrieb (oftmals Non-Profit-Betrieb) der Gemeinde geführt, um den Ort (Kurort, Erholungsort oder ein heilklimatischer Kurort) und das Umland/Region mitsamt seinen Anbietern touristisch zu vermarkten.

Die Aufgabe dieser Ämter oder Informationsstellen ist die Bereitstellung von Informationen bezüglich Übernachtungsmöglichkeiten am Ort oder in der näheren Umgebung gegenüber Reisenden, die erst vor Ort die Möglichkeiten einer Übernachtung prüfen. Man spricht hier vom so genannten Zimmernachweis, den der Ort dem Gast gegenüber erbringen muss. Allerdings sollte bei diesem Vertriebskanal bedacht werden, dass die Mitarbeiter einer öffentlichen Einrichtung keine Empfehlungen und Bevorzugungen einzelner Leistungsträger am Ort aussprechen dürfen.

Hier helfen lediglich umfangreiche Informationen über das Hotel sowie tagesaktuelle Freimeldungen bezüglich der Verfügbarkeit der Zimmer und Betten.

Im Jahr 2006 wurde vom Deutschen Tourismusverband e.V. die „**i-Marke**" eingeführt, ein Qualitätszeichen für gute Informations- und Servicequalität in Touristinformationen. Werden 15 Mindeskriterien bezüglich Infrastruktur sowie Informations- und Servicequalität erfüllt, wird jede Touristinformation anhand eines Kriterienkataloges durch einen DTV-zertifizierten Prüfer vor Ort überprüft. Seit März 2006 wurden 270 Touristinformationen vom DTV mit der i-marke zertifiziert.

11.2.8 Tourismusverbände

Die **Vermarktung über Tourismusverbände** gestaltet sich schwierig, sollte aber dennoch als ein Kanal auf breiter Front wahrgenommen werden. Die Aktivität solcher Verbände beschränkt sich üblicherweise auf einen Ausstellungsstand auf Tourismusmessen (z. B. ITB), die Beratung der reiseinteressierten Nachfrager sowie die Herausgabe von Übernachtungsverzeichnissen und Preislisten von den einzelnen Orten und/oder der Region. An dieser Stelle lohnt sich für ein Familienhotel die Herausgabe eines einzelnen Prospekts mit vielen feststehenden Informationen und eine variable Preisliste zwecks Weiterleitung während einer Tourismusmesse an Nachfrager durch den jeweiligen Tourismusverband.

11.2.9 Hotelkooperationen

Hotelkooperationen (z. B. Best Western, Landidyll Hotels, Romantik Hotels, Leading Hotels of the World) sind Zusammenschlüsse, bei denen sich Hotels, idealerweise mit der gleichen Zielsetzung, der gleichen Unternehmensstruktur und ähnlicher Größe für eine befristete Zeit zusammenschließen um z. B. auf nachfolgenden **Kooperationsfeldern** zusammenzuarbeiten:

- Kosteneinsparung durch gemeinsamen Einkauf von Verbrauchs- und Gebrauchsgütern
- Gemeinsam Werbung betreiben; durch die Einzahlung in einen Werbetopf kann vergleichsweise besser, flächendeckender und professioneller geworben werden, als es die Möglichkeiten des Einzelnen zulassen würden
- Kosteneinsparung durch gemeinsame Dienste wie z. B. Buchhaltung, Druckereidienste oder durch Vermeidung von Mehrfach-Verrichtungen
- Gegenseitige Qualitätskontrolle
- Gegenseitige Absicherung vor den Mitbewerbern die nicht Kooperationsmitglieder sind

Kooperationen bleiben i. d. R. rechtlich und wirtschaftlich selbstständig, auch dann, wenn ein einheitlicher und gemeinsamer Kooperationsname sie verbindet.

Die Zusammenarbeit in Form von Hotelkooperationen kann folgende Motive haben:

- Vertrieb über die Vertriebsorganisation der Kooperation
- Einsparung von Kosten durch die definierten Kooperationsfelder

Vertrieb über die Vertriebsorganisation einer Kooperation stellt sich oftmals als ein für das Hotel teures Unterfangen dar. Es werden feste Umlagen für Werbung, Marketing, Verwaltung und andere organisatorische Notwendigkeiten fällig, unabhängig wie gut die Auslastung des Hauses ist. Ferner sind sowohl einmalige Eintrittsgebühren als auch laufende Gebühren zu entrichten, die sich üblicherweise nach der Anzahl der Zimmer oder Betten, Anzahl der Mitarbeiter oder ganz allgemein der Betriebsgröße richten.

Der Mehrwert für den Hotelier durch die Kooperation, insbesondere der Vertriebsmehrwert, resultiert aus der professionellen Außendarstellung, der Außenwerbung auf Messen, den Tagungen, dem Versand von Infomaterial an Tagungs-, Messe- und Kongressagenturen, Firmendienste, PR-Arbeit, gemeinsame Anbindung an ein kooperationseigenes Callcenter sowie GDS-Systeme.

11.2.10 Marketing- und Reservierungsgesellschaften

Marketing- und Reservierungsgesellschaften sind Zusammenschlüsse, die den nationalen, internationalen oder globalen Vertrieb insbesondere von Einzel-, Individual- und Familienhotels aktiv fördern. Namhafte ausschließliche Reservierungszentralen sind z. B. UTELL, HRS, SRS.

Eine Marketing-Gesellschaft und Reservierungszentrale ist z. B. die TRUST – International Hotel Reservation Services GmbH, die zur Steigenberger Hotels AG gehört.

Für ein Einzel- und/oder ein Familienhotel bedeutet die Mitgliedschaft in einer solchen Marketing- und/oder Reservierungszentrale zunächst einmal, einen **einheitlichen**, von der Zentrale vorgegebenen **Standard** einzuhalten, über bestimmte elektronische und reservierungstechnische (Online-) Einrichtungen zu verfügen und jederzeit die Qualitätsanforderung zu erfüllen. Die Kosten für eine Reservierung, die über eine solche Zentrale vorgenommen wird, sind Pauschalen die anteilig pro Reservierung oder pro Übernachtung berechnet werden und sehr hoch sein können.

Auch bei diesem Vertriebsweg muss eine genaue Kosten-Nutzen-Analyse vorgenommen werden, um sicherzustellen, dass dieser Vertriebsweg sich für das Unternehmen lohnt.

Dieser Vertriebskanal ist dann zu empfehlen, wenn das Hotel sich einen internationalen Kundenstamm und -kreis aufbauen will. Eine Leistung oder Nennung des Hotels in den Verkaufshandbüchern der Marketing- und Reservierungszentralen ist empfehlenswert, da diese in relativ hoher Auflage gedruckt und an Firmen, Vereine, Reisemittler, Fluggesellschaften und andere Verkehrsträger kostenlos versendet werden.

11.2.11 CRS – Computer-Reservation System und GDS – Global-Distribution-System

Computer-Reservierungssysteme können einen indirekten oder einen direkten Vertriebsweg darstellen. Je nach Herkunft und Quelle der Informationen, die im CRS oder GDS über ein bestimmtes Hotel gespeichert sind.

CRS – Computer Reservation Systems sind elektronische Medien zum Vertrieb von Reiseleistungen. Das CRS speichert, verwaltet, verteilt, empfängt und verarbeitet Daten von Produkten gleicher logischer Struktur, z. B. bei Hotels: Betten, Zimmer, Standort (vgl. Gruner 2002, S. 213 ff.).
Datenbanken einzelner Hotelketten, die ein weltweites Netz an Häusern haben, stellen ihr gesamtes Angebot über eine onlinefähige Datenbank auch wieder allen potenziellen Multiplikatoren (Reisebüros, Reiseveranstalter, Internet-Buchungsmaschinen) als Reservierungshilfe zur Verfügung.
Auch können die Daten aus dem CRS wiederum in ein **GDS – Global-Distribution-Systems** eingespeist werden, wodurch sich die Präsenz nochmals erhöht. Für ein einzelnes Hotel mit lediglich 150 Betten wäre ein eigenes CRS schlicht überdimensioniert und zu teuer.

Namhafte Systeme in Deutschland sind:

- START/AMADEUS (das in Deutschland am häufigsten verwendete CRS von Reisebüros und Reiseveranstaltern gehört u. a. der Lufthansa)
- SABRE/MERLIN (das zweitwichtigste CRS in Deutschland mit einer sehr guten visuellen Plattform, preisgünstig)
- GALILEO (in Deutschland an dritter Stelle, ohne touristische Plattform, wird fast ausschließlich für die Buchung von Linienflügen, Mietwagen und Hotels verwendet)
- ABACUS (amerikanisches System mit geringer Marktdurchdringung in Deutschland)

Das Hotel kann über eine Schnittstelle Informationen und aktuelle Vakanzen und Verfügbarkeiten in das System einstellen. Das GDS verlangt hierfür eine Bereitstellungsgebühr und eine buchungsabhängige Gebühr für jede Buchungstransaktion.

Da das Hotel in direktem Wettbewerb mit anderen Hotels (i. d. R. sechs Hotels pro Seite in der Auflistung) steht, empfiehlt sich eine genaue Eigenanalyse und eine klare Hotelpositionierung:

- Lage, Größe, Zielgruppen und Erreichbarkeit des Hotels
- Einzigartigkeit hervorheben
- Welche Märkte sind für mein Hotel interessant?
- Konkurrenzsituation
- u. v. m. (vgl. Gruner 2002, S. 216)

Da die CRS- und die GDS-Systeme in der Regel nicht kompatibel sind, bedienen sie sich eines Dienstleisters, der die Daten von den CRS- in die GDS-Systeme überträgt. Die Preise und Verfügbarkeiten tausender Hotels werden von der Switch Company verarbeitet. Da sich beim teilweise manuellen Abgleichen der Daten Übertragungsfehler einstellen können, sollten regelmäßig die Hotelangaben der CRS- und GDS-Anbieter überprüft werden (vgl. Gruner 2002, S. 215).

Neben der direkten Anbindung kann das Hotel auch über einen Reiseveranstalter oder ein Reisebüro, die ohnehin als Mittler auftreten, im System angeführt sein.

Der Vorteil, sein Hotel über CRS oder GDS zu vertreiben, liegt in der sehr starken und flächendeckenden Frequenz der potenziellen Nachfrager bzw. der Multiplikatoren. Globale GDS wie die oben genannten werden als Instrument des Verkaufs in mehr oder weniger unterschiedlicher Intensität weltweit eingesetzt. So kann beispielsweise auch ein Travel Agent in Tokio von der Existenz des Seehotels „Schloss Sonnenbühl“ erfahren und unkompliziert sowie schnell eine oder mehrere Übernachtungen für den Gast, der einen Urlaubs- oder Geschäftsaufenthalt in Deutschland plant, buchen.

Der Nachteil, über CRS oder GDS sein Produkt oder Dienstleistungen zu vertreiben, liegt in den relativ hohen Kosten, die an das CRS abzuführen sind und in der Eigenarbeit für die permanente Datenpflege und Aktualisierung sowie die Kosten (einmalig) für die Datenschnittstelle.

11.2.12 Selbstständige Hotelrepräsentanten

Selbstständige Hotelrepräsentanten sind rechtlich gesehen Handelsvertreter und vertreten i. d. R. Individualhotels, Kettenhotels und Hotelkooperationen. Zu ihren Aufgaben zählen Kontaktherstellung zu potenziellen Gästen, Reiseveranstaltern, Reisemittlern, Medienvertretern, Entgegennahme von Reservierungen sowie die Betreuung von Mitarbeitern von Reservierungssystemen. Kontakte zu potenziellen Gästen und die aktive Vermarktung des Hotels kann über Tourismusmessen oder aber auch die Bewerbung des Hotels in Vereinen, Verbänden und Clubs erfolgen. Aus Sicht des Hotels bietet sich dieser Absatzkanal dann an, wenn das Quellgebiet/der Quellmarkt regionalisierbar ist.

Um dies an einem Beispiel zu veranschaulichen: Viele Orte und Hotels im Oberen Vinschgau (Italien) trafen vor einigen Jahren die Entscheidung, ihr Angebot nur in bestimmten Bundesländern anzubieten, um Streuverluste zu vermeiden und die Kosten für die Werbung und Akquisition überschaubar zu halten. Diese Entscheidung wurde sodann von Hotelrepräsentanten flankierend unterstützt. Hotelrepräsentanten haben oftmals den Status eines Generalvertreters (GV) oder eines General Sales Agent (GSA) für dieses Hotel. Die Honorierung des selbstständigen Hotelrepräsentanten seitens des Hotels erfolgt zum Teil umsatzabhängig (über Verkaufsprovisionen) und zum Teil fest für bestimmte Aufwendungen.

11.3 Direkter Vertrieb

Situation

Seehotel Schloss Sonnenbühl

Nachdem das Management des Seehotels „Schloss Sonnenbühl" die Möglichkeiten des indirekten Vertriebs ausführlich diskutiert hat, stellt sich nun die Frage, welche Möglichkeiten bestehen, den Vertrieb in eigener Verantwortung auszubauen.

Direkter Vertrieb oder direkter Absatz erfolgt über weisungsgebundene Distributionskanäle und bietet sich grundsätzlich an:

- bei Produkten und Dienstleistungen mit hoher Erklärungs- und Überzeugungsbedürftigkeit (z. B. bei der Ausrichtung von Hochzeiten, Tagungen, Konferenzen oder aber bei der Nachfrage nach Wellness-, Fitness- oder Beauty-Leistungen)
- bei Produkten oder Dienstleistungen, deren Preis so hoch ist, dass eine Erstellung dieser Leistung nur bei tatsächlicher Nachfrage und Inanspruchnahme realisiert wird
- bei Produkten und Dienstleistungen, deren Abnahmekreis gering und überschaubar ist (z. B. Tagungen und Konferenzen)
- bei Produkten und Dienstleistungen, die eine hohe Transportempfindlichkeit aufweisen (z. B. bei einem externen Catering-Service oder bei der Ausrichtung anlässlich einer Feier, bei der die bereits gefertigten Speisen servierfertig transportiert werden müssen)

Im Gegensatz zum indirekten Vertrieb, bei dem zwischen Hotel und Kunden ein „Zwischenhändler" eingeschaltet ist, erfolgt beim direkten Vertrieb die Kundenansprache direkt. Der direkte Vertrieb kann erfolgen durch/über:

- Internet
- Call Center bzw. eigene Reservierungsabteilung
- internen Verkauf durch die eigenen Mitarbeiter
- Bei größeren Hotelunternehmen (Ketten und Kooperationen) durch eine eigene zentrale Verkaufsabteilung
- Direct Mailings
- interaktives TV und Shopping-Kanäle im TV

11.3.1 Internet

Das Internet ist die momentan modernste und schnellste Form, auf Preissensibilitäten von Kunden zu reagieren. Es bietet als direkte Vertriebsplattform zahlreiche Vorteile:

Vorteile:	Nachteile:
▶ kostengünstige Einpflege der Preise und Kontingente; tagesaktuelle Preise ▶ tagesaktuelle Information über die Mitbewerber im näheren als auch im weiteren Umfeld ▶ eigene Homepage mit Listung bei namhaften Buchungsplattformen und Buchungsmaschinen, z. B. www.expedia.de oder www.opodo.de oder www.hotels.com oder www.hrs.de ▶ Verlinkung der eigenen Website mit den Seiten örtlicher Unternehmen, Tourist-Information, Fremdenverkehrsverbänden der Region, Fremdenverkehrsämter benachbarter Orte, Anbieter von touristischen Leistungen	▶ mangelnde bzw. nicht mehr aktuelle Informationen zum Leistungsangebot ▶ Buchungsstatus wird fehlerhaft angezeigt ▶ Freimeldungen, obwohl das Hotel schon ausgebucht ist ▶ unprofessionelle, komplizierte und unübersichtliche Website ▶ keine dauerhafte, tägliche oder stündliche Aktualisierung

Für ein Familien- oder Einzelhotel kann das Internet sicherlich eine Alternative unter vielen darstellen, sollte jedoch nicht der ausschließliche direkte Vertriebsweg sein.

11.3.2 Außendienst und Verkaufsorganisationen

Wenn, wie im Fall des Seehotels „Schloss Sonnenbühl" die Leistungspalette umfangreicher ist (Übernachtung in unterschiedlichen Wohneinheiten, Restauration, Bankett-, Feier-, Tagungs- und Konferenzmöglichkeiten, Betreuungsleistung für Kinder, Bootsverleih), bietet sich eine eigene „Verkaufsorganisation" an. Diese Abteilung, bestehend aus einer oder mehreren Personen (in unserem Fall wird ein Mitarbeiter ausreichend sein), ist für den gezielten Vertrieb des Gesamtprodukts und der Gesamtdienstleistung zuständig. Die Abteilung kann in den Räumlichkeiten des Hotels ihrer Tätigkeit nachgehen oder aber auch räumlich vom Betrieb getrennt sein.

Viele Hotels im Ausland, die den deutschen Reisemarkt als ihren Zielmarkt definiert haben, unterhalten je nach Größe und Kapazitäten des Hauses in den jeweiligen Zielmärkten Verkaufsorganisationen. Diese sind im jeweiligen Zielmarkt für den Vertrieb des Hotels und seine Leistungen zuständig.

Zu den Tätigkeiten dieses Vertriebsmitarbeiters gehören:

- Schaltung von Anzeigen in den jeweils ausgesuchten und für gut befundenen Medien (Tageszeitungen, Publikumszeitschriften, Special-Interest-Magazine, Boulevardblätter, Anzeigenblätter)
- Beratungen und Annahme von Reservierungen sowie Zusendung von Informations- und Buchungsunterlagen
- Telefonische Nachfassaktionen bei Interessenten, die jedoch keine Buchung vorgenommen haben
- Akquisition von Firmenkunden für Tagungen, Kongresse und Betriebsfeiern
- Mailing-Aktionen in der Region für Familienfeiern, Hochzeiten und sonstige Festivitäten
- Auswertung der Aufwendungen und des Erfolgs bestimmter Werbeaktionen (Statistiken)
- Statistische Auf- und Bearbeitung von Reklamationen
- Pflege der Daten im Internet und in anderen Reservierungssystemen
- Kontakte und Vertragsverhandlungen mit den indirekten Vertriebspartnern
- Präsenz auf Touristikmessen und gegebenenfalls Fachkongresse in der Region
- Teilnahme an Feiern, Eröffnungsveranstaltungen von Betrieben, Stadtfesten mit einem Preis für die Tombola/Verlosung
- Insertion in der touristischen Fachpresse, um auch Touristikfachkräfte und Kaufleute für Tourismus und Freizeit über das Produkt zu informieren
- u. v. m.

Dieser Mitarbeiter ist somit nur für den Vertrieb und Verkauf des Hotel- und Gastronomieangebots zuständig.

Große Hotelkonzerne unterhalten eigene Verkaufsorganisationen mit einer stark arbeitsteiligen Ausrichtung und Spezialisierung der Mitarbeiter hinsichtlich:

- Reisebüros und Reiseveranstalter
- Firmenkunden
- Bankett- und Tagungen
- Key Accounts
- Mid- und Back-Office-Bereich
- Auslastungs- und Ertragssteuerung (Yield-Management)
- Pressereferenten

Zusammenfassend lassen sich folgende **Schlussfolgerungen** ziehen:

- Die Wahl des jeweiligen Vertriebskanals ist maßgeblich von der bevorzugten Zielgruppe abhängig; nicht jede Zielgruppe lässt sich flächendeckend bewerben und akquirieren.
- Die Kosten für die einzelnen Vertriebsformen sind in ihrer Höhe sehr unterschiedlich und sollten nach eigenen und individuellen Kriterien ausgewählt werden. Was sich ein Hotelkonzern an Vertriebsvielfalt ohne größere Mühen leisten kann (eben aufgrund der Masse), kann für ein Familien- oder Einzelhotel eine große finanzielle Belastung darstellen und zu gewissen Abhängigkeiten führen.
- Der Vertrieb über Reiseveranstalter führt in jedem Fall zu preislichen als auch belegungstechnischen Abhängigkeiten, die auf mittlere und lange Sicht zu qualitativen Verschlechterungen führen können.
- Nicht jede moderne und mediale Vertriebsform eignet sich, trotz der Tatsache, dass diese oftmals im Vergleich zu konventionellen Vertriebsformen sehr günstig sind, für jedes Hotel. Die Zielgruppe die angesprochen werden soll, entscheidet letztlich über die Art und die Instrumente der Distributionspolitik.

Aufgaben

1. Was beinhaltet die Distributionspolitik und warum spielt sie in der Hotellerie eine so große Rolle?
2. Unterscheiden Sie zwischen:
   - Arten der Distribution
   - Vertriebs- und Absatzkanäle.
3. Worin besteht die Besonderheit einer Hotel-Dienstleistung?
4. Nennen Sie indirekte hotelspezifische Distributionskanäle.
5. Nennen Sie Vor- und Nachteile des Vertriebs von Hotelleistungen über Reisebüros.
6. Was verstehen Sie unter Vertriebsmethoden? Zeigen Sie drei Methoden auf und beschreiben Sie diese kurz.
7. Nennen Sie Vor- und Nachteile des Vertriebs von Hotelleistungen über Reiseveranstalter.
8. Welche Vertragsarten kann ein Hotelier mit einem Reiseveranstalter eingehen? Beschreiben Sie diese.
9. Welche zwei Intentionen kann ein Hotelier über die Zusammenarbeit mit Hotelkooperationen verfolgen?
10. Wann bietet sich der Vertrieb über direkte Absatzkanäle grundsätzlich an?
11. Welche Kanäle des direkten Vertriebs bieten sich für ein Hotel grundsätzlich an?
12. Welche Tätigkeiten muss ein Vertriebsmitarbeiter eines Hotels verrichten?
13. Wann eignet sich der Vertrieb über Direct Mailings?
14. Folgern und beschreiben Sie Ihre Entscheidungen bezüglich des „richtigen“ Vertriebswegs.

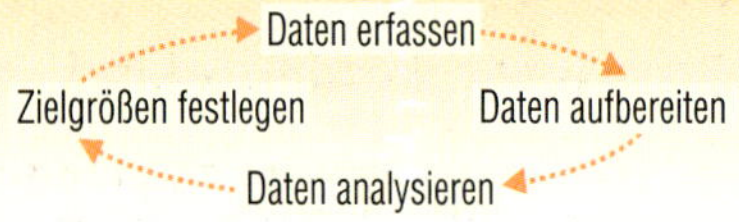

Das Bild zeigt die Bedeutung des Controllings für die Gegenwart und die Zukunft des Unternehmens als Erfahrung aus Vergangenheitswerten. Dieser Vorgang muss als selbstständiger dynamischer Prozess verstanden werden.

(Hausmann, Thomas. [Hrsg]: Rechnunsgwesen/Controlling, Hamburg 2005, S. 2)

12 Controlling

Rückläufige Umsätze in den letzten Jahren gaben dem Seehotel den Anlass, ein neues Marketingkonzept zu entwerfen. Dadurch soll eine Krise, wie sie in vielen anderen mittelständischen gastronomischen Betrieben zu beobachten ist, vermieden werden. Gegenüber dem Gast soll eine unverwechselbare Corporate Identity geschaffen werden. Chancen und Risiken dieses Vorhabens sollen durch das Controlling gleich in mehrfacher Hinsicht untersucht werden.

Trends und Entwicklungen im Gastgewerbe müssen erkannt und in die eigenen Entscheidungsprozesse eingebunden werden. Umfassende und verlässliche Informationen werden benötigt, um die Auswirkungen der geplanten Maßnahmen hinsichtlich ihrer Erfolgsaussichten beurteilen zu können. So erfolgt einerseits eine strategiekonforme Ausrichtung aller Prozesse und Ziele, andererseits werden Wirkungszusammenhänge zwischen verschiedenen Zielen und Maßnahmen deutlich.

12.1 Grundgedanken des Controllings

Situation

Seehotel Schloss Sonnenbühl

Als Mitglied der Geschäftsführung des Seehotels „Schloss Sonnenbühl" sind Sie mit den Aufgaben des Controllings beauftragt. Es stellt sich die Frage, wie erfolgreich die von der Familie geplanten Investitionen in die Renovierungen und den Ausbau des Wellness-Bereichs voraussichtlich betriebswirtschaftlich sein werden.

Sie sollen den übrigen Gesellschaftern Möglichkeiten aufzeigen, wie die Marketingmaßnahmen überprüft und wie aus den Erkenntnissen Vorgaben für eine zukünftige erfolgreiche Unternehmensführung gewonnen werden können.

Controlling zählt zu den jüngeren Entwicklungen in der Betriebswirtschaftslehre und hat aufgrund dieser Tatsache seine endgültige Ausprägung noch nicht gefunden. Ende der fünfziger Jahre hielt das Controlling Einzug in Deutschland und beschränkte sich damals noch auf eine rein buchhalterische Ex-post-Kontrolle. Seither hat es einen enormen Bedeutungswandel und eine entsprechende Aufgabenausweitung erfahren.

Betriebswirtschaftliches Steuerungskonzept	Finanzbuchhaltung	Vollkostenrechnung	Operative Planung/ Teilkostenrechnung	Operatives Controlling/ DB-Rechnung	Strategische Planung	Strategisches Controlling	Strategisches Management	Ganzheitliche Unternehmensführung
Zeitepoche	Ende 15. Jh.	Anfang 20er-Jahre	Mitte 20er-Jahre	Anfang 50er-Jahre	Ende 60er-Jahre	Ende 70er-Jahre	Mitte 80er-Jahre	Mitte 90er-Jahre
Führungsstil	autoritär patriarchalisch		Zielvorgabe		Zielvereinbarung		offene Führung	
Zielsetzung	Substanzerhaltung							
		Gewinnsicherung						
			Existenzsicherung					
				Existenzberechtigung				

Entwicklung des Controllings

Zeigt die vorstehende Darstellung die Veränderungen des Controllinggedankens, muss für mittelständische Betriebe im Gastgewerbe festgestellt werden, dass sie sich sowohl vom Steuerungskonzept als auch vom Führungsstil häufig noch auf dem Stand der 60er Jahre befinden. So muss sich Controlling von der vergangenheitsbezogenen Kontrolle zu einem zukunftsbezogenen Frühwarnsystem entwickeln, das Planabweichungen rechtzeitig zu erkennen versucht und dem Management Möglichkeiten zum Ergreifen durch entsprechende Gegenmaßnahmen einräumt. Controlling soll heute ein betriebliches Führungssystem sein, das durch Transparentmachung von Umweltbedingungen und innerbetrieblichen Strukturen sowie die Bereitstellung von Informationen einen wesentlichen Beitrag dazu leistet.

12.1.1 Controlling als betriebliches Führungssystem

Der Begriff Controlling hat sich aus dem Amerikanischen ins Deutsche ohne Übersetzung eingebürgert. Er wird zurückgeführt sowohl auf das Französische *contre rôle* (Gegenrolle) als auch auf das Englische *to control* (überwachen, beherrschen, prüfen). Diese beiden Wurzeln des Begriffs beleuchten bereits schlaglichtartig die Bandbreite der Controlleraufgaben: Sie tragen einerseits durch kritisches Hinterfragen der Planansätze und andererseits durch Überprüfung der Entscheidungsprozesse zur Erreichung der Unternehmensziele bei.

Vielfach haftet dem Controlling der Beigeschmack der Kontrolle im negativen Sinn des Wortes an und der Controller wird als Kontrolleur aufgefasst. Natürlich hat das Controlling auch eine Kontrollfunktion. Diese ist allerdings nur eine von mehreren Funktionen und vor allem im Sinne eines Soll-Ist-Vergleichs zu verstehen. Kontrolle ist stets vergangenheits-, Controlling jedoch vor allem zukunftsbezogen.

Der Bedeutungswandel des Controllings ist noch nicht abgeschlossen, was auch der Grund dafür ist, dass sich eine einheitliche Definition nicht durchgesetzt hat. Controlling soll hier verstanden werden als **zielorientierte Planung, Steuerung und Kontrolle**.

Da das Controlling auf die Erreichung der Wertziele des Unternehmens ausgerichtet ist und jeder Mitarbeiter ein fundamentales Interesse an der Erreichung dieser Ziele hat, muss somit auch jeder Mitarbeiter in das Controlling involviert sein. Controlling ermöglicht es, frühzeitig Planabweichungen festzustellen und entsprechende Gegenmaßnahmen einzuleiten. Dabei geht Controlling von dem Grundsatz aus, dass diese Abweichungen nicht als Schuldzuweisungen aufzufassen sind, sondern als Ausgangspunkt für zu ergreifende Maßnahmen. Das System des Controllings ermöglicht es, dass sich aufgrund transparent gemachter Ziele alle Mitarbeiter anhand der erreichten Ergebnisse selbst kontrollieren können.

12.1.2 Operatives und strategisches Controlling

Controlling ist auf den Wertschöpfungsprozess des Unternehmens ausgerichtet. Wertschöpfung wird durch das Erwirtschaften eines angemessenen Gewinns erzielt. Dauerhaft kann ein Gewinn aber nur erwirtschaftet werden, wenn das Unternehmenskonzept von den Gästen akzeptiert wird. In Zeiten intensiven Wettbewerbs und immer komplexer werdender Aufgabenstellungen für den Unternehmer ist die Überlebensfähigkeit eines Unternehmens in einem sich ständig verändernden Markt nur dann gesichert, wenn es in der Lage ist, das Konzept an Veränderungen im Wettbewerbsumfeld anzupassen bzw. solche selbst zu initiieren. Die langfristige Existenzsicherung eines Unternehmens setzt also ausreichende Gewinne voraus, die wiederum von der Wettbewerbsfähigkeit des Unternehmens abhängen. Diese gegenseitige Abhängigkeit zwischen operativen und strategischen Erfolgsfaktoren spiegelt sich in den beiden Teilkonzepten des Controllings wider, dem operativen und dem strategischen Controlling.

Strategisches und operatives Controlling bedingen und ergänzen sich gegenseitig. Während sich das operative Controlling an dem Planjahr und der Vergangenheit orientiert, ist das strategische Controlling auf das Erkennen von Chancen und Risiken der Zukunft ausgerichtet, also auf die Erfolgspotenziale des Unternehmens im Sinne einer systematischen Auseinandersetzung mit der Markt- und Unternehmenszukunft.

(Preißler, Peter R.: Controlling, München 2000, S. 17)

Ziel des **strategischen** Controllingprozesses ist die Existenzsicherung des Betriebes durch Ausschöpfung des Erfolgspotenzials seines Konzeptes. Bei der Entwicklung dieses Konzepts berücksichtigt die strategische Planung die Stärken und Schwächen des Unternehmens, um daraus seine Chancen und Risiken abzuleiten. Die Planung beruht auf Prämissen in Bezug auf Umfeld und eigenes Unternehmen.

Da strategische Pläne langfristige Dokumente sind, die die Richtung für mehrere Jahre vorgeben, ist die Kontrolle der Prämissen, auf denen die Planung basiert, sowie eine Beurteilung der Abweichungen notwendig. Das strategische Controlling muss also auch überprüfen, ob die Annahmen, die einer Strategie zugrunde lagen, noch richtig sind. Bei Bedarf müssen notwendige Korrekturen des strategischen Pfades identifiziert werden, um trotz Abweichungen die gesetzten Ziele dennoch zu erreichen.

In Ergänzung zum strategischen Ziel der nachhaltigen Existenzsicherung dient das **operative** Controlling der Erreichung der Ziele Wirtschaftlichkeit und Rentabilität, die nur durch einen angemessenen Gewinn erreicht werden können. Das operative Controlling befasst sich also mit Entwicklungen, die sich bereits in der Gegenwart durch Leistungen und Kosten belegen lassen. Das operative Controlling arbeitet in aller Regel mit quantitativen Vorgaben, die als Kennzahlen definiert sind. Derartige Quantifizierungen sind im strategischen Controlling schwierig. Hier geht es häufig um Planung und Kontrolle qualitativer Größen, was im Einzelfall zu Interpretationsproblemen führen kann (vgl. Preißler 2000, S. 17).

	Strategisches Controlling	Operatives Controlling
Orientierung	Umwelt und Unternehmung; Adaption	Unternehmung; Wirtschaftlichkeit betrieblicher Prozesse
Planungsstufe	Strategische Planung	Taktische und operative Planung, Budgetierung
Dimension	Chancen/Risiken Stärken/Schwächen	Aufwand/Ertrag Kosten/Leistung
Zielgrößen	Existenzsicherung Erfolgspotenzial	Wirtschaftlichkeit, Gewinn, Rentabilität

(Horváth & Partner 2000, S. 197)

Allgemein gilt folgende Verzahnung zwischen operativem und strategischem Controlling (Preißler 2000, S. 19 f.):

1. Operativ kann nur das aus der Unternehmung geholt werden, was strategisch im Unternehmen vorher geschaffen wurde.

2. Im Mittelpunkt jeder Unternehmung sollte die Existenzsicherung stehen, nicht der kurzfristige Erfolg.

3. Aber Existenzsicherung ist ohne operatives Handeln nicht möglich.

Das **strategische Controlling** erfolgt auf der Ebene von Zielen und Strategien und hat die Existenzsicherung des Unternehmens zum Gegenstand. Das strategische Controlling im Seehotel „Schloss Sonnenbühl" kann sich beispielsweise mit folgenden Fragen befassen:

- Wie werden sich die Gästebedürfnisse in den nächsten Jahren entwickeln?
- Kann das verplüschte Image durch die Renovierungen verändert werden?
- Sollen wir verstärkt in den Wellness-Bereich des Hotels investieren?
- Können wir unsere strategischen Erfolgspositionen gegenüber der Konkurrenz weiter ausbauen?

Das **operative Controlling** überprüft auf der Ebene der Maßnahmenumsetzung, ob vorher festgelegte Vorgaben auch eingehalten wurden. Es sind vor allem folgende Bereiche, die im Rahmen des operativen Controllings einer Überprüfung unterzogen werden:

- Konnten die angestrebten Preise bei den Gästen durchgesetzt werden?
- Wie hoch war der Auslastungsgrad unseres Hotels?
- Wurde eine angemessene Eigenkapitalrentabilität erwirtschaftet?
- Welcher Geschäftsbereich erzielte den höchsten Deckungsbeitrag?
- Wie hoch ist die durchschnittliche Aufenthaltsdauer unserer Gäste?

Das operative Controlling kann also auf eine Reihe von Kennzahlen, absoluten und prozentualen Werten zurückgreifen und ist somit verhältnismäßig einfach durchzuführen. Wichtiger als die reine Feststellung von Planabweichungen ist jedoch die Ursachenanalyse, um daraus für die Zukunft entsprechende Konsequenzen ziehen zu können. Controlling ermöglicht somit einen Lernprozess. Fehler der Vergangenheit werden für ein zukünftiges geändertes Verhalten genutzt.

12.1.3 Regelkreis des Controllings

Die Führungsfunktionen des Controllings lassen sich in einem Controlling-Regelkreis darstellen. Dieser Regelkreis lässt sich als ein sich selbst steuerndes (kybernetisches) System interpretieren, das sich aus der Abfolge von Zielsetzung, Planung, Durchführung, Kontrolle, Abweichungsanalyse und Steuerungsmaßnahmen ergibt. Strategisches und operatives Controlling sind im gleichen Regelkreis miteinander verknüpft, allerdings mit unterschiedlichen Ausrichtungen.

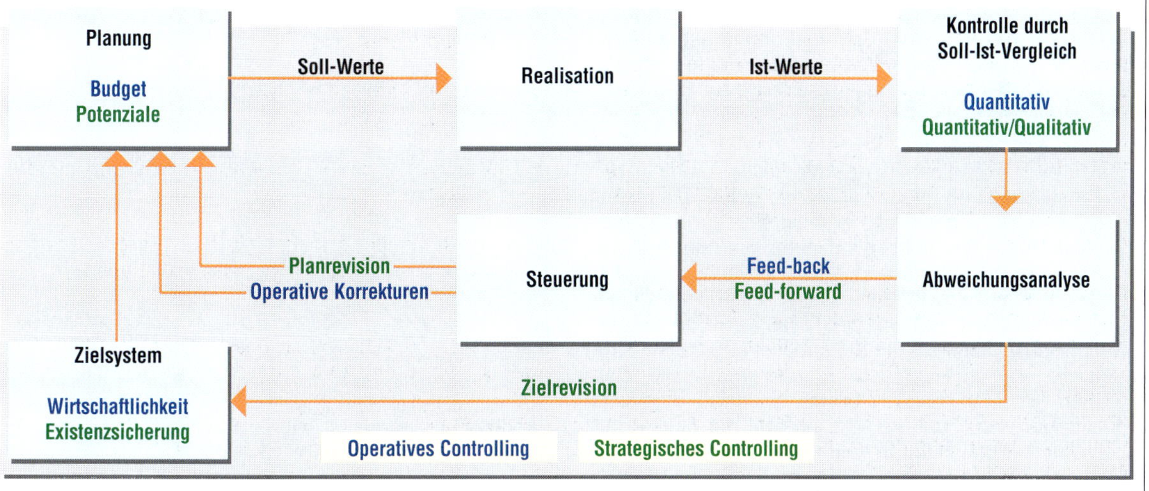

Im Regelkreis sind die Ziele gleichzeitig Ausgangs- und Endpunkt des Controllings. Festgestellte Abweichungen zwischen Zielvorgabe und Zielerreichung können einerseits bedingt durch unzureichende Informationen oder unrealistische Zielsetzungen in den Zielen selbst begründet sein, sich andererseits durch den Einfluss von Störgrößen ergeben. Aufgabe des Controllings ist es daher zunächst, sicherzustellen, dass die anzustrebenden Unternehmensziele auch realisierbar sind und in operationale Ziele übersetzt werden. Aufgrund der Komplexität der Unternehmensumwelt ist es praktisch nicht möglich, alle Einflussfaktoren, die auf die Zielerreichung einwirken, zu erfassen und zu planen. Daher wird es immer zu mehr oder weniger großen Zielabweichungen kommen, sodass Controlling einen kontinuierlichen Prozess der Synchronisation von Soll- und Ist-Werten darstellt. Neben der Zielsetzung besteht die Aufgabe des Controllings also darin, den Zielerreichungsprozess so zu steuern, dass sich das Unternehmen durch einen Lernprozess an seine Umgebung anpasst.

Der Regelkreis des Controllings basiert demnach auf einem Rückkopplungsprozess (Feed-back), in dem Abweichungen automatisch Steuerungsprozesse auslösen, um den angestrebten Gleichgewichtszustand zu erreichen und zu stabilisieren. Da das Steuerungssystem jedoch Korrekturen bereits in dem Moment veranlasst, in dem Abweichungen erkannt werden, beinhaltet der Regelkreis auch einen Vorkopplungsprozess (Feed-forward).

Durch ein zeitnahes Reagieren wird es somit prinzipiell möglich, das Wirksamwerden von Abweichungen gar nicht erst eintreten zu lassen. Die Feed-back- bzw. Feed-forward-Ausrichtung begründet einen wesentlichen Unterschied zwischen dem operativen und dem strategischen Controlling. Im **operativen Controlling** erfolgt die Gewinnsteuerung auf Basis abgerechneter Perioden bzw. fortlaufend in Form des rollierenden Forecast. Das **strategische Controlling** ist zukunftsorientiert und analysiert die Erfolgsaussichten alternativer Strategien. Ziel ist es, wenig Erfolg versprechende Strategien zu erkennen, bevor sie Mittel binden. Gegenstand der Planung müssen somit auch Alternativpläne („Schubladenpläne") sein.

12.1.4 System des Marketingcontrollings

Die operativen und strategischen Erfolgspotenziale eines Unternehmens finden ihren Niederschlag in seinem Marketingkonzept. Marketing ist also „das Führungskonzept vom Markt her" und wird mit Controlling als „Führungskonzept vom Ergebnis her" verknüpft (vgl. Meffert 2000, S. 1035). Marketing stellt einen wesentlichen Teilbereich des Managements dar. So wird diese Teilfunktion durch die spezialisierte Form des Marketingcontrollings unterstützt. Liegt die Betriebsführung in der Hand des Unternehmers, erfolgt in der Regel keine Spezialisierung auf einzelne Managementaufgaben. In größeren Unternehmen ist dagegen bedingt durch die Komplexität der Aufgaben eine Spezialisierung des Managements auf einzelne Funktionsbereiche festzustellen. In diesem Fall werden dann häufig auch spezielle Controllingabteilungen wie das Marketingcontrolling oder das Kostencontrolling gebildet.

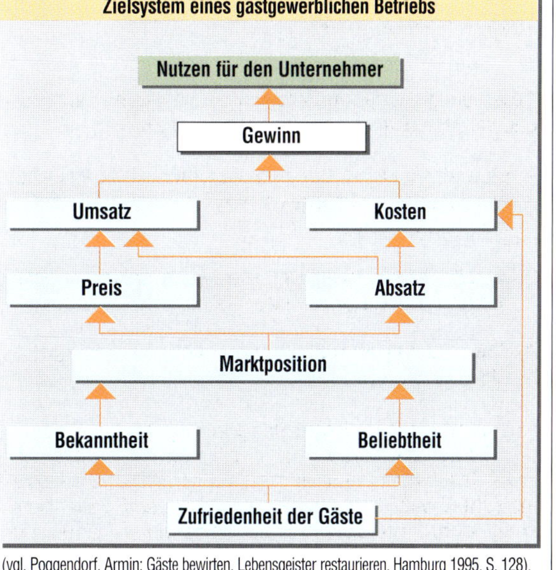

(vgl. Poggendorf, Armin: Gäste bewirten, Lebensgeister restaurieren, Hamburg 1995, S. 128).

Unabhängig von der Betriebsgröße und der Organisation des Controllings sind die Ziele des Marketingcontrollings aber identisch, da jeweils die einzelnen Marketinginstrumente und ihr Zusammenspiel im Marketing-Mix untersucht werden.

Eine der Hauptaufgaben des Marketings liegt in der Herausbildung und Pflege der Marktposition. Die Marktposition des Unternehmens gründet sich auf den emotionalen Nutzenaspekten der Gäste. Werden ihre Bedürfnisse zufrieden stellend erfüllt, erwächst aus den positiven Erfahrungen der Gäste ihre Zufriedenheit. Zufriedene Gäste tragen ihre positiven Erfahrungen weiter, so wächst auch die Bekanntheit und damit stärkt sich die Marktposition des Unternehmens. Die Zielgrößen des Marketingcontrollings sind also einerseits qualitativer Natur, andererseits besteht der Nutzen für den Unternehmer in der Erzielung eines angemessenen Gewinns. Dieser entsteht durch die positive Differenz von Umsatz und Kosten. An dieser Stelle zeigt sich der Zusammenhang zwischen den Teilbereichen Marketingcontrolling und Kostencontrolling. Die Zufriedenheit der Gäste erfordert eine qualitativ einwandfreie Leistung. Eine Steigerung der Qualität geht aber häufig mit erhöhten Kosten einher. Eine qualitativ hochwertige Leistung rechtfertigt aus Sicht des Gastes aber einen hohen Preis. Die Zielgrößen des Marketingcontrollings sind also auch quantitativer Natur. Die qualitativen und die quantitativen Zielgrößen des Marketings stehen somit in einem engen Zusammenhang. Eine aus Sicht des Gastes starke Marktposition führt zu höheren Verkaufspreisen und zu einem höheren Gewinn.

12.2 Instrumente des Marketingcontrollings

Situation

Seehotel Schloss Sonnenbühl

Als Familienmitglied des Seehotels „Schloss Sonnenbühl“, das die Geschäftsführung übernommen hat, stellt sich für Sie die Frage, ob die von Ihnen geplanten Investitionen in Renovierung und Badelandschaft voraussichtlich betriebswirtschaftlich erfolgreich sein werden oder nicht. Wie können Sie das wissen? Es stellen sich für Sie aber auch ganz andere Fragen: Wie wirtschaftlich arbeitet Ihr Personal? Wie hoch ist der Auslastungsgrad von Hotel und Restaurant? Was sind die Haupteinflussfaktoren Ihres betriebswirtschaftlichen Gewinns? Wie wird er sich in Zukunft entwickeln? Wo könnten wir morgen stehen?

Das operative Controlling zielt auf die Wirtschaftlichkeit und kurzfristige Wirksamkeit der Maßnahmen ab. Es legt seinen Schwerpunkt eher auf die Untersuchung der quantitativen Zielgrößen, das strategische Controlling eher auf die qualitativen Zielgrößen. So haben sich für beide Bereiche unterschiedliche Controllinginstrumente herausgebildet.

DuPont-Kennzahlensystem

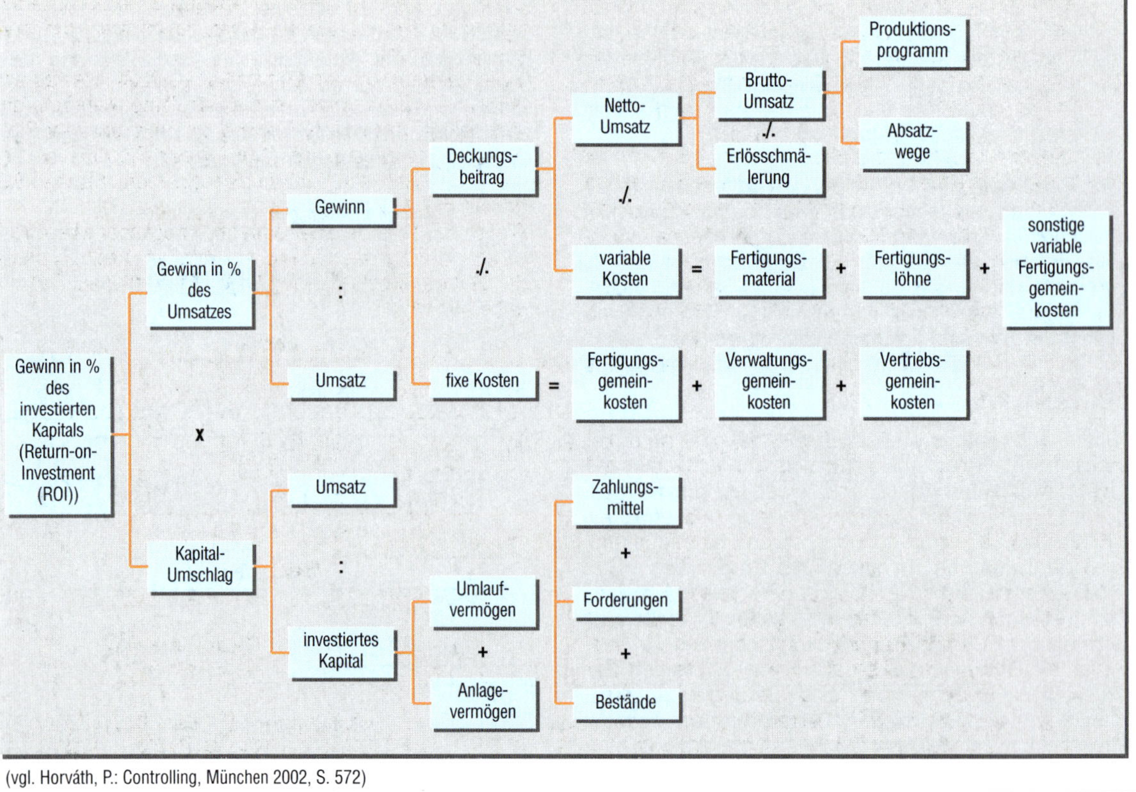

(vgl. Horváth, P.: Controlling, München 2002, S. 572)

12.2.1 Instrumente des operativen Controllings

Der Nutzen des Unternehmers liegt in der Erzielung eines angemessenen Gewinns. Angemessen ist der Gewinn dann, wenn er einen Ausgleich für die geleistete Arbeitskraft und eine Verzinsung des eingesetzten Kapitals bietet. Gewinn als Unternehmensziel ist also nicht nur in seiner absoluten Höhe, sondern auch als relative Größe in Form der Rentabilität anzustreben. Die erzielte Rentabilität beruht aber auf den verschiedensten Einflussfaktoren. So hat bereits im Jahre 1910 das Chemieunternehmen DuPont ein Kennzahlensystem entwickelt. Dieses System betrachtet als Spitzenkennzahl den Return-on-Investment (ROI). Der ROI lässt sich in zwei Größen aufteilen: in die Umsatzrentabilität und den Kapitalumschlag. Die weitere Aufteilung der Umsatzrentabilität zeigt die Kosteneinflussfaktoren auf, die Zergliederung des Kapitalumschlags informiert über das Anlage- und Umlaufvermögen. Durch die Zerlegung der Spitzenkennzahl in Teilkennzahlen ist eine systematische Analyse der Haupteinflussfaktoren des Unternehmensergebnisses möglich (vgl. Horváth 2002, S. 574).
Im Laufe der Zeit wurde dieses System weiterentwickelt und für verschiedene Branchen modifiziert. Der Zentralverband der elektronischen Industrie (ZVEI) veröffentlichte 1969 ein Kennzahlensystem, das zwei Bereiche umfasst:

- Bei der **Wachstumsanalyse** werden absolute Zahlen verglichen wie Auftragsbestand, Umsatzerlöse, Jahresüberschuss, Wertschöpfung, Mitarbeiter. Dies ermöglicht einen Überblick über Veränderungen im Unternehmen gegenüber der Vorjahresperiode.
- Die **Strukturanalyse** orientiert sich an der Spitzenkennzahl **Eigenkapital-Rentabilität**. Daraus abgeleitet, lässt sich jedes Unternehmen anhand von betriebswirtschaftlich relevanten Kennzahlengruppen analysieren, z. B. Rentabilität, Liquidität, Ergebnis, Vermögen, Kapitel.

Aus diesem industrieorientierten System muss nun ein gastgewerblicher Betrieb ein auf das eigene Haus zugeschnittenes System entwickeln. Der Umfang der zu ermittelnden Kennzahlen sollte den zu bewältigenden Arbeitsanfall berücksichtigen. Die Kennzahlenauswertung darf nicht zum Selbstzweck werden, sondern muss sich der Zielsetzung des Controllings unterordnen. Auch das Controlling verursacht Kosten und muss deshalb unter dem Gesichtspunkt der Wirtschaftlichkeit betrachtet werden.
Für das Seehotel „Schloss Sonnenbühl" könnte das Kennzahlensystem folgendes Aussehen haben:

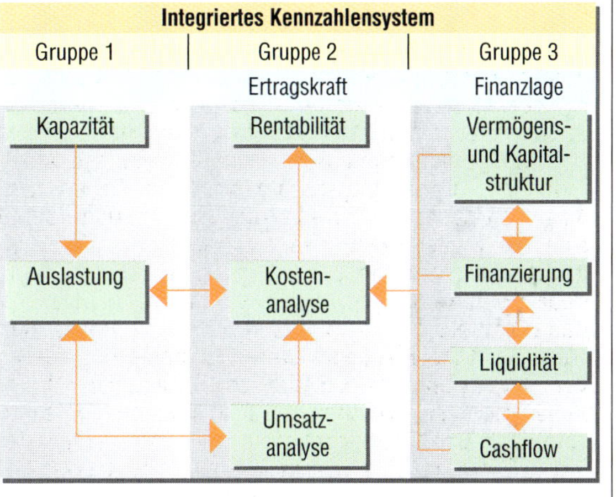

Dieses Kennzahlensystem zeigt die enge Verknüpfung der einzelnen Controllingbereiche. Die Kennzahlen der Finanzlage ergeben sich aus der Bilanzanalyse, die Ertragskraft, Kapazität und Auslastung ergeben sich aus dem Zusammenspiel von Kosten- und Marketingcontrolling.

Kapazität

Die Kapazität beschreibt die mögliche Leistungsfähigkeit eines Betriebs in zeitlicher, räumlicher und personeller Hinsicht.
Eine Berechnung der Gesamtkapazität im Restaurant erscheint nicht sinnvoll, da die Sitzplätze mehrfach am Tag belegt sein sollen. So wird die Hilfskennzahl Sitzplatztage herangezogen. Wenn jeder Sitzplatz einmal pro Tag belegt wäre, würde sich ein rechnerisches Ergebnis von 100 % ergeben.
Dieser Wert würde aber aufgrund möglicher Mehrfachbelegung nicht das Optimum darstellen, deshalb muss der Betrieb selbst festlegen, welchen Wert er als Zielvorgabe anstrebt.

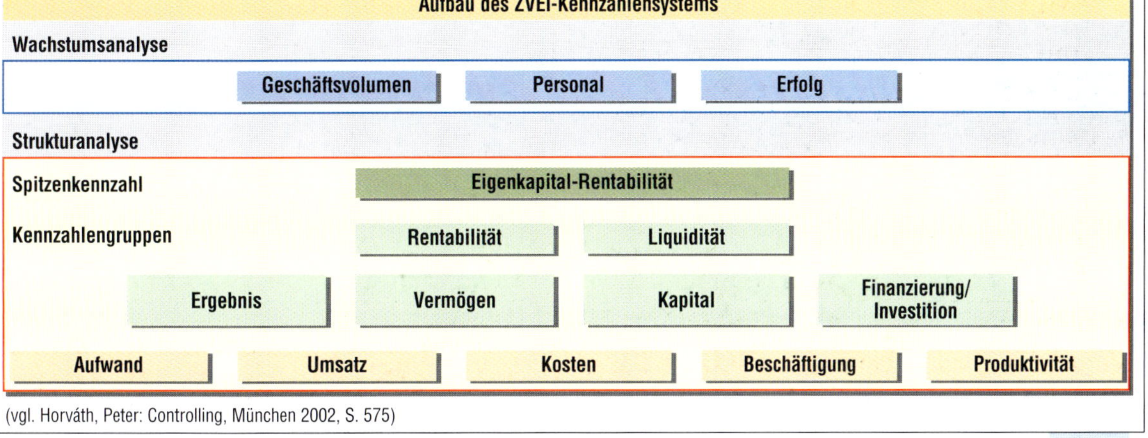

(vgl. Horváth, Peter: Controlling, München 2002, S. 575)

Seehotel Schloss Sonnenbühl

Kapazität			
Kennzahl	**Kennzeichnet...**	**Berechnung**	**Seehotel „Schloss Sonnenbühl"**
Öffnungszeit	die zeitliche Kapazität	Kalendertage ./ Ruhetage ./. Betriebsferien	365
Anzahl Vollbeschäftigter	die personelle Kapazität	Summe der Mitarbeiter Teilzeitbeschäftigte zeitanteilig, Auszubildende mit 50 %	35
Anzahl Zimmer	die räumliche Kapazität	Summe aller Hotelzimmer, Suiten und Appartements	105
Anzahl Betten		Summe der Betten nach Zimmertypen	200
Zimmerkapazität pro		Anzahl der Zimmer x Öffnungstage	38 325
Jahr Übernachtungskapazität pro Jahr		Anzahl der Betten x Öffnungstage	73 000
Anzahl Sitzplätze im Restaurant		Summe aller Sitzplätze; Terrassenplätze mit 25 %	220
Sitzplatztage		Anzahl Restaurantsitzplätze x Öffnungstage	80 300

Auslastung

Die Auslastung gibt an, in welchem Maße die mögliche Kapazität von den Gästen tatsächlich in Anspruch genommen wurde.

Die Auslastung des Beherbergungsbereichs spiegelt für das Berichtsjahr deutlich die Gästestruktur wider. Die hohe Doppelbelegungsquote zeigt, dass Paare und Familien das Haus für einen Kurzurlaub mit Wellness-Charakter nutzen. Dies führt auch zu einer vergleichsweise hohen durchschnittlichen Aufenthaltsdauer und einer noch befriedigenden Zimmer- und Bettenauslastung trotz einer eher geringen Zahl an Gästen. Gerade die Anzahl der Gäste erscheint im Zeitvergleich als besorgniserregend. Ihr Rückgang um über 7 % führt zwangsläufig zu einer geringeren Auslastung, obwohl die durchschnittliche Aufenthaltsdauer sogar noch erhöht wurde. Die Doppelbelegungsquote hat sich ebenfalls deutlich erhöht. Das bedeutet aber im Umkehrschluss, dass weniger Gäste in Einzelzimmern übernachtet haben, Zimmer, die häufig von Tagungs- und Seminargästen belegt waren. Aufgrund dieser Entwicklung wird das Bestreben unterstützt, durch eine neue Ausrichtung des Marketingkonzepts weitere gesundheitsorientierte Gästekreise zu erschließen und das Hotel für frühere Gäste wieder attraktiver zu gestalten.

Die Umsatzverringerung im F&B-Bereich des vergangenen Jahres beruhte auf einem Rückgang der Gästeanzahl, denn die anderen Kennzahlen der Restaurantauslastung haben sich analog zum Gästerückgang entwickelt. Besonders bemerkenswert ist dabei, dass nur ein Hauptgang täglich pro Sitzplatz verkauft wurde.

Seehotel Schloss Sonnenbühl

Auslastung Beherbergung				
Kennzahl	**Kennzeichnet...**	**Berechnung**	**Berichtsjahr**	**Vorjahr**
Gästeanzahl	... die Anzahl der Gäste in einem Jahr	Summe aller Gästeankünfte	11 803	12 748
Vermietete Zimmer	... die Anzahl der vermieteten Zimmer in einem Jahr	Summe aller vermieteten Zimmer	25 330	26 802
Übernachtungen	... die Anzahl der Übernachtungen in einem Jahr	Summe der Übernachtungen	40 224	40 794
Durchschnittliche Aufenthaltsdauer	... wie viele Tage ein Gast durchschnittlich im Hotel verbracht hat	$\frac{\text{Übernachtungen}}{\text{Gästeanzahl}}$	3,4 Tage	3,2 Tage
Doppelbelegungsquote	... wie viele der Zimmer (Appartements)mit zwei oder mehr Gästen belegt waren	$\frac{\text{Übernachtungen} \times 100}{\text{vermietete Zimmer}} - 100$	58,8 %	52,3 %
Zimmerauslastung	das Verhältnis der vermieteten Zimmer zur Zimmerkapazität	$\frac{\text{vermietete Zimmer} \times 100}{\text{Zimmerkapazität}}$	66,1 %	69,9 %
Bettenauslastung	das Verhältnis der tatsächlichen Übernachtungen zur Übernachtungskapazität	$\frac{\text{Übernachtungen} \times 100}{\text{Übernachtungskapazität}}$	55,1 %	55,9 %

Seehotel Schloss Sonnenbühl

Auslastung F & B				
Kennzahl	**Kennzeichnet...**	**Berechnung**	**Berichtsjahr**	**Vorjahr**
Gästeanzahl	die Anzahl der Personen im Restaurant	Gesamtsumme aller Gäste pro Jahr	102 200	107 396
Gäste je Öffnungstag	die Gästeanzahl unabhängig von den Öffnungstagen	Gästeanzahl / Öffnungstage	280	294,2
Gäste je Sitzplatz	die tägliche Auslastung der Sitzplätze	Gäste je Öffnungstag / Sitzplätze	1,4	1,5
Verkaufte Hauptspeisen	die Menge der verkauften Hauptspeisen	Gesamtsumme aller Hauptspeisen	88 330	92 400
Umschlag der Hauptspeisen	den Verkauf von Hauptspeisen unabhängig von der Öffnungszeit	Verkaufte Hauptspeisen / Sitzplatztage	1,1	1,2

Umsatzanalyse

Die Verknüpfung der verkauften Leistungen mit dem erzielten Verkaufspreis ergibt nun den Umsatz. Die Umsatzanalyse untersucht zunächst die **Zusammensetzung des Umsatzes**.
Die Umsatzentwicklung zeigt den bereits in der Analyse der Rahmenbedingungen aufgezeigten Umsatzrückgang im letzten Jahr um 5 %. Da dieser Rückgang den Logis- und F&B-Bereich gleichmäßig betraf, hat sich auch die Umsatzzusammensetzung nicht geändert.

Im nächsten Schritt untersucht die Umsatzanalyse die **Produktivität** des Betriebes. Als Ergebnis steht der Umsatz, der ins Verhältnis zu den personellen, zeitlichen und räumlichen Kapazitäten gesetzt wird.

Die Personalproduktivität soll auf den Gesamtbetrieb bezogen werden.

Seehotel Schloss Sonnenbühl

Umsatzanalyse				
Kennzahl	**Kennzeichnet...**	**Berechnung**	**Berichtsjahr**	**Vorjahr**
Logisumsatz	den Erlös durch Übernachtungen	Entnommen aus der Erfolgsrechnung der Buchführung	1 899 750,00	1 999 740,00
F&B-Umsatz	den Erlös durch Speisen und Getränke		1 205 960,00	1 269 960,00
Sonstiger Umsatz	den Erlös durch sonstige betriebliche Tätigkeiten (z. B. Bootsverleih)		58 400,00	60 270,00
Anteil Logis	das Verhältnis des Logisumsatzes zum Gesamtumsatz	Logisumsatz x 100 / Gesamtumsatz	60,0 %	60,0 %
Anteil F&B	das Verhältnis des F&B-Umsatzes zum Gesamtumsatz	F&B-Umsatz x100 / Gesamtumsatz	38,1 %	38,1 %

Seehotel Schloss Sonnenbühl

Produktivität Gesamtbetrieb				
Kennzahl	**Kennzeichnet...**	**Berechnung**	**Berichtsjahr**	**Vorjahr**
Umsatz pro Mitarbeiter	die Personalproduktivität	Gesamtumsatz / Mitarbeiter	90 403,14	95 142,00

Der Gesamtumsatz pro Mitarbeiter ist durch den insgesamt gesunkenen Umsatz rückläufig. Der absolute Wert erscheint aber durchaus befriedigend. Dies resultiert wohl aus dem hohen Anteil des Logisumsatzes, da in diesem Bereich höhere Preise erzielt werden als im F&B-Bereich.

Die zeitliche und die sachliche Produktivität werden für Logis und F&B-Bereich getrennt untersucht.

Seehotel Schloss Sonnenbühl

Produktivität Logis

Kennzahl	Kennzeichnet...	Berechnung	Berichtsjahr	Vorjahr
Logisumsatz pro Öffnungstag	die zeitliche Produktivität	Logisumsatz / Öffnungstage	5 204,79	5 78,73
Umsatz pro vermietetes Zimmer	die sachliche Produktivität	Logisumsatz / vermietete Zimmer	75,00	74,61
Umsatz pro Übernachtung		Logisumsatz / Übernachtung	47,23	49,02

Durch gesunkenen Gesamtumsatz ist bei gleicher Öffnungszeit natürlich der Logisumsatz pro Öffnungstag gesunken. Der Umsatz pro Zimmer dagegen ist gestiegen, obwohl der Umsatz pro Übernachtung gesunken ist. Dies lässt sich auf die geänderte Gästestruktur zurückführen. Es haben mehr Gäste in Doppelzimmern übernachtet, wie bereits an der Doppelbelegungsquote gezeigt. Der Umsatz pro belegtem Zimmer steigt, da ein Doppelzimmer zu einem höheren Preis als ein Einzelzimmer verkauft wird. Da der Preis aber nicht doppelt so hoch ist, sinkt der Umsatz pro Gast. Hier müsste nun das Kostencontrolling einsetzen, um zu ermitteln, welche Vermietungsart einen höheren Deckungsbeitrag erwirtschaftet.

Die Auslastung und der dadurch erwirtschaftete Umsatz zeigen den Erfolg unserer Marketingstrategie. Durch den Umsatz pro vermietetem Zimmer lässt sich aber auch unsere Preispolitik kontrollieren. Der Betrag von 75,00 Euro stellt den Nettopreis dar, den die Gäste ohne Frühstück tatsächlich bereit waren zu bezahlen. Dieser Preis wird auch als Average Room Rate bezeichnet. Die Frage lautet nun, welchen Preis das Seehotel „Schloss Sonnenbühl" eigentlich am Markt durchsetzen wollte.

Beispiel

Seehotel Schloss Sonnenbühl

Die Preise für die einzelnen Zimmerkategorien ergeben sich aus folgendem Preisverzeichnis:

Einzelzimmer	58,00 €
Doppelzimmer mit Einzelbelegung	66,00 €
Doppelzimmer mit Doppelbelegung	120,00 €
Suite mit Einzelbelegung	110,00 €
Suite mit Doppelbelegung	180,00 €
Appartement pro Person	40,00 €

Die Preise verstehen sich brutto, für das Frühstück werden pro Person 3,48 € innerbetrieblich verrechnet, Appartement ohne Frühstück. Danach hätte sich der folgende Umsatz ergeben müssen:

Zimmerart	Vermietete Zimmer	Übernachtungen	Preis in €	Umsatz in €
EZ	6 940	6 940	47,00	326 180,00
DZ als EZ	3 884	3 884	53,89	209 308,76
DZ als DZ	12 020	24 040	97,44	1 171 228,80
Suite als EZ	650	650	91,83	59 689,50
Suite als DZ	550	1 100	149,17	82 043,50
Appartement	1 286	3 610	34,48	124 427,80
Gesamt	25 330	40 224	–	1 972 878,36

Der erwartete Umsatz lag höher als der tatsächlich erzielte Umsatz. Es hätte sich ein durchschnittlicher Zimmerpreis von 77,88 Euro und ein Umsatz pro Übernachtung von 49,05 Euro ergeben sollen.

Das Seehotel konnte einen Teil der Zimmer also nur mit Rabatten verkaufen. Diese Rabatte wurden einerseits Firmen gewährt, die Tagungen und Seminare durchgeführt haben, andererseits wurden verschiedene Arrangements angeboten, die einen ermäßigten Übernachtungspreis beinhalteten.

Die Auslastung wurde dadurch zu Lasten der Average Room Rate erhöht. Solange der erzielte Zimmerpreis aber noch über den verursachten Kosten liegt, wird immer noch ein Gewinn erzielt. Preispolitisch muss allerdings in Zukunft beachtet werden, dass die Differenz zwischen veröffentlichten und erzielten Preisen nicht zu groß wird. „Mondpreise" führen bei den Gästen, die tatsächlich den veröffentlichten Preis bezahlt haben, leicht zu Unmut, wenn sie erfahren, dass andere Gäste wesentlich günstiger dieselbe Leistung erhalten haben. So wäre es eventuell ratsamer, Gästen statt einer Preisreduzierung ein Upgrade z. B. in Form einer sowieso gering belegten Suite anzubieten.

Seehotel Schloss Sonnenbühl

Produktivität F&B				
Kennzahl	**Kennzeichnet...**	**Berechnung**	**Berichtsjahr**	**Vorjahr**
Umsatz pro Öffnungstag	die zeitliche Produktivität	$\frac{\text{F\&B-Umsatz}}{\text{Öffnungstage}}$	3 304,00	3 479,34
Umsatz pro Sitzplatz	die sachliche Produktivität	$\frac{\text{F\&B-Umsatz}}{\text{Sitzplätze}}$	5 481,64	5 772,55
Umsatz pro Gast	die Verzehrgewohnheiten und das Preisniveau	$\frac{\text{F\&B-Umsatz}}{\text{Gästezahl}}$	11,80	11,83

Rückläufiger absoluter Umsatz führt auch im F&B-Bereich bei unveränderter Kapazität zu verringerter zeitlicher und sachlicher Produktivität. Auch der Umsatz pro Gast war rückläufig. Durchgeführte Preiserhöhungen haben sich nicht positiv bemerkbar gemacht, sondern die Gäste haben ihren Verzehr offensichtlich noch preisbewusster gestaltet. Diese Vermutung sollte mit einer Speisenkartenanalyse (s. S. 131) untermauert werden. Dort wird untersucht, welche Artikel von den Gästen am häufigsten gewählt wurden.

Die Umsatzanalyse zeigt also insgesamt den schon in den Rahmenbedingungen gezeigten Trend: Der Umsatz und damit auch Auslastung und Produktivität sind rückläufig. Die Gästegruppen verändern sich und werden insgesamt preissensibler.

Rentabilität

Die Spitzenkennzahl für die Ertragskraft des Betriebs ist die Rentabilität. Sie untersucht das Verhältnis des Unternehmensergebnisses zum eingesetzten Kapital. Die beabsichtigten Umbau- und Renovierungsmaßnahmen werden zwar zum Teil vom Denkmalschutzamt bezuschusst, ein großer Teil des Kapitals muss aber durch das Eigenkapital der Inhaberfamilie und Fremdkapital mithilfe einer Kreditaufnahme bei Banken aufgebracht werden. So hat in diesem Falle das operative Controlling die Aufgabe, die Ergebnisse für die momentane Rentabilität zu liefern, damit nach Abschluss der Umbauarbeiten auch deren wirtschaftlicher Erfolg analysiert werden kann. Ein höherer Umsatz und wohl auch ein höherer Gewinn sind zu erwarten. Es stellt sich aber die Frage, ob auch eine bessere Rentabilität die Folge ist.

Seehotel Schloss Sonnenbühl

Rentabilität			
Kennzahl	**Kennzeichnet...**	**Berechnung**	**Berichtsjahr**
Gesamtkapital	die Grundlage für die Berechnung der Rentabilität	Entnommen aus der Bilanz	7 875 000,00 €
Durchschnittlich eingesetztes Eigenkapital		(Eigenkapitalanfangsbestand + Eigenkapitalendbestand): 2	1 102 500,00 €
Unternehmenserfolg		Entnommen aus der Erfolgsrechnung der Buchführung	506 270,00 €
Eigenkapitalrentabilität	das Verhältnis des Unternehmenserfolgs zum eingesetzten Eigenkapital	$\frac{\text{Erfolg x 100}}{\text{Durchschnittliches Eigenkapital}}$	45,9 %
Gesamtkapitalrentabilität	das Verhältnis des Unternehmenserfolgs zum eingesetzten Gesamtkapital	$\frac{\text{(Erfolg + Zinsen) x 100}}{\text{Gesamtkapital}}$	11,6 %
Umsatzrentabilität	das Verhältnis des Unternehmenserfolgs zum Umsatz	$\frac{\text{Erfolg x 100}}{\text{Umsatz}}$	16,0 %
Kapitalumschlag	das Verhältnis des Umsatzes zum Kapital	$\frac{\text{Umsatz}}{\text{Gesamtkapital}}$	0,40
Return-on-Investment	das Verhältnis des Unternehmenserfolgs zum eingesetzten Kapital (ohne Fremdkapitalzinsen)	Umsatzrentabilität x Kapitalumschlag das heißt: $\frac{\text{Erfolg}}{\text{Umsatz}} \times \frac{\text{Umsatz}}{\text{Kapital}} \times 100$ oder durch Kürzen $\frac{\text{Erfolg x 100}}{\text{Kapital}}$	6,4 %

Aus den Kennzahlen der Rentabilität lässt sich schließen, ob es dem Unternehmen gelungen ist, ausreichenden Gewinn zu erwirtschaften, um die Existenz des Unternehmens zu gewährleisten und den Kapitalgebern eine angemessene Kapitalverzinsung zur Verfügung zu stellen.

Die Gesamtkapitalrentabilität zeigt dabei, welche Kapitalverzinsung allen Kapitalgebern ermöglicht wird. Der Zinssatz von 11,6 % liegt dabei deutlich über dem in der Erfolgsrechnung berücksichtigten Fremdkapitalzins von 6 %. So liegt die Eigenkapitalrentabilität von 45,9 % noch deutlich höher. Verglichen mit banküblichen Zinssätzen scheint dieser Wert sehr hoch zu sein. Es ist aber zu berücksichtigen, dass aus dem Gewinn des Betriebs noch die Tilgung des Fremdkapitals erfolgen muss. Ein Fremdkapital von 6 772 500,00 Euro belastet das Seehotel „Schloss Sonnenbühl" selbst bei der langfristigen Finanzierung über 20 Jahre mit einer jährlichen Tilgung von 338 625,00 Euro.
Der Restgewinn von 167 645,00 Euro erbringt im Verhältnis zum eingebrachten Eigenkapital dann nur noch einen Zinssatz von 15,2 %. Diesen Zusammenhang berücksichtigt der Return-on-Investment (ROI), der angibt, dass den Investoren 6,4 % des eingesetzten Kapitals als Zinsen für das Eigenkapital – der Fremdkapitalzins wurde in der Erfolgsrechnung berücksichtigt – und zur Tilgung des Fremdkapitals zur Verfügung stehen. Es bleibt abzuwarten, wie dieser Wert sich im nächsten Geschäftsjahr entwickeln wird, wenn die Finanzierung der geplanten Investitionen erforderlich ist.

12.2.2 Instrumente des strategischen Controllings

Während das operative Controlling vor allem Abweichungen im Zeitverlauf und von den Zielsetzungen erkennen ließ und für deren Analyse sehr hilfreich war, versucht das strategische Controlling diese Abweichungen gar nicht erst entstehen zu lassen (Feed-forward-Funktion). Das strategische Controlling ist auf das Erkennen von Chancen und Risiken im Markt unter Berücksichtigung sowohl der eigenen Stärken und Schwächen als auch derjenigen der Konkurrenz ausgerichtet. Die Instrumente, die hier Verwendung finden, haben ein hohes analytisches Potenzial und sind vor allem qualitativ ausgerichtet. Die Tatsache, dass qualitative Zielsetzungen nicht immer objektivierbar und in Kennzahlen ausdrückbar sind, stellt besondere Anforderungen an die Personen, die diese Instrumente einsetzen.
Im Wesentlichen finden dabei drei Instrumente im Rahmen des Controllings touristischer Einrichtungen häufig Einsatz: die SWOT-Analyse, die Portfolio-Analyse und das Benchmarking.

SWOT-Analyse

Die SWOT-Analyse ist ein sowohl im Marketing als auch im Controlling sehr häufig eingesetztes Instrument zur Erarbeitung von Konzeptionen mit den Teilkomponenten Ziele, Strategien und Maßnahmen.
Die SWOT-Analyse ist die Kombination einer Stärken-Schwächen- (**S**trengths-**W**eaknesses) Analyse mit einer Chancen-Risiken- (**O**pportunities-**T**hreats) Analyse. Damit kombiniert sie gleichzeitig unternehmensinterne und -externe Faktoren. Stärken und Schwächen des Unternehmens ergeben sich aus dem direkten Vergleich des Unternehmens mit seinen stärksten Wettbewerbern. Chancen und Risiken sind die unternehmensexternen Faktoren. Sie stellen die Umweltkomponente dar, die vom Unternehmen nicht oder nur in geringem Maße beeinflussbar ist.
Das Erkennen von Chancen und Risken auf der einen Seite, Stärken und Schwächen auf der anderen Seite ist wesentliche Voraussetzung der Analyse der Rahmenbedingungen für das Unternehmen (s. S. 11).
So wurde dieses Instrument bereits bei der Erarbeitung des Marketingkonzepts eingesetzt. Das Controlling hat nun die Aufgabe, die vorgegebenen strategischen Ziele zu überwachen und gegebenenfalls neu zu definieren.

Portfolio-Analyse

Die Portfolio-Analyse wurde ursprünglich entwickelt, um eine optimale Mischung von Finanzanlagen zu gewährleisten. Der Denkansatz wurde später auch auf die strategische Unternehmensplanung übertragen.
Jedes Unternehmen, das mehr als ein Angebot anbietet, steht vor den Fragen: Welches Angebot ist mit welchen Prioritäten zu versehen, sind wir auch in Zukunft noch wettbewerbsfähig, ist unsere Angebotspalette zu groß oder zu klein. Ziel der Portfolioanalyse ist es, ein optimales Mischungsverhältnis der einzelnen Marktengagements eines Unternehmens zu finden und damit langfristig die Existenz des Unternehmens abzusichern.
Diese Fragen wurden ebenfalls bereits bei der Betriebsanalyse (s. S. 65) ausführlich erörtert.

Benchmarking

Die Konkurrenzanalyse wurde für das Seehotel bereits in Form des Benchmarkings durchgeführt (s. S. 61 ff.).

12.3 Qualitätskontrollen

Situation

Seehotel Schloss Sonnenbühl

Das Seehotel „Schloss Sonnenbühl" hat im Rahmen des Package-Angebots „Wintertraum" Qualitätskontrollen durchgeführt (s. S. 119). Bei einem Mitarbeiter-Meeting erläutert die Unternehmensleitung dazu Folgendes:
„Liebe Mitarbeiter, wir wollten mit unserem Pauschalangebot „Wintertraum" sowohl Stammgäste als auch neue Zielgruppen ansprechen, die die Leistungen unseres Hauses noch nicht kennen. Wir haben deshalb umfangreiche Qualitätskontrollen durchgeführt, um einerseits eine noch höhere Gästebindung zu erreichen und andererseits Schwachstellen, die mittel- und langfristig zu einer Qualitätsminderung führen könnten, aufzudecken. Ich danke auch Ihnen ganz besonders für Ihre Unterstützung bei den getroffenen Maßnahmen zur ergebnisorientierten Qualitätskontrolle in den verschiedenen Unternehmensbereichen".

Marketingkontrolle gilt als die „systematische, kritische, unvoreingenommene Überprüfung und Beurteilung der grundlegenden Ziele und der Politik des Marketings sowie der Organisation, Methoden und Arbeitskräfte, mit denen die Entscheidungen verwirklicht und Ziele realisiert werden sollen" (vgl. Meffert 2000, S. 1035 f.) und kann als Kopplungssystem zwischen Hotelunternehmen (Tourismus) und Umfeld (Zielgruppen, Konkurrenten) verstanden werden.

Das moderne Management eines gastgewerblichen Unternehmens ist in ein komplexes, dynamisches Umfeld eingebettet (s. S. 11). Deshalb müssen Trends und Entwicklungen im **eigenen Verantwortungsbereich** (z. B. differenzierte Zielgruppen), **in der touristischen Branche** (flexible Nachfrage nach touristischen Leistungen, variable Freizeitnutzung u. a.) und **in der gesamten Wirtschaft** erkannt und wirksam in die unternehmerischen Entscheidungen eingebunden werden. Folge ist, dass alle Marketing-Aktivitäten im Hinblick auf ihre Zielerreichung und Zielrichtung in ein permanentes, systematisches Kontrollsystem eingebunden werden. Dabei steht die Marketing-Qualitätskontrolle (Diagnose) in einer engen Beziehung zur Marketingplanung (Prognose). Eine reine Gegenüberstellung vorgegebener Plandaten mit tatsächlich erreichten Ergebnissen kann allerdings nicht ausreichen, da sich auf diesem Wege zwar Abweichungen, nicht aber deren Ursachen erkennen lassen (vgl. Böcker 2003 S. 25 ff.). Es können folgende Funktionen der Qualitätskontrolle differenziert werden:

- **Sicherungsfunktion**
  Durch Reduzierung der Planungsunsicherheit in der Planungsphase (der Komplexität der Planungsdaten);
- **Initiierungsfunktion**
  Vermittlung von systematischen Informationen über besondere Vorkommnisse (z. B. über zeitliche, sachliche, formale und zieladäquate Verrichtung von Tätigkeiten im Arbeitsablauf/bei Aktionen);
- **Lernfunktion**
  Erleichterung und kontinuierliche Verbesserung der zukünftigen Marketingplanungen mithilfe der Kontrolldaten.

Für **Qualitätskontrollen** in der Hotellerie lässt sich feststellen, dass nur bei **ergebnisorientierten Kontrollen** mehrheitlich auf operationalisierte, meist quantifizierte Sollwerte zurückgegriffen werden kann, während bei den Bezugsgrößen des **Marketing-Audits** lediglich **Unternehmensnormen** bzw. -standards zugrunde gelegt und verglichen werden können. Der Prozess der Qualitätskontrollen lässt sich dennoch – stark vereinfacht – in folgenden Schritten beschreiben:

- **Festlegung von SOLL-Werten bzw. Standards**
- **Ermittlung von IST-Werten**
- **Vergleich der SOLL-Werte mit den IST-Werten**
- **Abweichungsanalyse: SOLL-Werte/IST-Werte**
- **Maßnahmen (Marketing-Revision = Marketing-Audit) aufgrund der Abweichungsanalyse.**

Der Begriff der Kontrolle führt zu Abgrenzungsproblemen mit dem englischen Begriff Controlling (s. S. 257). Kontrolle befasst sich mit der Überwachung eines laufenden Vorgangs (z. B. in der Küche: Kontrolle des Garzustands eines Gerichtes; im Magazin: Inventur im Rahmen der Lagerbestandskontrolle; auf der Etage: Arbeitsergebnisse der Housekeeping-Mitarbeiter/innen). Werden im Rahmen der Kontrolle Abweichungen von den Vorgaben gefunden, werden die Fehler gesucht, die zur Abweichung von der Vorgabe geführt haben bzw. die Verantwortlichen ermittelt. Dadurch ist der Begriff Kontrolle vergangenheitsbezogen und bewertet eine Überwachung.

Im Rahmen dieses Kapitels geht es um Maßnahmen der ergebnisorientierten Marketing-Qualitätskontrolle, d. h. um die Messung und Bewertung materieller vergangenheitsbezogener Leistungsbestandteile (mithilfe von Primär- und Sekundärerhebungen).

Qualitätssicherung des Leistungsangebots

Preispolitische Maßnahmen oder Werbeaktionen führen nicht zwingend zu einer Steigerung der Geschäftstätigkeit, ganz besonders dann nicht, wenn die Ursache eines bestehenden Leistungs- oder Auslastungsdefizits am Produkt selbst bzw. an der Produktqualität liegt. Eine Lösung dieses Problems bietet sich nicht dadurch an, von einer bestehenden Hotelkategorie durch Aufstockung des Angebots auf die nächst höhere Qualitätsebene zu gelangen (z. B. von 4-Sterne-Superior auf 5-Sterne), sondern in der relevanten Kategorie einen höheren Qualitätsstandard anzustreben.

Gästenutzen ist immer das Spiegelbild von Gästezufriedenheit: Wenn Gäste ausbleiben, liegt die Ursache der Unzufriedenheit i. d. R. an Qualitätsmängeln bestimmter Leistungsbereiche. Das heißt aber auch, dass zufriedene Gäste zweimal zur Auslastungssteigerung beitragen, nämlich durch

- Weiterempfehlung und
- Loyalität gegenüber dem Unternehmen

als wiederkehrender Stammgast. Dabei wird das Problem der Definition von Qualität offensichtlich. Die sachbezogene Produktqualität lässt sich leicht an festgeschriebenen Standards (Rezepturen, Arbeitsabläufen, Checklisten) messen. Bei sachbezogenen Dienstleistungen stellen sich Qualitätsansprüche aus zweierlei Sicht:

- physisch materielle Leistungsbestandteile
- Servicequalität der Mitarbeiter (s. S. 73)

Jeder dieser Faktoren sollte den Erwartungen der Gäste entsprechen; eine Gewichtungsebene könnte individuell unterschiedlich sein, insgesamt aber als ausgeglichen erwartet werden. Ein schneller, freundlicher, fachkompetenter Service allein kann schlecht zubereitete, minderwertige Speisen oder abgewohnte Hotelzimmer nicht aufwiegen. Ein günstiger Preis wiederum kann nur kurzfristig etwaige Produkt- oder Servicedefizite überdecken.

Ergebnisorientierte Qualitätskontrollen lassen sich nach ihrem Umfang bzw. der Anzahl der untersuchten absatzpolitischen Instrumente in **gesamtmixbezogene** und **submixbezogene** (auf einzelne Produktsegmente ausgerichtete) Qualitätskontrollen differenzieren. In beiden Fällen kann eine weitere Differenzierung in folgende Leistungskontrollen erfolgen:

1. **Ökonomische Qualitätskontrollen**, (s. rechte Spalte) bewerten primär die wirtschaftliche Situation des Unternehmens und seiner unterschiedlichen Leistungssegmente, z. B. Umsatzexpansion, Umsatzerhaltung, Marktanteil, Gewinnziele. Kurz-, mittel- und langfristige Vergleiche erfolgen auch mithilfe von Kennzahlen.

2. **Leistungsbezogene Qualitätskontrollen** (s. S. 270) bewerten die psychischen Charakteristiken der tatsächlichen/potenziellen Nachfrager nach Hotel- oder Tourismusleistungen, z. B. Verbesserung des Informationsstandes von Gästen, Verbesserung des Images, Verbesserung des Qualitätsniveaus, Weckung von Bedürfnissen, Schaffung von Präferenzen.

12.3.1 Ökonomische Qualitätskontrollen

Ergebnisorientierte ökonomische Qualitäts- und **Leistungskontrollen** werden i. d. R. in Form von Vergleichsrechnungen durchgeführt. Durch die systematische, neutrale Prüfung und Überwachung der aus dem Vergleichsprozess (-zeitraum) gewonnenen Erkenntnisse wird auf allen Ebenen des Unternehmens eine **ökonomische Denkweise aller Mitarbeiter** bei den Unternehmensaktivitäten forciert. **Vergleichsrechnungen** können **extern** oder **intern** durchgeführt werden.

Externe Vergleichsrechnungen

Externe Vergleichsrechnungen (Konkurrenzvergleiche sowie lokale, regionale, nationale Branchendurchschnittswerte u. a.) können mit externen gastgewerblichen Unternehmen durchgeführt werden, die in einer gleichen Größenstruktur einen ähnlichen Leistungsumfang bieten. Zur Ermittlung dieser Vergleichsdaten bietet sich ein Rückgriff auf die in zweijährigem Turnus erstellten Hotelbetriebsvergleiche an, die vom DEHOGA und dem Deutschen Wissenschaftlichen Institut für Fremdenverkehrsforschung an der Universität München (DWIF) herausgegeben werden. Eventuell können Vergleichszahlen auch direkt durch Betriebsberatungen gewonnen werden (einmalig, fallweise oder als kontinuierlicher Prozess). Ziel muss es sein, den eigenen Betrieb mit möglichst vielen erfolgreichen Mitbewerbern zu vergleichen (vgl. Benchmarking, S. 65).

Seehotel Schloss Sonnenbühl

		Kostenanalyse – Betriebsvergleich			
		Seehotel Schloss Sonnenbühl		Vergleichsbetrieb	
		absolut in €	in %	absolut in €	in %
	Gesamtumsatz	**1 880 400,00**	100,0 %	**2 027 200,00**	100,0 %
./.	Warenkosten	489 200,00	26,0 %	420 400,00	20,7 %
=	**Rohgewinn**	**1 391 200,00**	**74,0 %**	**1 606 800,00**	**73,9 %**
./.	Personalkosten	473 200,00	25,2 %	650 800,00	32,1 %
./.	Energiekosten	117 200,00	6,2 %	91 200,00	4,5 %
./.	Steuern, Gebühren, Beiträge, Versicherungen	54 800,00	2,9 %	38 600,00	1,9 %
./.	Sonstige Betriebs- und Verwaltungskosten	213 000,00	11,3 %	229 000,00	11,3 %
=	**Betriebsergebnis I**	**533 000,00**	**28,3 %**	**597 200,00**	**29,5 %**
./.	Miete, Pacht, Leasing	6 000,00	0,3 %	6 000,00	0,3 %
./.	Instandhaltung	63 200,00	3,4 %	69 000,00	3,4 %
./.	Abschreibungen	83 200,00	4,4 %	81 000,00	4,0 %
./.	Zinsen	99 800,00	5,3 %	113 600,00	5,6 %
=	**Betriebsergebnis II**	**280 800,00**	**14,9 %**	**327 600,00**	**16,2 %**
+	Neutrale Erträge	12 100,00	0,6 %	–	0,0 %
./.	Neutrale Aufwendungen	8 600,00	0,5 %	–	0,0 %
=	**Unternehmensergebnis**	**284 300,00**	**15,1 %**	**327 600,00**	**16,2 %**
./.	Neutrale Erträge	12 100,00			
+	Neutrale Aufwendungen	8 600,00			
./.	Kalkulatorische Miete	120 000,00			
./.	Kalkulatorischer Unternehmerlohn	95 200,00			
./.	Kalkulatorische Abschreibungen	1 600,00			
./.	Kalkulatorische Zinsen	64 918,40			
=	**Betriebsergebnis aus der Abgrenzungstabelle**	**918,40**			

Im Rahmen einer **vertikalen Betriebsanalyse** werden nur solche Betriebe miteinander verglichen, die im Hinblick auf die strukturellen Aspekte vergleichbar sind. In der Regel sollte mindestens auf die Identität der folgenden Strukturbedingungen geachtet werden:

- Standortbedingungen
- Betriebsform (Eigen- oder Pachtbetrieb)
- Qualitatives Leistungsniveau
- Betriebsgröße (nach Betten, Markt- und Produktsegmenten, Personal)
- Gesamtöffnungszeiten

Im Rahmen der **horizontalen Analyse** werden strukturungleiche Hotelbetriebe miteinander verglichen, um Aussagen darüber machen zu können, wie sich eine Veränderung der betriebspolitischen Parameter (Betriebsgröße, Leistungsangebot) auf den Betriebserfolg auswirkt.

Interne Vergleichsrechnung

Die **interne Vergleichsrechnung** kann als einmaliger Soll-Ist-Vergleich durch Gegenüberstellung der aktuellen Planungsgrößen (Soll-Vorgaben) mit den tatsächlich in der Planungsperiode erreichten Ist-Werten als Einperiodenbetrachtung vorgenommen werden (Leistungsergebnisse: Umsatz, Erlöse, Leistungen der Hauptkostenstellen bzw. Segmentergebnisse u. a.). Die interne Vergleichsrechnung kann sowohl auf der Grundlage gesamtmix- als auch submixbezogener Variablen durchgeführt werden. Die Vergleiche beziehen sich auf die Kosten-, Umsatz- und Absatzentwicklung insgesamt, auf einzelne Teilmärkte (Zielgruppen), auf die Leistungsfähigkeit einzelner Abteilungen (Hotel, Restaurant) oder auf die Qualitätsentwicklung in allen/in einzelnen Leistungsbereichen.
Mithilfe einer Gegenüberstellung ausgewählter vergangenheitsbezogener betriebsinterner Vergleichsdaten kann ein **Mehrperiodenvergleich** durchgeführt werden.

Erfolgt eine grundlegende Umgestaltung eines Hotelunternehmens, z. B. von einem traditionellen Hotel mit Produktsegmenten Hotel/Restaurant in ein gesundheitsorientiertes Hotel mit differenzierten Produktsegmenten (Restaurant, Wintergarten, Cocktail-Lounge, Coffee-Bar, Wellness & Spa, Sport- und Tagungsangeboten u. a.) kann ein Mehrperiodenvergleich erst ab dem Zeitpunkt der Änderung einsetzen.

Der **Umsatz** ist die zur Überprüfung der **Marketing-Gesamtmixwirkung** am häufigsten herangezogene Kontrollgröße: Die Möglichkeit, aus der Marketing-Planung relativ leicht die Höhe des prognostizierten Gesamtumsatzes ermitteln zu können und problemlos sowie kostengünstig die Erfassung der tatsächlich erreichen Ist-Werte aus der internen Betriebsstatistik durchzuführen, sind wesentliche Gründe dafür. Allerdings kann die isolierte Betrachtung des Gesamtumsatzes, der nicht den eigenen Deckungsbeitrag bzw. die Konkurrenzumsätze betrachtet, zu Fehlinterpretationen führen. Auch lassen sich durch die undifferenzierte Betrachtung kaum Hinweise auf Stärken und Schwächen bzw. die Entwicklung einzelner Unternehmensbereiche, ihrer Leistungsmöglichkeiten und -reserven erkennen (s. S. 61).

Gastronomische Kennzahlensysteme

Die ergebnisorientierte Vergleichsrechnung ermöglicht durch Rückgriff auf die aus dem betriebsstatistischen Datenmaterial gewonnenen Kennzahlen, sowohl die Produkt- und Serviceleistungen, die Marktposition und den Stand der Produktentwicklung eines Unternehmens zu beurteilen. Die einmalige Berechnung einer Kennzahl besitzt eine geringe Aussagekraft:

Konkrete Aussagen über ein Unternehmen sind erst durch die Kombination mehrerer Kennzahlen, die in Beziehung zueinander stehen, aufeinander aufgebaut sind und sich gegenseitig erklären, erforderlich.

Interne Vergleichsrechnungen zeigen sowohl die zeitliche Entwicklung der Kennzahlen als auch die Form der Übereinstimmung zwischen den tatsächlich ermittelten Ist-Zahlen und den budgetierten Soll-Zahlen.

Seehotel Schloss Sonnenbühl

Kennzahlenvergleich: Restaurant Seeterrasse **Datum: 10.10.20..**

Wöchentliche Analyse des Personalaufwands (nach Kostenstellen): Food & Beverage

Speisen-Erlöse = 68.000,00 EUR			Anzahl der bedienten Gäste: 1 900			
Kennzahl	**Chef de rang**	**Commis**	**Commis**	**Spüler**	**Buffetier**	**Gesamt**
Personalaufwand (EUR)	**1 420,40**	**3 352,40**	**3 352,40**	**784,00**	**672,00**	**9 756,80**
Arbeitsstunden (Anzahl)	108	198	198	56	42	572
Arbeitsstunden pro Kostenstelle (%)	18,88 %	34,62 %	34,62 %	9,79 %	7,34 %	100,00 %
Personalaufwand vom Speisenerlös (%)	2,09 %	4,93 %	4,93 %	1,15 %	0,99 %	14,35 %
Personalaufwand (PA) pro Kostenstelle (%)	14,56 %	34,36 %	34,36 %	8,04 %	6,89 %	100,00 %
PA pro Arbeitsstunde in EUR	13,15	16,93	16,93	14,00	16,00	17,06
Speisenerlös pro A.-Std.(EUR)	629,63	343,43	343,43	1 214,29	1 619,05	118,88
Bediente Gäste pro A.-Stunde (Kennzahl)	17,59	9,60	9,60	33,93	45,24	3,32
PA pro bedientem Gast (EUR)	0,75	1,76	1,76	0,41	0,35	5,14

12.3.2 Leistungsbezogene Qualitätskontrollen

Hotel- und Restaurantgäste werden mit einem bestimmten **Qualitätsversprechen** umworben. Um Unzufriedenheit durch nicht erfüllte Erwartungen zu vermeiden, muss dem Gast ein entsprechend hohes Maß an Produkt-, Dienstleistungs- und Servicequalität offeriert werden.

Da nicht erfüllte Erwartungen langfristig in Erinnerung bleiben, ist die Einhaltung des Qualitätsversprechens eng verknüpft mit einer systematischen **Qualitätskontrolle**. Kontinuierlich durchgeführte Qualitätskontrollen geben frühzeitig **Hinweise** auf **Schwächen** (während ökonomische Leistungskontrollen erst bei rückläufiger Umsatzentwicklung Schwächen erkennen lassen, s. S. 268).

Integriertes Qualitätssicherungskonzept für Hotellerie und Gastronomie

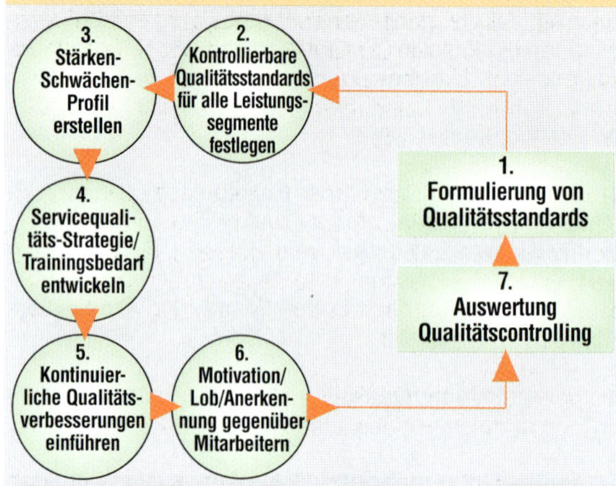

Seehotel Schloss Sonnenbühl

3-Phasen-Modell: Leistungsprozesse als Indikatoren der Dienstleistungsqualität

Teilqualitäten / Qualitätsdimensionen	Potenzialqualität (erwartete Qualität)	Prozessqualität (erfahrene Qualität)	Ergebnisqualität (erhaltene Qualität)
Tech-Dimension (Was?) „Hardware“	▶ Gebäude- und Raumausstattung ▶ Technische Betriebsausstattung ▶ TQM, Gütesiegel ▶ Ausbildung der Mitarbeiter	▶ Technische Fertigkeiten ▶ Formale Leistungsabläufe ▶ Zeitdauer der Arbeitsabläufe	▶ Funktion aller Teilqualitäten ▶ Dauerhaftigkeit der Qualitätswirkung ▶ Nachhaltigkeit der Qualitätswirkung ▶ Betriebswirtschaftliche Folgen ▶ Folgeleistungen
Touch-Dimension (Wie?) „Software“	▶ Gestaltung der materiellen Produktionsfaktoren ▶ Image ▶ Bekanntheit ▶ Aussehen und Persönlichkeit der Mitarbeiter ▶ Referenzen ▶ Preisgestaltung ▶ Auszeichnungen	▶ Atmosphäre ▶ Ambiente, Klima ▶ Einstellungen und Verhalten der Mitarbeiter ▶ Kommunikation ▶ Teamarbeit ▶ Betriebsklima ▶ Dienstleistungskultur ▶ Erreichbarkeit	▶ Erklärung der Dienstleistung ▶ Zufriedenheit ▶ Kommunikative Nachbetreuung ▶ Beschwerdemanagement
Technokratische Ansätze Standards Normen	▶ Standards bei der Mitarbeiterakquisition ▶ Standards der Leistungsbewertung	▶ Standardisierte Analyseabläufe	▶ Standardisierte Formen der Ergebnisberichte (TQM, Handbücher (Manuals), Meetings
Strukturorientierte Ansätze Umsetzung in funktionale Bereiche	▶ „Practice Groups“ ▶ Qualitätszirkel ▶ Projektteams	▶ Teamorientierung ▶ Kommunikation	▶ Fachpromotoren ▶ Geregelte Qualitätsbewertung ▶ Zuständigkeiten bei der Qualitätskontrolle
Kulturorientierte Ansätze	Qualitätsphilosophie als Unternehmenskultur		
	▶ Wissensschulung	▶ Verhaltensschulung ▶ Kommunikationstraining	▶ Verpflichtung zur Implementierung

Freyer definiert Leistungsqualität als komplexes System von Leistungsprozessen und -ebenen. Verglichen werden die drei zeitbezogenen Leistungsphasen Potenzialphase (erwartete Qualität), Prozessphase (erfahrene Qualität) und Ergebnisphase (erhaltene Qualität) sowie weitere anbieter- und nachfragerbezogene Qualitätsdimensionen (s. S. 75).

Gegenstand von Qualitätskontrollen sind sowohl **Produkt-** und **Dienstleistungen** sowie Serviceleistungen der Mitarbeiter. Die sich aus dieser Differenzierung ergebenen sachleistungs- und mitarbeiterbezogenen Qualitätskontrollen müssen folgenden Kriterien Rechnung tragen (s. S. 73):

- Bewertung der Qualitätsleistungen in allen externen Hotelbereichen (Gastkontaktbereichen)
- Aufdecken detaillierter Qualitätsprobleme in allen Leistungsbereichen und deren sofortige Beseitigung
- Einheitliche Formulierung von Qualitätsstandards
- Erkennen von Qualitätsverbesserungen und -verschlechterungen
- Erkennen differenzierter Möglichkeiten zur qualitätsbewussten Mitarbeiteraus- und -weiterbildung.

Durch die differenzierten Produktangebote in Hotellerie und Tourismus ist eine **weitreichende Trennung** der einzelnen **Kontrollbereiche** unerlässlich, um repräsentative Ergebnisse zu erhalten und konkrete Schwachstellen oder auch Stärken innerhalb des Unternehmens aufzudecken.

Die Ermittlung der Kontrolldaten kann durch **Befragung** der **Hotelgäste**, gezielten Einsatz von **Testgästen** sowie durch Befragung von **Reiseveranstaltern** oder **eigenen Mitarbeitern** erfolgen. **Schriftliche Qualitätskontrollen** werden mithilfe von **Gästefragebögen, Checklisten** und **Kundenkontaktberichten** durchgeführt, die intern von der Abteilung Marketing-Sales-Controlling oder von anderen internen/externen Kontrollorganen ausgewertet werden (s. S. 42).

Als Maßstab jeder Qualitätskontrolle gelten die **idealtypischen Vorstellungen** des Gastes über das Unternehmen. Um sicherzustellen, dass den subjektiven Qualitätserwartungen weitgehend entsprochen wird, sollten die **(Image-)Kontrollen** primär aus der Sichtweise des Gastes erfolgen.

Leistungsbezogene Qualitätskontrollen

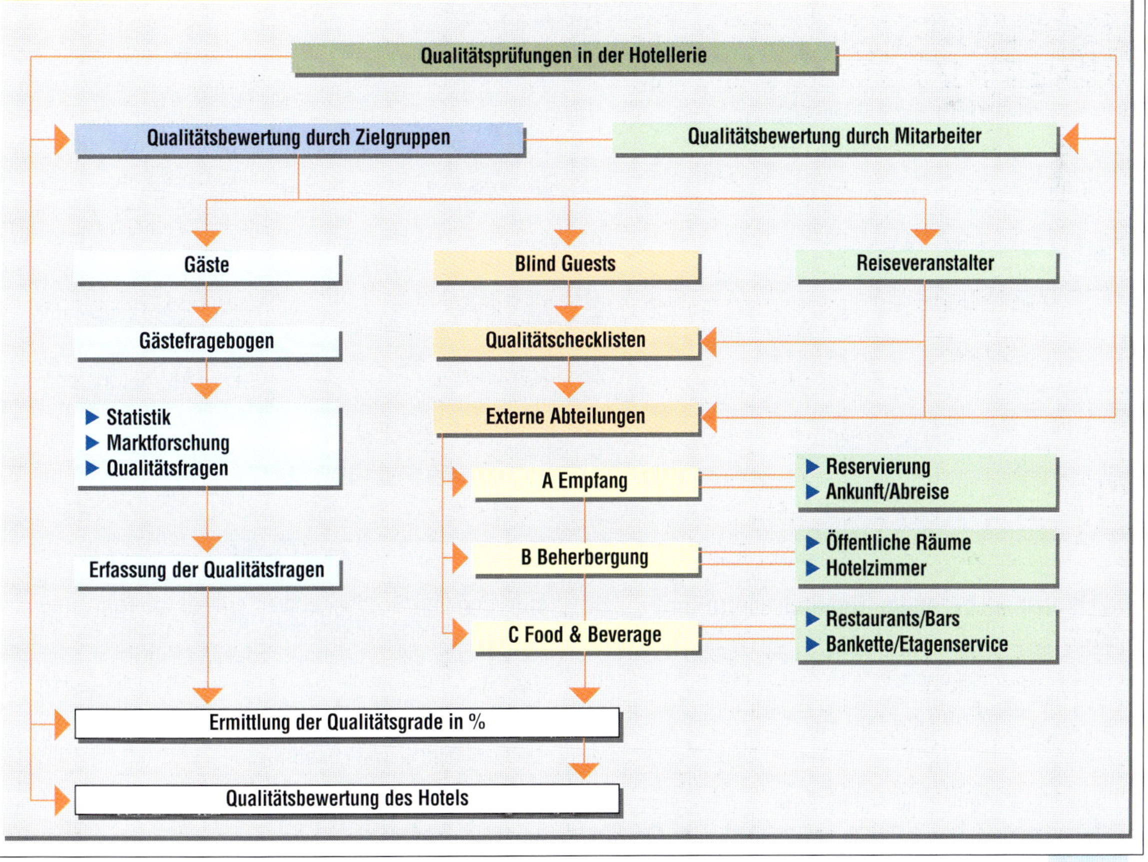

Seehotel Schloss Sonnenbühl

Fragenbogen: Waren Sie mit unserem Service zufrieden?

Wir freuen uns über ein Lob und nehmen Kritik zum Anlass, unseren Service zu verbessern!

1. Wie beurteilen Sie Ihre Unterkunft im Seehotel „Schloss Sonnenbühl“?

Bewertung: Bitte ankreuzen!
1 = sehr gut 2 = gut 3 = befriedigend 4 = ausreichend 5 = mangelhaft 6 = ungenügend

Größe der Zimmer	1	2	3	4	5	6
Einrichtung/Ambiente der Zimmer	1	2	3	4	5	6
Sanitäre Ausstattung	1	2	3	4	5	6
Sauberkeit der Zimmer	1	2	3	4	5	6
Art/Umfang des Frühstücksbüfetts	1	2	3	4	5	6
Freundlichkeit der Servicemitarbeiter	1	2	3	4	5	6
Atmosphäre des Restaurants	1	2	3	4	5	6
Erscheinungsbild des Hotelfoyers	1	2	3	4	5	6
Ausstattung/Angebot des Wellness-Bereichs	1	2	3	4	5	6
Gesundheitsorientierte Leistungen	1	2	3	4	5	6
Ärztliche Leistungen	1	2	3	4	5	6
Preis-Leistungs-Verhältnis	1	2	3	4	5	6

2. Wo übernachten Sie in Ihrem Urlaub bevorzugt?

☐ ★★★★-Hotel	☐ ★★★-Hotel	☐ ★★-Hotel	☐ ★-Hotel
☐ Ferienwohnung	☐ Pension	☐ Freunde	☐ Privatzimmer
☐ Ferienhaus	☐ Camping	☐ Sonstige: ____________	

3. Was haben Sie während Ihres Aufenthalts unternommen und was haben Sie noch vor?

Gesundheitsorientierte Angebote nutzen	Schwimmen	☐
	Sauna	☐
	Massagen/Bäder	☐
	Ärztliche Beratung	☐
	Fitnessanlage	☐
	Diäten/Schonkost	☐
Sportorientierte Angebote nutzen	Golfspielen	☐
	Radfahren	☐
	Wandern/Spazierengehen/Joggen	☐
	Mountain-Bike-Fahren	☐
	Reiten	☐
	Joggen	☐
	Segeln/Surfen/Rudern/Paddeln	☐
Ausflugsangebote nutzen	Shopping in der Großstadt	☐
	Besuch/Besichtigung der Altstadt	☐
	Kulturelle Veranstaltungen	☐
	Sportveranstaltungen	☐
	Kurzentrum/Promenade	☐
	Tanz-, Discoveranstaltungen	☐
	Kinobesuche	☐
	Besichtigungen (Museen, Kirchen)	☐
	Private Autoausflüge	☐

Sachleistungsbezogene Qualitätskontrollen

Die Qualitätskontrollen umfassen die Vielzahl hotelbetrieblicher Sachleistungen, z. B. die Qualität der Speisen und Getränke in den Restaurants, die Einrichtung der Zimmer und aller öffentlichen Räume und die Betriebsmittel, mit denen der Gast nicht unmittelbar in Kontakt steht, die aber für einen reibungslosen Betriebsablauf unerlässlich sind. Da im Rahmen der laufenden Gästebefragungen oft nur allgemeine Angaben über die Beurteilung des Sachangebotes erfasst werden, ist es für eine Qualitätsprüfung des Sachleistungsangebotes notwendig, die Fragebögen speziell auf eine sachbezogene Qualitätsbeurteilung hin zu gestalten. Durch die systematische Auswertung der Gästefragebögen können Schwachstellen des Leistungsangebots erkannt und mithilfe einer Beschwerde- und Mängelstatistik erfasst werden. Dadurch ist es möglich, Beschwerdehäufigkeiten festzustellen, zu überprüfen und schnellstens abzustellen (s. S. 278).

Seehotel Schloss Sonnenbühl

Personal Selling – Kundenkontaktbericht

Vernetzung:	➜ Marketing-Management, Sales, Werbung, F&B, Beherbergung, Kundenakte, Dienstplan ➜ **Option**: Info, Direktmarketing, aktiver Verkauf, persönlicher Kontakt, Gästezufriedenheit
Zielsetzung:	➜ **Vorbereitungs-Check**, Gedächtnisstütze zur Bearbeitung, Ablage, EDV

Kunden-Kontaktbericht-Nr.: ______________________
Datum: ______________________

Firma:	**Jahr**	**Umsatz F & B**	**Umsatz Logis**	**Umsatz Bankett**	**Umsatz total**
Name/Kontaktperson/Titel:					
Anschrift: Ort					
Anschrift: Straße					
Telefon: Telefax:					
Internet: E-Mail:					
Sonderkonditionen:					
Rahmenvereinbarungen:					

Vorbereitung-Koordination	**Koordination**	**Aktueller Kontakttermin**
☐ Altkunde ☐ Neukunde ☐ Interesse	Letztes Gesprächsthema:	Datum:
Letzter Kontakt:	T-EURO-Umsatz:	Gesprächspartner:
Kontakte pro Jahr:	ABCD-Kunde; Branche:	Uhrzeit:
Kontakt-Termine:	Produkt-Vorteil:	Gesprächsdauer:
Aufhänger:	Gesprächsgrund:	Follow-up-Termin:
Verkaufsziel (Produkt, wann, wo, Budget):		

	Bericht	**Verkaufsbearbeitung**
➜ **Kontakt:** ➜ **Adresse:** ➜ **Kontaktperson:** ➜ **Zeitpunkt:** ➜ **Bedeutung:** ➜ **Thema:** ➜ **Ergebnis:** ➜ **Kosten:**	☐ Anruf ☐ Gast im Restaurant ☐ Besuch beim Kunden ☐ Messe ☐ falsch ☐ Firma erloschen, aber: ______ ☐ nicht da, weil: ______ ☐ Info hinterlassen: ______ ☐ Vertretung gesprochen: ______ ☐ Name: ______ ☐ nicht zuständig, ☐ aber: ______ ☐ richtig: ______ ☐ zu spät ☐ zu früh ☐ Kunde interessiert ☐ uninteressiert, weil: ______ ☐ Produktart: Bewirtung, Beherbergung, Gruppe, Tagung, Seminar ☐ Kategorie, Qualität: ______ ☐ Besonderheiten: ______ ☐ Teilnehmerzahl: ______ ☐ Preis: Rack-Rate ☐ Corporate Rate (loc., int.) ☐ Pauschale ☐ Reklamation: ______ ☐ Kunden-Interessen: ______ ☐ Auftrag erteilt am: ☐ gute Aussicht ☐ unsicher ☐ Projekt gestorben ☐ Telefon: ______ ☐ Zeitaufwand: ______ ☐ km: ______ ☐ km-Pauschale ☐ Bewirtung: ______ ☐ verloren, weil ______	☐ Brief: ______ Betreuung: ______ Service: ______ Incentives: ______ ☐ Prospekt: ______ ☐ Angebot: ______ ☐ Mailing: ______ ☐ Werbung: ______ ☐ Anruf: ______ ☐ Besuch: ______ ☐ Einladung: ______ ☐ Repräsentation: ______ ☐ Wiedervorlage: ______ ☐ ______

➜ **Bearbeitung: Kontakter**

☐ Vorschlag: ______________________

☐ Verteiler: ☐ GL ☐ F&B ☐ VL ☐ VK

☐ zurück: ______________________

☐ *Datum, Unterschrift:* ....

➜ **Bearbeitung: Sales-Marketing-Verkauf (EDV)**

☐ Kunden neu anlegen
Kategorie: ______________________

☐ Kunden zuordnen zu (Tourenplan): ______________

☐ Kundenanschrift ändern: ______________

☐ Kundenanschrift löschen: ______________

☐ Terminkalender: ____________ wegen: ____________

☐ erledigt: *Datum, Unterschrift:* ....

Für eine **kritische Qualitätsbeurteilung** des **Leistungsangebots** durch Dritte bietet sich die Befragung von **Mitarbeitern** der **Reiseveranstalter** während oder nach ihrem Hotelaufenthalt an, weil diese viele vergleichbare Hotelunternehmen kennen und sich dadurch wertvolle Hinweise und Anregungen für Qualitätsverbesserungen gewinnen lassen. Außerdem sind Reiseleiter oftmals die erste Anlaufstelle für Beschwerden aus der Reisegruppe. Eine detaillierte Befragung sollte mithilfe einer speziell konzipierten Checkliste durchgeführt werden.

Qualitätskontrollen durch die **eigenen Mitarbeiter** werden in allen Abteilungen, insbesondere im Housekeeping praktiziert. Noch wichtiger ist die permanente Qualitätskontrolle des **Pflegezustands**, des **Instandhaltungsniveaus**, der **Hygiene** und der **Sauberkeit**. So erfolgt eine tägliche Überprüfung der öffentlichen Räume und des Bankettbereichs durch die Hausdame, z. B.:

- ▶ Sauberkeit der Teppichböden und Fenster
- ▶ Polstermöbel und Stühle
- ▶ sanitäre Anlagen
- ▶ Funktionalität der Beleuchtung
- ▶ Klimaanlagen
- ▶ TV und elektronische Medien
- ▶ Reinigungstechnik
- ▶ Blumenarrangements

Allerdings darf sich die Überprüfung der Sauberkeit und Funktionstüchtigkeit der öffentlichen Räume und der Zimmer nicht nur auf die ohnehin täglich durchgeführte Haus- und Zimmerkontrolle durch die Hausdame beschränken. Alle Sachmittel in den Abteilungen des Hotelunternehmens sind anhand von Checklisten in regelmäßigen Abständen zu überprüfen, um besonders häufige oder leicht zu übersehende Mängel aufzudecken. Derartige Eigenkontrollen sind darüber hinaus notwendig, um der Marketingabteilung Informationsdaten über die Qualitätsstandards liefern zu können. Nur so ist gewährleistet, dass im Rahmen der Werbung keine falschen oder fehlerhaften Angaben über die Ausstattung des Hotelbetriebs gemacht werden.

Mithilfe einer **Reparaturstatistik** können besonders anfällige Betriebsmittel festgestellt werden, sodass diese Mängel durch **vorbeugende Wartung** oder **sukzessiven Austausch** gegen qualitativ höherwertige Sachmittel behoben werden können. Ferner können die in der Mängel- und Reparaturstatistik sich abzeichnenden notwendigen **Umbau-**, **Reparatur-** und **Erneuerungsarbeiten langfristig geplant** werden, z. B. in nachfrageschwachen Zeiten oder als Special Offer für Gäste während der Baumaßnahmen.

Häufig genutzte **Kontrollmaßnahmen** sind **Renovierungsintervalle** zur Erneuerung bestimmter Ausstattungsbestandteile. So empfiehlt u. a. Holiday Inn:

- ▶ 3–5-jährige Renovierungsintervalle zur Erneuerung von Teppichböden, Decken und Wandfarben bzw. Tapeten und Fensterdekorationen (Gardinen)
- ▶ 10-jährige Intervalle für die Erneuerung des Mobiliars und
- ▶ 15-jährige Intervalle für die Renovierung eines Bades

Dienstleistungsbezogene Qualitätskontrollen

Murphy differenziert Dienstleistungsqualität in operationale praxis- und gastorientierte „Dienstleistungsschritte“

1. **Dienstleistungsspezifikation**
2. **Spezifikation der Dienstleistungserbringung**
3. **Spezifikation der Qualitätssicherung**

Die Inhalte dieser Spezifikationen sind in den **ISO-Richtlinien** fixiert (s. S. 74) und werden in der Hotellerie gast- und praxisorientiert umgesetzt bzw. in Unternehmenshandbüchern (Manuals) beschrieben:

1. Dienstleistungsspezifikationen
legen in den Manuals (entsprechend der Unternehmensziele und -leitsätze) die strategischen und taktischen Maßnahmen fest, die ergriffen werden müssen, um den Qualitätsbedürfnissen der Gäste zu entsprechen. Es handelt sich um die Bestimmung von

- ▶ Kapazitäten (Hotelzimmer, Betten, Restaurantplätze, Küchengröße u. a.)
- ▶ Anzahl der Mitarbeiter am Posten (Stelle), z. B. Restaurantplätze bzw. -reviere pro Mitarbeiter
- ▶ Prozessabäufe (Wartezeiten), z. B. Restaurant, Gästeerfassung i. V. mit Check-in, Check-out
- ▶ Prozesszeiten (Zubereitungszeiten von Gerichten, Putzzeiten der Hotelzimmer u. a.)
- ▶ Hygiene, Sicherheit, Zuverlässigkeit
- ▶ Entgegenkommen, Zugänglichkeit und Höflichkeit der Mitarbeiter
- ▶ Erscheinungsbild der Mitarbeiter insgesamt, z. B. Kleidung, Kommunikation, Aussehen
- ▶ Verlässlichkeit, Fachkompetenz, Sprachkenntnisse, Formalqualifikationen

Seehotel Schloss Sonnenbühl

Ablauforganisation – Reservierungsannahme

Vernetzung:	→ **Übergabebuch**, **Rezeption**, Stellenbeschreibung, Produktgestaltung, Statistik, Analyse → Verteiler: GL, Rezeption, Verkauf, Bankett, F&B, Hausdame, Restaurant, Buchhaltung, MA
Zielsetzung:	→ **Gästebetreuung**, **CI**, **Imagepflege** (Zuverlässigkeit, Hotel= Kommunikationszentrum)

Seehotel „Schloss Sonnenbühl"
Telefon + 49 090 168-43403 / Telefax + 49 090 148 20

Abt.: Rezeption
Datum: ____________________

Reservierungsformular (leserliche Eintragungen erbeten!)

☐ **Bestellung** ☐ **Änderung** ☐ **Option bis zum:** ____________________

▶ **Anfrage**	**Direkt:**	**Schriftlich:**	**Reisemittler:**	
	☐ persönlich	☐ per Brief	☐ anderes Hotel	☐ Reservier.-Kette
	☐ telefonisch	☐ per Fax	☐ Reisebüro	☐ Reservier.-Syst.
	☐ Internet	☐ per @-mail	☐ Travel-Agent	

▶ **Gast:**	____________________	**Rechnungsempfänger:** ____________________
▶ **Anschrift:**	____________________	Anschrift: ____________________
▶ **Telefon/Fax:**	____________________	Gesprächspartner: ____________________
▶ **Merkmale:**	Stammgast, VIP, Gruppe u. a. ____________________	Telefon/Fax: ____________________
▶ **Beruf/Titel:**	____________________	Besteller: ____________________
▶ **Preisliste:**	Nachlass: ____________________	Anschrift: ____________________
▶ **Zahlungsweg:**	Bar, Voucher, Debitor, CC: ____________________	Provision (%): ____________________
▶ **Kontingent:**	____________________	Depot: ____________________
▶ **Reservierung:**	____________________	Angebot-Nr.: ____________________

EZ/Du	Einzelzimmer mit Dusche	**Anreise:**	**Mo**	**Di**	**Mi**	**Do**	**Fr**	**Sa**	**So**	**Uhrzeit**
DZ/Du	Doppelzimmer mit Dusche									
DZ/B	Doppelzimmer mit Bad	**Datum:**								
A	Appartement									
Sui	Suite, Salon									
JS	Juniorsuite	**Abreise:**	**Mo**	**Di**	**Mi**	**Do**	**Fr**	**Sa**	**So**	**Uhrzeit**
NR	Nichtraucher									
K	Konferenzraum	**Datum:**								
▶ **Leistungen:**										
F	Frühstück									
HP / VP	Halbpension / Vollpension									
Arrangement:	____________________	**Dauer:**	____________________ **Nächte**							

Personenzahl	**Firma, Name, Vorname:** Nachlass: Kinder (1/2 Preis)	**Nat.**	**Land, PLZ, Ort, Straße-Nr.**	**Zimmer** **Anzahl**	**Zimmer** **Art**	**Zimmer** **Nr.**	**DD**

Bitte erstellen Sie separate Listen für Gruppen!

→ **Bemerkungen:** ____________________
→ **Hausdame:** Kissen, Decken, Kinderbett u. a. ____________________
→ **Restaurant:** Obst, Wein/Sekt, Frühstück aufs Zimmer ____________________
→ **Extras:** Zusatzbett, Keilkissen, Obstkorb, Wein/Sekt, Blumen u. a. ____________________ Euro

Bearbeitungsvermerke **Angenommen: Garantie, Haft, Bonität geprüft:**	**ja/nein**	**Datum**	**Name:**
Reservierungsbestätigung geschrieben:			
Übertrag in Reservierungssystem:			
Übertrag in Gästekartei:			
Rechnungssplitting: Übernachtung, Frühstück, Telefon,			
geändert/storniert; berechnet:			
Sonstiges:			

2. Spezifikation der Dienstleistungserbringung
Dieses sind (überwiegend) Bestandteile der Manuals (Unternehmenshandbücher) und erklären detailliert, wie die genannten Maßnahmen mithilfe von Checklisten und standardisierten Arbeitsabläufen durchzuführen sind. Beispielhaft handelt es sich dabei um

- Art und Umfang der Ausrüstung und Anlagen (Betriebsmittel), um die Leistungsprozesse zu erbringen (z. B. Küchen-/Büfettausstattung, Rezeption, Bestückung des Etagenwagens)
- Anzahl und Qualifikation der erforderlichen Mitarbeiter an den entsprechenden Posten (Stellen)
- Rezepturen, Zubereitungs- und Anrichtestandards einzelner Gerichte, Standards/Vorgaben zum Wareneinsatz
- Service-Standards wie Serviceform, Mise en place, Serviceabläufe, Checklisten, z. B. Bestandteile eines Frühstücksbüffets
- Zimmerstandards (z. B. Inventarchecklisten, Putz- und Reinigungschecklisten, Arbeitsablaufplanungen)

3. Spezifikation der Qualitätssicherung
Die Spezifikation der Qualitätssicherung legt die Überprüfungsschritte (Critical Points) und Qualitätskontrollen (Critical Control Points) fest, die erforderlich sind, um die Qualitätsstandards zu erfüllen sowie die Ergebnisse zu überprüfen, bewerten und ggf. zu ändern bzw. zu verifizieren. Die Spezifikation der Qualitätssicherung lässt sich am Beispiel **„Pünktlichkeit im Restaurant"** wie folgt erklären:

- Definition des Begriffs „Pünktlichkeit": Unternehmens- bzw. Marketingvorgaben kombiniert mit Feststellung (Refa-Überprüfung) der Servicezeiten im Restaurant: von der Annahme der Bestellung bis zum Speisenservice am Gast in Minuten.
- Als operative Messgröße: Feststellung (Refa-Überprüfung) der Zubereitungszeit der Speise durch die Küche in Minuten.
- Evaluierung der Messgröße: Stichprobenartige Überprüfung von Service- und Zubereitungszeit durch die Küche.
- Entwicklung von Produktions- und Servicestandards aufgrund der festgestellten Ergebnisse (Mitarbeitereinsatz, Checklisten, Arbeitsablaufpläne), um das Qualitätsmerkmal „Pünktlichkeit" innerhalb von definierten Toleranzen einzuhalten.

Falls die Auffassung von tolerierbaren Wartezeiten seitens der Gäste nicht mit der Auffassung des Managements übereinstimmt, ist es besser, von den subjektiven Erwartungen der Gäste auszugehen und die Servicezeit zu verkürzen. Schließlich führt die Befriedigung subjektiver Gästebedürfnisse zur gewünschten Gästezufriedenheit und damit zur Loyalität und/oder Weiterempfehlung. Differenzierte Wartezeiten, die ein Gast allerdings berücksichtigen muss, ergeben sich einerseits durch individuelle À-la-minute Speisenzubereitung unter Verwendung frischer Produkte und andererseits durch die Verwendung von Convenience Food.

Entscheidend bei der Formulierung und Festlegung von speziell auf das Hotelunternehmen zugeschnittenen Dienstleistungsspezifikationen zur Qualitätssicherung und -kontrolle ist, dass alle Qualitätsstandards im Sinne eines Total Quality Managements (TQM) operational detailliert erfasst und in funktionale Einzelschritte zerlegt werden können (s. S. 74).

Phasenorientierte Arbeitsabläufe – Blueprint eines Restaurants

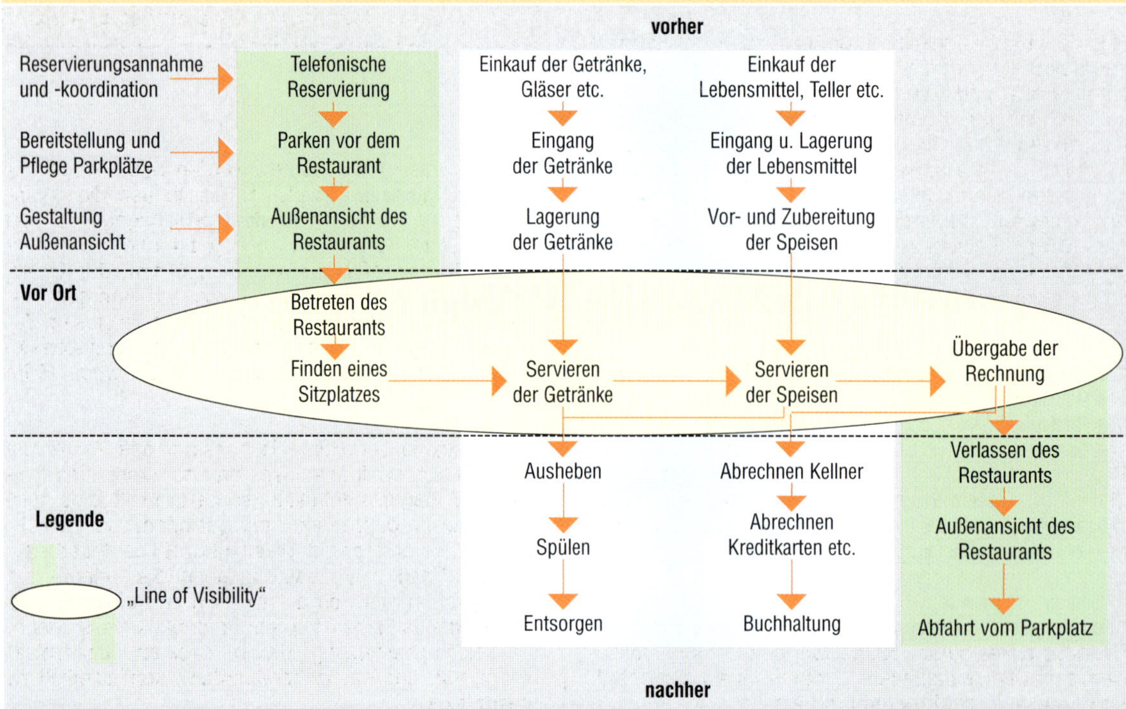

Mitarbeiterbezogene Qualitätskontrollen

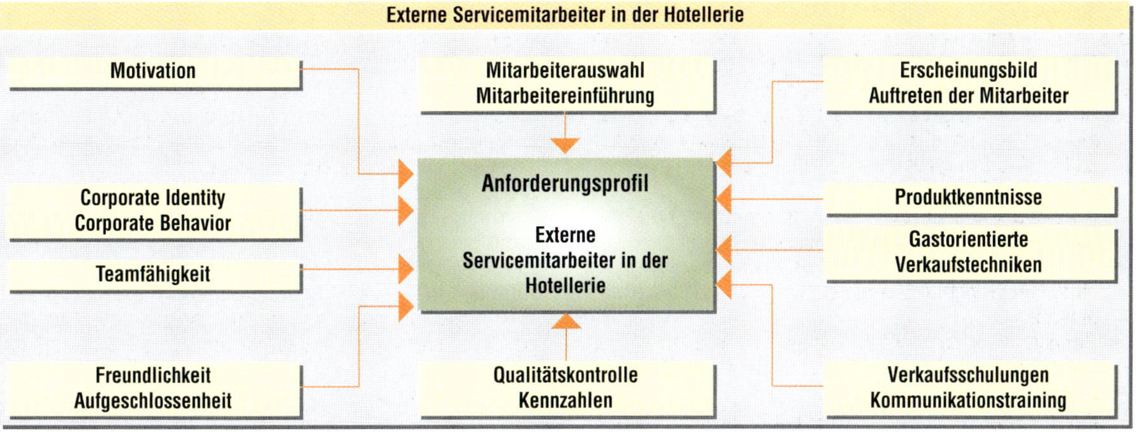

Im Rahmen des **Personal Sellings** stehen alle **externen Mitarbeiter** durch **persönlich erbrachte Dienstleistungen** in **direktem Gästekontakt** (als Servicemitarbeiter oder Sales Representant zur Betreuung von Großkunden). Eine intensive und weit gefasste **Überprüfung des Mitarbeiterverhaltens** ist aufgrund des engen Kontakts der Mitarbeiter zu den Gästen und die hohe **Mitarbeiterfluktuation** in der Hotellerie notwendig.

Die **mitarbeiterbezogenen Qualitätskontrollen** durch die Gäste beurteilen Freundlichkeit, Zuvorkommenheit, Geschick im Umgang mit den Gästen, Sprachgewandtheit, Serviceniveau, Serviceschnelligkeit, Wartezeiten sowie die fachlichen Qualifikationen der Mitarbeiter.

Nur den **motivierten Mitarbeitern** kann im Rahmen von speziell auf den Arbeitsplatz im Hotel zugeschnittenen **Fort-** und **Weiterbildungsmaßnahmen** (Verkaufsschulungen, Kommunikationstraining u. a.) geholfen werden, mit Überzeugung die unterschiedlichen Produktsegmente zu verkaufen. Engagierte, motivierte und gastorientierte Servicemitarbeiter **erkennen Gästeerwartungen**, identifizieren sich mit **dem Qualitätsniveau** des Betriebes und bemühen sich permanent, Dienstleistungen nachfragegerechter und fachkompetent zu verkaufen.

Diese motivierten Mitarbeiter sind sich darüber bewusst, dass sie als Teil der **ganzheitlichen Corporate Identity** des Unternehmens die Kommunikationsstrategie (Corporate Behavior) „vorleben" und den Gästen als „**Wir-Bewusstsein**" offerieren. Somit schafft die Corporate Identity die Basis für den Konsens innerhalb aller Abteilungen eines Hotels und beeinflusst dadurch maßgeblich das Arbeitsklima.

Alle externen (Gastkontakt-) Abteilungen wie Empfang, Rezeption, Restaurant, Etage, Bar und Bankett funktionieren mit ihren Mitarbeitern an der Front als „**Botschafter dieser Unternehmensidentität**".

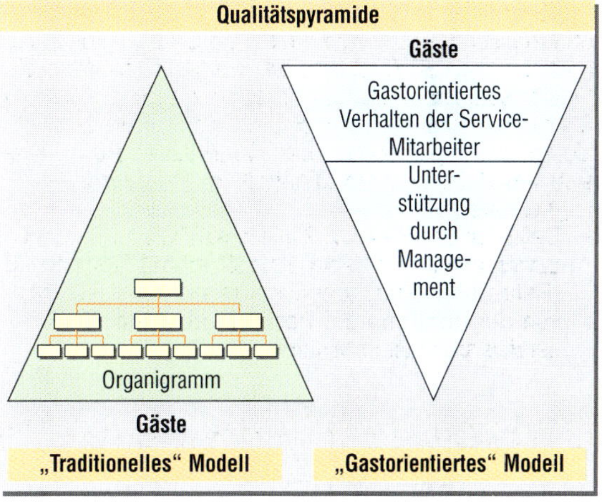

In den vergangenen Jahren wurden neue Wege zur Betrachtung von „Dienstleistung" beschritten, die im Sinne eines umfassenden Marketing-Managements den engen Zusammenhang zwischen gast- und marktorientiertem Denken, TQM der Unternehmensstruktur (Unternehmensphilosophie und -kultur) im Rahmen der operativen Qualitätsziele berücksichtigen. In diesem Zusammenhang wird von der Umkehr der traditionellen Organisationspyramide gesprochen (*vgl. Grönroos 1990, S. 183 f.*).

Diese gastorientierte Organisationsform des Marketings orientiert sich weniger an der betriebsinternen hierarchischen Managementstruktur, sondern stellt eine „betriebsexterne" d. h. markt- und gastorientierte Ausrichtung in den Vordergrund. Da ein Großteil der Mitarbeiter direkten Gastkontakt hat, bestehen die eigentlichen strategischen und organisatorischen Aufgaben des Managements (eines kleinen Personenkreises) darin, die Leistungserstellung, die im direkten Gastkontakt erfolgt, vor- und nachzubereiten bzw. kontinuierlich zu unterstützen.

12.3.3 Beschwerdemanagement

Beispiel

„Anfang Juli, an einem Freitag, Ferienzeit...

Sie sind Rezeptionsmitarbeiter des Seehotels „Schloss Sonnenbühl". Es ist Anfang Juli, Freitagvormittag, Ferienzeit, bestes Ferienwetter, sehr heiß... das Hotel ist ausgebucht...

Vor Ihnen steht eine Familie mit zwei Kindern, die „angeblich" zum heutigen Tag ein Appartement im Hotel gemietet haben. „Es tut mir wirklich sehr Leid, aber ich habe keine Reservierung von Ihnen vorliegen und das Hotel ist ausgebucht. Ich könnte Ihnen anbieten, mit anderen Hotels zu telefonieren und dann in drei Tagen in unser Haus umzuziehen!"

Die Reaktion des Familienvaters ist heftig: Ein Wasserfall von Vorwürfen prasselt auf Sie ein, da man „angeblich" telefonisch reserviert habe und auch sofort eine mündliche Reservierungsbestätigung durch die Telefonzentrale erhalten habe...

Sie überlegen, sagen zunächst gar nichts, aber Ihre ersten Gedanken sind: „Ich kann doch nichts dafür, muss aber dieses „Gezeter" aushalten."

Der Servicemitarbeiter hat natürlich unser Mitgefühl verdient, aber im Gegensatz zu seinen Gästen lebt er von deren Zufriedenheit! Wie schwer der **Verkauf des Produkts Zufriedenheit** aber wirklich ist, zeigen alarmierende Zahlen: Die Food & Beverage Management Association (FBMA) hat in einer Umfrage mit dem B.A.T.-Freizeit-Forschungsinstitut herausgefunden, dass die Qualität in Hotels und Restaurants nur sehr gering bewertet wird. Lediglich 31 % der Befragten fanden bei ihrem letzten Hotelaufenthalt eine aufmerksame Bedienung vor.

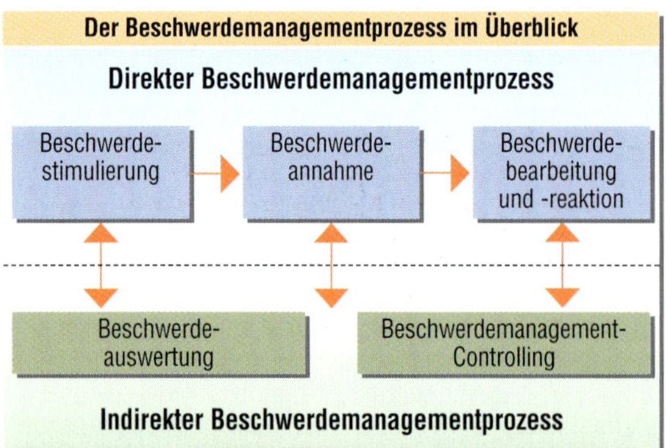

(vgl. Freyer, Walter: Tourismusmarketing, München/Wien 2001, S. 439)

Die **wirtschaftlichen Folgen** von Beschwerden unzufriedener Gäste sind beträchtlich. Unterschiedliche Analysen bestätigen, dass durch **Senkung** einer **Abwanderungsquote** der Gäste von nur 5 % eine **Gewinnsteigerung** von 25 bis 85 % möglich wird (vgl. First Class, 7–8/95, S. 28). Hat ein Gast in einem Hotel oder Restaurant negative Erfahrungen gemacht, erzählt er diese Erlebnisse im Schnitt 10 bis 15 Personen weiter, im positiven Fall schwärmt er nur vor drei bis vier Personen von seinen Erlebnissen vor. Außerdem wandern 10 bis 15 % der Gäste wegen einer **unbefriedigenden Regelung** einer Beschwerde ab.

Grundsätzlich kann man davon ausgehen, dass sich überhaupt nur ein Bruchteil der Gäste über einen Missstand beschwert, der Rest bleibt einfach weg! Bei diesen schwierigsten Beschwerden stellt man zwar Abwanderungen fest, kann die Gründe aber nicht exakt benennen. Insofern ist **jede geäußerte Reklamation oder Beschwerde** wünschenswert, bedeutet dies doch eine wichtige Informationsquelle über mögliche Missstände im Unternehmen. Gäste sollten deshalb aktiv durch gezielte Ansprache dazu ermutigt werden, ihre persönliche Meinung zu sagen.

Die **Gästebefragung** muss als ein Verfahren der Zufriedenheitsanalyse sowohl den Zufriedenheitsgrad für die **vollständige Transaktion** (Restaurantbesuch, Hotelaufenthalt, Veranstaltungsorganisation) als auch für **jede Teilleistung** (Bewirtung, Beherbergung u. a.) und jedes teilprozessspezifische Leistungsmerkmal ermitteln (Sauberkeit der Hotelzimmer, Freundlichkeit der Mitarbeiter). **Nachträgliche Zufriedenheitsmessungen** (z. B. schriftlich, telefonisch nach einer Hotelübernachtung, Veranstaltung) verzerren möglicherweise das **Analyseergebnis** aufgrund der längeren Zeitspanne zwischen dem Konsumerlebnis und der Zufriedenheitsmessung.
Eine bekannte Hotelgruppe scheint allerdings gute Erfahrungen mit der nachträglichen Zufriedenheitsmessung, einer so genannten „Qualitätskopie", zu haben. Beim Check-out wird eine repräsentative Auswahl an Gästen gebeten, ihre private Telefonnummer und ihren Namen für ein Telefon-Interview anzugeben. Zwei Wochen nach dem Aufenthalt ruft ein Sales & Marketing-Mitarbeiter an und erkundigt sich nach der Leistungsqualität des Hauses (Beherbergung, Bewirtung, Servicequalität). Die Informationsergebnisse werden durch die Controlling-Abteilung zentral ausgewertet und in Maßnahmen zur Qualitätsverbesserung und Mitarbeiterschulung umgewandelt.
Um Dissonanzen (Störungen, Missklänge) mit dem Gast entgegenzuwirken, sollten Befragungen der Hotel- und Restaurantgäste überwiegend Prozess begleitend (beim Speisen- oder Getränkeservice) oder kurz nach **Beendigung der Transaktionen** (z. B. nach dem Check-out, bei der Verabschiedung der Gäste) durchgeführt werden.

- **Aktiv geäußerte Beschwerden**
  sind gegenüber dem Restaurant/Hotel, gegenüber anderen Gästen („negative Mund-Propaganda") oder gegenüber Beschwerdeinstitutionen (Gewerbeaufsichtsamt, Verbraucherorganisationen, Medien) entgegengebrachte Kritik.

- **Passiv geäußerte Beschwerden**
  haben Abwanderung zu anderen Leistungsanbietern (Restaurants, Hotels) oder generelles Nicht-Buchen, Nicht-Essengehen und Nicht-Verreisen zur Folge.

Operatives Beschwerde-Management
Fragestellungen

1. **Werden Ihre Gäste aktiv zu Lob, Tadel oder Verbesserungsvorschlägen aufgefordert?**
2. **Sind die Mitarbeiter im persönlichen oder telefonischen Umgang mit unzufriedenen Gästen trainiert?**
3. **Sind die Mitarbeiter in allen Fragen zum Korrespondenzstil bei Beschwerden geschult?**
4. **Werden schriftliche oder telefonische Zwischenbescheide bei der Beschwerdebearbeitung eingesetzt?**
5. **Wurden Problemlösungs-Standards zur Beschwerdebearbeitung definiert (z. B. Lösungszeiten, Lösungsumfang, Kompetenz der Servicemitarbeiter bei der Beschwerdebearbeitung)?**
6. **Follow up: Wird nach Abschluss der Beschwerdebearbeitung nochmals Kontakt zu den betroffenen Gästen aufgenommen?**

Grundsätzlich sind Beschwerden Chefsache. Das heißt, dass möglichst alle Informationen über Beschwerden zur Unternehmensleitung durchdringen müssen, damit wirksame Abhilfe geschaffen wird. Es hat sich in vielen gastgewerblichen Unternehmen bewährt, eine verantwortliche Führungskraft für die Gästebeschwerden zu benennen. Wichtig ist, dass **jede Reklamation** (am Point of Sale) **sofort** behoben wird und **jeder Beschwerde sofort nachgegangen** wird, d. h. spätestens **innerhalb von 48 Stunden**.

Beispiel

„Ein Gast beschwert sich bei mir, weil man vergessen hat, ihm eine Nachricht zu übermitteln. Dieses Vergessen hat ihm einen Zeitausfall von drei Stunden beschert. Ich habe also einen Diebstahl begangen! Ich habe einem Gast das teuerste Gut der Welt gestohlen: Zeit! Wir haben ihm dann sofort einen Brief geschickt mit einer Wiedergutmachungsübernachtung: ein Wochenende für zwei Personen im Maisonette-Doppelzimmer."

(Klaus Kobjoll)

Eine großzügige Behandlung einer Beschwerde schafft die einmalige Chance, Gäste zu beeindrucken und – ganz im Sinne der Verkaufsförderung – noch enger an den Betrieb zu binden: „Reklamationen sind Testfälle für die Unternehmenskultur" (vgl. SHV/SWV/DEHOGA/ÖHV, S. 111 ff.).

Befürchtungen des Missbrauchs großzügig gehandhabter Beschwerden haben sich in der Praxis selten bestätigt. Im Gegenteil: Objektiv betrachtet, sind die Kosten der Entschädigung meist wesentlich niedriger als der hohe Aufwand zur Gewinnung neuer Gäste.

Der Weg zur Gästezufriedenheit führt allerdings nicht nur über die Verbesserung der angebotenen Leistung. Der Gast von heute ist zunehmend qualitätsbewusst, preissensibel und kritisch-emanzipatorisch. Er ist weder an Betriebsstätten noch an Marken gebunden und tritt sowohl als Qualitätskäufer, Schnäppchenjäger oder als Smart Shopper auf. Somit ergibt sich Gästezufriedenheit als ein Phänomen mit neuen Spielregeln. Die Devise eines marktorientierten Beschwerdemanagements darf nicht mehr nur Preis und Service lauten, sondern muss die Bedeutung von Preis, Service und Qualität gleichermaßen in den Vordergrund stellen (s. S. 73).

Wer sich erfolgreich mit Reklamationen und Beschwerden auseinandersetzen will, muss sich in die Lage des Gastes hineinversetzen. Wie also reagiert der unzufriedene Gast? Ganz einfach – wie jeder Mensch in dieser Situation: Er übertreibt („Ich warte jetzt schon eine Stunde auf das Essen!") und droht mit Konsequenzen („Wir reisen sofort ab!"). Unzufriedene Gäste vergreifen sich leicht im Ton („Was ist denn das für ein Saftladen?"), sind stur, rechthaberisch und beharren auf ihrem Standpunkt. Auf Widerspruch reagieren sie höchst empfindlich („Das ist aber doch wirklich unverschämt!"). Und um der erlittenen Unbill noch mehr Gewicht zu geben, erinnern sie genüsslich an frühere Fehler. Kurz und gut – ob die Reklamation zu Recht erfolgt oder nicht – es wird zuerst einmal viel Lärm gemacht – und viele andere Gäste hören zu!

Aber auch die Servicemitarbeiter werden jetzt böse, fühlen sich angegriffen oder blocken ab, wenn jemand mit einer Reklamation kommt. Genau das ist der Fehler: Die Bemerkung „das kann ich mir gar nicht vorstellen" bringt Gäste auf die Palme. Sie wollen ernst genommen werden. Sie haben zunächst einmal selbst Stress mit dem Vorhaben, sich zu beschweren. Sie sind nervös, unter Umständen aggressiv, misstrauisch und empfindlich. Eine positive Atmosphäre sollte deshalb schon mit der Begrüßung geschaffen werden.
Eine höfliche, freundliche Gesprächseröffnung – mit Namen des Gastes – ist oftmals entscheidend über den Fortgang des Falls...

Beschwerdebearbeitung
Sieben goldene Regeln

1. **Ruhe bewahren**
2. **Nicht reden, sondern zuhören**
3. **Ausreden lassen, nicht unterbrechen**
4. **Verständnis haben und zeigen**
5. **Konstant sachlich bleiben**
6. **Unverändert freundlich bleiben**
7. **Immer notieren, was reklamiert wird**

Die geschilderten Fälle belegen, dass ein aktives und systematisches Beschwerdemanagement wesentlicher Bestandteil des Qualitätsmanagements (Schulung der Mitarbeiter, Checklisten, Beschwerdeprotokolle und -analysen) sein muss.

Seehotel Schloss Sonnenbühl

Beschwerde-Protokoll

Vernetzung:	→ Marketingkonzept, Gästebefragungen, Produktpolitik, Statistik, Analyse, Bearbeitung, Controlling, Auswertung, (Lieferer), Verteiler: GL, PL, MA, Ablage
Zielsetzung:	→ **Gästebetreuung, CI, Imagepflege, kontinuierliche Verbesserung: Leistungsprozesse** → **Fachkompetenz, Zusammenarbeit, Produktivität**

Seehotel „Schloss Sonnenbühl"
Telefon 090 111-11111
Telefax 090 111-11112

Abt.: Food & Beverage
Annahme-Datum: ______________
Handzeichen: ______________

▶ **Aufnahme/Analyse:** ______________

▶ **Betrifft Produktionsfaktor/Vorgang:** ______________

▶ **Speisen/Getränke, Marke:** ______________
- ☐ Offenkundiger Mangel: ______________
- ☐ Mangelhafte Qualität: ______________
- ☐ Servicezeit: ______________
- ☐ Kosten: ______________
- ☐ Rechnungsstellung: ______________

▶ **Maschinen, Gebrauchsgegenstände**
- ☐ Funktion: ______________
- ☐ Bedienung: ______________
- ☐ Kompatibilität: ______________

▶ **Mitarbeiter, Vorgesetzte**
- ☐ Verhalten: ______________
  - → Betriebliche Kooperation: ______________
  - → Sozialkompetenz: ______________
- ☐ Akzeptanz: ______________
  - → Aussehen: ______________

▶ **Organisation**
- ☐ Aufbauorganisation: ______________
- ☐ Ablauforganisation: ______________

▶ **Beschwerdeführender Mitarbeiter**
- ☐ Name: ______________
- ☐ Mitarbeiterbegründungen: ______________
- ☐ Gegenargumente: ______________

▶ **Bearbeitung**
- ☐ **Weiterleitung an Abteilung/Vorgesetzten/Lieferer**
  - → geliefert am: ______________
  - → Vertrag vom: ______________
- ☐ **Stellungnahme des Beschwerdeempfängers**
  - → Kosten: ______________
- ☐ **Stellungnahme der Abteilung/Vorgesetzten/Lieferer**
  - → akzeptiert: ______________
  - → abgelehnt, Begründung: ______________
- ☐ **Weiterleitung an Abteilung/Vorgesetzten/Lieferer**
  - → geliefert am: ______________
  - → Vertrag vom: ______________

▶ **Maßnahmen**
- → **Lieferanten wechseln: Warenrückgabe, Nachlass**
  ____
- → **Arbeitsplatz-Einrichtung ändern:**
  ____
- → **Arbeitsablauf ändern:**
  ____
- → **Mitarbeiter versetzen:**
  ____
- → **Besprechung mit betreffendem Mitarbeiter:**
  ____
  Motivation, Delegation
  ____

erledigt: ______________
Datum / Handzeichen

Jede Reklamation ist gastorientiert zu bearbeiten und sollte der Beginn einer **Qualitätsverbesserung** sein. Reklamationen **informieren** über Fehler und helfen **Fehlerquellen zu beseitigen** bzw. Missverständnisse von vornherein zu vermeiden. Dabei werden unterschiedliche **Beschwerdeursachen** differenziert:

Beschwerdeursachen

▶ **Sachlich**	Art und Qualität der Produkte
▶ **Sachlich-emotional**	nicht erfüllte Erwartungen an das Produkt
▶ **Emotional**	Vorgeschobene Beschwerden (Launen eines Gastes, Wunsch nach Aufmerksamkeit oder Anerkennung)

Durch die Küche verursachte Reklamationen
- Bestellungen werden nicht ausgeführt
- Zubereitungszeiten sind zu lang
- Bereitstellung falscher Speisen
- Mängel in der Qualität/Menge
- Verzehrtemperatur ist nicht angemessen

Durch den Service verursachte Reklamationen
- Ausschanktemperaturen sind nicht angemessen
- Servicepersonal ist unaufmerksam, langsam, unhöflich, unfreundlich
- Falsche Getränke werden serviert
- Eingedeckte Gläser, Besteckteile sind unsauber

Durch das Bankettmanagement verursachte Reklamationen
- Schlechte Veranstaltungs-(Bankett-) Beratung
- Mitarbeiter stehen unter Zeitdruck
- Veranstaltungsabsprachen werden nicht eingehalten
- Vereinbarter Kostenrahmen wird überschritten
- Bankettraum entspricht nicht der Vereinbarung
- Benötigte Technik steht nicht zur Verfügung
- Georderte Künstler werden durch andere ersetzt
- Zeitlicher Veranstaltungsablauf wird nicht eingehalten

Durch den Beherbergungsbereich verursachte Reklamationen
- Wake-up-Call wird nicht ausgeführt
- Traces werden nicht an die Gäste weitergeleitet
- Fest gebuchte Ausstattungsmerkmale der Zimmer (Parkseite, Nichtraucherzimmer u. a.) stehen nicht zur Verfügung
- Hotel ist überbucht, Gäste werden abgewiesen
- Servicewünsche werden nicht sofort erfüllt

Mithilfe der **Beschwerdeprotokolle** oder durch die **systematische Auswertung** von **Gästefragebögen** können Schwachstellen des Leistungsangebots erkannt und mittels einer **Beschwerde- und Mängelstatistik** erfasst werden. Dadurch wird es für das Unternehmen möglich, **Beschwerdehäufigkeiten** festzustellen, die **Problembearbeitung** zu überprüfen, eine **Beschwerdeanalyse** durchzuführen sowie Maßnahmen eines systematischen **Beschwerde-Qualitätscontrollings** und/oder der **Beschwerdenachbereitung** einzuleiten (siehe nächste Seite „Beschwerdeanalyse").

Die **Wirksamkeit** eines theoretischen Ansatzes, des **Kano-Modells** zur **Messung der Gästezufriedenheit** (Zufriedenheitsanalysen, Gästebefragungen u. a.), ist nur dann gegeben, wenn neben den **Gründen** für die **Faktoren Gästezufriedenheit** und **Gästebegeisterung** die möglichen **Unzufriedenheiten** der Gäste in den unterschiedlichen Produktsegmenten gleichermaßen analysiert und ausgewertet werden (und nicht möglicherweise „unter den Tisch fallen", s. S. 45).

Aktives Beschwerdemanagement

Fragestellungen

Analyse, Planung, Steuerung und Kontrolle

- **Sind die Zahlen bzw. das Volumen mündlicher, schriftlicher oder telefonischer Gästereklamationen oder -beschwerden die täglich eingehen, bekannt?**
- **Wird die Gästezufriedenheit gleichermaßen mit den Beschwerden erfasst und bearbeitet?**
- **Wurde ein Beschwerdemanagement-Kennziffer-System (z. B. Lösungsdauer, Bearbeitungskosten, Lost Call, Lost Letter) zur Effizienzsteigerung der Beschwerdebearbeitung eingeführt?**
- **Sind die Durchlaufzeiten einer mündlichen bzw. schriftlichen Beschwerde oder Reklamation zum dafür Verantwortlichen im Unternehmen bekannt?**
- **Wird die Erfassung und -bearbeitung von Beschwerden statistisch (EDV-unterstützt) erfasst?**
- **Werden die Problemursachen unzufriedener Gäste in den Beschwerdestatistiken differenziert?**
- **Werden sämtliche Gästebeschwerden ausgewertet, um die Qualität der Produktleistung zu verbessern?**
- **Werden die Analyseergebnisse der Geschäftsleitung sowie anderen (betroffenen) Abteilungen zugänglich gemacht?**
- **Arbeitet die Abteilung Beschwerdemanagement mit den Abteilungen Produktentwicklung (Bewirtung, Beherbergung, Veranstaltung) und Qualitätssicherung (Controlling) zusammen?**

Seehotel Schloss Sonnenbühl

Beschwerdeanalyse

▶ **Beschwerden von Gästen bzw. Mitarbeitern**	☐ Beschwerde über Speisen und Getränke ☐ Beschwerde über Mitarbeiter ☐ Beschwerde über Beherbergungsleistungen	Verteiler an: **AL, MA, Marketing, Sales**
▶ **Beschwerden** Abteilung	**Problembearbeitung**	**Beispiel**
▷ Bewirtung	➜ Qualitätsmängel, Wein mit Korkgeschmack, Preis zu hoch, Portionsgröße, Essen kalt, zu lange Wartezeiten	☛ -------------------------
▷ Beherbergung	➜ Sauberkeit der Zimmer, Kinder-/Gerätelärm, defekte Wasser-Armaturen, Glühbirnen, Heizung, Stromausfall	☛ -------------------------
▷ Rezeption	➜ Überlastung, Überbuchung, Abrechnung dauert/falsch, Pay-TV-Reklamation	☛ -------------------------
▷ Veranstaltung	➜ Lange Wartezeiten, kein reibungsloser Ablauf, Medien fehlerhaft	☛ -------------------------
▷ Mitarbeiter	➜ Service zu unfreundlich, zu wenig, zu inkompetent, unsauber	☛ -------------------------

▶ **Sofortmaßnahme**	➜ Gastorientierte Bearbeitung
▷ Ziel, Soll	➜ Strategie, Motto
▶ **Vorbereitung Vorbesprechung**	➜ Informationsbeschaffung
▶ **Organisation**	➜ Durchführungsplan zur Vorbesprechung
▶ **Ist-Analyse**	➜ Stärken – Schwächen (in der Vernetzung)
▷ Mitarbeiter	➜ Ermittlung der Abteilung, Maßnahmen
▷ Kollegen, Gruppe	➜ Maßnahmen, Schulung
▷ Manager	➜ Überprüfung operativer Maßnahmen
▷ Hotel/Betrieb, Unternehmen	➜ Überprüfung strategischer und operativer Maßnahmen
▷ Gäste/Kunden	➜ Zielgruppenanalyse
▷ Konkurrenz, Gesellschaft	➜ Umfeldanalyse

▶ **Instrumente, Maßnahmen**	➜ bezüglich Ziel und Analyse schlüssig (und untereinander komplementär zu vernetzen)
▶ **Bewertung**	➜ Alternativen, Entscheidungen
▶ **Perspektiven, Prognose**	➜ Qualitätsverbesserungen
▶ **Organisation**	➜ Durchführungsplan für beschlossene Maßnahmen
▶ **Durchführung**	➜ Maßnahmen
▶ **Kontrolle**	➜ Soll-Ist-Vergleich, Abweichungs-Analyse
▶ **Bericht**	➜ an Abteilung
▶ **Vernetzung**	➜ Zweck: ausgewertet (Datum, Handzeichen)

Aufgaben

1. Grenzen Sie die Begriffe Kontrolle und Controlling voneinander ab.

2. Vergleichen Sie die Ziele des strategischen und des operativen Controllings und leiten Sie aus diesen Zielen die unterschiedlichen Aufgabenstellungen ab.

3. Zeigen Sie den Zusammenhang zwischen operativem und strategischem Controlling im Controllingprozess auf und erläutern Sie, warum es sich um einen dynamischen Prozess handelt.

4. Zeigen Sie die Wechselwirkungen zwischen dem qualitativen Marketingziel Gästezufriedenheit und dem quantitativen Marketingziel Gewinnmaximierung auf.

5. Erläutern Sie den Zusammenhang zwischen Kapazität und Auslastung des Beherbergungsbereichs.

6. Erläutern Sie den Unterschied zwischen Produktivität und Rentabilität.

7. Ein Unternehmen arbeitet mit 217 000,00 € durchschnittlichem Eigenkapital und 420 000,00 € Fremdkapital. Bei einem Umsatz von 500 000,00 € beträgt der Unternehmenserfolg 45 000,00 €, wobei 28 000,00 € Zinsen im GuV-Konto berücksichtigt wurden. Berechnen Sie:

   a) die Eigenkapitalrentabilität
   b) die Gesamtkapitalrentabilität
   c) den Kapitalumschlag
   d) den Return-on-Investment

8. Erläutern Sie zwei Marketingmaßnahmen, die eine Verringerung der Average Room Rate nach sich ziehen.

9. Recherchieren Sie im Internet nach möglichen Benchmarks für das Seehotel „Schloss Sonnenbühl".

10. Welche drei Funktionen der Qualitätskontrolle können differenziert werden?

11. Wie lassen sich ergebnisorientierte ökonomische Qualitäts- und Leistungskontrollen durchführen?

12. Vergleichsrechnungen können extern oder intern durchgeführt werden. Was bedeuten diese Arten der Vergleichsrechnung?

13. Gegenstand von Qualitätskontrollen sind sowohl Produkt- und Dienstleistungen als auch Serviceleistungen der Mitarbeiter. Dadurch ist eine Differenzierung in sachleistungs- und mitarbeiterbezogene Qualitätskontrolle möglich.
    Welche Ziele verfolgen diese Qualitätskontrollen? (vier Beispiele)

14. Was verstehen Sie unter sachleistungsbezogenen Qualitätskontrollen?

15. Im Rahmen des Personal Selling stehen alle externen Mitarbeiter durch persönlich erbrachte Dienstleistungen in direktem Gästekontakt (als Servicemitarbeiter oder Sales Representant zur Betreuung von Großkunden). Eine intensive und weit gefasste Überprüfung des Mitarbeiterverhaltens ist aufgrund des engen Kontakts der Mitarbeiter zu den Gästen und der hohen Mitarbeiterfluktuation in der Hotellerie notwendig.
    Was wird mithilfe von mitarbeiterbezogenen Qualitätskontrollen durch die Gäste beurteilt?

16. Wodurch unterscheiden sich aktiv geäußerte Beschwerden von passiv geäußerten Beschwerden?

17. Welche typischen Reklamationen werden durch die Küche, den Service im Restaurant, den Service im Bankettmanagement und im Bereich Beherbergung verursacht? (jeweils drei Beispiele)

18. Der Direktor des Seehotels „Schloss Sonnenbühl" erwartet von seinen Mitarbeitern Beschwerdeprotokolle, die ihm persönlich wöchentlich vorgelegt werden.
    Welcher Zweck wird damit verfolgt?

E Recht – Grundlagen, Schutz- und Wettbewerbsrecht

Entsprechend einer gängigen Grobeinteilung gliedert sich der Gesamtreisemarkt in:
- 40 % Pauschalreisen, über einen Reiseveranstalter organisiert und
- 60 % Individualreisen, in Eigenregie organisiert.

Unter dem Aspekt der rechtlichen Beziehungen bedeutet dies, dass weniger als die Hälfte aller Urlaubsreisenden mit der Sicherheit verreist, bei etwaigen Leistungsstörungen oder Schadensfällen den Reiseveranstalter als Vertragspartner zu haben, mit dem er im gewohnten und bekannten Rechtskreis die Berechtigung von Reklamations- und Schadenersatzansprüchen diskutieren kann. Sein Rechtsverfolgungsrisiko ist kalkulierbar.

13 Marketingrecht

13.1 Standortbestimmung: Recht im Gästemarketing

Situation

Der Inhaber eines Hotels, das bislang vor allem Familien auf Urlaubsreisen beherbergt und mit entsprechenden Organisationen für Familienferien zusammenarbeitet, hat in der Zeitung gelesen, dass in Deutschland Senioren reisefreudiger und finanzkräftiger werden und bald die Mehrzahl von Reisenden stellen. Er beauftragt die Marketingabteilung, eine stärkere Ausrichtung der Werbestrategie auf diese Zielgruppe zu prüfen. Angeboten werden sollen z. B. ein Abholservice und zusätzliche Veranstaltungen wie Tanztees und Musikdarbietungen. Eine Werbeagentur soll mit der Gestaltung eines neuen Hausprospekts beauftragt werden.

Ein erfolgreiches Gästemarketing setzt voraus, dass das werbende Unternehmen bei seinen Marketingmaßnahmen die rechtlichen Rahmenbedingungen kennt und berücksichtigt. Werden rechtliche Regelungen von einem Wettbewerber missachtet, verschafft er sich einen unzulässigen Wettbewerbsvorteil gegenüber seinen gesetzestreuen Mitbewerbern.
Auf solche Verstöße reagiert die Rechtsordnung mit Sanktionen. Diese können z. B. sein:

- Schadensersatz und Schmerzensgeld
- Unterlassungs- und Widerrufsansprüche
- Minderung
- Bußgeld
- in gravierenden Fällen sogar strafrechtliche Sanktionen

Wer Marketinginstrumente rechtssicher einsetzen will, muss nicht nur die Vorschriften und Rechtsprechung kennen, die in besonderem Maße den Bereich Marketing betreffen. Er muss diese Spezialnormen auch in das Gesamtsystem des Rechts einordnen können.

Gesetzespyramide

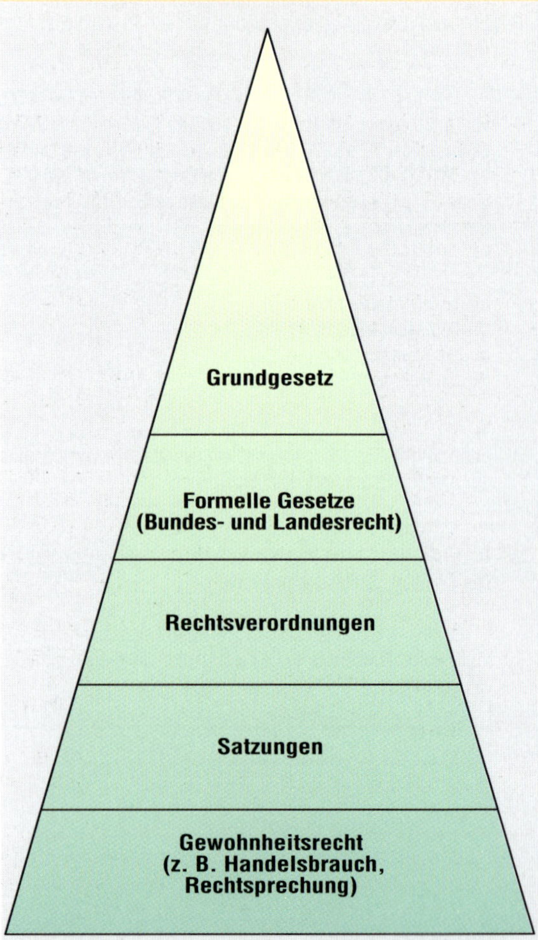

Keine niedrigere Rechtsquelle darf zu einer höheren in einem Widerspruch stehen.

Zwei große Rechtsgebiete: Privatrecht und öffentliches Recht

Privatrecht	Öffentliches Recht
regelt die Beziehung von Privatpersonen (auch Unternehmen) untereinander	regelt das Verhältnis des Einzelnen zum Staat
im Gästemarketing insbesondere relevant: ▶ Verträge mit Gästen und Kunden (z. B. Reise-, Reisevermittlungs-, Beherbergungs-, Bewirtungs-, Beförderungsvertrag) ▶ Verträge mit Lieferanten, Dienstleistern, Geschäftspartnern (z. B. Bierlieferungsvertrag mit Brauerei, Werbevertrag, Hotelbelegungsvertrag zwischen Reiseveranstalter und Hotelier) ▶ Verträge mit Mitarbeitern (z. B. Arbeitsvertrag) ▶ Wettbewerbsrecht ▶ Markenrecht	im Gästemarketing insbesondere relevant: ▶ Gewerberecht ▶ Gaststättenkonzession ▶ Personenbeförderungsgenehmigung ▶ Datenschutzrecht ▶ Preisrecht

Konkrete Entscheidungen im Marketing werden in der Praxis regelmäßig durch eine Vielzahl unterschiedlicher Rechtsbeziehungen bestimmt. Normen bestehen nebeneinander, greifen aber teils auch ineinander. Die rechtlich korrekte Ausgestaltung von Marketingmaßnahmen ist daher immer vom Einzelfall abhängig.

Als Beispiel soll das Hotel aus unserer Eingangssituation (s. Vorseite) herangezogen werden.

Bei der weiteren Bearbeitung der Zielgruppenwerbung unseres Beispielhotels müssen Inhaber und Marketingabteilung in rechtlicher Hinsicht z. B. beachten:

- Bestehen Vereinbarungen mit Reiseveranstaltern oder Werbegemeinschaften, die der neuen Ausrichtung entgegenstehen? Hat man sich z. B. vertraglich zu einer bestimmten Marketingstrategie verpflichtet? Gelten Allgemeine Geschäftsbedingungen und sind diese wirksam?
- Bestehen Hotelreservierungsverträge mit Reiseveranstaltern oder Organisationen für Familienfeiern? Sind Zimmerkontingente vereinbart oder Garantieverträge abgeschlossen worden? Wenn ja, mit welcher Laufzeit? Gibt es Kündigungsfristen?
- Müssen eventuell neue Kooperationen oder Werbegemeinschaften eingegangen werden? Wie lauten die Vertragsbedingungen?
- Wie sollen die Werbebotschaften aussehen? Können geplante Werbebotschaften in den Markt gebracht werden oder drohen reiserechtliche oder wettbewerbsrechtliche Konsequenzen wegen falscher Versprechungen? Ein „ruhiges, idyllisches Haus" oder „Erholung speziell für Senioren" können z. B. kaum zugesagt werden, wenn lebhafte Kinder das Hotel bevölkern oder das Hotel von der Hoteldisco dominiert wird …
- Ein Werk- oder Dienstvertrag mit der Werbeagentur muss abgeschlossen werden. Unter welchen Vertragsbedingungen?
- Reichen die bestehenden behördlichen Genehmigungen aus? Ist ein Beförderungsschein für den Abholservice erforderlich? Umfasst die bestehende Gaststättenkonzession die geplanten Musik- und Tanzveranstaltungen?

Typische Vertragsbeziehungen im Hotel

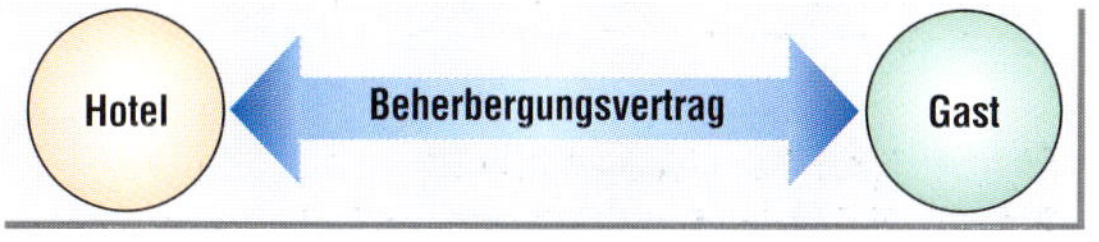

Zwischen Beherbergungsbetrieb und Gast wird ein so genannter Beherbergungs- oder Hotelaufnahmevertrag geschlossen.

Der **Beherbergungsvertrag** ist ein gesetzlich nicht geregelter Vertragstyp mit Elementen aus dem Miet-, Kauf-, Dienst- und Werkvertragsrecht. Es gelten daher die Regelungen des Bürgerlichen Gesetzbuches (*BGB*). Der Inhalt des Beherbergungsvertrags richtet sich nach den individuellen Abreden zwischen Hotel und Gast sowie ergänzend ggf. nach Allgemeinen Geschäftsbedingungen (AGB). AGB können einer Inhaltskontrolle unterzogen werden, damit sie den Gast nicht unangemessen benachteiligen.

Vertragsschluss und „Stornierung": Wenn der Gast erklärt, ein Zimmer reservieren zu wollen, und das Hotel daraufhin die Reservierung annimmt, ist ein für beide Seiten bindender Vertrag zustande gekommen.

Der Gast ist damit grundsätzlich zur Zahlung des vereinbarten Zimmerpreises verpflichtet, auch wenn er später von der Reservierung Abstand nehmen möchte, es sei denn, die AGB oder der Einzelvertrag sehen zu seinen Gunsten ein Rücktrittsrecht vor. Ist dies nicht der Fall, kennt das Vertragsrecht (unabhängig vom Zeitpunkt oder den Gründen für eine Abbestellung) kein Recht auf „Stornierung“. Die von Hotels bei der Nichtinanspruchnahme eines Zimmers häufig berechnete „Stornogebühr“ ist tatsächlich der vereinbarte Zimmerpreis abzüglich der ersparten Aufwendungen des Hoteliers (z. B. Betriebskosten, Kosten für Bettwäsche oder Frühstück) und anzurechnende Vorteile (insbesondere anderweitige Vermietung des Zimmers). Diese „Stornogebühr“ wird häufig pauschaliert (z. B. 30 % des Zimmerpreises bei Übernachtung mit Halbpension).

Gastwirtshaftung: Die *§§ 701 ff. BGB* normieren eine spezielle Haftung des Gastwirts gegenüber dem Gast. Der **Beherbergungswirt** haftet für eingebrachte Sachen des Gastes (z. B. Gepäck, Zahlungsmittel) verschuldensunabhängig. Diese Haftung kann durch Vertrag oder AGB grds. nicht abbedungen werden. Sie ist unter bestimmten Voraussetzungen summenmäßig beschränkt. Der Beherbergungswirt hat ein Pfandrecht an den eingebrachten Sachen des Gastes für seine Forderungen aus dem Beherbergungsvertrag.
Zwischen Reiseveranstalter und Beherbergungsbetrieb werden häufig Reservierungsverträge abgeschlossen.

Vertragsabschluss und „Stornierung“: Der Vertragsinhalt richtet sich nach der jeweiligen Abrede im Einzelfall bzw. nach AGB (Allgemeine Geschäftsbedingungen). Typische Abreden:

- Beim **Garantievertrag** wird eine bestimmte Anzahl von Zimmern zu einem bestimmten Zimmer-/Bettenpreis fest gebucht. Hier räumt der Vertrag dem Reiseveranstalter meist eine Stornierungsfrist ein.
- Beim **Kontingentvertrag** kann der Reiseveranstalter während einer bestimmten Saison bis zu einer bestimmten Frist über ein festgelegtes Kontingent von Zimmern verfügen. In letzterem Fall sieht der Vertrag meist eine prozentuale Stornogebühr vor.

In der Regel kommt ein Vertrag nur zwischen Reiseveranstalter und Hotel zustande. Die Gäste werden in diese Kontingente eingebucht, ein Vertrag zwischen Gast und Hotel kommt nicht zustande. Das Hotel ist vertraglich verpflichtet, dem mit einem „Voucher“ (Berechtigungsschein) ausgestatteten Gast die vereinbarten Leistungen zu erbringen.

Es gibt jedoch auch die Konstruktion, in der das Reisebüro lediglich einen Beherbergungsvertrag vermittelt. Dann werden Hotel und Gast Vertragspartner.

Typische Vertragsbeziehungen bei einer Pauschalreise

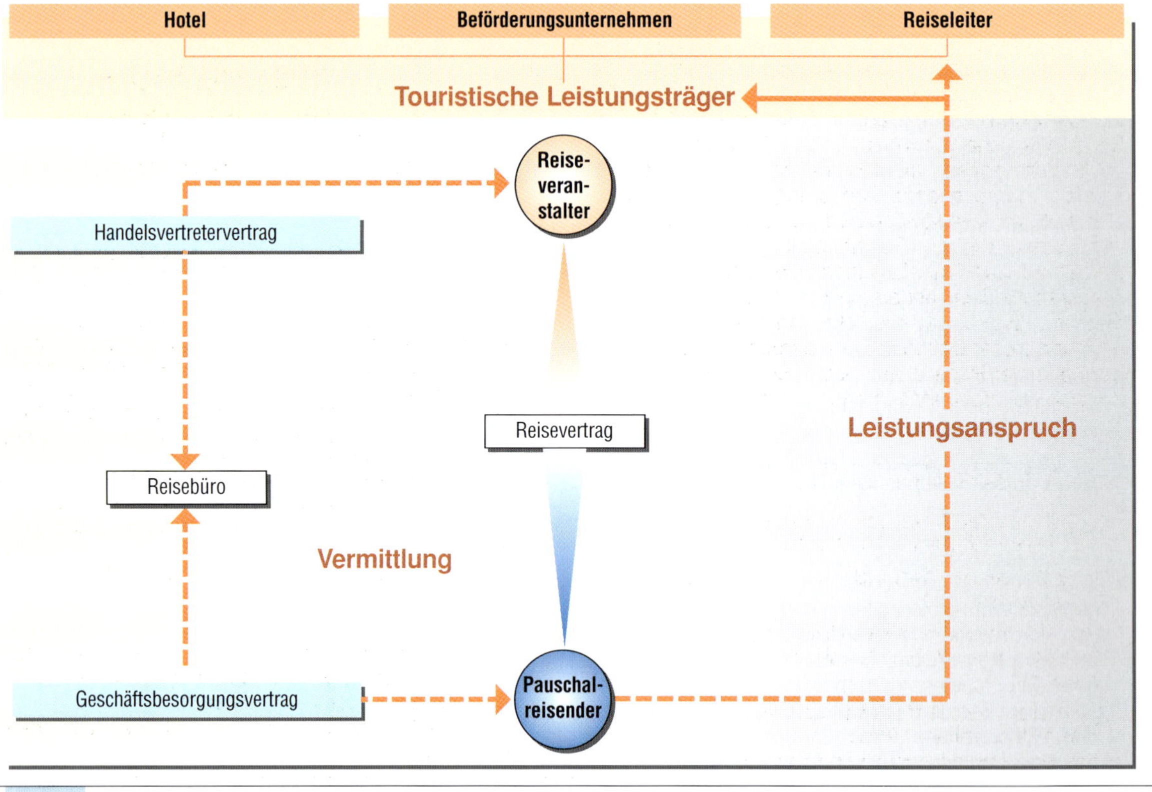

Individualreisende schließen selbst Verträge mit jedem einzelnen touristischen Dienstleister (z. B. Hotel, Restaurant, Fluglinie, Bahn ...).
Pauschalreisende dagegen schließen lediglich einen Reisevertrag mit dem Reiseveranstalter sowie einen Geschäftsbesorgungsvertrag mit dem Reisemittler (Reisebüro) ab. Gegenüber den einzelnen touristischen Leistungserbringern bestehen zwar Leistungsansprüche, aber keine vertraglichen Beziehungen.

Reisevertrag gemäß *§§ 651a ff. BGB*: Das Reiserecht der *§§ 651 a ff. BGB* bietet dem Pauschalreisenden einen besonderen Schutz. Denn der Reiseveranstalter ist verpflichtet, den Gesamterfolg des Reisepakets zu gewährleisten und kann den Pauschalreisenden bei Leistungsstörungen und Reisemängeln nicht auf die Inanspruchnahme der einzelnen touristischen Leistungen verweisen. Er muss den Reisenden informieren und seiner Sicherungspflicht gegen Insolvenz nachkommen (*§§ 651 k BGB*).
Wenn Reisemängel eintreten, muss er Abhilfe schaffen, er ist Adressat von Minderungs- und Schadenersatzansprüchen des Reisenden.

Reiseveranstalter im Sinne der *§§ 651 a ff. BGB* ist, wer als Vertragspartner des Reisenden eine Gesamtheit von Reiseleistungen zu erbringen verspricht und dafür einen Gesamtpreis (= Reisepreis) fordert. Er „kauft" also verschiedene Reiseleistungen von verschiedenen touristischen Leistungsträgern ein (= Vertragsbeziehungen), „schnürt" sie zu „Paketen" und bietet sie an.
Die Leistungspflichten des Reiseveranstalters richten sich nach dem konkreten Reisevertrag. Der Reisevertrag kommt zustande durch die „Buchung" des Reisenden (= Angebot) und die Annahme des Reiseveranstalters spätestens mit der „Reisebestätigung" (in vielen Fällen auch bereits zuvor, z. B. telefonisch, mündlich oder per E-Mail). Der Vertragsinhalt wird neben Individualabreden (z. B. über Zeitpunkt, Zeitdauer, Verpflegungsart etc.) insbesondere bestimmt durch die Reisebestätigung, den Reiseprospekt (alternativ: Zeitungsanzeige, Internetauftritt) und die AGB. Sind Sonderwünsche vereinbart, gehen diese vor.
Im Zusammenhang mit dem Marketing ist der **Reisekatalog** von besonderer Bedeutung, denn dieser muss einerseits eine verlässliche Leistungsbeschreibung liefern (sonst drohen Gewährleistungsansprüche aus Reiserecht und Unterlassungsansprüche aus Wettbewerbsrecht), dient andererseits aber auch als Werbemedium. Die besondere „Katalogsprache", die sich aufgrund dieser Doppelfunktion herausgebildet hat, verwendet in der Regel optimistische Beschreibungen, aus der sich weitergehende Informationen ableiten lassen.

Beispiele:

1. „Aufstrebender Tourismusort" bedeutet starke Bautätigkeit und eine wenig ausgebildete Infrastruktur.
2. „Zentral gelegen" heißt auch, dass mit Verkehrslärmbelästigung zu rechnen ist.
3. In ein „lebhaftes Haus" reisen bevorzugt junge Leute, die Erholung kann durch Diskothekenlärm o. Ä. empfindlich gestört werden.
4. An einem „Naturstrand" wird man keinen feinen Sand, sondern Steine und Geröll finden.

Solche euphemistischen Beschreibungen sind rechtlich zulässig, solange sie den Grundsatz der Prospektwahrheit und -klarheit wahren, d. h. den Reisenden nicht irreführen.

Reisemittler (Reisebüro): Das (selbstständige) Reisebüro vermittelt den Reisevertrag zwischen Reiseveranstalter und Pauschalreisendem. Im Verhältnis zum Reiseveranstalter liegt entweder ein **Handelsvertretervertrag** (wenn das Reisebüro ständig mit der Vermittlung betraut ist) oder ein kaufmännisches Vermittlungsgeschäft vor. Das Reisebüro „verkauft" die „Reisepakete" im Namen und für Rechnung des Reiseveranstalters nach dessen Vorgaben und zu dessen Preisen. Dafür erhält es eine Provision. Die Vorgaben, die der Reiseveranstalter dem Reisebüro macht (z. B. Preisbindung, Gebietsausschließlichkeit, vorgegebene Handelsstrategie), beschränken die Marketingmöglichkeiten des Reisebüros und sind daher wettbewerbsrechtlich relevant. Im Verhältnis zum Pauschalreisenden liegt ein Geschäftsbesorgungsvertrag vor. Reiserecht gilt hier nicht. Das Reisebüro schuldet dem Kunden die ordnungsgemäße Beratung und Vermittlung.

Etwas anderes gilt jedoch, wenn das Reisebüro selbst als Veranstalter auftritt und ein eigenes Reisepaket anbietet. Dann gelten die *§§ 651 a ff. BGB* ohne Ausnahme.

Im Folgenden soll auf einige Rechtsgebiete detaillierter eingegangen werden, die im Gästemarketing eine besondere Rolle spielen.

13.2 Vertriebsverträge – Kooperationen im Vertrieb touristischer Leistungen

Situation

Der Inhaber eines am Ort gut eingeführten Hotels stellt fest, dass seine Umsatz- und Einkommensentwicklung stagniert. Sein Marketingberater rät zu einer Reihe von Strategiemaßnahmen, die jedoch hohe Investitionsaufwendungen erfordern würden. Der Hotelier fürchtet das Risiko, dass sich trotz Investitionen seine Position im Wettbewerb nicht verbessern könnte, er am Ende noch schlechter stünde als vorher.
Er überlegt: Soll er sich mit seinem Betrieb einer Hotelkette, einer Hotel-Kooperation oder einem Franchise-System anschließen?
Was sind die Unterschiede, Vor- und Nachteile dieser Kooperationen?

Wie bei Sachgütern ist auch die Distribution von touristischen Leistungen sowohl über direkte als auch über indirekte Vertriebswege möglich.
Für den Vertrieb über Reisebüros sieht das folgendermaßen aus:

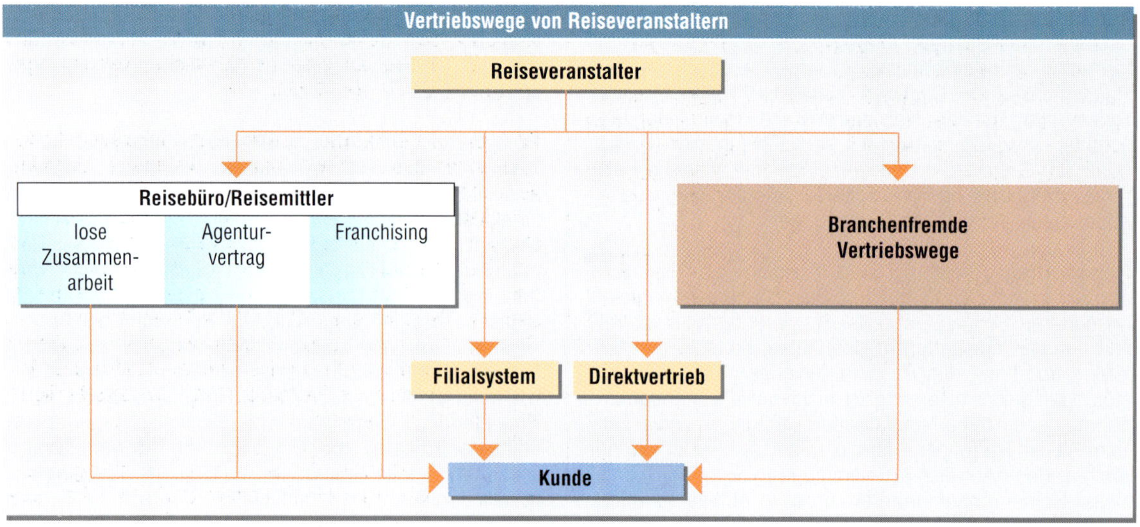

(Dettmer, Harald; Hausmann, Thomas u. a.: Tourismus-Marketing-Management, München 1999, S. 649)

Der Vertrieb von Reiseangeboten wird immer noch bestimmt vom indirekten Vertrieb über Reisemittler. Denn Pauschalreisen/touristische Leistungen sind komplex und haben immateriellen Charakter. Dies führt zu einem hohen Beratungsbedarf und -aufwand, wozu ein direkter Kontakt zwischen Reiseveranstalter und Reisekunden nötig ist.

Ist der Reiseveranstalter/Anbieter touristischer Leistungen – wie regelmäßig – überregional tätig, bedarf er eines Mittlers zwischen ihm und den einzelnen Reiseinteressenten, also eines Fremdvertriebes.

Allerdings ist Aufbau und Unterhaltung eines überregionalen, womöglich flächendeckenden Vertriebsnetzes aufwendig und teuer. Auch wollen Reisemittler/Reisebüros ebenfalls kaufmännisch erfolgreich sein und haben deshalb eigene unternehmerische Pläne und Ziele, die nicht unbedingt denen des Reiseveranstalters entsprechen müssen.

So entscheiden Reisebüros frei nach eigenem Kalkül, welche Reiseveranstalter und touristischen Leistungsträger sie in ihre Angebotspalette aufnehmen, um ihren Kundenstamm vor Ort optimal zu bedienen und für neue Kunden attraktiv zu sein.

Dies birgt für die Reisebüros das Risiko, „ihren Markt" falsch eingeschätzt zu haben und dann Provisionsverluste hinnehmen zu müssen.

Für den Reiseveranstalter/Anbieter touristischer Leistungen bedeutet dies: hohe Eigenständigkeit des Mittlers – seine schlechte Steuerbarkeit im Interesse der vom Reiseveranstalter verfolgten Ziele.

Dieses Spannungsfeld unterschiedlicher unternehmerischer Pläne, Chancen und Risiken bei Reiseveranstaltern/Anbietern touristischer Leistungen und Reisemittlern führt zu unterschiedlichen Formen der Zusammenarbeit beim Vertrieb touristischer Leistungen.

Im Bereich Hotellerie führt insbesondere die zunehmende Bedeutung der Markenhotellerie dazu, dass die Zahl der Häuser, die einer Hotelkette oder Hotelkooperation angehört, im Vergleich zu Privathotels ohne Zugehörigkeit zu einer Hotelgruppe ansteigt.

Hotelkooperationen in Deutschland (Stand: 2007)

Nr.	Kooperation	Anzahl
1	Acron Hotel GmbH	3
2	Akzent Hotels	86
3	Arbeitsgemeinschaft LandKomfort Hotels	34
4	BAYERWALD Hotels c/o Petra Meindl	10
5	Die Bio-Hotels	25
6	CPH Hotelmarketing GmbH	44
7	design hotels AG	15
8	FAMILOTEL AG	33
9	Finest International Golf Hotels GmbH	16
10	FLAIR Hotels e. V.	125
11	forever young Hotel GmbH	5
12	HMG Hotel Management & Servicegesellschaft mbH & Co. KG	12
13	GOLDEN LEAF Hotels & Residences	5
14	Grand City Hotels GmbH	26
15	GREENLINE Hotels GmbH	24
16	Historik Hotels GmbH	37
17	Hotel TRADITION International	2
18	Hotelkooperation Sensotel c/o Innosenso	3
19	„HOTELS MIT HERZ" Hotelkooperation GmbH	55
20	KIEK IN Hotelkooperation GmbH	8
21	KOLPING Hotels & Resorts GbR	5
22	Land-gut-Hotels	178
23	LANDIDYLL Hotels & Restaurants	24
24	The LEADING Hotels of the World Ltd.	28
25	Meister BÄR HOTELs	6
26	MINOTEL Deutschland GmbH	51
27	ODENWALD-STERNE-Hotels	31
28	Private Selection Service AG	4
29	proALLGÄU GmbH & Co. KG	65
30	RELAIS & CHÂTEAUX GMBH	26

Der Hotelmarkt unserer Zeit ist größtenteils von international operierenden und uniform auftretenden Hotelgruppen geprägt. Diese Hotelgruppen haben den Vorteil, dass sie dem Gast ein relativ einheitliches Angebot bieten und die Erwartungshaltungen auf die jeweiligen Mitgliedshäuser übertragen werden können. Globales Marketing sowie Synergieeffekt im gezielten Verkauf, in Einkauf, Verwaltung und Organisation sind die großen Vorteile der Hotelgruppen.
Deshalb ist es auch für ein Privathotel überlebensnotwendig, sich nach entsprechenden Partnern umzusehen, ohne die Eigenständigkeit oder Identität zu verwischen oder gar zu verlieren.

13.2.1 Vertriebsnetze in der Touristik – Reiseveranstalter und Reisemittler

Um die heutigen Strukturen und Gegebenheiten am Markt für touristische Leistungen richtig einzuordnen, lohnt ein kurzer Blick zurück auf die historische und wirtschaftliche Entwicklung des modernen Tourismus in (West-)Deutschland. Die deutsche Tourismuswirtschaft ist im Bereich der Pauschalreise von einer wachsenden Arbeitsteilung geprägt: Der Reiseveranstalter „produziert" die Reisen, die das Reisebüro als Reisemittler im Auftrag des Reiseveranstalters sodann „verkauft".

Dies mag seinen Grund darin haben, dass die traditionellen Reiseveranstalter nach ihrer Firmengeschichte aus Reisebüros oder Reisebüroketten hervorgegangen sind. Mit dem aufkommenden Flugpauschaltourismus in den 60er Jahren waren wirtschaftliche Risiken in Größenordnungen des letzten Jahrhunderts zu meistern, die davor im Rahmen des Bahn- und Bustourismus unvorstellbar waren.
Reisebüros schlossen sich also zusammen, um das existenzgefährdende Risiko zwar gecharterter, aber nicht ausverkaufter Charterflugzeuge zu tragen.

Aus diesem Ansatz entwickelten sich Einkaufskooperationen und Steuerungseinheiten, die sich letztendlich verselbstständigt und zu Reiseveranstaltern im heutigen Verständnis entwickelt haben. Daneben blieb die Marktstufe der Reisemittler bestehen.
Seither wird der Verkauf der von Reiseveranstaltern angebotenen Pauschalreisen über Reisebüros gegen Provision vermittelt.
Dies erfolgt regelmäßig in Form des **Fremdvertriebs**: Der Reiseveranstalter baut sich ein regionales oder überregionales Netz von Reisebüros auf. Diese sind an ihn in der Regel mit einem Handelsvertretervertrag gebunden und ständig damit betraut, seine Reisepakete oder auch touristische Einzelleistungen zu verkaufen (*§ 84 Abs. 1 HGB*).

Die Reisebüros vermitteln den Kontakt und idealerweise auch den Kontrakt zwischen Reiseveranstalter und Kunden.
Daneben finden sich Reisebüros, die Reiseprodukte und Pauschalreisen sozusagen bei Gelegenheit vermitteln, ohne dazu ständig von dem jeweiligen Reiseveranstalter betraut zu werden (kaufmännisches Vermittlungsgeschäft – *§ 354 Abs. 1 HGB*).

Auch **branchenfremde Stellen**, z. B. Tankstellen, Lotto-Toto-Annahmestellen, Kaufhäuser, Discounter, Banken, Versicherungsunternehmen und Flughäfen vermitteln touristische Dienstleistungen mittels Ticketautomaten.
Neben dem Fremdvertrieb in der beschriebenen Weise unterhalten einige Reiseveranstalter eigene Reisebüros oder Reisevertriebsstellen als Teil der internen Vertriebsorganisation (zum Beispiel TUI oder Thomas Cook).
Gleichgültig, in welcher organisatorischen Anbindung zu den von ihnen vertretenen Reiseveranstaltern und Anbietern touristischer Leistungen die selbstständigen Reisemittler kooperieren:

Als selbstständige Kaufleute müssen sie ertragsorientiert ihre Position im Markt sichern und möglichst ausbauen. Sie haben sich dabei mit härter werdenden Wettbewerbsbedingungen auseinanderzusetzen und laufend ihre eigene strategische Ausrichtung zu überdenken.

Insbesondere das veränderte Konsumverhalten der Reisekunden bei wirtschaftlich schwierigen Rahmenbedingungen lässt das Interesse und das Bedürfnis der Reisemittler steigen, sich an einer Kooperation zu beteiligen.

Die **Touristik** gilt heute nicht mehr als Motor des Reisevertriebs, nachdem die Urlauber zunehmend eher zögerlich ihre Reise buchen. Auch das sich ausweitende Last-Minute-Geschäft und die Möglichkeit, online via Internet weltweit touristische Pakete und Einzelleistungen zu buchen, belastet die traditionellen Vertriebswege. Der Kunde ist wegen des vorherrschenden konjunkturellen Umfelds knapper bei Kasse, er vergleicht die Angebote und greift zu attraktiven Gelegenheitsangeboten.

Er bucht immer kurzfristiger und achtet auf die Preiswürdigkeit des Angebots und auf dessen Qualität.
Die Fachpresse berichtet über den Trend, zunehmend Kooperationen einzugehen: kontinuierlich lasse das vordere Feld der großen Ketten und Franchiser immer deutlicher die große Masse des Reisevertriebs hinter sich zurück.
Dies beschreibt den Erfolg effektiv zusammenarbeitender Reisevertriebsstellen. Da Erfolg immer den Sog produziert ebenfalls mitzumachen, steht bei vielen selbstständigen Reisebüroinhabern die Überlegung an, ob die Beteiligung an einer Absatzkooperation die Entwicklungschancen der eigenen Unternehmung nicht verbessern würde.

Eine Möglichkeit, dem Trend sinkender Provisionseinnahmen bei steigenden Regiekosten zu begegnen, besteht darin, die eigene Vertriebskraft durch Beteiligung an einem der kooperativen Vertriebssysteme zu optimieren, seien dies Franchise-Systeme, Kooperationen oder Ketten.
Durch Anbindung an eine solche **Absatzkooperation** können Rationalisierungsmöglichkeiten ausgeschöpft und Gruppenvorteile ausgenutzt werden.

Während z. B. die **Reisebüro-Ketten**, die häufig aus eigenen Vertriebsstellen von Reiseveranstaltern entstanden sind, sich von Franchise-Systemen und Kooperationen dadurch unterscheiden, dass die angeschlossenen Reisebüros regelmäßig ins Eigentum der Kettenorganisation aufgenommen werden, bleiben bei Franchise und Kooperationen die einzelnen Unternehmen regelmäßig rechtlich selbstständig und arbeiten auf eigene Rechnung.

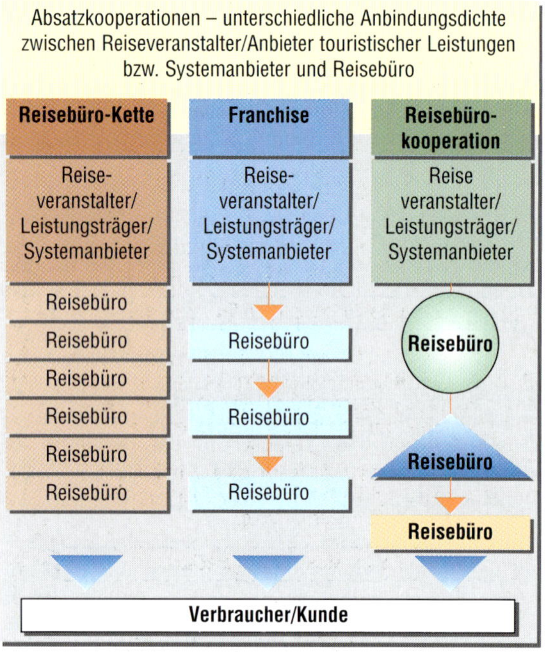

Die eindeutige Abgrenzung der verschiedenen Systemlinien gegeneinander ist nicht möglich; es sind zu viele Mischformen am Markt, die teilweise historisch, teilweise in der jeweiligen Systemidee begründet sind.

Der Unternehmer, der sich mit dem Gedanken trägt, die eigene Position am Markt durch Teilnahme an einem der Systeme zu verbessern, wird also zunächst die Grundüberlegung anstellen, in welchem Maße er selbstständig bleiben will oder inwieweit er die Bereitschaft hat, seine Eigenständigkeit mehr oder weniger aufzugeben, um sich einem dominierenden Vertriebssystem unterzuordnen.

Die Filialsysteme z. B. der Reisebüro-Ketten unterscheiden sich vom Außenauftritt kaum von Franchise-Unternehmen und sind mit ähnlich straffen Steuerungsmechanismen wie diese ausgestattet.
Neben Franchise und Kooperationen finden sich z. B. auf dem Reisebüro-Markt zahlreiche Vertriebsverbunde, die für selbstständige Reisebüros infrage kommen können, welche weitgehend selbstständig bleiben, aber durch Anschluss an einen Verbund z. B. ihre Einkaufs- und Nachfragekraft bündeln und verstärken wollen. So können Einkaufsvorteile oder eine bessere Position bei Provisionsverhandlungen mit den Reiseveranstaltern erzielt werden.

Vor dem Beitritt oder Wechsel in eines der dargestellten Kooperationssysteme sollte durch den einzelnen Unternehmer eine genaue Kosten-Nutzen-Analyse durchgeführt werden.

13.2.2 Franchise

Franchise-Systeme bieten ein Vertriebssystem, bei dem Marken- und Know-how-Geber sowie **Franchise-Nehmer rechtlich selbstständige Unternehmer** bleiben. Der Franchise-Nehmer verwendet gegen Entgelt (sog. Franchise-Fee) den Markennamen des Franchise-Gebers und tritt unter einheitlicher Corporate Identity auf. Er erhält verschiedene Service-Leistungen, vor allem in den Bereichen Marketing und Verwaltung. Regelmäßig wird dem Franchise-Nehmer ein Angebotssortiment vorgegeben, dessen Absatz nach genau festgelegten Marketing-Kriterien unter Wahrung eines einheitlichen Erscheinungsbildes erfolgt. Franchise-Systeme werden durch eine Zentrale mit starkem Durchgriff gesteuert, haben eine breite Marktpräsenz und arbeiten ggf. mit der Zusicherung eines bestimmten Absatzgebiets.

Als **vertikal-kooperatives Franchising** stellt es eine Form der Vertriebsbindung dar, bei welcher der Franchise-Geber mit Absatzmittlern, den Franchise-Nehmern, Ausschließlichkeitsverträge schließt zum Beispiel TUI-Reisecenter, Flugbörse, FTI-Ferienwelt, 5vorflug, Allkauf, Lufthansa, City Center.
Als **horizontal-kooperatives Franchising** schließen sich Unternehmer der gleichen Vertriebsstufe zusammen, zum Beispiel Reisebüros oder Hotels (z. B. Best Western, InterContinental, ChoiseHotels, Golden Tulip). Einige Franchise-Systeme der Reisemittler haben sich aus der Umwandlung von bestehenden Reisebüro-Kooperationen oder -Ketten entwickelt, wie FIRST Reisebüro oder Flugbörse (vgl. Freyer, Tourismus-Marketing, 1997, Seite 516).

Der rechtlich selbstständige Franchise-Nehmer arbeitet einerseits auf eigene Rechnung. Andererseits nimmt ihm der Franchise-Geber in seiner Systemzentrale vieles von dem ab, was andere Selbstständige selbst erledigen müssen, zum Beispiel das **Marketing**.

Der Franchise-Nehmer profitiert vom Franchising, indem er sein unternehmerisches Risiko über ein eingeführtes und erprobtes Franchise-System abfedert. Er kann einen bekannten Markennamen und ein breiteres Marketing nutzen, das ihm als (in der Regel kleinerem und finanzschwächerem) Einzelunternehmen nicht zur Verfügung stünde.

Der **Vorteil des Franchise-Gebers** liegt vor allem in der breiten Markt-Präsenz. Je mehr Franchise-Nehmer am System angeschlossen sind, desto flächendeckender sind die eigenen Produktlinien am Markt. Diesen Effekt könnte der Franchise-Geber sonst nur mit einem teuren eigenen Vertriebsapparat erzielen.

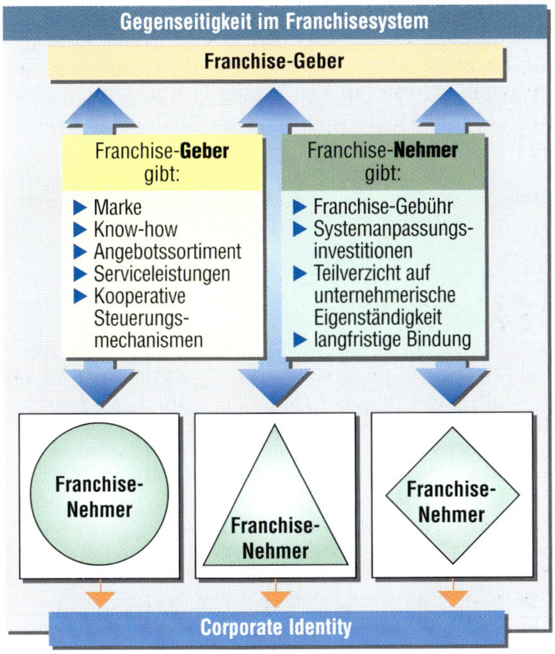

In der Gastronomie gibt es neben reinen Franchise-Systemen (z. B. Hallo Pizza, Joey's Pizza) vielfach auch Systeme, die mit einer Kombination von Company-eigenen Betrieben (Filialsystem) und Franchisebetrieben arbeiten (z. B. McDonald's, Burger King, Wienerwald). Dies hat den Vorteil, dass in den Unternehmenszentralen operatives Know-how vorhanden ist. Das Marketing ist aber auch in diesen Fällen für alle Filialen (Eigen- und Franchisebetriebe) einheitlich und zentral gesteuert.
Die maßgeblichen Vertragsbeziehungen zwischen Franchise-Geber und Franchise-Nehmer sind regelmäßig in einem umfangreichen Franchise-Vertrag geregelt, der nicht individuell ausgehandelt, sondern aus Gründen der Rationalisierung und der Einheitlichkeit des Vertriebssystems vom Franchise-Geber vorgegeben wird. Es handelt sich also um Formularverträge im Sinne des Rechts der Allgemeinen Geschäftsbedingungen (*§§ 305 ff. BGB*). Die einzelnen Vertragsklauseln unterliegen der **AGB-Wirksamkeitskontrolle**. Die meisten Franchise-Verträge enthalten mit Absatz- oder Bezugsbedingungen außerdem Vereinbarungen, die formal als Wettbewerbsbeschränkungen vor der Kontrolle des deutschen GWB und der Wettbewerbsvorschriften des EU-Kartellrechts bestehen müssen. In Franchise-Verträgen sind schon im Sinne von *§ 138 BGB* als sittenwidrig eingestufte Klauseln festgestellt worden, in denen etwa das wirtschaftliche Risiko belastender Faktoren vom Franchise-Geber ohne angemessenen Ausgleich dem Franchise-Nehmer auferlegt wurde. Oder die Franchise-Gebühren waren unverhältnismäßig hoch im Vergleich zu den sich aus dem Franchise eröffnenden Verdienstmöglichkeiten des Franchise-Nehmers.

Beispielhaft sind in der folgenden Abbildung einige Vertragsklauseln aus Franchise-Verträgen aufgezählt, die nach der einschlägigen Literatur sowie Rechtsprechung als kritisch angesehen werden oder sogar nach den Umständen des jeweiligen Einzelfalls für unwirksam erklärt wurden:

Franchise-Vertrag typische Klauseln

Franchise-**Geber** → Franchise-**Nehmer**

Zustimmungsvorbehaltsklauseln

zu jeder Änderung in den Eigentumsverhältnissen/Veräußerung von Betriebsteilen des Franchise-Nehmers über einen bestimmten %-Satz – sonst Kündigung: unangemessen, wenn einschränkungslos

Genaue betriebswirtschaftliche Kennziffern

Daten zu Gewinnerwartung und voraussichtlichen finanziellen Belastungen müssen richtig sein

Änderungsvorbehalte

z. B. den Gebietsschutz zu verkleinern; ohne schwerwiegende Änderungsgründe/finanziellen Ausgleich: unzulässig; sonst nur zulässig, wenn an konkrete Voraussetzungen geknüpft, nur nach Änderungskündigung

Einseitige Weisungs- und Kontrollrechte

z. B. einseitige Festsetzung von Pflichtumsatzzahlen, die Grundlage der Provisionsberechnung sind: zulässig nur, wenn nach objektivierbaren, für alle geltenden Grundsätze ermittelt; sonstige Weisungsrechte: zulässig nur, wenn durch Interesse an einheitlicher Ausstattung des Vertriebsnetzes/Systempolitik gerechtfertigt

Anlaufzeit/Kündigungsrechte

vorformulierte Anlaufzeit bis zur ersten Kündigungsmöglichkeit muss in angemessenem Verhältnis zu Eintrittsgebühren und Amortisation der Anfangsinvestitionen stehen.
Kündigungsrechte für den Franchise-Geber nur aus wichtigem Grund/gravierende Vertragsverletzung; nicht z. B. außerordentliche Kündigung bei plötzlichem Umsatzrückgang

13.2.3 Kooperation

In Kooperationen auf nationaler oder internationaler Ebene organisieren sich rechtlich unabhängige selbstständige Reisebüros und gastgewerbliche Betriebe (z. B. Ringhotels, Flair Hotels, Minotel, Romantik Hotels & Restaurant, Viabono, The Leading Hotels of the World, Relais & Châteaux), um höhere Provisionssätze und Erlöse zu erzielen und günstigere Bedingungen für den Verkauf eigener Produkte zu schaffen. Wichtigste Ziele sind die Bündelung der Einkaufsmacht und die Erhöhung des Bekanntheitsgrads durch den gemeinsamen Auftritt am Markt. Weitere Kooperationsziele können sein:

- gemeinsame EDV, Back-Office, Wartung
- gemeinsame Marketing-Maßnahmen
- zentrale Beschaffung
- gemeinsames Versicherungskonzept
- interner Betriebsvergleich
- Erfahrungsaustausch (Erfa-Gruppen)
- gemeinsames Gruppengeschäft/Firmenreisedienst/Incentives
- Rechts-/Steuerberatung
- gemeinsames Controlling

Regelmäßig bewahrt die Kooperation die Individualität der einzelnen Agenturen und Betriebe. Die gemeinsame Dachmarke, unter der operiert wird, kann beispielsweise mit dem eigenen angestammten Namen kombiniert werden; eine Corporate Identity gibt es regelmäßig nicht. Die System-Zentrale erfüllt eher die Funktion einer Unternehmensberatung.

Kooperationen lassen sich nach Wirtschaftsstufen in horizontale und vertikale Kooperationen unterscheiden, so am Beispiel der Hotellerie:

Horizontale Kooperationen
Kooperierende Unternehmen gehören derselben Branche an. Die Zahl der horizontalen Kooperationen hat sich in den letzten Jahren stark vergrößert und wird weiter zunehmen. Neben Kooperationen, die sich im Wesentlichen als Reservierungsverbundsystem und Imagevereinigungen verstehen, überwiegen insgesamt so genannte Full-Service-Kooperationen (Kooperationen, die mehrere Funktionsbereiche des Unternehmens bedienen).

Vertikale Kooperationen
Kooperierende Unternehmen gehören verschiedenen Branchen an. Vertikale Kooperationen kommen im deutschen Gastgewerbe im internationalen Vergleich noch relativ selten vor. Allerdings lässt auch hier die gegenwärtige Entwicklung von Kooperationen zwischen Luftverkehrsgesellschaften, Reisebüros, Mietwagenfirmen und Hotels eine Aufwärts-Entwicklung erwarten (vgl. Grothues 1990, S, 146).

Diese Tendenz wird aktuell bestätigt. So berichtet die Fachpresse darüber, dass zahlreiche Hotels ihre Betten im Einzelplatzgeschäft vertreiben als interessantes Nischengeschäft für Reisebüros: So gestaltet sich die Kooperation zwischen Hotels und Business-Travel-Büros teilweise bereits sehr intensiv. Europas größte Hotelkette Accor arbeitet als Preferred Partner mit den großen Geschäftsreisebüro-Ketten zusammen. Interconti nennt ihre Kooperationen mit TQ3, American Express und CWT beispielhaft, allesamt Business-Ketten.
Es wird weiter berichtet, dass sich eine engere Zusammenarbeit mit den Hotels auch für Leisure-Agenturen in barer Münze auszahlen könnte. Die Hotelketten würden jede Buchung mit einer Provision in Höhe von 10 % belohnen, lukrativ gerade für solche Reisebüros, die im Veranstalter-Geschäft nicht die erforderlichen Mindestumsätze erreichen würden.

13.2.4 Checkliste für Verträge mit Franchisesystemen und Kooperationen

Welches System für die speziellen eigenen Ansprüche und Bedürfnisse des zusammenschlusswilligen Betriebsinhabers das Geeignete ist, bedarf einer genauen Analyse.
Der Betriebsinhaber wird anhand einer Checkliste sein Vorhaben überprüfen.

Nachstehende Checkliste gibt Hilfestellung, eine Zielvorstellung zu entwickeln und Anhaltspunkte zu analysieren, welche Wertigkeit und Bedeutung die einzelnen Systemleistungen für das eigene Unternehmen haben und die Entscheidung für das eine oder andere System erleichtern:

Seehotel Schloss Sonnenbühl

Checkliste für Verträge mit Franchisesystemen und Kooperationen

- Umreißen die vertraglichen Vereinbarungen die Rechte und Vorteile für beide Seiten klar und unmissverständlich und legen sie diese ausgeglichen fest? Bestehen Umsatzvorgaben und welche Konsequenzen hat es, diese Umsatzvorgaben zu erfüllen oder etwa zu unterschreiten?
- Ist das System, nach dem die laufenden Zahlungen an die Zentrale zu leisten sind, genau und unmissverständlich festgelegt?
- Wie ist der Zuschnitt der vorgegebenen Pflichtsortimente?
- Welche Aufnahmebedingungen bezüglich Lage und personeller und sachlicher Ausstattung des eigenen Betriebs sind aufgestellt? Können diese aus dem Stand erfüllt werden oder bedarf es hier besonderer Investitionen – wenn ja, in welchem Umfang?
- Wie hoch ist die Gebühr an die Zentrale? Handelt es sich um einen Festbetrag oder um eine prozentuale, auf den Umsatz bezogene Gebühr? Bezieht sie sich nur auf ein Pflichtsortiment, auf ein Kernsortiment oder auf den gesamten Umsatz?
- Wie hoch ist die einmalige Aufnahmegebühr und wie viel Prozent des Umsatzes sind regelmäßig an die Zentrale abzuführen?
- Ist eine einheitliche Corporate Identity vorgegeben und worin besteht sie (z. B. vorgegebene Inneneinrichtung, Außenwerbung, Geschäftsausstattung, gemeinsames Logo)?
- Bestehen zentrale Steuerungsmechanismen? Worauf beziehen sich diese (z. B. Umsatz-Information, Statistiken, EDV-Überwachung, Marketing, Verträge mit Leistungsträgern)?
- Gibt es Mitbestimmungsmöglichkeiten an Systempolitik und Weiterentwicklung (z. B. regionale Erfahrungsgruppen, Steuerungs-Ausschüsse, regionales Beiratssystem)?
- Setzt die Teilnahme am System voraus, dass die Systemzentrale das eigene Unternehmen übernimmt oder sich an ihm beteiligt? Wenn dies der Fall ist, zu welchen Konditionen? Wie wird dann die eigene unternehmerische Position des bisherigen (Allein-)Inhabers aussehen?
- Gibt es Gebietsschutz?

Neben den Rahmenbedingungen wird für den Betriebsinhaber bedeutsam sein, das Leistungsspektrum der einzelnen Systeme zu hinterfragen. Entscheidend ist dabei nicht die Papierform, also der vertraglich fixierte Rahmen, sondern wie die theoretischen Vorgaben in der Praxis des jeweiligen Systems tatsächlich gelebt werden. Es ist abzuwägen, welche Service-Bausteine für den eigenen Betrieb sinnvoll sind und welche nicht:

Seehotel Schloss Sonnenbühl

Checkliste: Servicebausteine

- EDV: Wird ein einheitliches System gefahren oder gibt es eine vorgeschriebene bzw. empfohlene Mindestausstattung?
- Rechtsberatung: Wird eine rechtliche Beratungsstruktur angeboten? Ist eine juristische Grundversorgung über die Systemgebühren abgedeckt?
- Buchhaltung: Bietet die Zentrale die Führung der Buchhaltung an und wenn ja, mit welchem System und zu welchem Preis?
- Steuerberatung: Wird eine Steuerberatungsstruktur angeboten?
- Controlling: Sind Controlling-Mechanismen installiert, um jederzeit die wirtschaftlichen Ergebnisse beurteilen zu können?
- Personalberatung: Gibt die Zentrale Unterstützung bei der Auswahl und Führung von Mitarbeitern?
- Betriebsvergleich: Legt die Systemzentrale Daten und Zahlen anderer Partnerbetriebe offen, um Vergleiche zu ermöglichen? Wird eine Übersicht darüber gegeben, wie hoch der Durchschnittsumsatz pro Jahr aussieht, welchen die anderen Partner erzielen?
- Handbücher: Wie umfangreich und detailliert sind die System-Handbücher? Wie werden sie mit welchen zusätzlichen Kosten für die angeschlossenen Betriebe weiterentwickelt?
- Schutzrecht: Werden Nutzungsrechte für Firmennamen und Marken übertragen? Wenn ja, zu welchen Bedingungen?
- Erfahrungsaustausch: Gibt es formelle Erfahrungsaustausch-Strukturen, z. B. Erfa- Gruppen?
- Systementwicklung: Was unternimmt die Zentrale, um das System weiterzuentwickeln und veränderten Marktsituationen anzupassen?
- Schulung: Wie intensiv schult die Zentrale und auf welchen Gebieten – etwa Verkauf, Marketing, Controlling, EDV, Recht, Steuern?
- Absicherungen: Stellt die Zentrale Versicherungsleistungen, die Insolvenzabsicherung oder eine Absicherung bei negativer Geschäftsentwicklung des Mitgliedsbetriebs zur Verfügung?
- Deko-Service und Werbematerial: Welche Werbemittel wie Prospekte, Kataloge, Anzeigenvorlagen, Kundenkarte, Kundenzeitschrift, Internet-Auftritt stellt die Zentrale zur Verfügung?
- Ausscheiden: Welche „Scheidungsmöglichkeiten" bestehen nach welcher Vertragslaufzeit?
- Finanzierungsberatung und Investitionsbedarf: Welchen Investitionsbedarf wird der Geschäftsum- bzw. -ausbau mit sich bringen? Gibt es Unterstützung zur Finanzierung?
- Welcher Restrukturierungsaufwand (z. B. Rückzahlung von System-Investitionen und Ausstattungsdarlehen, Kosten für den Rückbau der Büroausstattung und der Außenwerbungsanlage) wird bei Beendigung entstehen und von wem werden die Kosten hierfür getragen?

Aufgaben

1. Welche Vertriebswege werden in der Touristik gemeinhin unterschieden?
2. In welche Wirtschaftsstufen lassen sich Kooperationen am Beispiel der Hotellerie und Gastronomie unterscheiden?
3. Was versteht man unter Franchise?
4. Wenn der Franchise-Geber mit dem Franchise-Vertrag vorformulierte Vertragsbedingungen aufstellt, kann er in diesem Vertragswerk willkürliche Regelungen treffen?
5. Franchiseverträge enthalten regelmäßig mehr oder weniger weit reichende Bindungen des Franchise-Nehmers an Vorgaben des Franchise-Gebers zur Produktpalette. Gibt es bei der Formulierung solcher Beschränkungen gesetzliche Grenzen?
6. Was versteht man unter Corporate Identity?

13.3 Schutzrechte

Situation

Für die im Juni 2008 anstehende Fußball-Europameisterschaft in Österreich und in der Schweiz plant der Gastronom Steffen Sorglos in einem Nebenraum seines Bistros „Zum flotten Croque" sämtliche Spiele auf einer Großbildleinwand zu übertragen. Um seine Gäste auf dieses besondere Angebot aufmerksam zu machen, möchte er Werbeflyer mit dem Aufmacher „FIFA spezial Fußball und Croque – ein gleichsam nicht zu trennendes Paar wie unvergessliches Erlebnis" anfertigen und verteilen lassen. Damit die Werbekosten sein Marketingbudget nicht sprengen, hat er mit der nahe gelegenen Brauerei vor Ort vereinbart, dass diese die Kosten für den Druck der Flyer übernimmt und dafür ihr Brauerei-Logo auf die Flyer platzieren darf.

Insbesondere im Rahmen unserer globalen, weltweiten Marktwirtschaft ist es notwendig, die erarbeitete geistig-schöpferische Leistung, gleich welcher Art, effektiv gegen den unbefugten Zugriff anderer Unternehmen oder fremder Personen zu schützen. Denn diese stellt einen unmittelbaren wirtschaftlichen Wert dar.

Es gilt also, das so genannte „geistige Eigentum“ sowie die Produktnamen und geschäftliche Kennzeichen zu schützen.

Jeder Gewerbetreibende, der in die rechtlich geschützte Sphäre eines anderen im geschäftlichen Verkehr in irgendeiner Weise rechtswidrig eingreift, begeht eine Wettbewerbsverletzung. Der dadurch Beteiligte kann von diesem Störer, gleichgültig ob schuldhaftes Verhalten vorliegt oder nicht, künftig die Unterlassung des Wettbewerbsverstoßes fordern sowie die Beseitigung einer fortdauernden Beeinträchtigung.

Ist jemandem durch die wettbewerbswidrige Aktion eines anderen ein Vermögensschaden entstanden, so hat dieser bei schuldhaftem Handeln auch Schadenersatz zu leisten. Die gewerblichen Schutzrechte räumen ihrem Inhaber die ausschließliche Nutzungsbefugnis ein. Diese so genannten immateriellen Güterrechte haben deshalb eine absolute Wirkung gegenüber jedermann (absolute Herrschaftsrechte).

Alleine der Inhaber eines solchen Schutzrechts entscheidet, ob und wie er dieses verwerten will, ob und wie er Rechte hieran an andere ganz oder teilweise übertragen möchte. Diese **Schutzrechte** entstehen in unterschiedlicher Form:

- **Urheberrecht** kommt allein durch schöpferische Leistung in Gestalt der Schaffung eines geistigen Werkes zur Entstehung.
- Ein **Patent** für technische Erfindungsleistungen setzt für seine Entstehung die Eintragung in das Patentregister voraus.
- Die **Marke** genießt rechtlichen Schutz regelmäßig erst dann, wenn eine Eintragung in eines der verschiedenen Markenregister erfolgt ist.
  Geschäftliche Bezeichnungen stehen schon dann unter dem Schutz des Markenrechts, wenn diese im Außenverhältnis verwendet werden.

Beispiel

Im geschäftlichen Verkehr wird z. B. der Name als Firma oder als besondere Bezeichnung des Geschäftsbetriebs oder eines Unternehmens verwendet. Markenschutz genießt schließlich eine im Geschäftsverkehr verwendete Marke, wenn sie entsprechende Verkehrsgeltung erreicht hat.

Gewerbliche Schutzrechte

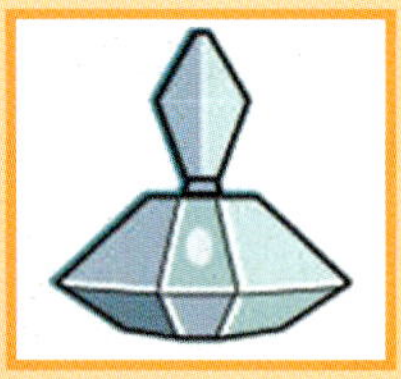

	Geschacks-muster	Patent	Gebrauchs-muster	Marke
Gegenstand des Rechtschutzes	**Muster und Modelle** in gewerblicher Verwendung	**Erfindungen** (Gegenstände, Stoffe, Herstellungs- und Arbeitsverfahren)	**Erfindungen** (Neuerungen an Gegenständen, keine Verfahren)	**Wort-, Bild-, Hörmarken, 3D-Marken** zur Kennzeichnung und Unterscheidung von Waren oder Dienstleistungen
Voraus-setzungen	Neuheit und Eigentümlichkeit der Gestaltung	Neuheit Erfindungshöhe, gewerbliche Anwendbarkeit	Neuheit Erfindungshöhe, gewerbliche Anwendbarkeit	Unterscheidungs-kraft
Erteilung der Schutzrechte durch:	**Deutsches Patent- und Markenamt**			
Schutzdauer	5 Jahre (Verlängerung bis höchstens 20 Jahre)	20 Jahre	3 Jahre (Verlängerung bis höchstens 10 Jahre)	10 Jahre (Verlängerung um jeweils weitere 10 Jahre)

ZAHLENBILDER

In den folgenden Kapiteln wird auf die Gewerblichen Schutzrechte (Geschmacksmuster-, Patent-, Gebrauchsmuster- und Markenrecht) sowie auf das Urheberrecht und den Bundesdatenschutz näher eingegangen.

13.3.1 Geschmacksmusterrecht

Zum Schutz schöpferischer und ästhetischer Gestaltung gehört neben dem Urheberrecht *(s. §§ 1 ff. UrhG)* auch das *Geschmacksmusterrecht (s. §§ 1 ff. GeschmMG).*

Geschmacksmusterrecht:
Mit diesem schützt ein Unternehmen seine neu entwickelten Muster und Modelle in ihrer ästhetischen Gestaltung. Als Geschmacksmuster wird ein Muster geschützt, das neu ist und eine Eigenart hat *(§ 2 I GeschmMG).*

Die **Schutzdauer** des Geschmackmusters beträgt fünf Jahre ab dem auf die Anmeldung beim Patentamt folgenden Tag. Sie kann jeweils um fünf Jahre oder ein Mehrfaches davon bis auf höchstens 20 Jahre verlängert werden. Das **Geschmacksmusterrecht** ist vererblich und kann unbeschränkt oder beschränkt über Lizenzverträge auf Dritte übertragen werden.

Beispiel

Schutzfähig sind der Glaskörper einer Leuchte, der Scherkopf eines Trocken-Elektrorasierers, der Zündaufsatz eines Flugzeugs, Autofelgen, die Form eines Schaltknüppels oder eines Leuchtelements für ein bestimmtes Automodell und Ähnliches.

Beispiel

Der Geschmacksmusterschutz bezieht sich sogar auf die originalgetreue Nachbildung von Kraftfahrzeugen in Spielzeuggröße.

13.3.2 Patentrecht

Zu den gewerblichen Schutzrechten gehört auch das Patentrecht *(s. §§ 1 ff. PatentG).*

Patentrecht:
Die Erteilung eines Patents setzt eine neue, gewerblich anwendbare Erfindung voraus *(§ 1 I PatentG).*

Unter einer Erfindung wird eine Lehre zum technischen Handeln unter Einsatz beherrschbarer physikalischer, chemischer, biologischer oder eine Kombination von diesen beherrschbaren Naturkräften zur Erreichung eines kausal übersehbaren Erfolgs verstanden.

Beispiel

Das bloße Züchten von Tieren ist nicht patentfähig, anders jedoch die Förderung des Wachstums oder Beschaffenheit und Ausbeutung von Pflanzen durch chemische oder physikalische Kulturverfahren oder der Einsatz von Mikroorganismen für die Herstellung verschiedener Lebensmittel wie Joghurt, Käse, Bier usw.

13.3.3 Gebrauchsmusterrecht

Ein weiteres Schutzrecht technischer Erfindungen ist das Gebrauchsmusterrecht *(s. §§ 1 ff. GebrMG).*

***Gebrauchsmusterrecht*:**
Technisches Schutzrecht, welches aber im Unterschied zum Patent keine entsprechende Erfindungshöhe voraussetzt. Man spricht insoweit auch vom „kleinen Patent“ und meint damit besonders die kurzlebigen „Alltagserfindungen“, z. B. die wachsende Zahl unterschiedlicher Fertiggerichte und Backwaren.

Genau wie das Patent entsteht das Gebrauchsmuster durch Eintragung in die sogenannte **Gebrauchsmuster-Rolle**, die bei der Gebrauchsmuster-Stelle des Patentamts geführt wird. Die Schutzwirkung des Gebrauchsmusters ähnelt der des Patents. Die übliche Schutzfrist des Gebrauchsmusters ist relativ kurz, sie beläuft sich auf höchstens sechs Jahre. Auch das Gebrauchsmuster ist vererblich; es kann von seinem Inhaber unbeschränkt veräußert oder beschränkt in Form einer Lizenz übertragen werden.

13.3.4 Markenrecht

Marke:
Zeichen, das geeignet ist, die Waren und Dienstleistungen eines Unternehmens von den Waren und Dienstleistungen eines anderen Unternehmens zu unterscheiden *(§ 3 I MarkenG).*

***Markenrecht*:**
Schützt die Identitätszeichen eines Unternehmens, die von größter Bedeutung für Werbung und Präsentation des Unternehmens im Wettbewerb sind. Geschützt werden Marken im eigentlichen Sinne, aber auch geschäftliche Kennzeichen, Firmenbezeichnungen.

Die Marke gibt nicht nur einen Hinweis auf die Herkunft von einem bestimmten Unternehmen oder aus einer bestimmten Region. Vielmehr verbindet der Kunde mit der Marke auch die Vorstellung, dass die mit der Marke bezeichnete Ware oder Dienstleistung in ihrer Beschaffenheit nicht nur gleich bleibt, sondern fortlaufend verbessert wird. Ist der Kunde mit dem erworbenen Markenprodukt zufrieden, wird er diese Ware später wieder kaufen. Hierin liegt die wichtige **Marketingfunktion für das Unternehmen.**
Danach sind als Marke alle Zeichen schutzfähig, insbesondere Wörter, Personennamen, Abbildungen, Buchstaben, Zahlen, Hörzeichen und dreidimensionale Gestaltungen.
Eine **Wortmarke** ist eine Marke, die aus Wörtern, Buchstaben, Zahlen oder sonstigen Schriftzeichen besteht, die sich mit der Schriftart „Courier“ darstellen lassen. Eine **Wort-/Bildmarke** besteht aus einer Kombination von Wort- und Bildbestandteilen oder aus Wörtern, die grafisch gestaltet sind.

Beispiel

„Deutsche Hotelklassifizierung" mit Sternesymbol, „DEHOGA", Schriftzüge wie „Coke", TUI-Symbol, das „goldene M" von McDonald's, „DB" für die Deutsche Bahn.

Soll eine Bildmarke markenrechtlich geschützt werden, muss sie über die bloße naturgetreue grafische Darstellung des Produkts hinausgehen, weil ihr ansonsten die konkrete Eignung, diese Waren einem bestimmten Geschäftsbetrieb zuzuordnen, fehlt. Eine Bildmarke kann einfarbig oder mehrfarbig geschützt werden.
Auch reine **Farbmarken** sind denkbar, die nur aus bestimmten Farben oder Farbzusammenstellungen ohne konkrete Erscheinungsformen bestehen, wenn sie ausreichende Kennzeichnungskraft besitzen, etwa weil sie im Geschäftsverkehr als Kennzeichnungsmittel für bekannte Waren oder Dienstleistungen benutzt werden.

Beispiel

Magenta-Rot für Telekom, Coke-Rot für Coca-Cola, Rot-Gelb für McDonald's.

Auch die **Form** einer Ware, ihre **Verpackung** und sonstige Aufmachung einschließlich Form- und Farbzusammenstellung können Marken darstellen, immer unter der Voraussetzung, dass sie ausreichende Unterscheidungskraft gegenüber Waren- und Dienstleistungen eines anderen Unternehmens besitzen.

Beispiel

Besonders gestaltete Take-away-Verpackungen für Fast Food.

Bei **Hörmarken** kommt es primär auf ein einprägsames musikalisches Motiv und die rhythmisch identische Tonfolge an.

Beispiel

Eingangsmelodien zu bekannten Radio- und Fernsehsendungen.

Geschäftliche Bezeichnungen und geografische Herkunftsangaben sind keine Marken, genießen aber den gleichen Schutz wie diese. Geschäftliche Bezeichnungen sind Unternehmenskennzeichen und Werktitel.

Unternehmenskennzeichen sind Zeichen, die im geschäftlichen Verkehr als Name, als Firma oder als besondere Bezeichnung eines Geschäftsbetriebs oder eines Unternehmens genutzt werden, wenn es sich hierbei um einen unterscheidungskräftigen Firmenbestandteil handelt, der seiner Art nach im Vergleich zu dem übrigen Firmenbestand geeignet erscheint, ihn im Verkehr als schlagwortartigen Hinweis auf das Unternehmen durchzusetzen.

Beispiel

TUI, LTU, Hilton, Sheraton, Mövenpick

Geografische Herkunftsangaben sind Namen von Orten, Gebieten, Gegenden oder Ländern, die im geschäftlichen Verkehr zur Kennzeichnung der geografischen Herkunft genutzt werden. Es ist unzulässig, die Herkunftsbezeichnung für Produkte, z. B. für Gerichte im Restaurant, zu verwenden, die nicht aus dem Gebiet stammen.

Beispiel

Dresdner Stollen, Thüringer Klöße, Nürnberger Lebkuchen

Markenschutz durch das Deutsche Patent- und Markenamt

Rechtlichen Schutz genießt die Produktmarke, Unternehmenskennzeichnung oder geografische Herkunftsangabe insbesondere durch die Eintragung in das beim Deutschen Patent- und Markenamt geführte **Markenregister**. Die Schutzdauer beträgt dann zunächst zehn Jahre. Die Behörde prüft u. a., ob die Marke oder Bezeichnung schutzfähig ist. Das bedeutet:

- Sie muss die nötige **Unterscheidungskraft** besitzen.

Beispiel

Das wäre nicht der Fall bei Bezeichnungen wie „Bahnhofshotel" oder „Gasthof zur Post".

- Es darf kein Freihaltebedürfnis entgegenstehen. Das wäre der Fall, wenn Bezeichnungen im allgemeinen Sprachgebrauch zur Bezeichnung üblich geworden sind oder lediglich beschreibenden Charakter (Beschaffenheit, Menge, Bestimmung, Wert, geografischer Herkunft o. Ä.) haben.

Beispiel

„Speisenrestaurant", „Cafeteria", „Biergarten", „Schnellgastronomie", „Schwarzwald-Hotel", „Mega", „Super", „billig", „For you".

- Sie darf nicht geeignet sein, das Publikum zu täuschen.
- Es darf kein Plagiat einer notorisch bekannten Marke vorliegen.

Beispiel

Allgemein „notorisch" bekannte Marken sind Mercedes, BMW, Coca-Cola, Asbach Uralt, Persil, Dr. Oetker, McDonald's u. Ä.

Der Schutz nicht eingetragener Marken beginnt durch die Benutzung der Marke im geschäftlichen Verkehr, sofern die Marke innerhalb der beteiligten Verkehrskreise als Marke Verkehrsgeltung erworben hat.

Beispiel

Wenn sich jemand die Bezeichnung „Zum Ochsen" als Marke für die Bewirtung von Gästen schützen lässt, kann er trotzdem nicht verlangen, dass bereits bestehende Gaststätten mit diesem Namen diesen nicht mehr nutzen oder für die Nutzung Lizenzgebühren zahlen; denn ältere Namen genießen **Bestandschutz**.

Beispiel

Auch ohne eingetragenen Markenschutz kann in einem Ort in dem bereits eine Gaststätte „Weinlaub" existiert, kein zweites Lokal dieses Namens eröffnen; denn es darf keine Verwechslungsgefahr entstehen.

Die Überwachung der Marke obliegt dem Markeninhaber. Inhaber einer zeitlich älteren Marke können der Eintragung einer jüngeren Marke widersprechen und ihre Löschung beantragen, wenn Verwechslungsgefahr besteht (wegen des Bestandsschutzes). Dabei kommt der Klangwirkung für die Verwechslungsgefahr besondere Bedeutung zu, weil sich der Klanglaut besonders einzuprägen pflegt.
Deshalb reicht für die Annahme einer Verwechslungsgefahr regelmäßig schon die hinreichende Übereinstimmung in einer Hinsicht.

Beispiele

Trotz unterschiedlicher Schreibweise hat die Rechtsprechung wegen ähnlicher Klangwirkung eine Verwechslungsgefahr angenommen bei: BBC/DDC und Max/Mara Mara/Amara

Keine Verwechslungsgefahr wurde angenommen zwischen den Schmerzmitteln „Alka-Seltzer" und „Togal-Seltzer".

Verwechslungsgefahr soll es ebenso zwischen der Bezeichnung „Die blauen Seiten" für ein im Internet angebotenes Branchenverzeichnis und der eingetragenen, im Verkehr durchgesetzten Marke „Gelbe Seiten" für das allgemein bekannte Branchenfernsprechverzeichnis geben.

Eine Verwechslungsgefahr hat die Rechtsprechung auch angenommen zwischen „Calimbo" und „Calypso", die nicht nur klanglich, sondern auch optisch verwechslungsfähig seien.

Markeninhaber können mit strafbewehrten Unterlassungserklärungen gegen die unbefugte Nutzung ihrer Marken vorgehen.

Um den **Markenschutz** zu erhalten, muss die jeweilige Marke im geschäftlichen Verkehr benutzt werden. Wird die Marke ununterbrochen fünf Jahre lang nicht benutzt, so verfällt sie. Es kommt hierbei auf einen Gebrauch der Marke mit unmittelbarem Bezug zu den betroffenen Waren an. Die bloße Verwendung der Marke in Preislisten und Werbeschriften reicht nicht aus.
Nur der berechtigte Inhaber darf die Marke im geschäftlichen Verkehr benutzen. Er kann jedoch jederzeit die Nutzung der Marke Dritten vertraglich gestatten, indem er dem Dritten eine Markenlizenz erteilt oder diesem die Marke auch vollständig überträgt.

Internationaler Markenschutz

EU-Marke: Für Unternehmen, die ihre Produkte im Ausland vertreiben, existiert seit Anfang 1996 die Möglichkeit, bei dem eigens hierfür geschaffenen, so genannten **Harmonisierungsamt für den Binnenmarkt in Alicante/Spanien** vergleichsweise kostengünstig europaweit Schutz für die Unternehmenskennzeichen und Marken zu erhalten.
Es empfiehlt sich, dort eine entsprechende Gemeinschaftsmarke für den EU-Bereich anzumelden.
Die Eintragungsvoraussetzungen und der Schutzumfang entsprechen in etwa dem des deutschen Markenrechts.

Weltweit: Wer auch außerhalb der EU seine Waren vertreibt oder einen weiteren Schutzumfang anstrebt, als er mit der Gemeinschaftsmarke erreicht werden kann, wird eine internationale Registrierung beantragen. Um sich ein Markenrecht in den wichtigsten Industriestaaten zu sichern, bietet das **Madrider Markenabkommen** für die Industriestaaten, die dieses Abkommen unterzeichnet haben, die Möglichkeit, beim Deutschen Patent- und Markenamt eine internationale Registrierung der in Deutschland eingetragenen und angemeldeten Marke zu beantragen.
Nach Eintragung der nun international registrierten Marke leitet das Patentamt diese zur Veröffentlichung an das internationale Büro der **Weltorganisation für geistiges Eigentum** in Genf weiter, das sie dann in deren Veröffentlichungsblatt „Les marques internationales" publiziert und dies den nationalen Behörden der Länder mitteilt, in denen Schutz begehrt wird.

Zur Situation (s. S. 293):
Das Vorhaben von Gastronom Sorglos ist sowohl in urheberrechtlicher als auch in markenrechtlicher Hinsicht problematisch.
Die kommerzielle Vorführung von Fußballübertragungen ist bei der GEMA und der GEZ lizenzpflichtig. Kommerziell ist eine Vorführung jedenfalls dann, wenn Verzehrzwang besteht („Fußball und Croqueessen") oder wenn Sponsoren (hier die Brauerei) eingebunden werden.
Die Bezeichnung „FIFA" stellt eine Marke dar, die nicht ohne Zustimmung des Markeninhabers genutzt werden darf.

13.3.6 Urheberrecht

Urheberrecht gilt für ein geistigschöpferisches Werk in wahrnehmbarer Form der Sprache, des Bildes oder des Tones (*§ 2 UrhG*). Ein solches schutzfähiges Werk muss einen entsprechenden geistigen oder ästhetischen Gedankeninhalt aufweisen, der als schöpferisch-geistige Leistung anzusehen ist.

Eine solche Schöpfung muss über die durchschnittliche gewerbliche Tätigkeit entweder in der Gedankenform oder -führung oder zumindest in der Einteilung und Anordnung des dargebotenen Stoffs hinausreichen. Als eigenpersönliche Schöpfung verlangt ein urheberrechtlich geschütztes Werk anders als beim einfachen Geschmacksmuster einen so genannten „ästhetischen Überschuss".

Beispiel

Als eigenständige geistige Leistung kann ein besonders gestalteter Flugplan oder Stadtplan gelten oder eine besonders ästhetisch gestaltete Speisenkarte.

Als **Sprachwerke** können auch **Werbe-Slogans** eine eigenschöpferische Leistung darstellen und damit urheberrechtsfähig sein.
Entscheidend ist hierbei, ob sie eine Qualität als eigenschöpferische Leistung haben, nicht ob sie zugkräftig sind und damit eine Werbewirksamkeit erzielen.

Beispiel

Urheberrechtsschutz besteht für den Slogan „Biegsam wie ein Frühlingsfalter bin ich, ein Forma-Büstenhalter", BGH, GRUR 1964, 758. Werbefiguren genießen dann Urheberrechtsschutz, wenn ihnen eine eigentümliche Gestalt oder Physiognomie verliehen wird, die sich deutlich von der gattungsmäßigen Ausprägung abhebt, z. B. „Mecki", „Ronald Mc Donald" oder „ALF".

Typische **geistigschöpferische Werke** sind Romane oder Kunstgemälde. Von besonderer Bedeutung sind Werke wie komponierte Musikstücke, Filme, Zeitungsartikel, oder Radio- und Fernsehkommentare. **Urheber** ist der Schöpfer des jeweiligen Werks.

Kann ein urheberrechtlich geschütztes Werk festgestellt werden, stehen dem Urheber drei Gruppen von Rechten zu:

- Urheberpersönlichkeitsrechte
- Verwertungsrechte
- sonstige Rechte wie Zugang zu Werkstücken, Anspruch auf anteiligen Erlös bei einer Weiterveräußerung des Originalwerks und Vergütung für Vermieten und Verleihen des urheberrechtlich geschützten Werks.

Im Rahmen des *Urheberpersönlichkeitsrechts (§§ 7 ff. UrhG)* darf der Urheber:

- sein Werk veröffentlichen,
- verlangen, dass seine Urheberschaft an dem Werk kenntlich gemacht wird,
- Entstellungen seines Werks verbieten,
- sein Werk vom Nutzer zurückverlangen, wenn dieser das Werk nicht nutzt oder wenn das Werk inzwischen nicht mehr der Überzeugung des Urhebers entspricht.

Das **Urheberpersönlichkeitsrecht** ist nicht übertragbar. Um jedoch ihr geistiges Eigentum effektiv wirtschaftlich zu nutzen, können Urheber Nutzungs- oder Verwertungsverträge mit Dritten schließen.

Nutzen Dritte ein urheberrechtlich geschütztes Werk wirtschaftlich, werden dafür Gebühren fällig. Die wirtschaftliche Verwertung erfolgt typischerweise durch privatrechtliche **Verwertungsgesellschaften**, denen sich die Urheber anschließen (z. B. GEMA für Musik, VG Wort für Texte, ZWF für Filmhersteller, VG Media für Radio- und Fernsehanstalten). Diese Verwertungsgesellschaften überwachen die Nutzung, schließen mit Nutzern Lizenzverträge ab, ziehen von diesen Gebühren ein und vergüten damit dann ihrerseits die Urheber.

Beispiel

Wer in Gaststätten öffentlich Musik abspielen möchte, muss dies bei der GEMA anmelden. Das gilt beim Auftritt von Live-Musikern, die fremde Kompositionen spielen, aber auch für alle Musikgeräte wie Radio, CD-Player, Fernseher. Dabei ist es egal, ob die Musik im Gastraum abgespielt wird oder nur auf der Toilette, im Parkhaus, im Aufzug oder in der Telefonwarteschleife. Lediglich Musikgeräte auf Hotelzimmern sind nicht GEMA-pflichtig, da der Gast sie in seiner privaten Sphäre nicht öffentlich nutzt. Die GEMA zieht Gebühren ein und leitet sie an Komponisten und Musikverleger weiter.

Beispiel

Wenn ein Hotel über eine zentrale Empfangsanlage (Kabel, Antenne oder Satellit) Fernsehsendungen empfängt und diese Signale über eine Verteileranlage an die Fernsehgeräte auf den Hotelzimmern weiterleitet, stellt dies eine urheberrechtlich geschützte und vergütungspflichtige Kabelweiterleitung dar. Die wirtschaftliche Verwertung erfolgt über verschiedene Verwertungsgesellschaften (VG Media, ZEF, GEMA, GVL, VG Wort).

Beispiel

Das öffentliche Abspielen von selbst gebrannten CDs oder Musik vom PC, z. B. in Diskotheken oder Clubs, ist urheberrechtlich geschützt. Zuständig ist auch hier die GEMA.

Jedoch hat das **Urheberrecht** Schranken. Es gilt zunächst eine zeitliche Schranke. Hiernach wird das Werk nach Ablauf der Schutzfrist gemeinfrei, d. h., es steht jedem zur Verwertung offen. Das Urheberrecht erlischt 70 Jahre nach dem Tod des Urhebers (*§ 64 UrhG*).

Inhaltliche Schranken bestehen im privaten, wirtschaftlichen und staatlichen Interesse. Von besonderer Bedeutung sind die inhaltlichen Schranken, welche zum Schutz der Presse, des Rundfunks und der Informationsfreiheit notwendig sind.

Beispiel

Berichtet ein Fernsehsender über die Uraufführung eines aktuellen Harry-Potter-Films, ist dies von der Informationsfreiheit gedeckt und kann nicht von Frau Rowling unterbunden werden. Soll jedoch im Rahmen dieser Berichterstattung ein Ausschnitt aus dem Film gezeigt werden, benötigt der Sender hierfür eine Genehmigung der Urheberin bzw. desjenigen, dem die Urheberin die Verwertungsrechte übertragen hat.

Räumlich hat das *Urhebergesetz* nur in der Bundesrepublik Deutschland Geltung. Es gilt das *Territorialitätsprinzip*. Ein ausländischer Urheber hat im Inland grundsätzlich keinen Schutz aus dem Urheberrecht, es sei denn, dass durch internationale oder zwischenstaatliche Abkommen doch ein solcher Schutz gewährleistet wird.
Werden Urheberrechte verletzt, steht dem Urheber das Recht zu, Unterlassung zu verlangen. Er kann zusätzlich die Vernichtung oder Überlassung von rechtswidrigen Kopien fordern *(§ 98 UrhG)*.

Beispiel

Der Urheber eines Musikstücks kann verlangen, dass alle Raubkopien seiner CD vernichtet werden.

Beispiel

Im Bereich der elektronischen Medien und des Internets gehören Scannen bzw. Digitalisieren, Downloading, Uploading sowie das Herstellen eines Hyperlinks von urheberrechtlich geschützten Werken zum Vervielfältigungsrecht. Solches ist nur mit Einwilligung des Urhebers zulässig.

Hat es sich um eine schuldhafte Verletzung des Urheberrechts gehandelt, kann der Urheber zusätzlich Schadenersatz vom Verletzer seiner Rechte fordern. Dies ist mindestens die übliche, in der Branche normalerweise berechnete Lizenzgebühr oder der tatsächlich entstandene Gewinn des Verletzers. Um den Schadenersatzanspruch vorzubereiten, steht dem Urheber ein Anspruch auf Auskunft und Rechnungslegung über diesen Gewinn zu, um diesen sodann im Wege des Schadenersatzes abschöpfen zu können.

13.3.7 Bundesdatenschutz

Im Bereich des Marketings als – Inbegriff aller Maßnahmen zur Absatzförderung bzw. möglichst günstigen Beschaffung von Personal sowie Gütern und Dienstleistungen (Personal- und Beschaffungsmarketing) kommt es zwangsläufig zur Verwendung und Sicherung von Daten, sodass die Vorschriften des *Bundesdatenschutzgesetzes* (*BDSG*) zu beachten sind.

Bei fast allen gastbezogenen Daten, die ein Hotel oder Restaurant vom Gast aufnimmt, handelt es sich auch um personenbezogene Daten. Diese Daten sind u.a. Namen, Vornamen, Geburtsdaten, Anschrift, Telefon- und Faxnummern, e-Mail-Adressen, Zimmernummer, An- und Abreisetag, Zimmerkategorie etc. Alle personenbezogenen Daten unterliegen dem Datenschutz. Grundsätzlich hat jede Person selbst über die Freigabe und Verwendung seiner persönlichen Daten zu entscheiden. Mithilfe des Datenschutzes soll das Persönlichkeitsrecht des einzelnen geschützt und, nach einer Entscheidung des Bundesverfassungsgerichtes das Recht auf „informationelle Selbstbestimmung" gewahrt werden.
Auch Hotel- und Gastronomiebetriebe unterliegen also dem BDSG, da vielfach personenbezogene Daten verarbeitet werden. Darunter fallen vor allem die Eingabe, Speicherung und Übertragung der Daten.

Schutzfunktion des *BDSG*

Unter **Datenschutz** versteht man die Sicherung gespeicherter Daten sowie gespeicherter Unterlagen und sonstiger Informationen gegen Einsichtnahme, Veränderung, Auswertung oder Vernichtung durch Unbefugte. Wer Datenverarbeitung betreibt, unterliegt mit der Datenerfassung und -verarbeitung einer besonderen Geheimhaltungspflicht. Die Statthaftigkeit der Speicherung, Übermittlung, Veränderung und Löschung von Daten Dritter, z. B. von Gästen, beurteilt sich nach dem *BDSG*.

Der vorherrschende nahezu unbegrenzte Datenverkehr (in Form der Informationsgewinnung und -verwertung) birgt neben allen positiven Auswirkungen, wie der weltweiten Vernetzung, die nicht zu unterschätzende Gefahr des Missbrauchs von Daten.

Die sogenannten „**sieben Säulen des Datenschutzes**":

1. Säule:	Zulässigkeit der Datenverwendung (Verbot des Erlaubnisvorbehalts)
2. Säule:	Transparenz der Datenverwendung
3. Säule:	Zweckbindung und Datenvermeidung
4. Säule:	Datensicherung
5. Säule:	(Korrektur-)Rechte des Betroffenen
6. Säule:	Kontrollinstrumente
7. Säule:	Sanktionen

Um gast- und damit personenbezogene Daten in Hotellerie und Gastronomie trotzdem verarbeiten zu dürfen, lässt das *BDSG* Ausnahmen zu:

1. wenn das *BDSG* oder ein anderes Gesetz dies erlauben oder
2. wenn der Betroffene selbst zustimmt.

Dies gilt im Allgemeinen dann, wenn die Daten aus einer öffentlich zugänglichen Quelle entnommen werden können (z. B. Telefonbuch) oder im Rahmen eines Vertrages mit dem Betroffenen. Wenn z. B. der Gast im Restaurant oder Hotel eine Reservierung tätigt oder das Hotel mit ihm die Abrechnung vornimmt, dürfen auch ohne besondere Einwilligung des Gastes seine Daten verarbeitet werden.

Datenverwendung

An der Datenverwendung könnten beteiligt sein:

Verantwortliche Stelle
(*§ 3 VII, VIII 1 BDSG*)

Dritte
(jede Person oder Stelle außerhalb der verantwortlichen Stelle (*§ 3 VII 2 BDSG*); keine Betroffenen, Personen oder Stellen i. S. d. *§ 3 BDSG*)

Zur Datenverarbeitung Beauftragte
(Person oder Stelle, die personenbezogene Daten erhält und innerhalb der verantwortlichen Stelle zur Datenverwendung beauftragt worden ist)

Das **Datenschutzrecht** regelt das Zusammenspiel der Vielzahl von nebeneinander stehenden unterschiedlichen Gesetzesnormen. Es besteht aus diversen bundes- und landesrechtlichen Vorschriften (s. unten).

Die Erhebung, Verarbeitung und Nutzung personenbezogener Daten ist nur zulässig, soweit nach dem *BDSG* oder anderen datenschutzrechtlichen Rechtsvorschriften die Datenverwendung erlaubt ist oder der Betroffene **eingewilligt** hat (*§ 4 I BDSG*).

Es dürfen jedoch nur diejenigen personenbezogenen Daten, die zur Abwicklung des Beherbergungsvertrages oder der Bewirtung notwendig sind, verarbeitet werden. Darüber hinaus darf nichts über den Gast gespeichert werden bzw. weitere Daten zu seiner Person dürfen nicht verarbeitet werden.

Weitergehende als für die Erledigung der Aufgaben in den Personaladministrationen unbedingt notwendige Daten über Mitarbeiter dürfen nicht verarbeitet werden.

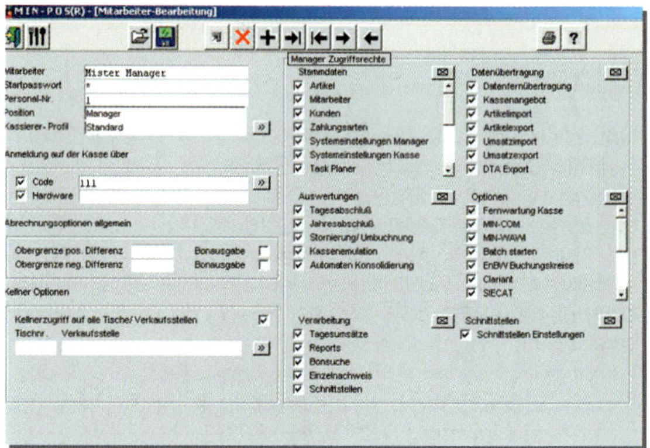

Zugriffsrechte der Mitarbeiter

Bundes- und landesrechtliche Vorschriften

Bereichsspezifische Vorschriften
(für Bund, Länder und Privatwirtschaft):
- Telekommunikationsgesetz (*TKG*)
- Teledienstdatenschutzgesetz (*TDDSG*)

für die Bundesverwaltung:
- Bundesbeamtengesetz (*BBG*)
- Bundesverfassungsschutzgesetz (*BVerfSchG*)
- Bundeszentralregistergesetz (*BZRG*)
- Bundesgrenzschutzgesetz (*BDSG*)

für die Länderverwaltung:
- landesspezifisches Meldegesetz (*MG*)
- Beamtengesetz (*BG*)
- Krankenhausgesetz (*KHG*)
- Schulgesetz (*SG*)
- Sicherheits- und Ordnungsgesetz (*SOG*)

Allgemeine Vorschriften
(nachrangige bzw. Auffangregelungen)

auf Bundesebene (für die Bundesverwaltung und Privatwirtschaft):
- Bundesdatenschutzgesetz (*BDSG*)

auf Länderebene (für die Landesverwaltung bzw. die Kommunen):
- landesspezifisches Datenschutzgesetz (*LDSG*), z. B. Gesetz zum Schutz personenbezogener Daten der Bürger des Landes Sachsen-Anhalt (*DSG-LSA*)

Ist die Verwendung durch keinerlei Erlaubnistatbestände gerechtfertigt, so sind die bei der Verwendung gewonnenen Daten unverzüglich und in vollem Umfang zu löschen.
Die **Datenverwendung** umfasst das Erheben, Nutzen und Verarbeiten von Daten:

- Erheben (*§ 3 III BDSG*)
- Verarbeiten (*§ 3 IV BDSG*)
  - Speichern
  - Verändern
  - Übermitteln
  - Sperren
  - Löschen
- Nutzen (*§ 3 V BDSG*)

Datensicherung

Datenschutz ist ohne hinreichende Datensicherungssysteme nicht durchführbar. Beide Bereiche gehören eng zusammen und sind heute von besonderer Wichtigkeit auch in gastronomischen Unternehmen.
Die in der Presse ständig wiederholten Warnungen vor Virenangriffen, Würmern und trojanischen Pferden bezeugen die hohe Gefährdung des betrieblichen Datenbestandes.

Ziele der Datensicherung

Integrität	Authentizität	Verfügbarkeit
Unmöglichkeit der Datenverwendung durch Unbefugte (z. B. Gebrauch aller Computer mit Passwort, Verwenden eines Viren- bzw. Systemschutzes)	Sicherstellung, dass die empfangenen Daten tatsächlich von authentifizierten Benutzern stammen (z. B. durch Verwendung digitaler Unterschriften, Passwörter gewährleistet)	Verfügbarkeit von Dateien, Funktionen, Dienstleistungen über die Grenzen des Unternehmens hinaus (durch organisatorische Maßnahmen)

Transparenz der Datenverwendung

Die Verwenung der personenbezogenen Daten des Betroffenen hat durchschaubar, d. h. transparent zu erfolgen.
Dazu geben Auskunft:

- *§ 4 III BDSG* = Preisgabe von Daten
- *§ 33* = das Recht des Betroffenen auf Benachrichtigung
- *§ 49 II* = Einsicht in die Personalakte, Anhörung des Betroffenen vor der Speicherung negativer Vorgänge usw.
- *§§ 34, 69 III* = Auskunftsrecht des Betroffenen
- *§ 35* = Korrekturrecht des Betroffenen
- *§§ 28 IV, 29 IV* = Widerspruchsrecht.

Kontrollinstrumente

Die im *BDSG* enthaltene **Datenschutzkontrolle** erfolgt durch:

- den **Betroffenen** (*§ 3 I BDSG*)
- die **Aufsichtsbehörde** (*§§ 36, 36a BDSG*)
- den **betrieblichen Datenschutzbeauftragten** (*§§ 4f, 4g BDSG*)
- den **Bundesdatenschutzbeauftragten** (*§§ 22 ff. BDSG*)
- den **Betriebsrat** eines Unternehmens (z. B. eines Hotels, *§§ 80 IV, 79 BetrVG*)

Sanktionen

Das *BDSG* beinhaltet **Bußgeld- und Strafvorschriften sowie Schadenersatzregelungen**:

- **Ordnungswidrigkeit** (*§ 43 II Nr. 1 BDSG*)
- **Schadenersatzanspruch** (*§§ 7, 8 BDSG*)
- **Straftat** (*§§ 43 II, 44 BDSG*)

Datenschutzbeauftragter

In einem Betrieb, der regelmäßig mindestens fünf Personen mit der Verarbeitung personenbezogener Daten beschäftigt und dazu ein EDV-System nutzt – diese Anzahl ist in kleinen und mittleren gastronomischen Betrieben schnell erreicht – muss innerhalb einer bestimmten Frist ein Datenschutzbeauftragter bestimmt werden. Die Geschäftsleitung hat dazu einen Mitarbeiter auszuwählen, der fachkundig und zuverlässig ist und die Vorschriften des *BDSG* innerhalb des Betriebes umsetzt.
Um den Sicherheitsanforderungen des BDSG gerecht zu werden, dürfen nicht alle Mitarbeiter auf den gesamten Datenbestand zugreifen. Der Systemadministrator regelt in Zusammenarbeit mit dem Datenschutzbeauftragten die Zugriffsrechte der Mitarbeiter. Dazu werden Programme des Betriebssystems oder der Anwendersoftware genutzt, in denen die erlaubten Tätigkeiten für den jeweiligen Mitarbeiter freigeschaltet werden.

Aufgaben

1. Nachdem Elton John mit seinem Titel zum Tode von Lady Diana weltberühmt wurde, ist ein deutscher Sänger auf die Idee verfallen, hiervon eine Cover-Version zu erstellen. Er unterlegt der Musik einen deutschen Text, den er nun als CD herausbringen möchte.
   Da der deutsche Text von ihm stammt, kann er dies ohne Rücksicht auf mögliche Interessen von Elton John tun?
2. Auf dem Server der Firma Copy Light werden urheberrechtlich geschützte Bilder und Musikdateien hinterlegt, die Kunden gegen Gebühr zur Verfügung gestellt werden. Jeder Kunde kann somit weltweit in beliebigem Umfange diese Bilder und Musikdateien herunterladen und für eigene Zwecke verwerten.
   Ist dieses den Kunden von Firma Copy Light urheberrechtlich erlaubt?
3. Egon Schraube ist ein Tüftler. Er ist in einem Metall verarbeitenden Betrieb, und zwar in der Entwicklungsabteilung beschäftigt. Als er wieder einmal vor einem Berg von Skizzen, Notizen und sonstigen Papieren sitzt, die er ordnen will, verfällt er auf die Idee, ein dünnes Drahtstück so zu verbiegen, dass dadurch eine kleine eckige Drahtvorrichtung entsteht, mit der sich eine gewisse Anzahl von Papierseiten zusammenhalten lässt. Die Heftklammer ist geboren.
   Wer ist nun Erfinder dieses Stücks und wem steht die Nutzung der Erfindung zu?
4. Ein Unternehmen, das den Einzelhandel mit Möbeln betreibt, ist Inhaber der Marke 934 344 MAGNET, die am 26.07.1973 angemeldet und am 15.11.1973 im Markenregister für die Waren „Möbel“ eingetragen wurde. Ein 2005 gegründetes Unternehmen vertreibt ebenfalls Möbel. Dieses Unternehmen bietet nun unter anderem Kleinmöbel, Camping-Sessel, Camping-Tische und Badezimmermöbel in einem Prospekt an. In diesem ist auf jeder Seite der Begriff „MAGNET“ blickfangmäßig hervorgehoben, und zwar in unmittelbarer Nähe zu den jeweils zu verkaufenden Produkten. Letzteres Unternehmen hat die Kennzeichnung „MAGNET“ auch als Marke eintragen lassen. Die Anmeldung erfolgte am 15.08.2006, die Eintragung am 01.08.2007.
   Wer kann wem die Verwendung des Markenzeichens „MAGNET“ verbieten?
5. Ein Unternehmen für Sportbekleidung ist alleiniger und ausschließlich verfügungsberechtigter Inhaber des Bildzeichens „Elefant“, das unter der Nummer 10037700 in der Zeichenrolle beim Deutschen Patent- und Markenamt eingetragen ist. Dieses Bildzeichen zeigt die Seitenansicht eines Elefanten, wobei der Kopf des Elefanten mit deutlich ausgebildeten Stoßzähnen nach links weist. Der Elefant ist blau, die Stoßzähne sind weiß. Ein anderes Unternehmen betreibt einen Textilgroßhandel. Dieser ist insbesondere darauf spezialisiert, die großen Kaufhäuser und Einkaufsringe mit Damen- und Herrenoberbekleidung, insbesondere mit Sportbekleidung, zu beliefern. Das zweite Unternehmen verschickt nun Werberundschreiben, in denen „Original-Elefanten-Hemden“ zu „sensationellen Preisen“ angeboten werden.
   Die Sporthemden ähneln sehr den Original-Sporthemden des ersten Unternehmens. Auch ein Bildzeichen „Elefant“ wird verwendet, das in Farbe und Größe nahezu identisch ist mit dem für das erste Unternehmen geschützte Zeichen. Es besteht lediglich ein Unterschied darin, dass der Elefant bei dem Nachahmungserzeugnis des zweiten Unternehmens mit seinem Kopf und mit seinen Stoßzähnen nach rechts weist. Reicht dieser Unterschied aus, um eine Markenrechtsverletzung des ersten Unternehmens zu verneinen? Begründen Sie Ihre Antwort.
6. Welches Ziel verfolgt das Bundesdatenschutzgesetz und welche verfassungsrechtlich garantierten Rechte würden bei einem Verstoß im Wesentlichen verletzt?
7. Welche wesentlichen Grundsätze, die so genannten „sieben Säulen des Datenschutzes“, enthält das *BDSG*?
8. Felix ist Hotelfachmann im Hotel „Zum Ausblick“. Bei seiner Tätigkeit wird Felix zufällig darauf aufmerksam, dass der Hotelgast Hugo Hirse mehrfach vorbestraft ist. Auf Nachfrage von dessen Zimmernachbarn Paul Peters erzählt Felix von den Vorstrafen des Gastes Herrn Hirse.
9. Welche Form der Datenverwendung liegt vor, wenn Felix nicht wie in Aufgabe 3 zufällig von den Vorstrafen des Herrn Hirse erfahren und Herrn Peters davon berichtet hätte, sondern vielmehr nach personenbezogenen Daten des Herrn Hirse geforscht und die diesbezüglich erlangten Informationen dem Herrn Peters beschafft hätte?

13.4 Preis- und Auszeichnungsrecht

Situation

Seehotel Schloss Sonnenbühl
Aktionskarte
Karibische Fleischgerichte

Marinierte Poulardenbrust mit Zitronengrassauce
Bambussprossen und Kokosnussreis 9,20 €

Geschmortes Lammrückenfilet „Sint Maarten"
Curry-Ingwer-Sauce
Okrafrüchte und Batatengratin 11,50 €

US-Rumpsteak mit Chili-Thymian-Sauce
Ananas-Chutney und Maniok-Schnittlauch-Plätzchen 12,50 €

Scheibchen vom Kalbsfilet im Kokosnussmantel
Mango-Papaya-Chutney und Lotuswurzeln 12,50 €

Seehotel Schloss Sonnenbühl
Aktionskarte
Karibische Fischgerichte

Filet vom Red Snapper mit Orangen-Curry-Sauce
Rosa Kochbananen 11,50 €

Barracuda-Steak mit Zitronengrassauce
Karibisches Gemüse und Mangoreis 12,50 €

Gegrillte Scampi mit Tamarindensauce
Reis mit Frühlings-Schnittlauch, knackige Salate 13,90 €

Trevally-Filet mit Kokosnuss-Curry-Sauce
Gebackene Lotuswurzeln und Blattgemüse 14,50 €

Preispolitik ist ein wichtiges Marketinginstrument. Das Preisniveau positioniert das Angebot eines touristischen Unternehmens am Markt und bestimmt die Zielgruppe mit. Insbesondere die Speisen- und Getränkekarte eines Restaurants oder der Preisaushang eines Hotels geben aber darüber hinaus durch Gestaltung und Aufmachung auch Aufschluss über das Niveau und die Schwerpunkte des Angebots. Vielfach sind diese Preisverzeichnisse das Erste, was der Gast wahrnimmt. Sie prägen das Image des Hauses und entscheiden nicht selten über den Besuch. Auch die Festlegung und Darstellung der „richtigen“ Preise unterliegt jedoch rechtlichen Beschränkungen aus Gründen des Verbraucherschutzes. Diese ergeben sich insbesondere aus der **Preisangabenverordnung** *(PAngV)*.

Generell müssen **Preiswahrheit und Preisklarheit** gewahrt werden. Die wichtigsten Vorgaben im Überblick:

Speisen- und Getränke-karten *(s. §§ 7 I, 4 I PAngV)*	Wo Speisen und Getränke angeboten werden, müssen die Preise in Preisverzeichnissen angegeben werden. Diese müssen entweder ▶ auf den Tischen ausgelegt (mindestens eine Speisenkarte pro Tisch), ▶ jedem Gast vor Entgegennahme von Bestellungen und auf Verlangen bei der Abrechnung vorgelegt ▶ oder gut lesbar angebracht werden. Es müssen **alle** Speisen und Getränke aufgeführt sein, auch so genannte Nebenprodukte, wie z. B. Brot, wenn sie extra berechnet werden. Gehen Speisen oder Getränke aus, müssen diese unverzüglich gestrichen werden.
Eingang der Gaststätte *(s. § 7 II PAngV)*	Zusätzlich ist am Eingang ein Preisverzeichnis anzubringen, aus dem die **wesentlichen** angebotenen Speisen und Getränke ersichtlich sind. Die Wesentlichkeit richtet sich nach dem zahlenmäßigen Schwerpunkt. Der Aushang, z. B. in einem **Schaukasten**, muss unmittelbar neben dem Eingang angebracht sein. Wird er zerstört, muss ein Provisorium angebracht werden.
Hotel *(s. § 7 III PAngV)*	Am Eingang oder an der Rezeption muss an gut sichtbarer Stelle ein Verzeichnis angebracht oder ausgelegt werden, aus dem die Preise der im Wesentlichen angebotenen **Zimmer** oder der **Frühstücks**preis ersichtlich sind. Das Frühstück kann, muss aber nicht inklusive angegeben werden. Ggf. ist zwischen EZ und DZ und Vor-/Haupt-/Nachsaison zu unterscheiden. Die so genannten „**Schrankpreise**", d. h; die Pflicht, die Preise auf dem Hotelzimmer auszuhängen, gibt es nicht mehr.
Telefon *(s. § 7 IV PAngV)*	Es ist der geforderte Preis je **Minute oder je Benutzung** in der Nähe des Fernsprechers und im Zimmerpreisverzeichnis anzugeben.
Parkplatz *(s. § 8 II PAngV)*	Bei Garagen, Einstellplätzen oder Parkplätzen, die für weniger als einen Monat vermietet werden, muss an der **Zufahrt** ein Preisverzeichnis angebracht sein.
Endpreis *(s. § 1 I PAngV)*	Es muss immer ein Endpreis angegeben werden, in dem z. B. **Mehrwertsteuer**, **Bedienungsgeld**, **Gedecke** oder **Zuschläge** für Musik, Heizung etc. inklusive sind. Es muss ein klarer Bezug zur **Menge** gegeben sein (z. B. Volumenangaben bei Getränken). In **Selbstbedienungsrestaurants** genügt die Angabe €/100 g (z. B. an der Salatbar), auch wenn der Gast erst an der Kasse den Endbetrag erfährt.

Weitere Beschränkungen der Preisgestaltung ergeben sich aus dem ***Gaststättengesetz*** *(§ 6 GaststättenG)*:

- **Koppelungsverbot**:
  Die Verabreichung alkoholfreier Getränke darf nicht von der Bestellung alkoholischer Getränke abhängig gemacht werden. Ebenso wenig dürfen bei Nichtbestellung alkoholischer Getränke die Preise erhöht werden.
- „**Apfelsaftparagraph**":
  Mindestens ein alkoholfreies Getränk ist nicht teurer zu verabreichen als das billigste alkoholische Getränk (Berechnungsbasis: hochgerechneter Preis für einen Liter).

Aufgaben

1. Sind folgende Preisangaben in der Speisen- und Getränkekarte rechtmäßig?
   - Gegrillte Dorade — Preis nach Größe
   - Verschiedene Kuchen und Torten nach Tagesangebot — 2,50 € - 4,00 €
   - Spargel — Tagespreis
   - Glas Wein — 4,20 €
   - Bordeaux 1/1 — 17,50 €
2. Das Ehepaar Müller kehrt nach dem Sonntagsspaziergang in ein Ausflugslokal ein. Auf der Getränkekarte werden unter den warmen Getränken u. a. auch Tassen Kaffee und Gläser Tee angeboten. Als Frau Müller eine Tasse Kaffee bestellen will, erhält sie von der Bedienung die unerfreuliche Antwort „Auf der Terrasse nur Kännchen". Ist das rechtens?
3. Bruno Schmier aus Hintertupfingen besucht in Hamburg ein Nachtlokal auf der Reeperbahn. Ihm wird die Speisenkarte gereicht, er bestellt ein Bier für 3,20 €. Dann setzt sich eine Tischdame zu ihm, es wird geschäkert und Bruno bestellt noch einige Bier und Champagner für die Dame. Als er am Ende eines langen Abends bezahlen will, ist er geschockt: Es stehen fünf Bier zu je 4,50 € und 3 Glas Champagner zu je 15,00 € auf der Karte. Auf seine irritierte Nachfrage erklärt die Bedienung, Getränke seien bei Verzehr in Anwesenheit einer Tischdame teurer. Bruno meint, das gehe nicht mit rechten Dingen zu. Was meinen Sie dazu?

13.5 Wettbewerbsrecht

Situation

KÖLN (vwd). Die US-Fastfoodkette Burger King muss im Rechtsstreit mit dem Konkurrenten McDonald's über vergleichende Hamburger-Werbung eine Niederlage verdauen. Wie ein Sprecher des Landgerichts Köln mitteilte, bestätigte die Kammer für Handelssachen eine einstweilige Verfügung, wonach Burger King bis auf weiteres nicht mehr behaupten darf, seine Rindfleischbrötchen und Pommes frites schmecken nach dem Urteil von Testessern besser als die des Wettbewerbers.
Die Richter sahen darin eine unzulässige vergleichende Werbung. Bei Verstoß gegen die Verfügung droht Burger King ein Ordnungsgeld von bis zu 250 000,00 Euro. Die Richter bestätigten dem Sprecher zufolge eine Verfügung der Zivilkammer des Landgerichts vom Oktober, gegen die Burger King Widerspruch eingelegt hatte.

Dieser Artikel ist aus der Allgemeinen Hotel- und Gaststättenzeitung.
Das Urteil gegen Burger King ist inzwischen ergangen: Aussagen von Testern seien nicht als objektiv und repräsentativ anzusehen, heißt es dort. Somit erfüllt das Vorgehen den Tatbestand der unzulässigen vergleichenden Werbung und ist demnach sittenwidrig.
Vergleichende Werbung ist in Deutschland erlaubt, wenn objektiv verglichen wird.
Beispielsweise hätte Burger King damit werben können, dass ihre Restaurants um eine Stunde länger geöffnet haben, als die von McDonald's oder dass bei ihnen 100 g Pommes frites um 10 Cent günstiger sind als bei McDonald's. Allerdings müssen die Behauptungen zutreffen und nachprüfbar sein.

13.5.1 Gesetz gegen den unlauteren Wettbewerb

Wer im freien Wettbewerb in Konkurrenz mit anderen Anbietern erfolgreich operieren will, muss seine Waren oder Leistungen und deren Vorzüge im Vergleich zu Konkurrenzprodukten dem Publikum optimal darstellen, also Werbung betreiben.

Dies ist marktwirtschaftlich erwünscht und so lange keinen Beschränkungen unterworfen, solange Werbung nicht mit unlauteren Mitteln betrieben wird.

Hierüber wacht das *Gesetz gegen den unlauteren Wettbewerb* (*UWG*).

Gesetzesziel:
Generalklausel *§ 3 UWG*: Auffangtatbestand, der mit seiner allgemein gehaltenen Formulierung alle zu regelnden Sachverhalte unlauterer Werbemaßnahmen erfasst.

- Das *UWG* dient dem Schutz der Marktteilnehmer (Mitbewerber, Verbraucher und alle Anbieter sowie Nachfrager von Waren oder Dienstleistungen) vor lauteren oder irreführenden Aktivitäten anderer Marktteilnehmer. Der Wettbewerb zwischen den Marktteilnehmern soll erhalten bleiben und Missstände beseitigt werden.

- Das *UWG* gilt sowohl im Umgang mit Gästen/Kunden als auch für die Zusammenarbeit mit Herstellern, Lieferanten und Großhändlern.

- Kernstück des *UWG* bilden die Generalklauseln in *§§ 1, 3 UWG*, die in *§ 4 UWG* durch nicht abschließende Beispiele ergänzt werden.

- Sonderaktionen (z. B. Rabattaktion) sind bezüglich aller Waren oder Dienstleistungen möglich, wobei allein maßgebend ist, dass sie nicht irreführende Werbung gemäß *§ 5 UWG* beinhalten.

- Neben dem Schutz der Angebotsfreiheit aller Wettbewerber sowie der Entscheidungsfreiheit der Verbraucher sollen auch stets die Belange der Allgemeinheit Berücksichtigung finden.

- Halten sich Marktteilnehmer nicht an die Vorschriften des *UWG*, können die durch die erfolgte wettbewerbswidrige Handlung erlangten Gewinne nach *§ 10 UWG* abgeschöpft werden.

Schutzzweck des Gesetzes und Verbot unlauteren Wettbewerbs – *§§ 1, 3 UWG*

Durch die Beschreibung des Schutzzweckes in *§ 1 UWG* ist klargestellt, dass die Marktteilnehmer, insbesondere die Verbraucher und die Mitbewerber, gleichermaßen unter dem Schutz vor unlauterem Wettbewerb stehen. Das in *§ 3 UWG* allgemein formulierte Verbot unlauteren Wettbewerbs gibt die Möglichkeit, auch neuartige Werbemaßnahmen sachgerecht zu beurteilen und den sich wandelnden Anschauungen und Wertmaßstäben in der Gesellschaft Rechnung zu tragen.

Die Anwendung des Wettbewerbsrechts setzt voraus:

- **Vorliegen einer Wettbewerbshandlung**, umfasst vor allem die eigene Absatzförderung, aber auch das Handeln von Personen, die den Wettbewerb eines fremden Unternehmens fördern wollen, sowie Handlungen im Nachfragewettbewerb, sodass auch Unternehmen mit Monopolstellung wie Bahn, Post, TV-Kabelnetzbetreiber, Energie-Lieferunternehmen erfasst werden (*§ 2 UWG*).

- Das **marktbezogene Verhalten** eines Unternehmens wird nach den Maßstäben des *Lauterkeitsrechts* gemessen.

- Vorliegen eines **konkreten Wettbewerbsverhältnisses** insbesondere zwischen dem Zuwiderhandelnden und dem benachteiligten Unternehmen, entweder weil sie den gleichen Abnehmerkreis bzw. Lieferantenkreis haben oder aber es besteht ein Wettbewerbsverhältnis zwischen Unternehmen verschiedener Wirtschaftsstufen.

Beispiel

Ein Großhändler beschränkt sich nicht auf seine Wirtschaftsstufe, sondern verkauft seine Ware direkt an den Endverbraucher.

Es genügt sogar schon ein mittelbares Wettbewerbsverhältnis. Daher können auch Unternehmen verschiedener Branchen in eine wettbewerbliche Beziehung zueinander treten, ohne dass der Absatz der beiderseitigen ungleichartigen Waren beeinträchtigt wird. Das Wettbewerbsverhältnis wird in diesem Falle durch eine konkrete Werbeaussage begründet.

Beispiel

Es stellt eine wettbewerbswidrige Behinderung dar, wenn ein Unternehmen für seinen Kaffee als Geschenk mit dem Hinweis „statt Blumen Onko-Kaffee“ wirbt.

Dabei ist gleichgültig, auf welchem Kommunikationsweg die Werbemaßnahme erfolgt. Auch wettbewerbliches Handeln mittels der elektronischen Kommunikationsdienste ist erfasst, im Wesentlichen die mittels Sprachtelefonie, Faxgeräten und der elektronischen Post (E-Mail) einschließlich SMS sowie mittels Internet-Portalen.

Bagatellgrenze

Das *UWG* greift erst dann ein, wenn die Verfälschung des Wettbewerbs „nicht unerheblich" ist *(§ 3 UWG)*. Damit soll zum Ausdruck kommen, dass die Wettbewerbsmaßnahme von einem gewissen Gewicht für das Wettbewerbsgeschehen und die Interessen der geschützten Personenkreise sein muss. Somit ist die Verfolgung von Bagatellfällen ausgeschlossen, wobei die Schwelle (Bagatellgrenze) nicht sehr hoch anzusetzen ist.

Beispieltatbestände unlauteren Wettbewerbs *(§ 4 UWG)*

Die in *§ 4 UWG* aufgezählten Beispieltatbestände haben typische Unlauterkeitshandlungen zum Gegenstand. Hierdurch wird das Ziel verfolgt, die Generalklausel des *§ 3 UWG* zu präzisieren und dadurch eine größere Transparenz zu schaffen.
Die aufgeführten Beispielfälle sind nicht abschließend. Bei der Bewertung, ob Unlauterkeit vorliegt, kommt es jeweils darauf an, ob die Wettbewerbshandlung geeignet ist, die im Einzelnen genannten Merkmale zu erfüllen. Nicht entscheidend ist, ob es tatsächlich zu einer Beeinträchtigung im Einzelfall gekommen ist.

Nach *§ 4 Ziffer 1 UWG* sind insbesondere solche Wettbewerbshandlungen unlauter, die geeignet sind, die Entscheidungsfreiheit der Verbraucher oder sonstiger Marktteilnehmer durch Ausübung von Druck oder durch sonstigen unsachlichen Einfluss zu beeinträchtigen. Der Tatbestand erfasst vor allem eine solche Einflussnahme auf den Kaufinteressenten, die über das normale Maß hinaus geht und keinen sachlichen Zusammenhang mit dem beworbenen Produkt aufweist.

Beispiel

Die verbilligte/kostenlose Beförderung von Kaufinteressenten zum Ladenlokal löst einen psychologischen Kaufzwang aus, der den Kaufinteressenten in seiner Entschlussfreiheit so stark beeinträchtigt, dass er meint, anstandshalber etwas kaufen zu müssen. Dies ist wettbewerbswidrig.

Beispiel

Ein Hotelbetrieb veranstaltet aus Anlass des Saisonbeginns ein Preisausschreiben mit sehr attraktiven Preisen und legt die Teilnahmekarten ausschließlich im Geschäftslokal aus. Dies ist wettbewerbswidrig, denn die Teilnahmewilligen sind in unzulässiger Weise der als peinlich oder unanständig empfundenen Situation ausgesetzt, nur die Teilnahmekarten im Hotel an der Rezeption abholen zu wollen, ohne etwas zu kaufen oder im Restaurant des Hotels zu konsumieren. Der Hotelier spekuliert darauf, dass der Teilnahmewillige diesem Druck nachgibt und eben doch etwas kauft oder konsumiert.

Erfasst sind hier auch die Fälle **des „übertriebenen Anlockens"**.

Unlauter ist hiernach jede Werbung, die die Entschlussfreiheit des Kunden durch sachfremde Erwägungen beeinflusst, etwa dadurch, dass der Kunde sich mit Blick auf einen interessanten geldwerten Vorteil zum Vertragsabschluss entschließt. Der Kunde wird durch den versprochenen Vorteil schon im Vorfeld eines Geschäftsabschlusses von einer sachkundigen Prüfung der verschiedenen Angebote nach Qualität und Preiswürdigkeit abgelenkt, wodurch der Wettbewerb zum Nachteil der Mitbewerber verfälscht ist.

Beispiel

Werbeaussage: „Jeder Kunde, der zehn Gegenstände kauft, nimmt an der Verlosung eines Mercedes Cabrio teil."

Unlauter sind außerdem Wettbewerbshandlungen, die geeignet sind, die **geschäftliche Unerfahrenheit insbesondere von Kindern und Jugendlichen oder die Leichtgläubigkeit, Angst oder Zwangslage von Verbrauchern auszunutzen** (*§ 4 Ziffer 2 UWG*).

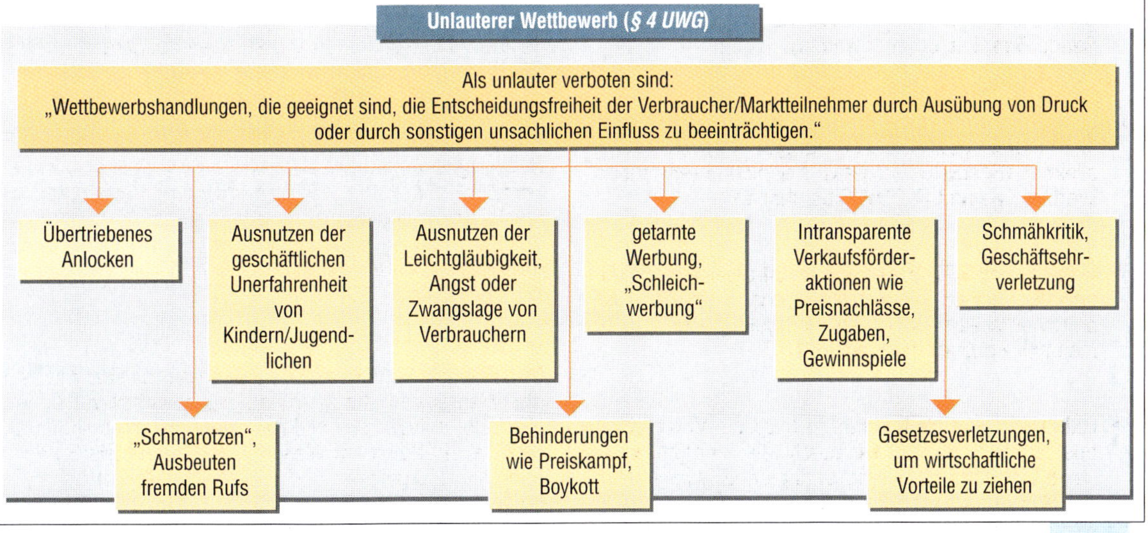

Beispiel

Werbeaussage: „Mit jedem verkauften Kasten X-Bier wird ein Stück Regenwald vor dem Untergang gerettet."

Getarnte Werbung, die so genannte Schleichwerbung, ist nicht nur im Recht der elektronischen Medien nach den entsprechenden Rundfunk-Staatsverträgen, sondern auch nach *§ 4 Ziffer 3 UWG* ausdrücklich als unlauter verboten.

Transparenzgebot

Bei **Verkaufsfördermaßnahmen** mit Preisnachlässen, Zugaben und Werbegeschenken, die eine hohe Attraktivität für den Kunden haben, ist der Verbraucher ehrlich und umfassend zu informieren.

So sind die Bedingungen für die Teilnahme eindeutig klar herauszustellen. Das gleiche Transparenzgebot gilt für Preisausschreiben und Gewinnspiele mit Werbecharakter. Gerade Gewinnspiele haben eine erhebliche Missbrauchsgefahr deshalb, weil durch eine Werbung mit solchen Maßnahmen die Kaufentscheidung beeinflusst wird, oft jedoch, z. B. bei Kundenbindungssystemen, hohe Hürden für die Inanspruchnahme des versprochenen Vorteils aufgestellt werden (*§ 4 Ziffern 4 und 5 UWG*).

Beispiel

Hiernach ist unlauter, wenn die Teilnahme von Verbrauchern an einem Preisausschreiben oder Gewinnspiel von dem Erwerb einer Ware oder der Inanspruchnahme einer Dienstleistung abhängig gemacht wird; denn die Maßnahme zielt darauf ab, die Spiellust auszunutzen und das Urteil des Verbrauchers hierdurch zu trüben.

Eine unzulässige Verkoppelung ist nur dann nicht anzunehmen, wenn es alternativ die Möglichkeit der Teilnahme gibt, ohne dass eine Ware gekauft oder eine Dienstleistung in Anspruch genommen werden muss (*§ 4 Ziffer 6 UWG*).

Verboten sind außerdem **Geschäftsehrverletzungen, Schmähkritik** und „Anschwärzen". Sinn und Zweck solcher Werbung ist das subjektiv gefärbte Anpreisen der Vorteile der eigenen Ware oder Leistung.
Unwahre Behauptungen über die Person oder Ware der Konkurrenten sind hierbei ausdrücklich verboten. Zwar ist **vergleichende Werbung grundsätzlich zulässig**, jedoch nur, wenn sie weder die Waren oder die Dienstleistungen der betroffenen Mitbewerber herabsetzen noch irreführende Angaben enthalten sind (*§ 4 Ziffern 7 und 8 UWG*), vgl. auch Einführungssituation.

Ein weiterer Unlauterkeitssachverhalt ist das **Ausbeuten fremden Rufs (das so genannte „Schmarotzen")** (*§ 4 Ziffer 9 UWG*). Der gute Ruf, das „Image" eines fremden Unternehmens oder einer fremden Ware, Leistung oder Kennzeichnung wird häufig zu Wettbewerbszwecken auszubeuten versucht. Für das gute Image ist wesentlich, dass das Publikum mit dem Unternehmen oder seiner Ware über den bloßen Bekanntheitsgrad hinaus eine besondere Wert- oder Gütevorstellung verbindet. Wer diese Position für sich ausnutzen will, versucht, die Vorstellung des Publikums für eine bestimmte Ware auf eine andere Ware zu übertragen und sie somit auszubeuten. Das Publikum wird dann entweder über die betriebliche Herkunft einer Ware irregeführt, mit der es eine besondere Gütevorstellung verbindet, oder es wird durch Nachahmung der fremden Ware oder Kennzeichnung der Gefahr der Verwechslung der beiderseitigen Waren ausgesetzt.

Beispiel

Es wird für ein Produkt eine verwechslungsfähige Bezeichnung verwendet „Mainzelmännchen-Heinzelmännchen".

Oder aber der gute Ruf der fremden Ware oder Kennzeichnung wird zur Empfehlung der eigenen Ware ausgenutzt, ohne dass eine Herkunftstäuschung oder Warenverwechslung vorliegt.

Beispiel

So beim Verkauf von äußerlich identischen Schmuckuhren-Imitaten, die viel Attraktionskraft und einen hohen Prestigewert besitzen, damit die Umworbenen dies sukzessiv auf die ihnen bisher nicht bekannten Waren übertragen.

Auch **Behinderungen wie Preiskampf oder Boykott** sind unlauter und verboten. Zwar ist jeder Kaufmann in der Gestaltung und Bemessung seiner Verkaufspreise frei. Unzulässig ist jedoch die gezielte Unterbietung eines Mitbewerbers alleine in der Absicht, diesen vom Markt zu verdrängen.

Ein solcher **Verdrängungswettbewerb** ist zu vermuten, wenn ein Unternehmer ohne sachlichen Grund, etwa ohne dass Liquiditäts- oder Absatzschwierigkeiten vorliegen, unter seinem Einstandspreis und gleichzeitig erheblich unter dem üblichen Verkaufspreis seine Ware abgibt.

Verboten sind z. B. Boykottmaßnahmen, die gezielt einen bestimmten Mitbewerber vom Markt verdrängen. Der Boykottierer ruft hier andere Unternehmer auf, zum Nachteil des Boykottierten diesen vom üblichen Geschäftsverkehr auszukoppeln, etwa beim Warenabsatz, beim Materialnachschub, bei Beförderungsleistungen oder bei Krediten.

In die gleiche Richtung gehen unzulässige Diskriminierungsmaßnahmen. Diskriminierung ist die sachlich nicht gerechtfertigte unterschiedliche Behandlung von Personen im geschäftlichen Verkehr. Die Diskriminierung kann durch den Preis, durch Rabatte oder Konditionen, durch Liefersperren oder Bezugssperren erfolgen (*§ 4 Ziffer 10 UWG*).

Schließlich ist als unlauter verboten, **Gesetzesverletzungen** planmäßig zu begehen, um die hieraus gezogenen Vorteile im Wettbewerb zur Förderung des eigenen Unternehmens einzusetzen (*§ 5 Ziffer 11 UWG*).

Beispiel

Ein Hotel verschafft sich durch einen nach *§ 1 Personenbeförderungsgesetz* nicht genehmigten Flughafen-Zubringerdienst einen unzulässigen Wettbewerbsvorsprung vor anderen Hotels, die auch Fluggäste beherbergen, jedoch wegen des Genehmigungserfordernisses keinen eigenen Zubringerdienst einrichten.

Verbot irreführender Werbung (*§ 5 UWG*)

Grundsätzlich ist jede Werbung bzw. jegliche Art von Werbeangaben geschäftlicher Art verboten, die zu Wettbewerbszwecken im geschäftlichen Verkehr gemacht werden und geeignet sind, einen nicht unerheblichen Teil der betroffenen Verkehrskreise über das Angebot irrezuführen und Fehlvorstellungen von mutmaßlicher Bedeutung für die Kaufentscheidung hervorzurufen (*§ 5 UWG*).
Die Reichweite dieses Irreführungsverbots orientiert sich am Leitbild eines **durchschnittlich informierten und verständigen Verbrauchers**, der das Werbeverhalten mit einer der Situation angemessenen Aufmerksamkeit verfolgt und nicht auf jede reklamehafte Übertreibung hereinfällt. Unter Angaben versteht man objektiv nachprüfbare Aussagen mit Worten, Zahlen, Zeichen oder bildliche Darstellungen, nicht aber reine Werturteile oder bloße reklamehafte Anpreisungen. Auch das Verschweigen einer Tatsache kann irreführend sein.

Beispiel

Werbemittel können z. B. sein: Werbeanzeigen, Werbeanschläge, Preislisten, Prospekte, Etiketten, Zeitungen, Geschäftskarten, Angaben in Adress- oder Telefonbüchern, Werbeankündigungen, Werbefilme, Werbefunksendungen, Leuchtreklame, Sandwich-Männer, Werbe-Faxschreiben oder E-Mails sowie SMS.

Verboten sind demnach irreführende Angaben, die von einem durchschnittlich informierten und verständigen Verbraucher falsch verstanden werden können.

Keine Angaben, sondern nicht **nachprüfbare reklamehafte Anpreisungen** sind Slogans wie:

- „Die schönsten Blumen der Welt"
- „Mutti gibt mir immer nur das Beste" (Werbespruch für Babybrei)
- „Das strahlendste Weiß meines Lebens" (Werbespruch für Waschmittel)
- „Den oder keinen" (Werbespruch für Waschmaschinen)
- „Kaffee ohne Koffein gleicht einem Auto ohne Benzin"
- „Unzerreißbares Bilderbuch"

Zu *§ 5 UWG* gibt es eine große Anzahl typischer Fallgruppen verbotener Werbeaussagen.

Hier einige Beispiele:

- **Verbotene Werbung mit Selbstverständlichkeiten**, sodass das unkundige Publikum, das die Selbstverständlichkeit nicht erkennt, fälschlicherweise annimmt, die beworbene Ware habe einen Vorzug gegenüber der Konkurrenz („Bei uns – alle Preise inkl. Mehrwertsteuer"; „Steinhäger – doppelt gebrannt", was bei Steinhäger gesetzlich vorgeschrieben ist; „Nescafé – reiner Kaffee", weil Kaffee-Extrakt nach der Kaffeeverordnung nur aus gemahlenem Kaffee bestehen darf).
- **Verbotene Alleinstellungswerbung**, wenn das Publikum irrigerweise annimmt, der Betreffende habe für sich alleine eine Spitzenstellung auf dem Markt („Die meist gelesene Zeitung", was objektiv nicht stimmt; „R. bietet bessere Produkte", was objektiv nicht zutrifft).
- **Irreführung über die Beschaffenheit**, also über die der Ware oder Leistung innewohnenden tatsächlichen oder rechtlichen Eigenschaften, insbesondere die tatsächliche stoffliche Substanz („Natürliches Mineralwasser" wenn Kohlensäure künstlich zugeführt wurde; „Apfelsaft", der nicht aus frischen Äpfeln gepresst ist; „Goldschmuck", wenn nur vergoldet; „Echte Zuchtperlen", da Zuchtperlen gerade keine echten Perlen sind)

Verbot irreführender Werbung (*§ 5 UWG*)

„Alle Werbeaussagen geschäftlicher Art, die zu Wettbewerbszwecken im geschäftlichen Verkehr gemacht werden und geeignet sind, einen nicht unerheblichen Teil der betroffenen Verkehrskreise über das Angebot irrezuführen und Fehlvorstellungen von mutmaßlicher Bedeutung für die Kaufentscheidung hervorzurufen, auch durch Verschweigen."

- Verbotene Werbung mit Selbstverständlichkeiten
- Verbotene Alleinstellungswerbung
- Irreführung über die Beschaffenheit
- Irreführung über die geografische Herkunft
- Irreführung über Vorratsmenge oder Lieferbarkeit
- Irreführung über Verkaufsanlässe oder Verkaufszweck

- **Irreführung über die geografische Herkunft:** Die Ursprungsangabe weist auf eine bestimmte geografische Herkunft und auf die natürliche Verbundenheit mit diesem Gebiet hin; sie suggeriert häufig eine bestimmte Warenqualität. Irreführend ist somit die Werbung mit „Schweizer Schokolade", die in Deutschland hergestellt wurde; mit „Steinzeug Serie Westerwald" aus Taiwan; mit „Das echte Eau de Cologne", welches nicht in Köln hergestellt ist; mit „Nürnberger Lebkuchen", der nicht in Nürnberg gebacken wurde.

- **Irreführung über Vorratsmenge oder Lieferbarkeit:** „Sofort lieferbar" ist irreführend, wenn das Kfz erst bestellt und dann beim Großhändler abgeholt werden muss; „Solange der Vorrat reicht", wenn die angebotenen Waren erst in Tagen oder Wochen geliefert werden.

- **Irreführung über Verkaufsanlass oder Verkaufszweck**, so z. B. bei „Umständehalber" oder „Gelegenheitskauf", wenn ein normaler Händlerverkauf vorliegt.

Irreführung durch Verschweigen ist ebenfalls verboten, z. B. Verschweigen von Tatsachen, wenn diese im Einzelfall eine irreführende Werbung darstellen und diese nach allgemeiner Auffassung für die Kaufentscheidung von Bedeutung sind.
Zu offenbaren sind Tatsachen, bei denen der Kunde, hätte er die Tatsache gekannt, die Kaufentscheidung so nicht getroffen hätte.

Ergebnisse von Warentest
Bei der Werbung mit Warentests sollte künftig zumindest angegeben werden, wann und durch wen der Test durchgeführt worden ist und wo die Ergebnisse des Tests eingesehen werden können.

Werbung mit Preisnachlässen
Die Werbung mit Preisnachlässen, die in Wirklichkeit nicht gewährt werden, ist ausdrücklich verboten (*§ 5 Abs. 4 UWG*). Mit dem Slogan „vorher Euro 100,00, jetzt nur noch die Hälfte" darf nur geworben werden, wenn vorher auch tatsächlich für diesen Artikel/diese Leistung Euro 100,00 verlangt worden sind – wenn auch nur für eine kurze Zeit.

Beispiel

Ein Luftfahrtunternehmen darf nicht mit „Tickets ab 99 Euro" werben, wenn in diesem Preis nicht auch die zwingend entstehenden Kosten für die Buchung enthalten sind (LG Köln, Urt. v. 15.11.2006 – 330 277/06).

Wer als Ausgangspreis einen solchen „Mondpreis" angibt, der dann angeblich sensationell gesenkt wird, verstößt gegen das Gebot, dass bei Werbung mit Preissenkungen der angegebene Ausgangspreis tatsächlich eine angemessene Zeit lang gefordert worden sein muss, was der Werbetreibende zu beweisen hat.

Warenvorrat für mindestens zwei Tage
§ 5 Abs. 5 UWG stellt klar, sofern kein angemessener Warenvorrat besteht, wird der Kunde irregeführt. Es wird – widerlegbar – vermutet, dass ein angemessener Vorrat in der Regel dann nicht vorliegt, wenn der Vorrat nicht die Nachfrage von zwei Tagen deckt.
Die Angabe „Solange der Vorrat reicht" ist nicht ausreichend, wenn nicht auch eine angemessene Menge des beworbenen Artikels zur Verfügung steht (vgl. Feil 2004, S. 17).

Vergleichende Werbung (*§ 6 UWG*)

Vergleichende Werbung ist jede Werbung, die unmittelbar oder mittelbar einen Mitbewerber oder die von einem Mitbewerber angebotenen Waren oder Dienstleistungen erkennbar macht.
Eine solche vergleichende Werbung ist nicht automatisch unlauter, wird jedoch unzulässig, wenn der Vergleich sich z. B. nicht objektiv auf eine oder mehrere wesentliche, relevante, nachprüfbare und typische Eigenschaften oder den Preis dieser Waren oder Dienstleistungen bezieht.

Beispiel

"Probetrinken Pepsi-Cola/Coca-Cola"
(s. auch Einführungssituation S. 303)

Unzumutbare Belästigungen (*§ 7 UWG*)

Erfasst werden Werbemaßnahmen, die derartig aufdringlich sind, dass dem Kunden eine ruhige und sachliche Prüfung des Kaufangebots unmöglich gemacht wird und er dazu kommen könnte, ein Geschäft nur abzuschließen, um die Belästigung zu beenden.

Unzumutbare Belästigungen, *§ 7 UWG*

Verboten sind: derart aufdringliche Werbemaßnahmen, dass dem Kunden eine ruhige und sachliche Prüfung des Kaufangebots unmöglich gemacht wird, er eventuell ein Geschäft nur abschließt, um die Belästigung zu beenden.

- gezieltes Ansprechen auf Straßen und Plätzen
- unbestellte Telefon-/Fax-/E-Mail-/SMS-Werbung, insbesondere im privaten Lebensbereich des Verbrauchers
- Direktmarketing ohne Einwilligung des Verbrauchers, z. B. unerbetene Hausbesuche

Beispiel

Gezieltes Ansprechen auf Straßen und öffentlichen Plätzen, welches den Angesprochenen zwingt, sich mit einem bestimmten Angebot zu befassen, ohne dass er daran interessiert ist.

Beispiel

Unbestellte Telefon-/Fax-/E-Mail-/SMS-Werbung im privaten Lebensbereich des Angesprochenen; Verteilung von Handzetteln und Werbezeitungen in Hausbriefkästen, die den Aufkleber „Keine Werbung" tragen; das Zusenden unbestellter Ware.

Allerdings ist nicht jede belästigende Werbung unzulässig, sondern nur eine solche, die in vorbeschriebenem Sinne besonders aufdringlich und intensiv ist. So werden Beilagen in Zeitungen, unbestellte Vertreterbesuche, Unterbrechung von TV-Spielfilmen durch so genannte „Werbeblöcke" oder geschmackloses Werben toleriert.

Wettbewerbswidrig ist jedoch immer ein erheblicher Eingriff in die Individualsphäre.

Auch im gewerblichen Bereich oder bei der Ausübung eines selbstständigen Berufs sind z. B. telefonische Anrufe zu Werbezwecken nicht ohne weiteres hinzunehmen, da sie im Hinblick auf die Störung der beruflichen Tätigkeit ebenfalls als belästigend empfunden werden.

Damit ist Vorsicht beim Direktmarketing geboten. Der Angerufene hat seine ausdrückliche Einwilligung zu erklären und muss ausdrücklich darauf hingewiesen werden, wie er seine Einwilligung jederzeit widerrufen kann.

Werbung mittels elektronischer Post: Die elektronischen Adressen (E-Mail, Handy-Nummer) von Kunden können zur Direktwerbung für eigene Produkte verwendet werden.

Voraussetzung ist allerdings, dass

- ein Unternehmer im Zusammenhang mit dem Verkauf einer Ware oder Dienstleistung von dem Kunden dessen elektronische Postadresse erhalten hat,
- der Unternehmer die Adresse zur Direktwerbung für eigene ähnliche Waren oder Dienstleistungen verwendet,
- der Kunde der Verwendung nicht widersprochen hat und
- der Kunde bei Erhebung der Adresse und bei jeder Verwendung klar und deutlich darauf hingewiesen wird, dass er der Verwendung widersprechen kann, ohne dass hierfür andere als die Übermittlungskosten nach den Basistarifen entstehen (vgl. Feil 2004, S. 18).

Rechtsfolgen unlauterer Werbemaßnahmen (*§§ 8 - 10 UWG*)

Jeder, der im Sinne des Gesetzes unlauter wirbt, kann auf Beseitigung und bei Wiederholungsgefahr **auf Unterlassung in Anspruch genommen** werden. Der Anspruch auf Unterlassung besteht bereits dann, wenn eine Zuwiderhandlung droht.

Berechtigt zur Geltendmachung solcher Ansprüche ist zunächst jeder Mitbewerber des unlauter Werbenden, dann aber auch alle Wirtschafts- und Verbraucherverbände sowie die Industrie- und Handelskammern bzw. die Handwerkskammern (*§ 8 UWG*). Handelt der unlauter Werbende vorsätzlich oder fahrlässig, ist er den Mitbewerbern zusätzlich zum **Ersatz des daraus entstehenden Schadens** verpflichtet (*§ 9 UWG*).

Schließlich sind die vorgenannten Wirtschafts- und Verbraucherverbände berechtigt, die **Herausgabe des Gewinns** aus der unlauteren Werbemaßnahme zu verlangen, wenn der Werbetreibende vorsätzlich gehandelt hat und hierdurch auf Kosten einer Vielzahl von Abnehmern ein Gewinn erzielt wurde.

Die Ergebnisse eines solchen Gewinnabschöpfungsverlangens stehen dem Bundeshaushalt zu.

Strafbare Werbung (*§§ 16 ff. UWG*)

Während grundsätzlich Wettbewerbsverstöße zivilrechtlich verfolgt werden, erfordern besonders gefährliche Verhaltensweisen eine strafrechtliche Sanktion. Dies gilt zunächst für die **vorsätzlich irreführende Werbung** in öffentlichen Bekanntmachungen oder in Mitteilungen, die für einen größeren Personenkreis bestimmt sind.

Der insoweit Irreführende hat die Absicht, den Anschein eines besonders günstigen Angebots hervorzurufen.
Auch wenn bei Vorliegen dieser Voraussetzungen regelmäßig der Tatbestand des Betrugs gem. *§ 263 StGB* erfüllt sein wird, ergibt sich eine parallele Strafbarkeit aus *§ 16 Abs. 1 UWG*.

In gleicher Weise strafbar ist der **geschäftsmäßige Aufbau von so genannten Schneeball-Systemen**, bei denen Verbraucher zur Abnahme von Waren oder Dienstleistungen durch das Versprechen veranlasst werden, sie würden entweder vom Veranstalter selbst oder von einem Dritten besondere Vorteile erlangen, wenn sie andere zum Abschluss gleichartiger Geschäfte veranlassen (*§ 16 Abs. 2 UWG*).

Zu bestrafen ist außerdem, wer als Angestellter eines Unternehmens ein **Geschäfts- oder Betriebsgeheimnis**, das ihm im Rahmen des Dienstverhältnisses anvertraut oder zugänglich gemacht worden ist, unbefugt an einen anderen zu Zwecken des Wettbewerbs, aus Eigennutz, zugunsten eines Dritten oder in der Absicht, dem Inhaber des Unternehmens Schaden zuzufügen, mitteilt. In gleicher Weise wird bestraft, wer sich derartige Geschäfts- oder Betriebsgeheimnisse, auf welchem Weg auch immer, verschafft und zugänglich macht (*§ 17 UWG*).

Strafbar ist schließlich die **Verwertung oder Weitergabe von Zeichnungen, Modellen, Schablonen, Schnitten, Rezepten** oder Ähnlichem zu Zwecken des Wettbewerbs oder aus Eigennutz an Dritte, wenn diese Vorlagen im geschäftlichen Verkehr anvertraut worden waren (*§ 18 UWG*).

Auch das **Verleiten zum Vertragsbruch** ist strafbar (*§ 19 UWG*). Im Verleiten zum Vertragsbruch liegt ein unmittelbarer Angriff auf die wettbewerbliche Betätigung des Mitbewerbers. Hierzu gehören das Ausspannen von Beschäftigten wie auch das Ausspannen von Kunden.
Das Ausspannen von Kunden gehört zwar zum Wesen des Wettbewerbs, da ein Gewerbetreibender seinen Kundenkreis gewöhnlich nur auf Kosten von Mitbewerbern vergrößern kann. Er darf dies auch mit allen lauteren Mitteln tun. Jedoch können besondere Umstände hinzukommen, die das Ausspannen von Kunden als wettbewerbswidrig erscheinen lassen.

Beispiel

Wettbewerbswidrig ist es z. B., wenn ein Adressbuchverlag mit Ausschnitten von Inseraten aus dem Adressbuch eines Mitbewerbers dessen Kunden auszuspannen versucht, die irrtümlich glauben, bei der bisherigen Firma zu inserieren. Oder man verwendet auf unlautere Weise beschaffte Kundenlisten zur Werbung im Kundenkreis des Mitbewerbers.

13.5.2 Gesetz gegen Wettbewerbsbeschränkungen

In der Marktwirtschaft steht es jedem Unternehmer frei, mit anderen Unternehmern umfassend oder teilweise zusammenzuarbeiten, um das eigene Betriebsergebnis zu optimieren.

Beispiel

Als Missbrauch einer marktbeherrschenden Stellung eines großen Pauschalreiseanbieters wird angesehen, wenn dieser Veranstalter in stark nachgefragten Urlaubsgebieten die dortigen Hoteliers dazu vertraglich verpflichtet, nur bestimmte kleinere und namentlich benannte deutsche Reiseveranstalter zusätzlich mit seinen Gästen im Hotel aufzunehmen und anderenfalls ein Vertragsabschluss mit dem als Großabnehmer auftretenden Reiseveranstalter nicht zustande käme bzw. gekündigt würde.

Besonders wenn ein Vorhaben, ein Auftrag oder die Unternehmenserweiterung die Finanzkraft oder die Leistungskapazität eines Unternehmens übersteigt, ist die Beteiligung anderer Unternehmen sinnvoll und notwendig. Auch können sich mittlere Unternehmen durch eine intensive Kooperation besser auf dem Markt gegenüber Großunternehmen behaupten. All dies ist zulässig.

Unzulässig aus wettbewerbsrechtlicher Sicht sind jedoch Kooperations- und Koordinationsformen, die wettbewerbsbeschränkende Auswirkungen haben, die nicht durch andere wirtschaftliche Vorteile aufgewogen werden. Solche negativen und unerwünschten Kooperations- und Koordinationsformen zu verhindern, ist Ziel des Gesetzes gegen Wettbewerbsbeschränkungen (*GWB*), auch *Kartellgesetz* genannt.

Die Bildung von Kartellen zwischen Unternehmen auf der gleichen Marktstufe als Konkurrenten stellt den klassischen Fall von Wettbewerbsbeschränkungen dar.

Ein **Kartell** entsteht, wenn sich unter der Wahrung der rechtlichen und wirtschaftlichen Selbstständigkeit mehrere Unternehmen zusammenschließen. Ziel des Zusammenschlusses ist es, in der Form abgestimmten Verhaltens den Wettbewerb gegenüber Dritten zu beschränken.

Die Abreden der Kartellmitglieder untereinander können sich beziehen z. B. auf Preise, Rabatte, regionale Aufteilung von Vertriebsgebieten, Produktionsquoten etc. Die massivste Form eines Kartells ist das so genannte **Syndikat**, in dem die einzelnen Kartellmitglieder nicht mehr am Markt auftreten, sondern nur noch über eine zentrale Vertriebs- oder Einkaufsstelle handeln. Auch Fusionen sind kartellrechtlich zu überprüfen.

Eine **Fusion** liegt vor, wenn zwei oder mehrere Unternehmen ihre rechtliche und wirtschaftliche Selbstständigkeit aufgeben und zu einem Unternehmen verschmolzen werden.

Kartelle und Fusionen bergen die Gefahr in sich, zu einer Ballung großer wirtschaftlicher Macht zu führen und Nichtkartellmitglieder wirtschaftlich zu benachteiligen.
Die Zentralstellen zur Überwachung kartellrechtlicher Unternehmensaktivitäten sind die Kartellbehörden, die also als Kontrollorgane fungieren (*§§ 48 ff. GWB*).

Beim **Bundeskartellamt** oder auch bei den **Landeskartellbehörden** können Anträge gestellt werden, um Unternehmenszusammenschlüsse oder Kooperationen genehmigen zu lassen. Parallel ist es Aufgabe der Kartellbehörden, selbstständig Ermittlungen zu führen, um Verstöße gegen Vorschriften des *GWB* festzustellen und entsprechend zu ahnden (*§ 57 GWB*).

Stellen die Kartellbehörden Verstöße gegen das *GWB* fest, kann das entsprechende Verhalten untersagt werden. Wird ein vorsätzlicher oder fahrlässiger Gesetzesverstoß festgestellt, tritt zusätzlich eine Schadenersatzpflicht ein (*§§ 32, 33 GWB*).

Die Kartellbehörde kann außerdem anordnen, den aus der wettbewerbswidrigen Handlung gezogenen Mehrerlös an die Kartellbehörde abzuführen (*§ 34 GWB*).

Zusätzlich können Bußgelder festgesetzt werden (*§ 81 IV GWB*), wobei diese bis zu einem Betrag von 1 000 000,00 Euro gehen können, darüber hinaus bis zum Dreifachen des durch die Zuwiderhandlung erlangten Mehrerlöses.

Beispiel

Horizontale Wettbewerbsbeschränkung: In Zeiten einer Kerosin-Verknappung und der entsprechenden Verteuerung der Spritpreise vereinbaren die deutschen Charterfluggunternehmen und Reiseveranstalter Reisepreiszuschläge für alle ihre Kunden jeweils mit einem bestimmten Erhöhungsbetrag, gestaffelt nach Kurzstrecke, Mittelstrecke und Fernstrecke.

Beispiel

Vertikale Wettbewerbsbeschränkung: Ein Lebensmittelhersteller mit sehr bekannten und stark nachgefragten Produkten verpflichtet einen Einzelhändler, aus dessen Sortiment jegliche Ware von Konkurrenzanbietern zu entfernen, da er ansonsten nicht beliefert würde.

Verbotene Wettbewerbsbeschränkungen (Kartelle)

horizontale Wettbewerbsbeschränkung
- zwischen Unternehmen auf der gleichen Marktstufe
- die miteinander in Wettbewerb stehen
- verbotenes abgestimmtes Verhalten oder Vereinbarungen
- welches eine Verhinderung, Einschränkung, Verfälschung des Wettbewerbs bezweckt/bewirkt (*§ 1 GWB, § 134 BGB*)

vertikale Wettbewerbsbeschränkung
- zwischen Unternehmen auf verschiedenen Marktstufen
- die miteinander in Wettbewerb stehen
- verbotenes abgestimmtes Verhalten der Vereinbarungen
- um vor- oder nachgelagerte Leistungsstufen zu beeinflussen

Missbrauch einer marktbeherrschenden Stellung
- marktbeherrschendes Unternehmen, weil es als Anbieter oder Nachfrager keinem zusätzlichen Wettbewerb ausgesetzt ist
- missbräuchliche Ausnutzung dieser Stellung durch Knebelung, Diskriminierung oder sonstige mutwillige Behinderung (*§§ 19, 20 GWB*)

Beispiel

Als Missbrauch einer marktbeherrschenden Stellung eines großen Pauschalreiseanbieters würde es angesehen, wenn dieser in stark nachgefragten Urlaubsgebieten die dortigen Hoteliers dazu vertraglich verpflichtet, nur bestimmte kleinere und namentlich benannte deutsche Reiseveranstalter zusätzlich mit deren Gästen im Hotel aufzunehmen, da andernfalls ein Vertragsabschluss mit dem als Großabnehmer auftretenden Reiseveranstalter nicht zustande kommt bzw. gekündigt würde.

Aufgaben

1. Ein kleines Familienhotel im Hochschwarzwald feiert seine Neueröffnung. Der Hotelinhaber möchte in einer möglichst flächendeckenden und umfassenden Werbeaktion auf die Hoteleröffnung, Hotelangebote und -leistungen hinweisen. Neben Inseraten in den lokalen Zeitungen will er
   - Handzettel in alle Hausbriefkästen in seinem Einzugsgebiet einwerfen lassen,
   - Postwurfsachen an alle Haushalte zustellen lassen,
   - in Beilagen von Zeitungen werben,
   - Werbebriefe per Fax und E-Mail in großem Umfange verschicken,
   - über ein Call-Center gezielt Werbe-Telefonate führen lassen,
   - Passanten gezielt in der Fußgängerzone ansprechen lassen.

   Inwieweit sind die geplanten Aktionen wettbewerbsrechtlich zulässig bzw. als unlauter und sittenwidrig verboten?

2. Ein Unternehmer wirbt für das von ihm produzierte Toilettenpapier mit dem Hinweis „Hygiene-Krepp aus Altpapier ist umweltfreundlich". Das Toilettenpapier enthält außerdem den Umweltengel. Neben dem Umweltzeichen ist im Kleingedruckten vermerkt, dass dieses Zeichen für Hygiene-Krepp vergeben wird, wenn diese Produkte mindestens zu 51 % aus Altpapier hergestellt worden sind. Das Papier des Herstellers besteht tatsächlich zu 80 % aus Altpapier.
   Ist der Werbe-Hinweis als irreführend unzulässig?
   Begründen Sie Ihre Antwort.

3. Ein Unternehmer vertreibt Wasserbehandlungsanlagen. Er wirbt mit folgender Anzeige, in der zu einer Werbeveranstaltung eingeladen wird:
   „Herzliche Einladung zum Informationsabend, Mittwoch, den 06.05.2008, 19:30 Uhr, Katholisches Gemeindezentrum; Thema: Physikalische Wasseraufbereitung... Referent ...; Veranstalter: ..., Eintritt frei!"
   Liegt eine Täuschung über geschäftliche Verhältnisse vor?
   Begründen Sie Ihre Antwort.

4. Eine Bierbrauerei wirbt mit dem Slogan: „Mit jedem verkauften Kasten X-Bier wird ein Stück Regenwald vor dem Untergang gerettet." Es wird hierzu weiter erläutert, ein Teil des Erlöses aus dem Verkauf des Bieres komme unmittelbar der Rettung eines Stück Regenwalds zugute.
   Liegt eine irreführende gefühlsbetonte Werbung vor?
   Begründen Sie Ihre Antwort.

5. Der Elektromarkt eines Einzelhändlers hat drei Waschmaschinen aus einem Versicherungsschaden besonders günstig zu verkaufen. In der regionalen Tagespresse mit einer Auflage von 150 000 Exemplaren wirbt der Unternehmer für diese Waschmaschinen ohne darauf hinzuweisen, dass nur drei Exemplare verfügbar sind.
   Liegt irreführende Werbung vor?
   Begründen Sie Ihre Antwort.

F Projektmanagement

Jedes Projekt ist einmalig, zeitlich, sachlich und räumlich begrenzt; alle im Rahmen der Durchführung notwendigen Maßnahmen gehören zum Projektmanagement. Damit sind unter Projektmanagement alle organisatorischen Verfahren und Techniken zu verstehen, die mit der erfolgreichen Realisierung eines Projektes verbunden sind. Inzwischen hat sich auch im Tourismus ein breites Anwendungsspektrum entwickelt.

14 Marketing-Projektarbeit

14.1 Projektarbeit als Methode

Situation

Seehotel Schloss Sonnenbühl

Im Seehotel Schloss Sonnenbühl wurde das Projekt „Einführen eines Informationssystems" für das erste Halbjahr von der Direktion bekannt gegeben.

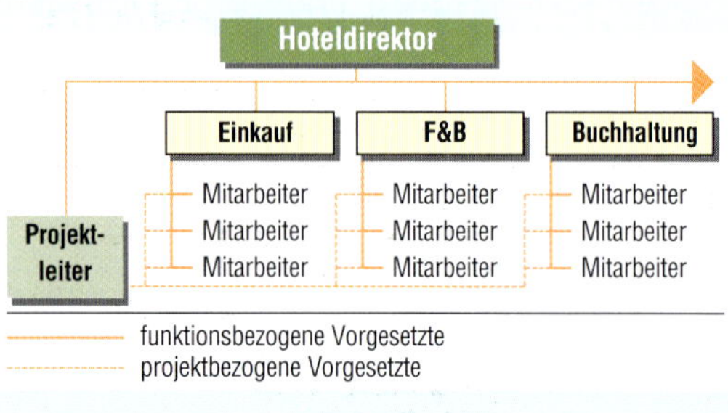

Es wird lediglich ein Projektleiter abgestellt, der die Projektarbeit organisiert und dabei auf die Ressourcen der Linienmitarbeiter/-innen zurückgreift. Die Unternehmensorganisation bleibt unverändert, die Linienmitarbeiter/-innen übernehmen für die Dauer des Projektes eine Doppelfunktion (ebenda, S. 32).

(Dettmer/Hausmann [Hrsg]: Organisations- und Personalmanagement, Hamburg 2005, S. 32)

Wie schon festgestellt werden konnte, ist Marketingarbeit in ihrer Komplexität keine leichte, aber eine alles entscheidende Tätigkeit. Besondere Probleme hierbei zeigen sich jedoch immer noch in der Wahrnehmung von Verantwortlichkeiten und in der Umsetzung von Visionen und somit konkreter Ideen.

Wie in den vorangegangenen Abschnitten deutlich gemacht wurde, ist ein wichtiges Ziel für den Marketing-Management-Führungsprozess, dem Kunden ein unwiderstehliches Angebot an Produkten und Leistungen zu präsentieren, das heißt unter anderem:

- ständig an der Produkt- und Leistungsentwicklung im Unternehmen zu arbeiten,
- schneller zu lernen, auf Veränderungen am Markt zu reagieren,
  und nicht zuletzt,
- sich notwendigerweise zu Innovationen zu zwingen.

Es zeigt sich in diesem Prozess immer deutlicher, dass sogenannte traditionelle Organisationsformen im Unternehmen zur Realisierung der immer komplizierter werdenden Aufgaben nicht mehr ausreichen, bedeutende, aber auch teilweise weniger bedeutende Aufgaben nur noch in **gemeinsamer Projekttätigkeit** effektiv bearbeitet und somit gelöst werden können. Der Komplexitäts-, Neuheits-, Dringlichkeits- und Risikograd ist bei Projektaufgaben höher als bei Daueraufgaben. Dementsprechend ist eine vorübergehende Konzentration fachlicher Einzelleistungen und deren laufende Koordination erforderlich. Für Projektaufgaben ist meist funktionsübergreifendes Wissen notwendig.

Die Zusammenarbeit von mehreren Personen aus verschiedenen Fachbereichen und Rangebenen schafft beste Voraussetzungen dafür (Matrixorganisation).

Um diesen Herausforderungen gerecht zu werden, ist es erforderlich, sich nicht nur den neuesten, sondern vor allem den effektivsten Methoden zur Realisierung der vielfältigen Aufgaben in einem Unternehmen zu bedienen. In diesem Zusammenhang ist die Nutzung der Kenntnisse aus dem **Projektmanagement** zu einem unverzichtbaren Erfordernis geworden, denn die Realisierung jedes einzelnen Projekts erfordert die volle Aufmerksamkeit aller Beteiligten.

14.2 Merkmale der Projektarbeit

Situation

Projektarbeit wird zur Lösung komplexer Aufgaben dann zu einer effektiven Methode, wenn man sich aktiv und intensiv mit ihr auseinandersetzt, d. h., die Bedeutung ihrer Nutzung erkennt. Denn nur die Anwendung bringt den Nutzen; Aufgaben werden transparenter und überschaubarer, Problemsituationen werden rechtzeitig erkannt und ein zielorientiertes Handeln wird möglich.

Die DIN 69901 definiert „Projektmanagement“ als die „Gesamtheit von Führungsaufgaben, Organisation, Techniken und Mitteln, die für die Abwicklung eines Projekts notwendig werden“.

Projekte verfügen über bestimmte Merkmale, mit denen geprüft wird, ob eine Bezeichnung „Projekt“ auch im Einzelfall gerechtfertigt ist.

Dies bedeutet konkret, dass von einem **Projekt** erst dann gesprochen werden kann, wenn die nachstehenden **Merkmale** erkennbar sind, und zwar:

- Einmaligkeit,
- definiertes Ziel bzw. Zielvorgabe,
- zeitliche, finanzielle und personelle Rahmenbedingungen,
- Abgrenzung zu anderen Vorhaben,
- projektspezifische Organisation,
- Komplexität.

Die Berücksichtigung dieser Projektmerkmale ermöglichen es dem Projektverantwortlichen, ein bei der Projektrealisierung stets anhängendes Risiko realistisch zu betrachten und somit einzuschätzen.

Für die Durchführung eines Projekts ist sowohl eine eigene Projektorganisation als auch der Einsatz weiterer Methoden des Projektmanagements zwingend erforderlich.

Nur eine genaue eigene **Projektorganisation** gewährleistet Folgendes:

- komplexe Aufgaben können klar strukturiert werden,
- der Umfang der Aufgaben kann klar gegliedert werden, überschau- und handhabbar,
- die unterschiedlichen Fachgebiete (Spezialisten) können abgestimmt tätig werden,
- die zeitliche Realisierung der Projekte kann erreicht werden.

Damit werden in der Projektorganisation alle Organisationsmaßnahmen zusammengefasst, die sich zur Bewältigung komplexer Aufgaben mit spezifischen Leistungs-, Termin- und Kostenzielen eignen.

Es sind grundsätzlich mehrere Aufgaben im Zusammenhang mit der Projektorganisation auszuarbeiten, so z. B.:

Projektdesign:
Dazu gehören die Gestaltung des Projektablaufs, die Einbindung der jeweiligen Projekte in die Aufbauorganisation des Unternehmens sowie die Stellung von Projektleitung und Projektgruppe.

Projektplanung:
Sie umfasst die unmittelbaren Aufgaben wie Planung von Personal, Termine, benötigte Sachmittel, Kosten usw. für das jeweilige Projekt.

Projektprämissen:
Der Projektleitung und der Projektgruppe sind zur Projektrealisierung alle projektrelevanten Anforderungen vorzugeben, z. B. der Projektauftrag und seine Änderungen.

14.3 Projektphasen

Situation

„Jeder neu zu beschreitende Weg beginnt immer im Kopf. Dabei kommt es darauf an, immer mehr Ideen zu haben, als man braucht!“

Die Projektrealisierung wird häufig, jedoch nicht immer, nach dem gleichen Schema in Phasen aufgeteilt, welche die konkrete Vorgehensweise in einem Unternehmen dabei deutlich werden lässt.

Ein Beispiel für ein allgemeines Phasenmodell zeigt folgende Übersicht:

Bezeichnung der Phasen	Inhaltliche Erläuterungen
Phase 1: Projektdefinition	▶ Projektanalyse (Welche Probleme, welche Potenziale müssen betrachtet werden?) ▶ Welche Ziele sollen geklärt werden? (Inhalte, Kosten, Ausmaß der Ziele, zeitliche Aspekte usw.) ▶ Ergänzung genannter Aussagen durch Machbarkeitsstudie.
Phase 2: Projektplanung	▶ Organisation des Projektteams ▶ Festlegen von Aufgabenplänen, Ablaufplänen, Terminplänen, Kostenplänen, Kapazitätsplänen, Kommunikationsplänen, ▶ Qualitätsplanung ▶ Meilensteine setzen ▶ Risikomanagement
Phase 3: Projektdurchführung, Projektkontrolle	▶ Kontrolle des Projektfortschritts und Reaktion auf projektstörende Einflüsse, die sich im Prozess der Projektdurchführung ergeben. ▶ Eventuelle Abweichungen führen dann zu Planungsänderungen und Korrekturen.
Phase 4: Projektabschluss	▶ Ergebnisse werden dokumentiert, präsentiert und dem Auftraggeber übergeben. ▶ Projektteam wird entlastet.

14.3.1 Projektdefinition

Die Phase der Projektdefinition bildet das Fundament eines jeden Projekts. Denn hier werden die verbindlichen Prämissen für die sich anschließende Projektplanung formuliert.
Eine sorgfältige und somit aussagefähige Projektdefinition wird damit zu einer entscheidenden Voraussetzung für einen erfolgreichen Abschluss eines Projekts.
Fehler in dieser Phase ziehen sich unweigerlich durch den gesamten Projektverlauf hindurch und sind nicht selten dafür mitverantwortlich, dass das Projekt zum Scheitern verurteilt ist.
Mögliche methodische **Arbeitsschritte für die Projektdefinition** sind:

Schritt 1: „Gründung des Projekts"

- Zu Beginn eines Projekts steht der Projektantrag, in dem alle relevanten Angaben (z. B. die Aufgabenbeschreibung, die Kosten- und Terminziele sowie die Verantwortlichkeiten) festgeschrieben sind.
- Mit seiner Verabschiedung wird der Antrag zu einem offiziellen Dokument, dem Projektauftrag.
- Inhaltliche Schwerpunkte eines Projektauftrags sind:
  - Projektleitung, Projektleiter
  - Zielsetzung des Projekts
  - Aufgabenstellung
  - zu erarbeitende Ergebnisse
  - Budget
  - Randbedingungen
  - Termine, Meilensteine
  - Unterschrift: Auftraggeber, Projektleiter

Schritt 2: „Definition des Projektziels"

- In diesem Schritt geht es nun konkret darum, eindeutig und vollständig die Definition des Projektziels vorzunehmen. Dabei ist es wichtig, gemeinsam mit dem Auftraggeber aufeinander aufbauend, einen Anforderungskatalog, ein Pflichtenheft und eine Beschreibung der Leistungen zu erarbeiten.
- Darüber hinaus ist es ratsam, bei eventuell notwendig werdenden Änderungen bzw. Aktualisierungen, die im Verlauf der Projektrealisierung auftreten können, Wege und Methoden für die Einarbeitung und Berücksichtigung dieser Änderungen bzw. Aktualisierungen vorzusehen und festzuschreiben.

Schritt 3: „Organisation des Projekts"

- Es werden die organisatorischen Voraussetzungen für die Projektrealisierung geschaffen, d. h., Projektverantwortliche, Projektmitglieder sowie mitwirkende Gremien werden ernannt und deren notwendige Kompetenzen bestimmt und festgelegt.
- Auswählen und Festlegen der passenden Projektorganisation (z. B. Linien-, Stablinien-, **Matrix-Projektorganisation** bzw. Task-Force).
- Festlegen der gesamten Ablauforganisation zur Bestimmung der Entwicklungsetappen wie Pflichtmeilensteine usw.

Die Matrix-Projekt-Organisation ist in der Praxis weit häufiger anzutreffen, da die begrenzten personellen Ressourcen eines Unternehmens meist gar keine andere Form zulassen. Sinnvoll ist sie immer dann, wenn hinsichtlich ihres Zeitaufwandes und benötigten Know-Hows überschaubare Projekte abgewickelt werden sollen.

14.3.2 Projektplanung

Bildet die Projektdefinition das Fundament einer erfolgreichen Projektgestaltung, so ist die Projektplanung eine wichtige Hauptaufgabe in der gesamten Projektarbeit. Wird sie doch durch ihre Planungsansätze, d. h. durch die einzelnen Maßnahmen, zum eigentlichen Qualitätsparameter der Projektdurchführung.

Zu Beginn der Projektplanung ergeben sich zunächst folgende allgemeine Fragestellungen, die im Rahmen der näheren Betrachtung der Planungsansätze detaillierter beantwortet werden müssen, und zwar:

- Was soll getan werden?
- Wie soll es getan werden?
- Wann soll es getan werden?

Mögliche **Planungsansätze für die Projektplanung** sind:

Strukturplanung
Die gesamte Projektplanung beginnt stets mit der Ermittlung aller Tätigkeiten, die im Anforderungskatalog, einem Lasten- oder Pflichtenheft festgehalten sind.
Das bedeutet, das Projekt wird in überschaubare und somit abgrenzbare Aufgaben zerlegt. Ziel ist es hierbei, eine Übersicht über alle anfallenden Aktivitäten zu erhalten.
Anschließend werden die Aktivitäten geordnet und durch eine hierarchische Gliederung in einem Projektstrukturplan zusammengefasst.

Der Projektstrukturplan gliedert das gesamte Projekt in planbare und kontrollierbare Aufgaben und macht Beziehungen zwischen den einzelnen Aufgaben deutlich, und zwar:

- Hauptaufgabe (Projektthema)
- Teilaufgaben
- Arbeitspakete

Die sich hierbei ergebenen Strukturen können sowohl objektbezogen, funktionsorientiert oder auch gemischt erstellt und somit formuliert werden.
Die Darstellung von Projektstrukturplänen ist grundsätzlich abhängig von den Gegebenheiten und der Aufgabenstellung. Aufgrund einer positiven Visualisierung hat sich jedoch die Organigrammform (Baumstruktur) verbreitet durchgesetzt.

Mithilfe des Strukturplans wird eine höhere Transparenz und Übersichtlichkeit des Projekts geschaffen, wodurch die für die einzelnen Aufgaben benötigten Ressourcen besser und präziser bestimmt werden können.

In der nachfolgenden Abbildung wurde die Planung eines Banketts in seine einzelnen Teilprojekte und -aufgaben aufgegliedert. Zunächst wurden als Teilprojekte die Menüzusammenstellung, die Tafelplanung und die Planung der Musik und Unterhaltung identifiziert. Diese wurden wiederum in die Teilaufgaben unterteilt, die im Rahmen des Teilprojekts anfallen.

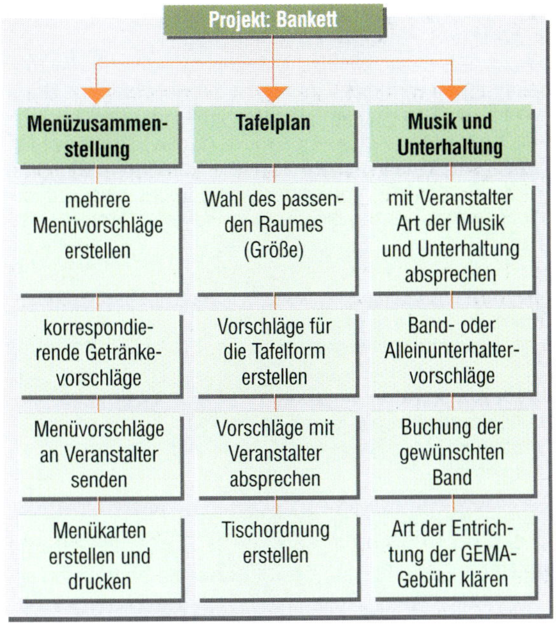

Prozessstrukturplan für ein Bankett

Projektablaufplanung

Im Ergebnis der Strukturplanung, in dem festgelegt wurde, was zu tun ist, wird nun die Reihenfolge der einzeln abzuarbeitenden **Arbeitspakete** bestimmt.

In diesem Zusammenhang wird die Beantwortung folgender Fragen wichtig, um mithilfe der Antworten eine Aufwandseinschätzung vorzunehmen:

- Nach welcher logischen Vorgehensweise werden die Arbeitspakete abgearbeitet?
- Besteht die Möglichkeit, Arbeitspakete parallel zu bearbeiten?
- Welcher unmittelbare Zeitbedarf ist für die Realisierung der Arbeitspakete einzuplanen?
- Welche Kapazitäten sind notwendig?

Spätestens jetzt wird man erfahren, ob die in der Projektstrukturplanung detailliert festgelegten Arbeitspakete der Zielstellung des Projekts entsprechen.
Falls erforderlich, ist an dieser Stelle der Projektstrukturplan zu ergänzen bzw. zu aktualisieren.

Projektterminplan

Der Terminplan gibt darüber Auskunft und legt fest, wann, von wem und welche Arbeitsergebnisse im Zusammenhang mit den zu realisierenden Arbeitspaketen zu erfolgen haben und vorliegen müssen.

Dabei geht es um solche Festlegungen wie

- Anfangs- und Endtermin,
- Verantwortlichkeit,
- Erarbeitung bzw. Mitarbeit an der Erarbeitung.

Ein Beispiel für die Darstellung eines Projektablauf- bzw. Projektterminplans zeigt folgende Abbildung:

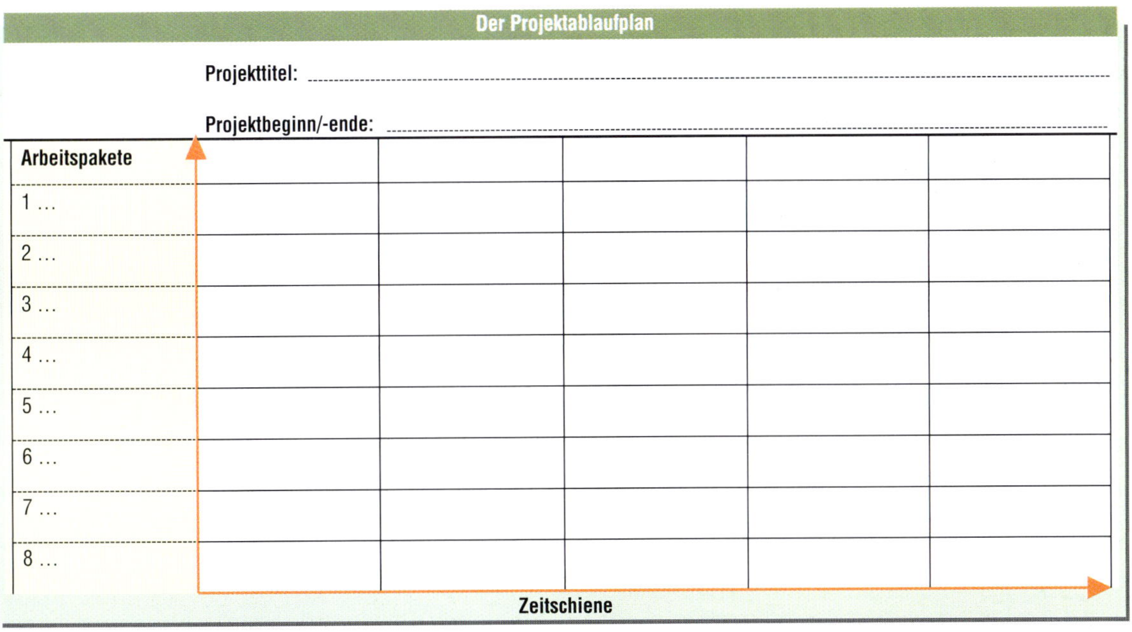

Kapazitätsplanung (Einsatzmittelplanung)

Mit der Planung der Kapazitäten (Einsatzmittel) soll ein optimaler Einsatz der vorhandenen, vor allem der für die Projektrealisierung unmittelbar zur Verfügung stehenden Betriebs- und Sachmittel und des infrage kommenden Personals gewährleistet werden, d. h.:

- Wie viel Betriebsmittel werden benötigt?
- Welche konkreten Sachmittel müssen zur Verfügung stehen?
- Welche Mitarbeiter mit welchen Kenntnissen und Fertigkeiten wirken an der Projektrealisierung mit?

Kostenplanung
Eine Kostenplanung unter ganzheitlichem Aspekt ist eine wesentliche Voraussetzung für den Projektauftrag und nicht zuletzt für den Projekterfolg.

Denn jede Projektrealisierung benötigt finanzielle Mittel, um damit die Kosten für Betriebs- und Sachmittel, etwaige Fremdleistungen, wie beispielsweise die Nutzung und den Einsatz von externem Personal, aber auch um eventuelle Investitionen abzudecken.

Es hat sich als Vorteil erwiesen, die Kosten je Arbeitspaket zu ermitteln und als Übersicht über die gesamte Projektlaufzeit darzustellen.

Merke: Da nicht selten zwischen terminlicher, Kapazitäts- und Kostenplanung ein Zielkonflikt auftreten kann, wird häufig eine Anpassung der Planungsinhalte erforderlich.

Qualitätsplanung
In diesem Zusammenhang ist es nicht nur von Vorteil, sondern vor allem ein absolutes „Muss", spezifische Anforderungen an die Qualität der zu erbringenden Leistungen, die Kontrolle und die Sicherung der Qualität zu planen.

Jede zu erbringende Leistung ist so eindeutig zu beschreiben, dass bei der Übergabe bzw. Abnahme durch Messung der Ergebnisse die vereinbarte Qualität unmissverständlich möglich ist.
Mögliche Hilfsmittel in der Qualitätsplanung bieten z. B.:

- DIN-Normen
- Bewertungen von Lieferanten und Spezialisten.

Meilensteine
Als Meilensteine werden in der Projektarbeit Ereignisse mit einer besonderen Bedeutung bezeichnet.

- Sie stehen häufig im Zusammenhang mit der Erarbeitung von Unter- bzw. Zwischenzielen in der Projektrealisierung.
- Diese Ziele (Meilensteine) sind in der Regel an bestimmte festgelegte Zwischenergebnisse bzw. Aktivitäten gebunden, die nach ihrer Erarbeitung Voraussetzung dafür sind, Übergänge zu schaffen oder den Start anderer Vorgänge zu ermöglichen, z. B. von einem zum anderen Projektabschnitt.
- Es ist üblich, im Rahmen der „Meilensteinrealisierung" sogenannte „Meilensteinberichte" zu erarbeiten. Sie bilden unter anderem die Grundlage dafür, um in Beratungen zu überprüfen, inwieweit die geplanten und festgelegten Teilziele bearbeitet und somit in der entsprechenden Qualität realisiert wurden.
- Meilensteinberichte werden damit zu einer wichtigen Voraussetzung im Rahmen der „Sorgfaltsprüfung".

Risikoanalyse
Obwohl hinlänglich bekannt ist, dass Projektarbeit stets mit einem gewissen Risiko behaftet und dies auch nicht zu vermeiden ist, wird die Risikoanalyse sehr häufig in der Praxis in ihrer Bedeutung und Wirkungsweise unterschätzt und vernachlässigt.
Das heißt, diese wichtige Aufgabe im Rahmen der Projektplanung wird nicht immer mit der notwendigen Sorgfalt in den Gesamtplanungsprozess eingebunden.
Mit einer vorausschauenden Risikoanalyse und der Ableitung der Analyseergebnisse als Vorsorgemaßnahme wird es möglich, vorbeugend und rechtzeitig auf die nicht immer auszuschließenden Risikofaktoren zu reagieren.

Fazit:
Die Projektplanung begleitet die Projektdurchführung durch den gesamten Zeitraum der Durchführungsphase unter anderem auch mit dem Ziel, auf nicht mehr kompensierbare Abweichungen in der Planung mit einer notwendigen Um-, Neuplanung bzw. einer Anpassung zu reagieren.

Gründe hierfür können sein:

- Neue Erkenntnisse, Lösungsansätze haben sich ergeben.
- Anforderungen und somit die Konfiguration der Projektergebnisse unterliegen Veränderungen.
- Bestehende Rahmenbedingungen und Prämissen sind nicht mehr aktuell.
- Im Ursprung geplante Ressourcen (Mitarbeiter, Sachmittel, Betriebsmittel, Finanzmittel usw.) stehen nicht wie geplant zur Verfügung und müssen ausgetauscht oder verändert werden.
- Probleme wie Zeit, Qualität bzw. Kosten treten auf und erfordern zusätzliche Maßnahmen.

Vorgehensweise, Gestaltung und nicht zuletzt der Umfang der Projektplanung werden unmittelbar bestimmt vom Zeitpunkt des Beginns der Planung, vom Planungshorizont, aber auch von der Planungstiefe. Diese Erkenntnis macht die Projektplanung zu einem echten Effektivitätsfaktor für den gesamten Projektablauf.

14.3.3 Projektdurchführung und Projektkontrolle

Wenn die Voraussetzungen für eine erfolgversprechende Projektdurchführung abgeschlossen und alle Planungsunterlagen erstellt sind, beginnt die wichtige Umsetzungsphase, die:

„Projektdurchführung" unter ständiger Begleitung der **„Projektkontrolle"**.

Ereignisse und Abläufe während der Projektrealisierung treten nicht immer so ein, wie es im Ursprung als gedanklicher Vorsatz geplant wurde. Es kommt häufig zu Abweichungen zwischen dem realen Projektablauf („IST") und der Planung an sich („SOLL").

Eine laufende Überwachung des Projektfortschritts ist deshalb im Sinne einer effizienten „Projektsteuerung“ unerlässlich. Erst durch einen ständigen **Plan-Ist-Vergleich** im Rahmen der Projektkontrolle wird es möglich, Abweichungen von den Planvorgaben rechtzeitig zu erkennen.

Diese Erkenntnisse wiederum führen dazu, notwendige Änderungen bei den Planvorgaben vorzunehmen. Oder es werden innerhalb der Projektsteuerung geeignete „Maßnahmen“ – bei Einhaltung der Planvorgaben – ergriffen und eingeleitet.

Die folgende Übersicht verdeutlicht die Aufgabenbereiche im Rahmen der **Projektkontrolle**:

Aufgabenbereiche	Inhaltliche Schwerpunkte
Terminkontrolle	▶ Gibt Gesamtüberblick über Einzelaufgaben mit ihren Abhängigkeiten. ▶ Plan-Ist-Vergleich, Plan-Plan-Vergleich für Trendermittlung bei eventueller Terminverschiebung und Terminaktualisierung, z. B. bei einem Meilenstein. ▶ Nutzung der Trendanalyse.
Aufwands-/Kostenkontrolle	▶ Kontierung der Stunden (Erfassung der personen-, aufgaben- und zeitbezogen anfallenden Entwicklungsstunden. ▶ Rechnungsprüfung und Bestellwertfortschreibung (Einhaltung des Entwicklungsbudgets).
Sachfortschrittskontrolle	▶ Für Projektleiter und Entwickler wichtigste, aber auch schwierigste Kontrolle, da hierfür keine unmittelbaren Messgrößen zur Verfügung stehen, die einen direkten Bezug haben. ▶ Bewertungsmöglichkeiten in der Regel über Vergleiche ähnlicher Sachfortschrittsbezüge.
Qualitätssicherung	▶ Gliedert sich in Qualitätsplanung, Qualitätslenkung, Qualitätsprüfung. ▶ Verhütung von Fehlern durch rechtzeitige Prüfung aller Planungsdokumente. ▶ Gezielte Fehlerbehebung in der Realisierungsphase. ▶ Nutzung aktueller Normvorschriften, z. B. ISO 9000.
Konfigurationsmanagement	▶ Stellt eine projektübergreifende Unterstützung in der Projektarbeit dar. ▶ Übernimmt die Verwaltung einzelner Entwicklungsergebnisse in den jeweiligen Reifezuständen, z. B. Meilensteine. ▶ Überwachung, Steuerung von notwendigen Änderungen bzw. Aktualisierungen bei einzelnen Projektabschnitten.

14.3.4 Projektabschluss

Ende gut, alles gut?

Mit dem Projektabschluss enden, so wie es durch den Inhalt des Begriffs bereits deutlich gemacht wird, die Projektphasen.

Um jedoch zu einem erfolgreichen Abschluss zu gelangen, ist es zwingend notwendig, sich darüber Klarheit zu verschaffen, welche Aufgaben in welcher Schrittfolge abzuarbeiten sind.

Das geschieht am effektivsten dadurch, dass man sich die folgenden Fragen beantwortet, und zwar:

- ▶ Wodurch wird ein Projekt abgeschlossen?
- ▶ Welche Aktivitäten sind erforderlich?
- ▶ Wie werden die Mitglieder der Projektgruppe entlastet?

Die folgende Übersicht verdeutlicht die Vorgehensweise in diesem Prozess:

Aufgabenbereiche	Inhaltliche Schwerpunkte
Prozessdokumentation (Abschlussbericht)	▶ Dokumentiert alle Ergebnisse und Ereignisse des Projekts als Zusammenfassung. ▶ Gibt Aufschluss darüber, welches Problem zu lösen war (IST-Zustand), welche Lösung angewendet wurde (SOLL-Zustand). ▶ Formuliert Gründe für den eingeschlagenen Lösungsweg ▶ Dokumentiert die Wirtschaftlichkeit der Ergebnisse und Ereignisse usw.
Produktabschlussanalyse	Nachkalkulation mit dem Ziel: ▶ Überprüfung der Wirtschaftlichkeitsrechnung auf Einhaltung. ▶ Überprüfung von Abweichungen bei Terminen und Kosten, bei Leistungs- und Qualitätsmerkmalen hinsichtlich ihrer Ursachen und mögliche Abhilfen.
Erfahrungssicherung	▶ Systematische Sicherung gemachter Erfahrungen durch Sammeln entsprechender Daten. ▶ Bildung von Kennzahlen und Aufbau eines Kennzahlensystems. ▶ Einrichtung einer Erfahrungsdatenbank zum Messen von Aufwandschätzungen und Nutzen.
Produktabnahme	▶ Vor Abnahme durchlaufen Ergebnisse einen Abnahmetest. ▶ Übergabe und Übernahme der Dokumentation an den Auftraggeber ist in einem Ergebnisabnahmebericht festzuhalten (eventuell mit Hinweisen auf mögliche Betreuung der Produkte und Leistungen).
Projektauflösung	▶ Führung eines Abschlussgesprächs mit Auftraggeber als Feedback zur gesamten Projektrealisierung. ▶ Entlastung des Projektteams (Projektleiter, Mitarbeiter, mitarbeitende Gremien). ▶ Überleitung der durch das Projekt gebundenen Ressourcen z. B. in andere Projekte. usw.

14.4 Themenbereiche einer „Marketing-Projektarbeit"

Situation

Sie werden in Ihrer Funktion als Leiter der Abteilung Marketing damit beauftragt, nach umfangreichen Renovierungsarbeiten Ihres Hotels, einen „Tag der offenen Tür" als PR-Maßnahme zu planen und durchzuführen.

Um diese anspruchsvolle Aufgabe zu realisieren, sind umfangreiche Überlegungen und Aktivitäten notwendig. Eine besondere Herausforderung in diesem Zusammenhang besteht vor allem in der Planung, Integration und Steuerung des Projektprozesses.

Marketinganalyse
- Analyse des Standorts
- Analyse der Ziel-/Bedürfnisgruppen
- Analyse der Mitbewerber/Konkurrenz
- Eigenanalyse

Strategisches Marketing, Entwicklung der Ziele
- Unternehmens-Vision, -Kultur, -Leitsätze, -Philosophie
- Unternehmensziele
- Marketingziele
- Marketingplanung

Operatives Marketing
- Entwicklung und Gestaltung der Produkt- und Leistungspolitik, der Preispolitik
- Kommunikationspolitik, wie Entwicklung von Werbestrategien, Strategien und Maßnahmen der Verkaufsförderung und der Öffentlichkeitsarbeit
- Entwicklung, Gestaltung der Distributionspolitik

Controlling
- Instrumente, Entwicklung neuer Methoden
- Trends

Marketingrecht
- Besonderheiten, Veränderungen

Erarbeitung einer Marketingkonzeption, dargestellt am Beispiel der:
- Existenzgründung
- Sanierung eines bestehenden Unternehmens
- Übernahme eines Unternehmens

Mögliche methodische Vorgehensweise:
Nachdem der Projektauftrag übergeben, die Projektgruppe sowie der Projektleiter festgelegt und die Zielstellung erarbeitet wurde, geht es nun an die Realisierung der einzelnen Teilaufgaben und zwar:

1. Schritt: Analyse der Ausgangssituation, Sammeln und Bewerten der Informationen

Zum Beispiel:
- Untersuchungen zum Standort
- eigenen Betrieb durchleuchten
- Unternehmerprofil überprüfen
- Gästenachfrage untersuchen
- Mitbewerber analysieren und ständig beobachten

2. Schritt: Ziele setzen, Marketinggrundregeln beachten

Zum Beispiel:
- Auswahl des Marktes
- Auswahl der Marktsegmente
- Auswahl der zu befriedigenden Bedürfnisse
- Auswahl der Dienst- und Sachleistungen
- Auswahl der preispolitischen Instrumente

3. Schritt: Entwicklung der Marketingstrategie, Marketingplanung

Zum Beispiel:
- Positionierung am Markt
- Formulieren der tragenden Marketingidee
- Auswahl und Einsatz der Marketinginstrumente
- Leistung richtig gestalten
- wirkungsvolle Preisbildung, Preisstrategie
- gezielter Einsatz von Maßnahmen der Werbung, der Öffentlichkeitsarbeit und der Verkaufsförderung
- gezielte Auswahl geeigneter Verkaufwege usw.

4. Schritt: Betriebswirtschaftliche Betrachtungen

Zum Beispiel:
- Erarbeiten eines Lieferantenverzeichnisses
- Erstellen eines Personalplans und Ermitteln der Personalkosten
- Erstellen eines Inventarverzeichnisses
- Ermitteln des Kapitalbedarfs, seine mögliche Deckung
- Finanzierung, Finanzierungsarten
- Erstellen eines Erfolgsbudgets für das erste Jahr nach Realisierung der Maßnahmen usw.

5. Schritt: Rechtliche Betrachtungen

Zum Beispiel:
- Festlegen der Rechtsform des Unternehmens
- Erarbeiten notwendiger Gründungsdokumente bei Gesellschaften
- Gewerbeanmeldung, Gewerbeerlaubnis
- Handelsregistereintragung laut *HGB*
- Spezielle Anforderungen an das Betreiben eines Gaststättengewerbes (persönliche Voraussetzungen, zu erwartende Auflagen)
- Gebühren
- Verträge in Gastronomie, Hotellerie, Touristik

6. Schritt: Präsentation der Marketingkonzeption beim Auftraggeber

Die Präsentation lebt immer von der unmittelbaren konkreten Situation.

Zum Beispiel von:
- einem überzeugenden Präsentationsverhalten
- einem ausgefeilten Aufbau
- einer gelungenen Visualisierung

Im Ergebnis einer Präsentation sollte man sich unter anderem folgende Fragen beantworten:
- Haben wir unsere formulierte Zielsetzung erreicht, falls nicht, woran hat es gelegen?
- Entsprach die inhaltliche Aufbereitung dem Kerngedanken?
- War der Ablauf korrekt, wenn nein, woran hat es gelegen?
- War die Eröffnungsphase gelungen, motivierend, aktivierend?
- Wie war die Dramaturgie der Gesamtpräsentation?
- Wie war die Beziehung zwischen den Vortragenden und Zuhörern?
- Gab es Probleme beim Einsatz der Medien?
- Wie war der Abschluss der Präsentation?
- usw.

14.5 Pädagogische Zielorientierung im Rahmen der Projektarbeit

Situation

Es gibt viele Menschen, die über das Ziel streiten, aber zu wenige, die über das Ziel diskutieren!"

(Friedrich Nietzsche)

Wir alle befinden uns nicht nur in einem permanenten Lernprozess, sondern vor allem in einem sich fortlaufend verändernden Arbeitsprozess. Das zwingt uns zu einem ständigen Wandel in der Bereitschaft, sich diesen neuen Anforderungen zu stellen. Eine Vielzahl von Aufgaben in konventioneller Arbeitsweise ist so nicht mehr zu lösen.

Damit kann die Projektarbeit bei Problemstellungen mit einem komplexen Charakter und einer fachübergreifenden, strategischen Herangehensweise zu hochwirksamen und damit effektiven Ergebnissen führen.

Die Fähigkeit und Bereitschaft zur Teamarbeit, das Einbringen von Elementen und sozialen Kompetenzen werden hierbei ebenso bedeutsam wie die Bereitschaft, Konfliktsituationen zu erkennen und zu lösen.

Teamarbeit kommt gerade bei der Projektarbeit besondere Bedeutung

Vor allem im Dienstleistungbereich, also auch im Gastgewerbe und der Touristik, führt nur die Teamarbeit zu einem optimalen Erfolg. Das Durchführen einer Dienstleistung ist nämlich in besonderem Maße vom professionellen Umsetzen des sogenannten Kommunikationskreuzes abhängig, die nur durch Teamarbeit erreichbar ist.

Kommunikationskreuz

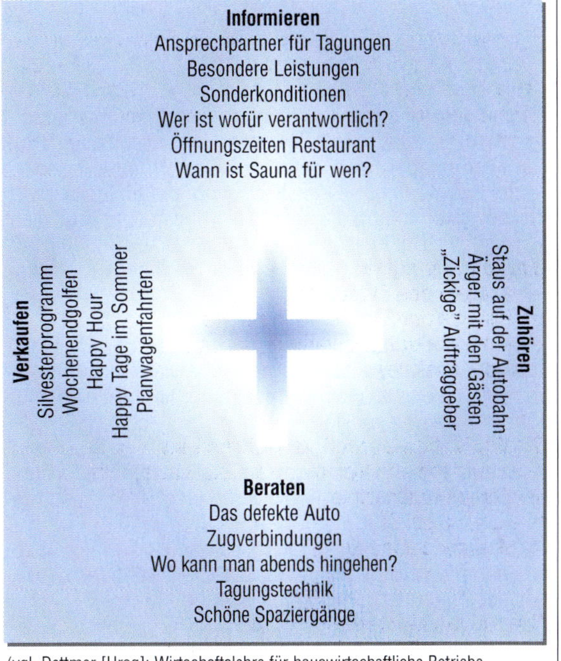

(vgl. Dettmer [Hrsg]: Wirtschaftslehre für hauswirtschaftliche Betriebe, Hamburg 2003, S. 324)

Bei der Teambildung ist zu beachten, dass ein gutes Team nicht von einer Sekunde auf die andere entsteht. Auch eine neu zusammengestellte Fußballmannschaft muss sich zunächst erst „zusammenraufen", um die Einzelpotenziale auszuschöpfen, die in der Mannschaft stecken. Im Rahmen dieses Prozesses spielt der Teamchef (Trainer/Mannschaftskapitän) eine wichtige Rolle.

Je besser der Teamchef in der Lage ist, die gegebene Situation im Spiel, aber auch im Training richtig einzuschätzen und daraus resultierend Entscheidungen umzusetzen, umso größer wird der Erfolg der Mannschaft. Dasselbe gilt auch für den Tourismus. In der Praxis ein guter Teamleiter zu sein, bedarf jedoch einiger zusätzlicher Fähigkeiten. Zum einen sind psychologische Grundkenntnisse wichtig, denn sie helfen dabei, herauszufinden, welcher Mitarbeiter für welche Aufgabe am besten einzusetzen ist. Dieses richtige Delegieren von Aufgaben ist nicht jedermanns Sache. Wirkungsvoll kann ein Mitarbeiter nämlich nur arbeiten, wenn er seiner Ausbildung entsprechend eingesetzt wird.

Beim Team merkt der Nutzer, wenn das Team nicht harmoniert, und Unzufriedenheit der Mitarbeiter spürt der Leistungsempfänger recht schnell.

Teamregeln
Das erfolgreiche Team ist aufgaben- und menschenorientiert! Die wichtigsten Regeln für

- ▷ erfolgreiche Ergebnisse
- ▷ erfolgreiche Zusammenarbeit

- Entwicklung anwendungsbezogener Regeln mit Gewichtung
- Lerngespräch: Konkrete Maßnahmen im eigenen Haus, abgeleitet aus den wichtigsten Regeln

Damit wird offenkundig, dass das Projektmanagement sich nicht nur auf die Anwendung von Kenntnissen aus den vorangegangenen Kapiteln dieses Buches, sondern auch auf Kenntnisse der Wissensgebiete Betriebswirtschaftlehre, Informatik und Kommunikation und nicht zuletzt auf Kenntnisse im Rahmen der Gestaltung sozialer Prozesse im Unternehmen bzw. dem menschlichen Miteinander bezieht.

Aus methodischer Sicht wird im Rahmen der Projektarbeit die Projektrealisierung besonders auf ein praxisrelevantes „selbstständiges Anwenden" und „selbstständiges Handeln" fokussiert.

Das bezieht sich vor allem auf die Demonstration und den Nachweis solcher Fähigkeiten und Fertigkeiten wie:

- Erfassen, Darstellen und Bewerten von Informationen als Voraussetzung für eine konzeptionelle Tätigkeit im touristisch gastgewerblichen Marketing.
- Erkennen und Darstellen von Zusammenhängen als notwendige Voraussetzung für das Formulieren von konkreten Zielen und Maßnahmen.
- Führungsorganisatorische Auswahl, Einsatz und Umsetzung der Marketinginstrumente im Marketing-Mix.
- Methodische Erarbeitung von Entscheidungsvorlagen als Voraussetzung für eine konzeptionelle Marketingplanung.
- Weiterentwicklung kommunikativer Fähigkeiten und Fertigkeiten im Rahmen der Projektgruppenarbeit (Teamfähigkeit, Konfliktfähigkeit) und/oder mit innerbetrieblichen bzw. außerbetrieblichen Partnern wie Projektauftraggebern, Behörden, Berufsverbänden usw.
- Sachgerechte Auseinandersetzung zu Projektergebnissen, Meilensteinen in Problemdiskussionen, Projektpräsentationen, Projektverteidigungen, Workshops usw.
- Erkennen der Zusammenhänge, dass im Prozess der Führung, Leitung eines Unternehmens stets die Verknüpfung fachspezifischer, arbeitsorganisatorischer sowie sozialpsychologischer Probleme zu berücksichtigen ist.

Aufgaben

1. Stellen Sie dar, durch welche Merkmale ein Projekt gekennzeichnet ist.
2. Im Rahmen einer systematischen Projektrealisierung ist es notwendig, eine Strukturierung des Projekts vorzunehmen:
   a) Welche Schwerpunkte haben die einzelnen Projektphasen?
   b) Welche Zusammenhänge sind zwischen den Projektphasen relevant?
3. Welche methodischen Arbeitsschritte sind bei der Projektdefinition zu berücksichtigen?
4. Erarbeiten Sie die inhaltlichen Schwerpunkte für einen Projektauftrag!
5. Welche Schritte werden in der Projektplanung durchlaufen? Nennen und erläutern Sie die Schritte.
6. In welche Aufgaben gliedert sich ein Projektstrukturplan, welche Ziele werden mit seiner Nutzung verfolgt?
7. Welche Bedeutung in der Projektrealisierung haben Meilensteine und worauf richtet sich ihr Inhalt?
8. Stellen Sie dar, welche inhaltlichen Schwerpunkte in folgenden Planungsinstrumenten konkret festgelegt werden:
   - Projektterminplan
   - Kapazitätsplan
   - Kostenplan
   - Qualitätsplan
9. Erläutern Sie, welche ständigen Kontrollmaßnahmen im Rahmen der Projektsteuerung notwendig werden.
10. Welcher Zusammenhang besteht zwischen der Projektplanung einerseits und der Projektsteuerung andererseits?
11. Welche Aufgaben ergeben sich im Zusammenhang des Projektabschlusses für die Projektleitung?
12. Wodurch zeichnet sich Ihrer Meinung nach ein guter Teamleiter aus?

Bildquellenverzeichnis

Accor Dorint SMARD GmbH, München: S. 164, 203/3
Air Berlin GmbH & Co. Luftverkehrs KG, Berlin: S. 251/2
Alltours Flugreisen GmbH, Duisburg: S. 248/3
Bayern Tourismus Marketing GmbH, München: S. 134/1
Best Western Hotels Deutschland GmbH, Eschborn: S. 114, 182
Block Gruppe, Hamburg: S. 160
Brenner`s Park-Hotel & Spa, Baden-Baden: S. 36
British Airways Pressestelle Deutschland & Österreich, c/o Hering Schuppener, Frankfurt/Main: S. 177
Burger King GmbH, München: S. 182
Cliff-Hotel Rügen, Ostseebad Sellin: S. 204
Coca-Cola GmbH, Berlin: S. 182, 296
Corinthia Panorama Hotel, Prague, Czech Republic: S. 105
DanCenter A/S, Niederlassung Deutschland, Hamburg: S. 193
DEHOGA-Hamburg e.V., Hamburg: S. 58, 79/6, 118, 296/1
Prof. Dr. H. Dettmer u.a., „Gastgewerbliche Berufe in Theorie und Praxis" (HT 4963), Hamburg: S. 112
Deutsche Bahn AG, Frankfurt/Main: S. 296/4
Deutsche Lufthansa AG, Frankfurt/Main: S. 182, 251/1
Deutsche Post Geschäftsbereich Vertrieb GSK Nord, Hamburg: S. 189
Deutsche Zentrale für Tourismus, Frankfurt/Main: S. 60
Deutscher Tourismusverband e. V., Bonn: S. 252
Deutsches Reisebüro GmbH, Frankfurt/Main: S. 248/2
1-2-Fly GmbH / Discount Travel GmbH, Hannover: S. 248/1
E.on AG, Düsseldorf: S. 225
E2Berlin, Berlin: S. 153
Emirates Airlines, Frankfurt/Main: S. 163/2
Gasthof Fischerwirt, A-Neumarkt: S. 55
Globus Infografik GmbH, Hamburg: 184, 191
Hapag-Lloyd Express GmbH, Langenhagen: S. 251/3
Hilton International, Frankfurt/Main: S. 114, 182
Hotel Adlon Kempinski Berlin, Berlin: S. 32, 115/2
Hotel Mühle, Bokel bei Elmshorn: S. 193
Hotel Rebstock, Erlenbach: S. 187/3
Hotel und Freizeitpark Dorf Münsterland Betriebs-GmbH, Legden: S. 209
Hotel & Resort Sonnenalp, Ofterschwang/Oberallgäu: S. 129
Hotel-Restaurant Zur Freystatt, Sulz-Glatt: S. 203/2
Hyatt International Hotels & Resorts, Mainz: S. 182
InterCityHotel Hamburg-Altona/Verlag Handwerk und Technik GmbH, Hamburg: U1/2
InterContinental Hotels Group, Windsor, Berkshire, United Kingdom: S. 114/1, 116, 182
Kempinski Hotels S.A., Geneva, Switzerland: S. 182
Kloss, Ingomar: Internationale Werbung – Herausforderung für Unternehmen; in: Mattenklott/Schimansky: Konzepte und Strategien für die Zukunft, München: S. 183
Kulm Hotel St. Moritz, St. Moritz Schweiz: S. 187/4
Landhotel Talblick, Neuweiler-Oberkollwangen: S. 203/1
Malaysia Airlines, Frankfurt/Main: S. 163/3
Maritim Hotelgesellschaft mbH, Darmstadt: S. 104, 114
Marriott International, Eschborn: S. 117, 120, 182
McDonald´s Deutschland Inc., München: S. 296
Michaeler & Partner Projects and People in Tourism, Vahrn/Brixen: S. 195
o´sinitri Wellnessclub, Landshut (Yamando AG, Wolfburg): S. 229
Oelkers Betriebe OHG, Hotel Romantischer Winkel, Bad Sachsa: S. 26/1, 56, 86, 110, 123, 134/2
Romantik Hotels & Restaurants GmbH & Co KG, Frankfurt/Main: S. 115/1
Romantik Seehotel Ahlbecker Hof, Seebad Ahlbeck: S. 121, 124
Erich Schmidt Verlag, Berlin: S. 294
Singapore Airlines Ltd, Frankfurt/Main: S. 163/4, 182
Starwood Hotels & Resorts Worldwide, Inc., New York USA: S. 115/3-9, 182
Steigenberger Hotels AG, Frankfurt/Main: S. 128, 135
StyleVision Hotel Supplies GmbH, Grünwald/München: S. 217, 246
Swiss International Air Lines Ltd., CH-Basel: S. 163/1
TELE2 Pressebüro, c/o Bob Bomliz Group GmbH, Bonn: S. 167
Thomas Cook Reisen, Oberursel: S. 178, 211
Treff Hotel Panorama, Oberhof: S. 193
TUI AG, Hannover: S. 116, 162/1 (Gerhard Linnekogel, Hamburg), 2+3 (Steffen Hofemann Photographie, Hamburg); 296
Unilever Austria GmbH, Wien: S. 224
Verband Deutscher Zeitschriftenverleger (VDZ), Berlin: S. 157
Verein Ökologischer Tourismus in Europa e.V. (Ö.T.E.), Bonn: S. 79/4
Verlag Handwerk und Technik GmbH, Hamburg: S. U1/3, 4, 245
Viabono GmbH, Bergisch Gladbach: S. 79/5
www.roccofortehotels.com: S. 235
www.schlossbensberg.com: S. 26/2
www.umwelterziehung.de: S. 79/3
Zellmer Multimedia GmbH, Hasselroth: S. 238

Quellen und weiterführende Literatur

Auerbach, S./Bednarczuk, P./Büttgen, M.: Ausnahmesituationen beherrschen, in: Absatzwirtschaft Nr. 12, Düsseldorf 1997
Barth, K./Theis, H. J.: Hotel-Marketing, Wiesbaden 1998
Barth, K.: Betriebswirtschaftslehre, Wiesbaden 1996
Becker, J.: Marketing-Konzeption, München 2002
Becker, J.: Kundenkarten in der Hotellerie als Kundenbindungsinstrument am Beispiel der Steigenberger Award Card, Wernigerode 1999
Belz, C./Tomczak, T.: Kundenclubs als Kundenbindungsinstrument – Hinweise zur Entwicklung erfolgreicher Clubkonzepte, St. Gallen 1996
Berg, W.: Reiseveranstaltungsmanagement, München 2000
Berger, C. u. a.: Kano'S Methods for Understanding Customer-defined Qualitiy, in: Center for Quality Management Journal, 1993
Berger/Freise/Geyer/Grossholz/Imboden/Jaquet/Kobjoll/Krippendorf/Kühler/Ley/Müller/ Schwentick/Widmer: Marketing der Gastfreundschaft, Bonn/Wien/Bern/Zürich 1992
Bergler, R.: Werbung im Spiegel der Gesellschaft, in: ZAW (Hrsg.): Kulturfaktor Werbung, Bonn 1989
Berndt, R.: Budgetierung, in: Tietz, B./Köhler, R./Zentes, J. (Hrsg.): Handwörterbuch des Marketing, Stuttgart 1995
Berndt, R.: Product Placement, in: Berndt, R./Herrmanns, A.: Handbuch Marketing-Kommunikation, Wiesbaden 1993
Bieberstein, I.: Dienstleistungsmarketing, Ludwigshafen 1995
Bruhn, M./Homburg, C. (Hrsg.): Handbuch Kundenbindungsmanagement, Wiesbaden 2000
Boy, J./Dudek, Ch./Kuschel, S.: Projektmanagement, Offenbach 2004
Brodtmann, E./Brodtmann, T.: Erfolgreiche Betriebs- und Unternehmensführung. Ein Leitfaden für die Praxis, Düsseldorf 1997
Butscher, S.: Kundenclubs als modernes Marketinginstrument, Ettlingen 1997
DEHOGA Deutscher Hotel- und Gaststättenverband/ Schweizer Hotelverein: Marketing der Gastfreundschaft, Bonn 1992
DEHOGA-Hotelmarktanalyse 2000, Bonn 2000
DEHOGA-Jahresbericht 1997, Bonn 1997
Dettmer, H. (Hrsg.): Tourismus 1, Tourismuswirtschaft, Köln 1998
Dettmer, H. (Hrsg.): Wellness in der Hotellerie, Stuttgart 2004
Dettmer, H. (Hrsg.): Managementformen im Tourismus II, Wien, 1999
Dettmer, H. (Hrsg.): Tourismus-Marketing-Management, München/ Wien, 1999
Dettmer, H. (Hrsg.): Hotellerie und Gastronomie, Köln 2000
Dettmer, H. (Hrsg.): Systemgastronomie in Theorie und Praxis, Hamburg 2005
Deutsche Post (Hrsg.): So einfach funktioniert Direktmarketing, Stuttgart 2002
Diller, H.: Vahlens großes Marketing Lexikon, München 2002
Domizlaff, H.: Die Gewinnung des öffentlichen Vertrauens, Hamburg 1992
Dreyer, A./Dehner, C.: Kundenzufriedenheit im Tourismus, München/Wien 2003
Dreyer, A.: Kundenbindung im Tourismus, in: Marketing Praxis Jahrbuch 1998
DTV (Hrsg.):Tourismus in Deutschland, Bonn 2006
Esch, F.-R.: Strategie und Technik der Markenführung, München 2004
Feil, T.: Neues Wettbewerbsrecht. in: Gastronomie 2004
Felser, G.: Werbe- und Konsumentenpsychologie, Stuttgart 2001
Föhrenbach, J. T.: Kundenzufriedenheit und Kundenbindung als Bestandteil der Unternehmenskommunikation, München 1996
Freistaat Sachsen (Hrsg.): Der umweltbewusste Hotel- und Gaststättenbetrieb, Dresden 1994
Freyer, W.: Tourismus, München/Wien 2007
Freyer, W.: Tourismusmarketing, München/Wien 2007
Geml, R./Geisbüsch, H.-G./Lauer, H.: Das kleine Marketinglexikon, Düsseldorf 1999
Geml, R.: Grundlagen der Marketing-Praxis, mit Formblättern und Checklisten für die Marketing-Planung: Ehningen bei Böblingen 1988
Grönroos, C.: Service Management and Marketing: Managing the Moments of Truth in Service Competition, Lexington/Massachusetts 2000
Gruner, A.: Internet im Gastgewerbe, in: Dettmer, H. (Hrsg.): Wirtschaftslehre in Hotellerie und Gastronomie, Hamburg 2003
Gruner, A.: Neue Medien im Marketingmix der Hotellerie und Gastronomie, in: Tourismus Jahrbuch, Heft 1, Limburgerhof 1999
Gruner, A.: Distributionspolitik, in: Hausmann (Hrsg.): Betriebswirtschaftslehre für das Gastgewerbe, Hamburg 2002
Gruner, A.: Markenloyalität in der Hotellerie, Hamburg 2003
Halbert, A.: Praktische Reklame, Hamburg 1927
Hausmann, Th. (Hrsg.): Betriebswirtschaftslehre für das Gastgewerbe, Hamburg 2006
Hausmann, Th. (Hrsg.): Rechnungswesen/Controlling in Hotellerie und Gastronomie, Hamburg 2007
Heinold, E.: Erfolgreich durch methodisches Arbeiten, Düsseldorf 1991
Heinold, E.: Projektmanagement. Fallstudien, Bonn 2004
Heinold, E.: Erfolgreich durch strategisches Marketing, Tips und Hilfen für den Berufsalltag, Düsseldorf 1989
Hempelmann, B.: Zeitliche Einsatzplanung der Werbung, in: Berndt, R./Hermanns, A. (Hrsg.): Handbuch Marketing-Kommunikation, Wiesbaden 1993
Henselek, H.: Hotelmanagement, München/Wien, 1999
Hesse, J./Kaupp, P.: Kundenkommunikation und Kundenbindung, Berlin 1997
Hinterhuber, H. H./Matzler, K.: Sonderdruck zu dem Buch Kundenorientierte Unternehmensführung, Kundenorientierung-Kundenzufriedenheit-Kundenbindung, Wiesbaden 2002
Holland, H.: Direktmarketing, München 2004
Horvath, P. (Hrsg.) u.a.: Das Controllingkonzept, München 2000
Horvath,P.: Controlling, München 2002
Hotells Giants, Survey 2004
Hoyler, K./Kegele, M.: gastro energy – Der Hotel- und Gastromacher, Wien 2003
Informationsgemeinschaft zur Feststellung der Verbreitung von Werbeträgern e.V. (IVW) (Hrsg.): Auflagenliste Nr. 3, Berlin 2003
IP-Deutschland (Hrsg.): Im Fokus der Forschung, Kronberg 1998
Kastin, K. S.: Marktforschung mit einfachen Mitteln, München 1999
Kloss, I.: Der Buridansche Esel heute – Langfristige Markenartikelpolitik, in: Der Markenartikel, 1986
Kloss, I.: Internationale Werbung, in: Mattenklott, A./Schimansky, A. (Hrsg.): Werbung. Konzepte und Strategien für die Zukunft, München 2002
Kloss, I.: Stichwort: Werbung, in: Lexikon der Presse- und Öffentlichkeitsarbeit, München 2001
Kloss, I.: Werbecontrolling, Gernsbach 2003
Kloss, I.: Werbung, München 2007
Knirsch, J.: Hotels planen und gestalten, Leinfelden-Echterdingen 1997
Kobjoll, K./Kobjoll, R. u. a.: Die Spielkultur, Nürnberg 1991
Kopatz, A./Waskönig, A./Wassel, P./Ploss, D.: LoyaltyREPORT „Kundenbindung im Hotelgewerbe", Hamburg 2002
Koschnick, R.: Standard-Lexikon für Mediaplanung und Mediaforschung in Deutschland, München/New Providence/London/Paris 1995
Kotler, P./Bliemel, F.: Marketing-Management, Stuttgart 2007
Kotler, P.: Grundlagen des Marketing, München 2006
Kreutzer, R.: Global Marketing - Konzeption eines länderübergreifenden Marketing, Wiesbaden 1989
Kroeber-Riel, W./Esch, F. R.: Strategie und Technik der Werbung, Stuttgart 2004
Lettau, R.: Grundwissen Marketing, München 2002
Liessmann, K. (Hrsg.): Lexikon Controlling und Kostenrechnung, Wiesbaden 1997
Löffler, H./Scherfke, A.: Praxishandbuch Dierekt-Marketing, Berlin 2000
Mayer, H./Illmann, T.: Markt- und Werbepsychologie, Stuttgart 2000

Meffert, H./Bruhn, M.: Dienstleistungsmarketing, Wiesbaden 2000
Meffert, H.: Marketing – Grundlagen marktorientierter Unternehmensführung, Wiesbaden 2007
Meyer, A./Oevermann, D.: Kundenbindung, in: Tietz, B. (Hrsg.): Handwörterbuch des Marketing (HWM), Stuttgart 1995
Meyer, I.-A./Hoffmann, F.: Erfolgsfaktoren in der Gastronomie, Berlin 2002
Müller, W./Riesenbeck, H. J.: Wie aus zufriedenen Kunden auch anhängliche Kunden werden, in: Harvard Manager, Harvard 1991
Mundt, J. W.: Reiseveranstaltung, München 2000
Murphy, J. A.: Dienstleistungsqualität in der Praxis, München/Wien 1994
Nagel, D.: Die Bewertung des Internet als Werbeträger unter besonderer Berücksichtigung der Leistungsmessung, Stralsund 1998
Nickel, V.: Werbung und Moral, Bonn 1997
O.V.: Coca-Cola schaut bei der Identitätssuche genau auf Pepsi, in: Frankfurter Allgemeine Zeitung 2001
O.V.: Global Player, in: First Class, Management-Magazin für Hotel und Restaurant, 2003
O. V.: Pressemitteilung der Jumeirah-Hotels Lowndes und Carlton Tower in Top hotel 2003
Oggenfuss, C.: Rentention Marketing, in: Thexis, 1992
Ogilvy, D.: Geständnisse eines Werbemannes, München 2000
Peter, S. I.: Kundenbindung als Marketingziel, Wiesbaden 2001
Poggendorf, A.: Gäste bewirten Lebensgeister restaurieren, Hamburg 1995
Pompl, W.: Das Produkt Pauschalreise – Konzept und Elemente, in: Mundt, J. W. (Hrsg.): Reiseveranstaltung, München/Wien 2000
Pompl, W.: Touristikmanagement II, Qualitäts-, Produkt- u. Preismanagement, Berlin 1996
Pompl, W./Lieb, M.: Qualitätsmanagement im Tourismus, München/Wien 1997
Porter, M. E.: Wettbewerbsvorteile, Frankfurt 2000
Preißler, P. R.: Controlling, München 2000
Ries, A./Trout, J.: Positioning. Die neue Werbestrategie, Hamburg 1986
Rosenstiel, L. v./Kirsch, A.: Psychologie der Werbung, Rosenheim 1996
Roth, P /Schrandt, A.: Touristik-Marketing, München 1995
Ruland, J. (Hrsg.): Werbeträger, Bad Homburg 1978
Rüttinger, R.: Unternehmenskultur, neue Dimensionen des Erfolgs, Düsseldorf 1989
Schaetzing, E.: Qualitätsorientierte Marketingpraxis in Hotellerie und Gastronomie, Stuttgart 1997
Schäfer-Mehdi, S.: Event Marketing, Berlin 2005
Schroeder, G.: Lexikon der Tourismuswirtschaft, Kempten/Berlin/Braunschweig 1998
Schweiger, G., Schrattenecker, G.: Werbung-Eine Einführung, Stuttgart 1995
Seitz, G.: Hotelmanagement, Berlin 1996
Simon, H.: Preismanagement kompakt: Probleme und Methoden des modernen Pricing, Wiesbaden 1995
Smeral, E.: Tourismus 2005 – Entwicklungsaspekte und Szenarien für die Tourismus- und Freizeitwirtschaft, Wien 1994
Statistisches Bundesamt: Fachserie 6, Wiesbaden 2000
Steffenhagen, H.: Werbeziele, in: Berndt, R./Hermanns, A. (Hrsg.): Handbuch Marketing-Kommunikation, Wiesbaden 1993
Steffenhagen, H.: Werbewirkungsforschung, in: WiSt, 1999
Strahlendorf, P. (Hrsg.): Jahrbuch Sponsoring 2005, Hamburg 2005
Strauss, B./Seidel, W.: Beschwerdemanagement, München 2002
Tangermann, K.: Werbung – der Milliarden-Poker, München 2003
Wamser, Chr./Fink, D.: Marketing-Management mit Multimedia, Wiesbaden 1997
Weiermair, K./Wöhler, K.(Hrsg.): Auszug aus dem Vorwort zu: Personalmanagement im Tourismus, Limburgerhof 1998
Weis, H. C.: Marketing, Ludwigshafen 2004
Weis, H. C.: Marketing – Kompendium der praktischen Betriebswirtschaft, Ludwigshafen 2001
Wells, W./Burnett, J./Moriarty, S.: Advertising: Principles and Practice, Prentice Hall 2000
Wiencke, W./Koke, D.: Cards & Clubs – Der Kundenclub als Dialogmarketing-Instrument, Düsseldorf/Wien/New York/Moskau 1994
ZAW Jahrbuch 2005
Zanger, C.: Event-Marketing, Stuttgart 2004
Zentes, I.: Grundbegriffe des Marketing, Stuttgart 1996
Zerrres, M. P.: Marketing, Stuttgart/Berlin/Köln 2000

Internet

http://home.t-online.de/home/markrekom/newssite.html
http://www.abendblatt.de/daten/2007/06/25/761314.html
http://www.abseits.de/mailingservice.htm,
http://www.dorf-muensterland.com/baseportal/gebot/bieten
http://www.ecin.de/marketing/onlinejournalisten
http://www.roccofortehotels.com

Sachwortverzeichnis

A
Abacus 253
Abonnementszeitungen 192
Abonnentenfernsehen 197
Above-the-line-Aktivitäten 176
Absatz
-, Kanäle 245
-, Kooperation 289
-, Methode 90
-, Organe 4
-, Potenzial 23
-, Volumen 23
-, Weg 4, 245
—, direkter 88
—, indirekter 88 f.
Abwanderungsquote 278
Access 34
Affluent Kids 40
AGB-Wirksamkeitskontrolle 291
Agenturvertrag 247
AIDA-Modell 166
Aided Recall 206
Akquisitorische Distribution 244
Akquisitorisches Potenzial 114
Aktives Telefonmarketing 239
Aktualität 171 f.
Allotment-Vertrag 249
Amadeus 253
Ambiente 124, 128, 210
Ambient-Medien 201
Amenities 34
Amerikanische Klassifizierung 119
Analyse, Personalaufwand 269
Anforderungen 230
-, Event-Marketing 231
Angebot
-, Bereinigung 107
-, Beschränkung 107
-, Dimension 164
-, Politik 90, 208
-, Segmentierung 27
Anmutung 158
Anschwärzen 306
Anzeige
-, Elemente 186
-, Formate 195
Apfelsaftparagraph 303
Arbeitsabläufe 276
Arten
-, Marketing 5
-, Distribution 244
Assoziationen 157
Ästhetik 111
Attractions 34
Aufbau
-, Marketingplanung 5
-, ZVEI-Kennzahlensystem 261
-, Website 236
Aufgaben 230
Aufmerksamkeit 156, 171, 185
Auslastung 262
Außendienst 254
Außenwerbung 199 f.
Ausstattung 210
-, Hotel 120
-, Merkmale 120
Auswertung von Gästebögen 281
Auszeichnungsrecht 302
Automobilclub 251
Autovermieter 250
Average-Room-Rate 264

B
B.A.T.-Freizeit-Forschungsinstitut 15
Bagatellgrenze 305
Bahnbetreiber 250
Bandenwerbung 199
Bankett
-, Abteilung 135
-, Software 139
Banner 202
Barrierefrei
-, Kommunikation 59 f.
-, Internetauftritt 60
-, Tourismus 57 ff.
-, Reisen 60
Baseline 186
Basic Beliefs 11
Basis
-, Fähigkeiten 66
-, innovative 121
-, Leistungen 121
-, Provision 247
Baukastenprogramme 125
Bedürfnishierarchie, Maslow 168
Bedürfnisse 66
Befragung 14, 18
Beherbergungsvertrag 285 f.
Beherbergungswirt 286
Behindertentourismus 29
Bekanntheit 172
-, Formen 172
-, gestützte 172
-, Grad 144
-, spontane 172
Below-the-line-Aktivitäten 176
Benchmark-Datenbank 206
Benchmarking 65, 266
Benchmarks 65
-competitve 65
-industry 65
Benefit 177 f., 186
Beobachtung 14, 18, 64
Beschwerde 243, 278
-, Analyse 282
-, Bearbeitung 279
-, Management 52, 278
—, aktives 281
—, direktes 278
—, indirektes 278
—, operatives 279
-, Protokoll 280 f.
-, Qualitätscontrolling 281
-, Statistik 281
-, Ursachen 281
Bestandschutz 297
Betriebliche Vergleiche 71
Betriebsanalyse 21, 65 f.
-, bereichsorientierte 69
-, funktionsorientierte 69
Betriebsbewertung 66 ff.
Betriebsgeheimnis 309
Betriebsinterne Quellen 14
Betriebsvergleich 268
Bewertungssysteme, Marketing 5
Beziehungsmarketing 207
Bildkommunikation 157
Bildmarke 295
Bildtexte 186
Binnentourismus 29
Black Box 165
Black-Box-Modell 165
Blind Guests 64
Blind Tests 240
Blueprint eines Restaurants 276
Bodycopy 186
Boston Consulting-Group 69 ff.
Boulevard-Zeitung 193
Boykott 306
Branchenfremde Stellen 289
Brand equity 114
Branding 114
Break-Even-Point 145 f.
Bundesdatenschutz 299
Bundeskartellamt 310
Buridan 159
Business Nomads 40
Bußgeld 311
Busunternehmen 250

C
Call Center 254
Cash Cows 69 ff.
Casting 188
CD-Rom 235
Changing Customer Profiles 40
Checkliste
-, Informationsquellen 49
-, aktives Telefonmarketing 240
Claim 186
Co-Branding 154, 175 f.
-, Karte 212
Codierung 167
Competitive Benchmarks 65
Continuing consolidation 40
Controlling 257, 267
Copy
-, Analyse 178 f.
-, Strategy 169, 177
Corporate
-, Behavior 10, 277
-, Communications 10
-, Design 10, 114 f.
-, Events 230
-, Identity 10, 113, 291
—, ganzheitliche 277
-, Image 113, 115
-, Placement 226
CPO 189
Creative-Placement 228
Credo 81
Cross-Marketing 211
CRS Computer Reservation System 253
Customer Profile 49

D

Dachmarkenstrategie 116 f.
Daten
-, Analyse 17
-, Gewinnung 17
-, Schutz 299
—, Beauftragter 301
—, Kontrolle 301
—, Recht 299
—, Verpflichtete 300
-, Sicherung 301
-, Transparenz 301
-, Verarbeitung, Beauftragte 300
-, Verwendung 300 f.
Day After Recall 206
Deckungsbeitrag 131, 146
Definition 152
Desk Research 14
Destination 76 f.
Determinanten 4
Deutsche Hotelklassifizierung 118
Deutscher Direktmarketing Verband 189
-, Gästehäuser, Gasthöfe und Pensionen 119
Deutscher Reisemonitor 15
Deutsches Patent- und Markenamt 294, 296
Dienstleistung 7, 41, 164, 103, 126
-, Branche 7
-, Management 210
-, Marketing 5 ff.
-, Prozess 210
-, Qualität 50 ff.
—, Messung 51
-, Spezifikation 274
Differenzierung 159, 171, 181 f., 110
Dimension, Event-Marketing 232
Dinks 174
Direct Maillings 254
Direkter Absatz 245, 254
Direktmarketing 153, 240, 309
Direktwerbung 188 f.
Distribution 244
-, Form 196
-, Gebiet 196
-, Kanal 198, 245
-, Politik 4, 209, 244
Diversifikation 106
Dokumentation 74
- Forschungsbericht 17
DRM 15
Duale Rundfunkordnung 196
DuPont-Kennzahlensystem 160
DWIF 16

E

Economies of scale 153
Effizienzmessung 189
EFQM 74
Eigenkapitalrentabilität 261
Einflussfaktoren, Tourismusnachfrage 14
Einführung
-, Phase 154
-, Werbung 154
Einkommen 173
Einrichtung, Hotelzimmer 120
Einsatzmittelplanung 315
Einstellungen 152
Einzelmarkenstrategie 115
Elastizität 4
Electronic Communication Policy 234
Electronic Malls 238
Elimination 110
E-Mail-Sponsoring 203
Emotionen 172
-, Vermittlung 172
Entgeltsystematik 247
Entwicklung, Controlling 257
Erfa-Gruppen 291
Erfahrungen 166
Erfolgskontrolle 189
-, Events 233
Ergebnisphase 104 f.
Erhaltungswerbung 154
Erlebnis 111
-, Marketing 231
-, Produkte 229
Erlebnisorientierte Kommunikation 232
Eröffnungskollektiv 218
Erwartungs-Wert-Modelle 168
Erweiterter Nutzen 66
ETM 15
EU-Marke 297
EU-Öko-Audit 78
Euro-Lifestyles 38
European Travel Monitor 15
EU-Umweltzertifikat 79
Event 229 f.
-, Agenturen 231
-, Kaufmann 234
-, Marketing 153, 211, 229
—, Formen 232
-, Veranstaltung 140
-, Ziele 229
Evoked 207
Exklusiv-Inseln 197
Exklusiver Vertrieb 248
Expansionswerbung 154
Experiment 14, 19
Expo-Events 230
Externe Vergleichsrechnung 268
-, Quellen 14
Eye-Catcher 186

F

F&B
-, Bereich 127
-, EDV 132
-, Marketing 133
-, Package, spezielles 130
-, Rechnungswesen 133
F.U.R. 15
Fachzeitschriften 195
Faktische Alleinstellung 159
Familien
-, Freundlichkeit 55 f.
-, Zeitschriften 194
Farben 187
Feldbeobachtungen 64
Fernsehen 196, 200
Fernsehmarkt 196
Fernsehwerbung 187
Festvertrag 249
Field Research 14
Filialsystem 290
Firmen
-, Logo 114
-, Marken 114
-, Reisedienste 250
Fixpunktstrategien 105
Flankierende Vertriebsmaßnahmen 250
Fließtext 186
Fluggesellschaften 250
Forecast 150
Franchise 289 f.
Franchise-Geber 290 f.
Franchise-Nehmer 290 f.
Franchise-Systeme 290 ff.
Franchising, vertikal-kooperativ 290
FRAP-Analyse 54
Frauen
-, Tourismus 29
-, Zeitschriften 194
Free-Sale-Vertrag 249
Free-TV 197
Fremdvertrieb 289
Frühwarnsystem 257
Führungsfunktion, Controlling 258
Fundraising 223
Funktion 111
-, Qualitätskontrolle 267
Fusion 310
Pay-TV 197

G

Galileo 253
Garantie
-, Objekt 249 f.
-, Vertrag 286
Gäste
-, aktuelle 173
-, Analyse 45
-, Bedürfnisse, Struktur 12
-, Befragungen 42, 278
-, Betreuung 90
-, Bindung 207 ff.
-, Bindungsinstrumente 209
-, Bindungsmanagement 207 ff.
-, Club 212
-, Erwartung 103
-, Fragebogen 271 f.
-, Karte 212
-, Karteien 42
-, Kategorien 42
-, Kontakt 277
-, Loyalität 207
-, Marketing 3, 173
-, Politik 91
-, potenzielle 173
-, Profile 40
-, Struktur, Analyse 42 ff.
-, Verhalten 42
-, Wünsche 42, 111
-, Zeitschriften 196, 211
-, Zufriedenheit, 73, 171, 267
Gastgewerblicher Event 232
Gastkontakt 112, 216
Gastorientierte Organisationsformen 277
Gastronomische Kennzahlensysteme 269
Gastwirtshaftung 286

GDS Global-Distribution-System 253
Gebrauchsmuster 294
-, Recht 295
-, Rolle 295
GEMA 298
Gemeinlastprinzip 78
General Sales Agent 254
General-Interest-Titel 194
Generalklausel UWG 304
Genereller Vertrieb 248
Generic-Placement 227
Geografische Herkunftsangaben 296
Gesamtausstattung, Hotel 120
Gesamtkapitalrentabilität 266
Gesättigte Märkte, Werbung 158
Geschäftliche Bezeichnungen 296
-, erfolgversprechende 70
-, fragwürdige 69 f.
-, strategische 66, 69
Geschäftsbesorgungsvertrag 286
Geschäftsehrverletzungen 306
Geschäftseinheiten, erfolgreiche 70
Geschäftsfelderstrategie 106
Geschäftsgeheimnis 309
Geschäftspotenziale 250
Geschäftsreisen 30
Geschäftstourismus 28
Geschlecht 173
Geschmacksmuster 295
-, Recht 295
Gesetz
-, gegen den unlauteren Wettbewerb 304
-, gegen Wettbewerbsbeschränkungen 310
—, Ziel 310
Gesetzesverletzung 307
Gestaltung
-, Elemente 185
-, Technik 187
Gesundheitstourismus 28
Getarnte Werbung 306
Getränkekarte 303
-, Unerfahrenheit 305
Gewinner 132
Gewinnschwelle 146
Gimmicks 246
Give-aways 246
G-Klassifizierung 119
Global-Distribution-System 253
Globale Selbsterfahrung 42
-, Werbung 181
Globalisierung 42
Grundnutzen 66, 164
Grundprovision 247
Grundsatzkonzeptionen, internationale Werbung 181
GWB 310

H

Handelsvertretervertrag 286 f.
Händlerpromotions 214
Handlungsweisen, taktische 101
Haushaltsführende 173
Haushaltsgröße 173
Headline 186
Hilfskennzahl Sitzplatztage 261
Hörfunk 197 f., 200
-, Nutzung 198
-, Werbung 187
Horizontale Betriebsanalyse 269
Hörmarke 296
Hotel
-, Klassifizierung 118
-, Kooperation 252
-, Leistung, Wert 147
-, Prospekt 245
-, Vertrag 249
-, Zimmer 121
Hotellerie 245
Hurdles 150
Hypersmart Shoppers 40

I

Image 171 f.
-, Begriff 113
-, Pflege 219
-, Placement 227
-, Träger 114
i-Marke 252
Immaterialität 24
Immaterielle Komponenten 110
Imperativ, strategischer 160
Incoming Tourismus 30
Indirekter Absatz 245
-, Vertrieb 245
Individualisierung 42
Individualreisender 287
Individualwerbung 154, 188
Industry Benchmarks 65
Information 171 f.
-, Beschaffung, Methoden 49
-, Politik 91
-, Reise 246
Informationsüberlastung 157
In-House-Promotion
Inklusivpreis 145
Innovation 110
Innovationsorientierung 6
Input-Qualitäten 109
Instrumente
-, Direktwerbung 189
-, Marketing-Controlling 260
-, operatives Controlling 261
-, strategisches Controlling 266
Integratives Marketing 55 ff.
Integriertes Kennzahlensystem 261
-, Qualitätssicherungskonzept 270,
Intensifying competition 40
Interaktives TV 254
Intergeneratives Marketing 55 ff.
Intermediavergleich 179
Internationale Werbung 180 f.
Interne Vergleichsrechnung 269
Internet 188, 235, 254
-, Auftritt, barrierefreier 60
-, Vergleichsrechnung 269
-, Werbung 201
Interstitials 202
Intramediavergleich 179
Investitionsgütermarketing 5
Irreführung 307 f.
ISO 73 f.
-, Richtlinien 274
IST-Analyse 66, 77

J

Jingles 187
Jugend
-, Tourismus 29
-, Zeitschriften 194

K

Kalkulationsschema 145
Kano-Modell 281
Kapazität 261
Kapazitätsplanung 315
Kartell 310 f.
-, Gesetz 310
Kartentypen 212
Kaufbereitschaft 205
Käufermarkt 6, 12
Kaufmännisches Vermittlungsgeschäft 289
Kaufzeitung 192 f.
Kennzahl
-, Kapazität 262
-, Auslastung Beherbergung 262
-, Auslastung F&B 263
-, Vergleiche 71
Kernleistung 54
Kernzielgruppen 86
Key Visual 186
Key-Issues 12
Keyword-Advertising 202, 235
Kinder
-, Freundlichkeit 55 ff.
-, Tourismus 29
Kino 198, 200
-, Spot 199
-, Werbung 198
Kiosksysteme 238
Komfort 111
-, Beurteilungskriterien 111
-, Politik 110 f.
Kommunikation
-, Aufgaben, Event 230
-, barrierefreie 59 f.
-, Barrieren 182 f.
-, Bedingungen 156
-, Bereich 221
-, globale 183 f.
-, internationale 183 f.
-, lokale 183 f.
-, Mix 91
-, Modell, einfaches 155
-, Outdoor 200
-, Politik 4 f., 92, 151, 209
-, Prozess in der Werbung 155
Komplementärmedium 198
Komponenten, Unternehmensvision 10
Konditionierung 157
-, emotionale 157, 168
Konditionspolitik 4
Kongress 30
-, Agenturen 250
-, Tourismus 28
Konkurrenz
-, Analyse 61 ff.
—, segmentorientierte 62
-, Beobachtung 61, 64 f.
Konsumgütermarketing 5
Kontingentvertrag 286
Kontrahierungspolitik 4, 208

Kontrolle 267
Kontrollinstrumente 301
Konzeption
-, Planung 65
-, Pyramide, Werbung 176
Kooperation 252, 290 f.
-, Felder 252
-, horizontale 292
-, Prinzip 78
-, vertikale 292
-, Werbung 154, 175 f.
-, Ziele 291
Koppelungsverbot 303
Kosten 145
-, Analyse 268, 316
-, fixe 145
-, Orientierung 6
-, Planung 138, 316
-, variable 145
Kreativität 187
Kreuzpreiselastizität 144
Kultur-Sponsoring 224
Kulturtourismus 28
Kumulativ-Garantie-Vertrag 249 f.
Kunden
-, Bindungsmanagement 207
-, Club 212
-, Datenbank 49
-, Karte 212 f.
-, Kontaktbericht 273
-, Orientierung 6
-, Profile 49
-, Zeitschriften 196
-, Zufriedenheit 207
Kurzreisen 30
Kuverts 190

L

Landeskartellbehörden 310
Langzeit-Dokument 177
Lasswell-Formel 155
Last-Minute-Angebote 194
Leistung 66
-, Änderung 107
-, Bündel 127
-, Erweiterung 107
-, Gestaltungsspielraum 105
-, Indikatoren 52
-, Innovation, Strategie 106
-, Kette, touristische 104
-, Mix 91, 104
-, Orientierung 6, 41
-, Philosophie 114
-, Politik 4, 91, 103, 119
Leisure-Agenturen 292
Lernen, Paradoxie 167
Lernerfolg 167
-, Bestimmungsfaktoren 167
Lesbarkeit 186
Lesegeschwindigkeit 186
Lessnesspriests 40
Leuchtwerbung 199
Licensing 153, 217
Lifestyle
-, Segmentierung 38
-, Typologien 175
Lizenzprodukte 217
Location 188
-, Placement 226
Logo 114, 186
Longcopies 186
Loyalität 208
-, Indikator 207
Luftwerbung 199

M

Mailing 189 f., 211
Makroanalyse 66
Mängelstatistik 281
Manipulation 152
Manuals 274
Marken 113 f., 294 f.
-, Artikel 113 f.
-, Bekanntheit 205
-, Bestandteile 113
-, Bildung 113
-, Design 115
-, Image 114, 205
-, internationale 181
-, Klassifizierung 182
-, Mix 59, 89, 90 ff.
-, Name 113
-, Placement 226
-, Politik 113
-, Portfolio 115
-, Recht 295
-, Register 296
-, Schutz 296
—, internationaler 297
-, Strategien 115
-, Sympathie 205
-, Treue 114, 207
-, Wert 114
Markenfamilienstrategie 116
Marketing 1, 3, 12, 290
-, Ableitung 82
-, Arten 5
-, Audits 267
-, Controlling 259 f.
-, Dienstleistung 208
-, Einleitung 83
-, Funktion 295
-, Gesamtmixwirkung 269
-, Gesellschaften 22
-, Grundformen 5 f.
-, Heart of 104
-, Informationssysteme 47 ff.
-, Instrumente 3, 208
—, gestaltende 90
—, kommunikative 90
-, Instrumentelles 12
-, Kontrolle 267
-, Logistik 244
-, Management 13, 207
-, Moderne Formen 5f.
-, normatives 12
-, operatives 12, 101
-, Planung 101
-, Projektarbeit 312 ff.
-, Qualitätskontrolle 267
-, Recht 284
-, Strategie 85 ff.
-, strategisches 12
-, Terminals 238
-, Ziele 82 f.
Marktabgrenzung 25
-, geografische 25
Marktbeherrschende Stellung 311
Märkte, gesättigte 158
-, wachsende 158
Markt
-, Analyse 13, 17, 21
-, Anteil 23
-, Bedingungen 158
-, Beobachtung 13, 17
-, Diagnose 14
-, Forschung 13, 14 ff.
-, Forschungsinstitut A.C.Nielsen 173
-, Forschungsprozesse, Stadien 17
-, Positionierung 53
-, Potenzial 22
-, Prognose 13
-, Segmentierung 25 f.
-, Volumen 22
Maslowsche
-, Bedürfnishierarchie 162, 168
-, Bedürfnispyramide 37
Massenwerbung 154
Master Customer 40
Materielle Komponenten 110
Media
-, Agentur 179
-, Plan 179
-, Planung 179
-, Strategie 169, 179
Mediatisierung 42
Medien-Sponsoring 225
Megatrends 39
Mehrmarkenstrategie 115
Mehrperiodenvergleich 269
Meilensteine 316
Mensch-und-Tier-Tourismus 19
Merchandising 153, 215 f.
-, Hotellerie und Gastronomie 217
Merkmale, soziodemographische 173
-, psychographische 174
Merlin 253
Messeagenturen 250
Messung der Gästezufriedenheit 281
Mikroanalyse 66
Mindestumsätze 248
Mise-en-place 112
Mitarbeiter
-, Orientierung 6
-, Zufriedenheit 73
Mitarbeiter
-, bezogene Qualitätskontrollen 277
Mobilisierung 42
Mobility 15
Modifikation 110
Monoprodukt 175
Motiv 37, 168
Motivation 168
Motivtheorie 37
Multimediale Kommunikation 234
Multinationale Werbung 181
Mundpropaganda 113
Musik 187

N
Nachfrage, elastische 144
-, unelastische 144
Namensgebung 114
Nebenleistungen 124
Nebenzielgruppen 86
Negotiated Rates 213
Netto-Rate 250
Newsgroup 201
Newsletter 201, 237
Niedrigpreispolitik 148
-, Gefahren 147
Nielsen-Gebiete 173 f.
Nutzen 66

O
Objektanmietung 249 f.
Öffentliches Recht 285
Öffentlichkeitsarbeit 4, 90, 153, 218 f.
-, Unterschiede, Werbung 221
-, wirksame 222
Offline-Medien 235
Ökologisches Equipment 122
Ökomanagement 77 ff.
Online
-, Hilfen 246
-, Medien 201
-, Shopping 202
On-Set-Placement 228
Operative Planung 101
Operatives Controlling 257 ff.
-, Ziele 258
Options-Kontingente 250
Optionsverträge 249
Orientierungskriterien 4
Outdoor-Kommunikation 200
Outgoing Tourismus 30
Out-House-Promotion 215
Out-of-home-Medien 200 f.
Output-Qualitäten 109

P
Packages 125
Panel 19
Pars pro toto 175
Passives Telefonmarketing 239
Patent 294
-, Recht 295
Pauschalangebote 125 f., 130
Pauschalpreis 127
Pauschalreise 126, 286
-, Leistungskomponenten 126
-, Bestandteile 126
Pauschalreisender 286 f.
Pay-Per-Channel 197
Pay-Per-View 197
Personal Selling 273, 277
Personalisierung 190
Personalpolitik 210
Persönlich erbrachte Dienstleistungen 277
Perspektiven des Event-Marketings 233
Phasenmodell 313
Physische Distribution 244
Plakat
-, Formate 199 f.
-, Gestaltung 199 f.
POE 238
POI 238
Point of Entertainment 238
Point of Information 238
Point of Sale 238
Poor dogs 69 ff.
Pop-up 202
Portale für Hotelbewertungen 238
Portfolio-Analyse 69 ff., 266
Portfolio-Matrix 69 ff.
POS 238
Positionierung 87, 158, 160 ff., 176 f., 206
-, Analyse 161
-, Ansätze 163
-, Glaubwürdigkeit 163
-, Grundmodell 161
-, Konzept 161
-, Lücken 161
-, Matrix 161
-, Modell 161
-, Politik 113
-, Regeln 163
-, Restaurant 161
Posttest 205 f.
Potenzialphase 104 f.
PR 220
-, Budget 222
-, Inhalte und Themen 220
Präferenzen 158
Preis 142
-, Angabenverordnung 302
-, Bildung
—, konkurrenzorientierte 146
—, Teilkostenbasis 145
—, Vollkostenbasis 145
-, Differenzierung 146
—, quantitative 147
—, räumliche 147
—, Richtlinien 147
—, überzogene 147
—, Verkaufsweg 147
—, verwendungsbezogene 147
—, zeitliche 147
—, Zielgruppen orientierte 147
-, Elastizität 4
-, Elastizitätskoeffizient 144
-, Findung 142
—, Einflussfaktoren 143
—, konkurrenzorientierte 146
—, kostenorientierte 144
—, zielorientierte 146
-, Gestaltung, psychologische 147
-, Hürden 150
-, Image 143
-, Kampf 306
-, Klarheit 302
-, Lagen 4
-, Leistungs-Verhältnis 142
-, Mengen-Steuerung 148
-, Nachfrage 143
-, Plastizität 4
-, Politik 4, 90, 142, 208
-, Recht 302
-, Transparenz 145
-, Vorstellung 143
-, Wahrheit 302
Pressearbeit per E-Mail 237
Pressemitteilung
-, Checkliste 219
-, Verfassen 219
Pressetexte 219
Pretest 205 f.
Primärerhebung 14 f.
Printwerbung 187
Privatrecht 285
Problemgeschäftseinheiten 70 f.
Problemlösungskompetenz 127
Product-Placement 153, 226 ff.
-, Formen 226
-, Intensitätsstufen 227
-, Nachteile 228
-, Planung 228
-, Rechtliche Aspekte 227
-, Vorteile 228
Produkt
-, Analyse 63
-, Bestandteile 103
-, Controlling 131
-, Darstellung 113
-, Differenzierung 63, 106
-, Diversifikation 106
-, Markt-Matrix 105
-, Modifikation 107
-, Politik 4, 208
-, Portfolio 69
-, Variation 106
Produktion
-, Controlling 130
-, Vergleich 131
-, Zufriedenheit 278
Produktivität Gesamtbetrieb 263
-, Logis 264
Projekt
-, Ablaufplanung 315
-, Abschluss 317
-, Arbeit, methodische Vorgehensweise 319
-, Arbeit, Zielorientierung 319
-, Definition 314
-, Design 313
-, Durchführung 316
-, Kontrolle 316 f.
-, Management 312 ff.
-, Organisation 313
-, Planung 313 f.
-, Prämissen 313
-, Terminplan 315
Pro-Rate-Vertrag 249
Prospekt
-, Klarheit 287
-, Wahrheit 287
Provision 245
Provisionsähnliche Leistungen 247
Provisionsvereinbarung 247
Programm
-, Angebot 197
-, Presse 194
Promotion
-, Channel 214
-, Consumer 214
-, In-House 214 f.
-, integrierte 216
-, Out-House 215 f.
-, Straff 214
Prozess

-, Analyse 63
-, dualer, Zielerreichung 156
-, Phase 104f.
-, Qualitäten 109
Prozessorientierte Qualitätsanalyse 74 ff.
Public
-, Events 230
-, Relations 90, 153, 218
-, Sponsoring 225
—, Vorteile 220
Publikumszeitschriften 194 f., 200
Pünktlichkeit 276

Q
Qualität 73, 108, 118
-, Dimension 51 f.
-, funktionale 76
-, Kontrollen 267 f.
-, Planung 316
—, dienstleistungsbezogene 274
—, durch eigene Mitarbeiter 274
—, ergebnisorientierte 268,
—, leistungsbezogene 268, 270 f.
—, ökonomische 268
—, schriftliche 271
-, Kopie 278
-, Kriterien 109
-, Management 72 ff.
—, phasenorientiertes 75
-, Messung, Dienstleistungen 50
-, Politik 108, 110
—, Verzahnung 110
-, Prüfung in der Hotellerie 271
-, Pyramide 277
-, Sicherung, Leistungsangebot 267
-, Steuerung 76
-, technische 76
-, Überprüfung 251
-, Verlust 73
Qualitätsorientierte
-, Leistungsbündel 77
-, Leistungsketten 76
-, Markenpolitik 53
Quellen, externe 14
Question marks 69 f.
Qualitätskontrollen 270 f.

R
Rabattpolitik 148
Rack-Rate 147
Radio 198
Ranking 146
Raum
-, Ausstattung 122
-, Gestaltung 122
-, Klima 122
Reason Why 177 f., 186
Recht 284
-, unlautere Werbemaßnahmen 309
-, Ordnung 284
Recall 206
-, aided 206
-, unaided 206
Recognition 206
Reedereien 250
Regelkreis der Conrollings 258 f.
Regeln zum richtigen Telefonieren 242
Reichweite 171
-, Internet 201
Reise
-, Ausgaben 13
-, Bestätigung 287
-, Büro 246, 286 f.
—,Kooperation 289
-, Katalog 287
-, Mittler 246, 250
-, Pakete 251, 287
-, Veranstalter 248, 286 ff.
-, Vertrag 286 f.
-, Zeitschriften 195
Reisen 15
-, barrierefrei 60
-, als Investition 30
-, als Konsum 30
Reklamation 243, 278 f.
Relationship Management 207
-, Marketing 207
Relevant 207
Relevanz 163
Renner 132
Renovierungsintervalle 274
Rentabilität 265
Reparaturstatistik 274
Research Design 17
Reservierung
-, Annahme 275
-, Gesellschaften 252
-, Vertrag 286
Ressourcen
-, Analyse 68
-, Profile 69
-, Profils 34
Restauranttypen 129
Retention Marketing 207
Return-on-Investment 266
RevPar 180
Risikoanalyse 316
Risikoübernahme 127
Robinson-Liste 189
Rohertrag, Richtsätze 131
ROI 266
Rotation 202
Rundfunkordnung, duale 196

S
Sabre 253
Sachleistungen 103
Sachleistungsbezogene
Qualitätskontrollen 272
Sales Promotion 90, 214
-, innerbetriebliche 214
Sanktionen 284, 301
Schläfer 132
Schlagzeile 186
Schleichwerbung 306
Schlüsselfaktoren 12
Schmähkritik 306
Schmarotzen 306
Schneeball-System 309
Schöpferische Werke 298
Schriftliche Befragung 45 f.
Schrifttype 186
Schutzdauer 294
-, rechte 293 f.
—, gewerbliche 296
Search Engines 202
Secret Shopper 64
Segmentierung 86
-, Gefahren 86
-, klassische 86
Segmentvergleich 131
Sekundär
-, Analyse 16
-, Erhebung 14
Selbst-Image 143
Selbstständige Hotelrepräsentanten 253
Selektiver Vertrieb 248
Semantische Netzwerke 168
Sender
-, öffentlich-rechtliche 197 f.
-, private 197 f.
Seniorentourismus 29
SEP 66, 86, 121
Service 90
-, Ablaufpolitik 112
-, am Gast 112
-, Bausteine 293
-, Grad 125
-, Placement 227
-, Politik 112
-, Qualität 113
-, Strukturpolitik 112
-, Umfang 125
SGE 66, 69
Shopping-Kanäle 254
Shortcopies 186
Sieben Säulen, Datenschutz 299
Signet 114
Singletourismus 29
Slice of Life 187
Slogan 186
Softwareanalyse 63
Sonderprovision 247
Sortiment
-, Planung 108
-, Politik 107 f., 110
—, Verzahnung 110
Sound-Effekte 187
Soziodemographische Merkmale 173
Soziosponsoring 225
Special-Interest-Titel 194
Speisenkarten 132, 185, 303
-, Analyse 131 f.
Spenden 223
Spezifikation der
Dienstleistungserbringung 276
-, der Qualitätssicherung 276
Spitzenfähigkeiten 66
-, Leistungen 123
Split-Screen-Werbung 197
Sponsoring 153, 203, 222 ff.
-, Begriff 223
-, Erscheinungsformen 223
-, Kultur 224
-, Medien 225
-, Public 225
-, Sozio 225
-, Sport 224
-, Umwelt 225
-, Wirkung 225

Sponsorleistung 224
Sprachwerke 298
Städtetourismus 28
Staffelprovision 247
Standardisierung 181 f.
Standardnutzen 66
Stand-Kinospot 199
Standort
-, Analyse 29 ff. 63
—, Durchführung 31 ff.
-, Kriterien 32 ff.
-, Politik 209
Stärke, Marketing-Event 230
Stärken-Schwächen-Profil 67, 146
-, Analyse 69
Start 253
Stars 69 f.
Steuerungssysteme, Absatz 4
Steuerverlust 173, 181, 189
Stornierung 286
Storyboard 188
Strafbare Werbung 309
Strategie, Diversifikation 107
Strategische Distribution 244
Strategisches Controlling 257 ff.
Streuverluste 181
Strukturplanung 314
Subheadline 186
Sublines 185 f.
Substitutionalität 62
Superprovision 247
Superstitials 202
SWOT-Analyse 266
Sympathie 171
Syndikat 310
Synergiepotenzial 176
System, Marketingcontrollings 259
Szenarien 40

T

Tagestourismus 28
Tageszeitung 192 f., 200
-, regionale 193 f.
-, überregionale 193
Tagung 30
-, Agenturen 250
-, Bereich, Konzeption 135
-, Geschäft 134
-, Tourismus 28
Target Audience 177
Task Environment 25
Tätigkeiten 255
Tausend-Kontakt-Preis 205
Tech Quality 76
Technische Eigenschaften 4
Technische Qualität 76
Technisches Equipment 122
Technologieorientierung 6
Teilerhebung 17, 240
Teilkostenrechnung 145
Teilnehmende Beobachtungen 64
Teilplanungen, operative 101
Teilwettbewerber 62
Telefon 191
-, Marketing 211, 239
—, Starken-Schwäche-Analyse 241
-, Werbung 191
Telefonische Marktbefragungen 64
-, Marktbeobachtungen 64
-, Reklamation 243
Termin-Garantie-Vertrag 249
Territorialitätsprinzip 299
Test 19
Testgäste 64
Testimonial 187
Text 185
Titelpatronate 197
TKP 205
Tonality 177 f.
Total Quality Managements 276
Touch Quality 76
Touchscreen 238
Tourismus
-, Ämter 251
-, Arten 12
-, barrierefreier 57 ff.
-, Kreislaufmodell 13
-, Marketing 11 ff.
-, Messen 252
-, Motive 12
-, Studien 15
-, Verbände 252
-, Wirtschaft 288
-, Wirtschaftliche Bedeutung 13 f.
Touristik 289
Tourist-Informationen 251
Touristische Infrastruktur 29
-, Leistungsträger 286 f.
-, Umfeldanalyse 21 ff.
TouristScope 15
TQM 74, 276
Tracking 205
-, Studien 206
Transittourismus 30
Transparenzgebot 306
Trend
-, Analyse 39
-, Forschung 39
Treuepass 212
TV-Spot 187
Typologien 175

U

UAP 159 f.
Übernachtungsreisen 30
Übersegmentierung 86
Umfeld
-, Analyse 17, 21
—, touristische 21 ff.
-, Bedingungen 24
-, Situation 166
Umpositionierung 161
Umsatz 269
-, Analyse 263
Umwelt- Gütesiegel 78 f.
Umweltrechtliche Handelsprinzipien 78
Umweltsponsoring 225
Umworbene 155 f.
Unaided Recall 206
Undercover guests 64
Unique Advertising Proposition 159 f.
Unique Selling Proposition 66, 123, 143, 159 f.
Unlauterer Wettbewerb 305
-, Verbot 304
Uno-actu-Prinzip 24
Unterbrecherwerbung 202
Unternehmen
-, Kennzeichen 296
-, Kultur 8
-, Leitbild 8 f.
-, Logo 186
-, Orientierung 6
-, Vision 8 ff., 81, 85
-, Ziele 81 f.
—, Einleitung 82
—, langfristige 81
Unternehmerische Überzeugung 81
Untersegmentierung 86
Unzumutbare Belästigung 308
Urheber
-, Gesetz 299
-, Persönlichkeitsrecht 298
-, Recht 294, 298
Urlaub 15
-, Reisen 31
-, Tourismus 28
-, Typologien 38
Usenet 201
USP 66, 123, 143, 159 f.

V

Veranstaltung
-, Controlling 139 f.
-, Kalkulation 137
-, Organisation 135 f.
-, Planung 135 f.
Verbot irreführender Werbung 307
Verbotene Werbeaussagen 307
-, Wettbewerbsbeschränkungen 311
—, horizontale 311
—, vertikale 311
Verbraucherpromotions 214
Verbundwerbung 154, 175 f.
Verdrängungswettbewerb 244, 306
Vereinzelung 42
Vergleich 52 f.
-, Objekte 65
-, Profil 34
-, Qualitätsmanagement, Waren und Dienstleistungen
Vergleichende Werbung 188, 306, 308
Verkauf 90
-, Förderung 4, 90, 153, 214 f.
—, indirekte 215
—, sachliche 215
-, Handbücher 246
-, Organisation 254
-, persönlicher 4
-, Wege 88
Verkäufermarkt 6, 12
Verkäuferpromotions 214
Verkaufsunterstützende Hilfen 246